中国企业信用发展报告 2022

中国企业改革与发展研究会
中国合作贸易企业协会 编
国信联合（北京）认证中心

中国财富出版社有限公司

图书在版编目（CIP）数据

中国企业信用发展报告.2022／中国企业改革与发展研究会，中国合作贸易企业协会，国信联合（北京）认证中心编. —北京：中国财富出版社有限公司，2023.4

ISBN 978-7-5047-7927-4

Ⅰ.①中… Ⅱ.①中… ②中… ③国… Ⅲ.①企业信用—研究报告—中国—2022 Ⅳ.①F832.4

中国国家版本馆 CIP 数据核字（2023）第 075664 号

策划编辑 杜　亮　　**责任编辑** 张红燕　郭　莹　　**版权编辑** 李　洋

责任印制 梁　凡　　**责任校对** 卓闪闪　　**责任发行** 董　倩

出版发行 中国财富出版社有限公司

社　　址 北京市丰台区南四环西路 188 号 5 区 20 楼　　**邮政编码** 100070

电　　话 010－52227588 转 2098（发行部）　　010－52227588 转 321（总编室）

010－52227566（24 小时读者服务）　　010－52227588 转 305（质检部）

网　　址 http：//www.cfpress.com.cn　　**排　　版** 宝蕾元

经　　销 新华书店　　**印　　刷** 宝蕾元仁浩（天津）印刷有限公司

书　　号 ISBN 978-7-5047-7927-4/F·3575

开　　本 880mm×1230mm　1/16　　**版　　次** 2023 年 4 月第 1 版

印　　张 29.75　　**印　　次** 2023 年 4 月第 1 次印刷

字　　数 647 千字　　**定　　价** 180.00 元

诚信为本
服务社会

邹家华

追求质量诚信
践行社会责任

周铁石

《中国企业信用发展报告 2022》

编辑委员会

序言

党的二十大胜利召开，对未来五年和更长时期的中国经济社会发展进行了全面系统的战略性部署。2022 年中央经济工作会议强调，要更好统筹疫情防控和经济社会发展；更好统筹经济质的有效提升和量的合理增长，坚持以质取胜，以量变的积累实现质变；要更好统筹供给侧结构性改革和扩大内需，通过高质量供给创造有效需求，支持以多种方式和渠道扩大内需；要更好统筹经济政策和其他政策，增强全局观，加强与宏观政策取向一致性评估；要更好统筹国内循环和国际循环，围绕构建新发展格局，增强国内大循环内生动力和可靠性，提升国际循环质量和水平；要更好统筹当前和长远，既要做好当前工作，又要为今后发展做好衔接。

2022 年以来，世界百年变局深度演化，乌克兰危机跌宕延续，美国等发达国家快速加息带来国际资本快速流动和资产价格大幅波动，中国经济持续经受供给冲击、需求收缩、预期转弱三重压力的考验，我国企业恢复性增长势头强劲，盈利水平提升，整体运行取得了良好成效。2023 年是全面贯彻落实党的二十大战略部署的第一年，也是实施“十四五”规划的关键一年，对社会主义现代化国家建设新征程开好局、起好步有重要意义。我国企业界将重点从以下四个方面努力做好 2023 年的工作。

第一，坚定不移贯彻新发展理念，进一步推进高质量发展。高质量发展是全面建设社会主义现代化国家的首要任务。我国企业要坚持以推动高质量发展为主题，把实施扩大内需战略同深化供给侧结构性改革有机结合起来，增强国内大循环内生动力和可靠性，提升国际循环质量和水平，加快建设现代化经济体系，着力提高全要素生产率，着力提升产业链供应链韧性和安全水平，着力推进城乡融合和区域协调发展，推动经济实现质的有效提升和量的合理增长。

第二，坚定不移贯彻创新驱动理念，培育壮大主导产业。构建新发展格局，实现高质量发展的关键在于坚持自主创新，坚持创新驱动。我国对科研投入的重视程度日趋提高，企业的研发投入呈现持续加强的积极态势。但一些关键领域的“卡脖子”问题仍然十分突出，已经成为阻碍我国产业和企业发展的“绊脚石”。只有紧紧围绕自主创新，才能取得关键领域的技术突破，才能将“绊脚石”变成超越发展的“垫脚石”。我国企业界必须顺势而为，紧紧抓住全球产业链新变局所带来的新机遇，紧紧围绕主导产业，尤其是战略性主导产业，补短板、破瓶颈、强弱项，进一步优化和调整经济发展思路，优化资产配置、产业布局以及可持续高质量发展的实现路径，提高全球竞争优势，在努力打通国际循环的同时，进一步畅通国内大循环，提升经济发展的自主性和可持续性，保持我国经济平稳健康发展。

第三，充分发挥企业家精神，努力建设世界一流企业。当今全球经济格局发生重要而深刻的变化，呼唤更多的企业家勇于担当，创新引领中国企业努力建设世界一流的优秀企业，创建世界一流的自主品牌，掌握世界一流的先进技术，打造世界一流的国际竞争力。企业家要坚持以新发展理念引领高质量发展，结合企业自身实际情况，从中短期规划着手，以长远发展布局，兼顾好短期利益和长远发展，兼顾好企业利益和国家战略，全力服务于国际国内双循环建设，积极融入全球产业链、价值链，以高水平开放促进高质量发展，着力打造世界一流企业，为推动我国经济高质量发展做出应有的贡献。

第四，坚定不移树立社会责任意识，进一步推进高质量诚信建设。做好当前经济工作，要聚焦关键环节，有效管控重点风险，守住不发生系统性风险底线。当前面临有诸多困难和风险挑战的经济环境，我国企业更要强化忧患意识，守住风险底线，做好风险防范，增强发展韧性，进一步提高防范和化解风险能力，高度重视和防范各类风险，强化各类风险识别意识，建立预判预警机制，及时排查风险隐患，制定完善的应对预案。要始终坚持底线思维，加强诚信自律，进一步推进企业高质量诚信发展，以诚信建设筑牢企业高质量发展的基石，要更好履行社会责任，进一步推进 ESG（Environment，Social and Governance，环境、社会和公司治理）体系建设，打造国际竞争合作新优势，为企业可持续高质量发展保驾护航，为我国经济行稳致远做出贡献。

《中国企业信用发展报告 2022》对中国企业以及各行业的信用状况进行了较为客观的评价和成因分析，立足新发展阶段，揭示了当前宏观经济环境新变化以及中国企业信用发展面临的新问题、新挑战，并提出了可行的、具有操作性的对策建议，为政府、企业和社会提供了有价值的参考依据。值该报告公开出版发行之际，特作此序。

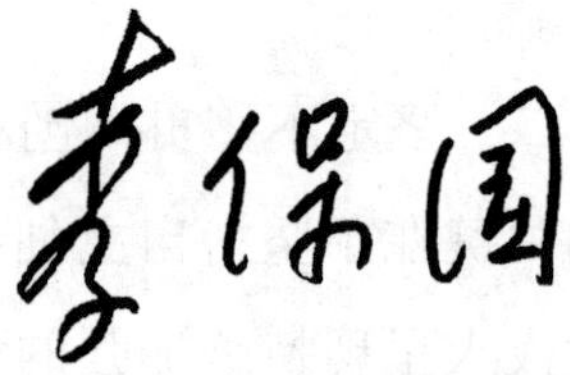

2022 年 12 月于北京

目　录

第一章

2022 中国企业信用发展报告

2022 中国企业信用发展报告

一、综合分析与研究概述

2022 中国企业信用发展分析研究和发布活动，是由中国企业改革与发展研究会、中国合作贸易企业协会、国信联合（北京）认证中心联合开展的，也是自 2011 年以来连续第 12 次针对中国企业信用发展状况进行的分析研究。在此基础上，评价产生了 2022 中国企业信用 500 强、中国制造业企业信用 100 强、中国服务业企业信用 100 强、中国民营企业信用 100 强和中国上市公司信用 500 强，并分别进行了分析研究，作为本报告的组成部分。

本报告通过对 2021 年我国企业信用发展综合分析与研究、2022 年发展预期及 2023 年发展展望，提出如下观点。

（一）我国企业快速恢复增长，面临的风险因素增多

2021 年，中国经济运行总体好于预期，增幅显著。本报告对我国企业总体经济环境的分析显示，2021 年我国企业的景气指数为 118.51 点，较 2020 年的 102.73 点提高了 15.78 点；盈利指数为 106.89 点，较 2020 年的 99.56 点提高了 7.33 点；效益指数为 107.09 点，较 2020 年的 104.41 点提高了 2.68 点。2021 年我国企业面对需求收缩、供给冲击、预期转弱三重压力，以及新冠疫情影响和外部经济环境诸多不利因素叠加的风险与挑战，我国企业的景气水平和盈利能力、综合效益均呈现较大幅度的提升，表明我国企业的整体恢复性增长明显，具有很强的发展韧性和抗风险能力。

本报告对企业经济效益指标的分析显示，2021 年我国企业的营收利润率、资产利润率和所有者权益报酬率三项收益性指标均有较大幅度提高。其中，营收利润率为 8.11%，较 2020 年的 4.56%提高了 3.55 个百分点；资产利润率为 4.22%，较 2020 年的 2.87%提高了 1.35 个百分点；所有者权益报酬率为 8.93%，较 2020 年的 5.80%提高了 3.13 个百分点。综

合三项收益性指标分析，2021年我国企业的收益性指标明显改善，盈利能力有所增强，整体经营环境明显好转。但同时也应注意到，这种好转是基于2020年较低基数的反弹，其基础并不稳固。

2021年样本企业的亏损比率为6.13%，较2020年的17.65%下降了11.52个百分点。样本企业亏损比率较大幅度的回落，表明企业的整体经营环境有明显改善，整体盈利能力有所增强，亏损的企业面和亏损程度均有明显下降。总体来看，样本企业的亏损比率仍处于相对高位运行，部分企业面临的经营困难局面仍然没有得到根本性改变。

国际货币基金组织（IMF）2022年10月发布的《世界经济展望》（WEO）报告表示，超过1/3的全球经济将在2022年或2023年出现萎缩。总体而言，俄乌冲突继续和不确定的地缘政治因素增多以及单边主义和贸易壁垒加剧，世界经济前景持续面临巨大的下行风险。

2022年我国企业的综合信用指数（CCI）为84.36点，较2021年的83.33点提高了1.03点。虽然世界经济前景持续面临巨大的下行风险，但我国经济运行恢复向好。国家统计局2022年10月24日发布三季度多项宏观经济数据显示，前三季度国内生产总值870269亿元，按不变价格计算，同比增长3.0%，比上半年提升0.5个百分点。总的来看，我国经济克服多重超预期冲击的不利影响，主要指标恢复回稳，保持在合理区间，积极因素累积增多。但也要看到，外部环境更趋复杂严峻，国内经济恢复基础仍不牢固。根据我国经济整体运行情况分析预测，2022年及后期市场我国企业面临的下行压力仍然十分突出。

（二）我国企业回暖迹象明显，恢复性增长态势明显，但基础尚不稳固

一是生产业景气水平明显提升，高质量发展进一步推进。2021年生产业的景气指数为113.24点，较2020年的104.53点提高了8.71点；盈利指数为102.24点，较2020年的102.75点下降了0.51点；效益指数为104.49点，较2020年的103.39点提高了1.1点。总体表明生产业的信用环境持续改善，景气水平明显提升，结构性调整效果持续显现，高质量发展进一步推进。

二是制造业景气度大幅提升，盈利能力明显增强。2021年制造业企业的景气指数为124.21点，较2020年的106.40点提高了17.81点；盈利指数为111.44点，较2020年的102.94点提高了8.50点；效益指数为108.02点，较2020年的105.57点提高了2.45点。我国制造业企业呈现高增长的基本态势，同时也充分展示了我国制造业企业强大的发展韧性和抗风险能力。

三是服务业整体回升，但下行压力仍然较大。2021年我国服务业的景气指数为109.78点，较2020年的95.25点提高了14.53点；盈利指数为100.04点，较2020年的92.36点提高了7.68点；效益指数为106.02点，较2020年的102.45点提高了3.57点。新冠疫情主要对我国服务

业产生较大影响和冲击。2021 年随着精准防控措施的实施以及宏观经济的复苏，我国服务业的三项指数均回归到荣枯线以上，服务业的整体景气水平也明显回暖。但服务业恢复性增长的动能明显不足，综合整体宏观经济走势分析，2022 年服务业将面临着再次回调的可能性，表明服务业恢复性增长的基础并不稳固。

总体来看，我国企业转型升级和高质量发展初显成果，但同时也表明不同规模、不同所有制以及不同行业之间存在的发展不平衡问题仍然存在，主要具有以下三方面特征。

第一，国有企业景气水平大幅回升，三年改革行动成效显著。2021 年国有及国有控股企业（以下简称国有企业）的景气指数为 117.04 点，较 2020 年的 101.19 点提高了 15.85 点；盈利指数为 107.21 点，较 2020 年的 99.77 点提高了 7.44 点；效益指数为 105.63 点，较 2020 年的 103.79 点提高了 1.84 点。2021 年国有企业的三项指数均呈现回升的态势，其景气水平和盈利能力大幅度提升，企业的经营效益也明显改善，国有企业三年改革行动成效显著，国有企业对国民经济的贡献率也明显提升。

第二，民营企业的经营环境明显改变，盈利能力显著增强。2021 年民营企业的景气指数为 120.57 点，较 2020 年的 102.39 点大幅提高了 18.18 点；盈利指数为 107.36 点，较 2020 年的 98.88 点提高了 8.48 点；效益指数为 108.19 点，较 2020 年的 104.71 点提高了 3.48 点。2021 年民营企业的三项指数已经遏制住了持续三年的下行走势，呈现强势反弹的态势。总体来看，民营企业开始走出低谷，恢复性增长的储能已经具备，呈现总体向好的基本面。

第三，2021 年小型企业的景气指数为 98.63 点，较 2020 年的 76.85 点回升了 21.78 点；盈利指数为 89.06 点，较 2020 年的 78.67 点回升了 10.39 点；效益指数为 105.83 点，较 2020 年的 98.07 点回升了 7.76 点。小型企业的景气指数和盈利指数仍然运行在荣枯线以下，表明其仍然处于负增长区间。总体来看，我国小型企业仍然面临着经营困难的严峻局面，抗风险能力相对较为脆弱，恢复性增长的动能明显不足。如何激发小型企业活力，提振发展信心，仍是今后一个时期要面临的主要问题。

（三）科研投入强度有所减弱，需要进一步提升科研创新能力

2021 年企业的科研经费投入占营业收入的比例为 4.89%，较 2020 年的 5.74%下降了 0.85 个百分点。企业的科研经费投入占营业收入的比例再次回落到 5%以下。

2021 年制造业科研经费投入占营业收入的比例为 5.23%，较 2020 年的 5.86%下降了 0.63 个百分点；服务业科研经费投入占营业收入的比例为 4.83%，较 2020 年的 6.27%下降了 1.44 个百分点。由此可见，服务业企业由于受经营形势和盈利能力的影响，科研经费投入占营业收入的比例回落幅度较大。

2021 年国有企业的科研经费投入占营业收入的比例为 3.37%，较 2020 年的 3.66%下降了 0.29 个百分点；民营企业的科研经费投入占营业收入的比例为 5.24%，较 2020 年的 6.12%下降了 0.88 个百分点；其他所有制企业的科研经费投入占营业收入的比例为 6.25%，较 2020 年的 7.60%下降了 1.35 个百分点。由此可见，国有企业和民营企业的科研经费投入比率相对较为稳定，而其他所有制企业受经营形势和盈利能力的影响，科研经费投入比率下降较为明显。

总体来看，我国企业的科研经费投入比率下降明显，相对处于较低水平，在科研投入上企业仍要进一步加大力度，持续提升科研创新能力。

二、研究结论及若干建议

综合对我国企业总体信用环境、效益变化总体趋势和不同行业、不同所有制、不同规模以及上市公司的重点要素分析研究，提出以下主要结论和建议。

（一）紧紧围绕主导产业，持续推进企业高质量发展

习近平总书记在党的二十大报告中为我国社会经济发展规划了新的蓝图，未来五年是全面建设社会主义现代化国家开局起步的关键时期，主要目标任务之一就是“经济高质量发展取得新突破，科技自立自强能力显著提升，构建新发展格局和建设现代化经济体系取得重大进展”。高质量发展是全面建设社会主义现代化国家的首要任务，要坚持以推动高质量发展为主题，把实施扩大内需战略同深化供给侧结构性改革有机结合起来，增强国内大循环内生动力和可靠性，提升国际循环质量和水平，加快建设现代化经济体系，着力提高全要素生产率，着力提升产业链供应链韧性和安全水平，着力推进城乡融合和区域协调发展，推动经济实现质的有效提升和量的合理增长。

当前，全球经济仍然面临着新冠疫情持续而广泛的影响，复苏势头减弱，保护主义、单边主义、霸权主义以及地缘经济政治格局、全球供应链和产业链扰动等造成的不确定因素增多、风险加大，多重超预期冲击加剧的全球经济背景下，构建新发展格局对我国经济发展行稳致远将起到关键作用。虽然我国传统制造业和基础性产业的供给侧结构性调整成效已经显现，新兴产业和未来产业发展强劲突破，在全球产业链的地位已经由中低端迈向了中高端，尤其是在一些高端领域强势突破，处于引领地位，但我们也应该清醒地认识到在一些重要关键领域和产业链上还存在明显的短板和“卡脖子”的瓶颈问题。

面对外部环境变化带来的新矛盾、新挑战，我国企业界必须顺势而为，紧紧抓住全球产业链新变局所带来的新机遇，创新作为，主动担当，紧紧围绕主导产业，尤其是战略性主导产业，补短板、破瓶颈、强弱项，进一步优化和调整经济发展思路，优化资产配置、产业布局以及可持续高质量发展的实现路径，提高全球竞争优势，创建世界一流企业，在努力打通国际循环的同时，进一步畅通国内大循环，提升经济发展的自主性和可持续性，增强发展韧性，保持我国经济平稳健康发展。

（二）紧紧围绕自主创新，加快推进数字化转型

构建新发展格局，实现高质量发展的关键在于坚持自主创新，坚持创新驱动。我国企业的研发投入强度总体呈现积极态势，对科研投入的重视程度日趋提高。但在一些关键领域的“卡脖子”问题仍然十分突出，已经成为阻碍我国产业和企业发展的“绊脚石”。只有紧紧围绕自主创新，才能取得关键领域的技术突破，才能将“绊脚石”变成超越发展的“垫脚石”，才能迈过创建世界一流企业的坎。

我国企业界要以国家战略需求为导向，进一步改革科研创新机制，主动承担起企业的主体责任，加快推动建立以企业为主体、市场为导向、产学研深度融合的技术创新体系；进一步加大研发投入力度，加快关键核心技术攻关，打造更多依靠创新驱动、发挥先发优势的引领性企业；不断提升原始创新能力、产业基础能力和产业链、供应链的现代化水平。

“加快数字化发展，建设数字中国”是“十四五”规划的重要任务之一。数字时代是我国经济和企业实现弯道超车的重要战略机遇，加快建设数字经济、数字社会、数字政府，以数字化转型整体驱动生产方式、生活方式和治理方式变革。我国企业要紧紧抓住这一战略机遇，进一步推进实体经济与数字经济的深度融合发展，推进服务业与制造业的深度融合，加速向数字化、网络化、智能化发展，着力壮大新增长点，形成发展新动能，壮大经济发展新引擎。

（三）紧密融合国家战略，进一步推进民营小微企业高质量发展

习近平总书记在党的二十大报告中进一步强调，要优化民营企业发展环境，依法保护民营企业产权和企业家权益，促进民营经济发展壮大。“十四五”规划强调，要激发各类市场主体活力，毫不动摇巩固和发展公有制经济，毫不动摇鼓励、支持、引导非公有制经济发展，培育更有活力、创造力和竞争力的市场主体。

近年来，国家出台了一系列精准的政策措施，对于民营企业、中小型企业的支持力度进一步加大，营商环境进一步改善。这些政策措施对民营企业和中小型企业加快转型发展、创新

发展，推动企业经济高质量发展发挥了重要作用。我国民营企业和中小型企业，要充分释放政策效应，激发企业高质量发展的内在活力和动力。中小企业必须顺势而为，充分发挥其灵活性、适应性、创新性的巨大优势，发展新产业、新技术、新业态、新模式，积极进入战略性新兴产业或战略性新兴产业链中，努力开辟新的广阔发展空间。

民营企业和中小型企业要积极融入国家战略，在实施军民融合、混合所有制改革以及“一带一路”长江经济带建设和京津冀一体化三大发展战略中，在国际国内双循环和构建全国统一大市场中，积极作为，我国民营企业也正在从以填补市场空白、迅速扩张为主要内容的“量的积累阶段”，转入以企业全面转型和提升为核心任务的“质的提高阶段”，民营企业要经久不衰，持续发展，就必须进行技术创新、制度创新和管理创新，要向高新技术进军，实现民营经济产业的升级换代，并以此作为民营经济新一轮增长的突破口。民营企业必须以全球化的视野积极融入国家战略之中，弥补创新能力不足和品牌影响力不高的短板，以科技创新为驱动，以全球化的大视野，大力推进国际化品牌战略，借鉴成功企业积累的经验，敢于在国际市场上竞争。

（四）充分发挥企业家精神，努力建设世界一流企业

习近平总书记在党的二十大报告中指出，“完善中国特色现代企业制度，弘扬企业家精神，加快建设世界一流企业”。这是以习近平同志为核心的党中央聚焦新时代新征程中国共产党的使命任务作出的重大战略部署，为我国企业改革发展指明了方向和目标。完善中国特色现代企业制度，弘扬企业家精神，加快建设世界一流企业，三者互为依托、互为补充、辩证统一。完善中国特色现代企业制度是制度保障，弘扬企业家精神是内在要求，加快建设世界一流企业是目标结果。建设世界一流企业，必须有与之相适应的企业制度作为基础保障，必须有与之相适应的企业家精神作为动力支撑。

一个企业发展的好与坏，关键是要看企业家。世界一流企业必然有世界一流的企业家。伴随着我国经济体制的改革开放，我国企业家不断成长，持续涌现出一批又一批的优秀企业家，为我国经济的持续快速发展做出了杰出贡献，发挥着重要的企业引领作用。

当今全球经济重要而深刻的大变局呼唤更多的企业家勇于担当，创新引领中国企业努力建设世界一流的优秀企业，创建世界一流的自主品牌，掌握世界一流的先进技术，打造世界一流的国际竞争力。企业家是推动生产力发展的关键少数和特殊人才，企业家精神是引领创新创造、推动高质量发展的强大动力，要充分理解企业家、尊重企业家、爱护企业家、支持企业家，发挥企业家在技术创新中的重要作用，强化知识产权创造、保护、运用，主动站在全球视野和高度，培养造就一大批具有国际水平的战略科技人才、科技领军人才、青年科

技人才和高水平创新团队，在关键技术领域实现自主突破；发挥企业家在高质量发展中的引领作用，打造一支具有世界眼光、战略思维、开拓精神的企业家队伍，团结带领广大干部职工在高质量发展的道路上阔步前进。我国企业家要坚持以新发展理念引领高质量发展，结合企业自身实际情况，从中短期规划着手，以长远发展布局，兼顾好短期利益和长远发展，兼顾好企业利益和国家战略，全力服务于国际国内双循环建设，积极融入全球产业链、价值链，以高水平开放促进高质量发展，着力打造世界一流企业和优秀企业，为推动我国经济高质量发展做出应有的贡献。

（五）推进高质量诚信发展，进一步推进 ESG 体系建设

疫情要防住、经济要稳住、发展要安全，这是党中央的明确要求。做好当前经济工作，要聚焦关键环节。要稳住市场主体，对受疫情严重冲击的行业、中小微企业和个体工商户实施一揽子纾困帮扶政策。要有效管控重点风险，守住不发生系统性风险底线。在当前面临诸多困难和风险挑战的经济环境下，我国企业更要强化忧患意识，守住风险底线，做好风险防范，增强发展韧性，进一步加强和提高防范化解风险能力，高度重视和防范各类风险。要突出防范经营效益下滑风险、债务风险、投资风险、金融业务风险、国际化经营风险、安全环保风险，强化各类风险识别，建立预判预警机制，及时排查风险隐患，制定完善的应对预案。我国企业要坚定不移贯彻创新、协调、绿色、开放、共享的新发展理念。企业的发展要秉承绿色低碳发展理念，践行人与自然和谐发展理念，主动承担社会责任，要始终坚持底线思维，加强诚信自律，进一步推进企业高质量诚信发展，以诚信建设筑牢企业高质量发展的基石。

在新时代新征程中更好履行社会责任、践行 ESG 理念，是企业贯彻落实党的二十大精神的必然要求和具体行动，也是打造国际竞争合作新优势、加快建设世界一流企业的重要抓手和有效举措。我国企业要主动适应、积极把握 ESG 发展热潮，认真研究、摸索从企业战略规划和体制机制层面进一步有效加强 ESG 治理，合理设定企业的 ESG 标准，制定实施框架，科学评估 ESG 绩效，找准企业 ESG 管理有效路径；要与 ESG 监管机构、研究机构、中介机构等加强交流合作，积极参与构建具有中国特色、与国际准则接轨兼容的 ESG 规则规范，为建强我国 ESG 体系做出更大的贡献。

第二章
2022中国企业信用发展综合评价与分析报告

由中国企业改革与发展研究会、中国合作贸易企业协会、国信联合（北京）认证中心联合开展的2022中国企业信用发展分析研究和发布活动，是自2011年以来连续第12次针对中国企业信用发展状况进行的分析研究工作，并在此基础上，评价产生了2022中国企业信用500强、中国制造业企业信用100强、中国服务业企业信用100强、中国民营企业信用100强和中国上市公司信用500强。

中国企业信用评价模型是从企业的信用环境、信用能力、信用行为三个方面，综合企业的收益性、流动性、安全性、成长性等各项指标，采取以定量评价为主导、定量与定性评价相结合，以效益和效率为核心的多维度、趋势性分析研究模型，能客观体现企业综合信用状况和经营实力。其中，信用环境、信用能力的数据采集时效是以2019—2021年（或以企业财年）的数据或信息为依据；信用记录时效是以2021年10月1日至2022年9月30日的信息为依据。本报告所采集的信息数据来源主要有以下三种渠道和方式：一是通过公开的信息获得；二是企业自愿申报的数据信息；三是通过信用调查评价活动获得的相关信息，如行业、市场、宏观经济、政策及法律法规等影响性分析。

经分析与研究，2022年中国企业综合信用评价结果为AAA级，综合信用指数（CCI）为84.36点，较2021年提高了1.03点（2021年中国企业综合信用指数为83.33点）。

一、2022中国企业信用发展总体评价与分析

（一）我国企业信用环境总体评价与分析

1.世界经济持续面临巨大的下行风险

国际货币基金组织（IMF）2022年10月发布的《世界经济展望》（WEO）报告预计，约1/3的全球经济体将在2022年或2023年出现萎缩；2022年全球经济将增长3.2%，与2022年7月预

测持平；2023 年全球经济增速将进一步放缓至 2.7%，较 2022 年 7 月预测下调 0.2 个百分点，且存在 25%的可能性会降到 2%以下。报告指出，如果不包括全球金融危机和新冠疫情最严重阶段，这将是 2001 年以来最为疲弱的增长表现。此外，报告预计全球通胀将从 2021 年的 4.7%上升到 2022 年的 8.8%，但 2023 年和 2024 年将分别降至 6.5%和 4.1%。

对许多新兴市场和发展中经济体来说，外部环境本已非常困难。由于美元大幅升值，这些经济体的内部价格压力显著增大，生活成本危机也进一步加剧。资本流动尚未恢复，许多低收入和发展中经济体仍然处于债务困境之中。疫情之后的经济创伤尚未完全愈合，而这些伤疤又将被 2022 年的冲击重新揭开。

总体而言，俄乌冲突继续和不确定的地缘政治因素增多以及单边主义和贸易壁垒加剧，全球能源和粮食价格上涨，导致持续存在且不断扩大的通胀压力，对全球经济稳定造成严重破坏。世界经济持续面临巨大的下行风险，货币、财政或金融政策校准不当的风险已经急剧上升，而此时此刻的世界经济正处在历史上非常脆弱的时期，金融市场也已出现承压迹象。

2.我国经济运行保持恢复向好态势

虽然世界经济持续面临巨大的下行风险，但我国经济运行恢复向好。在以习近平同志为核心的党中央坚强领导下，各地区各部门认真贯彻落实党中央、国务院决策部署，坚持稳中求进工作总基调，高效统筹疫情防控和经济社会发展，落实疫情要防住、经济要稳住、发展要安全的要求，推动我国经济持续恢复发展。

国家统计局 2022 年 10 月 24 日发布三季度多项宏观经济数据显示，面对复杂严峻的国内外形势和多重超预期因素冲击，国民经济顶住压力持续恢复，三季度经济恢复向好，明显好于二季度，生产需求持续改善，就业物价总体稳定，民生保障有力有效，总体运行在合理区间。

初步核算，前三季度国内生产总值 870269 亿元，按不变价格计算，同比增长 3.0%，比上半年加快 0.5 个百分点。分产业看，第一产业增加值 54779 亿元，同比增长 4.2%；第二产业增加值 350189 亿元，增长 3.9%；第三产业增加值 465300 亿元，增长 2.3%。分季度看，一季度国内生产总值同比增长 4.8%，二季度增长 0.4%，三季度增长 3.9%。从环比看，三季度国内生产总值增长 3.9%。前三季度，全国规模以上工业增加值同比增长 3.9%，比上半年加快 0.5 个百分点；服务业增加值同比增长 2.3%，比上半年加快 0.5 个百分点。

国家统计局新闻发言人表示，总的来看，我国经济克服多重超预期冲击的不利影响，主要指标恢复回稳，保持在合理区间，积极因素累积增多。但也要看到，外部环境更趋复杂严峻，国内经济恢复基础仍不牢固。下阶段，要继续做好“六稳”“六保”工作，狠抓相关政策落实见效，充分释放政策效能，着力保市场主体、稳就业、稳物价，扩大有效需求，推改革激活力，巩固经济恢复发展基础，保持经济运行在合理区间，力争实现最好结果。

2010—2022 年前三季度国内生产总值及其增长速度分析如图 2-1 所示。

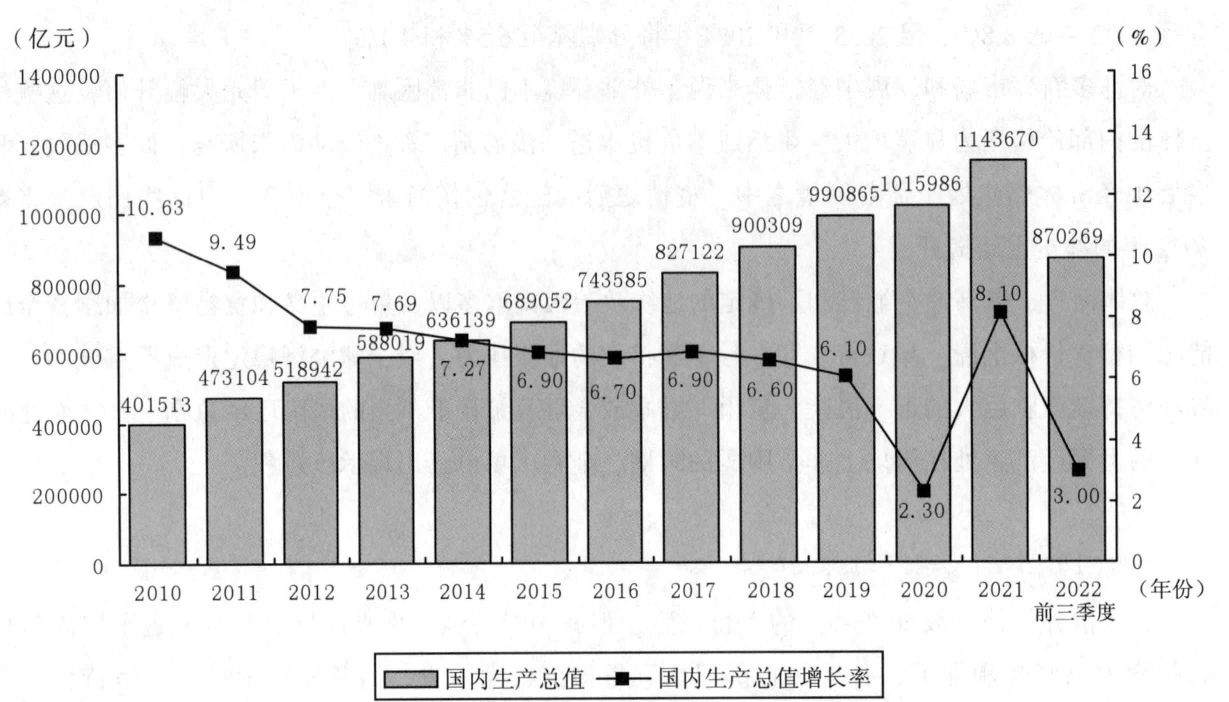

图 2-1 2010—2022 年前三季度国内生产总值及其增长速度分析

注：该图采用国家统计局当年公告数据，未进行调整或系统修订。

2022 年中央经济工作会议认为，党的二十大描绘了全面建设社会主义现代化国家的宏伟蓝图。面对风高浪急的国际环境和艰巨繁重的国内改革发展稳定任务，在以习近平同志为核心的党中央坚强领导下，全党全国各族人民迎难而上，砥砺前行，统筹国内国际两个大局，统筹疫情防控和经济社会发展，统筹发展和安全，加大宏观调控力度，应对超预期因素冲击，发展质量稳步提升，科技创新成果丰硕，改革开放全面深化，就业物价基本平稳，粮食安全、能源安全和人民生活得到有效保障，保持了经济社会大局稳定。会议指出，当前我国经济恢复的基础尚不牢固，需求收缩、供给冲击、预期转弱三重压力仍然较大，外部环境动荡不安，给我国经济带来的影响加深。但也要看到，我国经济韧性强、潜力大、活力足，各项政策效果持续显现，2023 年经济运行有望总体回升。

3.我国企业快速恢复增长，表现出较强的发展韧性

2021 年我国企业的景气指数为 118.51 点，较 2020 年的 102.73 点提高了 15.78 点；盈利指数为 106.89 点，较 2020 年的 99.56 点提高了 7.33 点；效益指数为 107.09 点，较 2020 年的

104.41 点提高了 2.68 点。

2011—2021 年中国企业总体信用环境分析见图 2-2。

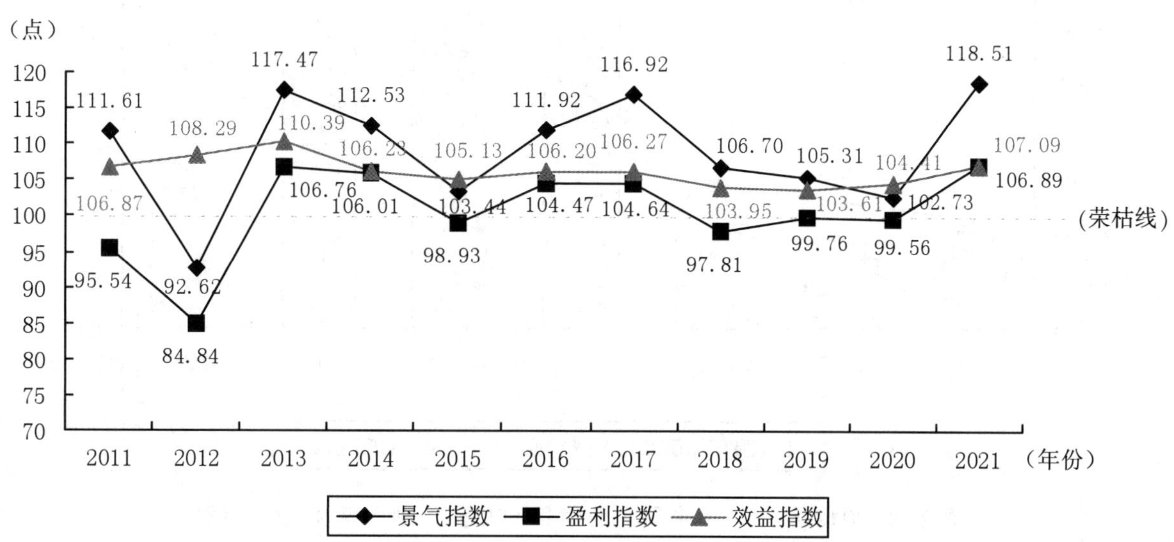

图 2-2 2011—2021 年中国企业总体信用环境分析

通过图 2-2 可以看出，2021 年我国企业呈现快速恢复性增长的态势。其中，景气指数、盈利指数和效益指数均呈现大幅回升的态势，表明我国企业整体恢复明显，增幅显著。尤其是盈利指数，在 2018—2020 年持续三年低位运行在荣枯线以下之后，2021 年重新回归到荣枯线以上，且创下了自 2011 年以来最好水平，表明我国企业的整体恢复性增长明显，具有很强的发展韧性和抗风险能力。

本报告整体评价结果显示，2022 年我国企业的综合信用指数（CCI）为 84.36 点，较 2021 年的 83.33 点提高了 1.03 点。2022 中国企业信用 500 强的入围门槛为净利润 2.76 亿元，比 2021 年的 5.76 亿元下降了 3.00 亿元。2022 年中国制造业企业信用 100 强、中国民营企业信用 100 强的入围门槛较 2021 年有所提高，而中国服务业企业信用 100 强、中国上市公司信用 500 强的入围门槛较 2021 年则有较大幅度的下降。这从一个侧面反映出我国企业恢复性增长的基础仍不稳固，预测 2022 年面临的下行压力仍然十分突出。

2016—2022 年中国企业信用 500 强入围门槛和 CCI 指数见图 2-3。

（二）2022 中国企业总体效益及其趋势分析

1.企业的收益性指标明显改善，盈利能力有所增强

第一，从收益性三项指标分析。2021 年我国企业的营收利润率、资产利润率和所有者权

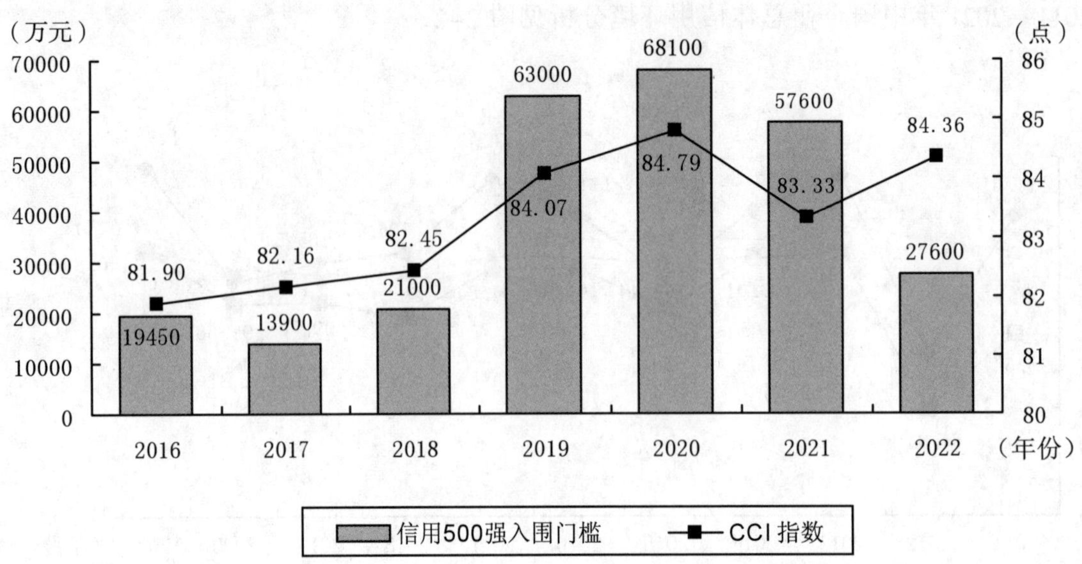

图 2-3 2016—2022 年中国企业信用 500 强入围门槛和 CCI 指数

益报酬率三项收益性指标均有较大幅度提高。其中，营收利润率为 8.11%，较 2020 年的 4.56%提高了 3.55 个百分点；资产利润率为 4.22%，较 2020 年的 2.87%提高了 1.35 个百分点；所有者权益报酬率为 8.93%，较 2020 年的 5.80%提高了 3.13 个百分点。综合三项收益性指标分析，2021 年我国企业的收益性指标明显改善，盈利能力有所增强，整体经营环境得到了明显好转。但同时也应注意到，这是基于 2020 年较低基数的反弹，其基础并不稳固。

2011—2021 年企业收益性指标分析见图 2-4。

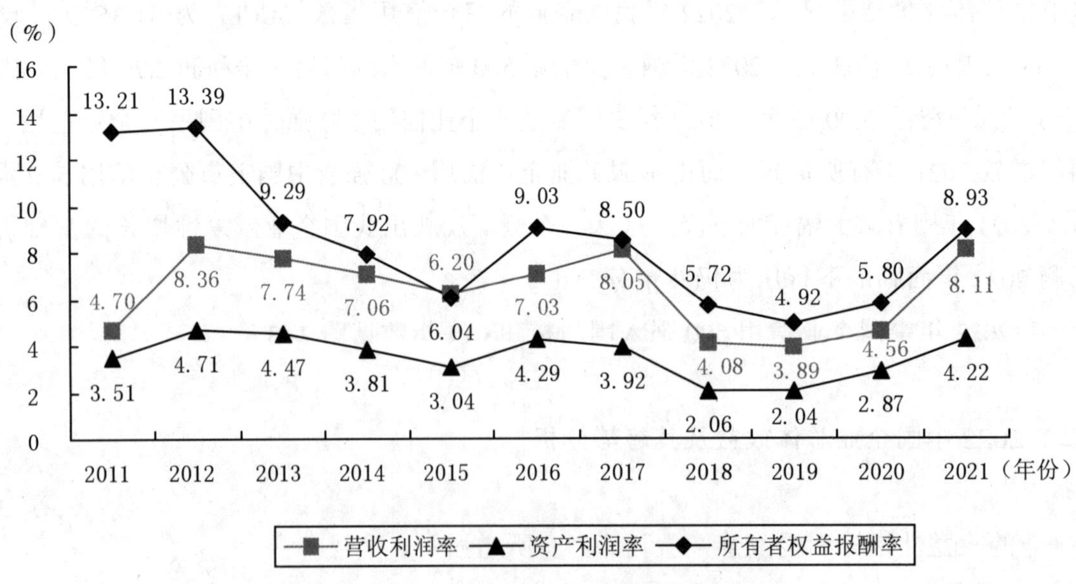

图 2-4 2011—2021 年企业收益性指标分析

预测 2022 年受疫情持续以及外部环境不确定因素增多的影响，内部市场需求疲软、外部出口影响较大，我国企业的盈利空间将不可避免地受到下行压力的影响，企业的经营困难将会进一步增多。

第二，从样本企业亏损比率分析。2021 年样本企业的亏损比率为 6.13%，较 2020 年的 17.65%下降了 11.52 个百分点。样本企业亏损比率较大幅度的回落，表明企业的整体经营环境有明显改善，整体盈利能力有所增强，亏损的企业面和亏损程度均有明显下降。但综合分析看，样本企业的亏损比率仍处于相对高位，部分企业面临的经营困难局面仍然没有得到根本性改变。

2014—2021 年样本企业亏损比率分析见图 2-5。

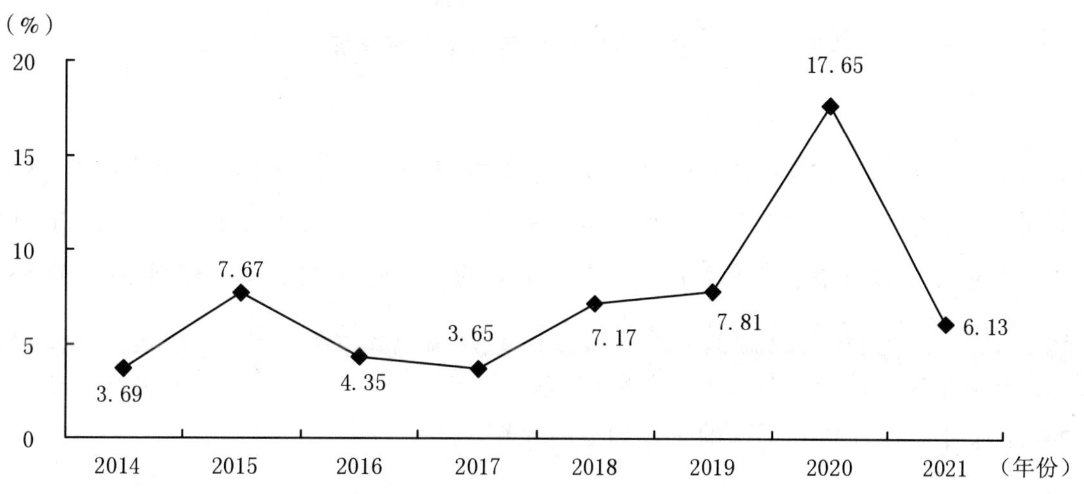

图 2-5 2014—2021 年样本企业亏损比率分析

第三，从亏损的企业面分析。2011—2021 年亏损的企业占比分别为 3.13%、5.48%、6.88%、7.32%、10.72%、6.95%、6.33%、11.46%、11.65%、12.51%、8.20%。2021 年亏损的企业面较 2020 年下降了 4.31 个百分点。

从样本企业亏损比率的大幅回落、亏损企业面的明显收窄可以看出，2020 年新冠疫情对我国企业的生产经营产生较大影响和冲击，但随着我国精准防控措施的落实，2021 年这一情况得到明显改善，最大限度地减少了新冠疫情对我国企业生产经营的影响，生产经营秩序得到有效改善，恢复性增长的态势进一步得到稳固。但从国民经济整体运行情况以及新冠疫情的广泛而持续性影响分析，2022 年我国企业的整体增长将会出现较大幅度的回落，也许会进入新冠疫情防控三年以来最为艰难的时期。

2011—2021 年亏损企业面分析见图 2-6。

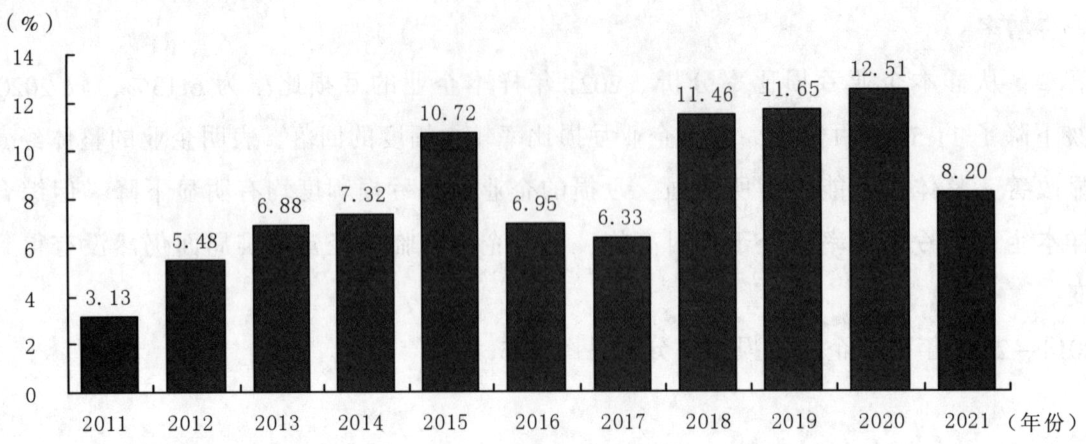

图 2-6 2011—2021 年亏损企业面分析

第四，从三项收益性指标下降的企业面分析。2021 年营收利润率下降的企业面为 53.15%，较 2020 年的 50.13%扩大了 3.02 个百分点；资产利润率下降的企业面为 47.55%，较 2020 年的 56.56%收窄了 9.01 个百分点；所有者权益报酬率下降的企业面为 45.58%，较 2020 年的 56.31%收窄了 10.73 个百分点。这种情况可以从两个方面解读：一方面是企业的盈利空间受到挤压，经营难度进一步加大；另一方面是企业的资产性经营明显改善，资产效益有所提高。

2012—2021 年收益性指标下降的企业面分析见图 2-7。

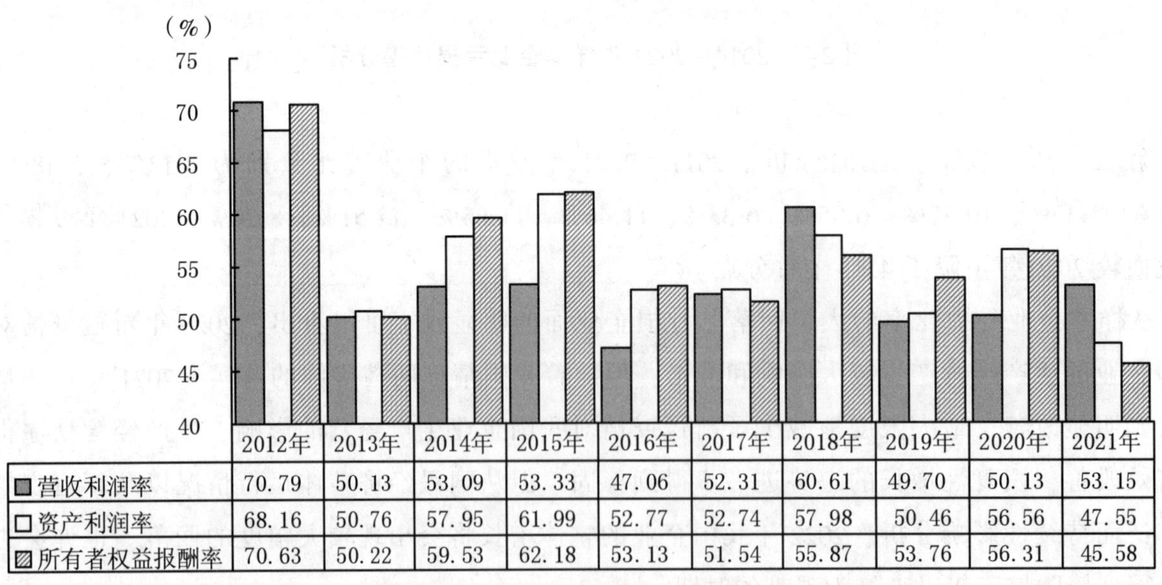

	2012年	2013年	2014年	2015年	2016年	2017年	2018年	2019年	2020年	2021年
■营收利润率	70.79	50.13	53.09	53.33	47.06	52.31	60.61	49.70	50.13	53.15
□资产利润率	68.16	50.76	57.95	61.99	52.77	52.74	57.98	50.46	56.56	47.55
▨所有者权益报酬率	70.63	50.22	59.53	62.18	53.13	51.54	55.87	53.76	56.31	45.58

图 2-7 2012—2021 年收益性指标下降的企业面分析

通过对以上收益性各项指标综合分析可以看出，2021 年我国企业的总体盈利能力有明显提升，恢复性增长态势明显，但基础尚不稳固，主要表现在以下三个方面：一是盈利能力的明显提高是基于 2020 年低点回升；二是营收利润率下降的企业面较 2020 年仍有明显的扩大；三是主要盈利来源于资产性收益，也就是受益于企业内部潜能和成本控制。依据国民经济整体运行情况预测，2022 年我国企业的整体增长将会有所回落，利润空间将会受到进一步挤压，所面临的经营挑战也将会更加严峻。但总体分析来看，我国企业在经历了三年防疫的艰难岁月后，必将走出低谷，2023 年及以后的三年间，将会是我国企业快速恢复性增长的“黄金”时期，我国企业界需要进一步增强高质量发展的信心。

2.企业的流动性明显改善，经营质量进一步提高

第一，从企业的流动性分析。2021 年企业的资产周转率为0.72 次/年，较 2020 年的 0.63 次/年提高 0.09 次/年，资产运行效率有明显提高。从资产周转率下降的企业面分析，2013—2021 年资产周转率下降的企业面分别为 50.80%、58.70%、69.60%、53.09%、45.42%、45.13%、51.58%、64.26%、34.59%，2021 年资产周转率下降的企业面较 2020 年收窄了 29.67 个百分点，表明企业的流动性明显改善。

第二，从企业的平均负债水平分析。2013—2021 年企业平均所有者权益比率分别为 47.48%、44.46%、47.55%、53.29%、49.95%、48.33%、49.89%、49.36%、45.24%。2021 年所有者权益比率回落了 4.12 个百分点，理论负债率相应有明显提高。

从企业的流动性和平均负债水平两个方面分析可以看出，2021 年我国企业的总体流动性得到明显改善，资金压力明显缓解，表明精准扶持的金融政策效应逐步释放，企业的经营环境进一步好转。

2013—2021 年企业平均负债水平分析见图 2-8。

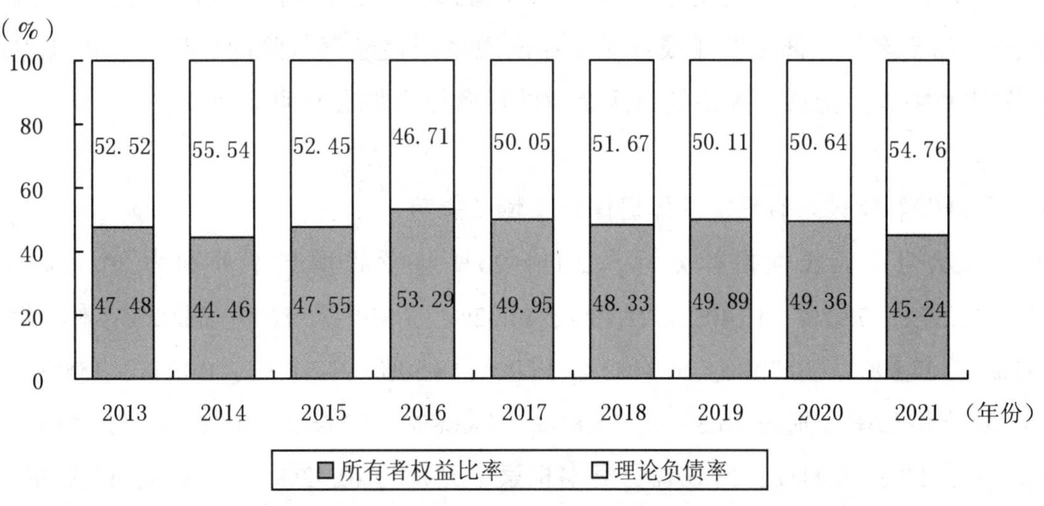

图 2-8 2013—2021 年企业平均负债水平分析

第三，从企业的资本保值增值率分析。2011—2021 年企业资本保值增值率分别为112.28%、111.28%、114.09%、109.54%、108.23%、109.66%、110.40%、106.90%、106.58%、108.20%、110.69%。2021 年企业的资本保值增值率较 2020 年提高了 2.49 个百分点，增值幅度进一步扩大，且达到了 2014 年以来的最好水平，表明企业的经营质量效益进一步提高。

2011—2021 年企业资本保值增值率分析见图 2-9。

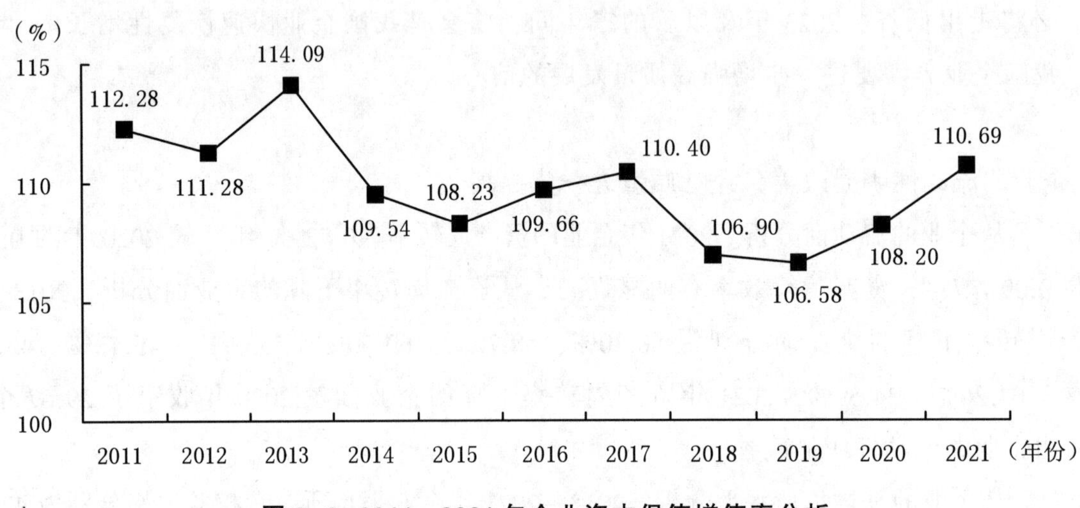

图 2-9 2011—2021 年企业资本保值增值率分析

综合流动性和安全性分析，2021 年企业的流动性进一步改善，理论负债率持续提高，资金压力明显缓解，资本保值增值率大幅度提升，总体表明企业的资产经营质量效益进一步提高，高质量发展取得明显成效。同时也表明企业的整体信用风险处于安全可控状态，系统性风险进一步减缓。但结合宏观经济总体走势以及持续性疫情影响，预测 2022 年我国企业流动性仍将处于偏紧态势，部分企业或行业存在出现系统性经营风险的可能性，需要引起企业界的高度关注和警觉。2023 年及后期市场企业的经营压力将会有明显释放。

3.新冠疫情影响较为有限，总体仍保持正增长态势

第一，从企业成长性指标分析。2011—2021 年营收增长率分别为 30.56%、14.70%、15.81%、11.65%、7.97%、15.40%、21.78%、13.32%、9.63%、5.80%、23.02%；利润增长率分别为-5.39%、-27.89%、30.79%、16.94%、-1.09%、8.50%、12.10%、0.12%、1.00%、-0.34%、14.00%；资产增长率分别为 26.83%、15.81%、14.88%、17.66%、19.83%、20.43%、19.74%、11.10%、10.12%、16.11%、14.67%；资本积累率分别为-0.42%、14.19%、17.85%、17.72%、23.01%、23.85%、22.12%、8.96%、14.95%、16.49%、12.83%；从业人员增长率分别为

39.17%、7.93%、5.30%、4.07%、8.68%、6.87%、6.19%、5.30%、1.93%、3.07%、2.95%。

2011—2021 年企业成长性指标分析见图 2-10。

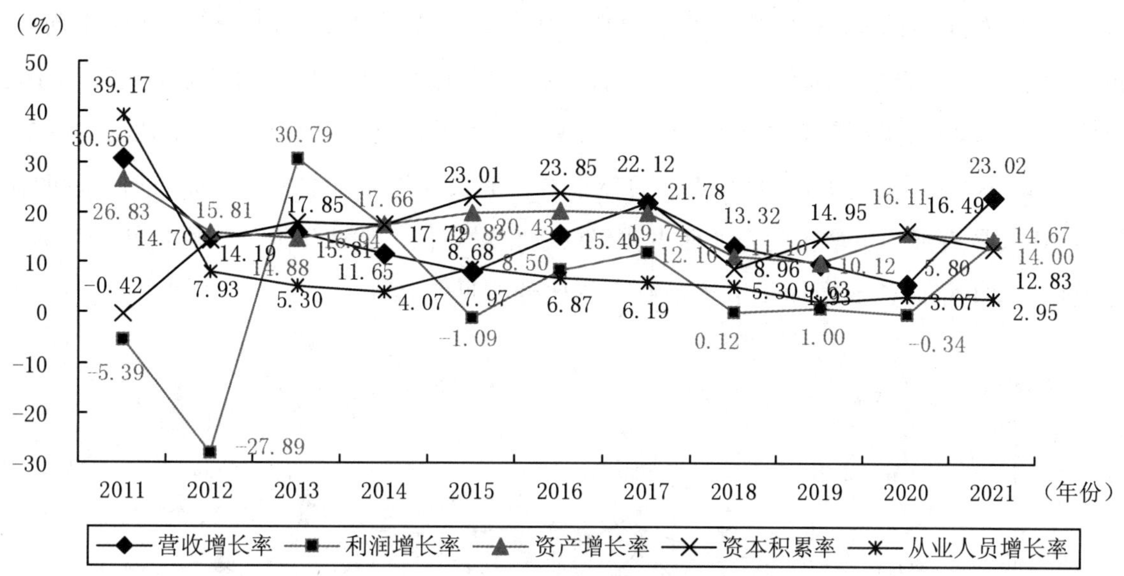

图 2-10 2011—2021 年企业成长性指标分析

首先，从两项经营性成长指标分析。企业营收增长率呈现报复性反弹的态势，2021 年营收增长率为 23.02%，较 2020 年的 5.80%大幅提高了 17.22 个百分点；利润增长率为 14.00%，由 2020 年的负增长转为大幅正增长，提高了 14.34 个百分点，创 2015 年以来的最好水平。综合两项经营性成长指标分析表明，2018—2020 年持续三年下降态势，尤其是 2020 年受新冠疫情影响，企业的经营性成长指标受到严重挫折，2021 年出现报复性反弹，但恢复性增长的基础并不稳固，预测 2022 年将会再次出现较大幅度的回落，2023 年及后期市场才会出现持续性的稳定增长。

其次，从两项资产性成长指标分析。2021 年企业资产增长率为 14.67%，较 2020 年的 16.11%回落了 1.44 个百分点；资本积累率为 12.83%，较 2020 年的 16.49%回落了 3.66 个百分点。两项资产性成长指标呈现不升反降的态势，并未伴随经营性成长指标出现较大幅度的增长，表明企业的高增长主要依靠内部潜能的释放，一方面表明企业普遍采取了更加谨慎的投资态度；另一方面也反映出企业高质量发展取得一定成效。

最后，从人员增速分析。2021 年企业从业人员增长率为 2.95%，较 2020 年的 3.07%回落了 0.12 个百分点。总体来看，企业的从业人员增长率指标呈现逐年下降的态势，既有人工智能的影响因素，也与宏观经济影响有关。

综合成长性指标分析可以看出，2021 年新冠疫情对我国企业的影响较为有限，总体上已然出现恢复性增长的基本态势。后期市场即使出现一定幅度的波动，但总体向好的基本面不会改变。

第二，从成长性指标负增长的企业面分析。2021 年营业收入表现为负增长的企业面占比为 13.43%，较 2020 年的 38.20%缩小了 24.77 个百分点；利润表现为负增长的企业面占比为 36.58%，较 2020 年的 47.35%缩小了 10.77 个百分点；资产表现为负增长的企业面占比为 16.06%，较 2020 年的 23.89%缩小了 7.83 个百分点；资本表现为负增长的企业面占比为 16.52%，较 2020 年的 20.49%缩小了 3.97 个百分点；从业人员表现为负增长的企业面占比为 46.92%，较 2020 年的 46.98%缩小了 0.06 个百分点。总体来看，成长性指标负增长的企业面均呈现明显的收窄，但从业人员表现为负增长的企业面占比仍处于相对高位，就业压力的矛盾仍然较为突出。

2011—2021 年成长性指标负增长企业面占比分析见图 2-11。

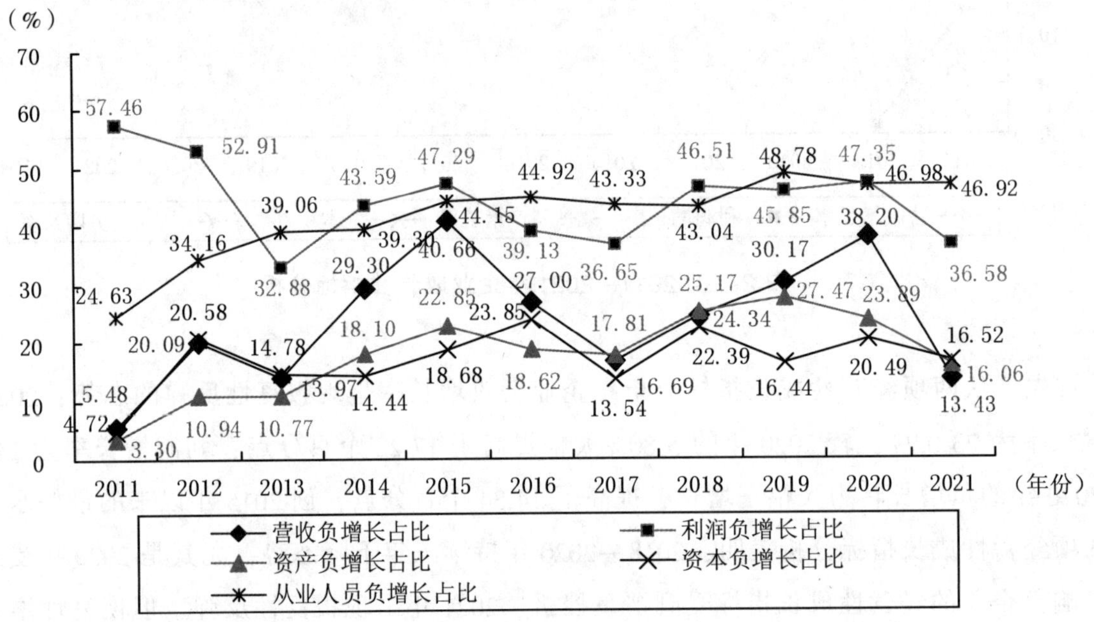

图 2-11 2011—2021 年成长性指标负增长企业面占比分析

第三，从企业的研发强度分析。2021 年企业的科研经费投入占营业收入的比例为 4.89%，较 2020 年的 5.74%下降了 0.85 个百分点。企业的科研经费投入占营业收入的比例再次回落到 5%以下，但总体来看仍然处于相对高位，下降的幅度有限，企业的整体研发投入强度呈现稳定的基本态势。

2013—2021 年企业科研经费投入占营收比例分析见图 2-12。

第四，从企业人均营业额和人均利润额分析。2014—2021 年企业人均营业额分别为 163.76 万元/人·年、157.83 万元/人·年、175.16 万元/人·年、200.78 万元/人·年、213.96 万元/人·年、226.25 万元/人·年、242.05 万元/人·年、289.76 万元/人·年，2021 年较 2020 年提高了 47.71 万元/人·年；2014—2021 年企业人均利润额分别为 7.97 万元/人·年、7.74 万元/人·年、8.65 万元/人·年、10.31 万元/人·年、10.40 万元/人·年、11.22 万元/人·年、11.70 万元/人·年、14.31

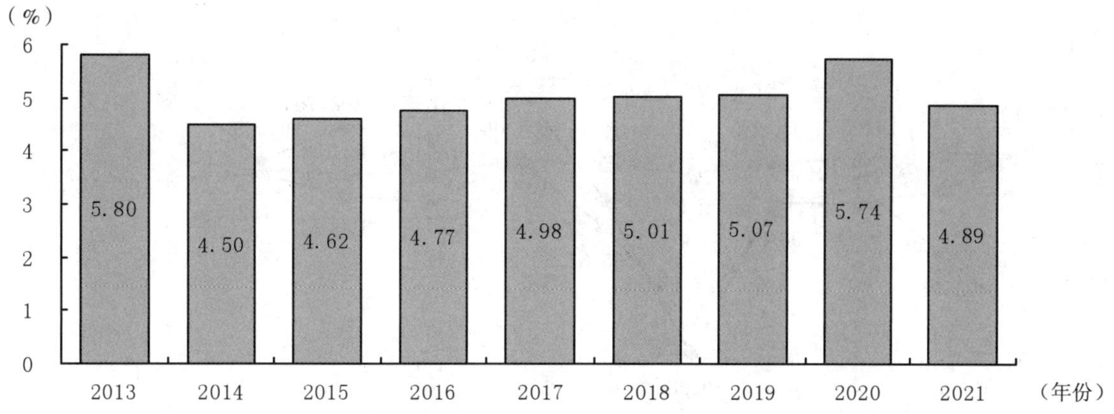

图 2-12 2013—2021 年企业科研经费投入占营收比例分析

万元/人·年，2021 年较 2020 年提高了 2.61 万元/人·年。这两项指标表明企业的整体劳动效率和效益持续提高，经营质量和经营效益明显好转，企业的高质量发展成效持续显现。

二、2022 中国企业信用发展行业特征分析

（一）生产业特征分析

1.生产业高位反弹，恢复性增长态势明显

第一，生产业总体信用环境持续改善。2021 年生产业的景气指数为 113.24 点，较 2020 年的 104.53 点提高了 8.71 点；盈利指数为 102.24 点，较 2020 年的 102.75 点下降了 0.51 点；效益指数为 104.49 点，较 2020 年的 103.39 点提高了 1.1 点。

2011—2021 年生产业总体信用环境分析见图 2-13。

从三项指数分析可以看出，2021 年生产业的三项指数保持在荣枯线以上运行，尤其是景气指数呈现较大幅度的反弹，表明生产业的总体表现良好。盈利指数虽在回落，但幅度有限，效益指数稳中有升，总体表明生产业的信用环境持续改善，结构性调整效果持续显现，高质量发展进一步推进。预测 2022 年及后期市场，随着能源需求持续紧张，生产业也将会持续高位运行。

第二，煤炭行业强势反弹。2021 年我国煤炭行业的景气指数为 141.01 点，较 2020 年的 90.66 点提高了 50.35 点；盈利指数为 126.11 点，较 2020 年的 89.28 点提高了 36.83 点；效益指数为 107.75 点，较 2020 年的 102.23 点提高了 5.52 点。

2011—2021 年煤炭行业信用环境分析见图 2-14。

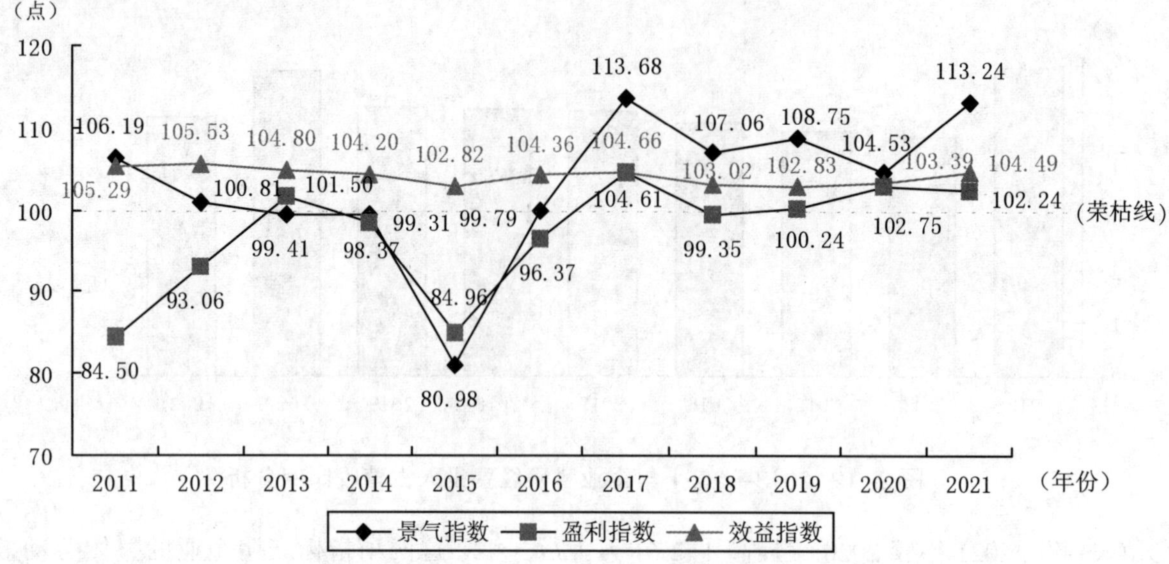

图 2-13 2011—2021 年生产业总体信用环境分析

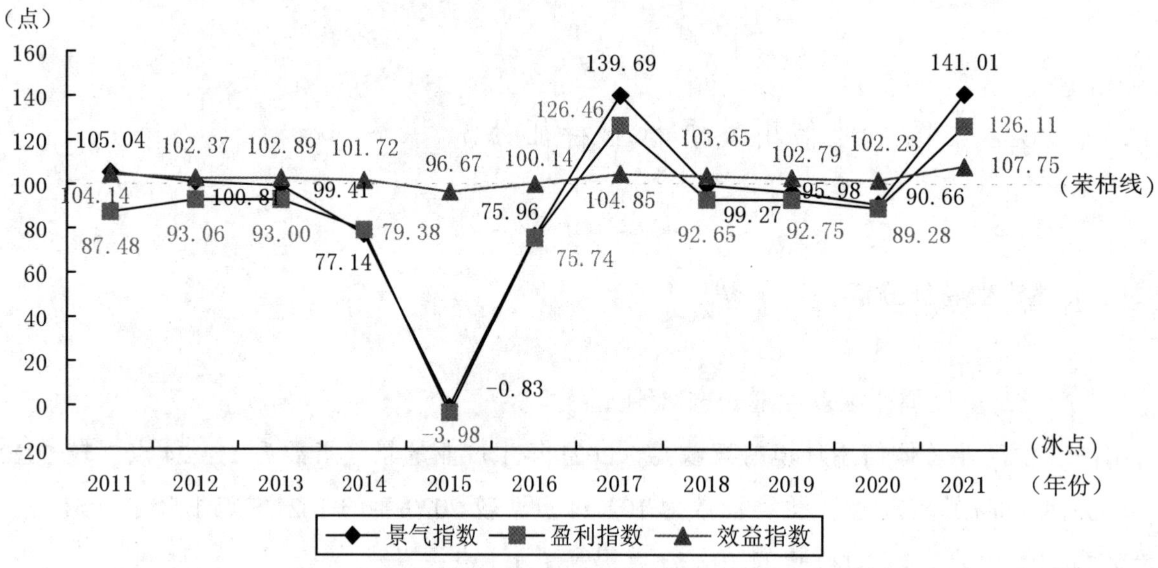

图 2-14 2011—2021 年煤炭行业信用环境分析

从图 2-14 中可以看出，煤炭行业的三项指数均回归到荣枯线以上运行，且呈现大幅反弹的强势态势。2021 年受国际大宗商品和能源价格上涨因素的影响，该行业的经营环境有明显好转，三项指数均创 2011 年以来的最好水平。预测 2022 年及后期市场，该行业仍将保持合理的增长水平。

第三，建筑行业有明显回暖迹象。2021 年我国建筑行业的景气指数为 109.88 点，较 2020 年的 106.01 点提高了 3.87 点；盈利指数为 103.92 点，较 2020 年的 103.65 点提高了 0.27 点；效益指数为 105.55 点，较 2020 年的 104.19 点提高了 1.36 点。

2011—2021 年建筑行业信用环境分析见图 2-15。

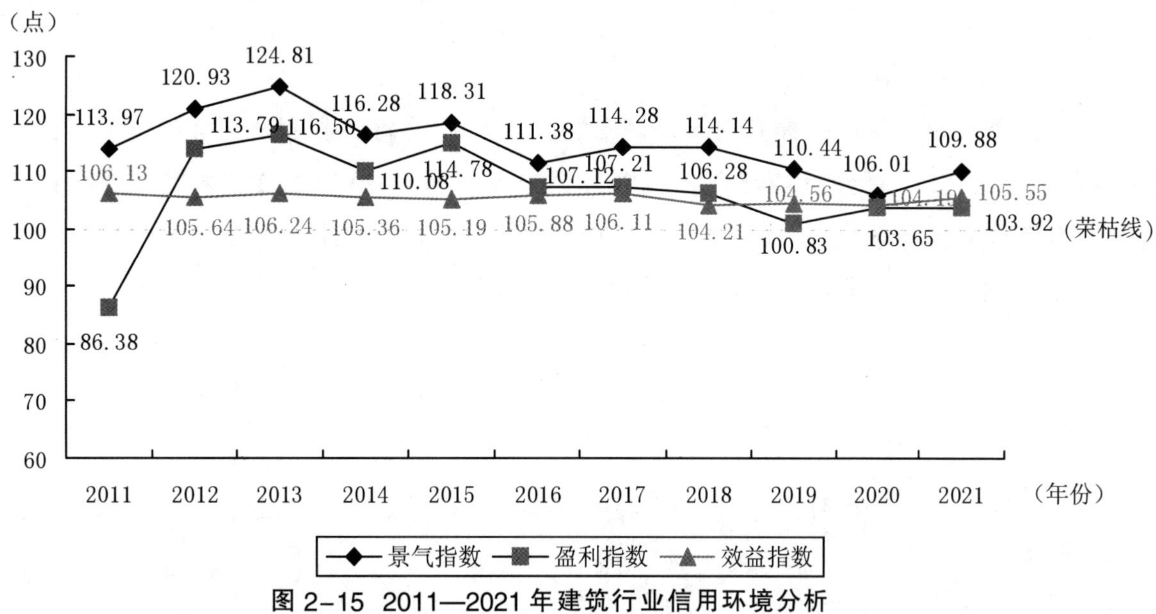

图 2-15 2011—2021 年建筑行业信用环境分析

从图 2-15 中可以看出，建筑业的三项指数全面回升，有明显的回暖迹象，但提升的幅度有限。预测 2022 年该行业受新冠疫情的持续影响，该行业仍有较大的下行压力。

第四，电力行业全面回落。2021 年我国电力行业的景气指数为 93.59 点，较 2020 年的 116.07 点回落了 22.48 点；盈利指数为 80.11 点，较 2020 年的 116.70 点回落了 36.59 点；效益指数为 102.76 点，较 2020 年的 104.76 点回落了 2.00 点。电力行业的三项指数均呈现全面回落的态势，且景气指数和盈利指数已经跌破荣枯线，表现为负增长的态势。预测 2022 年及后期市场，该行业的三项指数才有可能回归到荣枯线以上。

2011—2021 年电力行业信用环境分析见图 2-16。

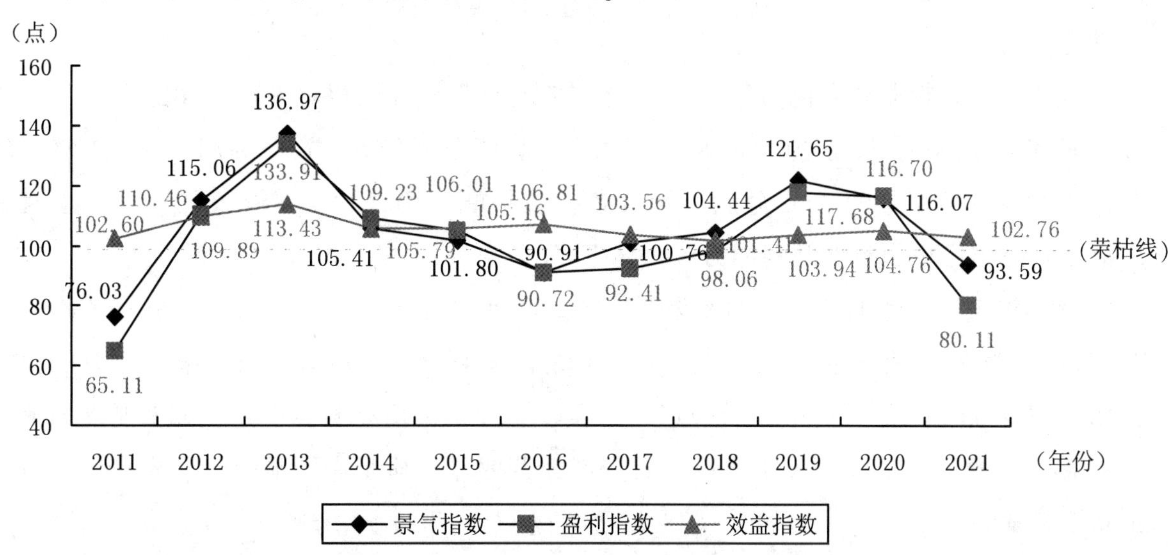

图 2-16 2011—2021 年电力行业信用环境分析

2.生产业收益性指标明显回升

第一，生产业收益性指标有明显提高。2021 年生产业营收利润率为 4.06%，较 2020 年的 2.93%提高了 1.13 个百分点；资产利润率为 2.29 %，较 2020 年的 2.17%提高了 0.12 个百分点；所有者权益报酬率为 7.13%，较 2020 年的 5.09%提高了 2.04 个百分点。

2011—2021 年生产业收益性指标分析见图 2-17。

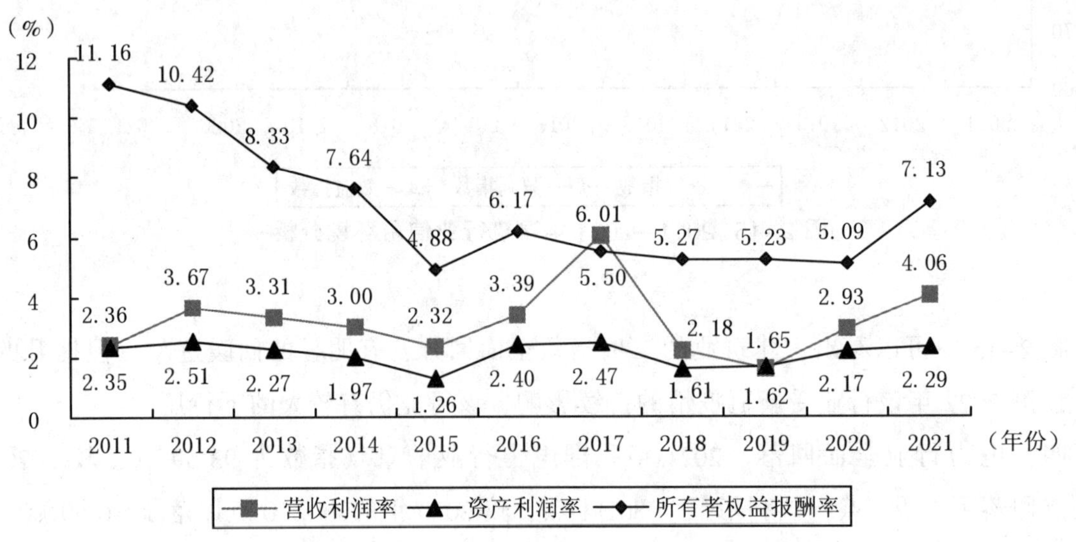

图 2-17 2011—2021 年生产业收益性指标分析

生产业的三项收益性指标总体呈现持续回升的良好态势，表明企业经营环境持续改善，整体效益显著提高。预测 2022 年及后期市场，生产业的整体收益性也将持续保持在合理水平。

第二，电力行业盈利能力下降，煤炭、建筑行业收益性相对平稳。2021 年电力行业的营收利润率为 3.85%，较 2020 年的 8.80%下降了 4.95 个百分点；资产利润率为 0.29%，较 2020 年的 2.22%下降了 1.93 个百分点；所有者权益报酬率为 4.13%，较 2020 年的 3.27%提高了 0.86 个百分点。电力行业盈利能力有明显下降。

2021 年煤炭行业的营收利润率为 8.01%，较 2020 年的 3.36%提高了 4.65 个百分点；资产利润率为 4.19%，较 2020 年的 1.74%提高了 2.45 个百分点；所有者权益报酬率为 11.06%，较 2020 年的 1.60%提高了 9.46 个百分点。三项收益性指标均有明显提高，尤其是所有者权益报酬率有较大的提升幅度，表明该行业的资产经营效益和质量有明显提升，资产结构优化调整取得明显成效。

2021 年建筑行业的营收利润率为 2.66%，较 2020 年的 2.42%提高了 0.24 个百分点；资产

利润率为 2.88%，较 2020 年的 2.30%提高了 0.58 个百分点；所有者权益报酬率为 11.12%，较 2020 年的 7.84%提高了 3.28 个百分点。建筑行业所有者权益报酬率有较大幅度的提升。

3.生产业的流动性运行总体平稳，安全性处于可控状态

第一，从流动性分析。2021 年生产业企业平均资产周转率为 0.61 次/年，较 2020 年 0.57 次/年提高了 0.04 次/年。总体运行平稳，有小幅提高。

第二，从负债水平分析。2021 年生产业企业所有者权益比率为 32.34%，较 2020 年的 35.55%下降了 3.21 个百分点，与之相对应的是企业负债率有所提高，投融资环境进一步改善，但总体信用风险仍处于安全可控的状态。

第三，从资本保值增值率分析。2021 年生产业企业资本保值增值率为 107.29%，较 2020 年的 107.23%提高了 0.06 个百分点，总体运行呈现稳中有升的态势。

2012—2021 年生产业所有者权益比率、资本保值增值率分析见图 2-18。

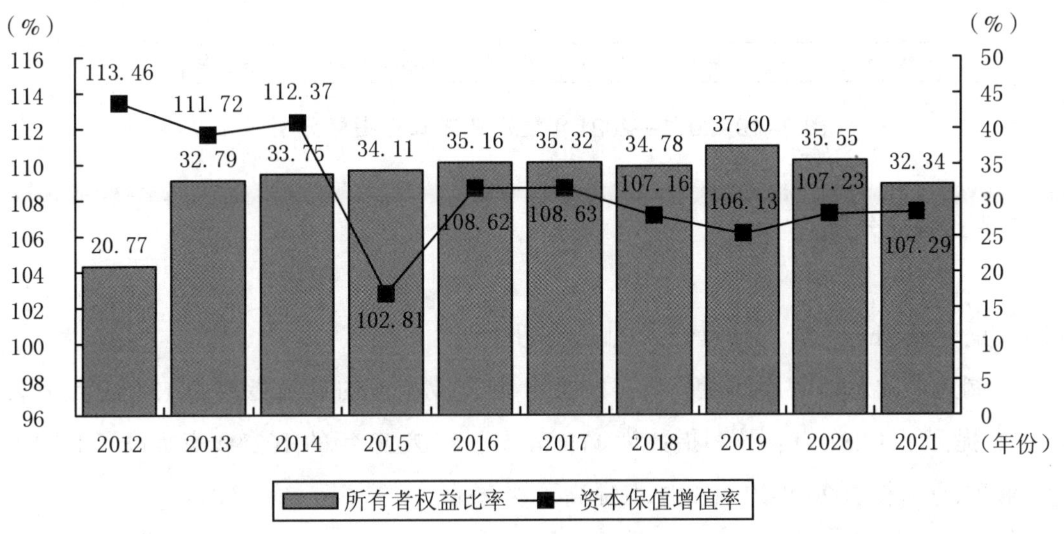

图 2-18 2012—2021 年生产业所有者权益比率、资本保值增值率分析

4.生产业成长性指标有升有降，有利于产业结构性调整

第一，从两项经营性成长指标分析。2021 年生产业企业营收增长率为 21.21%，较 2020 年的 4.96%提高了 16.25 个百分点；利润增长率为 5.26%，较 2020 年的 4.10%提高了 1.16 个百分点。综合上述两项经营性成长指标分析可以看出，生产业营收增长率和利润增长率均有明显提高，尤其是营收增长率增长幅度最为明显。

第二，从两项资产性成长指标分析。2021 年生产业资产增长率为 11.65%，较 2020 年的 12.29%下降了 0.64 个百分点；资本积累率为 7.66%，较 2020 年的 11.91%下降了 4.25 个百分点。

两项资产性成长指标均呈现持续下降的态势，由规模效益转为内生效益的迹象明显，投资规模增速进一步放缓。

2011—2021 年生产业成长性指标分析见图 2-19。

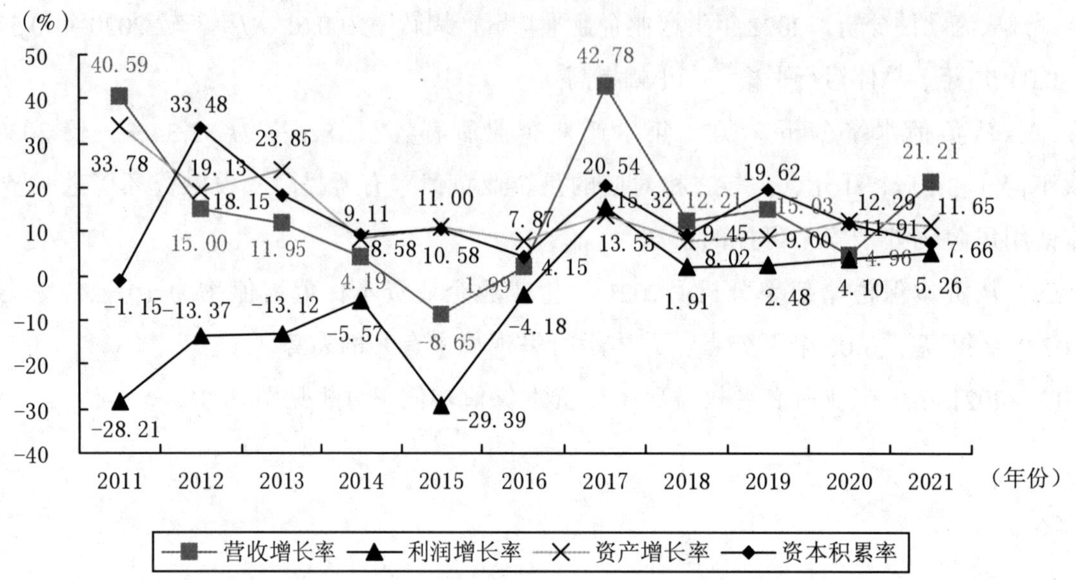

图 2-19 2011—2021 年生产业成长性指标分析

（二）制造业特征分析

1.制造业呈现高增长态势，具有强大的发展韧性

第一，从制造业的总体信用环境分析。2021 年制造业企业的景气指数为 124.21 点，较 2020 年的 106.40 点提高了 17.81 点；盈利指数为 111.44 点，较 2020 年的 102.94 点提高了 8.50 点；效益指数为 108.02 点，较 2020 年的 105.57 点提高了 2.45 点。

2011—2021 年制造业总体信用环境分析见图 2-20。

从图 2-20 中可看出，2021 年我国制造业的三项指数均呈现高增长态势，三项指数不仅保持在荣枯线以上运行，且均创下了自 2011 年以来的最好水平，表明我国制造业呈现高增长的基本态势，同时也充分展示了我国制造业企业强大的发展韧性和抗风险能力。

第二，2021 年制造业亏损的企业面占比为 6.68%，较 2020 年的 10.62%下降了 3.94 个百分点；利润负增长的企业面占比为 33.62%，较 2020 年的 44.74%下降了 11.12 个百分点。

2011—2021 年制造业利润负增长和亏损的企业面占比分析见图 2-21。

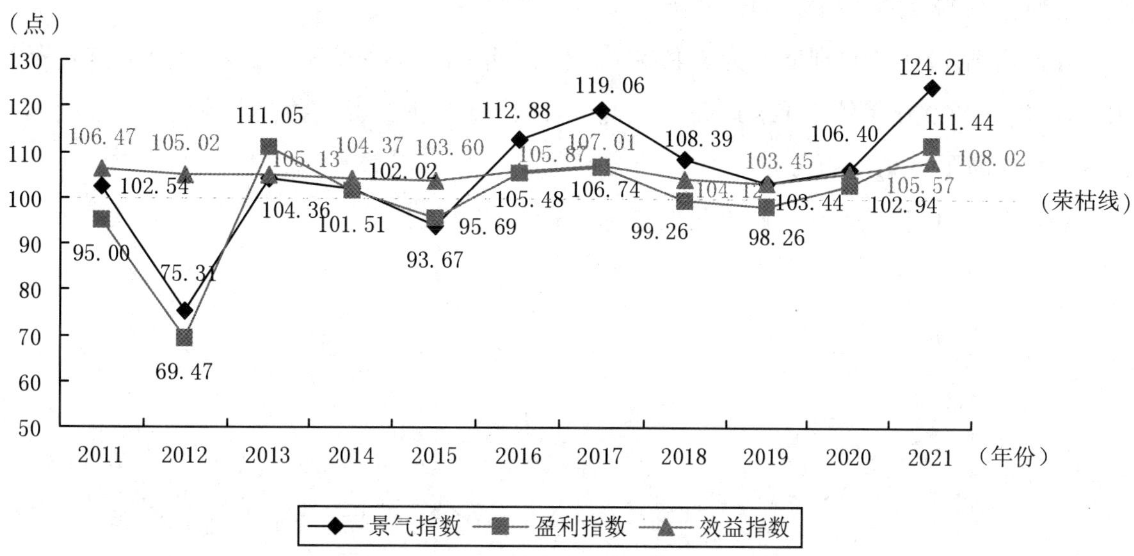

图 2-20 2011—2021 年制造业总体信用环境分析

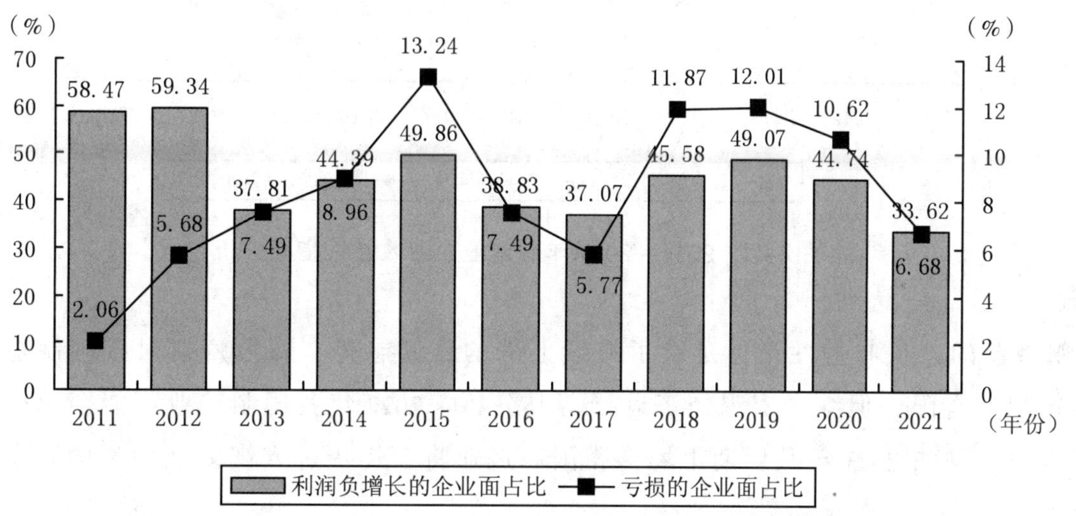

图 2-21 2011—2021 年制造业利润负增长和亏损的企业面占比分析

从图 2-21 这两项指标对比分析可以看出，我国制造业亏损的企业面占比和利润负增长的企业面占比均比 2020 年有较大幅度的收窄。制造业样本企业 2016—2021 年的亏损比率分别为 21.64%、9.39%、7.90%、12.74%、9.05%、5.07%，亏损额占利润总额的比率持续大幅下降，表明我国制造业整体经营效益持续显著提高，转型升级和高质量发展成效进一步释放，具有很强的抗风险能力和发展韧性。

2.制造业的收益性持续大幅提升

2021 年制造业营收利润率为 8.40%，较 2020 年的 5.83%提高了 2.57 个百分点；资产利润率为 5.40%，较 2020 年的 3.98%提高了 1.42 个百分点；所有者权益报酬率为 10.27%，较 2020 年的 6.91%提高了 3.36 个百分点。

2011—2021 年制造业企业收益性指标分析见图 2-22。

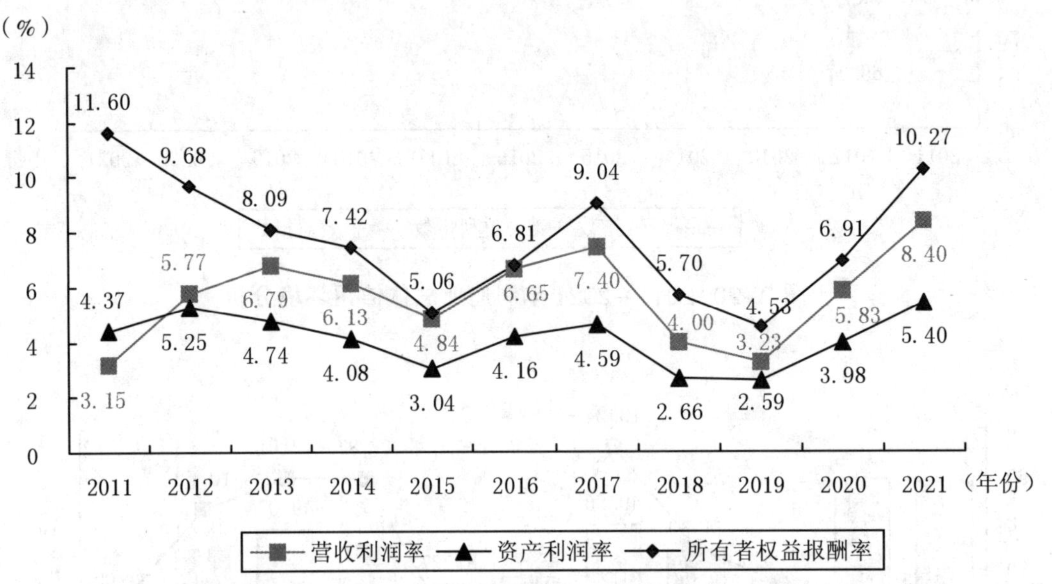

图 2-22 2011—2021 年制造业企业收益性指标分析

制造业的三项收益性指标延续了持续上涨的强劲态势，新冠疫情对我国制造业的总体影响相对有限。但综合宏观经济运行情况分析，2022 年我国制造业可能会承受一定的下行压力，预测 2023 年及后期市场，我国制造业将会逐步进入恢复性增长的常态化运行轨道。

3.制造业的流动性明显改善，资本运营质量效益显著提高

第一，从流动性分析。2011—2021 年制造业资产周转率分别为1.09 次/年、1.05 次/年、1.04 次/年、0.97 次/年、0.72 次/年、0.79 次/年、0.79 次/年、0.72 次/年、0.71 次/年、0.68 次/年、0.83 次/年，遏制住了持续下行的基本态势，制造业的流动性有明显改善。

第二，从安全性分析。2021 年制造业企业的所有者权益比率为 51.22%，较 2020 年的 54.79%下降了 3.57 个百分点，与之相对应的是理论负债率水平有明显提高。这一情况表明，制造业企业投融资环境有明显改善，其融资负债率的提高主要用于充实流动性。

2011—2021 年制造业资本保值增值率分别为 112.77%、113.06%、110.15%、106.31%、104.03%、106.80%、110.82%、107.45%、106.78%、109.45%、112.77%，2021 年制造业的资本保值增值率较 2020 年提高了 3.32 个百分点。制造业的资本保值增值率持续提高，表明我国制造业的资本运营质量和效益明显提高，整体安全性具有良好保障。

4.制造业经营性成长指标增速加快，增长方式发生深刻转变

第一，从两项经营性成长指标分析。2021 年制造业营收增长率为 25.77%，较 2020 年的 8.15%大幅提高了 17.62 个百分点；利润增长率为 22.66%，较2020 年的 4.66%大幅提高了 18.00 个百分点。

第二，从两项资产性成长指标分析。2021 年制造业资产增长率为 16.64%，较 2020 年的 18.68%回落了 2.04 个百分点；资本积累率为 15.67%，较 2020 年的19.76%回落了 4.09 个百分点。

我国制造业两项经营性成长指标大幅提高，而两项资产性成长指标不升反降，从这一升一降中可以看出，我国制造业的增长方式已经发生深刻转变，其主要增长动能并非来源于资产扩张，高质量发展已经成为制造业持续增长的主要动力。

2011—2021 年制造业企业成长性指标分析见图 2-23。

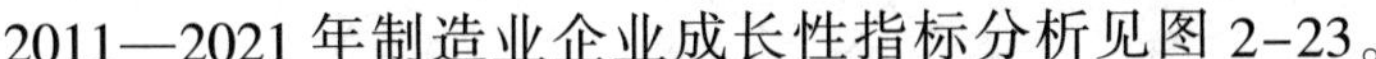

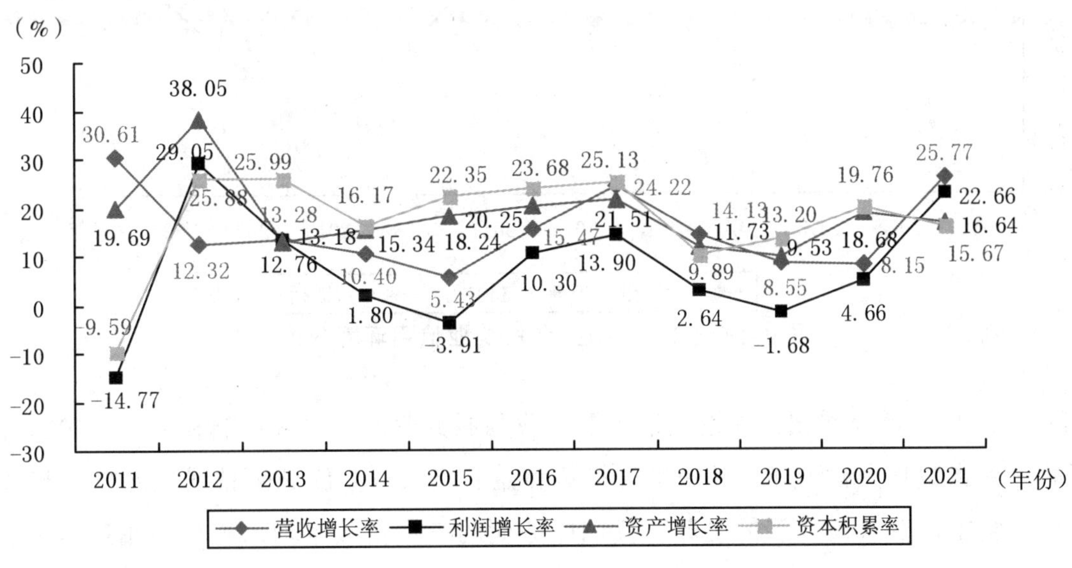

图 2-23 2011—2021 年制造业企业成长性指标分析

第三，2011—2021 年制造业从业人员增长率分别为 15.24%、13.25%、10.58%、3.00%、7.72%、5.82%、5.55%、5.21%、1.28%、3.65%、3.54%，制造业的从业人员增速总体平稳，波幅较小。

第四，我国制造业 2013—2021 年研发经费投入占营业额的比例分别为 4.16%、4.27%、4.38%、4.60%、4.63%、4.79%、5.05%、5.86%、5.23%，虽有小幅回落，但尚在合理的波动范围内，总体上保持在高位运行。

(三) 服务业特征分析

1.服务业恢复性增长态势明显

2021 年我国服务业的景气指数为 109.78 点，较 2020 年的 95.25 点提高了 14.53 点；盈利指数为 100.04 点，较 2020 年的 92.36 点提高了 7.68 点；效益指数为 106.02 点，较 2020 年的 102.45 点提高了 3.57 点。

2011—2021 年服务业信用环境分析见图 2-24。

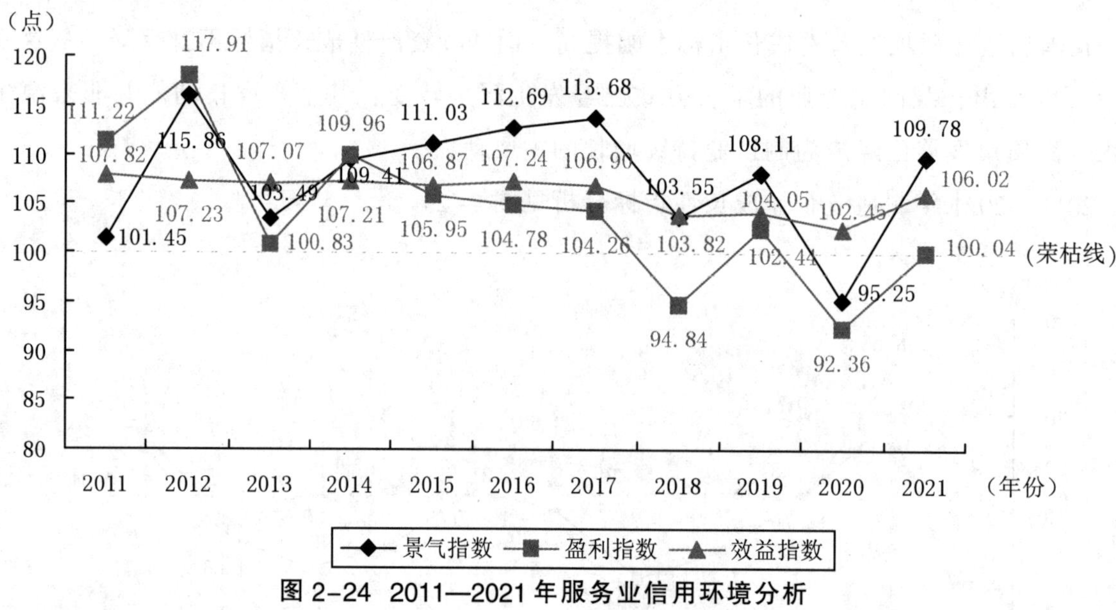

图 2-24 2011—2021 年服务业信用环境分析

从图 2-24 中可明显看出，新冠疫情主要对我国服务业产生较大影响和冲击。2020 年我国服务业的三项指数均大幅下降，其中景气指数和盈利指数双双跌破荣枯线。2021 年随着精准防控措施的实施以及宏观经济的复苏，我国服务业的三项指数也均回归到荣枯线以上，服务业的整体景气度也明显回升。但服务业恢复性增长的基础并不稳固，综合整体宏观经济走势分析，2022 年服务业将面临着再次回调的可能性，景气指数和盈利指数可能再次双双跌破荣枯线。预测 2023 年以后，服务业恢复性增长的态势将会逐步稳固。

2.服务业收益性指标大幅反弹，盈利能力明显改善

2021 年服务业企业营收利润率为 8.50%，较 2020 年的 2.51%提高了 5.99 个百分点；资产利润率为 2.59%，较 2020 年的 0.94%提高了 1.65 个百分点；所有者权益报酬率为 6.97%，较 2020 年的 3.89%提高了 3.08 个百分点。

2011—2021 年服务业企业收益性指标分析见图 2-25。

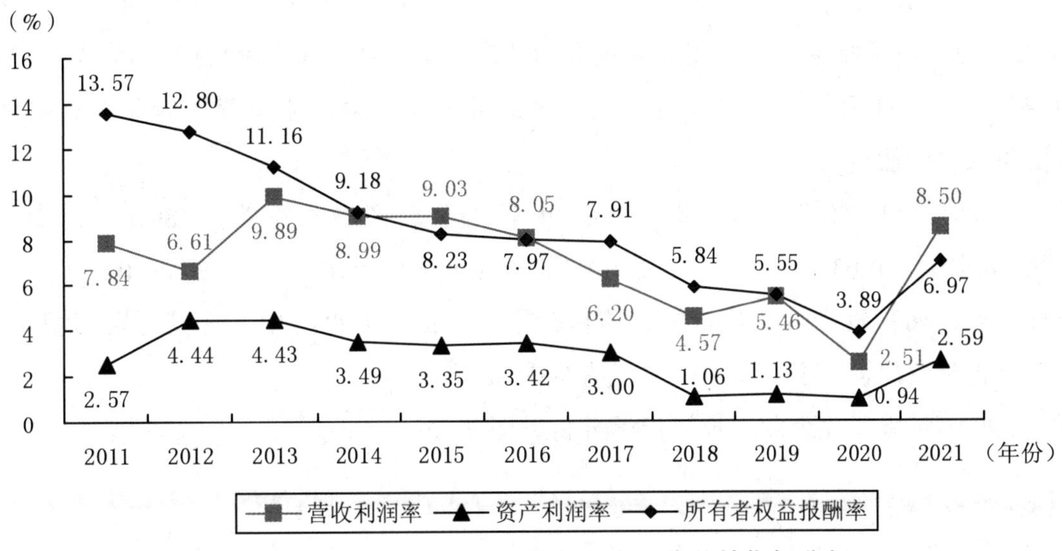

图 2-25 2011—2021 年服务业企业收益性指标分析

从图 2-25 中可以看出，我国服务业的三项收益性指标均呈现大幅度反弹的态势，整体盈利能力得到明显改善。而这种反弹主要是基于 2020 年基点较低的情况下的反弹，同时也受益于我国坚持“动态清零”的常态化、精准化防控措施以及一系列纾困扶持政策的落地。但同时也应注意到，2022 年服务业将可能面临再次下行的压力。

3.服务业的流动性持续滞缓

从服务业企业的流动性与安全性指标分析。2011—2021 年服务业企业的资产周转率分别为 1.53 次/年、1.48 次/年、1.02 次/年、0.98 次/年、0.98 次/年、1.06 次/年、1.15 次/年、0.59 次/年、0.58 次/年、0.54 次/年、0.55 次/年；所有者权益比率分别为 21.88%、31.60%、41.39%、34.93%、41.59%、42.71%、43.41%、41.57%、42.76%、41.83%、37.63%；资本保值增值率分别为 113.79%、114.97%、129.30%、111.33%、111.88%、110.96%、111.77%、105.84%、106.27%、105.98%、107.80%。

从这三项指标可以看出，服务业企业的流动性并没有明显改善，仍处于低水平区间运行；而 2021 年的所有者权益比率有明显下降，相对应的负债率上升对流动性并未有明显的提升，表明企业的经营难度仍未有大的改观；资本保值增值率虽有所提高，但相对仍处于较低水平运行区间。

4.服务业经营性成长指标反弹明显，但资产性成长指标增速有所放缓

第一，从经营性成长指标分析。2021 年服务业营收增长率为 18.61%，较 2020 年的 1.43% 提高了 17.18 个百分点；利润增长率为 0.95%，由 2020 年的-10.93%转为正增长，提高了 11.88 个百分点。两项指标虽然呈现大幅提升的状态，但总体是基于 2020 年的低点反弹。尤其是利润增长率，反弹后的增长幅度也不大。由此可见我国服务业经营环境并未有明显改善，经营难度和压力仍然很高。

第二，从资产性成长指标分析。2021 年服务业资产增长率为 11.89%，比 2020 年的 11.86%微幅回升了 0.03 个百分点；资本积累率为 8.99%，比 2020 年的 11.04%增速回落了 2.05 个百分点。两项资产性成长指标总体保持平稳，波动幅度有限。尤其是资本积累率不升反降，表明服务业的资产经营质量效益仍有待提高。

2011—2021 年服务业企业成长性指标分析见图 2-26。

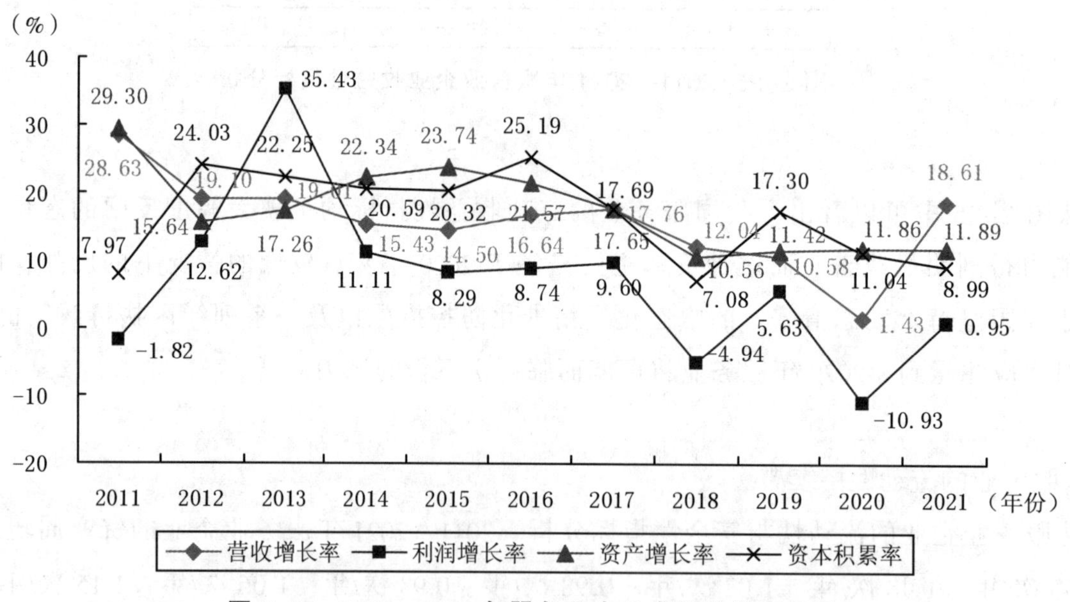

图 2-26 2011—2021 年服务业企业成长性指标分析

第三，从人员增长率分析。2021 年服务业的人员增长率为 2.11%，较 2020 年的 2.13%增速回落了 0.02 个百分点。服务业的人员增速仍处在较低水平区间运行。

综合以上分析可以看出，我国服务业整体受新冠疫情影响较为明显，经营环境仍未发生根本性好转，经营难度和压力较为突出。预测 2022 年服务业的下行压力将会进一步加大，需要引起服务业企业的高度关注和警觉。

三、2022 中国企业信用发展所有制特征分析

（一）信用环境所有制特征分析

1.国有企业景气度大幅回升，三年改革行动成效显著

2021 年国有企业的景气指数为 117.04 点，较 2020 年的 101.19 点提高了 15.85 点；盈利指数为 107.21 点，较 2020 年的 99.77 点提高了 7.44 点；效益指数为 105.63 点，较 2020 年的 103.79 点提高了 1.84 点。

2011—2021 年国有企业信用环境分析见图 2-27。

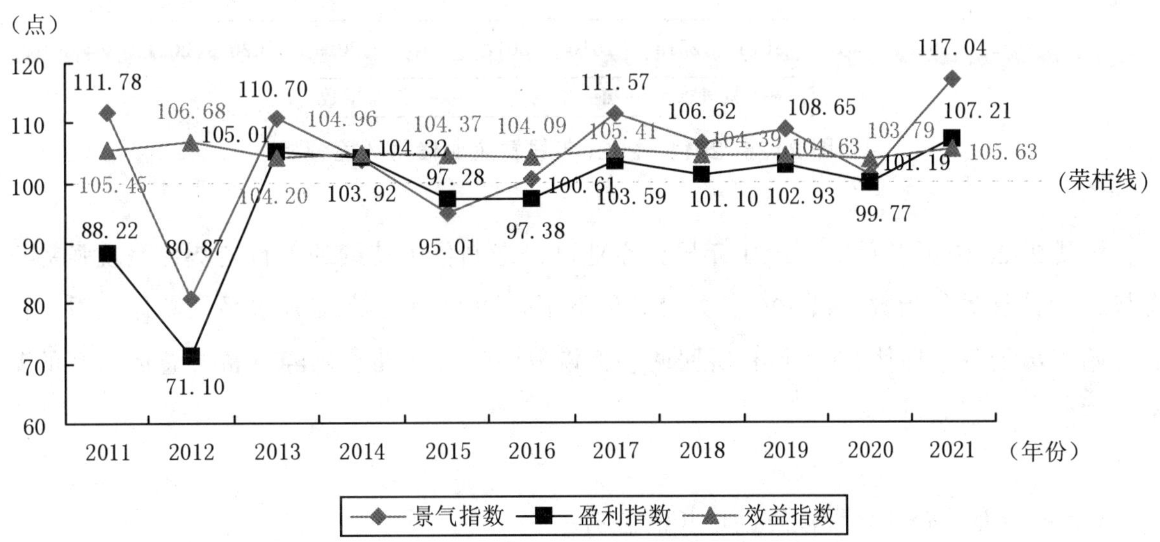

图 2-27 2011—2021 年国有企业信用环境分析

通过图 2-27 可以看出，2021 年国有企业的三项指数均呈现回升的态势，其中，景气指数和盈利指数双双创下自 2011 年以来的最好水平，效益指数也创下了除 2012 年外的历史最好水平，表明其景气水平和盈利能力大幅度提升，企业的经营效益明显改善，国有企业三年改革行动成效显著，国有企业对国民经济的贡献率也明显提升。预测 2022 年可能会出现一定幅度的波动，但总

体恢复性增长的趋势不会改变。

2.民营企业强势反弹

2021 年民营企业的景气指数为 120.57 点，较 2020 年的 102.39 点大幅提高了 18.18 点；盈利指数为 107.36 点，较 2020 年的 98.88 点提高了 8.48 点；效益指数为 108.19 点，较 2020 年的 104.71 点提高了 3.48 点。

2011—2021 年民营企业信用环境分析见图 2-28。

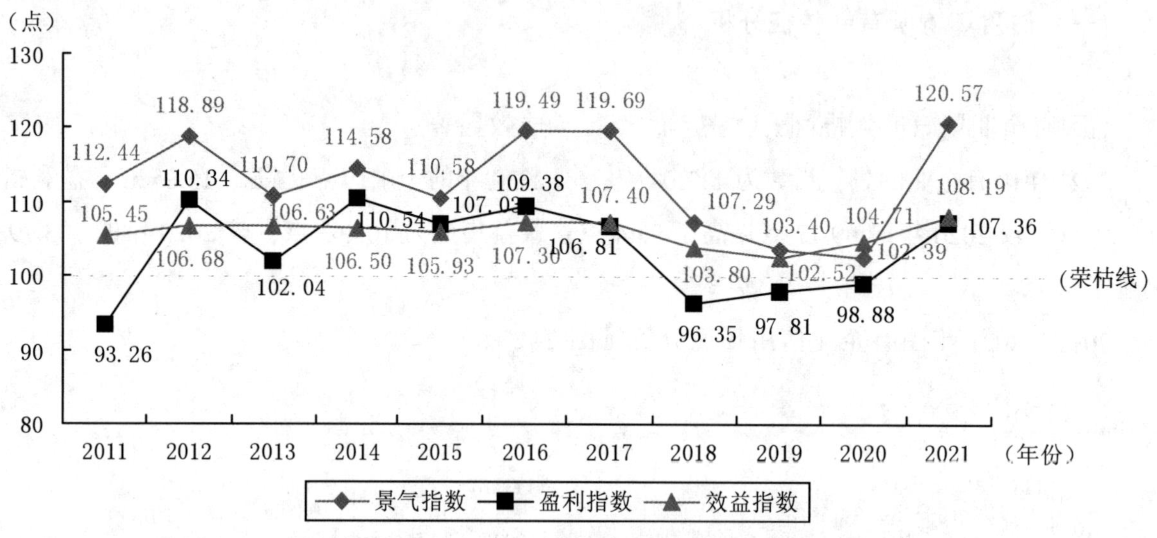

图 2-28 2011—2021 年民营企业信用环境分析

从图 2-28 中可以看出，2021 年民营企业已经遏制住了持续的下行走势，呈现强势反弹的态势。尤其是景气指数突破 120 点关口，创下了自 2011 年以来最好水平。总体来看，民营企业开始走出低谷，即使 2022 年有所回调，但恢复性增长的储能已经具备，总体向好的基本面不会改变。

3.其他所有制企业呈现恢复性增长的态势

其他所有制企业是指包括集体所有制、混合所有制在内的其他所有制企业。2021 年其他所有制企业的景气指数为 116.35 点，较 2020 年的 104.91 点提高了 11.44 点；盈利指数为 104.64 点，较 2020 年的 100.56 点提高了 4.08 点；效益指数为 108.28 点，较 2020 年的 104.40 点提高了 3.88 点。

2011—2021 年其他所有制企业信用环境分析见图 2-29。

从图 2-29 中可以看出，其他所有制企业的三项指数也呈现上升的态势。其中，景气指数

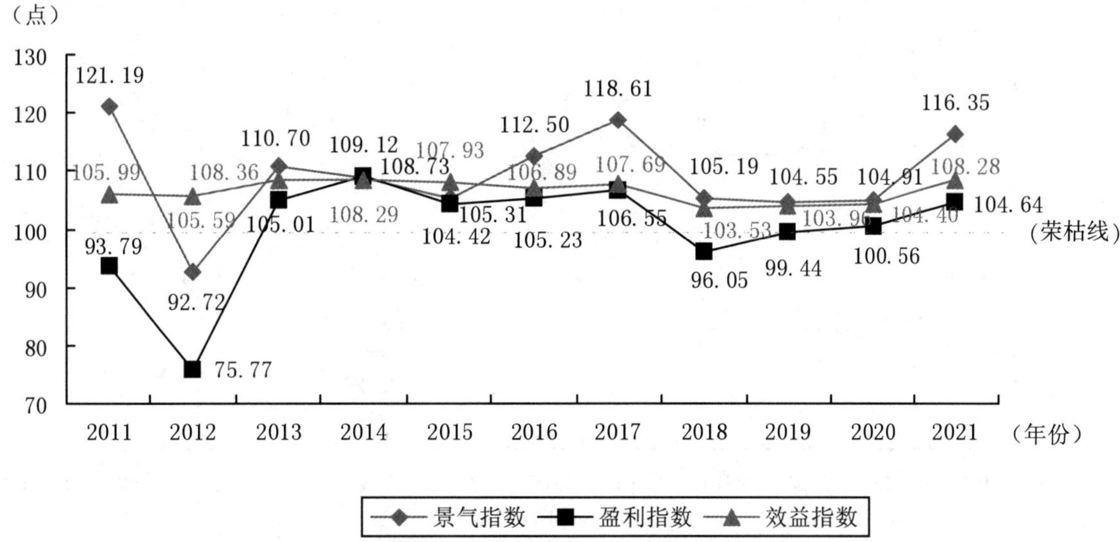

图 2-29 2011—2021 年其他所有制企业信用环境分析

上升幅度最为明显；盈利指数和效益指数则呈现平稳回升的态势。整体来看，其他所有制企业稳定性较强，波动幅度也较小。

通过对上述三种不同所有制企业的综合分析可以看出，国有企业和民营企业恢复性增长的幅度最为明显，对宏观经济影响性较为敏感；其他所有制企业的稳定性相对较好。从总体情况来看，我国企业整体运行要好于预期。预测后期市场，我国企业仍然面临着宏观经济环境及新冠疫情持续影响等不确定性因素的严峻挑战，2022 年及后期市场恢复性增长的基础将会进一步稳固。

（二）效益及其趋势所有制特征分析

1.企业的收益性明显改善，盈利能力进一步增强

第一，从营收利润率指标分析。2021 年国有企业营收利润率为 6.67%，较 2020 年的 5.01%提高了 1.66 个百分点；民营企业营收利润率为 8.73%，较 2020 年的 4.31%提高了 4.42 个百分点；其他所有制企业营收利润率为 7.15%，较 2020 年的 4.59%提高了 2.56 个百分点。

2011—2021 年营收利润率所有制对比分析见图 2-30。

三种不同所有制企业的营收利润率总体趋势表现没有太大的差异性。其中，国有企业的营收利润率运行相对最为平稳，且保持相对较高水平；民营企业的营收利润率增幅最大，但波动幅度也最大。总体来看，不同所有制企业的盈利能力均有明显提高。

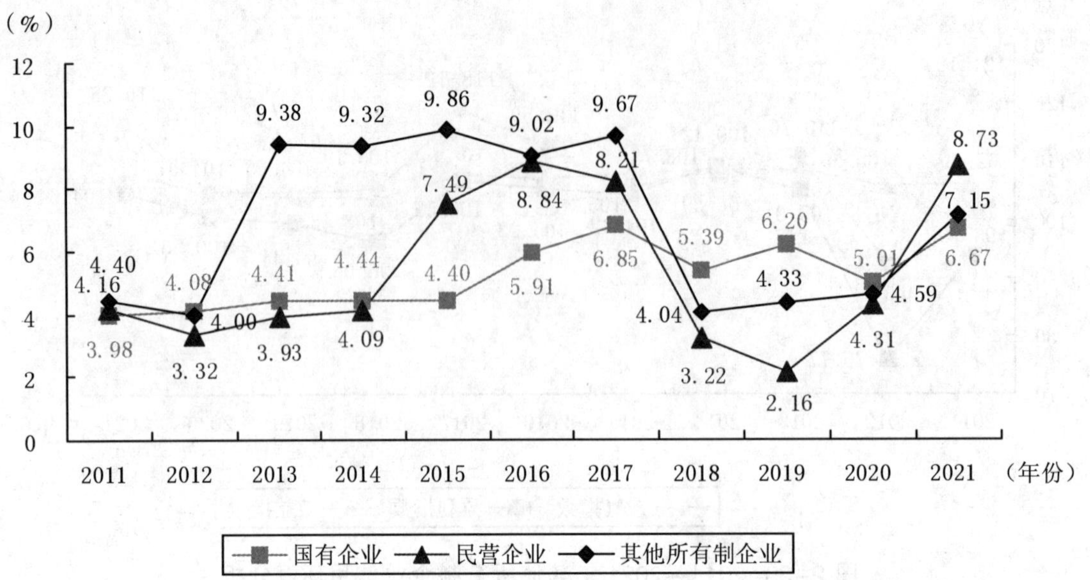

图 2-30 2011—2021 年营收利润率所有制对比分析

第二，从资产利润率分析。2021 年国有企业资产利润率为 2.87%，较 2020 年的 1.84%提高了 1.03 个百分点；民营企业资产利润率为 5.61%，较 2020 年的 3.45%提高了 2.16 个百分点；其他所有制企业资产利润率为 3.97%，较 2020 年的 2.81%提高了 1.16 个百分点。

2011—2021 年资产利润率所有制对比分析见图 2-31。

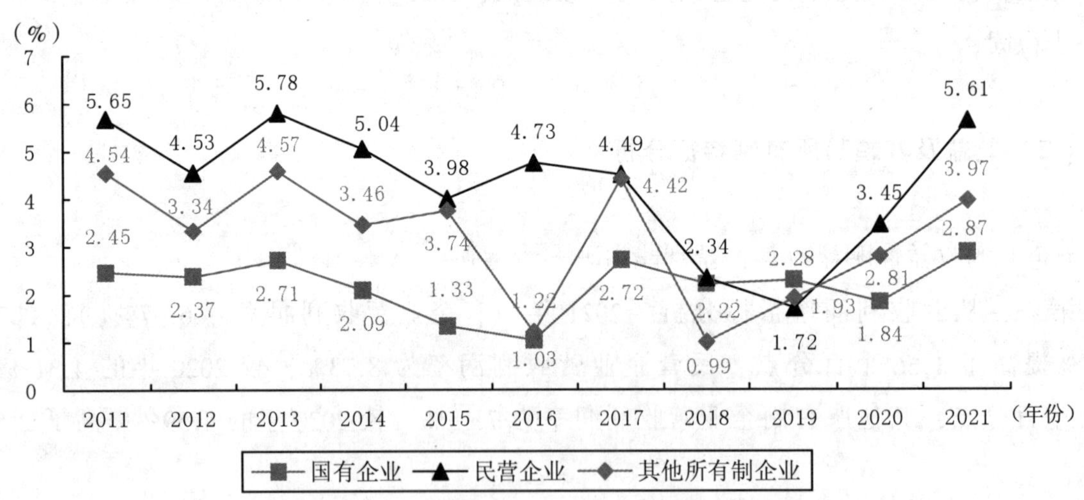

图 2-31 2011—2021 年资产利润率所有制对比分析

三种不同所有制企业的资产利润率均有明显提高。国有企业的资产利润率达到 2.87%，创下了自 2011 年以来的最好水平；民营企业和其他所有制企业的资产利润率均有不同程度的提

高，尤其是民营企业增幅较大。从总体分析来看，企业资产运行的质量效益有明显改善。

第三，从所有者权益报酬率分析。2021 年国有企业所有者权益报酬率为 7.34%，较 2020 年的 4.52%提高了 2.82 个百分点；民营企业所有者权益报酬率为 10.24%，较 2020 年的 6.37%提高了 3.87 个百分点；其他所有制企业所有者权益报酬率为 9.64%，较 2020 年的 5.80%提高了 3.84 个百分点。三种不同所有制企业的所有者权益报酬率均有明显的提升，并呈现阶梯式分布走势。

2.流动性表现相对充足，资产运营质量效率明显提高

第一，从流动性指标分析。2013—2021 年国有企业的资产周转率分别为 0.86 次/年、0.79 次/年、0.71 次/年、0.61 次/年、0.69 次/年、0.61 次/年、0.62 次/年、0.58 次/年、0.63 次/年；民营企业的资产周转率分别为 1.00 次/年、0.96 次/年、0.86 次/年、0.65 次/年、0.70 次/年、0.71 次/年、0.69 次/年、0.65 次/年、0.82 次/年；其他所有制企业的资产周转率分别为 0.77 次/年、0.75 次/年、0.65 次/年、0.57 次/年、0.61 次/年、0.63 次/年、0.60 次/年、0.61 次/年、0.66 次/年。不同所有制企业的资产周转率均呈上升态势，资产效率明显提高。

第二，从负债水平分析。2013—2021 年国有企业所有者权益比率分别为 37.80%、36.33%、36.99%、38.57%、39.13%、38.72%、42.17%、39.69%、38.34%；民营企业所有者权益比率分别为 54.32%、50.26%、56.33%、57.34%、55.35%、53.62%、55.00%、55.31%、52.12%；其他所有制企业的所有者权益比率分别为 50.31%、47.73%、51.15%、52.35%、55.38%、50.27%、52.01%、49.92%、45.95%。不同所有制企业的所有者权益比率均呈下降态势，相应负债率水平有所提升，表明融资环境有明显改善。总体来看，企业的负债率水平稳中有升，负债率提高表明流动性相对充足，安全性在合理可控范围之内。

2013—2021 年所有者权益比率对比分析见图 2-32。

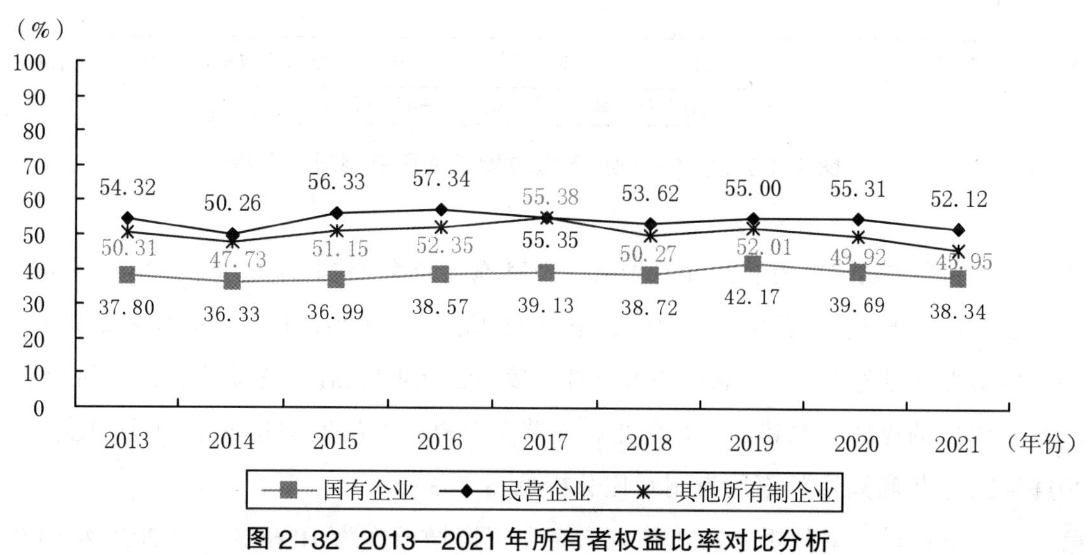

图 2-32 2013—2021 年所有者权益比率对比分析

第三，从资本保值增值率分析。2013—2021 年国有企业资本保值增值率分别为 111.36%、106.69%、104.14%、105.69%、107.34%、106.51%、106.96%、105.65%、108.44%；民营企业资本保值增值率分别为 116.19%、112.23%、112.05%、111.90%、112.03%、107.61%、106.31%、109.60%、112.42%；其他所有制企业资本保值增值率分别为 117.57%、110.34%、111.98%、110.42%、111.26%、105.66%、106.37%、107.43%、111.87%。三种不同所有制企业的资本保值增值率均有明显提高，表明资本运营质量效益进一步改善。

3.经营性增速大幅提升，资产性增速稳中有降

第一，从营收增长率分析。2021 年国有企业营收增长率为 20.04%，较 2020 年的 2.04%增速提高了 18.00 个百分点；民营企业营收增长率为 25.44%，较 2020 年的 6.71%增速提高了 18.73 个百分点；其他所有制企业营收增长率为 23.84%，较 2020 年的 8.01%增速提高了 15.83 个百分点。三种所有制企业的营收增长率均有大幅度提高，其增速均超过 20%。其中既有低基点反弹的因素，也有恢复性增长的因素。

2011—2021 年营收增长率所有制对比分析见图 2-33。

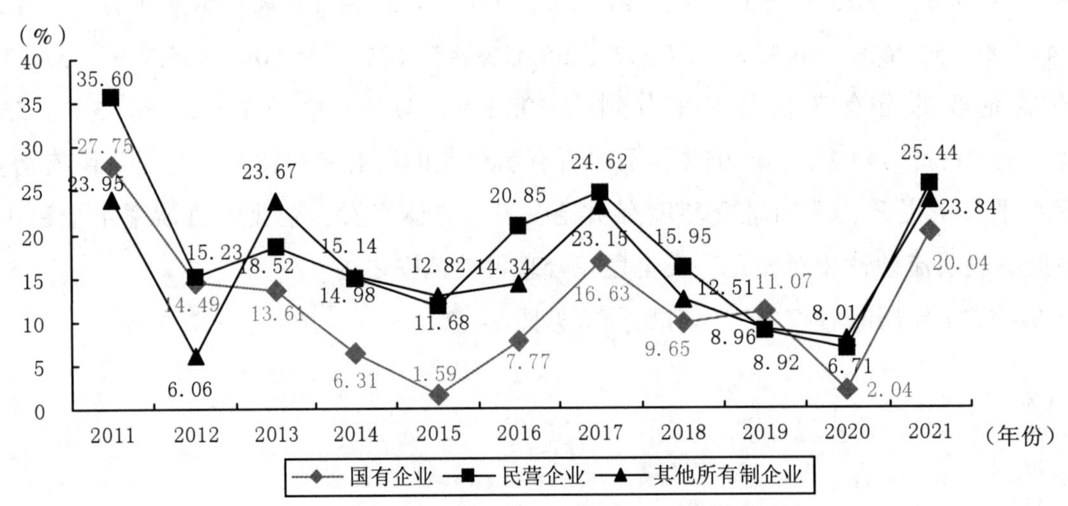

图 2-33 2011—2021 年营收增长率所有制对比分析

第二，从利润增长率分析。2021 年国有企业利润增长率为 14.04%，较 2020 年的 0.34%增速提高了 13.70 个百分点；民营企业利润增长率为 15.70%，较2020 年的 1.93%增速提高了 13.77 个百分点；其他所有制企业利润增长率为 8.86%，较 2020 年的 1.81%提高了 7.05 个百分点。总体均呈现较大幅度的提高，尤其是国有企业和民营企业提高的幅度均超过 13 个百分点。

2011—2021 年利润增长率所有制对比分析见图 2-34。

第三，从资产增长率分析。2021 年国有企业资产增长率为 10.64%，比 2020 年的 9.38%提

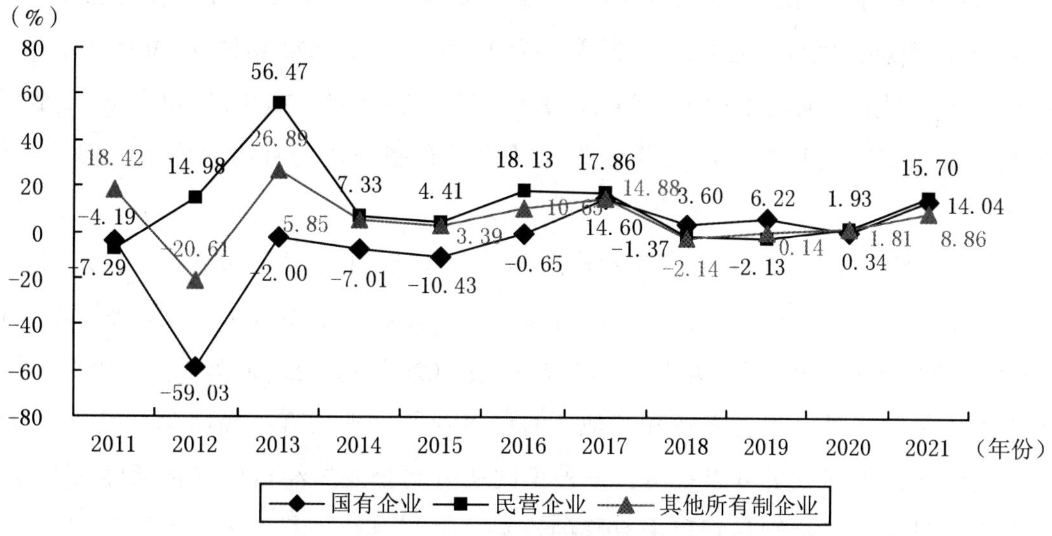

图 2-34 2011—2021 年利润增长率所有制对比分析

高了 1.26 个百分点；民营企业资产增长率为 18.33%，比 2020 年的 19.93%下降了 1.60 个百分点；其他所有制企业资产增长率为 14.79%，比 2020 年的 15.77%下降了 0.98 个百分点。

2011—2021 年资产增长率所有制对比分析见图 2-35。

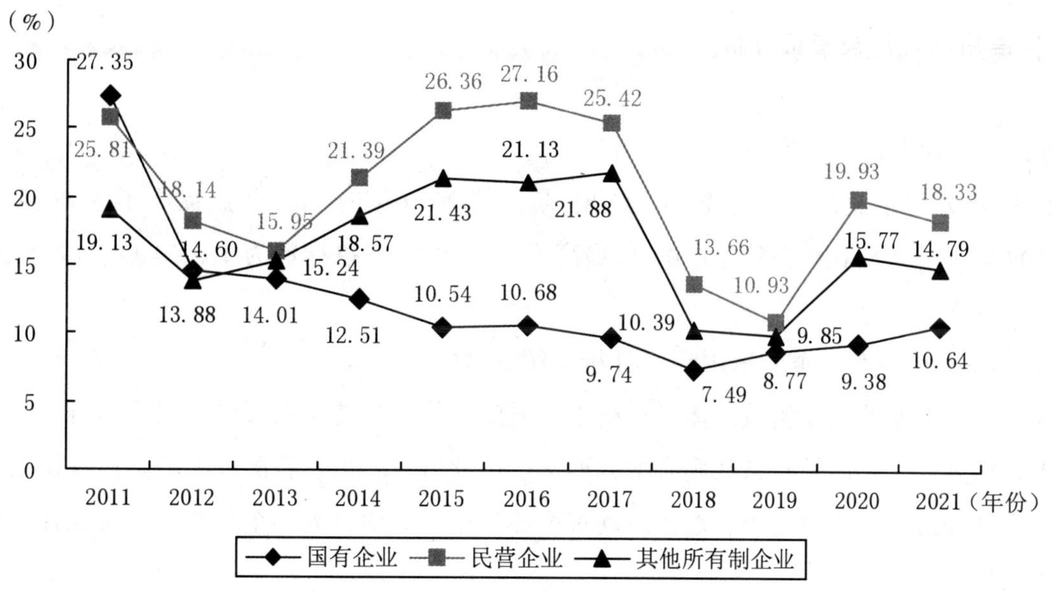

图 2-35 2011—2021 年资产增长率所有制对比分析

从图 2-35 中可以看出，不同所有制企业的资产增速呈现分化态势。其中，国有企业的资产增速呈平稳加速的趋势，表明国有企业改革三年行动成效初显；而民营企业和其他所有制企业的资产增速则小幅回调。预测 2022 年及后期市场，企业的整体投资信心将会逐步提升。

第四，从资本积累率分析。2021 年国有企业的资本积累率为 9.76%，较 2020 年的 8.23% 提高了 1.53 个百分点；民营企业的资本积累率为 15.89%，较 2020 年的 20.56%回落了 4.67 个百分点；其他所有制企业的资本积累率为 11.58%，较 2020 年的 17.07%回落了 5.49 个百分点。国有企业资本积累率有所提高，而民营企业和其他所有制企业均有明显回落。但总体仍然保持一定的增速。

第五，从业人员变化分析。2021 年国有企业的从业人员增长率为 2.56%，较 2020 年的 1.83% 提高了 0.73 个百分点；民营企业的从业人员增长率为 3.29%，比 2020 年的 3.67%回落了 0.38 个百分点；其他所有制企业的从业人员增长率为 2.86%，比 2020 年的 3.25%回落了 0.39 个百分点。除国有企业的增速小幅提高外，民营企业和其他所有制企业的增速均有小幅回落，但波幅有限。

综合以上成长性指标分析可以看出，三种不同所有制企业的经营性成长指标均有较大幅度的提高，但资产性成长指标则呈现稳中有降的态势。

四、2022 中国企业信用发展规模特征分析

（一）信用环境规模特征分析

1.特大型企业呈现稳中有升态势

2021 年特大型企业的景气指数为 117.85 点，较 2020 年的 111.92 点提高了 5.93 点；盈利指数为 107.40 点，较 2020 年的 106.01 点提高了 1.39 点；效益指数为 105.54 点，较 2020 年的 105.66 点回落了 0.12 点。

2011—2021 年特大型企业信用环境分析见图 2–36。

我国特大型企业的三项指数总体呈现稳中有升的态势，且持续保持较高水平运行。尤其是景气指数提升幅度较大，而效益指数则有微幅回落。由此可以看出，我国特大型企业总体运行相对平稳，受宏观经济的影响也较小，总体波动幅度亦较小，表明特大型企业相对具有较强的抗风险能力和发展韧性。

2.大型企业景气度大幅回升

2021 年大型企业的景气指数为 122.96 点，较 2020 年的 107.84 点提高了 15.12 点；盈利指数为 110.92 点，较 2020 年的 103.31 点提高了 7.61 点；效益指数为 107.46 点，较 2020 年的 106.04 点提高了 1.42 点。

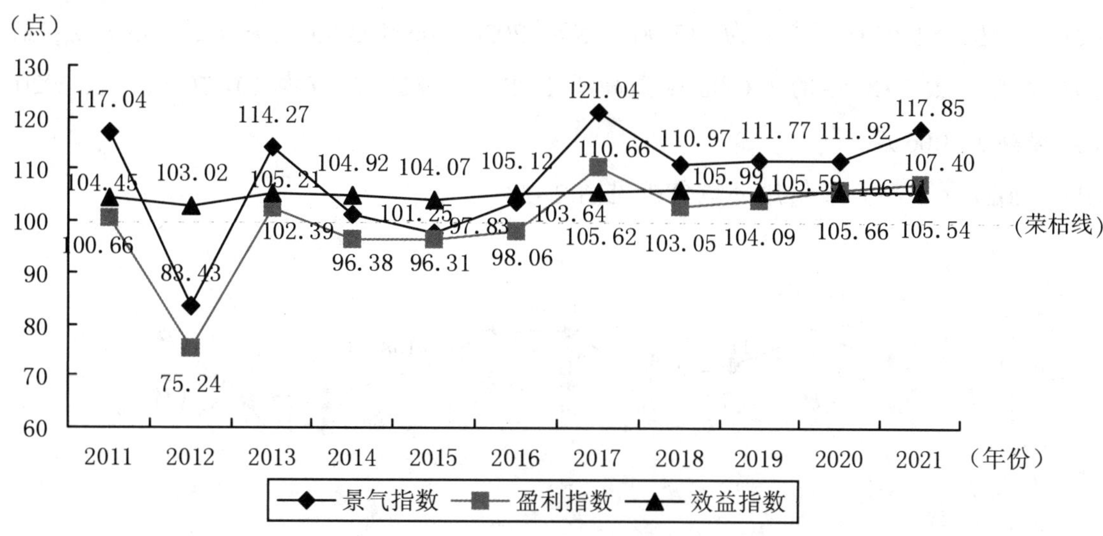

图 2-36 2011—2021 年特大型企业信用环境分析

2011—2021 年大型企业信用环境分析见图 2-37。

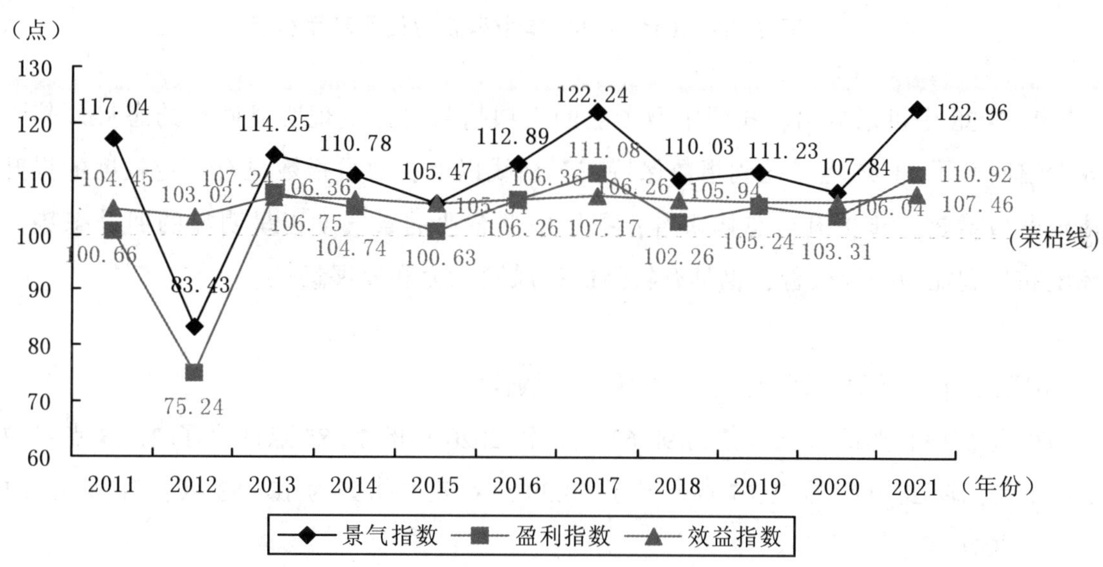

图 2-37 2011—2021 年大型企业信用环境分析

从图 2-37 中可以看出，我国大型企业的三项指数均有明显回升。其中，景气指数提升的幅度最大，创下了自 2011 年以来的最好水平；盈利指数也有较大幅度提升，再次回升到 110 点以上；效益指数也创下了自 2011 年以来的最好水平。总体分析看，我国大型企业的景气度呈现大幅回升的态势，也是 2021 年国民经济增长的主要动力来源，具有较强的发展韧性。

3.中型企业运行明显回升

2021 年中型企业的景气指数为 115.90 点，较 2020 年的 103.93 点提高了 11.97 点；盈利指数为 103.84 点，较 2020 年的 100.86 点提高了 2.98 点；效益指数为 107.70 点，较 2020 年的 104.64 点提高了 3.06 点。

2011—2021 年中型企业信用环境分析见图 2-38。

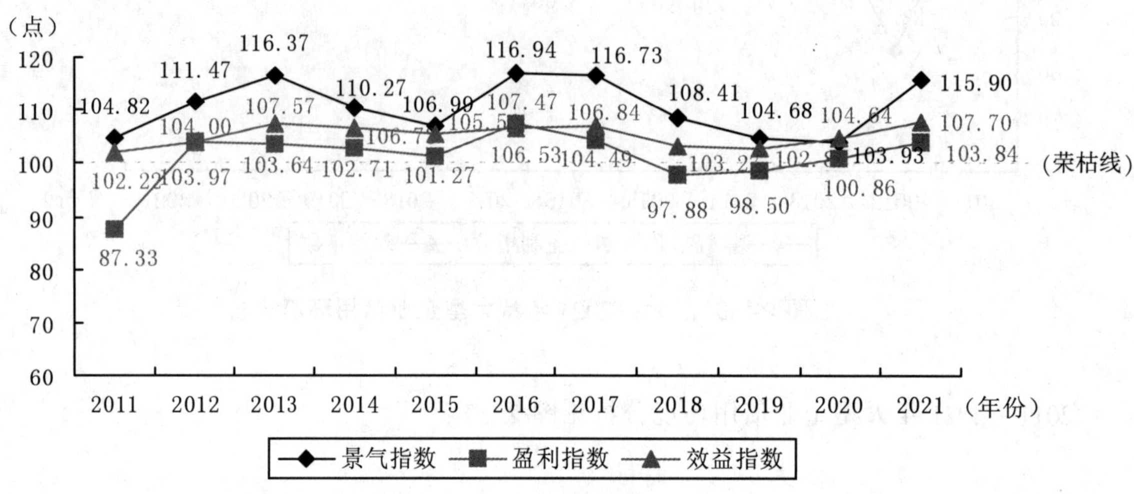

图 2-38 2011—2021 年中型企业信用环境分析

从图 2-38 中可以看出，我国中型企业的三项指数总体呈现明显回升的态势。其中，景气指数大幅回升了 11.97 点，盈利指数保持在荣枯线以上，效益指数也有一定幅度的提升，表明整体经营效益进一步提升。总体来看，我国中型企业的景气度也呈明显的回升态势，整体经营环境和盈利能力持续改善，也具有较强的抗风险能力和发展韧性。

4.小型企业运行明显好转，但下行压力仍然较大

2021 年小型企业的景气指数为 98.63 点，较 2020 年的 76.85 点回升了 21.78 点；盈利指数为 89.06 点，较 2020 年的 78.67 点回升了 10.39 点；效益指数为 105.83 点，较 2020 年的 98.07 点回升了 7.76 点。

2011—2021 年小型企业信用环境分析见图 2-39。

我国小型企业的效益指数回归到荣枯线以上，总体呈现明显回升好转的态势。景气指数和盈利指数仍然在荣枯线以下，表明其仍然处于负增长区间，但负增长的幅度有明显收窄。总体来看，我国小型企业仍然面临着经营困难的严峻局面，抗风险能力相对较为脆弱，恢复性增长的动能明显不足。如何激发小型企业活力，提振发展信心，仍是今后一个时期要面临的主要矛盾。

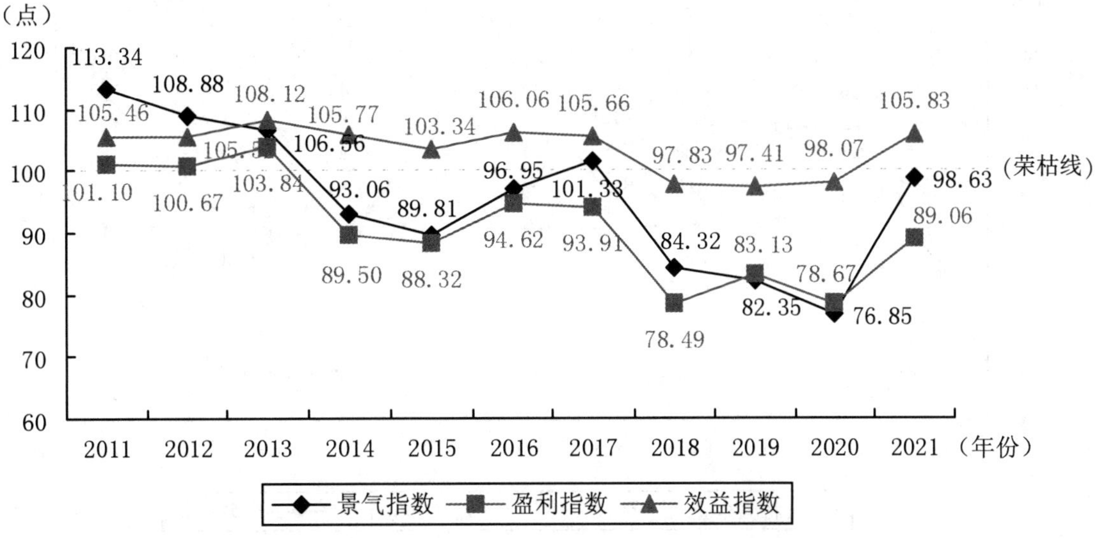

图 2-39 2011—2021 年小型企业信用环境分析

综合对不同规模企业的分析，我国特大型企业和大型企业的三项指数表现出强势反弹回升的恢复性增长态势；中型企业的三项指数虽有所提升，但与特大型和大型企业相比，尚有明显的差距。总体来看，特大型企业和大型企业恢复性增长的动能充沛，仍是我国经济增长的主要拉动力；而小型企业依然徘徊在负增长区间，尽管负增长的幅度有所收窄，但所面临的经营环境及竞争压力并未有根本性的好转。中小型企业的经营环境和政策环境仍然有待进一步改善。如何帮助中小型企业走出困境，进一步加大精准扶持的政策力度，促使政策效应释放落地，需要各级政府及业界的高度关注和深入研究。

（二）效益及其趋势规模特征分析

1.企业收益总体平稳，小型企业收益提升

第一，从营收利润率规模特征分析。2021 年特大型企业的营收利润率为 4.03%，比 2020 年的 4.39%下降了 0.36 个百分点；大型企业的营收利润率为 7.20%，比 2020 年的 3.58%提高了 3.62 个百分点；中型企业的营收利润率为 10.07%，比 2020 年的 5.63%提高了 4.44 个百分点；小型企业的营收利润率为 4.09%，比 2020 年的-2.76%提高了 6.85 个百分点。

2011—2021 年营收利润率规模特征对比分析见图 2-40。

从图 2-40 中可以看出，特大型企业营收利润率相对平稳，但总体呈现温和下降的态势；大型企业和中型企业的营收利润率却有较大幅度的提高，尤其以中型企业的盈利水平最高；而小型企业的营收利润率则由负转正，且提升的幅度最大。

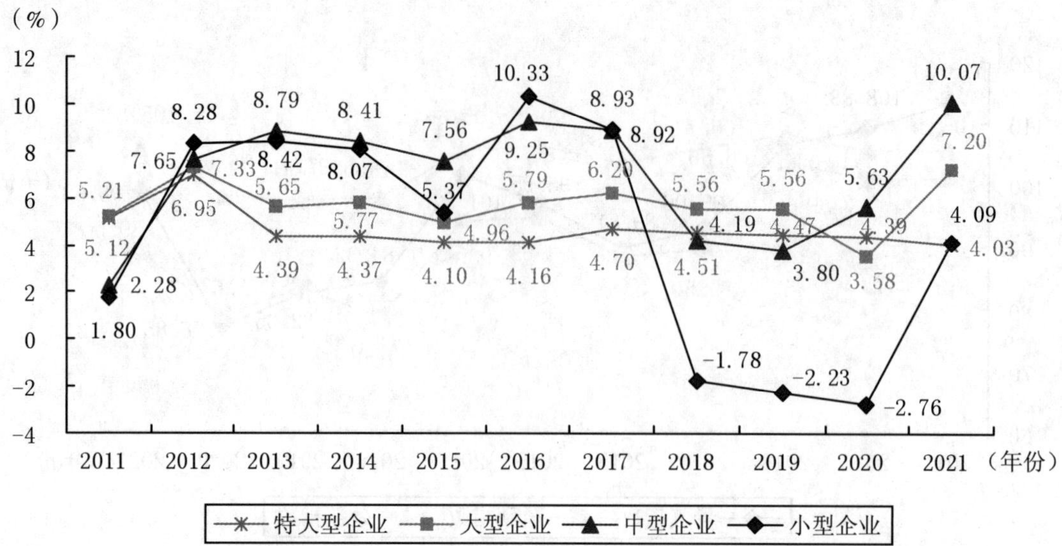

图 2-40 2011—2021 年营收利润率规模特征对比分析

第二，从资产利润率规模特征分析。2021 年特大型企业的资产利润率为 3.13%，比 2020 年的 2.79%提高了 0.34 个百分点；大型企业的资产利润率为 4.62%，比 2020 年的 3.58%提高了 1.04 个百分点；中型企业的资产利润率为 4.72%，比 2020 年的 3.45%提高了 1.27 个百分点；小型企业的资产利润率为 1.45%，比 2020 年的-1.22%提高了 2.67 个百分点。

从资产收益性指标分析，不同规模特征企业的资产利润率均有不同程度的提高，尤其是大型企业和中型企业的资产利润率相对较高；而小型企业的资产利润率则由负转正。总体分析来看，企业的资产效益和运行质量均有明显提高。

2011—2021 年资产利润率规模特征对比分析见图 2-41。

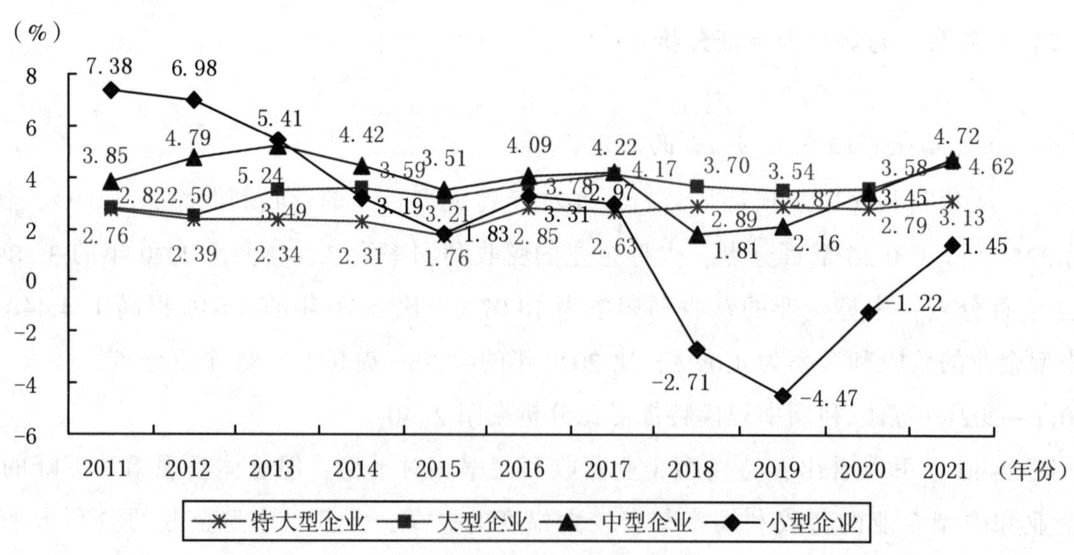

图 2-41 2011—2021 年资产利润率规模特征对比分析

第三，从所有者权益报酬率分析。2021 年特大型企业的所有者权益报酬率为 9.46%，比 2020 年的 9.79%回落了 0.33 个百分点；大型企业的所有者权益报酬率为 10.56%，比 2020 年的 8.83%提高了 1.73 个百分点；中型企业的所有者权益报酬率为 7.34%，比 2020 年的 4.85%提高了 2.49 个百分点；小型企业的所有者权益报酬率为 3.12%，比 2020 年的-1.81%提高了 4.93 个百分点。

2011—2021 年所有者权益报酬率规模特征对比分析见图 2-42。

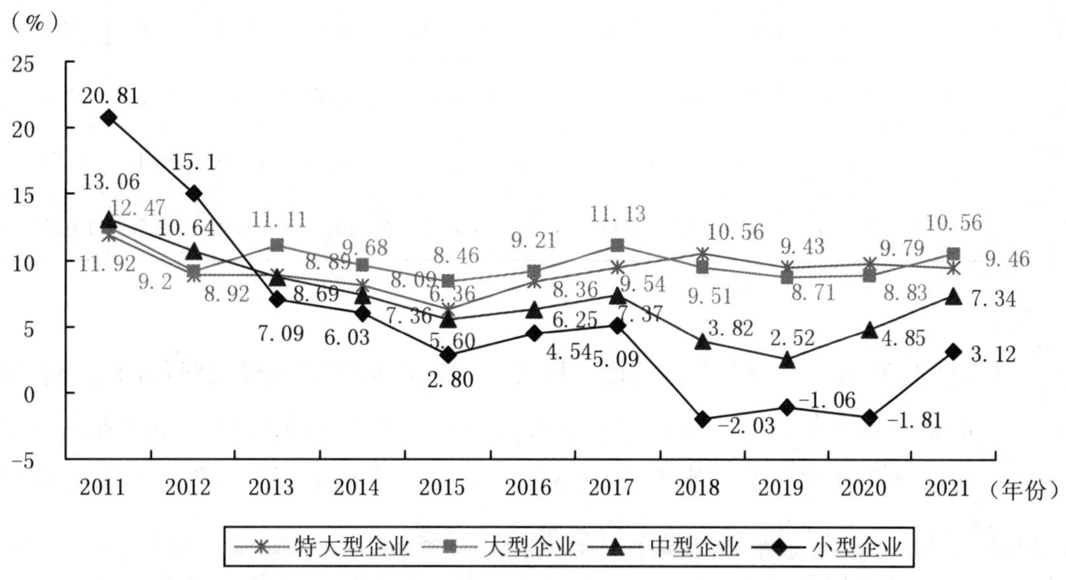

图 2-42 2011—2021 年所有者权益报酬率规模特征对比分析

从所有者权益报酬率指标分析来看，特大型企业运行相对平稳，有微幅回落；大型企业、中型企业和小型企业均有所提高。相对来看，特大型和大型企业相对保持较高水平，小型企业的所有者权益报酬率虽然由负转正，但相对处于较低水平。

2.特大型和大型企业保持较高资本增值，中小型企业融资政策效应仍无明显改善

第一，从流动性分析。2021 年特大型企业的资产周转率为 0.95 次/年，较 2020 年的 0.89 次/年提高了 0.06 次/年；大型企业的资产周转率为 0.83 次/年，较 2020 年的 0.82 次/年提高了 0.01 次/年；中型企业的资产周转率为 0.54 次/年，较 2020 年的 0.53 次/年提高了 0.01 次/年；小型企业的资产周转率为 0.31 次/年，较 2020 年的 0.30 次/年提高了 0.01 次/年。除特大型企业的资产周转率提高了 0.06 次/年外，其他规模企业均提高了 0.01 次/年，整体运行并没有大的差异。

第二，从所有者权益比率分析。2021 年特大型企业的所有者权益比率为 27.28%，较 2020 年的 25.81%提高了 1.47 个百分点；大型企业的所有者权益比率为 39.88%，较 2020 年的 37.99%提

高了 1.89 个百分点；中型企业的所有者权益比率为 59.22%，较 2020 年的 58.42%提高了 0.80 个百分点；小型企业的所有者权益比率为 70.76%，较 2020 年的 64.06%提高了 6.70 个百分点。

2019—2021 年不同规模企业的流动性、安全性指标对比分析见表 2-1。

表 2-1　　2019—2021 年不同规模企业的流动性、安全性指标对比分析

指标 \ 规模/年份	特大型企业			大型企业			中型企业			小型企业		
	2019	2020	2021	2019	2020	2021	2019	2020	2021	2019	2020	2021
资产周转率（次/年）	0.89	0.89	0.95	0.87	0.82	0.83	0.55	0.53	0.54	0.33	0.30	0.31
所有者权益比率（%）	26.28	25.81	27.28	39.45	37.99	39.88	59.39	58.42	59.22	63.52	64.06	70.76
理论负债率（%）	73.72	74.19	72.72	60.55	62.01	60.12	40.61	41.58	40.78	36.48	35.94	29.24
资本保值增值率（%）	111.97	112.35	112.27	110.68	110.62	112.04	105.56	107.69	108.95	93.52	101.02	104.06

从表 2-1 中可以看出，与所有者权益比率相对应的理论负债率表现为降低的态势：特大型企业、大中型企业的理论负债率总体保持在 60%至 70%，而中型企业和小型企业的理论负债率则总体保持在 30%至 40%。总体来看，中小型企业的负债水平相对较低，政策效应仍无明显改善，需要持续加大对中小型企业的融资政策支持力度。

第三，从资本保值增值率分析。2021 年特大型企业的资本保值增值率为 112.27%，较 2020 年的 112.35%下降了 0.08 个百分点；大型企业的资本保值增值率为 112.04%，较 2020 年的 110.62%提高了 1.42 个百分点；中型企业的资本保值增值率为 108.95%，较 2020 年的 107.69%提高了 1.26 个百分点；小型企业的资本保值增值率为104.06%，较 2020 年的 101.02%提高了 3.04 个百分点。

从表 2-1 中可以看出，2021 年我国各规模类型的企业资本保值增值率总体呈现稳中有升的态势。特大型企业虽然略有下降，但总体保持相对较高水平，大型企业亦保持相对较高水平。中小型企业也有明显提升，尤其以小型企业的提升幅度较大，但相对而言仍处于相对较低水平区间。

3.大中型企业利润增速明显，小型企业利润增速仍处于负增长区间

第一，从营业收入增长率规模特征分析。2021 年特大型企业的营业收入增长率为 20.68%，较 2020 年的 11.54%提高了 9.14 个百分点；大型企业的营业收入增长率为 24.32%，较 2020 年的 8.51%提高了 15.81 个百分点；中型企业的营业收入增长率为 23.90%，较 2020 年的 6.54%提高了 17.36 个百分点；小型企业的营业收入增长率为 14.39%，较 2020 年的-8.42%提高了

22.81个百分点。各规模类型企业的营收增长率均有大幅提高。

2011—2021年营业收入增长率规模特征对比分析见图2-43。

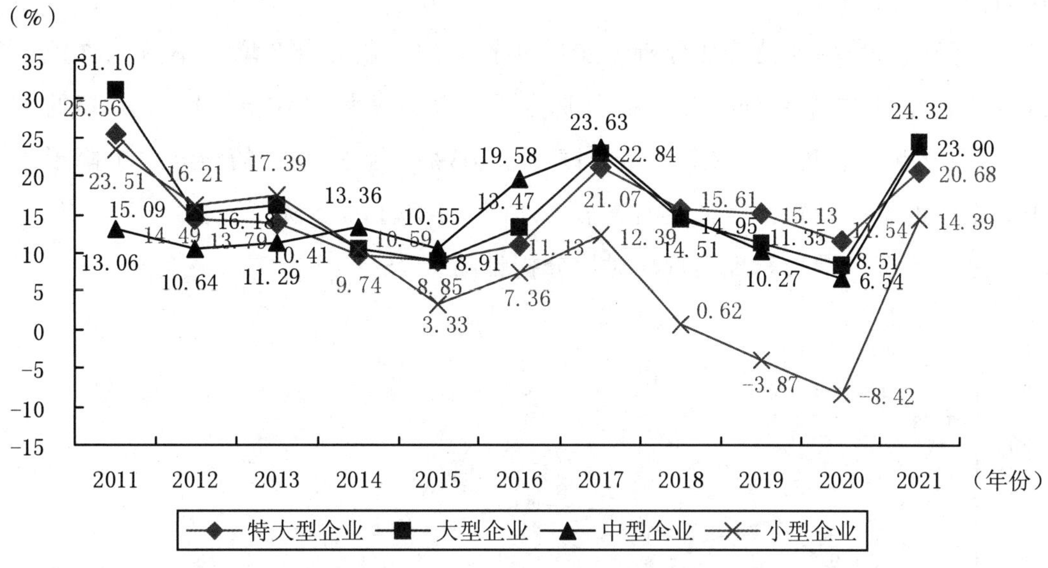

图2-43 2011—2021年营业收入增长率规模特征对比分析

第二，从利润增长率规模特征分析。2021年特大型企业的利润增长率为15.02%，较2020年的12.31%提高了2.71个百分点；大型企业的利润增长率为21.59%，较2020年的7.18%提高了14.41个百分点；中型企业的利润增长率为7.90%，较2020年的1.31%提高了6.59个百分点；小型企业的利润增长率为-17.12%，较2020年的-37.88%负增长收窄了20.76个百分点。

2011—2021年利润增长率规模特征对比分析见图2-44。

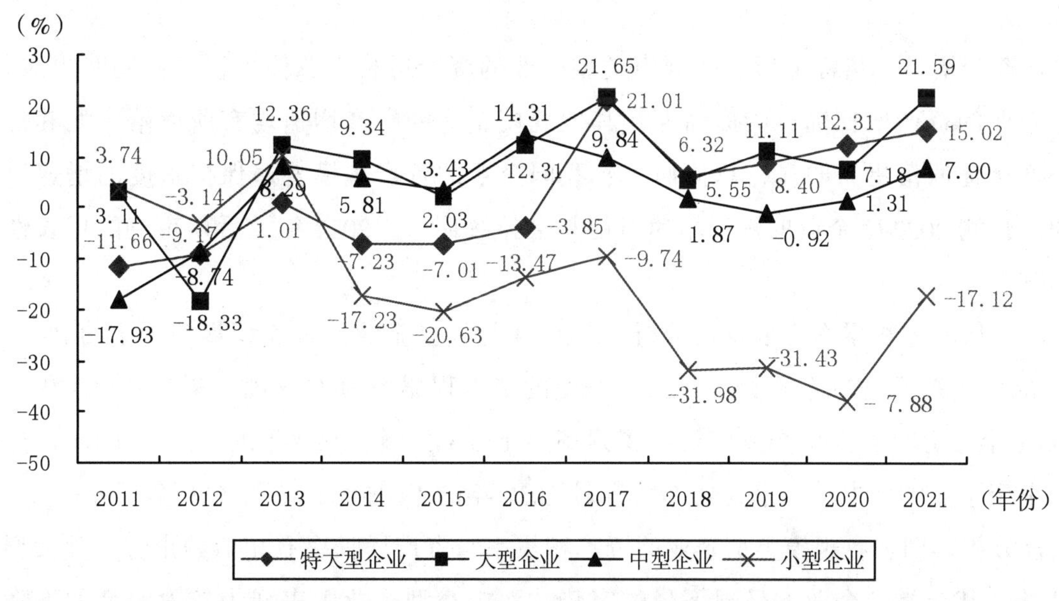

图2-44 2011—2021年利润增长率规模特征对比分析

从图 2-44 中可以看出，特大型企业和大型企业的利润增长率仍然保持较高水平，中型企业增速明显加快，而小型企业则仍处于负增长区间。由此可见，中小型企业仍然面临着较大的经营压力。

第三，从资产增长率规模特征分析。2021 年特大型企业的资产增长率为 11.70%，较 2020 年的14.87%下降了 3.17 个百分点；大型企业的资产增长率为 15.07%，较 2020 年的 12.42%提高了 2.65 个百分点；中型企业的资产增长率为 16.03%，较 2020 年的17.82%下降了 1.79 个百分点；小型企业的资产增长率为13.79%，较 2020 年的 19.14%下降了 5.35 个百分点。

2011—2021 年资产增长率规模特征对比分析见图 2-45。

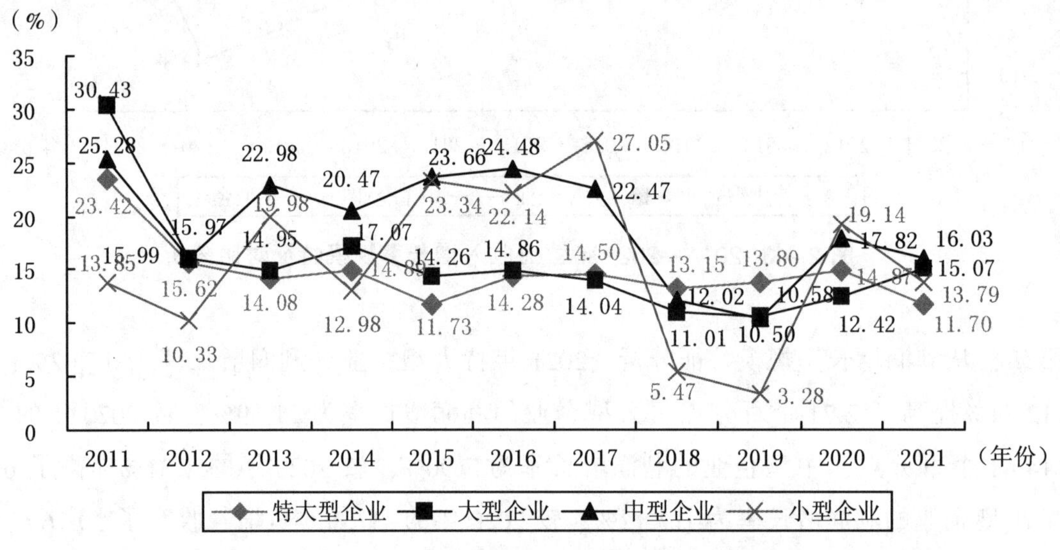

图 2-45 2011—2021 年资产增长率规模特征对比分析

综合资产增长率指标分析，各规模类型企业的资产增长率总体平稳。但同时也应注意到，除大型企业的资产增长率有所提高外，其他规模企业的资产增速均有所回落，尤其是小型企业的资产增速回落更为明显。总体而言，我国企业的资产规模普遍保持适度的增速，符合市场预期。预测 2022 年企业的资产增速可能将会持续回落，2023 年及后期市场的成长性将有较大的提升空间。

第四，从资本积累率规模特征分析。2021 年特大型企业的资本积累率为 11.14%，较 2020 年的14.84%下降了 3.70 个百分点；大型企业的资本积累率为 13.86%，较 2020 年的 13.25%提高了 0.61 个百分点；中型企业的资本积累率为 12.85%，较 2020 年的18.40%下降了 5.55 个百分点；小型企业的资本积累率为10.36%，较 2020 年的 18.15%下降了 7.79 个百分点。

综合分析表明，各规模类型企业的资本积累率与资产增长率有相似的走势，除大型企业有所提高外，其余类型企业均呈现下降的态势，而中小型企业则表现为较大幅度的下降。但总

体而言，企业的资本积累率仍然保持着较高水平。

第五，从人员增长率规模特征分析。2021 年特大型企业的人员增长率为 4.04%，较 2020 年的 6.40%下降了 2.36 个百分点；大型企业的人员增长率为 5.55 %，较 2020 年的 4.34%提高了 1.21 个百分点；中型企业的人员增长率为 7.80%，较 2020 年的 3.33%提高了 4.47 个百分点；小型企业的人员增长率为6.94%，较 2020 年的 0.35%提高了 6.59 个百分点。除特大型企业的人员增速有所回落外，其他类型企业的人员增速均有所提高。总体而言，中小型企业的人员增速有较大幅度的提高，是扩大社会就业的主要岗位来源。

五、2022 中国企业信用发展地区特征分析

(一) 信用环境地区特征分析

1.东部地区企业的景气度大幅提升

2021 年东部地区企业的景气指数为117.36 点，较 2020 年的 103.42 点提高了 13.94 点；盈利指数为 105.41 点，较 2020 年的 100.19 点提高了 5.22 点；效益指数为 107.22 点，较 2020 年的 104.81 点提高了 2.41 点。

2011—2021 年东部地区企业信用环境分析见图 2-46。

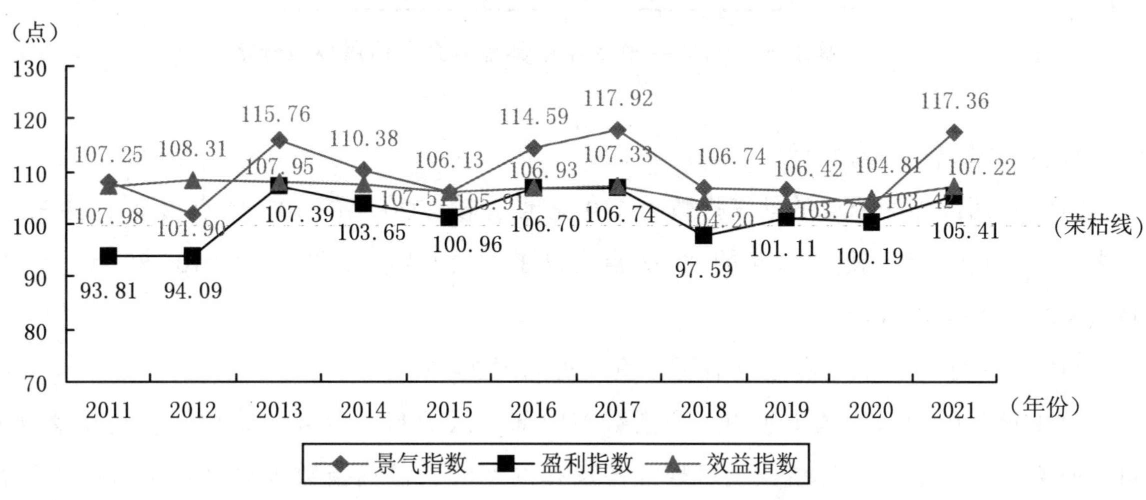

图 2-46 2011—2021 年东部地区企业信用环境分析

从图 2-46 中可以看出，东部地区企业的三项指数均有明显提升。其中，景气指数的提升

幅度最大，接近 2017 年的最好水平；盈利指数和效益指数也有一定幅度的提高，总体表明东部地区企业的景气度呈现大幅度提升的态势。

2.中部地区企业强势反弹

2021 年中部地区企业的景气指数为 121.74 点，较 2020 年的 101.00 点提高了 20.74 点；盈利指数为 110.49 点，较 2020 年 98.18 点提高了 12.31 点；效益指数为 106.60 点，较 2020 年的 103.59 点提高了 3.01 点。我国中部地区企业景气指数呈现强势反弹的态势，其涨幅超过了 20 个点；盈利指数涨幅也超过 12 个点，突破 110 点关口；效益指数亦有明显提升。总体来看，中部地区企业的盈利指数遏制住了持续的低位运行态势。

2011—2021 年中部地区企业信用环境分析见图 2-47。

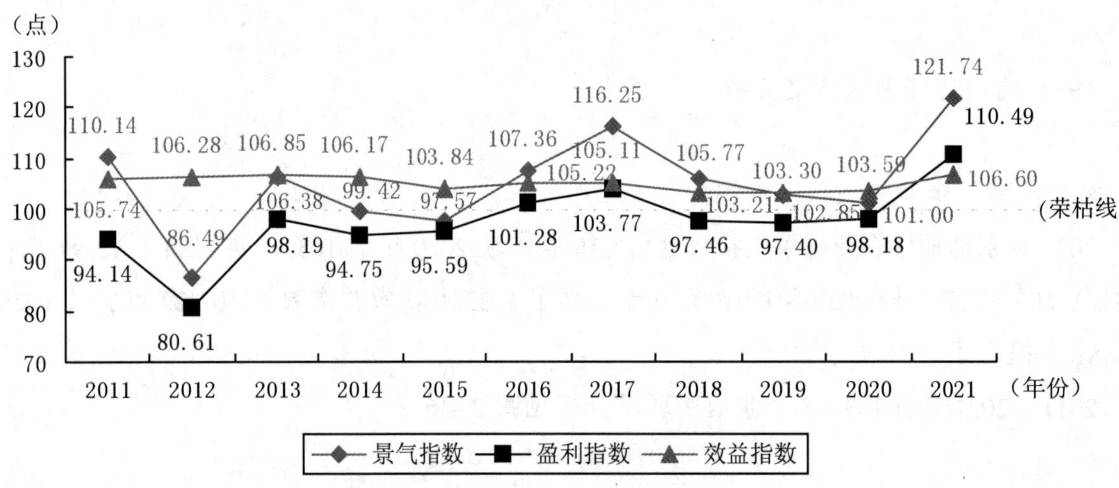

图 2-47 2011—2021 年中部地区企业信用环境分析

3.西部地区企业低位反弹

2021 年西部地区企业的景气指数为 119.86 点，较 2020 年的 100.54 点提高了 19.32 点；盈利指数为 109.57 点，较 2020 年的 97.38 点提高了 12.19 点；效益指数为 106.85 点，较 2020 年的 103.04 点提高了 3.81 点。

2011—2021 年西部地区企业信用环境分析见图 2-48。

2021 年我国西部地区企业的三项指数与中部地区的基本走势仍然相似，其涨幅也大致相同。西部地区企业的景气指数也呈现强势反弹的态势；盈利指数也遏制住了持续三年在荣枯线以下运行的态势。总体来看，西部地区企业的三项指数也具有低位反弹的明显迹象。

综合不同地区的三项指数可以看出，不同地区的企业在 2021 年均呈现强势反弹的态势，且提升的幅度也较大。从总体运行来看，2021 年我国企业运行的主要特征并没有明显的地区

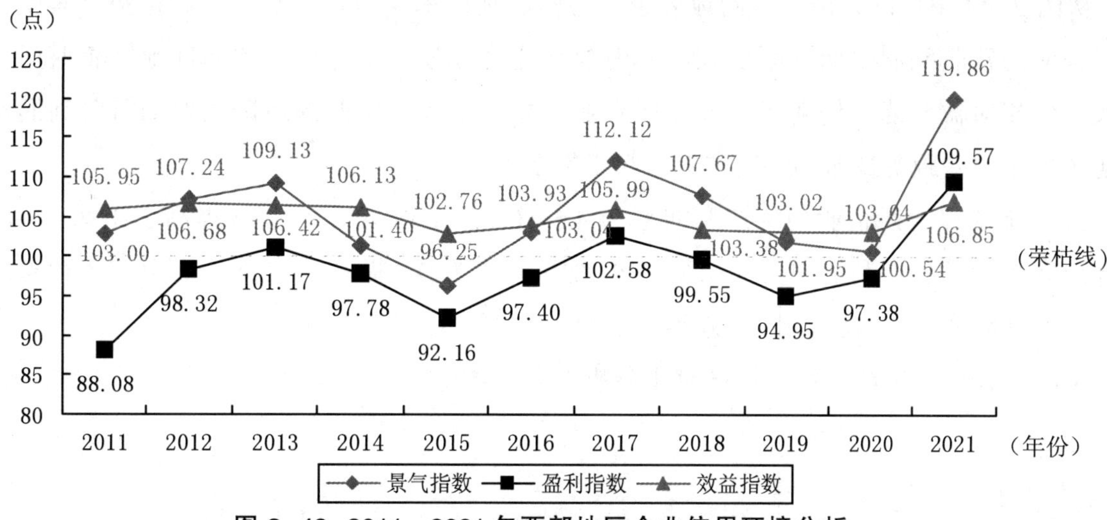

图 2-48 2011—2021 年西部地区企业信用环境分析

性差异，但相对而言，东部地区企业指数相对平稳，波幅较小，其发展韧性也较好。

（二）效益及其趋势地区特征分析

1.各地区企业收益性明显好转，盈利能力明显增强

2021 年东部地区企业的营收利润率为 8.18%，比 2020 年的 5.07%提高了 3.11 个百分点；中部地区企业的营收利润率为 7.78%，比 2020 年的 3.17%提高了 4.61 个百分点；西部地区企业的营收利润率为 7.99%，比 2020 年的 3.22%提高了 4.77 个百分点。

2011—2021 年营收利润率地区对比分析见图 2-49。

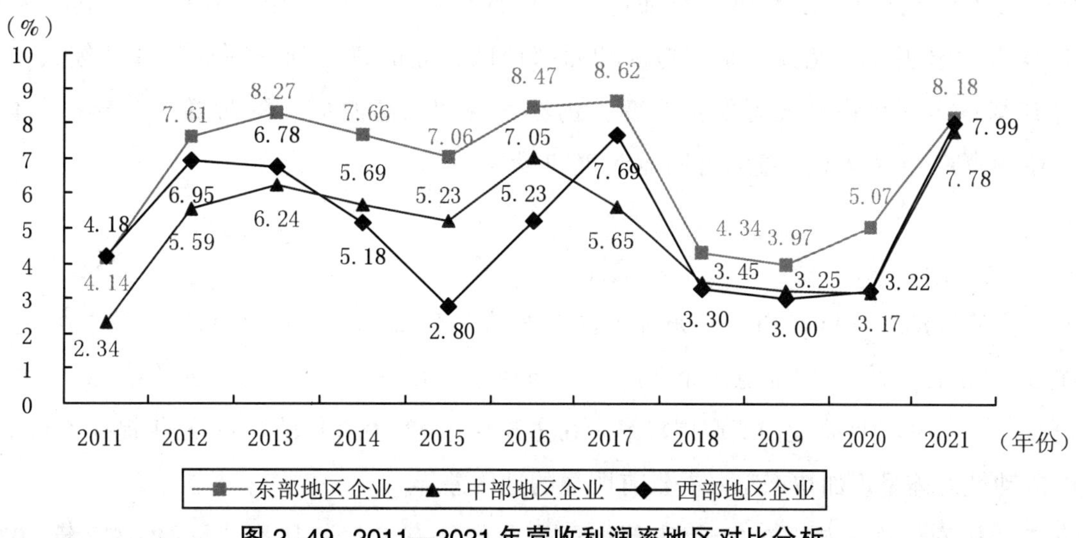

图 2-49 2011—2021 年营收利润率地区对比分析

从图 2-49 中可以看出，不同地区企业的营收利润率均呈现明显回升的态势。其中，东部地区企业的营收利润率回升幅度较小，但盈利能力最强；中部地区和西部地区企业回升幅度较大，但相对盈利能力仍弱于东部地区企业。总体来看，中西部地区企业的营收利润率与东部地区企业的差距明显缩小，基本上回归正常轨道。

2021 年东部地区企业的资产利润率为 4.55%，比 2020 年的 3.06%提高了 1.49 个百分点；中部地区企业的资产利润率为 3.61%，比 2020 年的 2.87%提高了 0.74 个百分点；西部地区企业的资产利润率为 3.21%，比 2020 年的 1.73%提高了 1.48 个百分点。

2011—2021 年资产利润率地区对比分析见图 2-50。

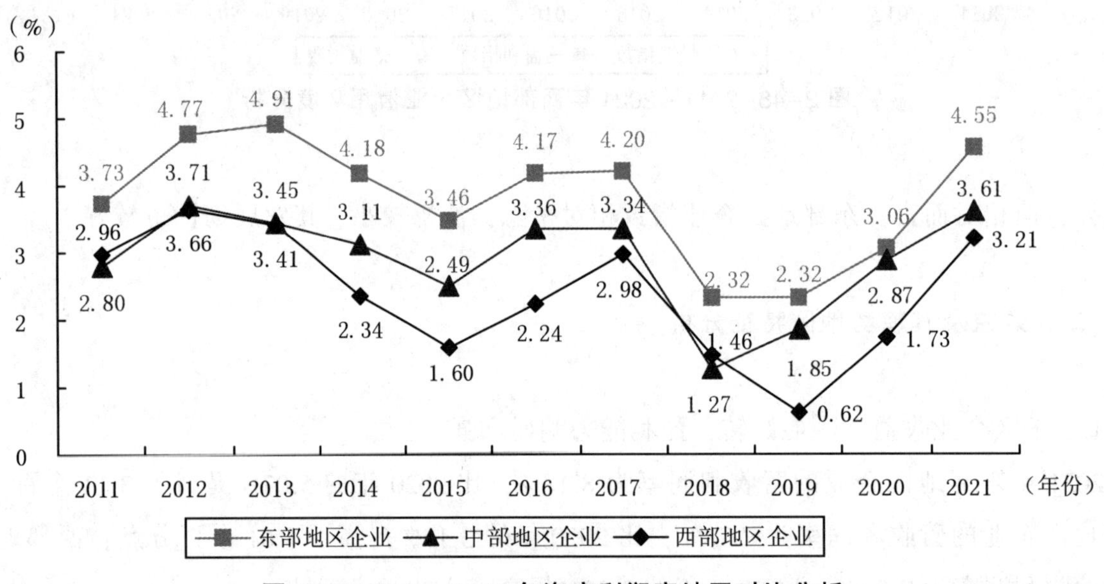

图 2-50 2011—2021 年资产利润率地区对比分析

从图 2-50 分析中可以看出，东部地区、中部地区和西部地区企业的资产利润率指标较 2020 年均有明显提高，尤其是东部地区和西部地区企业的资产利润率提高幅度较大。但相对而言，其基本运行趋势并没有发生改变，仍然呈现“东高西低”的阶梯式分布。总体来看，我国企业的资产经营效率效益均有明显改善和提升。

2.流动性有所好转，资金压力明显减轻

第一，从流动性分析。2021 年东部地区企业的资产周转率为 0.73 次/年，较 2020 年的 0.64 次/年提高了 0.09 次/年；中部地区企业的资产周转率为 0.75 次/年，较 2020 年的 0.63 次/年提高了 0.12 次/年；西部地区企业的资产周转率为 0.66 次/年，较 2020 年的 0.56 次/年提高了 0.10 次/年。企业的流动性总体呈现加快态势，并没有明显的地区差异。

第二，从安全性分析。2021 年东部地区企业的所有者权益比率为 45.85%，较 2020 年的

50.40%下降了4.55个百分点；中部地区企业的所有者权益比率为45.23%，较2020年的47.58%下降了2.35个百分点；西部地区企业的所有者权益比率为42.09%，较2020年的45.59%下降了3.50个百分点。各地区企业的所有者权益比率均呈现持续下降的态势，与此相对应的是理论负债率普遍持续提升，相对而言，东部地区和西部地区企业的资金改善程度较为明显。总体来看，企业的资金压力普遍减轻，政策性释放效应明显。

3.经营性成长指标增速明显

第一，从营收增长率分析。2021年东部地区企业营收增长率为23.31%，比2020年的6.43%提高了16.88个百分点；中部地区企业营收增长率为23.25%，比2020年的3.80%提高了19.45个百分点；西部地区企业营收增长率为21.03%，比2020年的4.20%提高了16.83个百分点。

2011—2021年营收增长率地区对比分析见图2-51。

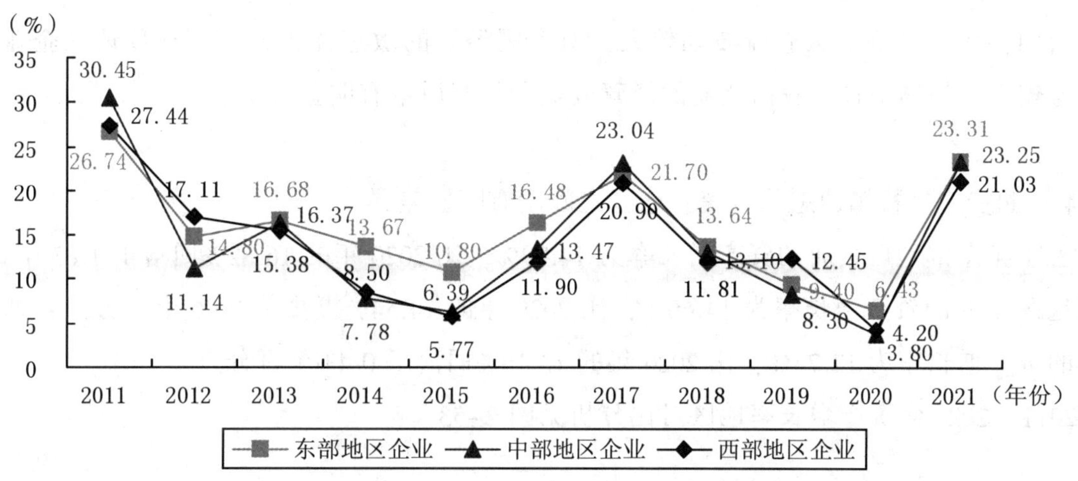

图2-51 2011—2021年营收增长率地区对比分析

从图2-51中可以明显看出，不同地区企业的营收增长率均呈现大幅提升的基本走势，且提升的幅度并没有明显的差异。总体来看，各地区企业的营收增长率均呈现低位强势反弹的态势。

第二，从利润增长率分析。2021年东部地区企业利润增长率为11.42%，比2020年的0.40%提高了11.02个百分点；中部地区企业利润增长率为20.22%，由2020年的-1.80%转为正增长，提高了22.02个百分点；西部地区企业利润增长率为18.69%，由2020年的-3.12%转为正增长，提高了21.81个百分点。

2011—2021年利润增长率地区对比分析见图2-52。

从利润增长率指标分析看，中、西部地区企业的利润指标均由负转正，且提升的幅度也大致相当；东部地区企业的利润增长率则延续了正增长态势，但总体增长幅度相对较小。总体

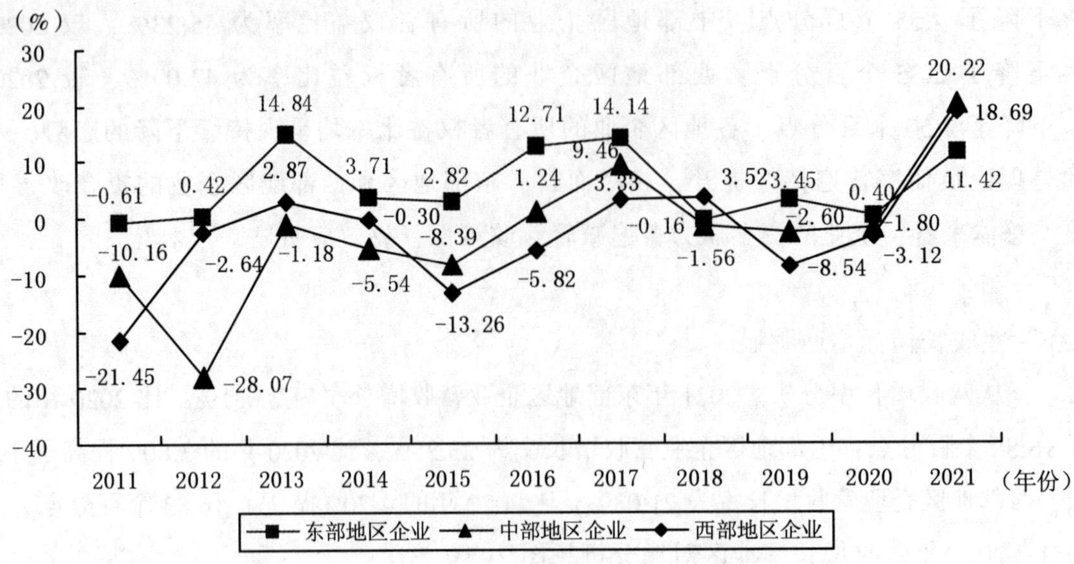

图 2-52 2011—2021 年利润增长率地区对比分析

分析表明，中、西部地区企业波动较大，对宏观经济的敏感性较强，而东部地区企业的抗风险能力较强。整体来看，我国企业的经营效益和经营质量有明显改善。

4.企业资产规模增速总体放缓，地区之间没有明显差异

2021 年东部地区企业的资产增长率为 14.99%，比 2020 年的 16.82%回落了 1.83 个百分点；中部地区企业的资产增长率为 14.60%，比 2020 年的 14.54%提高了 0.06 个百分点；西部地区企业的资产增长率为 12.75%，比 2020 年的 13.18%回落了 0.43 个百分点。

2011—2021 年资产增长率地区对比分析见图 2-53。

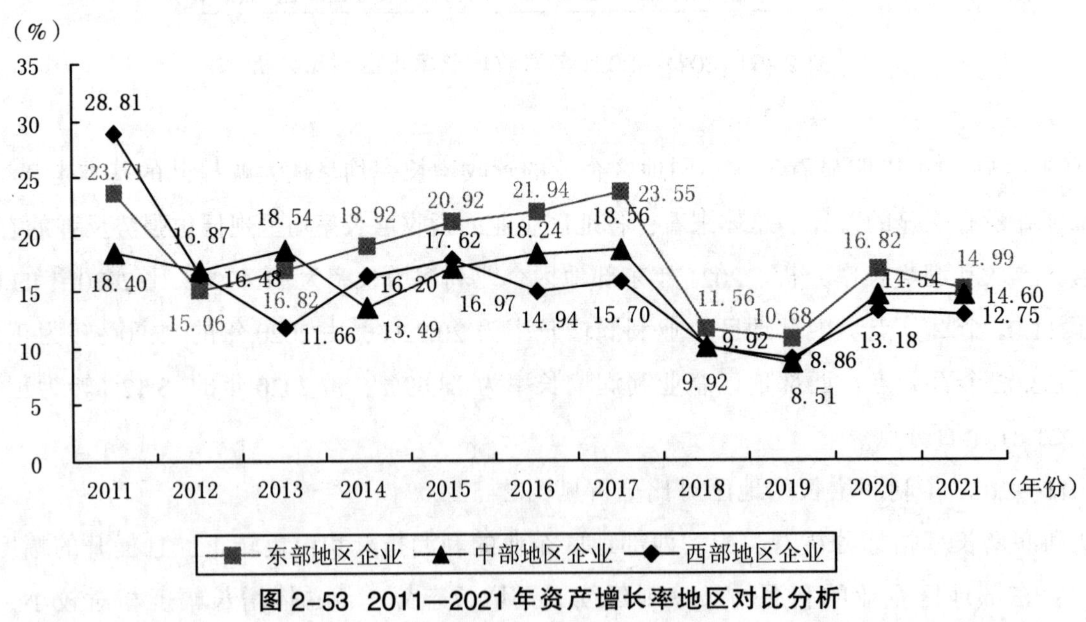

图 2-53 2011—2021 年资产增长率地区对比分析

综合资产增长率分析可以看出，除中部地区企业的资产增速有微幅提升外，东部地区和西部地区企业的资产增速均有小幅回落，但相对而言仍然保持在10%以上的增速。

六、中国企业信用发展中存在的突出问题及对策建议

综合对我国企业总体信用环境、总体效益趋势分析，通过对行业特征、所有制特征、规模特征以及地区特征的对比分析，可以看到我国企业整体运行稳中向好，增速明显加快，恢复性增长的态势明显。但在当前形势下，恢复增长的基础尚不牢固，需求收缩、供给冲击、预期转弱三重压力仍然较大，外部环境动荡不安，给我国企业带来的影响加深，不确定因素增多，需要我国企业界高度关注和深入研究，切实采取有效的应对措施。

（一）培育壮大主导产业，增强产业链供应链自主可控能力

党的二十大胜利召开，对未来五年和更长时期的中国经济社会发展进行了全面系统的战略性部署。2023 年是全面贯彻落实党的“二十大”战略部署的第一年，也是实施“十四五”规划的关键一年，对社会主义现代化国家建设新征程开好局、起好步有重要意义。2022 年以来，世界百年变局深度演化，乌克兰危机跌宕延续，美国等发达国家快速加息带来国际资本快速流动和资产价格大幅波动，中国经济持续经受供给冲击、需求收缩、预期转弱三重压力的考验。

2022 年中央经济工作会议强调，要更好统筹疫情防控和经济社会发展，因时因势优化疫情防控措施，认真落实新阶段疫情防控各项举措，保障好群众的就医用药，重点抓好老年人和患基础性疾病群体的防控，着力保健康、防重症。要更好统筹经济质的有效提升和量的合理增长，坚持以质取胜，以量变的积累实现质变。要更好统筹供给侧结构性改革和扩大内需，通过高质量供给创造有效需求，支持以多种方式和渠道扩大内需。要更好统筹经济政策和其他政策，增强全局观，加强与宏观政策取向一致性评估。要更好统筹国内循环和国际循环，围绕构建新发展格局，增强国内大循环内生动力和可靠性，提升国际循环质量和水平。要更好统筹当前和长远，既要做好当前工作，又要为今后发展做好衔接。

面对外部环境变化带来的新矛盾新挑战，我国企业界必须坚持系统观念，守正创新，顺势而为，紧紧抓住全球产业链新变局所带来的新机遇，创新作为，主动担当，紧紧围绕主导产业，尤其是战略性主导产业，补短板、破瓶颈、强弱项，进一步优化和调整经济发展思路，优

化资产配置、产业布局以及可持续高质量发展的实现路径，提高全球竞争优势，创建世界一流企业，在努力打通国际循环的同时，进一步畅通国内大循环，提升经济发展的自主性和可持续性，增强发展韧性，保持我国经济平稳健康发展。

（二）大力推动产业优化升级，畅通国际国内双循环

2022 年中央经济工作会议强调，加快建设现代化产业体系。围绕制造业重点产业链，找准关键核心技术和零部件薄弱环节，集中优质资源合力攻关，保证产业体系自主可控和安全可靠，确保国民经济循环畅通。加强重要能源、矿产资源国内勘探开发和增储上产，加快规划建设新型能源体系，提升国家战略物资储备保障能力。提升传统产业在全球产业分工中的地位和竞争力，加快新能源、人工智能、生物制造、绿色低碳、量子计算等前沿技术研发和应用推广。要大力发展数字经济，提升常态化监管水平，支持平台企业在引领发展、创造就业、国际竞争中大显身手。抓住全球产业结构和布局调整过程中孕育的新机遇，勇于开辟新领域、制胜新赛道。

供给冲击主要是两方面：一是大宗商品涨价，在供给受阻加之货币溢出效应的双重作用下，生产成本上升带来的输入型通胀压力。二是在中美科技战和疫情影响下，供应链的稳定性面临冲击，产业供应效率还没有恢复，或有“卡脖子”和断供风险。供给冲击最终的影响就是通胀压力增加。我国企业要继续以供给侧结构性改革为主线，加快形成以大企业为龙头的现代服务业体系。行业之间的发展不平衡，主要是传统服务业与新兴服务业之间的发展不平衡。服务业下行压力较大的行业仍然相对集中在传统生产性服务业和传统生活性服务业，压力主要是来自外部宏观经济环境不确定性和新兴服务业冲击的双重影响，既有供给侧结构性改革与调整尚未得到根本性解决的因素，也有需求侧改革与调整的现实因素。适应新发展阶段、贯彻新发展理念、构建新发展格局，我国服务业首先要解决好观念问题，其次要着力优化现代服务业体系，以服务业整体提升为重点，构建和优化现代服务业体系，提高供给与需求的动态适配性，打通堵点，补齐短版，贯通生产、分配、流通、消费各环节，形成需求牵引供给、供给创造需求的高水平动态平衡，提升国民经济整体效能，这是构建新发展格局的关键。

要加快发展现代产业体系，推动经济体系优化升级。坚持把发展经济着力点放在实体经济上，坚定不移建设制造强国、质量强国、网络强国、数字中国，推进产业基础高级化、产业链现代化，提高经济质量效益和核心竞争力。同时强调，坚持自主可控、安全高效，分行业做好供应链战略设计和精准施策，推动全产业链优化升级。锻造产业链供应链长板，立足我国产业规模优势、配套优势和部分领域先发优势，打造新兴产业链，推动传统产业高端化、

智能化、绿色化，发展服务型制造。加快构建以国内大循环为主体、国内国际双循环相互促进的新发展格局，要紧紧扭住供给侧结构性改革这条主线，注重需求侧管理，打通堵点，补齐短板，贯通生产、分配、流通、消费各环节，形成需求牵引供给、供给创造需求的更高水平动态平衡，提升国民经济体系整体效能。

（三）对标世界一流企业，打造具有核心竞争力的优质企业

企业在新发展阶段，要着力推进发展方式变革，用先进方式提质增效。我国制造业要着力解决大而不强、小而不精的问题。大企业要着力根治“大企业病”，集中优势资源培育优势主导产业，打造优势知名品牌；中小型制造业企业要努力做到“专精特新”，突出企业“专精特新”特色和优势，打造企业在国际产业链中优势地位。

一是要充分发挥大企业的引领支撑作用。大企业的技术创新具有显著的外溢和带动效应，要借助重大科研项目或重点工程，有效组织吸纳产业链上下游企业、高校、科研机构等组建创新联合体，带动产业链相关企业联合组织开展科技创新攻关，提供创新平台。大中型企业要着力培育壮大主导产业，对标世界一流企业，围绕主导产业打造强大的国际竞争力。世界一流企业无疑是主业突出、全球领先的企业。我国大中型企业要集中优势资产，充分利用优势资源，加快形成和壮大主导产业的全球化布局，打造全球行业优势龙头企业。

二是中小型企业要突出在产业链、供应链中专注打造“专精特新”优势，真正做到小企业有大作为。工信部、财政部等六部门联合印发《关于加快培育发展制造业优质企业的指导意见》进一步明确方向举措。“十四五”期间，要培育百万家创新型中小企业，10 万家省级“专精特新”企业，1 万家专精特新“小巨人”企业和 1000 家“单项冠军”企业。力争到 2025 年，梯度培育格局基本成型，更好推动产业基础高级化、产业链现代化，助力实体经济迈向高质量发展。中小企业要不断改进生产经营流程，优化资源要素配置，提高发展质量效益；坚持质量兴企，发扬“工匠”精神，创建知名品牌，提高市场竞争力和影响力；加快由低端制造向高生产率的设计、研发、品牌、营销、产业链管理等环节延伸。

三是加快数字化转型。“加快数字化发展，建设数字中国”是“十四五”规划的重要任务之一。数字时代是我国经济和企业实现弯道超车的重要战略机遇，要加快建设数字经济、数字社会、数字政府，以数字化转型整体驱动生产方式、生活方式和治理方式变革。我国企业要紧紧抓住这一战略机遇，进一步推进实体经济与数字经济的深度融合，推进服务业与制造业的深度融合，加速向数字化、网络化、智能化发展，着力壮大新增长点，形成发展新动能，壮大经济发展新引擎。

我国制造业企业要紧紧抓住全面深化改革的有利时机，抓住高水平对外开放新格局的战略

机遇，充分利用好国家出台的一系列高水平改革开放措施和政策，推动实体经济发展，提升制造业水平，发展新兴产业，大力推进国际化品牌经营战略，提高国际竞争力。

(四) 推进 ESG 体系建设，推进持续高质量诚信发展

疫情要防住、经济要稳住、发展要安全，这是党中央的明确要求。做好当前经济工作，要聚焦关键环节。要稳住市场主体，对受疫情严重冲击的行业、中小微企业和个体工商户实施一揽子纾困帮扶政策。要有效管控重点风险，守住不发生系统性风险底线。

中美多方面的角逐和博弈，新冠疫情的变化，以及潜在的全球金融危机等外部环境因素，都有可能造成巨大的冲击。我国企业更要强化忧患意识，守住风险底线，做好风险防范，增强发展韧性，进一步加强和提高防范化解风险能力，高度重视和防范各类风险。要突出防范经营效益下滑风险、债务风险、投资风险、金融业务风险、国际化经营风险、安全环保风险，强化各类风险识别，建立预判预警机制，及时排查风险隐患，制定完善应对预案。我国企业要坚定不移贯彻创新、协调、绿色、开放、共享的新发展理念。企业的发展要秉承绿色低碳发展理念，践行人与自然和谐发展理念，主动承担社会责任，要始终坚持底线思维，加强诚信自律，进一步推进企业高质量诚信发展，以诚信建设筑牢企业高质量发展的基石。

在新时代新征程中更好履行社会责任、践行 ESG 理念，是企业贯彻落实党的二十大精神的必然要求和具体行动，也是打造国际竞争合作新优势、加快建设世界一流企业的重要抓手和有效举措。我国企业要主动适应、积极把握 ESG 发展热潮，认真研究、摸索从企业战略规划和体制机制层面进一步有效加强 ESG 治理，合理设定企业的 ESG 标准，制定实施框架，科学评估 ESG 绩效，找准企业 ESG 管理有效路径；要与 ESG 监管机构、研究机构、中介机构等加强交流合作，积极参与构建具有中国特色、与国际准则接轨兼容的 ESG 规则规范，为建强我国 ESG 体系做出更大的贡献。

第三章
2022 中国企业信用 500 强发展报告

由中国企业改革与发展研究会、中国合作贸易企业协会、国信联合（北京）认证中心联合开展的2022中国企业信用500强分析研究，是第11次向社会发布。中国企业信用500强评价模型不是以某单一指标为评价依据，而是从企业的信用环境、信用能力、信用行为三个方面，综合企业的收益性、流动性、安全性、成长性等各项指标，采取以定量评价为主导，定量与定性评价相结合，以效益为核心的多维度、趋势性分析研究，是企业综合信用状况和经营实力的客观体现。

2022中国企业信用500强的入围门槛为：企业综合信用指数90分以上，且2021年净利润为27600万元以上，较2021中国企业信用500强2020年的净利润57600万元下降了30000万元。

2022中国企业信用500强分析研究及发布活动，旨在从企业的信用环境、信用能力、信用行为三个方面对中国企业信用发展状况进行客观评价，同时为政府、行业、企业和社会提供参考依据。

一、2022中国企业信用500强分布特征

（一）2022中国企业信用500强行业分布特征

2022中国企业信用500强的行业分布，包括了生产业、制造业、服务业三个大类共58个细分行业。其中，生产业有5个行业，制造业有28个行业，服务业有25个行业。

2022中国企业信用500强行业分布见表3-1。

在生产业5个行业中共有27家企业入围。其中，建筑业企业有17家；煤炭采掘及采选业企业有6家，石油、天然气开采及生产业企业有2家；电力生产业企业、其他采选业企业各有1家入围。

生产业入围的27家企业，较2021年的33家减少了6家企业；占比为5.40%，较2021年

表3-1 2022中国企业信用500强行业分布

序号	行业	入围企业数量(家)
生产业		27
1	煤炭采掘及采选业	6
2	石油、天然气开采及生产业	2
3	建筑业	17
4	电力生产业	1
5	其他采选业	1
制造业		312
6	农副食品及农产品加工业	8
7	食品(含饮料、乳制品、肉食品等)加工制造业	13
8	酿酒制造业	11
9	纺织、印染业	7
10	纺织品、服装、服饰、鞋帽、皮革加工业	9
11	造纸及纸制品(含木材、藤、竹、家具等)加工、印刷、包装业	21
12	生活用品(含文体、玩具、工艺品、珠宝)等轻工产品加工制造业	6
13	石化产品、炼焦及其他燃料生产加工业	5
14	化学原料及化学制品(含精细化工、日化、肥料等)制造业	22
15	医药、生物制药、医疗设备制造业	23
16	化学纤维制造业	11
17	橡胶、塑料制品及其他新材料制造业	7
18	建筑材料及玻璃等制造业及非金属矿物制品业	13
19	黑色冶金及压延加工业	8
20	一般有色冶金及压延加工业	16
21	金属制品、加工工具、工业辅助产品加工制造业及金属新材料制造业	4
22	工程机械、设备和特种装备(含电梯、仓储设备)及零配件制造业	16
23	通用机械设备和专用机械设备及零配件制造业	15
24	电力、电气等设备、机械、元器件及光伏、风能、电池、线缆制造业	17
25	船舶、轨道交通设备及零部件制造业	3
26	家用电器及零配件制造业	10
27	电子元器件与仪器仪表、自动化控制设备制造业	14
28	动力、电力生产等装备、设备制造业	2
29	计算机、通信器材、办公、影像等设备及零部件制造业	22
30	汽车及零配件制造业	16
31	摩托车、自行车和其他交通运输车辆及零配件制造业	3
32	航空航天、国防军工装备及零配件制造业	6
33	综合制造业(以制造业为主,含有服务业)	4

续表

序号	行业	入围企业数量(家)
服务业		161
34	能源(电、热、燃气等)供应、开发、节能减排及再循环服务业	17
35	铁路运输及辅助服务业	3
36	陆路运输、城市公交、道路及交通辅助等服务业	3
37	水上运输业	1
38	航空运输及相关服务业	1
39	电信、邮寄、速递等服务业	6
40	软件、程序、计算机应用、网络工程等计算机、微电子服务业	9
41	物流、仓储、运输、配送及供应链服务业	2
42	农牧渔饲产品及生活消费品等内外商贸批发、零售业	3
43	综合性内外商贸及批发、零售业	7
44	汽车和摩托车商贸、维修保养及租赁业	1
45	医药专营批发、零售业及医疗服务业	3
46	商业零售业及连锁超市	12
47	银行业	8
48	保险业	6
49	证券及其他金融服务业	14
50	多元化投资控股、商务服务业	4
51	房地产开发与经营、物业及房屋装饰、修缮、管理等服务业	28
52	旅游、旅馆及娱乐服务业	1
53	公用事业、市政、水务、航道等公共设施投资、经营与管理业	13
54	人力资源(职业教育、培训等)、会展博览、国内外经济合作等社会综合服务业	3
55	科技研发、推广及地勘、规划、设计、评估、咨询、认证等承包服务业	1
56	文化产业(书刊出版、印刷、发行与销售及影视、音像、文体、演艺等)	1
57	信息、传媒、电子商务、网购、娱乐等互联网服务业	4
58	综合服务业(以服务业为主,含有制造业)	10
合　　计		500

的 6.60%下降了 1.2 个百分点。

在制造业 28 个行业中共有 312 家企业入围。其中，医药、生物制药、医疗设备制造业企业有 23 家；化学原料及化学制品（含精细化工、日化、肥料等）制造业企业，计算机、通信器材、办公、影像等设备及零部件制造业企业各有 22 家；造纸及纸制品（含木材、藤、竹、家具等）加工、印刷、包装业企业有 21 家；电力、电气等设备、机械、元器件及

光伏、风能、电池、线缆制造业企业有 17 家；一般有色冶金及压延加工业企业，工程机械、设备和特种装备（含电梯、仓储设备）及零配件制造业企业，汽车及零配件制造业企业各有 16 家；通用机械设备和专用机械设备及零配件制造业企业有 15 家；电子元器件与仪器仪表、自动化控制设备制造业企业有 14 家；食品（含饮料、乳制品、肉食品等）加工制造业企业，建筑材料及玻璃等制造业及非金属矿物制造业企业各有 13 家；酿酒制造业企业，化学纤维制造业企业各有 11 家；家用电器及零配件制造业企业有 10 家；纺织品、服装、服饰、鞋帽、皮革加工业企业，综合制造业（以制造业为主，含有服务业）企业各有 4 家；农副食品及农产品加工业企业，黑色冶金及压延加工业企业各有 8 家；纺织、印染业企业，橡胶、塑料制品及其他新材料制造业企业各有 7 家；生活用品（含文体、玩具、工艺品、珠宝）等轻工产品加工制造业企业，航空航天、国防军工装备及零配件制造业企业各有 6 家；石化产品、炼焦及其他燃料生产加工业企业有 5 家；金属制品、加工工具、工业辅助产品加工制造业及金属新材料制造业企业有 4 家；船舶、轨道交通设备及零部件制造业企业，摩托车、自行车和其他交通运输车辆及零配件制造业企业各有 3 家；动力、电力生产等装备、设备制造业企业有 2 家入围。

制造业入围的 312 家企业，较 2021 年的 285 家增加了 27 家；占比为 62.40%，较 2021 年的 57.00%提高了 5.40 个百分点；入围的行业由 2021 年的 29 个减少到 28 个。

在服务业 25 个行业中共有 161 家企业入围。其中，房地产开发与经营、物业及房屋装饰、修缮、管理等服务业企业有 28 家；能源（电、热、燃气等）供应、开发、节能减排及再循环服务业企业有 17 家；证券及其他金融服务业企业有 14 家；公用事业、市政、水务、航道等公共设施投资、经营与管理业企业有 13 家；商业零售业及连锁超市企业有 12 家；综合服务业（以服务业为主，含有制造业）企业有 10 家；软件、程序、计算机应用、网络工程等计算机、微电子服务业企业有 9 家；银行业企业有 8 家；综合性内外商贸及批发、零售业企业有 7 家；电信、邮寄、速递等服务业企业，保险业企业各有 6 家；多元化投资控股、商务服务业企业，信息、传媒、电子商务、网购、娱乐等互联网服务业企业各有 4 家；铁路运输及辅助服务业企业，陆路运输、城市公交、道路及交通辅助等服务业企业，农牧渔饲产品及生活消费品等内外商贸批发、零售业企业，医药专营批发、零售业及医疗服务业企业，人力资源（职业教育、培训等）、会展博览、国内外经济合作等社会综合服务业企业各有 3 家；物流、仓储、运输、配送及供应链服务业企业有 2 家；水上运输业企业，航空运输及相关服务业企业，汽车和摩托车商贸、维修保养及租赁业企业，旅游、旅馆及娱乐服务业企业，科技研发、推广及地勘、规划、设计、评估、咨询、认证等承包服务业企业，文化产业（书刊出版、印刷、发行与销售及影视、音像、文体、演艺等）企业各有 1 家入围。

服务业入围的 161 家企业，较 2021 年的 182 家减少了 21 家；占比为 32.20%，较 2021 年的 36.40%%下降了 4.20 个百分点；入围的行业为 25 个，较 2021 年的 23 个增加了 2 个行业。

2017—2022 年中国企业信用 500 强行业分布变化趋势分析见图 3-1。

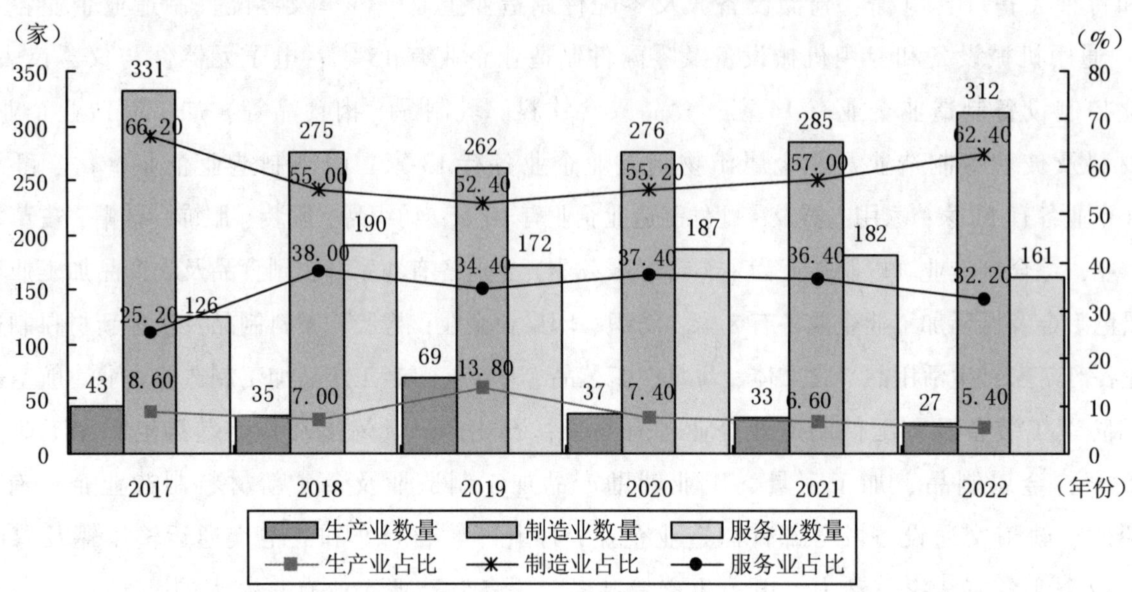

图 3-1 2017—2022 年中国企业信用 500 强行业分布变化趋势分析

（二）2022 中国企业信用500 强地区分布特征

从 2022 中国企业信用 500 强入围企业的地区分布情况看，涵盖了 29 个省、自治区、直辖市(不含香港、澳门、台湾，下同)。

东部及沿海地区 10 个省（直辖市）共 380 家企业入围。其中，北京 76 家，广东 72 家，浙江 75 家，上海 43 家，江苏 41 家，山东 34 家，福建 19 家，河北 11 家，天津 7 家，辽宁 2 家。

中部地区 8 个省共 66 家企业入围。其中，安徽 17 家，湖北 13 家，河南 9 家，湖南、山西各 8 家，江西 6 家，吉林 4 家，黑龙江 1 家。

西部地区 11 个省（自治区、直辖市）共有 54 家企业入围。其中，四川 18 家，重庆 8 家，新疆、陕西各 6 家，云南 4 家，广西、内蒙古各 3 家，甘肃、贵州各 2 家，宁夏、西藏各 1 家。

按入围企业数量从高到低排序分别为：北京 76 家，浙江 75 家，广东 72 家，上海 43 家，江苏 41 家，山东 34 家，福建 19 家，四川 18 家，安徽 17 家，湖北 13 家，河北 11 家，河南 9 家，湖南 8 家，山西 8 家，重庆 8 家，天津 7 家，江西 6 家，新疆 6 家，陕西 6 家，吉林 4 家，云南 4 家，广西 3 家，内蒙古 3 家，辽宁 2 家，甘肃 2 家，贵州 2 家，黑龙江 1 家，宁夏 1 家，西藏 1 家。

从地区分布上看，东部地区入围的企业数量占总数的 76.00%，较 2021 年的 77.00%下降了 1.00 个百分点；中部地区占 13.20%，较 2021 年的 10.60%提高了 2.60 个百分点；西部地区

占 10.80%，较 2021 年的 12.40%下降了 1.60 个百分点。与 2021 年相比，东部地区减少了 5 个席位，中部地区增加了 13 个席位，西部地区减少了 8 个席位。

2022 中国企业信用 500 强地区分布见表 3-2。

表 3-2　　2022 中国企业信用 500 强地区分布

区域	地区	入围企业数(家)		区域	地区	入围企业数(家)		区域	地区	入围企业数(家)	
		2022 年	2021 年			2022 年	2021 年			2022 年	2021 年
东部地区	北京	76	75	中部地区	安徽	17	12	西部地区	甘肃	2	
	广东	72	79		河南	9	8		广西	3	6
	河北	11	14		湖北	13	11		贵州	2	2
	江苏	41	42		湖南	8	9		内蒙古	3	4
	山东	34	41		吉林	4	4		宁夏	1	1
	上海	43	37		黑龙江	1			四川	18	19
	天津	7	6		江西	6	6		新疆	6	5
	浙江	75	72		山西	8	3		云南	4	6
	辽宁	2	6						重庆	8	13
	福建	19	13						陕西	6	5
	海南								青海		
									西藏	1	1
合计		380	385	合计		66	53	合计		54	62

二、2022 中国企业信用 500 强总体评价与分析

（一）2022 中国企业信用500 强信用环境评价与分析

2022 中国企业信用 500 强 2021 年的景气指数为 144.35 点，较 2020 年的 123.85 点提高了 20.50 点；盈利指数为 128.00 点，较 2020 年的 116.85 点提高了 11.15 点；效益指数为 112.36 点，较 2020 年的 110.56 点提高了 1.80 点。

2022 中国企业信用 500 强总体信用环境影响性分析见图 3-2。

从图 3-2 中可以看出，2022 中国企业信用 500 强的三项指数总体呈现大幅度提升的态势。其中，景气指数和盈利指数均创 2015 年以后的最好水平，效益指数创下自 2011 年以来的最好水平。总体来看，2022 中国企业信用 500 强仍然保持了较高水平，恢复性增长态势明显。

数据库样本企业的三项平均指数分别为：景气指数 118.51 点、盈利指数 106.89 点、效益

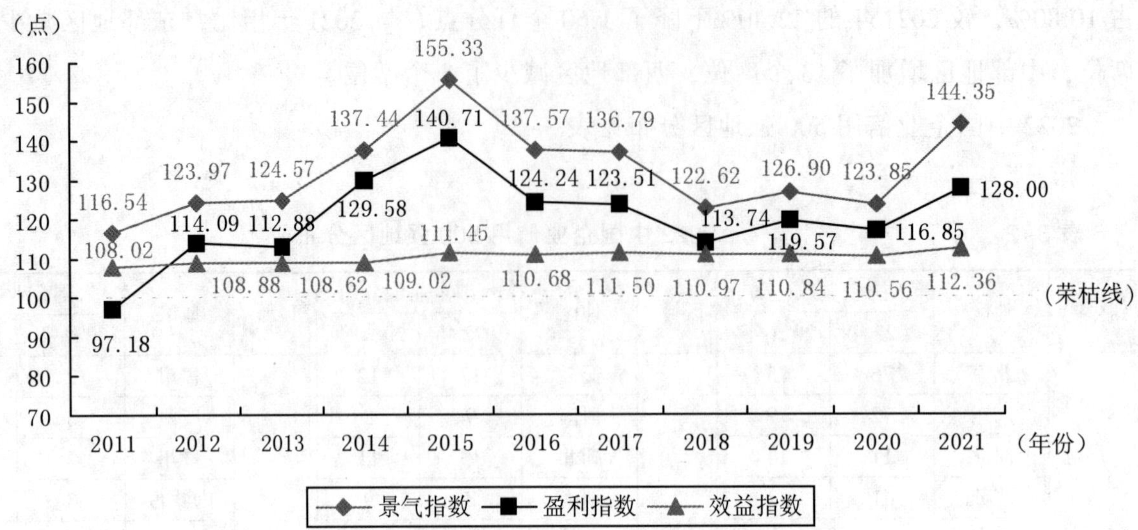

图 3-2 2022 中国企业信用 500 强总体信用环境影响性分析

指数 107.09 点。2022 中国企业信用 500 强比样本企业的三项指数分别高出 25.84 点、21.11 点、5.27 点，总体上差距仍然很明显，与 2021 中国企业信用 500 强与样本企业的差距 21.12 点、17.29 点、6.15 点相比，景气指数和盈利指数差距有进一步扩大的趋势，表明 2022 中国企业信用 500 强竞争优势更加显著。

（二）2022 中国企业信用500 强总量评价与分析

1.营业收入总量分析

2022 中国企业信用 500 强 2021 年的营业收入总额为 670323 亿元，较 2021 中国企业信用 500 强 2020 年的营业收入总额 571071 亿元增加 99252 亿元，提高了 17.38%；营业收入总额占全部样本企业营业收入总额 1449788 亿元的 46.24%，与 2021 中国企业信用 500 强 2020 年的 43.40%相比提高了 2.84 个百分点；营业收入总额相当于 2021 年国内生产总值（GDP）1149237 亿元的 58.33%，与 2021 中国企业信用 500 强的 56.34%相比提高了 1.99 个百分点。

中国企业信用 500 强营业收入总量分析见图 3-3。

中国企业信用 500 强的营业收入总额呈现稳步提高的态势，其在国内生产总值（GDP）中比重也逐年提高，对国民经济发展具有十分重要的支撑作用。

2.净利润总量分析

2022 中国企业信用 500 强 2021 年利润总额为 44744 亿元，占全部样本企业利润总额 76291 亿元的 58.65%，与 2021 中国企业信用 500 强 2020 年利润总额的占比 58.65%持平。

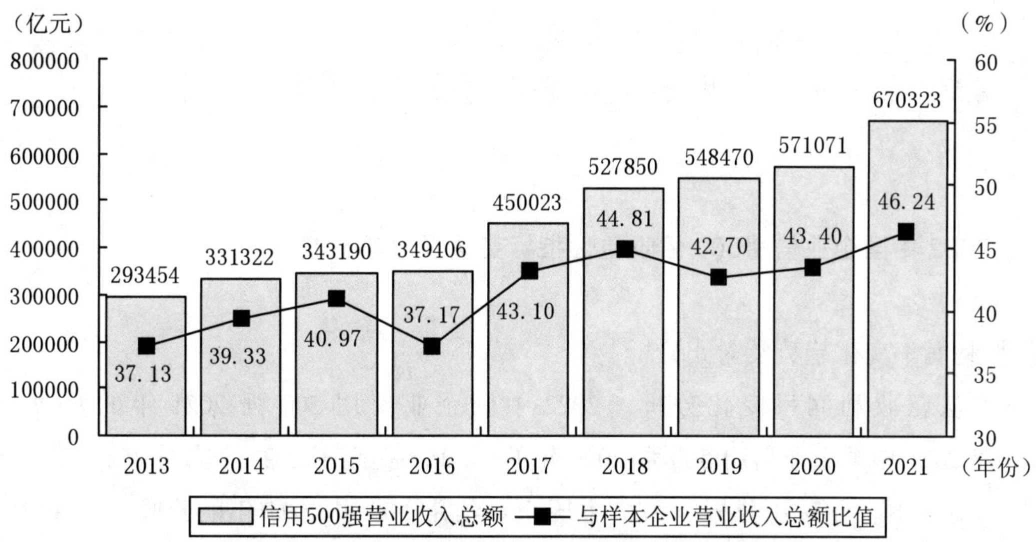

图 3-3 中国企业信用 500 强营业收入总量分析

2022 中国企业信用 500 强 2021 年利润总额较 2021 中国企业信用 500 强 2020 年的利润总额 37308 亿元提高了 7436 亿元。

中国企业信用 500 强利润总量分析见图 3-4。

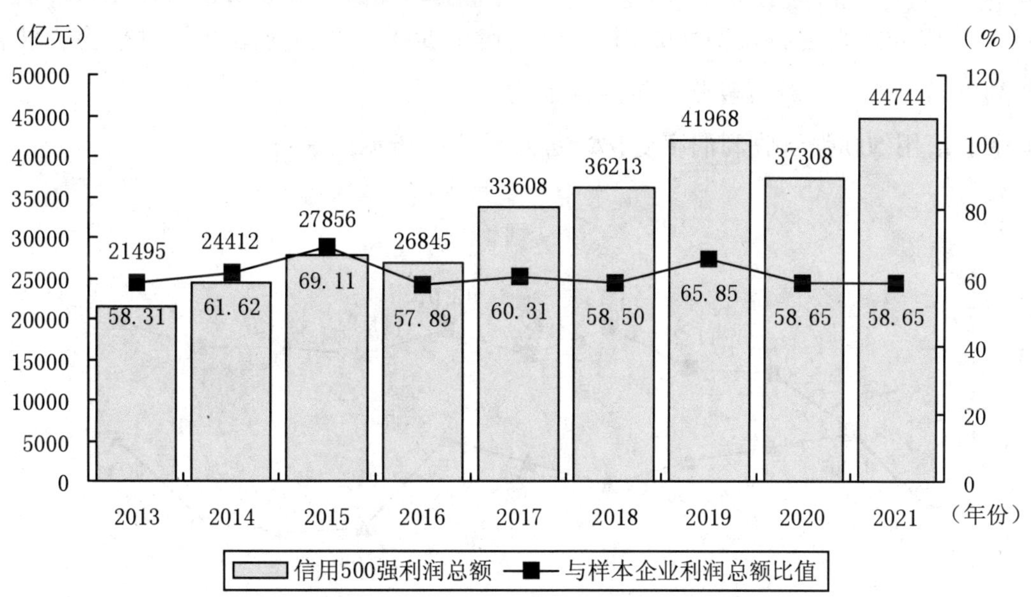

图 3-4 中国企业信用 500 强利润总量分析

综合利润总量分析，中国企业信用 500 强的利润总量保持明显优势，但与样本企业利润总额比值与上年持平，其优势并没有扩大。

三、2022 中国企业信用 500 强经济效益变化及趋势分析

（一）2022 中国企业信用500 强收益性指标变化及趋势分析

1.营收利润率变化趋势及对比分析

第一，从营收利润率变化分析。2022 中国企业信用 500 强 2021 年的营收利润率为 13.42%，较 2021 中国企业信用 500 强 2020 年的 12.20%提高了 1.22 个百分点。

第二，与样本企业对比分析。2022 中国企业信用 500 强 2021 年的营收利润率为 13.42%，比样本企业的 8.11%高出 5.31 个百分点。

第三，综合营收利润率指标分析。2022 中国企业信用 500 强 2021 年的营收利润率较 2021 中国企业信用 500 强有小幅提升，总体保持较高水平。而样本企业的营收利润率进一步提高，且提高幅度较大，两者之间存在的差距进一步缩小。

2022 中国企业信用 500 强 2021 年的营收利润率高出样本企业 5.31 个百分点，而 2021 中国企业信用 500 强 2020 年的营收利润率高出样本企业 7.64 个百分点，两者的差距缩小了 2.33 个百分点。总体分析来看，入围 2022 中国企业信用 500 强的企业运行相对平稳，波幅较小，保持着较高的盈利水平，具有较强的抗风险能力。

中国企业信用 500 强营收利润率变化趋势及对比分析见图 3-5。

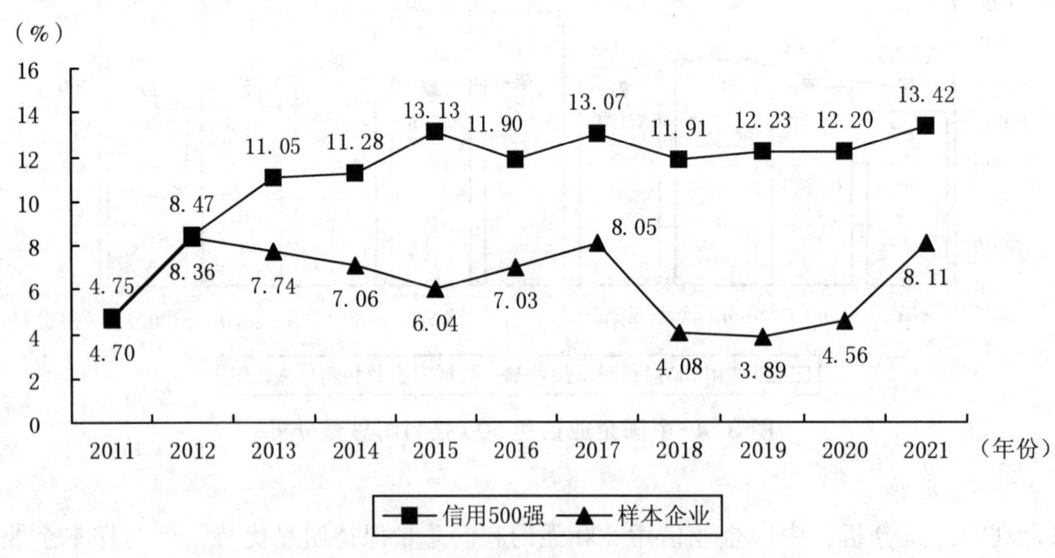

图 3-5 中国企业信用 500 强营收利润率变化趋势及对比分析

2.资产利润率变化趋势及对比分析

第一，从资产利润率变化分析。2022 中国企业信用 500 强 2021 年的资产利润率为 7.55%，较 2021 中国企业信用 500 强 2020 年的 5.92%提高了 1.63 个百分点。

第二，与样本企业对比分析。2022 中国企业信用 500 强 2021 年的资产利润率为 7.55%，比样本企业的 4.22%高出 3.33 个百分点。

中国企业信用 500 强资产利润率变化趋势及对比分析见图 3-6。

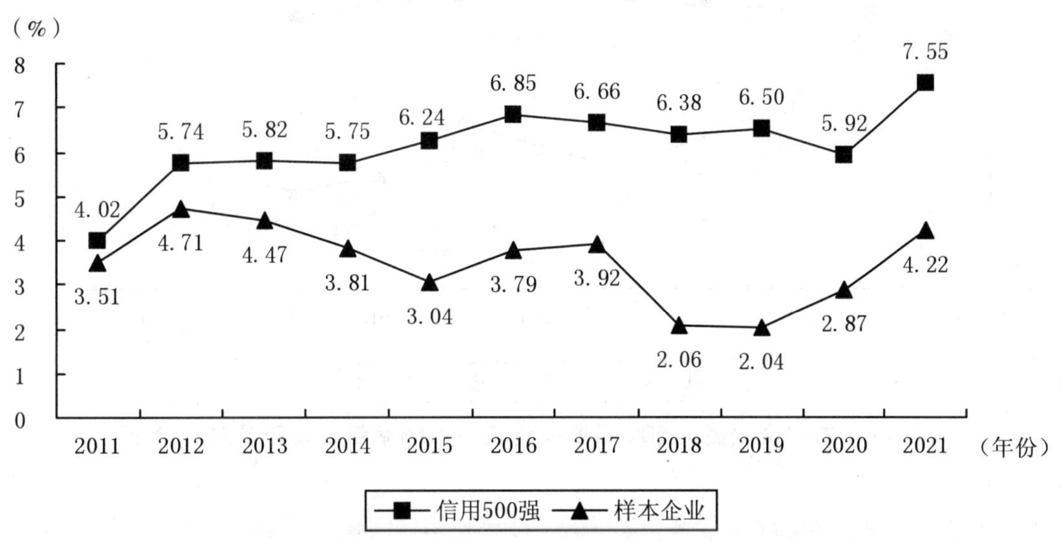

图 3-6 中国企业信用 500 强资产利润率变化趋势及对比分析

第三，综合资产利润率指标分析。2022 中国企业信用 500 强 2021 年的资产利润率呈现较大幅度的提高，创下自 2011 年以来的最好水平，表明其资产运营质量明显提高。而样本企业 2021 年的资产利润率水平也呈现明显提高的态势。

2022 中国企业信用 500 强 2021 年的资产利润率高出样本企业 3.33 个百分点，2021 中国企业信用 500 强 2020 年的资产利润率高出样本企业 3.05 个百分点，两者的差距扩大了 0.28 个百分点。2022 中国企业信用 500 强 2021 年的资产运营质量提升幅度也要高于样本企业。

3.所有者权益报酬率变化趋势及对比分析

第一，从所有者权益报酬率变化分析。2022 中国企业信用 500 强 2021 年的所有者权益报酬率为 16.11%，较 2021 中国企业信用 500 强 2020 年的 13.56%提高了 2.55 个百分点。

第二，与样本企业对比分析。2022 中国企业信用 500 强 2021 年的所有者权益报酬率为 16.11%，比样本企业的 8.93%高出 7.18 个百分点。

第三，综合所有者权益报酬率指标分析。2022 中国企业信用 500 强 2021 年的所有者权益报酬率明显提高，创下自 2011 年以来的最好水平；而样本企业虽然提升幅度较大，但相对而言两者的差距仍较为明显。总体而言，2022 中国企业信用 500 强 2021 年的所有者权益报酬率仍然保持较高水平，具有明显优势。

中国企业信用 500 强所有者权益报酬率变化趋势及对比分析见图 3-7。

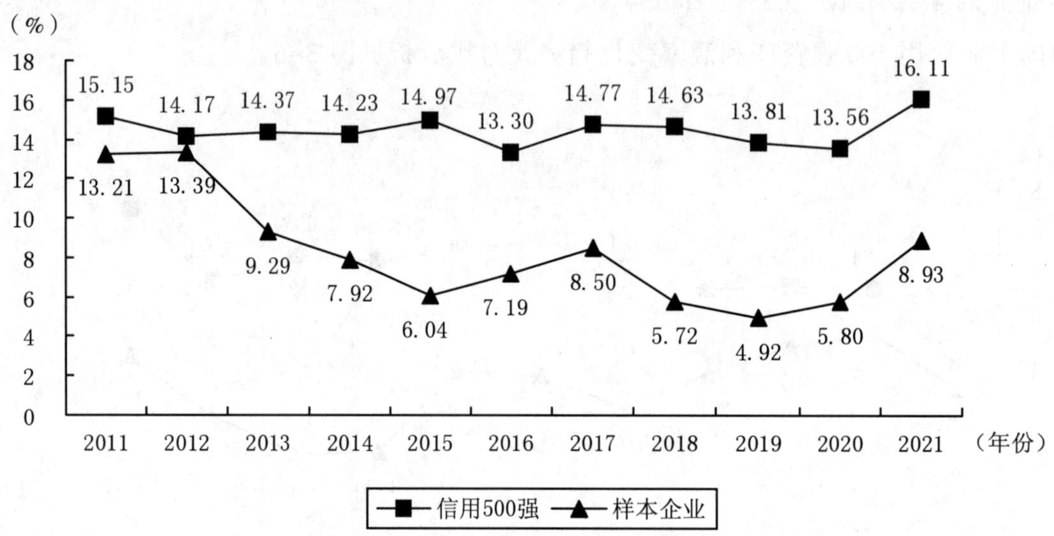

图 3-7 中国企业信用 500 强所有者权益报酬率变化趋势及对比分析

（二）2022 中国企业信用 500 强流动性和安全性指标变化及趋势分析

1.资产周转率变化趋势及对比分析

2022 中国企业信用 500 强 2021 年的资产周转率为 0.76 次/年，较 2021 中国企业信用 500 强 2020 年的 0.74 次/年提高了 0.02 次/年。样本企业 2021 年的资产周转率为 0.72 次/年，较 2020 年的 0.63 次/年提高了 0.09 次/年。

从总体走势分析，2022 中国企业信用 500 强 2021 年的资产周转率与样本企业 2021 年的资产周转率均呈现提升态势，尤其是样本企业的资产周转率明显提升，两者的差距明显缩小。这表明企业的流动性有所改善，资产运行效率效益明显提高。

中国企业信用 500 强资产周转率变化趋势及对比分析见图 3-8。

2.所有者权益比率变化趋势及对比分析

第一，从所有者权益比率变化分析。2022 中国企业信用 500 强 2021 年的所有者权益比率为 42.71%，较 2021 中国企业信用 500 强 2020 年的 40.60%提高了 2.11 个百分点；理论负债率为 57.29%，较 2021 中国企业信用 500 强 2020 年的 59.40%下降了 2.11 个百分点。

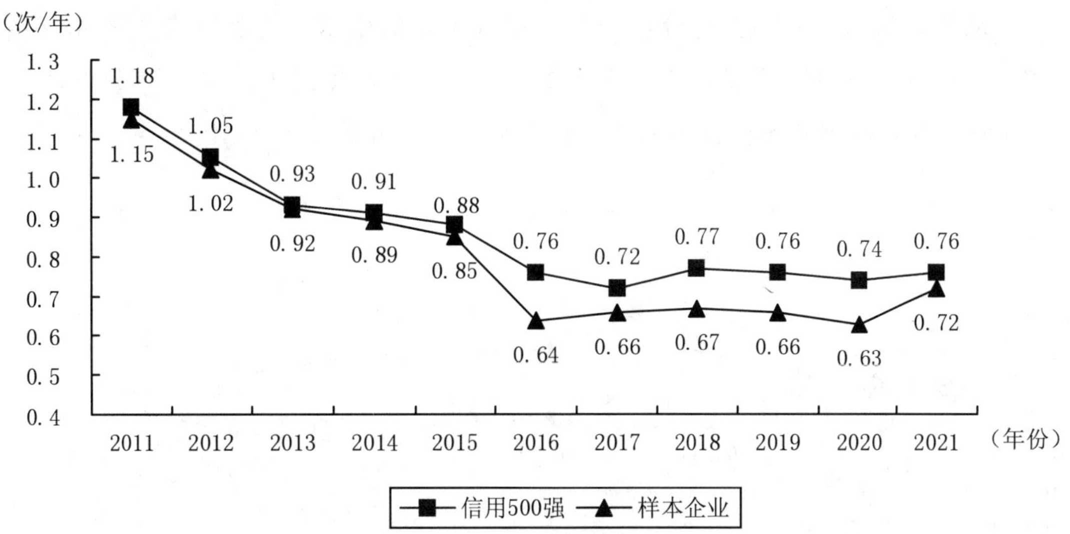

图3-8 中国企业信用500强资产周转率变化趋势及对比分析

第二，与样本企业对比分析。2022中国企业信用500强2021年的所有者权益比率为42.71%，比样本企业的45.24%低2.53个百分点。

中国企业信用500强所有者权益比率变化趋势及对比分析见图3-9。

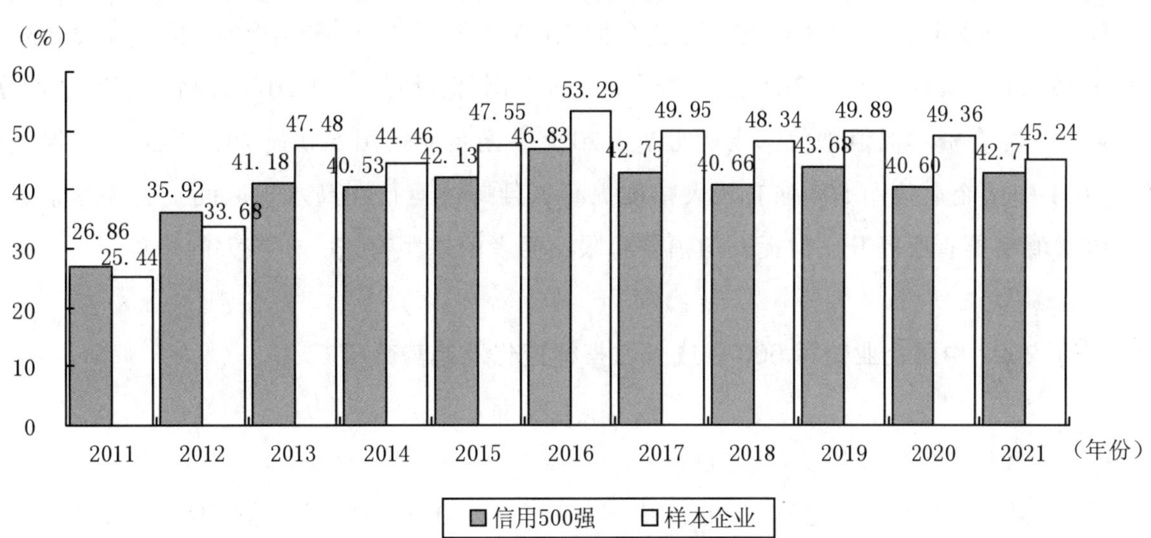

图3-9 中国企业信用500强所有者权益比率变化趋势及对比分析

第三，综合所有者权益比率指标分析。2022中国企业信用500强2021年的所有者权益比率有小幅提升，理论负债率则有所下降，资产效益有所提高；而样本企业的所有者权益比率有所下降，理论负债率则有所提高，融资环境政策传导效应明显。

3.资本保值增值率变化趋势及对比分析

第一，从资本保值增值率变化分析。2022 中国企业信用 500 强 2021 年的资本保值增值率为 120.93%，较 2021 中国企业信用 500 强 2020 年的 117.29%提高了 3.64 个百分点。

中国企业信用 500 强资本保值增值率变化趋势及对比分析见图 3-10。

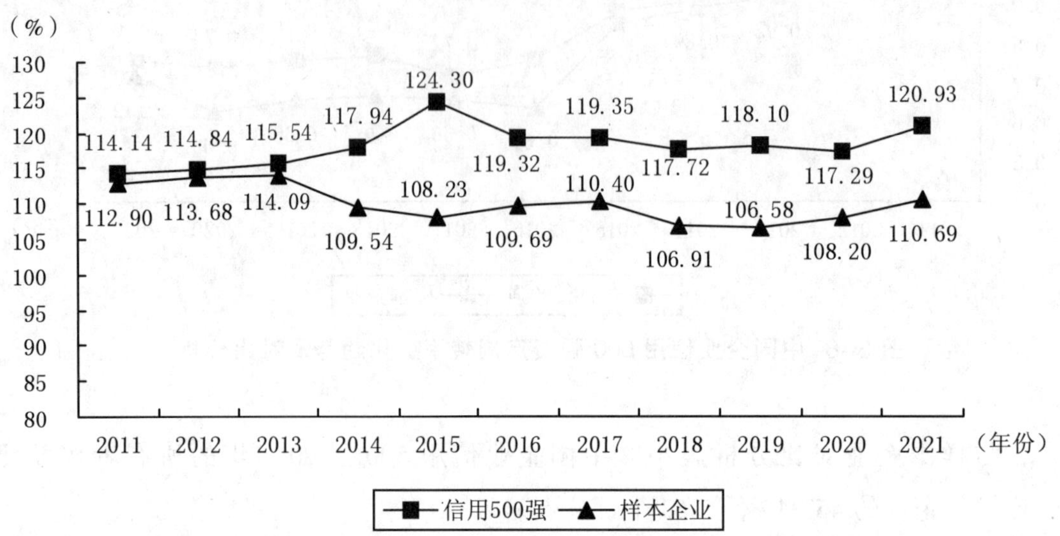

图 3-10 中国企业信用 500 强资本保值增值率变化趋势及对比分析

第二，与样本企业对比分析。2022 中国企业信用 500 强 2021 年的资本保值增值率为 120.93%，比样本企业的 110.69%高出 10.24 个百分点；样本企业的资本保值增值率比 2020 年提高了 2.49 个百分点。

第三，综合资本保值增值率指标分析。2022 中国企业信用 500 强 2021 年的资本保值增值率较 2021 中国企业信用 500 强有较大幅度提高，且持续运行在高水平区间。而样本企业的资本保值增值率虽有所提升，但提升的幅度有限，两者的差距有进一步扩大的趋势。

（三）2022 中国企业信用 500 强成长性指标变化及趋势分析

1.营收增长率变化趋势及对比分析

第一，从营收增长率变化分析。2022 中国企业信用 500 强 2021 年的营收增长率为34.21%，较 2021 中国企业信用 500 强 2020 年的 15.41%提高了 18.80 个百分点。

第二，与样本企业对比分析。2022 中国企业信用 500 强 2021 年的营收增长率为 34.21%，比样本企业的 23.02%高出 11.19 个百分点；样本企业的营收增长率较 2020 年提高了 17.22 个百分点。

第三，综合营收增长率指标分析。2022 中国企业信用 500 强 2021 年的营收增长率和样本企业 2021 年的营收增长率均呈现大幅提高的态势，但 2022 中国企业信用 500 强 2021 年的营

收增长率的提升幅度要高于样本企业。由此可见，样本企业与 2022 中国企业信用 500 强的差距也有进一步扩大的趋势。预测 2022 年，该指标将有所回落，2023 年及后期市场，企业的营收增速才会呈现稳定的恢复性增长。

中国企业信用 500 强营收增长率变化趋势及对比分析见图 3-11。

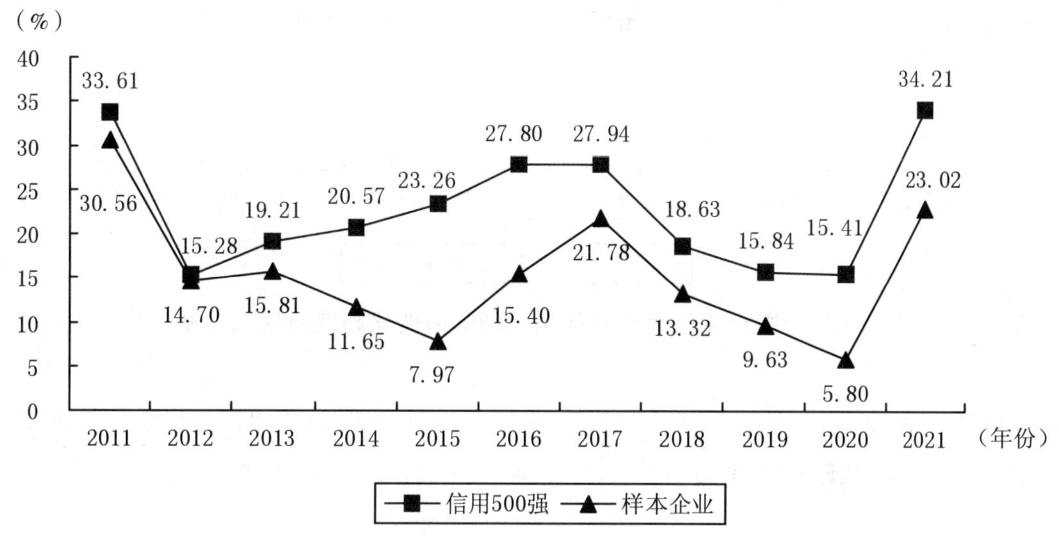

图 3-11 中国企业信用 500 强营收增长率变化趋势及对比分析

2.利润增长率变化趋势及对比分析

第一，从利润增长率变化分析。2022 中国企业信用 500 强 2021 年的利润增长率为 54.49%，较 2021 中国企业信用 500 强 2020 年的利润增长率 32.29%提高了 22.20 个百分点。

第二，与样本企业对比分析。2022 中国企业信用 500 强 2021 年的利润增长率为 54.49%，比样本企业的 14.00%高出 40.49 个百分点。

第三，综合利润增长率指标分析。2022 中国企业信用 500 强 2021 年的利润增长率呈现大幅度提高的态势，提升幅度高达 22.20 个百分点。而样本企业的利润增速由负转正，提升幅度为 14.34 个百分点，两者的差距显著扩大。

由此可见，2022 中国企业信用 500 强 2021 年的盈利能力具有显著的竞争优势，且持续运行在相对高水平区间。

中国企业信用 500 强利润增长率变化趋势及对比分析见图 3-12。

3.资产增长率变化趋势及对比分析

第一，从资产增长率变化分析。2022 中国企业信用 500 强 2021 年的资产增长率为 22.75%，较 2021 中国企业信用 500 强 2020 年的 19.19%提高了 3.56 个百分点。

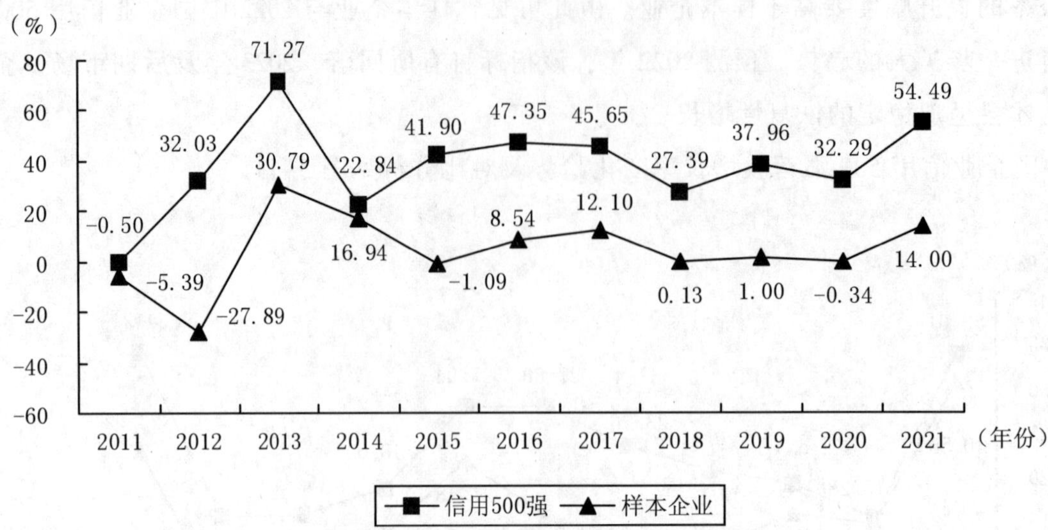

图 3-12 中国企业信用 500 强利润增长率变化趋势及对比分析

第二，与样本企业对比分析。2022 中国企业信用 500 强 2021 年的资产增长率为 22.75%，比样本企业的 14.67%高出 8.08 个百分点。样本企业的资产增长率较 2020 年的 16.11%回落了 1.44 个百分点。

第三，综合资产增长率指标分析。2022 中国企业信用 500 强 2021 年的资产增长率有较大幅度的提升，而样本企业的资产增长率有所回落，两者的差距由 2020 年的 3.08 个百分点扩大到 8.08 个百分点。由此可见，2022 中国企业信用 500 强 2021 年的投资热情和发展信心显然要高于样本企业。

中国企业信用 500 强资产增长率变化趋势及对比分析见图 3-13。

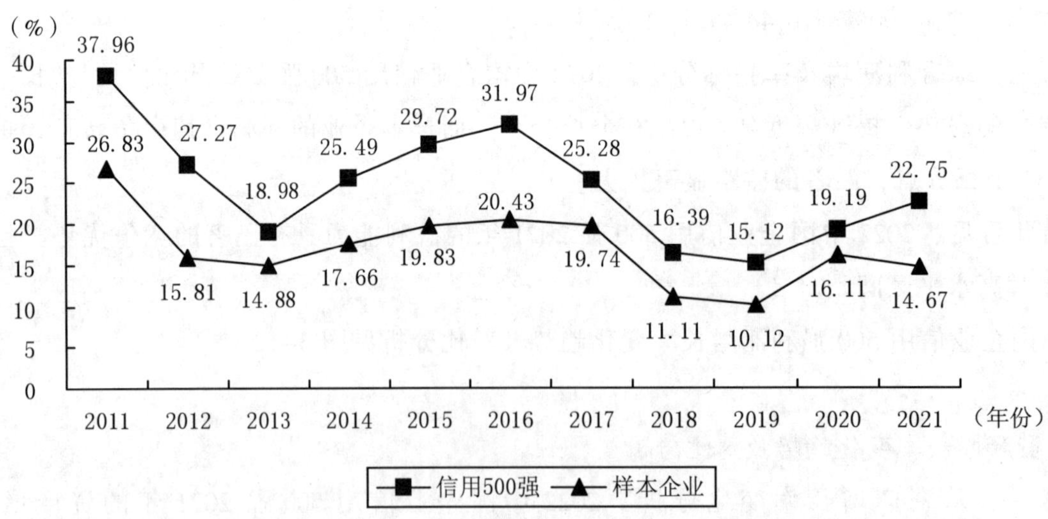

图 3-13 中国企业信用 500 强资产增长率变化趋势及对比分析

4.资本积累率变化趋势及对比分析

第一，从资本积累率变化分析。2022 中国企业信用 500 强 2021 年的资本积累率为 22.20%，较 2021 中国企业信用 500 强 2020 年的 22.12%提高了 0.08 个百分点。

第二，与样本企业对比分析。2022 中国企业信用 500 强 2021 年的资本积累率为22.20%，比样本企业的 12.83%高出 9.37 个百分点。样本企业的资本积累率较 2020 年下降了 3.66 个百分点。

第三，综合资本积累率指标分析。2022 中国企业信用 500 强 2021 年的资本积累率总体保持平稳运行的走势，相对保持在较高水平区间。而样本企业的资本积累率明显下降，两者的差距由 2020 年的 5.63 个百分点扩大到 2021 年的 9.37 个百分点。。

中国企业信用 500 强资本积累率变化趋势及对比分析见图 3-14。

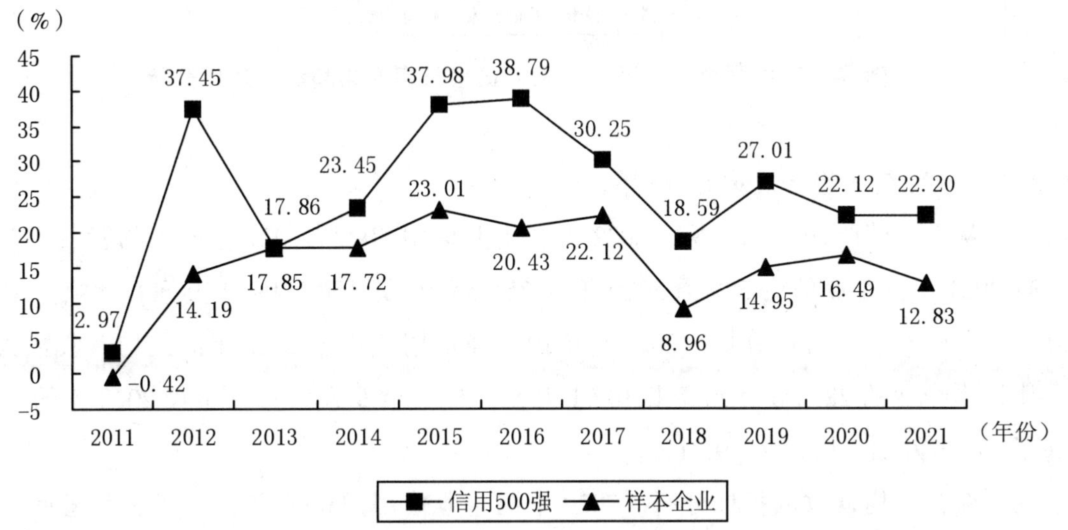

图 3-14 中国企业信用 500 强资本积累率变化趋势及对比分析

5.人员增长率变化趋势及对比分析

第一，从人员增长率变化分析。2022 中国企业信用 500 强 2021 年的人员增长率为11.68%，较 2021 中国企业信用 500 强 2020 年的 9.46%提高了 2.22 个百分点。

第二，与样本企业对比分析。2022 中国企业信用 500 强 2021 年的人员增长率为11.68%，比样本企业的 2.95%高出 8.73 个百分点。样本企业的人员增长率较 2020 年的 3.07%回落了 0.12 个百分点。

第三，综合人员增长率指标分析。2022 中国企业信用 500 强 2021 年的人员增速有明显提高，而样本企业的人员增速则有所回落，两者的差距进一步扩大。总体来看，2022 中国企业信用 500 强 2021 年的社会就业贡献率明显高于样本企业。

中国企业信用 500 强人员增长率变化趋势及对比分析见图 3-15。

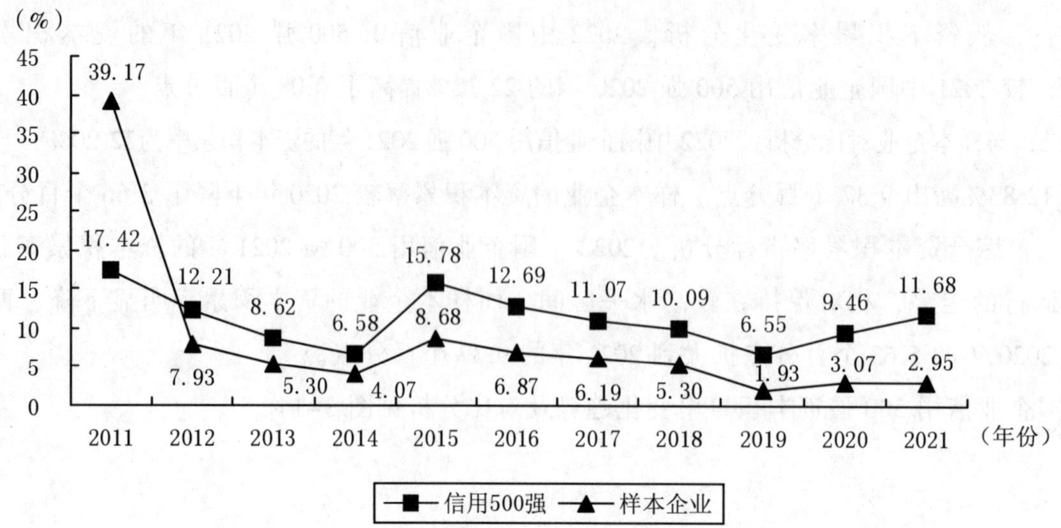

图 3-15 中国企业信用 500 强人员增长率变化趋势及对比分析

6.人均营收额变化趋势及对比分析

第一，从人均营收额变化分析。2022 中国企业信用 500 强 2021 年的人均营收额为 300.67 万元，较 2021 中国企业信用 500 强 2020 年的 254.56 万元提高了 46.11 万元，增幅为 18.11%。

第二，与样本企业对比分析。2022 年中国企业信用 500 强 2021 年的人均营收额为 300.67 万元，比样本企业的 289.76 万元高出 10.91 万元。样本企业人均营收额较 2020 年的 242.05 万元提高了 47.71 万元，增幅为 19.71%。

第三，综合人均营收额指标分析。2022 中国企业信用 500 强 2021 年的人均营收额和样本企业 2021 年的人均营收额均有较大幅度的提升，而样本企业的提升幅度要高于信用 500 强企业，两者的差距由 2020 年的 12.51 万元缩小到 2021 年的 10.91 万元。

中国企业信用 500 强人均营收额变化趋势及对比分析见图 3-16。

7.人均利润额变化趋势及对比分析

第一，从人均利润额变化分析。2022 中国企业信用 500 强 2021 年的人均利润额为 20.07 万元，较 2021 中国企业信用 500 强 2020 年的 16.63 万元提高了 3.44 万元，增幅为 20.69%。

第二，与样本企业对比分析。2022 中国企业信用 500 强 2021 年的人均利润额为 20.07 万元，比样本企业的 14.31 万元高出 5.76 万元。样本企业人均利润额较 2020 年的 11.70 万元提高了 2.61 万元，增幅为 22.31%。

第三，综合人均利润额指标分析。2022 中国企业信用 500 强 2021 年的人均利润额和样本企业 2021 年的人均利润额均有较大幅度的提升，而样本企业的提高幅度要高于信用 500 强企

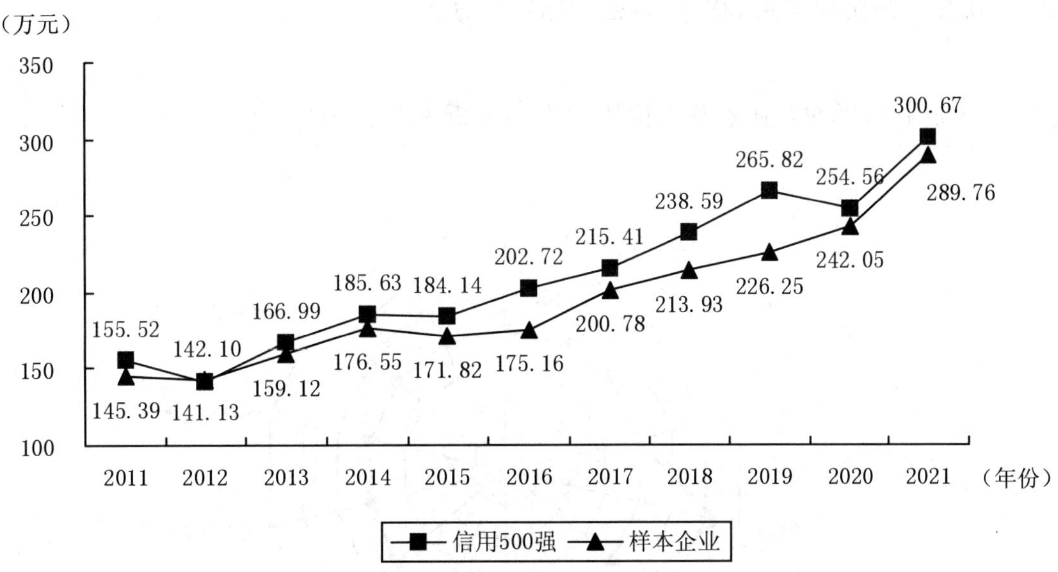

图 3-16 中国企业信用 500 强人均营收额变化趋势及对比分析

业，两者之间的差距由 2020 年的 4.93 万元扩大到了 5.76 万元。

中国企业信用 500 强人均利润额变化趋势及对比分析见图 3-17。

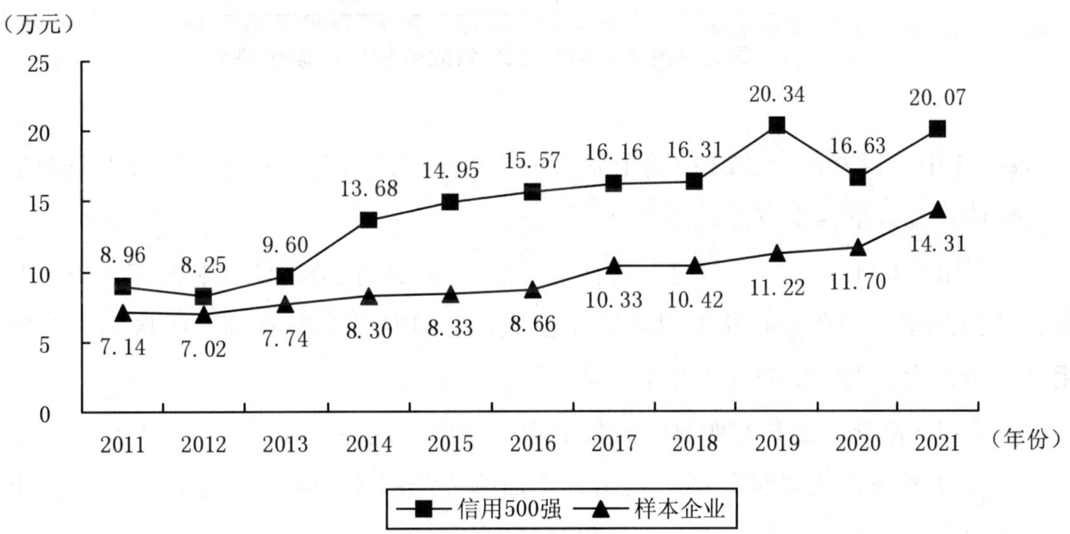

图 3-17 中国企业信用 500 强人均利润额变化趋势及对比分析

综合成长性指标分析，2022 中国企业信用 500 强和样本企业的劳动效率和效益均有较大幅度的提高，虽然样本企业的增长幅度高于信用 500 强企业，但二者差距依然明显。总体来看，我国企业的生产性指数均有良好表现，提质增效成效显著，信用 500 强企业劳动效率和效益相对于样本企业来说竞争优势更加明显。

（四）2022 中国企业信用 500 强效益指标综合分析

2022 中国企业信用 500 强效益指标比较优势分析见图 3-18。

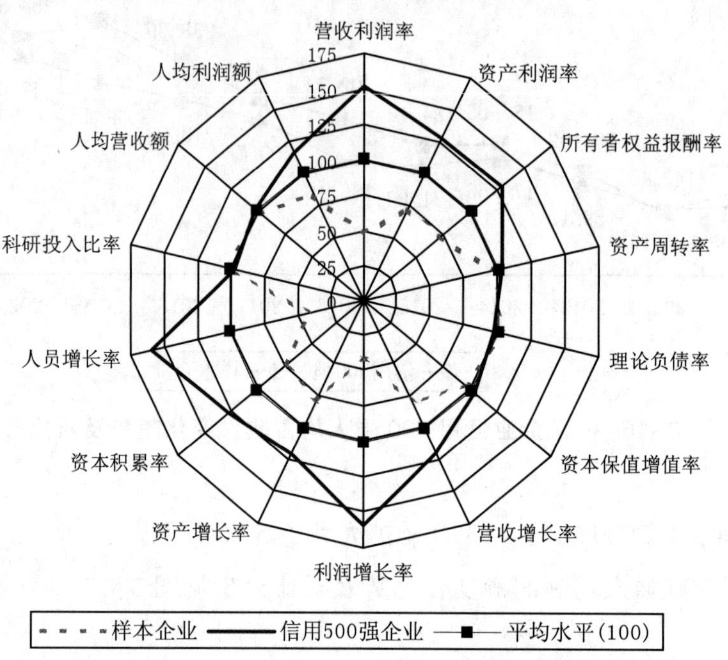

图 3-18 2022 中国企业信用 500 强效益指标比较优势分析

从图 3-18 中可以看出，2022 中国企业信用 500 强与样本企业相比，具有十分明显的比较优势，主要体现在以下四个方面。

第一，信用 500 强企业的盈利能力具有十分显著的比较优势。营收利润率、资产利润率和所有者权益报酬率三项收益性指标呈现大幅度提高，且持续运行在高水平区间，与样本企业的差距进一步扩大，大幅度领先于样本企业。

第二，信用 500 强企业具有明显的成长潜力。突出表现在营收增长率、利润增长率、资产增长率、资本积累率、人员增长率五项指标全面领先于样本企业，比较优势十分突出。但在科研投入比率方面仍然落后于样本企业，仍有较大的提升空间。

第三，信用 500 强企业的安全性具有相对比较优势。流动性相对较为充足，理论负债率较样本企业低，资本保值增值率要高于样本企业，总体上流动性和安全性具有一定的比较优势。

第四，信用 500 强企业的人均营收额和人均利润额也高于样本企业，尤其是人均利润额明显高于样本企业，表明其生产效益和生产效率具有比较优势。

四、2022 中国企业信用 500强面对的挑战及若干建议

通过对 2022 中国企业信用 500 强和样本企业效益指标变化趋势比较分析，信用 500 强企业的各项效益指标均保持高增速、高盈利、高效益，与样本企业相比具有显著的比较优势。面对宏观经济环境不确定不稳定因素的增多，信用 500 强企业也面临着诸多问题和新挑战，更担负着新的发展使命和责任。

（一）加快构建新发展格局，培育发展制造业优质企业

党中央、国务院高度重视优质企业培育工作。《中华人民共和国国民经济和社会发展第十四个五年规划和 2035 年远景目标纲要》明确提出，要“实施领航企业培育工程，培育一批具有生态主导力和核心竞争力的龙头企业。推动中小企业提升专业化优势，培育专精特新‘小巨人’企业和制造业单项冠军企业”。

工信部、财政部等六部门联合发布的《关于加快培育发展制造业优质企业的指导意见》提出，培育发展优质企业要以习近平新时代中国特色社会主义思想为指导，全面贯彻党的十九大和十九届二中、三中、四中、五中全会精神，立足新发展阶段、贯彻新发展理念、构建新发展格局，以推动企业高质量发展为主题，充分发挥市场在资源配置中的决定性作用，更好发挥政府作用，统筹发展与安全、质量和效益，坚持培优企业与发展产业相结合，健全优质企业培育体系、完善支持政策、优化对企服务，着力增强企业自主创新能力，推动优质企业持续做强做优做大，着力发挥引领示范作用，促进提升产业链供应链现代化水平，推动制造强国建设不断迈上新台阶。

信用 500 强企业是各行业中优质企业，发挥着标杆和示范作用。我国优质企业量质齐升，一些前沿方向开始进入“并跑”“领跑”阶段，但与建设制造强国、提升产业链供应链现代化水平相比，仍有很大提升空间。

企业是产业链、供应链的实施主体，其中优质企业是领头雁、排头兵。加快培育发展制造业优质企业不仅是激发市场主体活力、推动制造业高质量发展的必然要求，也是防范化解风险隐患、提升产业链供应链自主可控能力的迫切需要。近年来，我国优质企业数量不断增加，但总体上企业发展质量、影响能力等都与加快建设制造强国、构建双循环新发展格局的要求存在一定差距。产业竞争不仅是龙头企业的竞争，也是大中小企业协调发展的竞争；也不简单是产品的竞争，而是背后产业链供应链的竞争，是处在产业链供应链不同环节的企业实力

的竞争。

聚焦重点产业链，构建优质企业梯度培育格局，有助于充分发挥大企业在技术、标准、市场等方面的生态主导力，带动提升中小企业在各自产品领域形成独特优势和产业地位，实现大中小企业融通发展、相互补位、共同做强的新格局。注重培育企业创新能力，在以市场化为导向来推动企业技术、产品创新的同时，也要注重对企业创新所需关键要素资源的支持，在资金、人才等方面给予更多空间。着眼于产业链精准施策，每个企业的痛点和瓶颈各不相同，要分门别类、系统梳理出突出问题，政企联手突破攻克。

（二）充分发挥企业家精神，努力建设世界一流企业

习近平总书记在党的二十大报告中指出，“完善中国特色现代企业制度，弘扬企业家精神，加快建设世界一流企业”。这是以习近平同志为核心的党中央基于新时代新征程中国共产党的使命任务作出的重大战略部署，为我国企业改革发展指明了方向和目标。完善中国特色现代企业制度，弘扬企业家精神，加快建设世界一流企业，三者互为依托、互为补充、辩证统一。完善中国特色现代企业制度是制度保障，弘扬企业家精神是内在要求，加快建设世界一流企业是目标结果。建设世界一流企业，必须有与之相适应的企业制度作为基础保障，必须有与之相适应的企业家精神作为动力支撑。

一个企业发展的好与坏，关键是要看企业家。世界一流企业必然有世界一流的企业家。伴随着我国经济体制的改革开放，我国企业家不断成长，持续涌现出一批又一批的优秀企业家，为我国经济的持续快速发展做出了杰出贡献，发挥着重要的企业引领作用。

在当今全球经济格局发生重要而深刻的大变局中，呼唤更多的企业家勇于社会担当，创新引领中国企业努力建设世界一流的优秀企业，创建世界一流的自主品牌，掌握世界一流的先进技术，打造世界一流的国际竞争力。企业家是推动生产力发展的关键少数和特殊人才，企业家精神是引领创新创造、推动高质量发展的强大动力，要充分理解企业家、尊重企业家、爱护企业家、支持企业家，发挥企业家在技术创新中的重要作用，强化知识产权创造、保护、运用，主动站在全球视野和高度，培养造就一大批具有国际水平的战略科技人才、科技领军人才、青年科技人才和高水平创新团队，在关键技术领域实现自主突破；发挥企业家在高质量发展中的引领作用，打造一支具有世界眼光、战略思维、开拓精神的企业家队伍，团结带领广大干部职工在高质量发展的道路上阔步前进。我国企业家要坚持以新发展理念引领高质量发展，结合企业自身实际情况，从中短期规划着手，以长远发展布局，兼顾好短期利益和长远发展，兼顾好企业利益和国家战略，全力服务于国际国内双循环建设，积极融入全球产业链、价值链，以高水平开放促进高质量发展，着力打造世界一流企业和优秀企业，为推动

我国经济高质量发展做出应有贡献。

（三）加快提升企业技术创新能力，促进高质量融合发展

2022 年中央经济工作会议强调，要优化产业政策实施方式，狠抓传统产业改造升级和战略性新兴产业培育壮大，着力补强产业链薄弱环节，在落实碳达峰碳中和目标任务过程中锻造新的产业竞争优势；推动"科技—产业—金融"良性循环；要有力统筹教育、科技、人才工作；布局实施一批国家重大科技项目，完善新型举国体制，发挥好政府在关键核心技术攻关中的组织作用，突出企业科技创新主体地位；提高人才自主培养质量和能力，加快引进高端人才。

中国企业信用 500 强作为各行业中优质企业，要积极组建创新联合体或技术创新战略联盟，整合产业链资源，联合中小企业建设先进制造业集群，利用自身优势资源在全球布局研发设计中心，有效对接和利用全球资源。上下游企业各自聚焦主业，提供不同的部件或配件，彼此协同分工、紧密配合，才能保证不出现断链。梯度培育有助于更好梳理供应链，增强产业链供应链的自主可控能力。

构建新发展格局、实现高质量发展的关键在于坚持自主创新，坚持创新驱动。我国企业的研发投入强度呈现持续加强的积极态势，对科研投入的重视程度日趋提高。但在一些关键领域的"卡脖子"问题仍然十分突出，已经成为阻碍我国产业和企业发展的"绊脚石"。只有紧紧围绕自主创新，才能取得关键领域的技术突破，才能将"绊脚石"变成超越发展的"垫脚石"，才能迈过创建国际一流企业的坎。

创新是引领发展的第一动力，是实现高质量发展的关键所在。我国企业普遍存在着研发投入强度总体偏弱的共性问题，反映了我国企业的创新动力不足，创新激励政策落实不到位，难以适应新时代的变化，政策效应有待进一步释放。我国企业界要抓住新一轮科技革命和产业变革机遇，把科技创新摆在更加突出的位置，完善创新体制机制，加大研发投入力度，加快关键核心技术攻关，打造更多依靠创新驱动、发挥先发优势的引领性企业；要推动建立以企业为主体、市场为导向、产学研深度融合的技术创新体系，加强国有企业与各类所有制企业、各类主体的融通创新，加强知识产权保护，创新促进科技成果转化的机制，不断提升产业基础能力和产业链现代化水平；同时，要加强对中小企业创新的支持，促进科技成果转化，倡导创新文化，强化知识产权创造、保护、运用，培养造就一大批具有国际水平的战略科技人才、科技领军人才、青年科技人才和高水平创新团队；同时，也要注重制度创新、管理创新、市场创新、文化创新等，尤其是科技、信息服务业要创新与制造业的融合发展，依靠创新驱动促进企业高质量融合发展。

（四）坚守底线思维，防范系统风险，筑牢高质量发展的诚信基石

我国经济恢复的基础尚不牢固，需求收缩、供给冲击、预期转弱三重压力仍然较大，外部环境动荡不安，给我国经济带来的影响加深。在当前环境下，企业的各种风险因素也有加大的趋势，尤其要有效防范化解重大系统性风险，突出防范经营效益下滑风险、债务风险、投资风险、金融业务风险、国际化经营风险、安全环保风险，强化各类风险识别，建立预判预警机制，及时排查风险隐患，制定完善的应对预案，全面切实推进《企业诚信管理体系》（GB/T 31950—2015）标准的贯彻与实施，强化社会责任意识、规则意识、奉献意识，形成诚信价值观，培育诚信文化，以诚信为准则来约束自身的行为；切实建立信用风险管理与控制体系，强化各类风险识别，建立预判预警机制，制定完善的应对预案，有效控制已经存在或可能存在的信用风险，尤其是控制系统性风险的发生；要坚持底线思维，确保合规合法经营，切实履行社会责任，以诚信建设推动企业持续健康和高质量发展。

我国企业要坚定不移贯彻创新、协调、绿色、开放、共享的新发展理念。企业的发展要秉承绿色低碳发展理念，践行人与自然和谐发展理念，主动承担社会责任，践行 ESG 理念，认真研究、摸索从企业战略规划和体制机制层面进一步有效加强 ESG 治理，合理设定企业的 ESG 标准，制定实施框架，科学评估 ESG 绩效，找准企业 ESG 管理有效路径，积极参与构建具有中国特色、与国际准则接轨兼容的 ESG 规则规范，为建强我国 ESG 体系做出贡献，为企业可持续高质量发展保驾护航。

第四章
2022 中国制造业企业信用 100 强发展报告

《2022 中国制造业企业信用 100 强发展报告》是由中国企业改革与发展研究会、中国合作贸易企业协会、国信联合（北京）认证中心联合开展的中国制造业企业信用分析研究成果，已是第 10 次向社会发布。

2022 中国制造业企业信用 100 强的入围门槛为：企业综合信用指数为 90 分以上，且 2021 年净利润为 280000 万元以上，较 2021 中国制造业企业信用 100 强 2020 年的净利润 284800 万元下降了 4800 万元。

2022 中国制造业企业信用 100 强分析研究及发布活动，旨在通过中国制造业企业的信用环境、信用能力、信用行为三个方面，对中国制造业企业的信用发展状况进行客观评价，为政府、行业、企业和社会提供参考依据。

一、2022 中国制造业企业信用 100 强分布特征

（一）2022 中国制造业企业信用 100 强行业分布特征

2022 中国制造业企业信用 100 强的行业分布，按照入围企业数量的多少排序分别为：计算机、通信器材、办公、影像等设备及零部件制造业企业有 11 家；医药、生物制药、医疗设备制造业企业有 9 家；化学原料及化学制品（含精细化工、日化、肥料等）制造业企业，电力、电气等设备、机械、元器件及光伏、风能、电池、线缆制造业企业，汽车及零配件制造业企业各有 7 家；建筑材料及玻璃等制造业及非金属矿物制品业企业，黑色冶金及压延加工业企业各有 6 家；化学纤维制造业企业，工程机械、设备和特种装备（含电梯、仓储设备）及零配件制造业企业，电子元器件与仪器仪表、自动化控制设备制造业企业，航空航天、国防军工装备及零配件制造业企业各有 5 家；食品（含饮料、乳制品、肉食品等）加工制造业企业，酿酒制造业企业，家用电器及零配件制造业企业各有 4 家；一般有色冶金及压延加工业企业，综合制造业（以制造业为主，含有服务业）企业各有 3 家；纺织品、服装、服饰、鞋

帽、皮革加工业企业，造纸及纸制品（含木材、藤、竹、家具等）加工、印刷、包装业企业，船舶、轨道交通设备及零部件制造业企业各有 2 家；纺织、印染业企业，石化产品、炼焦及其他燃料生产加工业企业，动力、电力生产等装备、设备制造业企业各有 1 家入围。

综合入围企业的行业分布情况来看，包括了 22 个细分行业，比 2021 年的 23 个行业减少了 1 个行业。其中，计算机、通信器材、办公、影像等设备及零部件制造业企业（与 2021 年持平）和医药、生物制药、医疗设备制造业企业（比 2021 年减少 2 家）占比较高。2022 中国制造业企业信用 100 强的分布更趋均衡，反映出恢复性增长的趋势更具有普遍性。

2022 中国制造业企业信用 100 强行业分布见表 4–1。

表 4–1　　2022 中国制造业企业信用 100 强行业分布

序号	行业	企业数(家)
1	食品(含饮料、乳制品、肉食品等)加工制造业	4
2	酿酒制造业	4
3	纺织、印染业	1
4	纺织品、服装、服饰、鞋帽、皮革加工业	2
5	造纸及纸制品(含木材、藤、竹、家具等)加工、印刷、包装业	2
6	石化产品、炼焦及其他燃料生产加工业	1
7	化学原料及化学制品(含精细化工、日化、肥料等)制造业	7
8	医药、生物制药、医疗设备制造业	9
9	化学纤维制造业	5
10	建筑材料及玻璃等制造业及非金属矿物制品业	6
11	黑色冶金及压延加工业	6
12	一般有色冶金及压延加工业	3
13	工程机械、设备和特种装备(含电梯、仓储设备)及零配件制造业	5
14	电力、电气等设备、机械、元器件及光伏、风能、电池、线缆制造业	7
15	船舶、轨道交通设备及零部件制造业	2
16	家用电器及零配件制造业	4
17	电子元器件与仪器仪表、自动化控制设备制造业	5
18	动力、电力生产等装备、设备制造业	1
19	计算机、通信器材、办公、影像等设备及零部件制造业	11
20	汽车及零配件制造业	7
21	航空航天、国防军工装备及零配件制造业	5
22	综合制造业(以制造业为主,含有服务业)	3
合计		100

（二）2022 中国制造业企业信用 100 强地区分布特征

从 2022 中国制造业企业信用 100 强地区分布情况来看，东部地区有 8 个省（直辖市）共 80 家企业入围。其中，广东有 20 家，北京有 17 家，山东有 11 家，浙江有 10 家，江苏有 9 家，上海有 7 家，河北、福建各有 3 家。

中部地区有 6 个省共 9 家企业入围。其中，湖北、湖南、吉林各有 2 家，安徽、河南、黑龙江各有 1 家。

西部地区有 8 个省（自治区、直辖市）共 11 家企业入围。其中，四川有 3 家，新疆有 2 家，广西、贵州、内蒙古、宁夏、重庆、陕西各有 1 家。

2022 中国制造业企业信用 100 强地区分布及变动情况见表 4-2。

表 4-2　2022 中国制造业企业信用 100 强地区分布及变动情况

区域	地区	入围企业数(家)		区域	地区	入围企业数(家)		区域	地区	入围企业数(家)	
		2022 年	2021 年			2022 年	2021 年			2022 年	2021 年
东部地区	北京	17	14	中部地区	安徽	1	1	西部地区	甘肃		
	广东	20	14		河南	1	1		广西	1	1
	河北	3	6		湖北	2	3		贵州	1	1
	江苏	9	9		湖南	2	3		内蒙古	1	2
	山东	11	9		吉林	2	2		宁夏	1	1
	上海	7	6		黑龙江	1			四川	3	3
	天津				江西		1		新疆	2	2
	浙江	10	14		山西		1		云南		1
	辽宁		1						重庆	1	1
	福建	3	2						陕西	1	1
	海南								青海		
									西藏		
合计		80	75	合计		9	12	合计		11	13

从变动情况看，东部地区入围数量较 2021 年增加 5 家。其中，广东增加 6 家，北京增加 3 家，山东增加 2 家，上海增加 1 家，福建增加 1 家；江苏与 2021 年持平；浙江减少 4 家，河北减少 3 家，辽宁减少 1 家。

中部地区入围数量较 2021 年减少 3 家。其中，黑龙江新增 1 家，安徽、河南与 2021 年持平，湖北、湖南、江西、山西各减少 1 家。

西部地区入围数量较 2021 年减少 2 家。其中，广西、贵州、宁夏、四川、新疆、重庆、

陕西与 2021 年持平，内蒙古、云南各减少 1 家。

二、2022 中国制造业企业信用 100 强行业环境分析

（一）食品、酿酒行业信用环境影响性分析

1.农副食品及农产品加工业大幅回落

从农副食品及农产品加工业信用环境分析来看，2021 年的景气指数为89.87 点，比 2020 年的 122.35 点下降了 32.48 点；盈利指数为 80.15 点，比 2020 年的115.53 点下降了 35.38 点；效益指数为 101.28 点，比 2020 年的107.73 点下降了 6.45 点。

综合三项指数分析，农副食品及农产品加工业呈现大幅回落态势，景气指数和盈利指数均跌破荣枯线，表明该行业处于负增长区间。从整体运行轨迹看，由 2020 年的逆势上升到 2021 年的逆势下跌，该行业的涨跌与新冠疫情影响具有一定的反向关联，但总体上与市场需求变化有密切关系。

2011—2021 年农副食品及农产品加工业信用环境影响性分析见图 4-1。

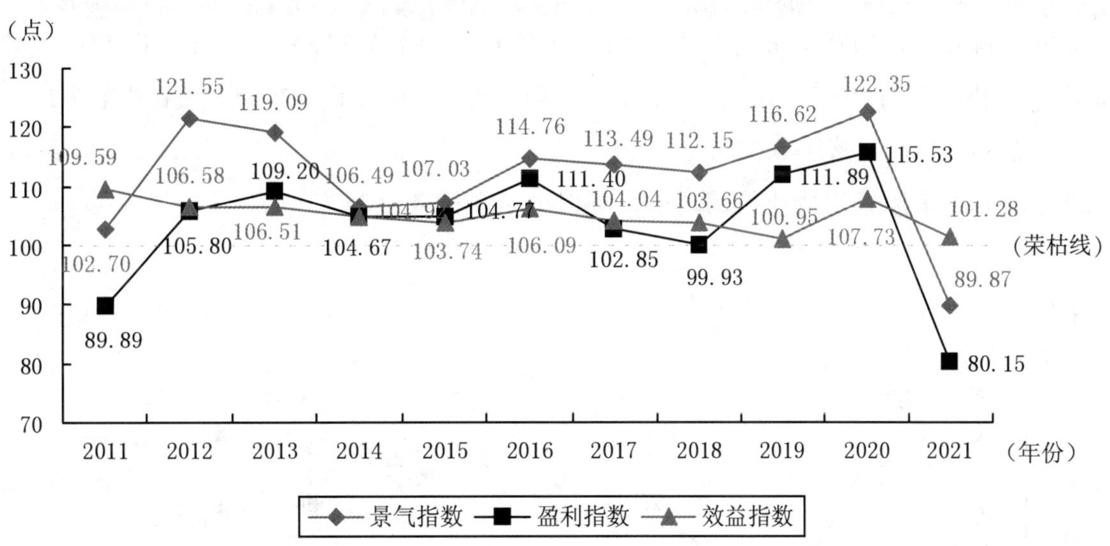

图 4-1 2011—2021 年农副食品及农产品加工业信用环境影响性分析

2.食品（含饮料、乳制品、肉食品等）加工制造业景气度明显下降

从食品（含饮料、乳制品、肉食品等）加工制造业信用环境分析来看，2021 年的景气指数为 105.61 点，比 2020 年的114.69 点下降了 9.08 点；盈利指数为 97.05 点，比 2020 年的

109.86 点下降了 12.81 点；效益指数为 108.71 点，比 2020 年的109.50 点下降了 0.79 点。

2011—2021 年食品（含饮料、乳制品、肉食品等）加工制造业信用环境影响性分析见图4-2。

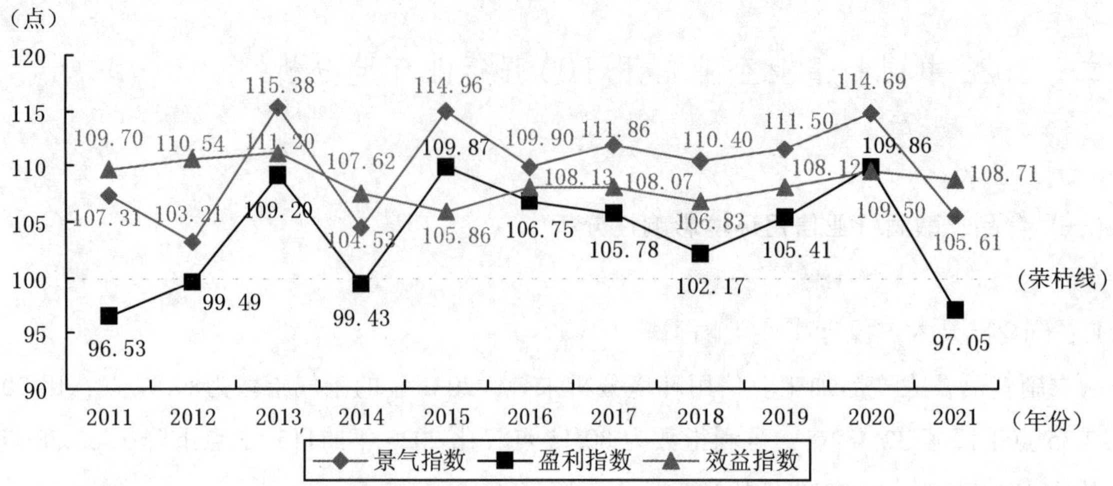

图 4-2 2011—2021 年食品（含饮料、乳制品、肉食品等）加工制造业信用环境影响性分析

综合三项指数分析，食品（含饮料、乳制品、肉食品等）加工制造业整体运行呈现大幅下降的态势，尤其是盈利指数下跌到荣枯线以下，但负增长的幅度有限。

3.酿酒制造业恢复性增长迹象明显

从酿酒制造业信用环境分析来看，2021 年的景气指数为119.89 点，比 2020 年的 92.64 点提高了 27.25 点；盈利指数为 109.19 点，比2020 年的95.95点提高了13.24 点；效益指数为113.38 点，比2020 年的113.39点回落了 0.01 点。

2011—2021 年酿酒制造业信用环境影响性分析见图 4-3。

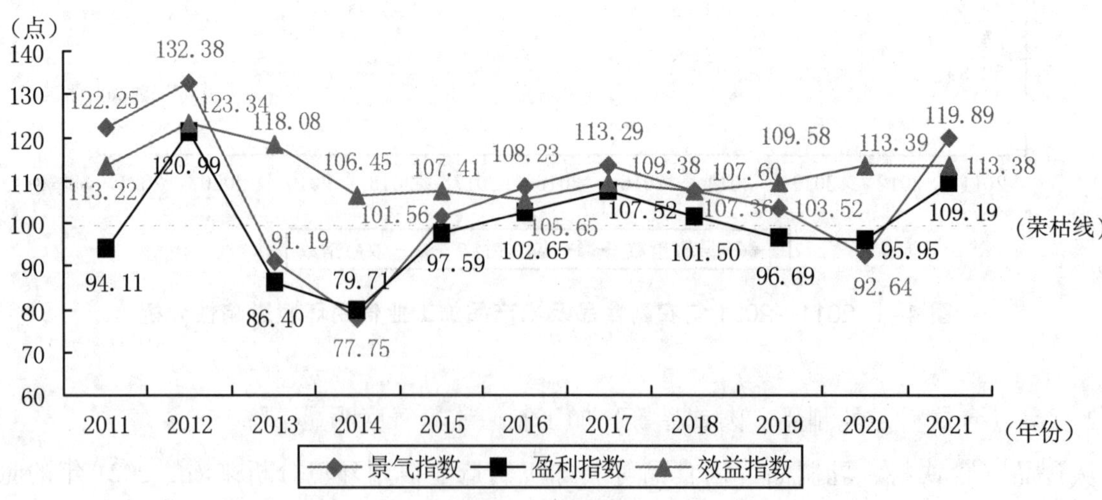

图 4-3 2011—2021 年酿酒制造业信用环境影响性分析

由图 4–3 可以看出，我国酿酒制造业呈现明显的恢复性增长迹象。其中，景气指数和盈利指数重新回归到荣枯线以上，尤其是景气指数创自 2013 年以来最好水平。预测 2022 年该行业将可能再次出现下调，2023 年及后期市场将会呈现较为稳定的恢复性增长态势。

（二）纺织、服装、造纸、医药等制造业信用环境影响性分析

1.纺织、印染业景气度大幅提升

从纺织、印染业信用环境分析来看，2021 年的景气指数为150.87 点，比 2020 年 96.01 点提高了 54.86 点；盈利指数为 141.38 点，比 2020 年的97.92 点提高了43.46 点；效益指数 108.24 点，比 2020 年的106.42 点提高了 1.82 点。

2011—2021 年纺织、印染业信用环境影响性分析见图 4–4。

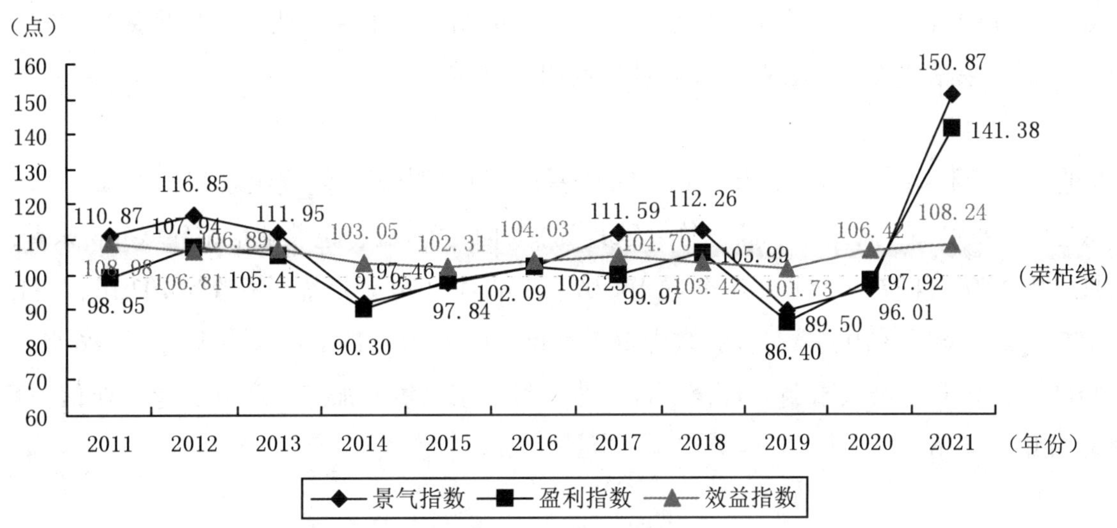

图 4–4 2011—2021 年纺织、印染业信用环境影响性分析

纺织、印染业的三项指数均呈现大幅提升的态势，景气指数和盈利指数不仅创下自 2011 年以来的最好水平，而且提升幅度之大实属罕见；效益指数也接近 2011 年的最好水平。总体表明该行业的整体经营形势明显好转，但持续性有待观察。

2.纺织品、服装、服饰、鞋帽、皮革加工业整体经营效益好转

从纺织品、服装、服饰、鞋帽、皮革加工业信用环境分析来看，2021 年的景气指数为 113.46 点，比 2020 年的92.81 点提高了 20.65 点；盈利指数为 106.63 点，比 2020 年的 92.53 点提高了14.10 点；效益指数为 107.92 点，比 2020 年的102.45 点提高了 5.47 点。

2011—2021 年纺织品、服装、服饰、鞋帽、皮革加工业信用环境影响性分析见图 4-5。

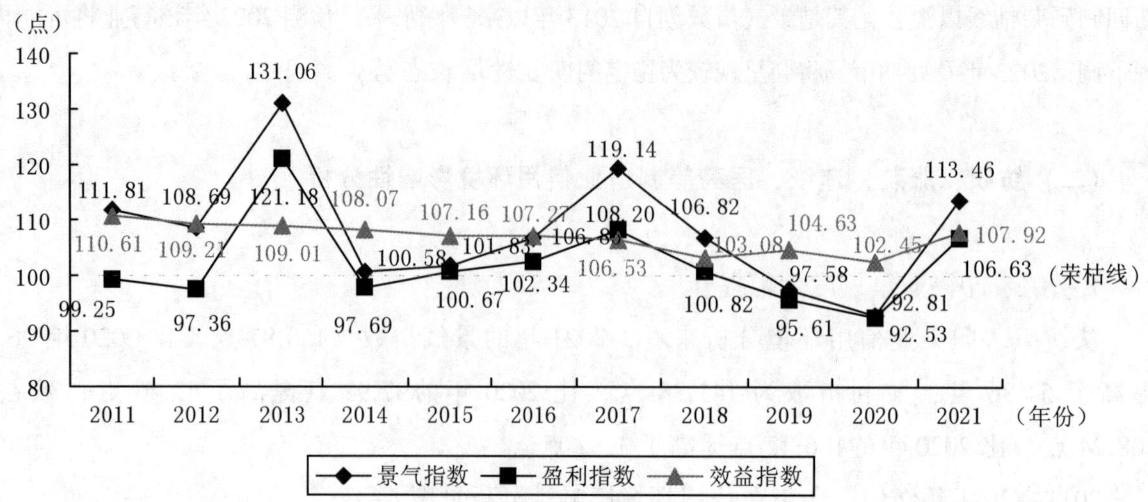

图 4-5 2011—2021 年纺织品、服装、服饰、鞋帽、皮革加工业信用环境影响性分析

从图 4-5 中可以看出，纺织品、服装、服饰、鞋帽、皮革加工业的三项指数均有较大幅度的提升，重归荣枯线以上，表明该行业景气度明显好转。

3.造纸及纸制品（含木材、藤、竹、家具等）加工、印刷、包装业盈利能力减弱

从造纸及纸制品（含木材、藤、竹、家具等）加工、印刷、包装业信用环境分析来看，2021 年的景气指数为 114.77 点，比 2020 年的 106.07 点提高了 8.70 点；盈利指数为 102.16 点，比 2020 年的 105.86 点下降了 3.70 点；效益指数为 107.59 点，比 2020 年的 104.73 点提高了 2.86 点。

2011—2021 年造纸及纸制品（含木材、藤、竹、家具等）加工、印刷、包装业信用环境影响性分析见图 4-6。

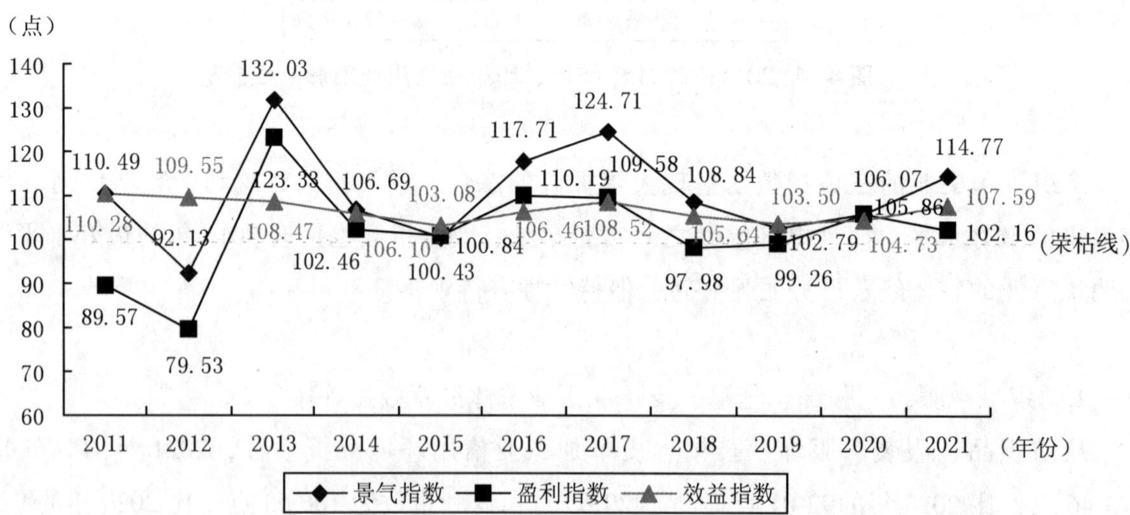

图 4-6 2011—2021 年造纸及纸制品（含木材、藤、竹、家具等）加工、印刷、包装业信用环境影响性分析

综合三项指数分析，该行业景气度虽有回升，但盈利指数回落到荣枯线附近，表明盈利能力明显减弱。总体来看，该行业恢复性增长的基础尚不稳定，下行压力仍然存在。

4.生活用品（含文体、玩具、工艺品、珠宝）等轻工产品加工制造业景气度有所回升

从生活用品（含文体、玩具、工艺品、珠宝）等轻工产品加工制造业信用环境分析来看，2021 年的景气指数为110.90 点，比 2020 年的96.38 点提高了 14.52 点；盈利指数为 99.35 点，比2020 年的 95.69 点回升了 3.66 点；效益指数为 107.85 点，比 2020 年的104.23 点提高了 3.62点。

生活用品（含文体、玩具、工艺品、珠宝）等轻工产品加工制造业的三项指数均有所回升。其中，景气指数重新回归到荣枯线以上，且提升幅度较大；效益指数稳中有升；盈利指数仍然处于荣枯线以下，但负增长的幅度有所收窄，总体来看，该行业整体经营形势仍然面临着较大的下行压力。

2011—2021 年生活用品（含文体、玩具、工艺品、珠宝）等轻工产品加工制造业信用环境影响性分析见图 4-7。

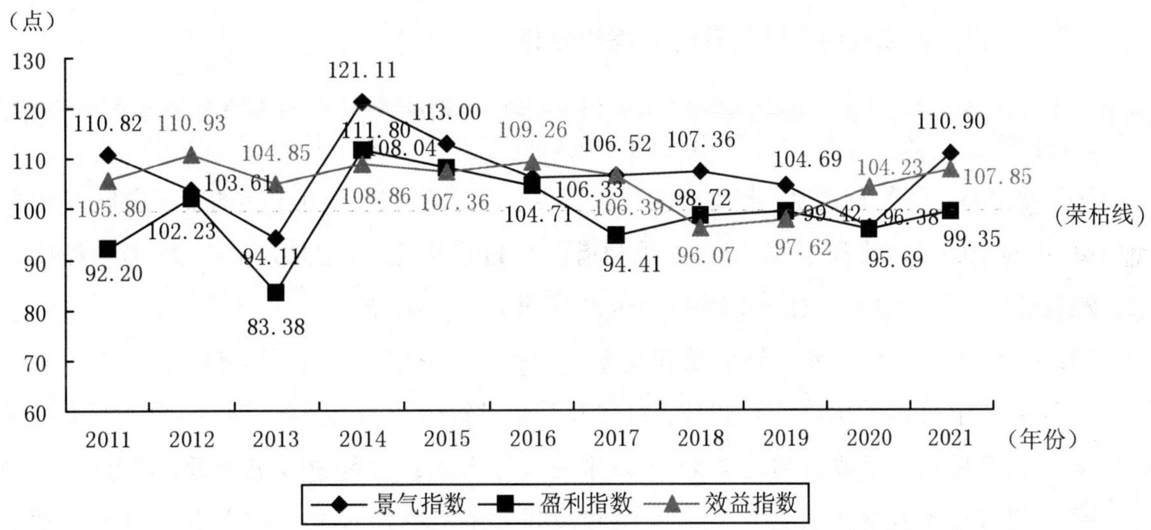

图 4-7 2011—2021 年生活用品（含文体、玩具、工艺品、珠宝）等轻工产品加工制造业信用环境影响性分析

5.医药、生物制药、医疗设备制造业稳中有升

从医药、生物制药、医疗设备制造业信用环境分析来看，2021 年的景气指数为 118.66 点，比 2020 年的 110.03 点提高了 8.63 点；盈利指数为 108.42 点，比 2020 年的 106.04 点提高了 2.38 点；效益指数为 111.43 点，比 2020 年的 107.89 点提高了 3.54 点。

综合三项指数分析，该行业整体运行呈现稳中有升的态势。由于疫情影响对该行业产生持续性利好预期，预测 2022 年及后期市场，该行业仍将保持稳中有升的基本态势。

2011—2021 年医药、生物制药、医疗设备制造业信用环境影响性分析见图 4-8。

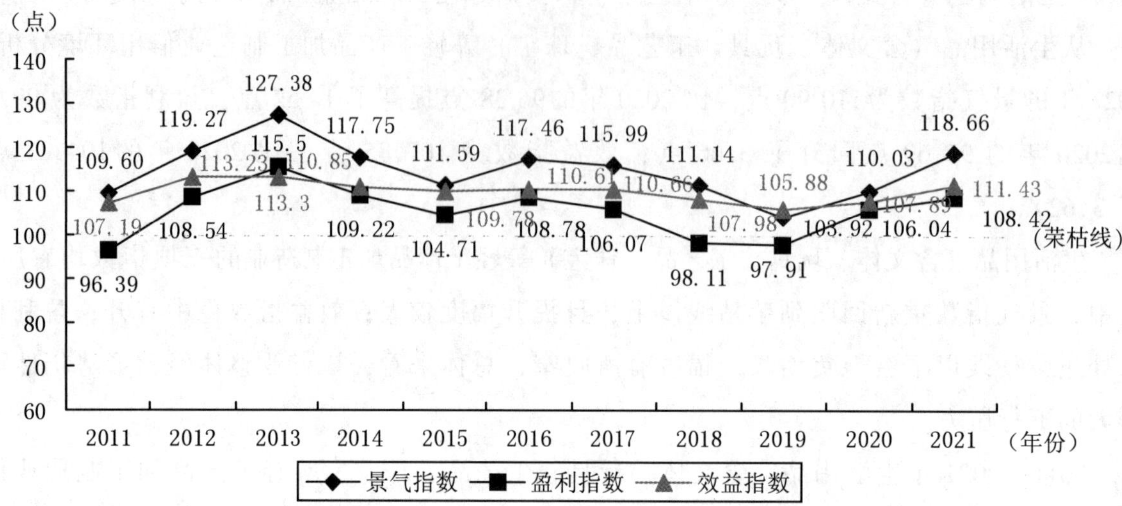

图 4-8 2011—2021 年医药、生物制药、医疗设备制造业信用环境影响性分析

（三）石化、化工制造业信用环境影响性分析

1.石化产品、炼焦及其他燃料生产加工业呈现上升的强势态势

从石化产品、炼焦及其他燃料生产加工业信用环境分析来看，2021 年的景气指数为 132.56 点，比 2020 年的 102.81 点提高了 29.75 点；盈利指数为 116.78 点，比 2020 年的 104.30 点提高了 12.48 点；效益指数为 106.53 点，比 2020 年的 104.92 点提高了 1.61 点。

2011—2021 年石化产品、炼焦及其他燃料生产加工业信用环境影响性分析见图 4-9。

从图 4-9 中可以看出，石化产品、炼焦及其他燃料生产加工业的三项指数均呈现上升的强势态势。尤其是景气指数达到自 2011 年以来的最好水平；盈利指数也接近自 2011 年以来的最好水平。该行业的强势上升态势，与能源和国际大宗商品需求变化有着密切关联，预测 2022 年及后期市场，该行业仍将保持较高的增长速度。

2.化学原料及化学制品（含精细化工、日化、肥料等）制造业景气度大幅提升

从化学原料及化学制品（含精细化工、日化、肥料等）制造业信用环境分析来看，2021 年的景气指数为 148.72 点，比 2020 年的 98.44 点提高了 50.28 点；盈利指数为 131.23 点，比 2020 年的 96.81 点提高了 34.42 点；效益指数为 111.08 点，比 2020 年的 105.62 点提高了 5.46 点。

该行业的景气指数和盈利指数也遏制住了持续两年的负增长态势，呈现大幅回升的态势。

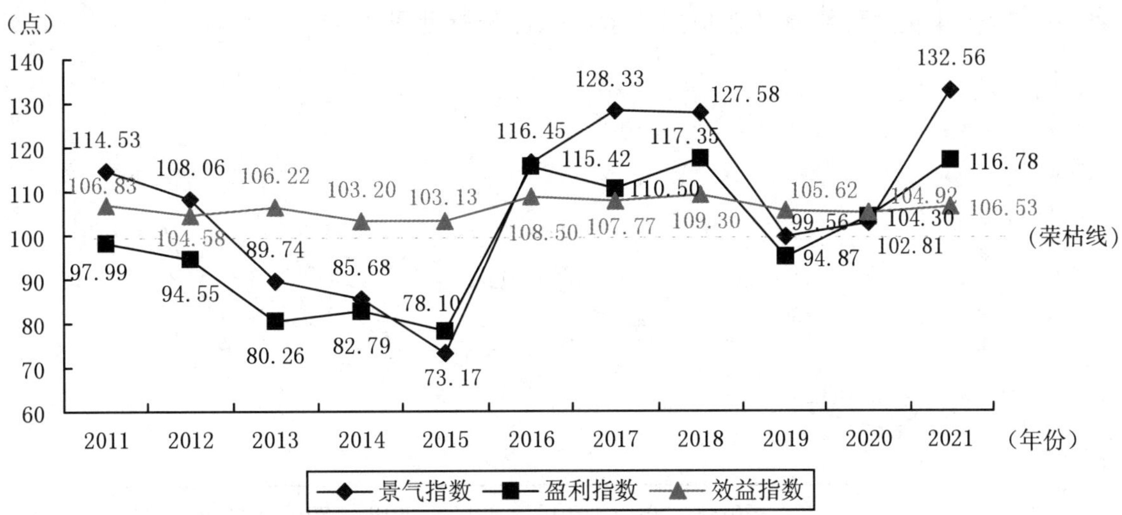

图 4-9 2011—2021 年石化产品、炼焦及其他燃料生产加工业信用环境影响性分析

该行业的整体显著好转与国际大宗商品需求变化有关，其持续性有待观察。

2011—2021 年化学原料及化学制品（含精细化工、日化、肥料等）制造业信用环境影响性分析见图 4-10。

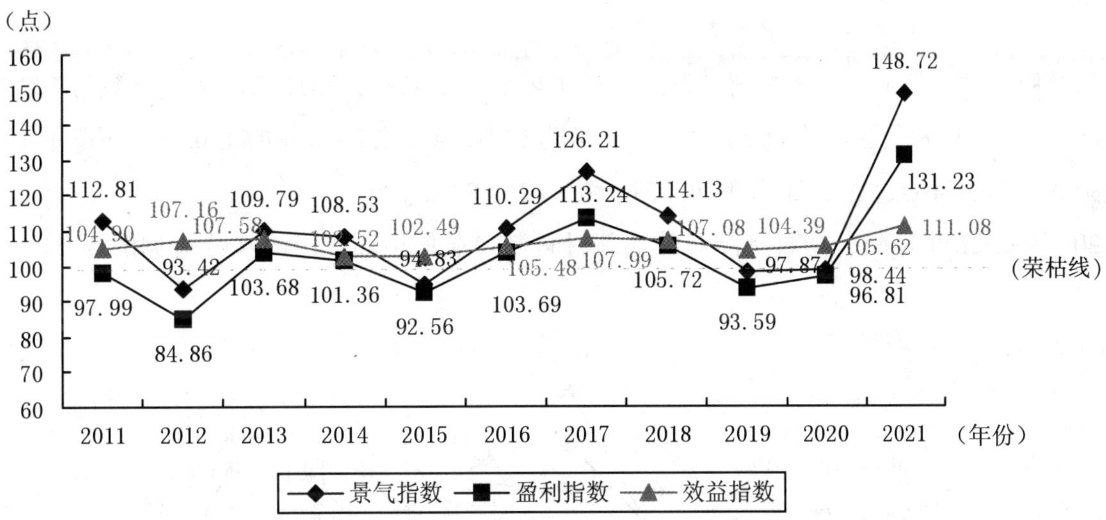

图 4-10 2011—2021 年化学原料及化学制品（含精细化工、日化、肥料等）制造业信用环境影响性分析

3.化学纤维制造业恢复性增长态势明显

从化学纤维制造业信用环境分析来看，2021 年的景气指数为 148.00 点，比 2020 年的 104.07 点提高了 43.93 点；盈利指数为 133.11 点，比 2020 年的 101.18 点提高了 31.93 点；效益指数为 109.24 点，比 2020 年的 107.30 点提高了 1.94 点。

2011—2021 年化学纤维制造业信用环境影响性分析见图 4-11。

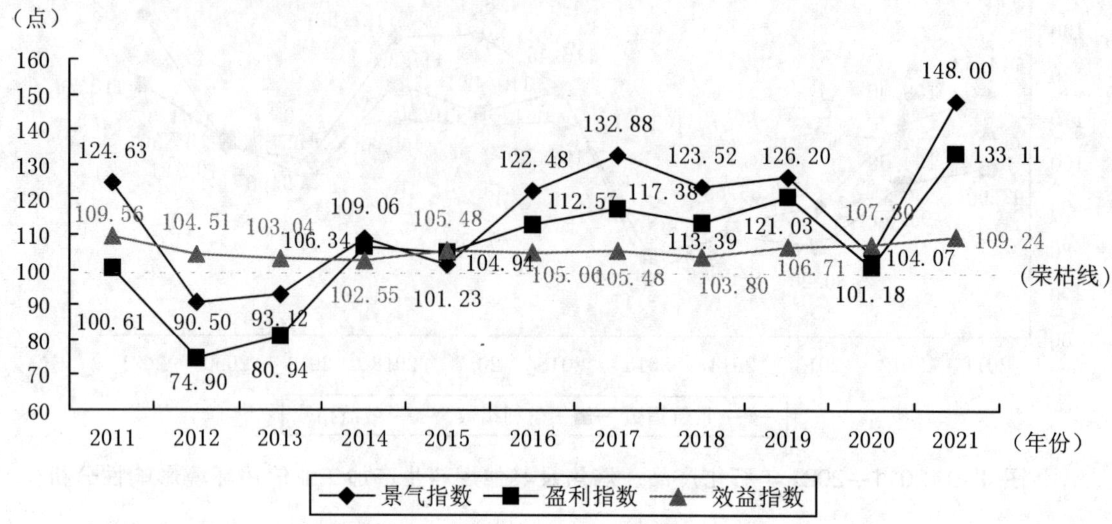

图 4-11　2011—2021 年化学纤维制造业信用环境影响性分析

化学纤维制造业的景气指数和盈利指数呈现强势反弹的态势，且达到了自 2011 年以来的最好水平。表明该行业整体经营形势出现明显好转，恢复性增长态势显明。

4.橡胶、塑料制品及其他新材料制造业大幅回落

从橡胶、塑料制品及其他新材料制造业信用环境分析来看，2021 年的景气指数为 103.76 点，比 2020 年的 113.68 点下降了 9.92 点；盈利指数为 91.05 点，比 2020 年的 110.45 点下降了 19.4 点；效益指数为 106.74 点，比 2020 年的 105.51 点提高了 1.23 点。

2011—2021 年橡胶、塑料制品及其他新材料制造业信用环境影响性分析见图 4-12。

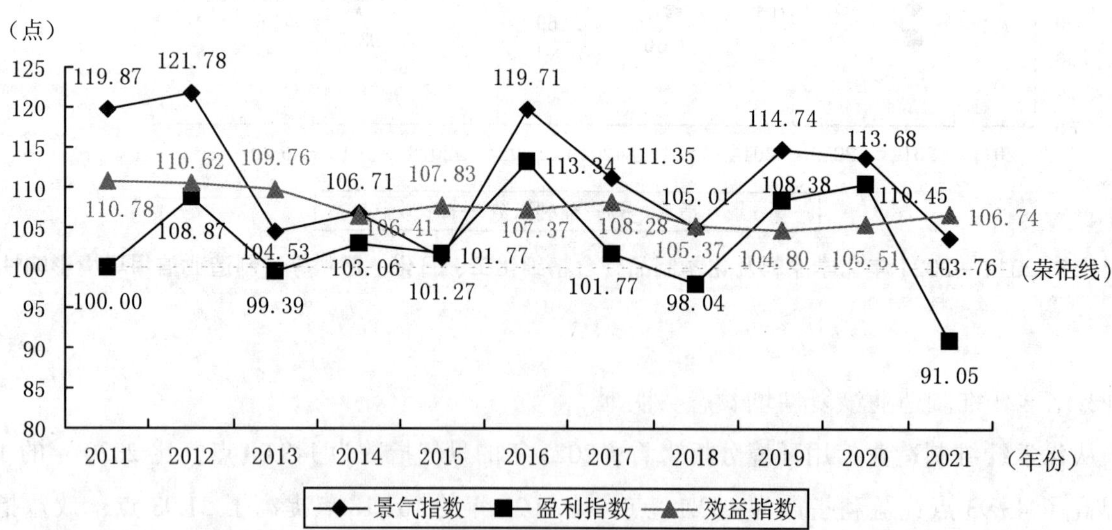

图 4-12　2011—2021 年橡胶、塑料制品及其他新材料制造业信用环境影响性分析

从图 4-12 中可以看出，橡胶、塑料制品及其他新材料制造业的景气指数和盈利指数均呈现大幅下行的态势，其中盈利指数跌破荣枯线，表明该行业的盈利能力明显减弱，行业经营形势面临着较大的下行压力。预测 2022 年及后期市场，该行业仍将处于低水平区间。

（四）建材、钢铁、有色冶金等制造业信用环境影响性分析

1.建筑材料及玻璃等制造业及非金属矿物制品业恢复性增长态势明显

从建筑材料及玻璃等制造业及非金属矿物制品业信用环境分析来看，2021 年的景气指数为 123.94 点，比 2020 年的 110.28 点提高了 13.66 点；盈利指数为 112.56 点，比 2020 年的 112.37 点提高了 0.19 点；效益指数为 109.08 点，比 2020 年的 104.88 点提高了 4.2 点。

2011—2021 年建筑材料及玻璃等制造业及非金属矿物制品业信用环境影响性分析见图 4-13。

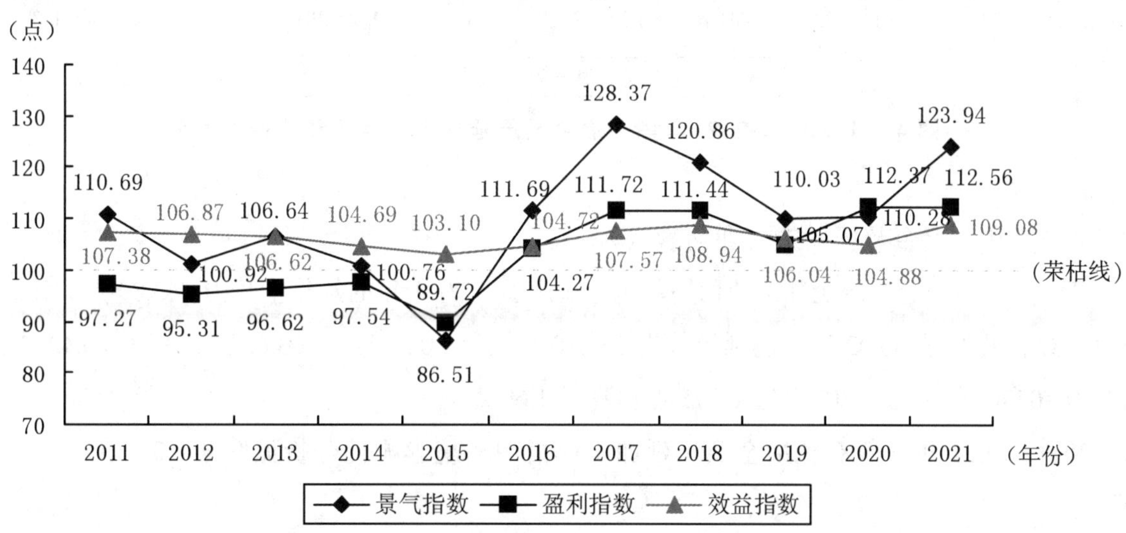

图 4-13 2011—2021 年建筑材料及玻璃等制造业及非金属矿物制品业信用环境影响性分析

综合三项指数分析表明，该行业总体保持恢复性增长的基本态势，尤其是景气度大幅提升，盈利指数相对平稳，效益指数创新高，总体表明该行业提质增效成效显著。

2.黑色冶金及压延加工业总体增长加速

从黑色冶金及压延加工业信用环境分析来看，2021 年的景气指数为 145.05 点，比 2020 年的 105.30 点提高了 39.75 点；盈利指数为 129.90 点，比 2020 年的 100.34 点提高了 29.56 点；效益指数为 108.24 点，比 2020 年的 106.36 点提高了 1.88 点。

黑色冶金及压延加工业三项指数均呈现较大幅度的提升，表明该行业的恢复性增长呈现明显加速的态势。从整体走势分析，该行业已经走出低谷，结构优化调整成效显著。预测后期

市场，该行业仍将保持合理的增长速度。

2011—2021 年黑色冶金及压延加工业信用环境影响性分析见图 4-14。

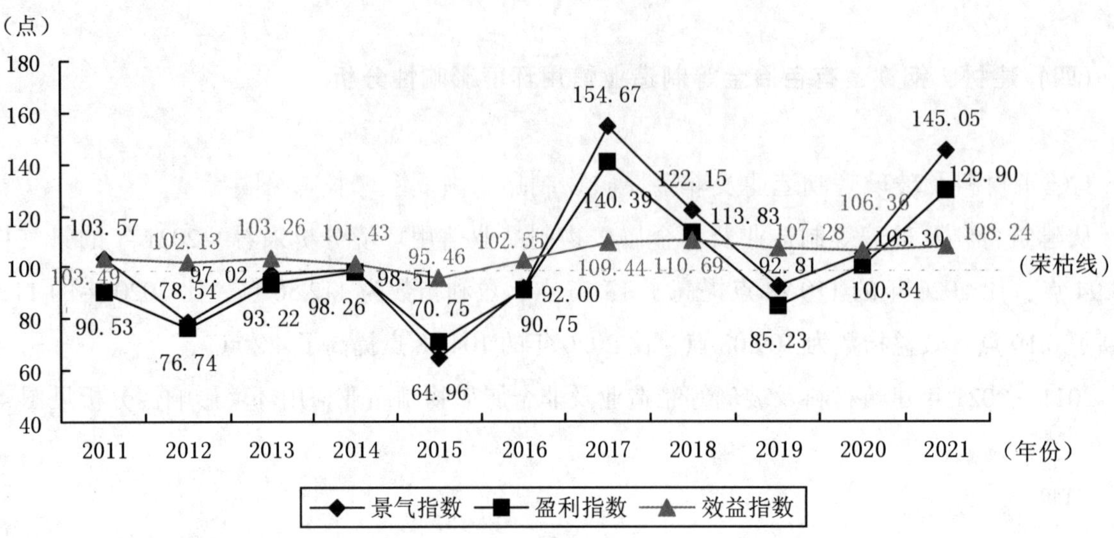

图 4-14 2011—2021 年黑色冶金及压延加工业信用环境影响性分析

3.一般有色冶金及压延加工业持续向好

从一般有色冶金及压延加工业信用环境分析来看，2021 年的景气指数为 143.89 点，比 2020 年的 107.87 点提高了 36.02 点；盈利指数为 130.10 点，比 2020 年的 103.68 点提高了 26.42 点；效益指数为 107.42 点，比 2020 年的 105.73 点提高了 1.69 点。

2011—2021 年一般有色冶金及压延加工业信用环境影响性分析见图 4-15。

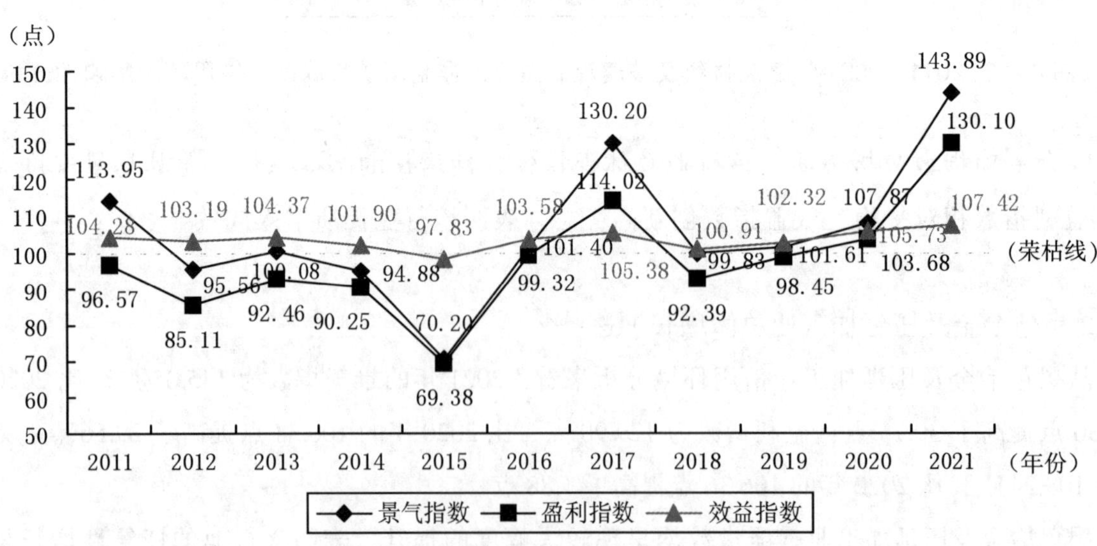

图 4-15 2011—2021 年一般有色冶金及压延加工业信用环境影响性分析

从图 4-15 分析中可以看出，一般有色冶金及压延加工业与黑色冶金及压延加工业有着相似的走势，三项指数均呈现持续回升的态势。随着产业结构的优化调整及需求动态平衡，该行业仍将保持合理的增速。

（五）工程、电力等机械、设备制造业信用环境影响性分析

1.工程机械、设备和特种装备（含电梯、仓储设备）及零配件制造业回暖迹象明显

从工程机械、设备和特种装备（含电梯、仓储设备）及零配件制造业信用环境分析来看，2021 年的景气指数为 125.22 点，比 2020 年的 105.32 点提高了 19.90 点；盈利指数为 112.78 点，比 2020 年的 98.90 点提高了 13.88 点；效益指数为 106.47 点，比 2020 年的 102.35 点提高了 4.12 点。

2011—2021 年工程机械、设备和特种装备（含电梯、仓储设备）及零配件制造业信用环境影响性分析见图 4-16。

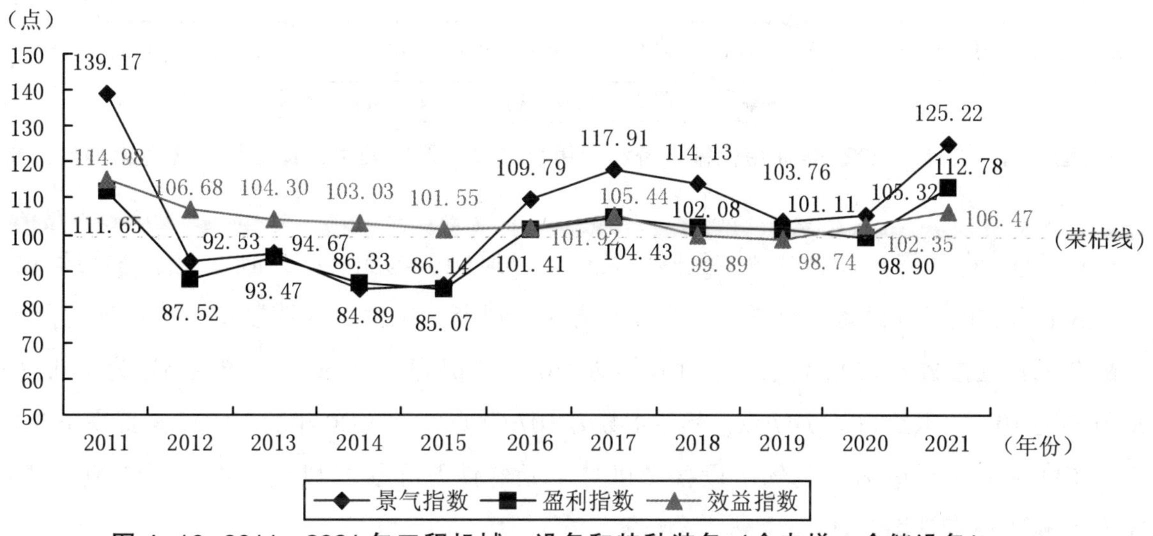

图 4-16 2011—2021 年工程机械、设备和特种装备（含电梯、仓储设备）及零配件制造业信用环境影响性分析

从图 4-16 中可以看出，工程机械、设备和特种装备（含电梯、仓储设备）及零配件制造业的三项指数均有大幅度提高，且创近年来新高，表明该行业景气度大幅提升，盈利能力明显增强，行业环境有所改善，呈现全面回暖迹象。

2.通用机械设备和专用机械设备及零配件制造业盈利能力减弱

从通用机械设备和专用机械设备及零配件制造业信用环境分析来看，2021 年的景气指数为 112.47 点，比 2020 年的 109.96 点提高了 2.51 点；盈利指数为 99.95 点，比 2020 年的 105.55 点下

降了 5.60 点；效益指数为 106.79 点，比 2020 年的 105.86 点提高了 0.93 点。

通用机械设备和专用机械设备及零配件制造业的景气指数和效益指数均有明显回升，但盈利指数却跌破荣枯线，表明该行业景气度明显提升，但盈利能力有所减弱。

2011—2021 年通用机械设备和专用机械设备及零配件制造业信用环境影响性分析见图 4-17。

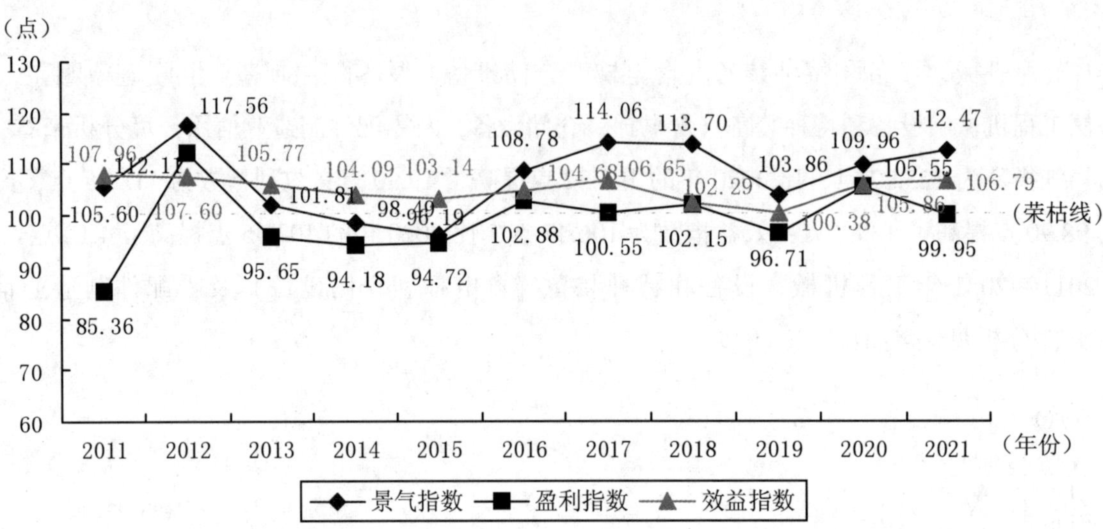

图 4-17 2011—2021 年通用机械设备和专用机械设备及零配件制造业信用环境影响性分析

3.电力、电气等设备、机械、元器件及光伏、风能、电池、线缆制造业增速持续加快

从电力、电气等设备、机械、元器件及光伏、风能、电池、线缆制造业信用环境分析来看，2021 年的景气指数为 129.08 点，比 2020 年的 110.52 点提高了 18.56 点；盈利指数为 110.78 点，比 2020 年的 105.31 点提高了 5.47 点；效益指数为 107.67 点，比 2020 年的 104.22 点提高了 3.45 点。

2011—2021 年电力、电气等设备、机械、元器件及光伏、风能、电池、线缆制造业信用环境影响性分析见图 4-18。

从图 4-18 中可以看出，电力、电气等设备、机械、元器件及光伏、风能、电池、线缆制造业呈现持续加速的增长态势。尤其是景气指数和盈利指数双双达到自 2011 年以来的最好水平，表明该行业整体经营形势持续向好。随着新能源产业的蓬勃发展，预测该行业仍将保持较高的景气度，持续保持合理的增长速度。

4.电子元器件与仪器仪表、自动化控制设备制造业持续向好

从电子元器件与仪器仪表、自动化控制设备制造业信用环境分析来看，2021 年的景气指数为 134.01 点，比 2020 年的 109.92 点提高了 24.09 点；盈利指数为 116.95 点，比 2020 年的 103.31 点提高了 13.64 点；效益指数为 110.74 点，比 2020 年的 106.32 点提高了 4.42 点。该行业的三项指

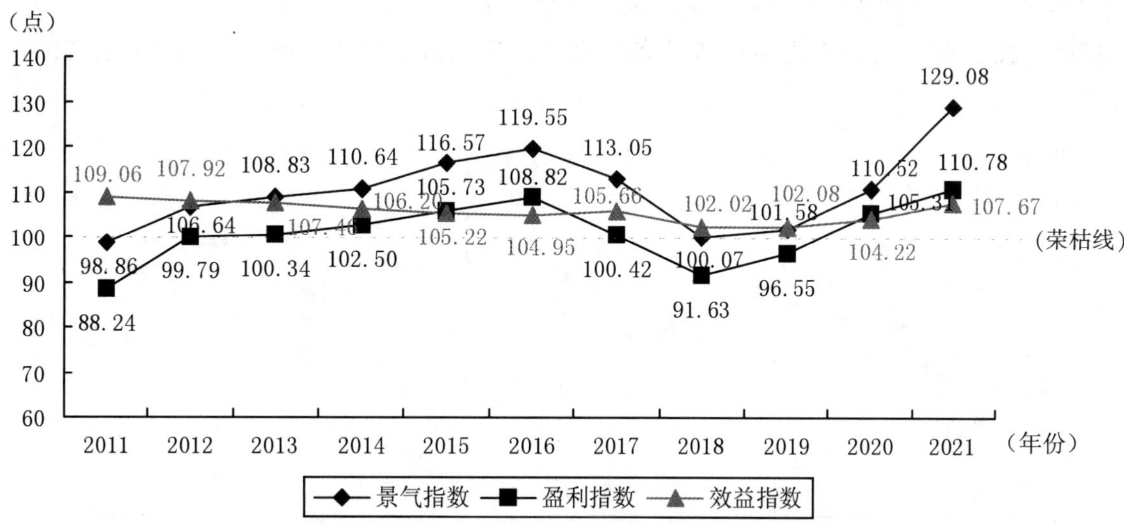

图 4-18 2011—2021 年电力、电气等设备、机械、元器件及光伏、风能、电池、线缆制造业信用环境影响性分析

数均达到自 2011 年以来的最好水平，总体呈现持续向好态势。

2011—2021 年电子元器件与仪器仪表、自动化控制设备制造业信用环境影响性分析见图 4-19。

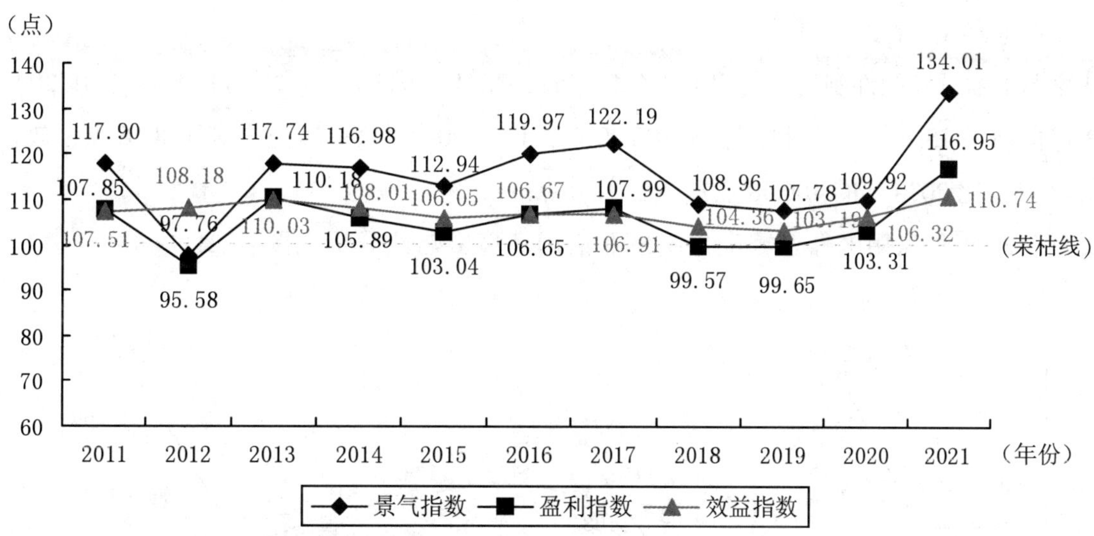

图 4-19 2011—2021 年电子元器件与仪器仪表、自动化控制设备制造业信用环境影响性分析

5.动力、电力生产等装备、设备制造业相对保持了较高的景气度

从动力、电力生产等装备、设备制造业信用环境分析来看，2021 年的景气指数为 112.67 点，比 2020 年的 115.61 点下降了 2.94 点；盈利指数为 106.67 点，比 2020 年的 112.91 点下降了 6.24 点；效益指数为 101.41 点，比 2020 年的 104.98 点下降了 3.57 点。该行业总体上有所回调，尚在

合理的范围之内，相对保持了较高的景气度，但整体效益有所下降。

2011—2021 年动力、电力生产等装备、设备制造业信用环境影响性分析见图 4-20。

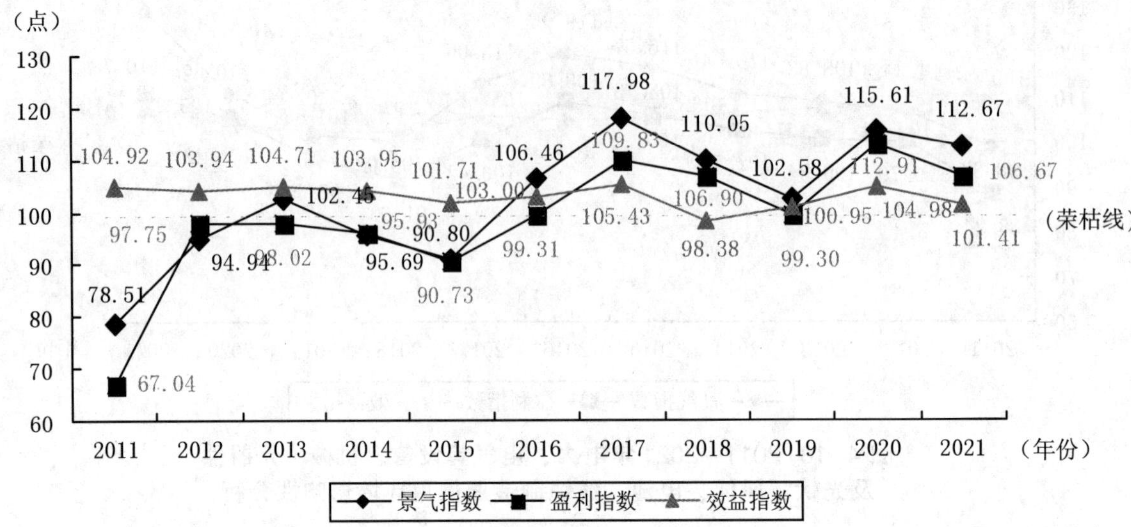

图 4-20 2011—2021 年动力、电力生产等装备、设备制造业信用环境影响性分析

（六）家电、通信器材、汽车等行业信用环境影响性分析

1.家用电器及零配件制造业大幅反弹

从家用电器及零配件制造业信用环境分析来看，2021 年的景气指数为 117.80 点，比 2020 年的 102.03 点提高了 15.77 点；盈利指数为 108.20 点，比 2020 年的 99.44 点提高了 8.76 点；效益指数为 107.48 点，比 2020 年的 106.48 点提高了 1.00 点。

2011—2021 年家用电器及零配件制造业信用环境影响性分析见图 4-21。

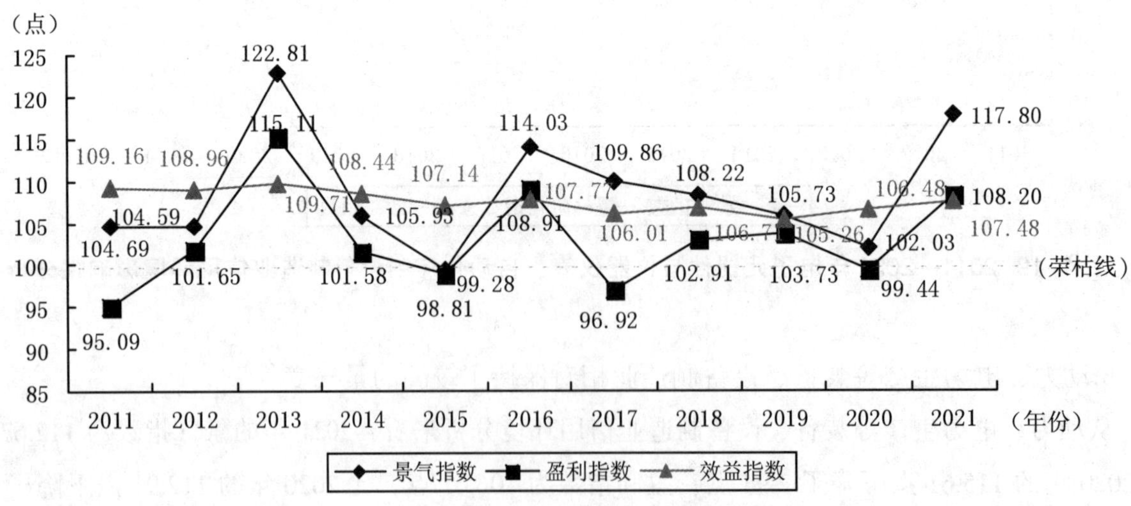

图 4-21 2011—2021 年家用电器及零配件制造业信用环境影响性分析

通过图 4-21 可以看出，家用电器及零配件制造业三项指数呈现大幅反弹的态势。其中，盈利指数重归荣枯线以上，且提升幅度相对较大；景气指数达到自 2014 年以来的最好水平。总体看，该行业已经走出低谷，但持续性尚需观察，2022 年仍存在不确定性。

2.计算机、通信器材、办公、影像等设备及零部件制造业稳步提升

从计算机、通信器材、办公、影像等设备及零部件制造业信用环境分析来看，2021 年的景气指数为 120.97 点，比 2020 年的 108.17 点提高了 12.80 点；盈利指数为 110.19 点，比 2020 年的 102.38 点提高了 7.81 点；效益指数为 106.84 点，比 2020 年的 104.57 点提高了 2.27 点。

2011—2021 年计算机、通信器材、办公、影像等设备及零部件制造业信用环境影响性分析见图 4-22。

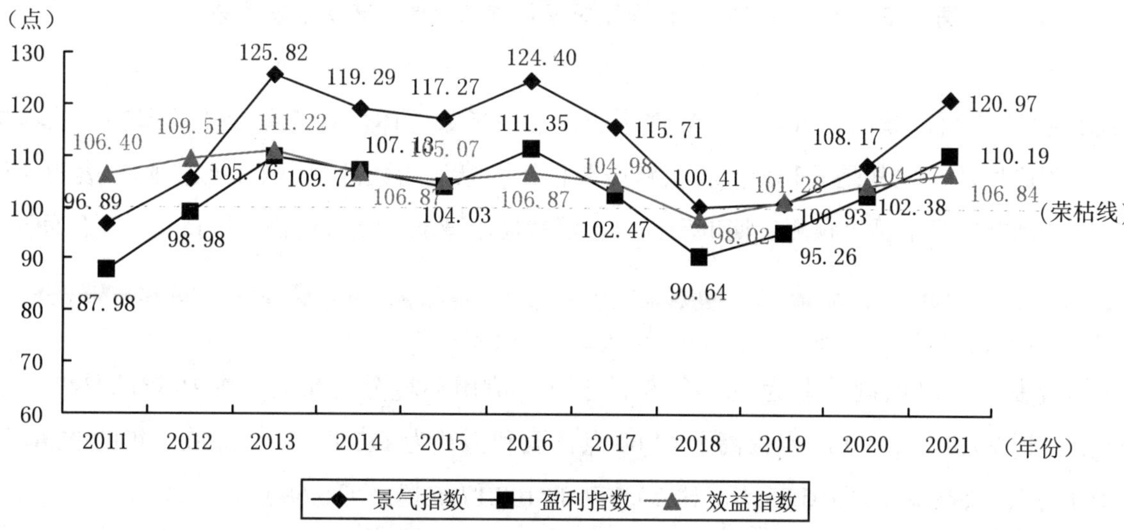

图 4-22 2011—2021 年计算机、通信器材、办公、影像等设备及零部件制造业信用环境影响性分析

从图 4-22 可以看出，计算机、通信器材、办公、影像等设备及零部件制造业的三项指数均呈现稳步提升的态势，且提升的幅度相对较大。综合分析来看，该行业恢复性增长的态势明显，增长动能稳步增强。

3.汽车及零配件制造业持续疲软

从汽车及零配件制造业信用环境分析来看，2021 年的景气指数为 100.87 点，比 2020 年的 101.26 点下降了 0.39 点；盈利指数为 94.86 点，比 2020 年的 99.52 点下降了 4.66 点；效益指数为 102.98 点，比 2020 年的 103.49 点下降了 0.51 点。

2011—2021 年汽车及零配件制造业信用环境影响性分析见图 4-23。

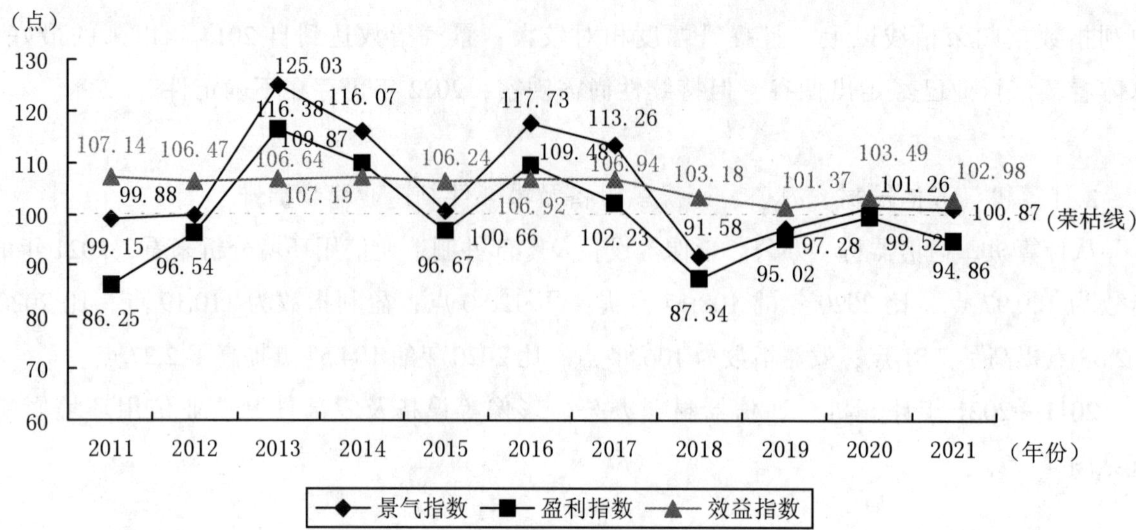

图 4-23 2011—2021 年汽车及零配件制造业信用环境影响性分析

从图 4-23 中可以看出，汽车及零配件制造业三项指数总体呈现持续疲软的态势，三项指数均有不同程度回落。尤其是盈利指数再次跌破荣枯线，景气指数徘徊在荣枯线边际，表明该行业增长乏力，动能明显不足。预测后期市场，由于消费需求减弱，该行业仍将维持在低位区间运行。

4.综合制造业（以制造业为主，含有服务业）强势反弹

从综合制造业（以制造业为主，含有服务业）信用环境分析来看，2021 年的景气指数为 131.71 点，比 2020 年的 90.11 点提高了 41.60 点；盈利指数为 117.77 点，比 2020 年的 92.62 点提高了 25.15 点；效益指数为 105.85 点，比 2020 年的 100.17 点提高了 5.68 点。

2011—2021 年综合制造业（以制造业为主，含有服务业）信用环境影响性分析见图 4-24。

从图 4-24 可以看出，综合制造业（以制造业为主，含有服务业）的三项指数均呈现较大幅度的强势反弹态势。其中，景气指数和盈利指数重归荣枯线以上，且均达到自 2011 年以来的最好水平，表明该行业整体走出低谷，但持续性有待观察。

（七）2022 制造业信用环境行业特征分析

1.2021 制造业细分行业指数综合分析

2021 年景气指数下降的有 8 个细分行业，占制造业 29 个细分行业的 27.59%；有 2 个细分行业的景气指数处在荣枯线以下，占制造业 29 个细分行业的 6.90%。

2021 年盈利指数下降的有 10 个细分行业，占制造业 29 个细分行业的 34.48%；有 9 个细

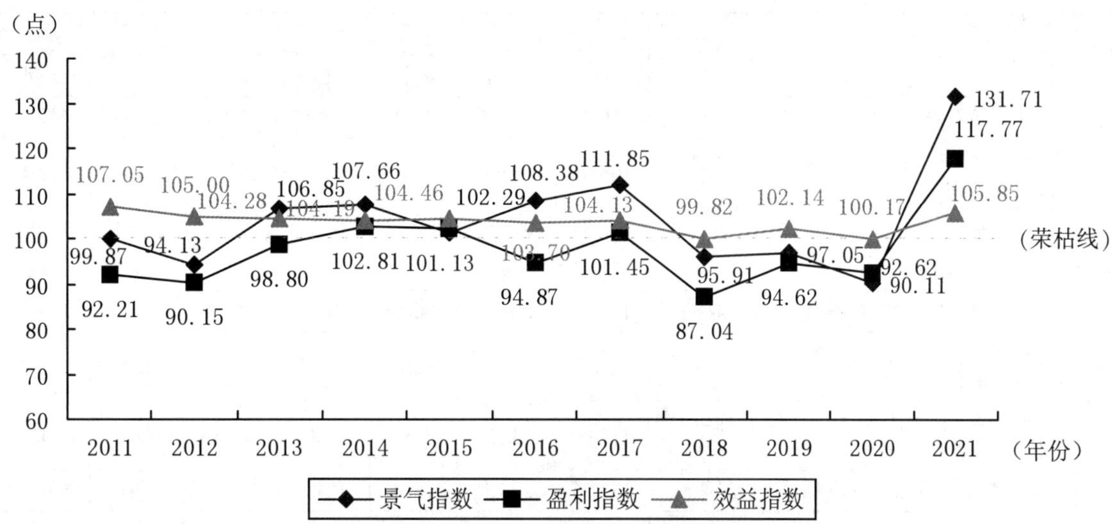

图 4-24 2011—2021 年综合制造业（以制造业为主，含有服务业）信用环境影响性分析

分行业的盈利指数处在荣枯线以下，占制造业 29 个细分行业的 31.03%。

2021 年效益指数下降的有 10 个细分行业，占制造业 29 个细分行业的 34.48%；有 19 个细分行业的效益指数提高，占制造业 29 个细分行业的 65.52%。

2021 年制造业信用环境行业特征汇总分析见表 4-3。

从表 4-3 中可以看出，2021 年制造业细分行业景气指数 110 点以上的行业有 22 个，分别为：纺织、印染业，景气指数为 150.87 点；化学原料及化学制品（含精细化工、日化、肥料等）制造业，景气指数为 148.72 点；化学纤维制造业，景气指数为 148.00 点；黑色冶金及压延加工业，景气指数为 145.05 点；一般有色冶金及压延加工业，景气指数为 143.89 点；电子元器件与仪器仪表、自动化控制设备制造业，景气指数为 134.01 点；石化产品、炼焦及其他燃料生产加工业，景气指数为 132.56 点；综合制造业（以制造业为主，含有服务业），景气指数为 131.71 点；金属制品、加工工具、工业辅助产品加工制造业及金属新材料制造业，景气指数为 129.62 点；电力、电气等设备、机械、元器件及光伏、风能、电池、线缆制造业，景气指数为 129.08 点；工程机械、设备和特种装备（含电梯、仓储设备）及零配件制造业，景气指数为 125.22 点；建筑材料及玻璃等制造业及非金属矿物制品业，景气指数为 123.94 点；计算机、通信器材、办公、影像等设备及零部件制造业，景气指数为 120.97 点；酿酒制造业，景气指数为 119.89 点；医药、生物制药、医疗设备制造业，景气指数为 118.66 点；家用电器及零配件制造业，景气指数为 117.80 点；造纸及纸制品（含木材、藤、竹、家具等）加工、印刷、包装业，景气指数为 114.77 点；纺织品、服装、服饰、鞋帽、皮革加工业，景气指数为 113.46 点；动力、电力生产等装备、设备制造业，景气指数为 112.67 点；通用机械设备和专用机械设备及零配件制造业，景气指数为 112.47 点；生活用品

表 4-3　　2021 年制造业信用环境行业特征汇总分析

序号	行业	景气指数		盈利指数		效益指数		盈亏系数	
		本期	同比(±)	本期	同比(±)	本期	同比(±)	本期	上期
1	农副食品及农产品加工业	89.87	−32.48	80.15	−35.38	101.28	−6.45	1.862	0.016
2	食品(含饮料、乳制品、肉食品等)加工制造业	105.61	−9.08	97.05	−12.81	108.71	−0.79	0.004	0.003
3	酿酒制造业	119.89	27.25	109.19	13.24	113.38	−0.01	0.002	0.001
4	纺织、印染业	150.87	54.86	141.38	43.46	108.24	1.82	0.003	0.034
5	纺织品、服装、服饰、鞋帽、皮革加工业	113.46	20.65	106.63	14.10	107.92	5.47	0.004	0.088
6	造纸及纸制品(含木材、藤、竹、家具等)加工、印刷、包装业	114.77	8.70	102.16	−3.70	107.59	2.86	0.017	0.129
7	生活用品(含文体、玩具、工艺品、珠宝)等轻工产品加工制造业	110.90	14.52	99.35	3.66	107.85	3.62	0.021	0.103
8	石化产品、炼焦及其他燃料生产加工业	132.56	29.75	116.78	12.48	106.53	1.61	0.011	0.027
9	化学原料及化学制品(含精细化工、日化、肥料等)制造业	148.72	50.28	131.23	34.42	111.08	5.46	0.021	0.251
10	医药、生物制药、医疗设备制造业	118.66	8.63	108.42	2.38	111.43	3.54	0.014	0.092
11	化学纤维制造业	148.00	43.93	133.11	31.93	109.24	1.94	0.002	0.032
12	橡胶、塑料制品及其他新材料制造业	103.76	−9.92	91.05	−19.40	106.74	1.23	0.012	0.051
13	建筑材料及玻璃等制造业及非金属矿物制品业	123.94	13.66	112.56	0.19	109.08	4.20	0.042	0.058
14	黑色冶金及压延加工业	145.05	39.75	129.90	29.56	108.24	1.88	0.000	0.006
15	一般有色冶金及压延加工业	143.89	36.02	130.10	26.42	107.42	1.69	0.248	0.061
16	黄金冶炼及压延加工业	94.00	−32.37	92.16	−30.65	103.31	−0.64	0.248	0.000
17	金属制品、加工工具、工业辅助产品加工制造业及金属新材料制造业	129.62	13.61	113.29	2.97	108.58	−0.57	0.000	0.087
18	工程机械、设备和特种装备(含电梯、仓储设备)及零配件制造业	125.22	19.90	112.78	13.88	106.47	4.12	0.014	0.118
19	通用机械设备和专用机械设备及零配件制造业	112.47	2.51	99.95	−5.6	106.79	0.93	0.142	0.221
20	电力、电气等设备、机械、元器件及光伏、风能、电池、线缆制造业	129.08	18.56	110.78	5.47	107.67	3.45	0.013	0.209
21	船舶、轨道交通设备及零部件制造业	102.92	17.40	94.89	8.17	106.31	−0.5	0.000	0.024
22	家用电器及零配件制造业	117.80	15.77	108.20	8.76	107.48	1.00	0.007	0.020
23	电子元器件与仪器仪表、自动化控制设备制造业	134.01	24.09	116.95	13.64	110.74	4.42	0.009	0.219
24	动力、电力生产等装备、设备制造业	112.67	−2.94	106.67	−6.24	101.41	−3.57	1.300	0.002
25	计算机、通信器材、办公、影像等设备及零部件制造业	120.97	12.80	110.19	7.81	106.84	2.27	0.055	0.070
26	汽车及零配件制造业	100.87	−0.39	94.86	−4.66	102.98	−0.51	0.155	0.206
27	摩托车、自行车和其他运输车辆及零配件制造业	102.41	−23.35	90.43	−25.06	105.95	−2.94	0.000	0.267
28	航空航天、国防军工装备及零配件制造业	110.60	−0.61	103.54	−2.96	105.86	−0.45	0.000	0.023
29	综合制造业(以制造业为主,含有服务业)	131.71	41.60	117.77	25.15	105.85	5.68	0.034	0.236

注:盈亏系数=行业亏损总额/行业净利润总额,数值越高,亏损比率越大,数值为 1 则盈亏额相等,数值为 0 则无亏损额。

（含文体、玩具、工艺品、珠宝）等轻工产品加工制造业，景气指数为 110.90 点；航空航天、国防军工装备及零配件制造业，景气指数为 110.60 点。上述 22 个行业 2021 年的市场景气度较高。

2021 年盈利指数超过 110 点的细分行业有 13 个，分别为：纺织、印染业，盈利指数为 141.38 点；化学纤维制造业，盈利指数为 133.11 点；化学原料及化学制品（含精细化工、日化、肥料等）制造业，盈利指数为 131.23 点；一般有色冶金及压延加工业，盈利指数为 130.10 点；黑色冶金及压延加工业，盈利指数为 129.90 点；综合制造业（以制造业为主，含有服务业），盈利指数为 117.77 点；电子元器件与仪器仪表、自动化控制设备制造业，盈利指数为 116.95 点；石化产品、炼焦及其他燃料生产加工业，盈利指数为 116.78 点；金属制品、加工工具、工业辅助产品加工制造业及金属新材料制造业，盈利指数为 113.29 点；工程机械、设备和特种装备（含电梯、仓储设备）及零配件制造业，盈利指数为 112.78 点；建筑材料及玻璃等制造业及非金属矿物制品业，盈利指数为 112.56 点；电力、电气等设备、机械、元器件及光伏、风能、电池、线缆制造业，盈利指数为 110.78 点；计算机、通信器材、办公、影像等设备及零部件制造业，盈利指数为 110.19 点。上述 13 个行业 2021 年的盈利能力较强。

2021 年效益指数超过 110 点的细分行业有 4 个，分别为：酿酒制造业，效益指数为 113.38 点；医药、生物制药、医疗设备制造业，效益指数为 111.43 点；化学原料及化学制品（含精细化工、日化、肥料等）制造业，效益指数为 111.08 点；电子元器件与仪器仪表、自动化控制设备制造业，效益指数为 110.74 点。上述 4 个行业 2021 年的综合效益水平较高。

2.2021 年制造业细分行业盈亏系数综合分析

2021 年盈亏系数等于 0.000 的 5 个细分行业分别为：黑色冶金及压延加工业；金属制品、加工工具、工业辅助产品加工制造业及金属新材料制造业；船舶、轨道交通设备及零部件制造业；摩托车、自行车和其他运输车辆及零配件制造业；航空航天、国防军工装备及零配件制造业。上述 5 个行业 2021 年没有出现亏损额。

2021 年盈亏系数小于等于 0.01 且大于 0.000 的 7 个细分行业分别为：酿酒制造业，盈亏系数为 0.002（亏损比率为 0.20%）；化学纤维制造业，盈亏系数为 0.002（亏损比率为 0.20%）；纺织、印染业，盈亏系数为 0.003（亏损比率为 0.30%）；食品（含饮料、乳制品、肉食品等）加工制造业，盈亏系数为 0.004（亏损比率为 0.40%）；纺织品、服装、服饰、鞋帽、皮革加工业，盈亏系数为 0.004（亏损比率为 0.40%）；家用电器及零配件制造业，盈亏系数为 0.007（亏损比率为 0.70%）；电子元器件与仪器仪表、自动化控制设备制造业，盈亏系数为 0.009（亏损比率为 0.90%）。上述 7 个行业 2021 年行业亏损比率较低。

2021 年盈亏系数小于等于 1.00 且大于 0.10 的 4 个细分行业分别为：一般有色冶金及压延加工业，盈亏系数为 0.248（亏损比率为 24.80%）；黄金冶炼及压延加工业，盈亏系数为

0.248（亏损比率为 24.80%）；汽车及零配件制造业，盈亏系数为 0.155（亏损比率为 15.50%）；通用机械设备和专用机械设备及零配件制造业，盈亏系数为 0.142（亏损比率为 14.20%）。上述 4 个行业 2021 年亏损比率较高。

2021 年盈亏系数大于 1.00 的 2 个细分行业分别为：农副食品及农产品加工业，盈亏系数为 1.862（亏损比率为 186.20%）；动力、电力生产等装备、设备制造业，盈亏系数为 1.300（亏损比率为 130.00%）。上述 2 个行业 2021 年亏损比率最高，表现为行业性亏损。

通过以上综合分析可以看出，2021 年制造业整体经营形势明显好转，景气度水平大幅提升。但行业性亏损较 2020 年有所增加，部分行业仍然存在较大的下行压力。

三、2022 中国制造业企业信用 100 强行业效益变化趋势分析

（一）食品、酿酒行业经济效益变化趋势分析

1.食品（含饮料、乳制品、肉食品等）加工制造业波动回落

第一，从收益性指标分析。2021 年食品（含饮料、乳制品、肉食品等）加工制造业营收利润率为 8.62%，同比提升了 0.35 个百分点；资产利润率为 6.62%，同比下降了 1.23 个百分点；所有者权益报酬率为 10.89%，同比下降了 1.50 个百分点。该行业的经营性收益率有小幅提升，但资产效益有明显下降，总体上保持相对较高水平。

食品（含饮料、乳制品、肉食品等）加工制造业收益性指标变化趋势分析见图 4-25。

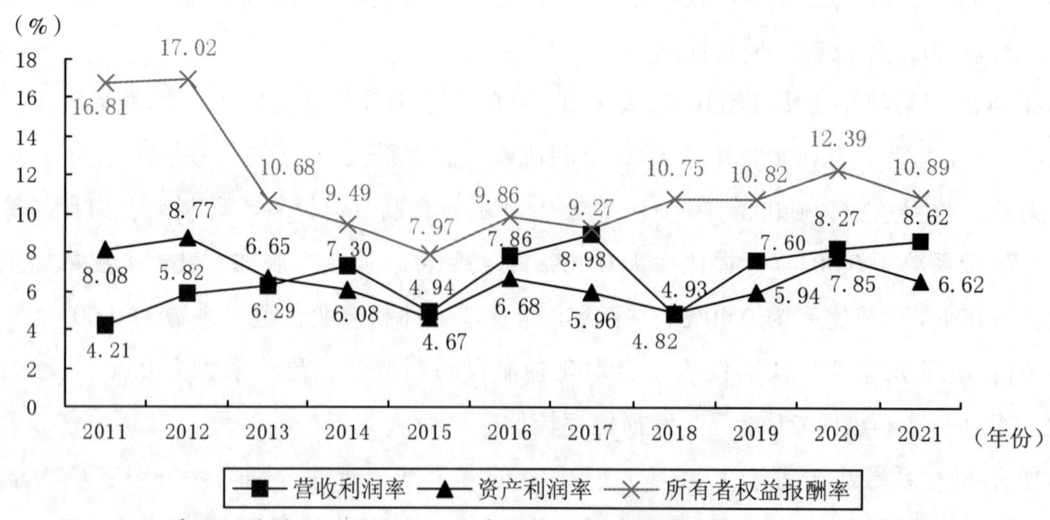

图 4-25 食品（含饮料、乳制品、肉食品等）加工制造业收益性指标变化趋势分析

第二，从成长性指标分析。2021 年食品（含饮料、乳制品、肉食品等）加工制造业营收增长率为 15.58%，同比提高了7.01 个百分点；利润增长率为-4.35%，同比下降了25.16 个百分点；资产增长率为 14.51%，同比下降了 8.38 个百分点；人员增长率为 3.26%，同比下降了 0.89 个百分点。

综合四项成长性指标分析，该行业的营业收入增速有较大幅度提高，但利润增长率却呈现负增长，资产增长率明显回落。总体上该行业具有周期性波动的特征。

食品（含饮料、乳制品、肉食品等）加工制造业成长性指标变化趋势分析见图 4-26。

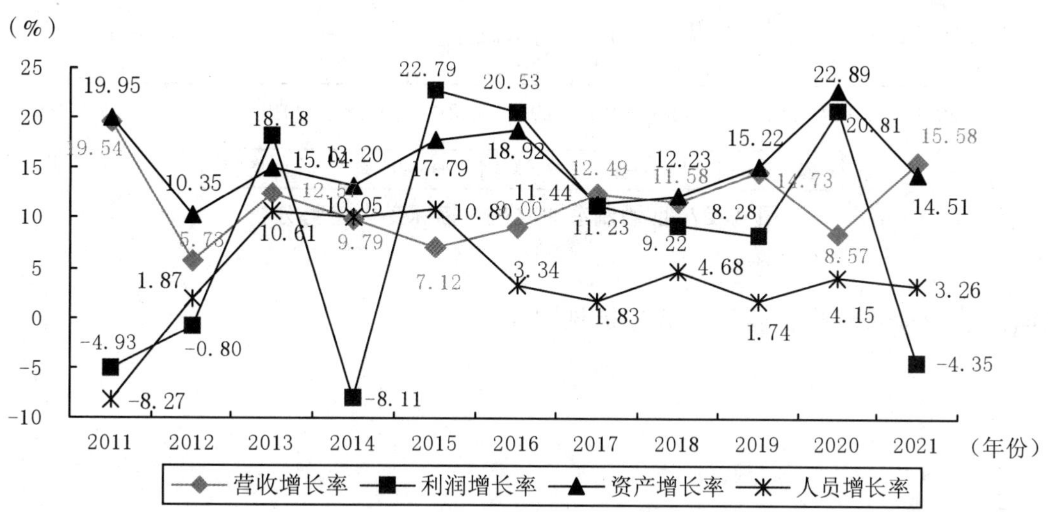

图 4-26 食品（含饮料、乳制品、肉食品等）加工制造业成长性指标变化趋势分析

2.酿酒制造业整体运行持续向好

第一，从收益性指标分析。2021 年酿酒制造业营收利润率为 15.98%，同比提升了 0.86 个百分点；资产利润率为 8.00%，同比提升了 0.92 个百分点；所有者权益报酬率为 16.17%，同比下降了 1.78 个百分点。

综合三项收益性指标分析，酿酒制造业的整体运行呈现持续向好的发展态势，且保持相对较高水平，尤其是营收利润持续保持在相对较高水平，资产利润率也有明显回升。

酿酒制造业收益性指标变化趋势分析见图 4-27。

第二，从成长性指标分析。2021 年酿酒制造业营收增长率为 20.64%，同比提高了 23.13 个百分点；利润增长率为 19.14%，同比提高了 31.36 个百分点；资产增长率为 18.99%，同比提高了 13.54 个百分点；人员增长率为 6.91%，同比提高了 8.45 个百分点。

综合四项成长性指标分析，该行业总体呈现全面向好的运行态势，由负增长全面转为正增长，且增幅较大。除人员增长率外，其他指标全部实现两位数的增速，达到自 2013 年以来的最好水平。总体表明该行业市场需求明显回暖。预测后期市场，该行业虽有波动的可能性，但总体向好的基本面不会改变。

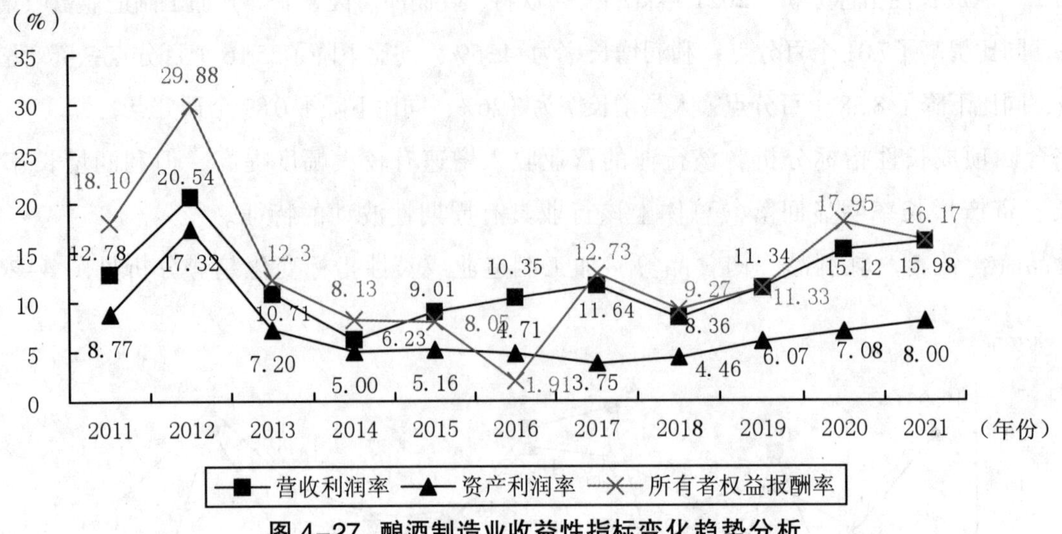

图 4-27 酿酒制造业收益性指标变化趋势分析

酿酒制造业成长性指标变化趋势分析见图 4-28。

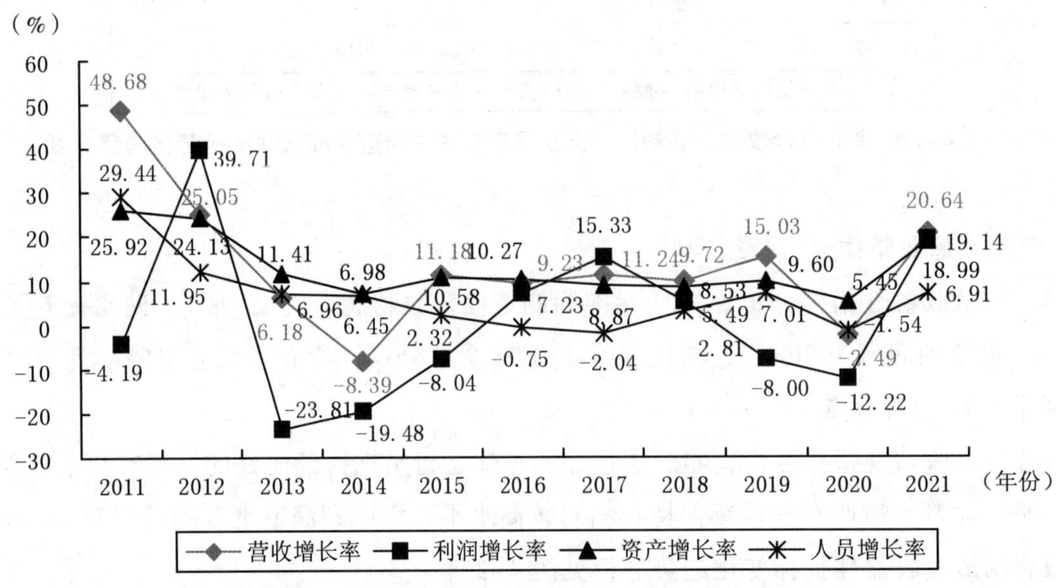

图 4-28 酿酒制造业成长性指标变化趋势分析

(二) 纺织、服装、造纸、医药等制造业经济效益变化趋势分析

1.纺织、印染业稳中有升

第一，从收益性指标分析。2021 年纺织、印染业营收利润率为 6.89%，同比提高了 0.43 个百分点；资产利润率为 6.40%，同比提高了 4.11 个百分点；所有者权益报酬率为 11.43%，

同比提高了 0.91 个百分点。

综合三项收益性指标分析，该行业的营收利润率和资产利润率呈现稳中有升的态势，从历史走向来看，该行业整体运行在高位区间，全面恢复向好的趋势已经形成。

纺织、印染业收益性指标变化趋势分析见图 4-29。

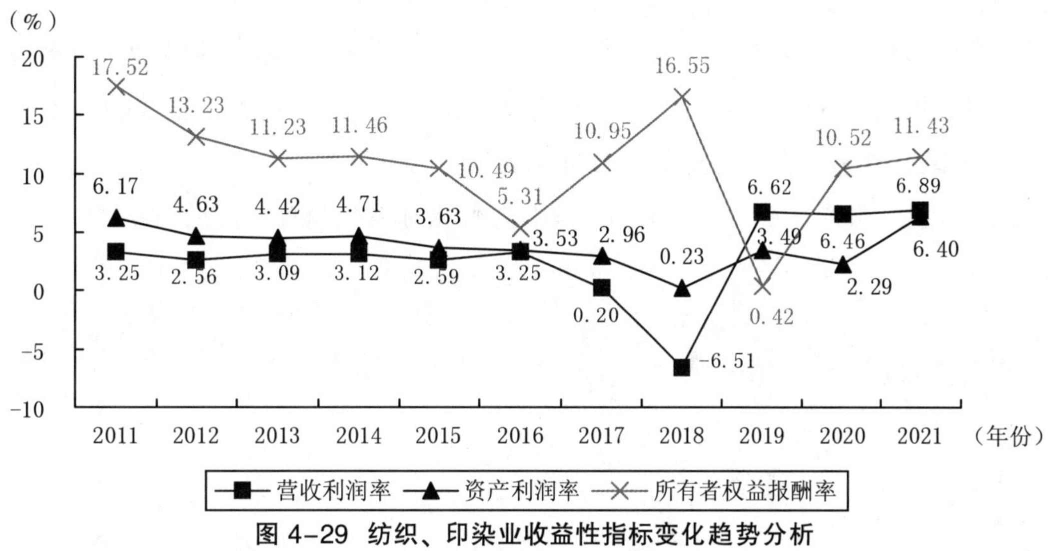

图 4-29 纺织、印染业收益性指标变化趋势分析

第二，从成长性指标分析。2021 年纺织、印染业营收增长率为 20.75%，同比提高了23.49 个百分点；利润增长率为 81.00%，同比提高了86.25 个百分点；资产增长率为 6.50%，同比下降了 2.32 个百分点；人员增长率为 0.41%，同比提高了 7.54 个百分点。

纺织、印染业成长性指标变化趋势分析见图 4-30。

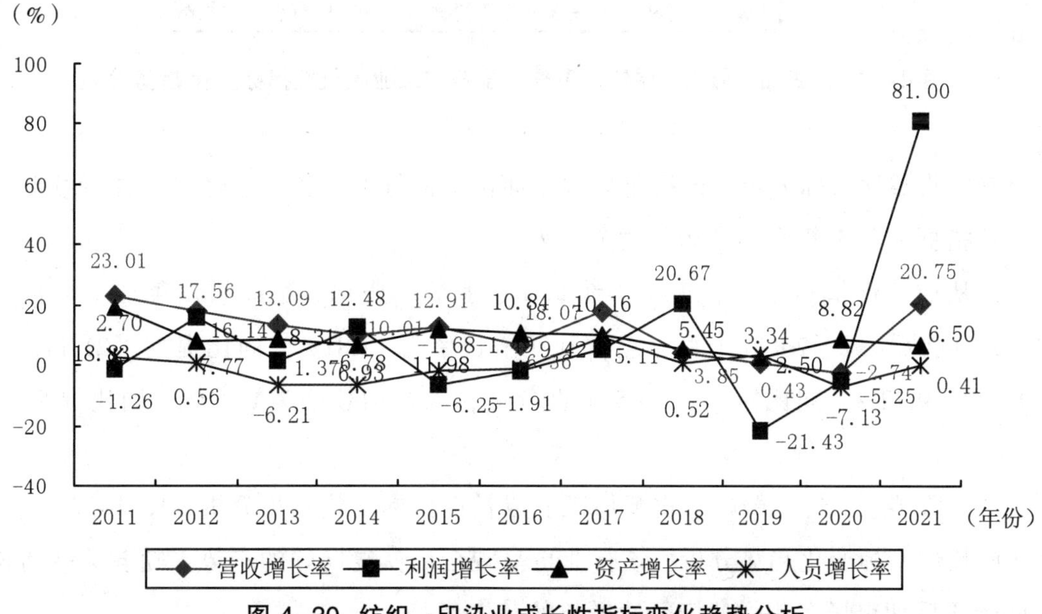

图 4-30 纺织、印染业成长性指标变化趋势分析

从图 4-30 中可以看出，该行业的三项成长性指标呈现反弹态势。尤其是利润增长率明显处于强势反弹状态，可能与新冠疫情影响下市场需求变化有关。该行业上升的持续性有待观察，可能存在再次下行的压力。

2.纺织品、服装、服饰、鞋帽、皮革加工业全面恢复向好

第一，从收益性指标分析。2021 年纺织品、服装、服饰、鞋帽、皮革加工业营收利润率为 7.69%，同比提高了 6.77 个百分点；资产利润率为 5.49%，同比提高了 3.08 个百分点；所有者权益报酬率为 10.57%，同比提高了 6.54 个百分点。

纺织品、服装、服饰、鞋帽、皮革加工业收益性指标变化趋势分析见图 4-31。

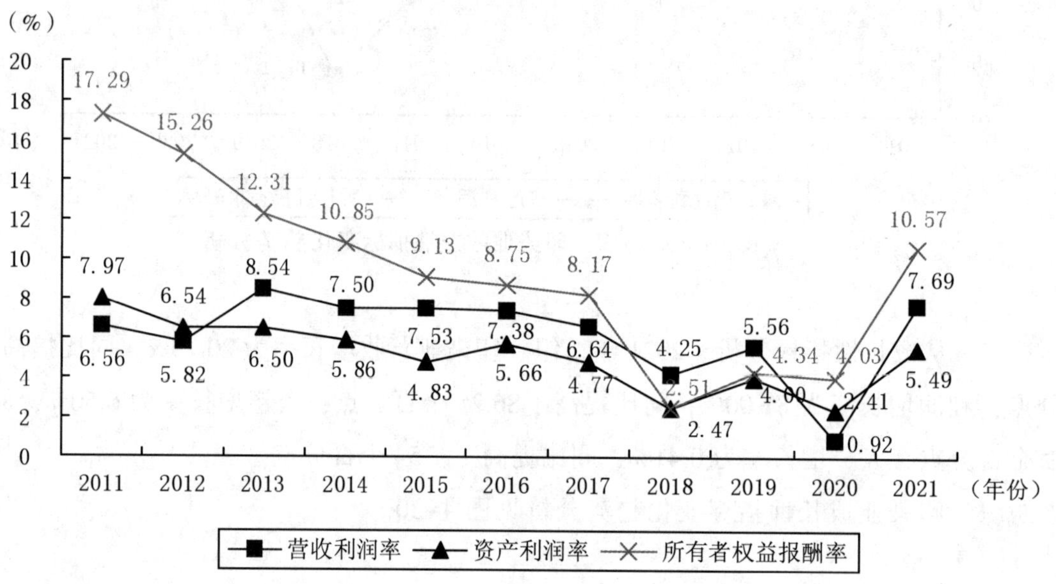

图 4-31 纺织品、服装、服饰、鞋帽、皮革加工业收益性指标变化趋势分析

综合三项收益性指标分析，该行业呈现全面恢复向好的态势，已经遏制住持续低位运行的态势，三项指标明显恢复到正常运行轨道上来。

第二，从成长性指标分析。2021 年纺织品、服装、服饰、鞋帽、皮革加工业营收增长率为 14.11%，同比提高了20.20 个百分点；利润增长率为 12.81%，同比提高了21.11 个百分点；资产增长率为 9.12%，同比提高了 4.45 个百分点；人员增长率为 0.72%，同比提高了 5.63 个百分点。

纺织品、服装、服饰、鞋帽、皮革加工业成长性指标变化趋势分析见图 4-32。

综合成长性指标变化趋势分析，该行业也呈现全面恢复向好的态势。随着消费增长的需求拉动，该行业后期市场有望保持恢复性增长的基本态势。

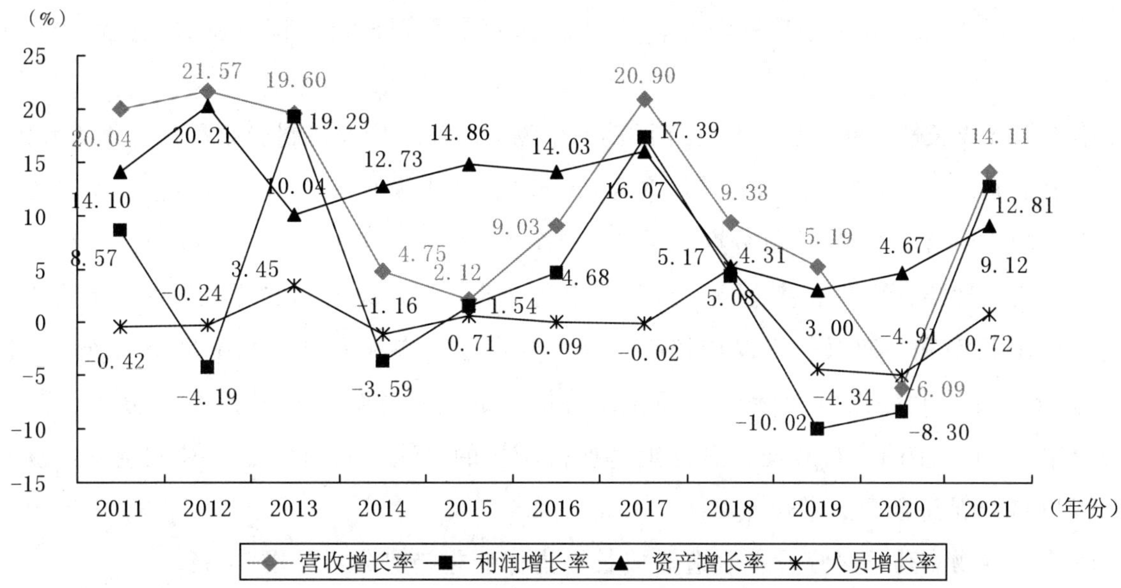

图 4-32 纺织品、服装、服饰、鞋帽、皮革加工业成长性指标变化趋势分析

3.医药、生物制药、医疗设备制造业收益性指标保持高增长

第一，从收益性指标分析。2021 年医药、生物制药、医疗设备制造业营收利润率为 14.41%，同比提高了 5.10 个百分点；资产利润率为 8.02%，同比提高了 1.75 个百分点；所有者权益报酬率为 11.84%，同比提高了 3.74 个百分点。

医药、生物制药、医疗设备制造业收益性指标变化趋势分析见图 4-33。

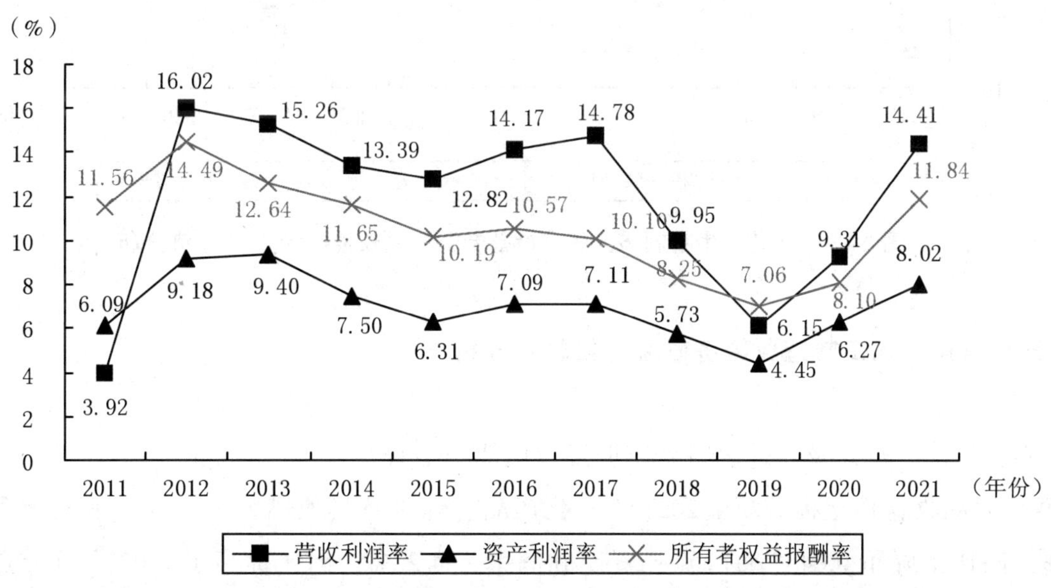

图 4-33 医药、生物制药、医疗设备制造业收益性指标变化趋势分析

综合三项收益性指标分析，该行业呈现持续上行态势，营收利润率和资产利润率均保持高位，表明该行业的盈利水平持续向好。预测 2022 年及后期市场，该行业的收益性仍有进一步提升的空间。

第二，从成长性指标分析。2021 年医药、生物制药、医疗设备制造业营收增长率为 21.36%，同比提升了11.99 个百分点；利润增长率为 15.96%，同比提升了 5.28 个百分点；资产增长率为 17.10%，同比回落了 11.04 个百分点；人员增长率为 3.50%，同比回落了 2.45 个百分点。

综合成长性指标变化趋势分析，医药、生物制药、医疗设备制造业总体保持上升态势，尤其是营收增长率和利润增长率保持较高水平，资产增长率和人员增长率虽有回落，但仍然在高位运行。疫情利好因素无疑是该行业保持增长的重要原因，但从趋势上分析，该行业在 2022 年仍有进一步的增长空间，总体上将保持较快的增速，具有一定的利润空间，预测后疫情时代也将会保持合理的增长速度。

医药、生物制药、医疗设备制造业成长性指标变化趋势分析见图 4-34。

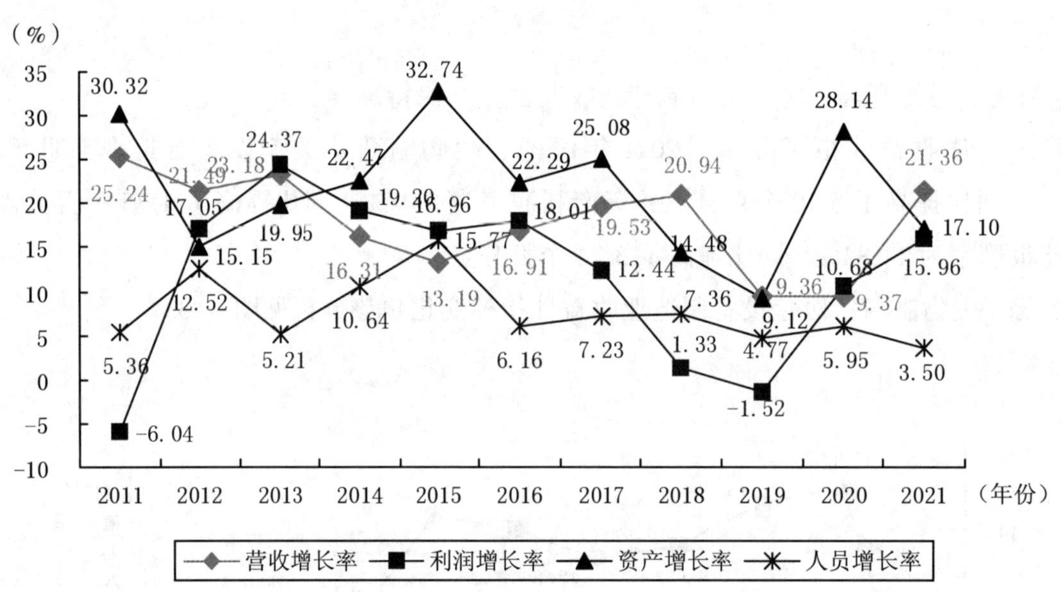

图 4-34 医药、生物制药、医疗设备制造业成长性指标变化趋势分析

（三）石化、化工制造业经济效益变化趋势分析

1.石化产品、炼焦及其他燃料生产加工业总体稳中有升

第一，从收益性指标分析。2021 年石化产品、炼焦及其他燃料生产加工业营收利润率为 3.55%，同比下降了 0.04 个百分点；资产利润率为 4.22%，同比提高了 0.92 个百分点；所有者权益报酬率为 11.80%，同比提高了 3.94 个百分点。该行业总体保持稳中有升的走势，尤其

是资产性收益提升明显，表明其结构性优化调整成果显著。

石化产品、炼焦及其他燃料生产加工业收益性指标变化趋势分析见图 4-35。

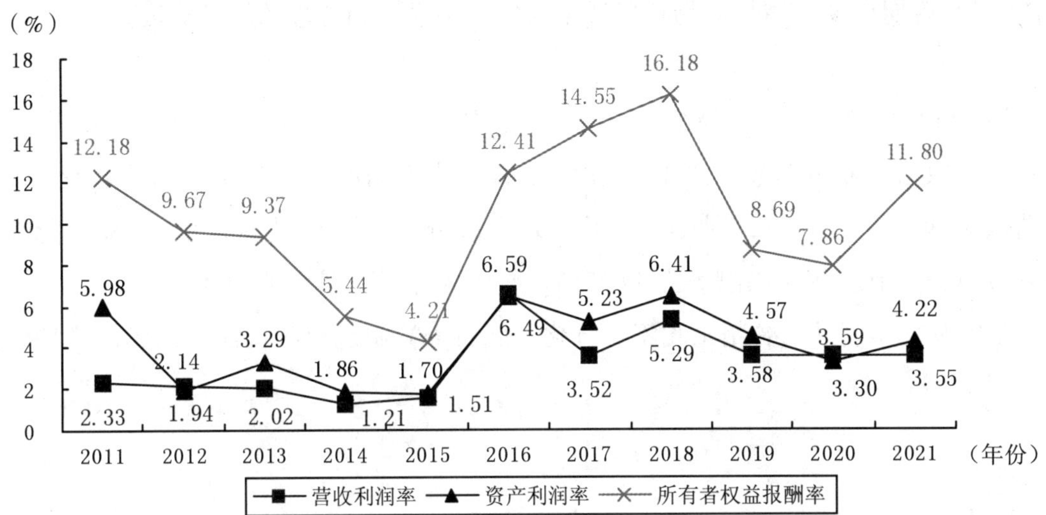

图 4-35 石化产品、炼焦及其他燃料生产加工业收益性指标变化趋势分析

第二，从成长性指标分析。2021 年石化产品、炼焦及其他燃料生产加工业的营收增长率为 31.64%，同比提高了34.35 个百分点；利润增长率为 33.48%，同比提高了 25.14 个百分点；资产增长率为 8.81%，同比下降了 4.99 个百分点；人员增长率为 0.40%，同比下降了 1.48 个百分点。

石化产品、炼焦及其他燃料生产加工业成长性指标变化趋势分析见图 4-36。

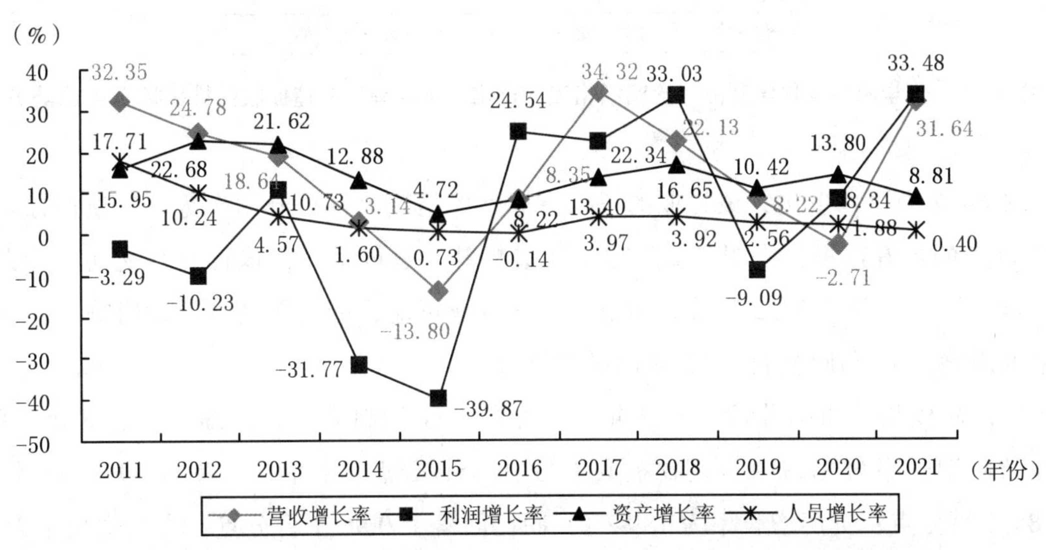

图 4-36 石化产品、炼焦及其他燃料生产加工业成长性指标变化趋势分析

综合成长性指标变化趋势分析，该行业的营收增长率和利润增长率均呈现大幅提高的态势，而资产性的增速则有明显下降。总体来看，国际大宗商品价格的高涨及能源需求的增加，是该行业保持较高增速的主要因素，而随着结构性调整，其资产性增速放缓也符合市场预期。预测 2022 年及后期市场，该行业仍将保持较高的盈利水平和合理的增长速度。

2.化学原料及化学制品（含精细化工、日化、肥料等）制造业整体呈现大幅提升

第一，从收益性指标分析。2021 年化学原料及化学制品（含精细化工、日化、肥料等）制造业营收利润率为 10.62%，同比提升了 5.03 个百分点；资产利润率为 8.04%，同比提升了 4.60 个百分点；所有者权益报酬率为 14.57%，同比提升了 6.74 个百分点。

化学原料及化学制品（含精细化工、日化、肥料等）制造业收益性指标变化趋势分析见图 4-37。

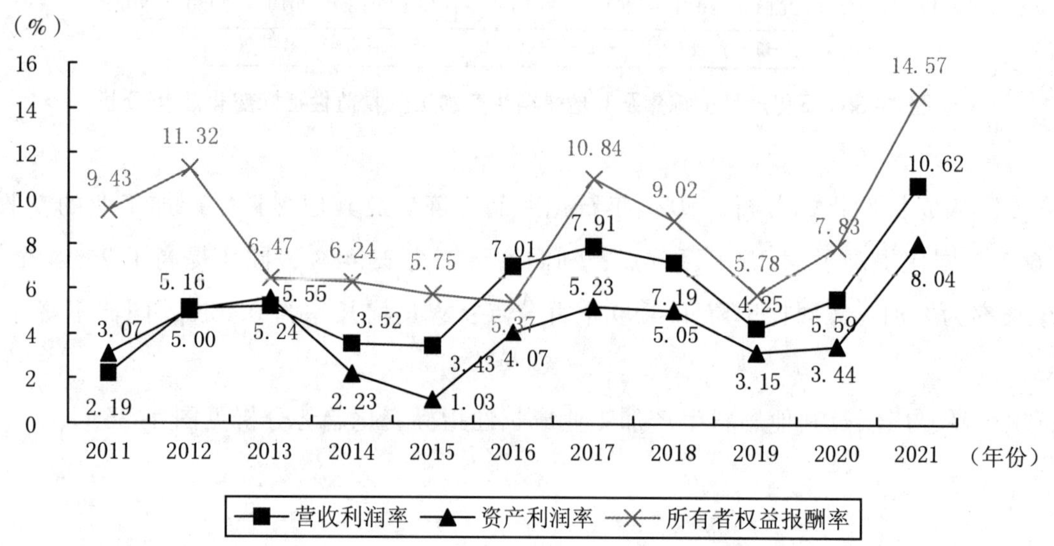

图 4-37 化学原料及化学制品（含精细化工、日化、肥料等）制造业收益性指标变化趋势分析

从图 4-37 中可以看出，该行业的三项指标整体呈现大幅提升的态势，三项指标均达到自 2011 年以来的最好水平，表明其盈利水平明显提升。总体来看，该行业也受到国际大宗商品利好因素的影响。预测 2022 年及后期市场，该行业可能将受到周期性波动影响，但受宏观经济因素的影响，该行业仍将保持合理的盈利能力。

第二，从成长性指标分析。2021 年化学原料及化学制品（含精细化工、日化、肥料等）制造业营收增长率为 37.53%，同比提升了33.70 个百分点；利润增长率为 59.91%，同比提升了 66.85 个百分点；资产增长率为 18.82%，同比回落了 0.96 个百分点；人员增长率为 3.73%，同比回落了0.14 个百分点。

化学原料及化学制品（含精细化工、日化、肥料等）制造业成长性指标变化趋势分析见图4-38。

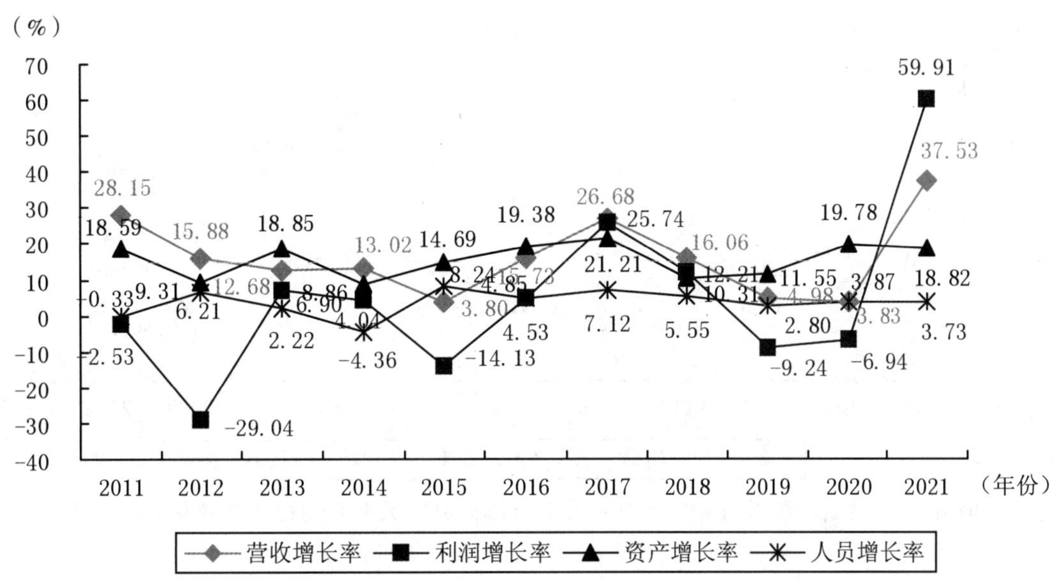

图 4-38 化学原料及化学制品（含精细化工、日化、肥料等）制造业成长性指标变化趋势分析

从图 4-38 中可以看出，该行业的成长性指标呈现大幅反弹态势。其中，营收增长率和利润增长率均达到自 2011 年以来的最好水平。资产增长率和人员增长率运行相对平稳，有小幅回落。但该行业由于周期性特征明显，增长持续性尚有待观察。预测后期市场，受利好因素影响，该行业波动回落的可能性较大，但波幅应在合理范围之内。

（四）建材、钢铁、有色冶金等制造业经济效益变化趋势分析

1.建筑材料及玻璃等制造业及非金属矿物制品业稳定向好

第一，从收益性指标分析。2021 年建筑材料及玻璃等制造业及非金属矿物制品业营收利润率为 11.43%，同比提升了 5.33 个百分点；资产利润率为 6.01%，同比提升了 2.92 个百分点；所有者权益报酬率为 9.81%，同比提升了 4.36 个百分点。

综合三项收益性指标分析，该行业总体呈现稳定向好的基本态势，三项指标均有一定幅度的提升。尤其是营收利润率提升的幅度较为明显，表明其市场经营环境明显改变。预测 2022 年该行业将再次回落，2023 年及后期市场，随着经济的全面复苏，该行业市场环境将会进一步改善，盈利能力将明显提升。总体来看，该行业恢复性增长的基础已经明显稳固，供给侧结构性优化调整成效已经显现。

建筑材料及玻璃等制造业及非金属矿物制品业收益性指标变化趋势分析见图 4-39。

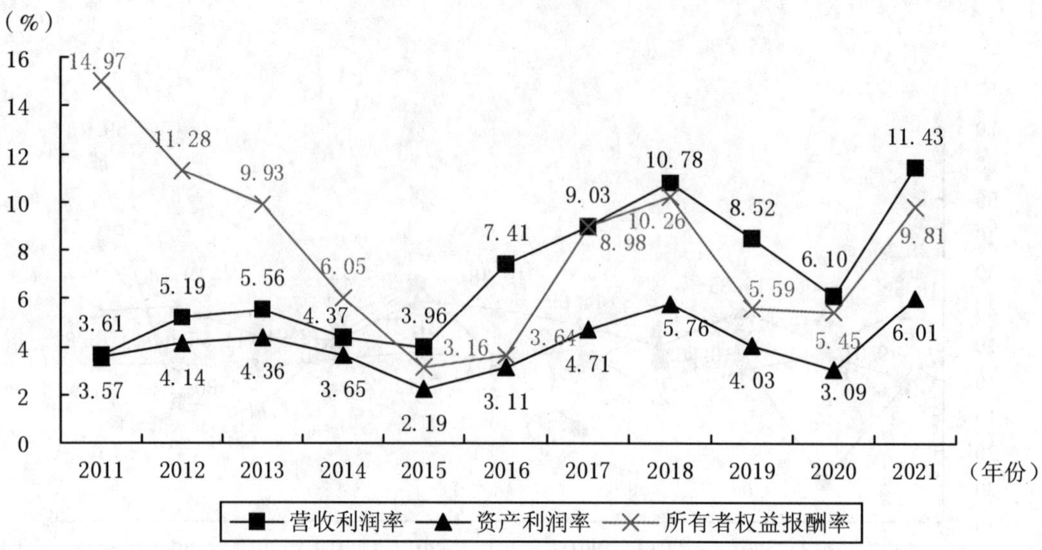

图 4-39　建筑材料及玻璃等制造业及非金属矿物制品业收益性指标变化趋势分析

第二，从成长性指标分析。2021 年建筑材料及玻璃等制造业及非金属矿物制品业的营收增长率为 26.54%，同比提升了 24.34 个百分点；利润增长率为 21.35%，同比提升了 2.99 个百分点；资产增长率为 13.07%，同比提升了 3.54 个百分点；人员增长率为 3.46%，同比提升了 2.39 个百分点。

建筑材料及玻璃等制造业及非金属矿物制品业成长性指标变化趋势分析见图 4-40。

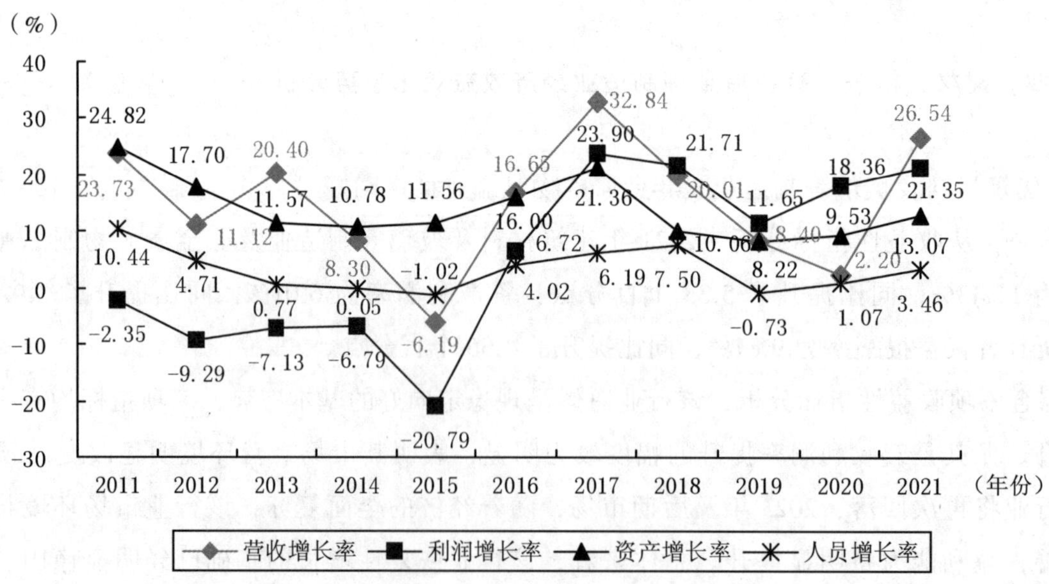

图 4-40　建筑材料及玻璃等制造业及非金属矿物制品业成长性指标变化趋势分析

综合成长性指标分析，我国建材行业总体上走出了震荡调整期，四项成长性指标均呈现快速回涨态势。尤其是营收增长率增速明显加快。利润增速、资产增速和人员增速也有一定幅度回升。从总体趋势来看，该行业恢复性增长的迹象明显，持续向好的基本面不会改变。预测 2022 年及后期市场，该行业仍将保持总体平稳回升的态势。

2.黑色冶金及压延加工业增速明显加快

第一，从收益性指标分析。2021 年黑色冶金及压延加工业营收利润率为 3.94%，同比提升了 0.80 个百分点；资产利润率为 6.21%，同比提升了 1.22 个百分点；所有者权益报酬率为 14.56%，同比提升了 3.62 个百分点。

黑色冶金及压延加工业收益性指标变化趋势分析见图 4-41。

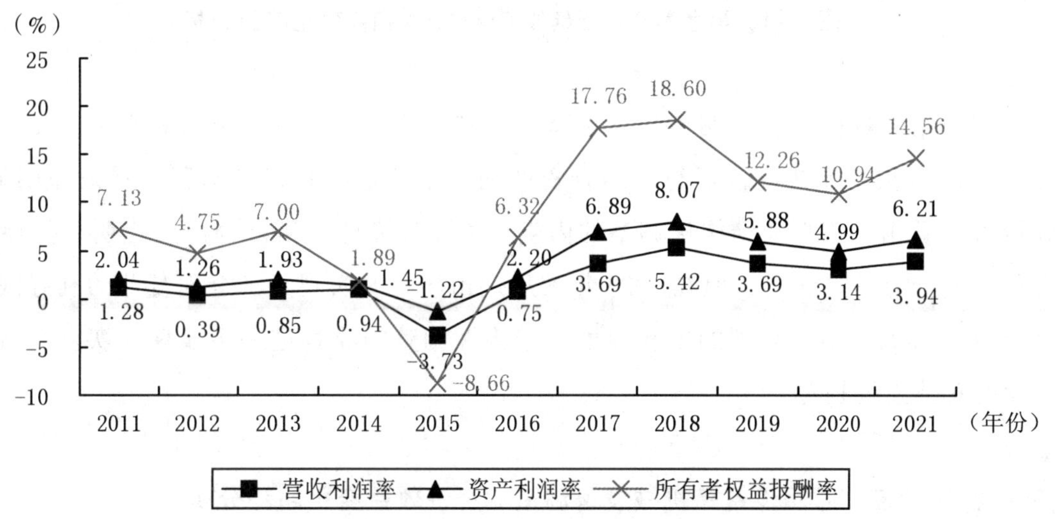

图 4-41 黑色冶金及压延加工业收益性指标变化趋势分析

从图 4-41 中可以看出，黑色冶金及压延加工业的收益性指标基本保持了平稳回升运行的态势，三项收益性指标均有一定幅度的提升，且持续运行在相对较高的水平区间。总体来看，该行业恢复性增长的基础进一步稳固，整体经营形势持续向好的基本面没有改变，供给侧结构性优化调整的成效持续显现。

第二，从成长性指标分析。2021 年黑色冶金及压延加工业营收增长率为 31.02%，同比提升了 21.53 个百分点；利润增长率为 59.09%，同比提升了 57.98 个百分点；资产增长率为 15.11%，同比提升了 2.80 个百分点。

黑色冶金及压延加工业成长性指标变化趋势分析见图 4-42。

从图 4-42 中可以看出，黑色冶金及压延加工业成长性指标呈现增速明显加快的态势。其

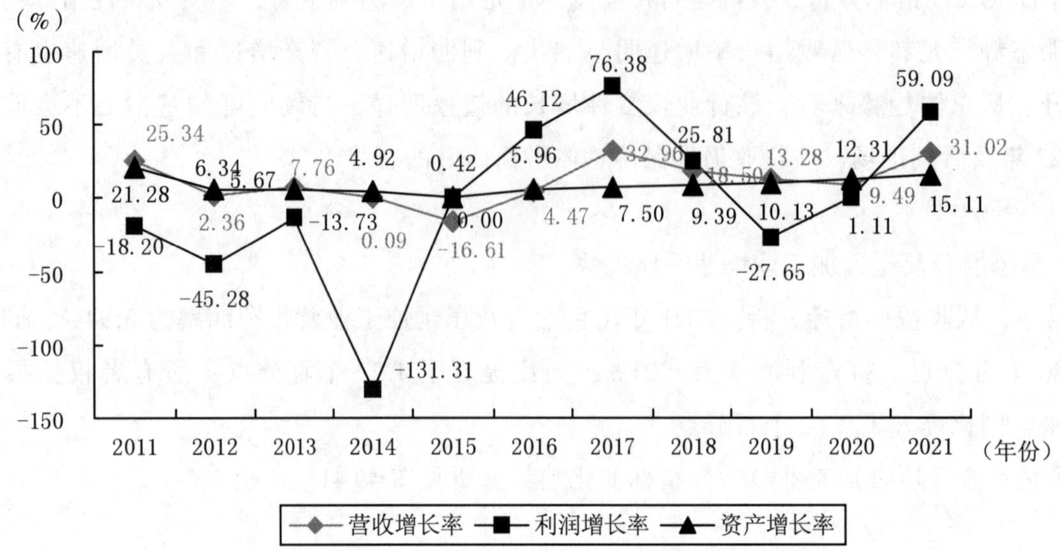

图 4-42 黑色冶金及压延加工业成长性指标变化趋势分析

中，营收增长率大幅提升，表明市场需求转旺；利润增长率接近历史最好水平，盈利能力显著增强；资产增长率保持高位运行，结合资产利润率分析，其资产运营质量效益明显提高。总体分析可以看出，该行业结构性调整的内生动力比较充沛，潜能释放效应明显。预测 2022 年该行业增速会有一定回落，但在 2023 年及后期市场，受宏观经济全面复苏的利好因素的影响，该行业仍将保持相对合理的增长速度，结构性调整的成效进一步显现，恢复性增长仍将是该行业的总体发展趋势。

（五）特种设备、通用设备等机械设备制造业经济效益变化趋势分析

1.工程机械、设备和特种装备（含电梯、仓储设备）及零配件制造业总体运行平稳回升

第一，从收益性指标分析。2021 年工程机械、设备和特种装备（含电梯、仓储设备）及零配件制造业营收利润率为 6.75%，同比提升了 3.17 个百分点；资产利润率为 4.11%，同比提升了 1.79 个百分点；所有者权益报酬率为 8.55%，同比提升了 7.40 个百分点。

工程机械、设备和特种装备（含电梯、仓储设备）及零配件制造业收益性指标变化趋势分析见图 4-43。

综合三项收益性指标分析，该行业总体运行平稳回升。三项收益性指标均明显回升，且创下近年来新高。从历史走势分析来看，该行业已经逐步走出低谷时期，整体经营形势发生明显好转，但高利润时代已经过去，保持合理的利润空间将会是今后一个时期的大趋势。预测后期市场，受宏观经济全面恢复的影响，该行业的整体经营形势将会持续好转。

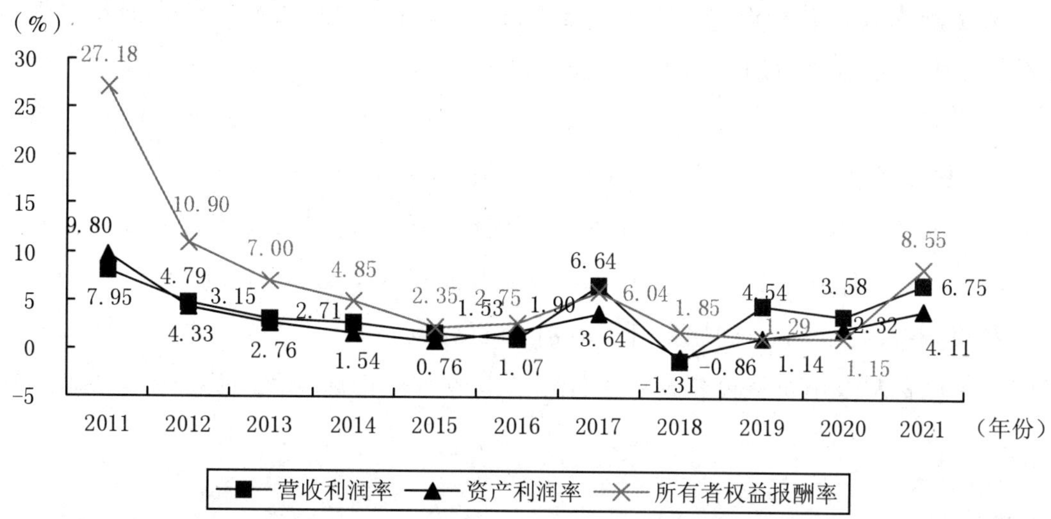

图 4-43 工程机械、设备和特种装备（含电梯、仓储设备）及零配件制造业收益性指标变化趋势分析

第二，从成长性指标分析。2021 年工程机械、设备和特种装备（含电梯、仓储设备）及零配件制造业营收增长率为 23.69%，同比提高了 12.40 个百分点；利润增长率为 26.76%，同比提升了 27.41 个百分点；资产增长率为 15.68%，同比回落了 10.32 个百分点；人员增长率为 2.58%，同比回落了 0.98 个百分点。

工程机械、设备和特种装备（含电梯、仓储设备）及零配件制造业成长性指标变化趋势分析见图 4-44。

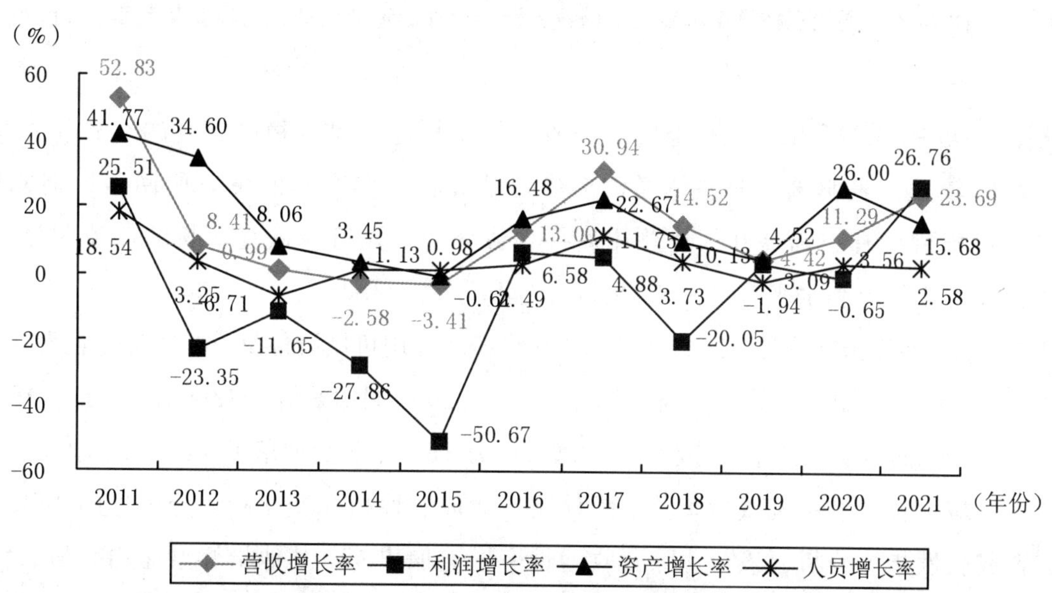

图 4-44 工程机械、设备和特种装备（含电梯、仓储设备）及零配件制造业成长性指标变化趋势分析

综合成长性指标分析，工程机械、设备和特种装备（含电梯、仓储设备）及零配件制造业经营性指标呈现大幅提升的态势，而资产性增速和人员增速则明显放缓，但相对保持了较高水平。总体来看，该行业后期市场仍将保持合理的增速。

2.通用机械设备和专用机械设备及零配件制造业稳中有升

第一，从收益性指标分析。2021 年通用机械设备和专用机械设备及零配件制造业营收利润率为 8.83%，同比提升了 2.02 个百分点；资产利润率为 4.47%，同比回落了 0.01 个百分点；所有者权益报酬率为 7.08%，同比提升了 0.81 个百分点。

通用机械设备和专用机械设备及零配件制造业收益性指标变化趋势分析见图 4-45。

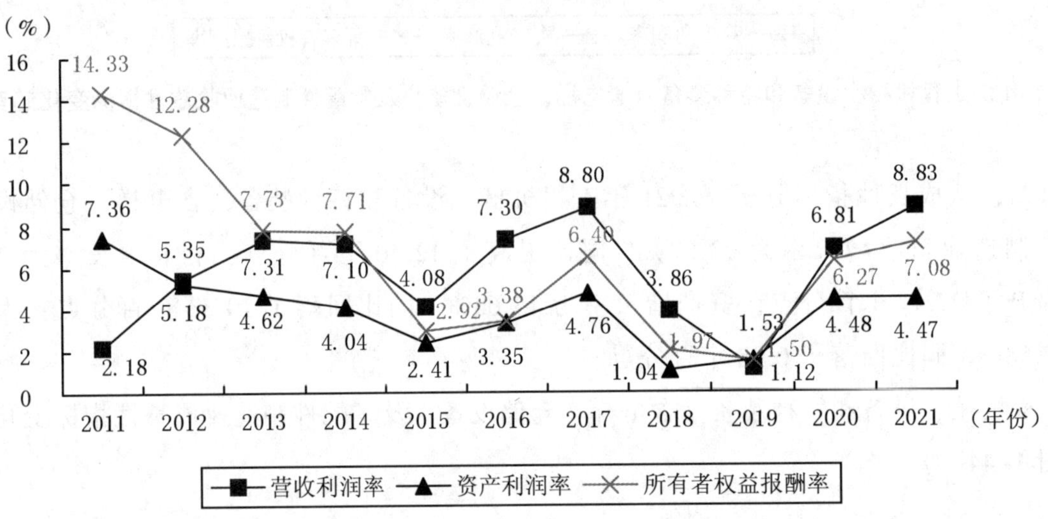

图 4-45 通用机械设备和专用机械设备及零配件制造业收益性指标变化趋势分析

从图 4-45 中可以看出，该行业的三项收益性指标总体呈现稳中有升的态势。尤其是营收利润率增幅较大，表明该行业整体经营形势持续好转；资产利润率有所回落，但幅度有限；所有者权益报酬率有小幅提升。从总体运行趋势分析，该行业恢复增长的迹象明显，预测后期市场，该行业的盈利水平有进一步提升的空间。

第二，从成长性指标分析。2021 年通用机械设备和专用机械设备及零配件制造业营收增长率为 23.41%，同比提高了 7.02 个百分点；利润增长率为 1.53%，同比回落了 1.99 个百分点；资产增长率为 15.53%，同比回落了 1.64 个百分点；人员增长率为 3.63%，同比回落了 0.15 个百分点。

通用机械设备和专用机械设备及零配件制造业成长性指标变化趋势分析见图 4-46。

综合成长性指标分析，该行业除营收增长率增速加快外，其他指标增速均有所放缓，表明该行业的恢复性增长的基础尚不稳固。预测后期市场，该行业仍将会保持合理的增速。

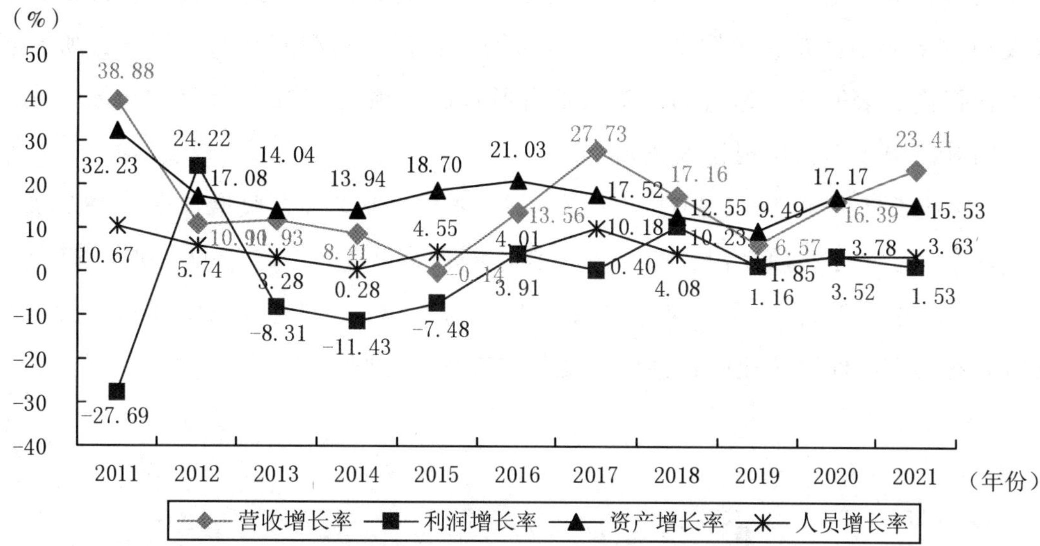

图 4-46 通用机械设备和专用机械设备及零配件制造业成长性指标变化趋势分析

（六）家电、计算机、汽车等制造业经济效益变化趋势分析

1.家用电器及零配件制造业收益性指标总体运行相对平稳

第一，从收益性指标分析。2021 年家用电器及零配件制造业营收利润率为 6.59%，同比回落了 0.95 个百分点；资产利润率为 4.91%，同比提高了 3.08 个百分点；所有者权益报酬率为 10.95%，同比提升了 0.89 个百分点。

家用电器及零配件制造业收益性指标变化趋势分析见图 4-47。

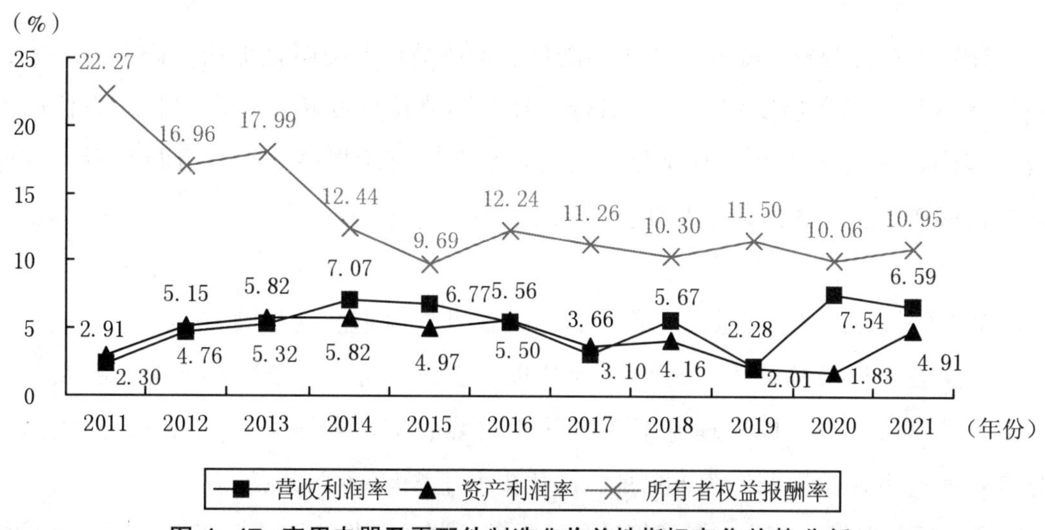

图 4-47 家用电器及零配件制造业收益性指标变化趋势分析

综合三项收益性指标分析，家用电器及零配件制造业收益性指标总体运行相对平稳。其中，营收利润率小幅回落，表明竞争压力有所增加；资产利润率有明显提升，所有者权益报酬率有小幅提高，表明资产运营的质量效益有所提高。预测 2022 年及后期市场，该行业仍将处于温和回升态势，不会出现较大波幅。

第二，从成长性指标分析。2021 年家用电器及零配件制造业营收增长率为 18.79%，同比提升了 14.10 个百分点；利润增长率为 16.81%，同比提升了 17.43 个百分点；资产增长率为 8.28%，同比回落了 15.87 个百分点；人员增长率为 2.87%，同比提高了 3.84 个百分点。

家用电器及零配件制造业成长性指标变化趋势分析见图 4-48。

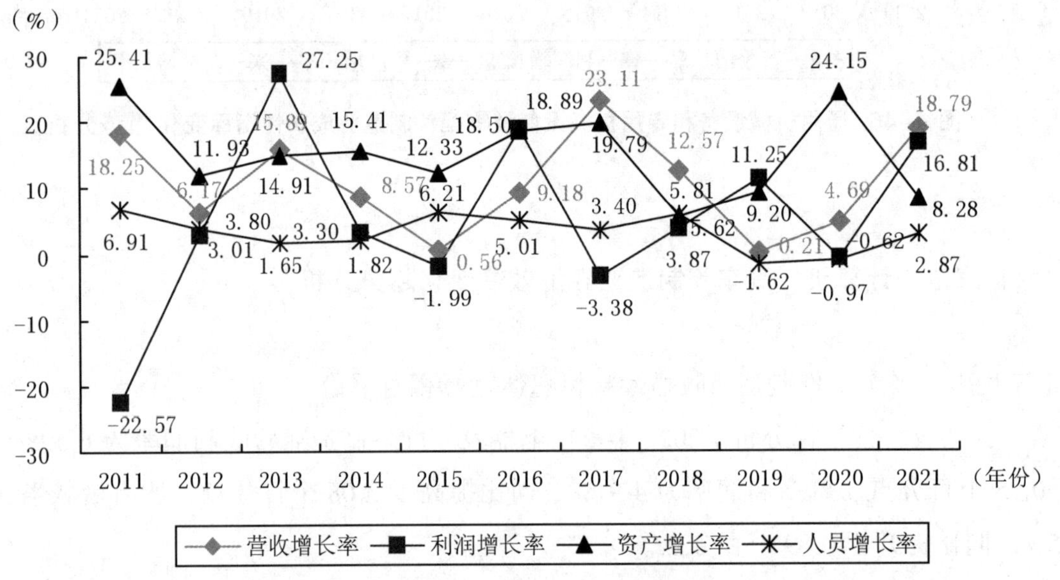

图 4-48 家用电器及零配件制造业成长性指标变化趋势分析

综合成长性指标分析，家用电器及零配件制造业呈现增速明显加快的态势。其中，营收增长率和利润增长率提高幅度较大，表明行业经营形势持续好转；资产增长率高位回落，尚在合理波动范围；人员增长率有所提升，表明其活跃度有所提高。综合分析来看，该行业具有恢复性增长的迹象，整体经营形势明显好转。

2.计算机、通信器材、办公、影像等设备及零部件制造业稳步向好

第一，从收益性指标分析。2021 年计算机、通信器材、办公、影像等设备及零部件制造业营收利润率为 9.01%，同比提升了 3.21 个百分点；资产利润率为 2.56%，同比回落了 0.28 个百分点；所有者权益报酬率为 8.95%，同比提升了 3.88 个百分点。

计算机、通信器材、办公、影像等设备及零部件制造业收益性指标变化趋势分析见图 4-49。

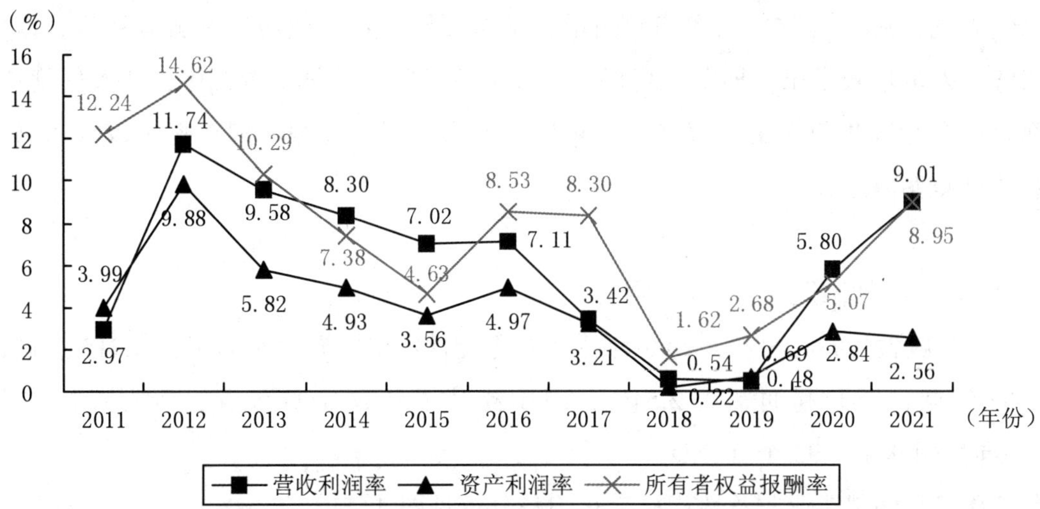

图 4-49 计算机、通信器材、办公、影像等设备及零部件制造业收益性指标变化趋势分析

从图 4-49 中可以看出，该行业呈现稳步向好的走势，尤其是营收利润率和所有者权益报酬率大幅度回升，表明行业盈利能力进一步增强。

第二，从成长性指标分析。2021 年计算机、通信器材、办公、影像等设备及零部件制造业营收增长率为 22.40%，同比提升了 9.55 个百分点；利润增长率为 19.53%，同比提升了 16.05 个百分点；资产增长率为 13.67%，同比回落了 10.59 个百分点；人员增长率为 3.52%，同比回落了 1.60 个百分点。

计算机、通信器材、办公、影像等设备及零部件制造业成长性指标变化趋势分析见图 4-50。

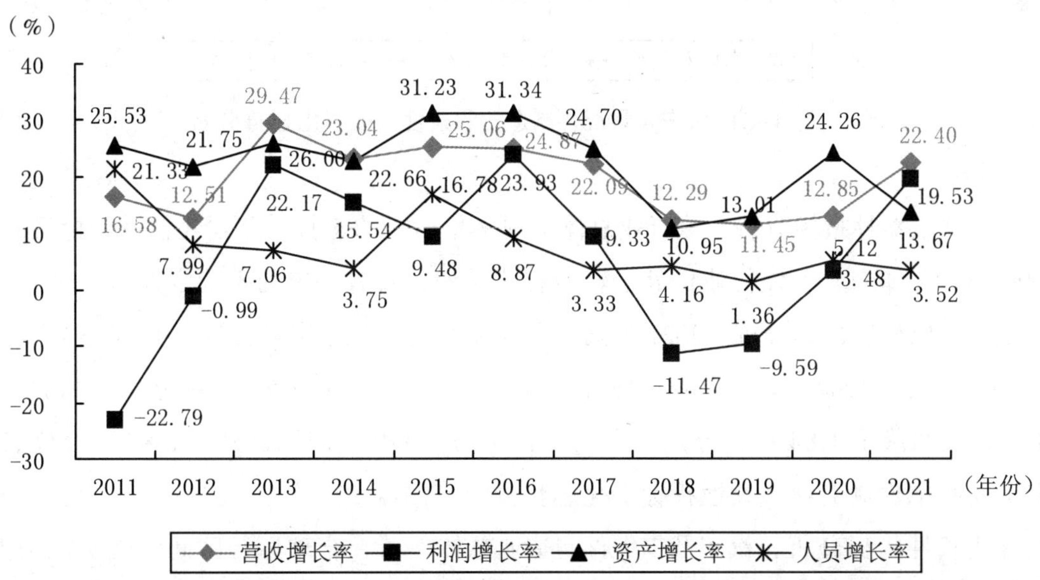

图 4-50 计算机、通信器材、办公、影像等设备及零部件制造业成长性指标变化趋势分析

从图 4-50 中可以看出，计算机、通信器材、办公、影像等设备及零部件制造业的成长性指标总体表现良好，营收增长率和利润增长率增幅较大；资产增长率虽有回落，但属于正常波动调整；人员增长率虽有回落但仍保持合理运行区间。总体来看，该行业景气度持续向好，受外部市场和全球供应链的干扰较小，抗风险能力较强。预测后期市场，该行业仍将保持持续向好的总体发展趋势。

3.汽车及零配件制造业运行相对平稳

第一，从收益性指标分析。2021 年汽车及零配件制造业营收利润率为 3.71%，同比回落了 0.19 个百分点；资产利润率为 2.54%，同比提升了 0.57 个百分点；所有者权益报酬率为 2.69%，同比回落了 1.93 个百分点。

汽车及零配件制造业收益性指标变化趋势分析见图 4-51。

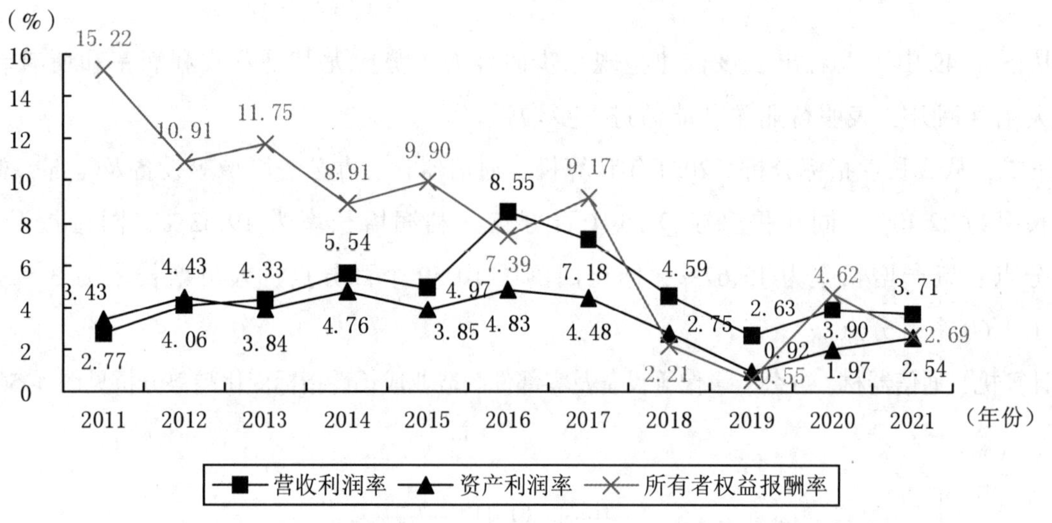

图 4-51 汽车及零配件制造业收益性指标变化趋势分析

综合三项收益性指标分析，该行业总体呈现平稳运行的态势，三项收益性指标虽有升有降，但波幅较小。总体来看，该行业仍处于转型震荡时期，具有一定的不确定性。

第二，从成长性指标分析。2021 年汽车及零配件制造业营收增长率为 10.67%，同比提升了 6.70 个百分点；利润增长率为-8.94%，同比负增长扩大了 7.50 个百分点；资产增长率为 8.29%，同比回落了 1.84 个百分点；人员增长率为 1.35%，同比提升了 0.88 个百分点。

汽车及零配件制造业成长性指标变化趋势分析见图 4-52。

综合成长性指标分析，汽车及零配件制造业总体保持在合理运行区间，表明市场需求没有明显减少。其中，利润增长率仍然持续运行在负增长区间，表明市场竞争程度有所提高；资

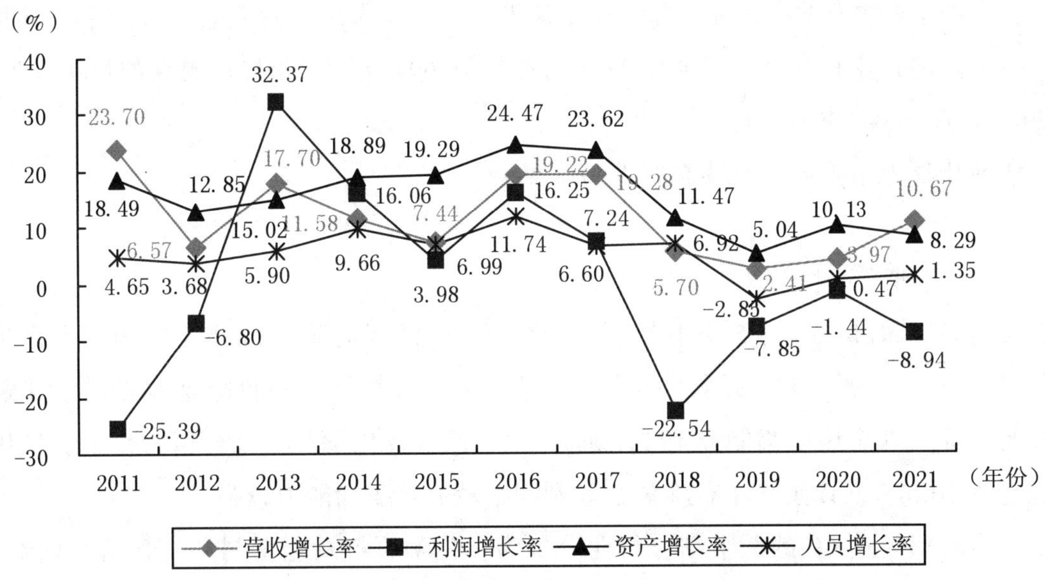

图 4-52 汽车及零配件制造业成长性指标变化趋势分析

产增速有所放缓，投资意愿有所减弱。综合收益性和成长性指标分析可以看出，该行业在新能源车型和传统车型发展上存在一定的不确定性，预测该行业在今后一个时期内仍将处于震荡调整期，但总体上应处于合理运行区间。

四、2022 中国制造业企业信用 100 强行业效益综合分析

（一）中国制造业收益性指标综合分析

1.中国制造业行业收益性指标综合分析

中国制造业 29 个细分行业中，2021 年营收利润率提高的细分行业有 20 个，占 68.97%；营收利润率下降的细分行业有 9 个，占 31.03%。

资产利润率提高的细分行业有 18 个，占 62.07%；资产利润率下降的细分行业有 11 个，占 37.93%。

所有者权益报酬率提高的细分行业有 20 个，占 68.97%；所有者权益报酬率下降的细分行业有 9 个，占 31.03%。

三项收益性指标中有一项或多项指标下降的行业有 16 个，占全部 29 个行业的 55.17%，比

2020 年提高了 17.24 个百分点。其中三项指标均下降的行业有 3 个，占全部 29 个行业的 10.34%；三项指标中有两项指标下降的行业有 7 个，占全部 29 个行业的 24.14%；三项指标中有一项指标下降的行业有 6 个，占全部 29 个行业的 20.69%。三项指标均提高的行业有 13 个，占全部 29 个行业的 44.83%。

2021 年中国制造业收益性指标行业特征见表 4-4。

2.中国制造业行业收益性指标排序分析

营收利润率超过 10%的 5 个细分行业分别为：酿酒制造业 15.98%，医药、生物制药、医疗设备制造业 14.41%，电子元器件与仪器仪表、自动化控制设备制造业 14.06%，建筑材料及玻璃等制造业及非金属矿物制品业 11.43%，化学原料及化学制品（含精细化工、日化、肥料等）制造业 10.62%。以上 5 个行业的营收利润率较高，盈利能力较强。

资产利润率超过 6%的 9 个细分行业分别为：化学原料及化学制品（含精细化工、日化、肥料等）制造业 8.04%，医药、生物制药、医疗设备制造业 8.02%，酿酒制造业 8.00%，电子元器件与仪器仪表、自动化控制设备制造业 7.15%，食品（含饮料、乳制品、肉食品等）加工制造业 6.62%，生活用品（含文体、玩具、工艺品、珠宝）等轻工产品加工制造业 6.57%，纺织、印染业 6.40%，黑色冶金及压延加工业 6.21%，建筑材料及玻璃等制造业及非金属矿物制品业 6.01%。以上 9 个行业的资产运营效益较高。

所有者权益报酬率超过 12%的 6 个细分行业分别为：化学纤维制造业 16.77%，酿酒制造业 16.17%，化学原料及化学制品（含精细化工、日化、肥料等）制造业 14.57%，黑色冶金及压延加工业 14.56%，金属制品、加工工具、工业辅助产品加工制造业及金属新材料制造业 12.69%，一般有色冶金及压延加工业 12.67%。以上 6 个行业的股东回报率较高。

（二）中国制造业流动性和安全性指标综合分析

1.中国制造业行业流动性和安全性指标综合分析

中国制造业 29 个细分行业中，2021 年资产周转率提高的细分行业有 26 个，占 89.66%；资产周转率下降的细分行业有 2 个，占 6.90%；资产周转率与 2020 年持平的细分行业有 1 个，占 3.45%。这表明制造业的资产运营效率普遍提高。

所有者权益比率提高的细分行业有 6 个，占 20.69%；所有者权益比率下降的细分行业有 23 个，占 79.31%，相对应的理论负债率普遍提高，表明融资环境明显改善。

资本保值增值率提高的细分行业有 18 个，占 62.07%；资本保值增值率下降的细分行业有 11 个，占 37.93%。29 个细分行业的资本保值增值率均在 100%（保值平衡点）以上，表明安

表 4-4　　　　2021 年中国制造业收益性指标行业特征

序号	行业	营收利润率		资产利润率		所有者权益报酬率	
		本期(%)	同比(±)	本期(%)	同比(±)	本期(%)	同比(±)
1	农副食品及农产品加工业	1.11	-3.54	0.71	-5.96	2.00	-4.67
2	食品(含饮料、乳制品、肉食品等)加工制造业	8.62	0.35	6.62	-1.23	10.89	-1.50
3	酿酒制造业	15.98	0.86	8.00	0.92	16.17	-1.78
4	纺织、印染业	6.89	0.43	6.40	4.11	11.43	0.91
5	纺织品、服装、服饰、鞋帽、皮革加工业	7.69	6.77	5.49	3.08	10.57	6.54
6	造纸及纸制品(含木材、藤、竹、家具等)加工、印刷、包装业	7.56	4.98	5.07	1.00	10.15	2.60
7	生活用品(含文体、玩具、工艺品、珠宝)等轻工产品加工制造业	6.13	3.48	6.57	2.78	10.84	4.58
8	石化产品、炼焦及其他燃料生产加工业	3.55	-0.04	4.22	0.92	11.80	3.94
9	化学原料及化学制品(含精细化工、日化、肥料等)制造业	10.62	5.03	8.04	4.60	14.57	6.74
10	医药、生物制药、医疗设备制造业	14.41	5.10	8.02	1.75	11.84	3.74
11	化学纤维制造业	5.57	-0.49	5.38	1.19	16.77	5.12
12	橡胶、塑料制品业及其他新材料制造业	7.62	-0.09	4.70	-0.98	7.91	4.77
13	建筑材料及玻璃等制造业及非金属矿物制品业	11.43	5.33	6.01	2.92	9.81	4.36
14	黑色冶金及压延加工业	3.94	0.80	6.21	1.22	14.56	3.62
15	一般有色冶金及压延加工业	5.29	0.84	4.29	1.11	12.67	3.11
16	黄金冶炼及压延加工业及金属新材料制造业	3.24	0.43	2.60	-0.09	4.11	-2.22
17	金属制品、加工工具、工业辅助产品加工制造业	7.18	0.17	5.88	-0.90	12.69	-0.96
18	工程机械、设备和特种装备(含电梯、仓储设备)及零配件制造业	6.75	3.17	4.11	1.79	8.55	7.40
19	通用机械设备和专用机械设备及零配件制造业	8.83	2.02	4.47	-0.01	7.08	0.81
20	电力、电气等设备、机械、元器件及光伏、风能、电池、线缆制造业	8.25	4.42	4.96	1.86	9.81	4.07
21	船舶、轨道交通设备及零部件制造业	9.68	0.40	3.38	-0.44	5.87	-1.48
22	家用电器及零配件制造业	6.59	-0.95	4.91	3.08	10.95	0.89
23	电子元器件与仪器仪表、自动化控制设备制造业	14.06	5.86	7.15	2.58	11.01	4.82
24	动力、电力生产等装备、设备制造业	1.59	-3.44	1.85	-0.50	0.79	-6.77
25	计算机、通信器材、办公、影像等设备及零部件制造业	9.01	3.21	2.56	-0.28	8.95	3.88
26	汽车及零配件制造业	3.71	-0.19	2.54	0.57	2.69	-1.93
27	摩托车、自行车和其他运输车辆及零配件制造业	3.73	-2.93	3.82	-2.23	10.31	-3.65
28	航空航天、国防军工业装备及零配件制造业	7.49	-2.71	3.20	-0.47	6.87	1.80
29	综合制造业(以制造业为主,含有服务业)	5.01	5.15	4.03	2.57	8.50	9.32

全性有良好保障。

三项指标中有一项或多项指标下降的行业有 26 个，占全部 29 个行业的 89.66%，与 2020 年持平。其中三项指标中有两项指标下降的行业有 10 个，占全部 29 个行业的 34.48%；三项指标中有一项指标下降的行业有 16 个，占全部 29 个行业的 55.17%；三项指标均提高的行业有 3 个，仅占全部 29 个行业的 10.34%。

2021 年中国制造业流动性和安全性指标行业特征见表 4-5。

2.中国制造业行业流动性和安全性指标排序分析

2021 年资产周转率在 1 次以上的有 8 个细分行业，分别为：石化产品、炼焦及其他燃料生产加工业 1.61 次，黑色冶金及压延加工业 1.48 次，金属制品、加工工具、工业辅助产品加工制造业及金属新材料制造业 1.23 次，黄金冶炼及压延加工业 1.20 次，一般有色冶金及压延加工业 1.19 次，农副食品及农产品加工业 1.17 次，化学纤维制造业 1.13 次，摩托车、自行车和其他运输车辆及零配件制造业 1.08 次。以上这 8 个细分行业的资产运营效率较高。

所有者权益比率超过 50%的有 14 个细分行业，分别为：医药、生物制药、医疗设备制造业 66.11%，电子元器件与仪器仪表、自动化控制设备制造业 62.58%，食品（含饮料、乳制品、肉食品等）加工制造业 58.49%，酿酒制造业 57.64%，橡胶、塑料制品及其他新材料制造业 57.46%，纺织品、服装、服饰、鞋帽、皮革加工业 56.61%，化学原料及化学制品（含精细化工、日化、肥料等）制造业 55.61%，船舶、轨道交通设备及零部件制造业 55.12%，生活用品（含文体、玩具、工艺品、珠宝）等轻工产品加工制造业 54.70%，纺织、印染业 54.61%，通用机械设备和专用机械设备及零配件制造业 52.98%，建筑材料及玻璃等制造业及非金属矿物制品业 52.82%，计算机、通信器材、办公、影像等设备及零部件制造业 51.58%，造纸及纸制品（含木材、藤、竹、家具等）加工、印刷、包装业 50.73%。以上这 14 个行业的理论负债率相对较低。

资本保值增值率超过 115%的有 8 个细分行业，分别为：酿酒制造业 123.86%，化学纤维制造业 121.70%，黑色冶金及压延加工业 117.63%，纺织、印染业 115.82%，医药、生物制药、医疗设备制造业 115.78%，一般有色冶金及压延加工业 115.70%，金属制品、加工工具、工业辅助产品加工制造业及金属新材料制造业 115.50%，摩托车、自行车和其他运输车辆及零配件制造业 115.01%。以上这 8 个细分行业的资本保值增值率水平较高，安全性有良好保障。

（三）中国制造业成长性指标综合分析

1.中国制造业行业成长性指标综合分析

中国制造业 29 个细分行业中，2021 年营收增长率全部实现了正增长，而在 2020 年制造业

表 4-5　　2021 年中国制造业流动性和安全性指标行业特征

序号	行业	资产周转率		所有者权益比率		资本保值增值率	
		本期(次)	同比(±)	本期(%)	同比(±)	本期(%)	同比(±)
1	农副食品及农产品加工业	1.17	0.15	43.21	-7.05	102.07	-16.06
2	食品(含饮料、乳制品、肉食品等)加工制造业	0.91	0.05	58.49	-2.83	113.17	-2.87
3	酿酒制造业	0.50	-0.04	57.64	0.60	123.86	7.42
4	纺织、印染业	0.91	0.21	54.61	2.48	115.82	6.66
5	纺织品、服装、服饰、鞋帽、皮革加工业	0.77	0.10	56.61	-4.24	111.94	4.62
6	造纸及纸制品(含木材、藤、竹、家具等)加工、印刷、包装业	0.82	0.16	50.73	-2.28	106.22	-4.29
7	生活用品(含文体、玩具、工艺品、珠宝)等轻工产品加工制造业	0.97	0.07	54.70	-4.92	112.01	0.38
8	石化产品、炼焦及其他燃料生产加工业	1.61	0.31	40.80	-1.68	114.20	1.88
9	化学原料及化学制品(含精细化工、日化、肥料等)制造业	0.79	0.12	55.61	-1.84	118.21	10.88
10	医药、生物制药、医疗设备制造业	0.58	0.05	66.11	-2.07	115.78	2.49
11	化学纤维制造业	1.13	0.27	38.94	-9.42	121.70	11.36
12	橡胶、塑料制品及其他新材料制造业	0.75	0.00	57.46	-1.24	109.41	-1.27
13	建筑材料及玻璃等制造业及非金属矿物制品业	0.70	0.06	52.82	2.29	114.05	4.97
14	黑色冶金及压延加工业	1.48	0.24	40.34	-1.96	117.63	5.06
15	一般有色冶金及压延加工业	1.19	0.29	41.59	-5.08	115.70	7.57
16	黄金冶炼及压延加工业及金属新材料制造业	1.20	-0.20	40.29	2.49	104.53	-3.04
17	金属制品、加工工具、工业辅助产品加工制造业	1.23	0.38	46.47	-4.87	115.50	3.45
18	工程机械、设备和特种装备(含电梯、仓储设备)及零配件制造业	0.64	0.15	44.53	-11.07	110.11	3.11
19	通用机械设备和专用机械设备及零配件制造业	0.66	0.11	52.98	-1.50	108.75	1.28
20	电力、电气等设备、机械、元器件及光伏、风能、电池、线缆制造业	0.82	0.17	48.02	-3.87	112.96	4.47
21	船舶、轨道交通设备及零部件制造业	0.40	0.03	55.12	-3.05	106.89	-2.23
22	家用电器及零配件制造业	0.98	0.17	42.22	-3.16	112.72	-0.33
23	电子元器件与仪器仪表、自动化控制设备制造业	0.59	0.02	62.58	2.35	114.84	5.66
24	动力、电力生产等装备、设备制造业	0.69	0.08	35.54	-5.21	103.25	0.43
25	计算机、通信器材、办公、影像等设备及零部件制造业	0.77	0.16	51.58	-4.88	109.49	-0.08
26	汽车及零配件制造业	0.73	0.08	46.81	-3.39	103.71	-0.21
27	摩托车、自行车和其他运输车辆及零配件制造业	1.08	0.11	43.40	3.85	115.01	-2.73
28	航空航天、国防军工装备及零配件制造业	0.49	0.02	46.10	-9.23	107.71	-0.04
29	综合制造业(以制造业为主,含有服务业)	0.96	0.31	39.00	-3.72	110.59	6.09

中有 7 个细分行业的营收增长率为负增长，可见制造业的整体经营形势有明显好转。

利润增长率正增长的细分行业有 22 个，占 75.86%；利润增长率负增长的细分行业有 7 个，较 2020 年减少了 3 个，占 24.14%。

资产增长率正增长的细分行业有 29 个，100%为正增长。

资本积累率正增长的细分行业有 29 个，100%为正增长。

人员增长率正增长的细分行业有 28 个，仅有 1 个细分行业表现为负增长，较 2020 年减少了 5 个细分行业。

2021 年中国制造业成长性指标行业特征见表 4-6。

2.中国制造业行业成长性指标排序分析

2021 年营收增长率超过 30%的有 7 个细分行业，分别为：化学原料及化学制品（含精细化工、日化、肥料等）制造业 37.53%，电力、电气等设备、机械、元器件及光伏、风能、电池、线缆制造业 36.43%，电子元器件与仪器仪表、自动化控制设备制造业 34.96%，金属制品、加工工具、工业辅助产品加工制造业及金属新材料制造业 33.42%，石化产品、炼焦及其他燃料生产加工业 31.64%，黑色冶金及压延加工业 31.02%，化学纤维制造业 30.16%。

利润增长率超过 30%的有 8 个细分行业，分别为：纺织、印染业 81.00%，石化产品、炼焦及其他燃料生产加工业 33.48%，化学原料及化学制品（含精细化工、日化、肥料等）制造业 59.91%，化学纤维制造业 65.85%，黑色冶金及压延加工业 59.09%，一般有色冶金及压延加工业 58.79%，电子元器件与仪器仪表、自动化控制设备制造业 33.06%，综合制造业（以制造业为主，含有服务业）33.98%。其中，利润增长率超过 50%的细分行业有 5 个。

资产增长率超过 20%的有 6 个细分行业，分别为：电子元器件与仪器仪表、自动化控制设备制造业 26.63%，电力、电气等设备、机械、元器件及光伏、风能、电池、线缆制造业 24.87%，化学纤维制造业 23.93%，橡胶、塑料制品业及其他新材料制造业 23.51%，航空航天、国防军工业装备及零配件制造业 23.31%，金属制品、加工工具、工业辅助产品加工制造业 21.60%。资产增速较高的相对集中在与半导体、新能源、新材料及航空航天相关的细分行业。

资本积累率超过 20%的有 5 个细分行业，分别为：摩托车、自行车和其他运输车辆及零配件制造业 34.56%，化学纤维制造业 24.16%，电力、电气等设备、机械、元器件及光伏、风能、电池、线缆制造业 23.59%，电子元器件与仪器仪表、自动化控制设备制造业 22.34%，酿酒制造业 21.15%。

人员增长率超过 5%的有 5 个细分行业，分别为：船舶、轨道交通设备及零部件制造业 7.21%，酿酒制造业 6.91%，电力、电气等设备、机械、元器件及光伏、风能、电池、线缆制造业 6.70%，摩托车、自行车和其他运输车辆及零配件制造业 5.86%，电子元器件与仪器仪表、自动化控制设备制造业 5.65%。

表 4-6　　　　2021 年中国制造业成长性指标行业特征

序号	行业	营收增长率（%）	利润增长率（%）	资产增长率（%）	资本积累率（%）	人员增长率（%）
1	农副食品及农产品加工业	14.14	-34.41	18.66	8.04	3.53
2	食品（含饮料、乳制品、肉食品等）加工制造业	15.58	-4.35	14.51	19.33	3.26
3	酿酒制造业	20.64	19.14	18.99	21.15	6.91
4	纺织、印染业	20.75	81.00	6.50	11.68	-0.41
5	纺织品、服装、服饰、鞋帽、皮革加工业	14.11	12.81	9.12	9.55	0.72
6	造纸及纸制品（含木材、藤、竹、家具等）加工、印刷、包装业	26.46	3.07	12.53	6.15	3.41
7	生活用品（含文体、玩具、工艺品、珠宝）等轻工产品加工制造业	20.50	1.31	10.06	6.12	1.18
8	石化产品、炼焦及其他燃料生产加工业	31.64	33.48	8.81	12.67	0.40
9	化学原料及化学制品（含精细化工、日化、肥料等）制造业	37.53	59.91	18.82	18.18	3.73
10	医药、生物制药、医疗设备制造业	21.36	15.96	17.10	15.79	3.50
11	化学纤维制造业	30.16	65.85	23.93	24.16	4.89
12	橡胶、塑料制品业及其他新材料制造业	22.46	-14.95	23.51	12.66	4.09
13	建筑材料及玻璃等制造业及非金属矿物制品业	26.54	21.35	13.07	18.51	3.46
14	黑色冶金及压延加工业	31.02	59.09	15.11	13.37	2.63
15	一般有色冶金及压延加工业	28.99	58.79	15.34	18.54	2.18
16	黄金冶炼及压延加工业及金属新材料制造业	3.49	-15.49	8.61	1.10	1.48
17	金属制品、加工工具、工业辅助产品加工制造业	33.42	25.82	21.60	14.69	1.37
18	工程机械、设备和特种装备（含电梯、仓储设备）及零配件制造业	23.69	26.76	15.68	13.89	2.58
19	通用机械设备和专用机械设备及零配件制造业	23.41	1.53	15.53	12.31	3.63
20	电力、电气等设备、机械、元器件及光伏、风能、电池、线缆制造业	36.43	21.73	24.87	23.59	6.70
21	船舶、轨道交通设备及零部件制造业	13.70	-7.87	11.25	10.80	7.21
22	家用电器及零配件制造业	18.79	16.81	8.28	9.41	2.87
23	电子元器件与仪器仪表、自动化控制设备制造业	34.96	33.06	26.63	22.34	5.65
24	动力、电力生产等装备、设备制造业	9.68	15.67	5.51	6.78	0.67
25	计算机、通信器材、办公、影像等设备及零部件制造业	22.40	19.53	13.67	13.53	3.52
26	汽车及零配件制造业	10.68	-8.93	8.29	9.74	1.35
27	摩托车、自行车和其他运输车辆及零配件制造业	21.90	-17.09	18.76	34.56	5.86
28	航空航天、国防军工业装备及零配件制造业	13.84	7.36	23.31	15.56	0.03
29	综合制造业（以制造业为主，含有服务业）	29.43	33.98	13.39	18.84	3.98

（四）2022 中国制造业企业信用 100 强优势分析

2022 中国制造业企业信用 100 强的经营运行指标为各细分行业及企业提供了一个对标参数，同时也起到了行业标杆作用。

2022 中国制造业企业信用 100 强2021 年的三项指数分别为：景气指数 135.74 点，较样本企业的 124.21 点高出 11.53 点；盈利指数 122.77 点，较样本企业的 111.44 点高出 11.33 点；效益指数 112.90 点，较样本企业的 108.02 点高出 4.88 点。

2022 中国制造业企业信用 100 强2021 年的三项收益性指标分别为：营收利润率 11.59%，较样本企业的 8.40%高出 3.19 个百分点；资产利润率 8.79%，较样本企业的 5.40%高出 3.39 个百分点；所有者权益报酬率 18.33%，较样本企业的 10.27%高出 8.06 个百分点。

2022 中国制造业企业信用 100 强2021 年的流动性和安全性指标分别为：资产周转率 0.84 次/年，较样本企业的 0.83 次/年提高 0.01 次/年；所有者权益比率 41.50%，较样本企业的 51.22%降低 9.72 个百分点；资本保值增值率 123.82%，较样本企业的 112.77%高出 11.05 个百分点。

2022 中国制造业企业信用 100 强 2021 年的成长性指标分别为：营收增长率 27.64%，较样本企业的 25.77%高出 1.87 个百分点；利润增长率 43.83%，较样本企业的 22.66%高出 21.17 个百分点；资产增长率 20.86%，较样本企业的 16.64%高出 4.22 个百分点；资本积累率 20.25%，较样本企业的 15.67%高出 4.58 个百分点；人员增长率 10.63%，较样本企业的 3.54%高出 7.09 个百分点；研发投入比率 4.18%，较样本企业的 4.88%低 0.7 个百分点。

2022 中国制造业企业信用 100 强 2021 年的人均营业收入 306.35 万元/人·年，较样本企业的 294.43 万元/人·年高出 11.92 万元/人·年；人均利润 15.12 万元/人·年，较样本企业的 11.62 万元/人·年高出 3.50 万元/人·年。

2022 中国制造业企业信用 100 强效益指标比较优势分析见图 4-53。

通过图 4-53 可以明显看出，2022 中国制造业企业信用 100 强与制造业样本企业对比分析，具有以下显著的比较优势：一是收益性指标全面领先于样本企业，具有显著的盈利能力优势；二是成长性指标具有全面的比较优势；三是人均效益明显高于样本企业，生产效率效益具有明显的比较优势；四是所有者权益比率明显偏低，相应的理论负债率偏高，表明其具有明显的融资信用优势；五是资本保值增值率优势明显，安全性较高；六是人员增长率显著高于样本企业，表明其活跃度和景气水平较高，对社会就业贡献较大。

通过以上综合对比分析，2022 中国制造业企业信用 100 强具有显著的比较优势，但与样本的差距有所缩小。同时也可以看出，制造业信用 100 强企业的科研投入比率仍然偏低，资产周转率没有明显优势，在资产运营质量效率上仍有进一步提升的空间。

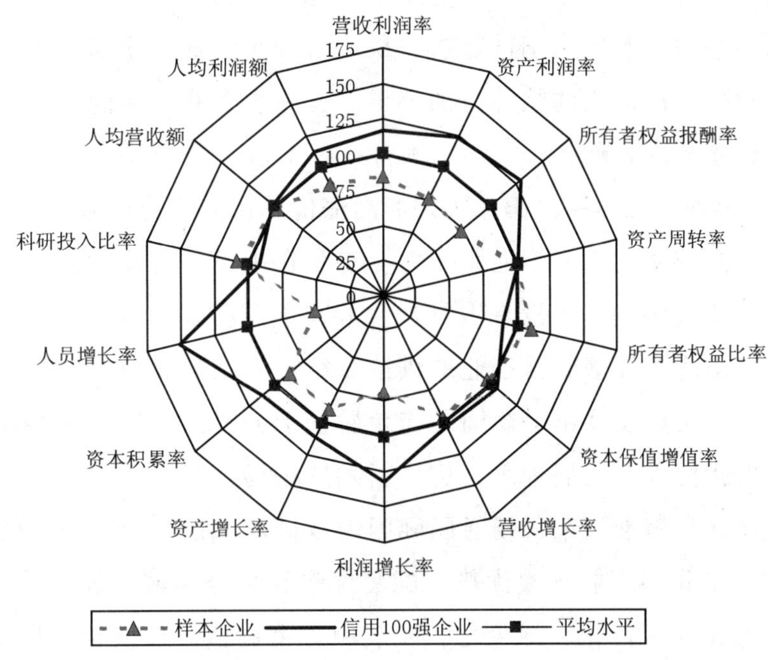

图 4-53 2022 中国制造业企业信用 100 强效益指标比较优势分析

五、中国制造业信用发展中存在的主要问题及若干建议

通过对 2022 中国制造业信用 100 强以及各细分行业信用环境和经济效益变化趋势分析可以看出：我国制造业整体运行恢复向好，增速明显加快，盈利能力显著增强，但恢复性增长的基础尚不牢固。我国制造业面临需求收缩、供给冲击、预期转弱三重压力仍然较大，外部环境动荡不安，给我国制造业带来的影响更趋加深，对我国制造业构成新的挑战。

（一）加快构建新发展格局，进一步畅通产业链和供应链

2022 年中央经济工作会议强调，要优化产业政策实施方式，狠抓传统产业改造升级和战略性新兴产业培育壮大，着力补强产业链薄弱环节，在落实碳达峰碳中和目标任务过程中锻造新的产业竞争优势，推动“科技—产业—金融”良性循环。国际产业格局持续调整，对我国制造业的产业格局也产生深刻影响，高质量发展面临新的挑战。由于新冠疫情所造成的冲击和影响，俄乌冲突继续和不确定的地缘政治因素增多以及单边主义和贸易壁垒加剧，世界经济前景持续面临巨大的下行风险。单边制裁、脱钩断链对全球供应链、产业链产生严重威

胁，各国政府从维护自身产业链、供应链安全考虑，加强在竞争焦点领域进行产业布局，以增强本国产业的竞争力，确保本国产业链、供应链安全畅通。全球性的产业链、供应链本土化、区域化、分散化、短链化的趋势更加突出。国际生产和贸易的变化导致我国制造业面临的发展形势更加复杂化和不确定。

供给冲击主要是两方面：一是国际大宗商品涨价，在供给受阻加之货币溢出效应的双重作用下，生产成本上升带来的输入型通胀压力。二是在中美科技战和疫情影响下，供应链的稳定性面临冲击，产业供应效率还没有恢复，“卡脖子”和脱钩断供、单边制裁的风险显著加大。尽管我国传统制造业和基础性产业的供给侧结构性调整成效已经显现，但仍然面临着深层次结构性矛盾，高质量发展不平衡问题与矛盾仍十分突出，这是制约我国制造业发展的主要问题，这就要求我们以新发展理念，构建新发展格局，坚持自主可控、安全高效，分行业做好供应链战略设计和精准施策，畅通国际国内双循环，推动全产业链优化升级。锻造产业链供应链长板，立足我国产业规模优势、配套优势和部分领域先发优势，打造新兴产业链，推动传统产业高端化、智能化、绿色化，发展服务型制造。加快构建以国内大循环为主体、国内国际双循环相互促进的新发展格局，要紧紧扭住供给侧结构性改革这条主线，注重需求侧管理，打通堵点，补齐短板，贯通生产、分配、流通、消费各环节，形成需求牵引供给、供给创造需求的更高水平动态平衡，提升国民经济体系整体效能。

（二）紧紧围绕自主创新，加快推进数字化转型

2022 中央经济工作会议强调，加快建设现代化产业体系。围绕制造业重点产业链，找准关键核心技术和零部件薄弱环节，集中优质资源合力攻关，保证产业体系自主可控和安全可靠，确保国民经济循环畅通。加强重要能源、矿产资源国内勘探开发和增储上产，加快规划建设新型能源体系，提升国家战略物资储备保障能力。提升传统产业在全球产业分工中的地位和竞争力，加快新能源、人工智能、生物制造、绿色低碳、量子计算等前沿技术研发和应用推广。要大力发展数字经济，提升常态化监管水平，支持平台企业在引领发展、创造就业、国际竞争中大显身手。抓住全球产业结构和布局调整过程中孕育的新机遇，勇于开辟新领域、制胜新赛道。

构建新发展格局，实现高质量发展的关键在于坚持自主创新，坚持创新驱动。我国企业的研发投入强度呈现持续加强的积极态势，对科研投入的重视程度日趋提高。但在一些关键领域的“卡脖子”问题仍然十分突出，已经成为阻碍我国产业和企业发展的“绊脚石”。只有紧紧围绕自主创新，才能取得关键领域的技术突破，才能将“绊脚石”变成超越发展的“垫脚石”，才能迈过创建世界一流企业的坎。

创新是引领发展的第一动力，是构建新发展格局、实现高质量发展的关键所在。在我国企业发展面临困难的局面下，其研发投入强度持续加强，对科研的重视程度日趋提高，但相对而言，我国制造业的科研投入仍然偏低。制造业要以国家战略性需求为导向推进创新体系优化组合，把自主创新摆在更加突出的位置，进一步加大研发投入力度，加快关键核心技术攻关，打造更多依靠创新驱动、发挥先发优势的引领性企业，加快推动建立以企业为主体、市场为导向、产学研深度融合的技术创新体系，不断提升原始创新能力、产业基础能力和产业链、供应链的现代化水平。

我国企业界要以国家战略需求为导向，进一步改革科研创新机制体制，主动承担起企业的主体责任，加快推动建立以企业为主体、市场为导向、产学研深度融合的技术创新体系；进一步加大研发投入力度，加快关键核心技术攻关，打造更多依靠创新驱动、发挥先发优势的引领性企业；不断提升原始创新能力、产业基础能力和产业链、供应链的现代化水平。

加快数字化发展、建设数字中国是“十四五”规划的重要任务之一。数字时代是我国经济和企业实现弯道超车的重要战略机遇，加快建设数字经济、数字社会、数字政府，以数字化转型整体驱动生产方式、生活方式和治理方式变革。我国企业要紧紧抓住这一战略机遇，进一步推进实体经济与数字经济的深度融合，推进服务业与制造业的深度融合，加速向数字化、网络化、智能化发展，着力壮大新增长点，形成发展新动能，壮大经济发展新引擎。

（三）培育壮大主导产业，对标世界一流企业提高核心竞争力

企业在新发展阶段，要着力推进发展方式变革，用先进方式提质增效。我国制造业要着力解决大而不强、小而不精的问题。大企业要着力根治“大企业病”，集中优势资源培育优势主导产业，打造优势知名品牌；中小型制造业企业要努力做到“专精特新”，突出企业“专精特新”特色和优势，打造企业在国际产业链中优势地位。

一是要充分发挥大企业的引领支撑作用。大企业的技术创新具有显著的外溢和带动效应，要借助重大科研项目或重点工程，有效组织吸纳产业链上下游企业、高校、科研机构等组建创新联合体，带动产业链相关企业联合组织开展科技创新攻关，提供创新平台。大中型企业要着力培育壮大主导产业，对标世界一流企业，围绕主导产业打造强大的国际竞争力。世界一流企业无疑是主业突出、全球领先的企业。我国大中型企业要集中优势资产，充分利用优势资源，加快形成和壮大主导产业的全球化布局，打造全球行业优势龙头企业。

二是中小型企业要突出在产业链、供应链中专注打造“专精特新”优势，真正做到小企业有大作为。工信部、财政部等六部门联合印发《关于加快培育发展制造业优质企业的指导意

见》进一步明确方向举措。“十四五”期间，要培育百万家创新型中小企业，10 万家省级“专精特新”企业，1 万家专精特新“小巨人”企业和 1000 家“单项冠军”企业。力争到 2025 年，梯度培育格局基本成型，更好推动产业基础高级化、产业链现代化，助力实体经济迈向高质量发展。中小企业要不断改进生产经营流程，优化资源要素配置，提高发展质量效益；坚持质量兴企，发扬“工匠”精神，创建知名品牌，提高市场竞争力和影响力；加快由低端制造向高生产率的设计、研发、品牌、营销、产业链管理等环节延伸。

我国制造业企业要紧紧抓住全面深化改革的有利时机，抓住高水平对外开放新格局的战略机遇，充分利用好国家出台的一系列高水平改革开放措施和政策，推动实体经济发展，提升制造业水平，发展新兴产业，大力推进国际化品牌经营战略，提高国际竞争力。

（四）顺应绿色发展趋势，持续推进高质量诚信发展

我国企业要坚定不移贯彻创新、协调、绿色、开放、共享的新发展理念。绿色制造是生态文明建设的重要内容，也是制造业转型升级的必由之路。我国制造业要转变发展方式，加快推进绿色低碳转型升级，顺应清洁化、高效化、减碳化的长远发展趋势，主动承担社会责任。制造企业要将节能减排战略规划融入企业生产经营各个环节，为实现碳达峰碳中和目标，做出企业贡献。

要始终坚持底线思维，加强诚信自律，进一步推进企业诚信体系建设。在当前面临诸多困难和风险挑战的发展时期，我国企业更要强化忧患意识，做好风险防范，增强发展韧性，进一步加强和提高防范化解风险能力，高度重视和防范各类风险，强化各类风险识别，建立预判预警机制，及时排查风险隐患，制定完善的应对预案，为企业可持续高质量发展保驾护航，为我国经济行稳致远做出企业担当和贡献。

要主动适应、积极把握 ESG 发展热潮，认真研究、摸索从企业战略规划和体制机制层面进一步有效加强 ESG 治理，合理设定企业的 ESG 标准，制定实施框架，科学评估 ESG 绩效，找准企业 ESG 管理有效路径，为建强我国 ESG 体系做出更大的贡献。

第五章
2022 中国服务业企业信用 100 强发展报告

《2022 中国服务业企业信用 100 强发展报告》是由中国企业改革与发展研究会、中国合作贸易企业协会、国信联合（北京）认证中心联合开展的中国服务业企业信用分析研究成果，已是第 9 次向社会发布。

2022 中国服务业企业信用 100 强的入围门槛为：企业综合信用指数为 90 分以上，且 2021 年净利润为 116000 万元以上，较 2021 中国服务业企业信用 100 强的 171000 万元下降了 55000 万元。

2022 中国服务业企业信用 100 强分析研究及发布活动，旨在通过中国服务业企业的信用环境、信用能力、信用行为三个方面对中国服务业企业的信用发展状况进行客观评价，为政府、行业、企业和社会提供参考依据。

一、2022 中国服务业企业信用 100 强分布特征

（一）2022 中国服务业企业信用 100 强行业分布特征

2022 中国服务业企业信用 100 强的行业分布，按照入围企业数量的多少排序分别为：房地产开发与经营、物业及房屋装饰、修缮、管理等服务业有 19 家；证券及其他金融服务业有 12 家；能源（电、热、燃气等）供应、开发、节能减排及再循环服务业有 10 家；银行业，保险业，公用事业、市政、水务、航道等公共设施投资、经营与管理业各有 7 家；电信、邮寄、速递等服务业有 6 家；软件、程序、计算机应用、网络工程等计算机、微电子服务业有 5 家；信息、传媒、电子商务、网购、娱乐等互联网服务业，综合服务业（以服务业为主，含有制造业）各有 4 家；铁路运输及辅助服务业，多元化投资控股、商务服务业各有 3 家；物流、仓储、运输、配送及供应链服务业，农牧渔饲产品及生活消费品等内外商贸批发、零售业，综合性内外商贸及批发、零售业，商业零售业及连锁超市各有 2 家；水上运输业，汽车和摩托

车商贸、维修保养及租赁业，医药专营批发、零售业及医疗服务业，旅游、旅馆及娱乐服务业，科技研发、推广及地勘、规划、设计、评估、咨询、认证等承包服务业各有 1 家企业入围。

2022 中国服务业企业信用 100 强行业分布见表 5-1。

表 5-1　　2022 中国服务业企业信用 100 强行业分布

序号	行业	企业数(家)
1	能源(电、热、燃气等)供应、开发、节能减排及再循环服务业	10
2	铁路运输及辅助服务业	3
3	水上运输业	1
4	电信、邮寄、速递等服务业	6
5	软件、程序、计算机应用、网络工程等计算机、微电子服务业	5
6	物流、仓储、运输、配送及供应链服务业	2
7	农牧渔饲产品及生活消费品等内外商贸批发、零售业	2
8	综合性内外商贸及批发、零售业	2
9	汽车和摩托车商贸、维修保养及租赁业	1
10	医药专营批发、零售业及医疗服务业	1
11	商业零售业及连锁超市	2
12	银行业	7
13	保险业	7
14	证券及其他金融服务业	12
15	多元化投资控股、商务服务业	3
16	房地产开发与经营、物业及房屋装饰、修缮、管理等服务业	19
17	旅游、旅馆及娱乐服务业	1
18	公用事业、市政、水务、航道等公共设施投资、经营与管理业	7
19	科技研发、推广及地勘、规划、设计、评估、咨询、认证等承包服务业	1
20	信息、传媒、电子商务、网购、娱乐等互联网服务业	4
21	综合服务业(以服务业为主,含有制造业)	4
合计		100

综合入围企业的行业分布情况来看，包括了 21 个细分行业，较 2021 中国服务业企业信用 100 强行业分布增加 1 个行业。从行业入围企业数量和集中度分析，房地产开发与经营、物业及房屋装饰、修缮、管理等服务业，能源（电、热、燃气等）供应、开发、节能减排及再循环服务业和证券及其他金融服务业占比较高；电信、邮寄、速递等服务业，软件、程序、计算机应用、网络工程等计算机、微电子服务业，公用事业、市政、水务、航道等公共设施投资、经营与管理业，银行业及保险业也有良好表现。

（二）2022 中国服务业企业信用 100 强地区分布特征

从 2022 中国服务业企业信用 100 强地区分布情况来看，东部地区有 10 个省（直辖市）共 83 家企业入围。其中，北京有 31 家，广东有 15 家，上海有 13 家，江苏有 7 家，浙江、福建各有 5 家，山东有 3 家，河北有 2 家，天津、辽宁各有 1 家。

中部地区有 3 个省共 8 家企业入围。其中，安徽、湖北各有 3 家，山西有 2 家。

西部地区有 3 个省（直辖市）共 9 家企业入围。其中，四川有 5 家，重庆有 3 家，云南有 1 家。

2022 中国服务业企业信用 100 强地区分布及变动情况见表 5-2。

表 5-2　　2022 中国服务业企业信用 100 强地区分布及变动情况

区域	地区	入围企业数(家)		区域	地区	入围企业数(家)		区域	地区	入围企业数(家)	
		2022 年	2021 年			2022 年	2021 年			2022 年	2021 年
东部地区	北京	31	27	中部地区	安徽	3	2	西部地区	甘肃		
	广东	15	17		河南				广西		1
	河北	2			湖北	3	2		贵州		
	江苏	7	6		湖南		3		内蒙古		1
	山东	3	2		吉林				宁夏		
	上海	13	14		黑龙江		1		四川	5	5
	天津	1	1		江西		1		新疆		2
	浙江	5	3		山西	2			云南	1	2
	辽宁	1							重庆	3	4
	福建	5	6						陕西		
	海南								青海		
									西藏		
合计		83	76	合计		8	9	合计		9	15

从地区分布来看，东部地区与 2021 年相比增加了 7 家企业，而中部地区则比上年减少了 1 家，西部地区比上年减少了 6 家企业。东部地区服务业企业 100 强入围企业的数量进一步提高，而中部地区和西部地区不仅入围的企业数量减少，入围的省（自治区、直辖市）也有明显减少。

从集中度及其变动情况分析看，北京增加了 4 家，广东减少了 2 家，上海减少了 1 家，北上广地区共有 59 家企业入围，总量与 2021 年比增加了 1 家。北上广地区企业仍然是服务业企业信用 100 强入围大户，中西部地区入围企业仍然相对集中在川渝地区。

二、2022 中国服务业企业信用 100 强行业环境分析

（一）能源、交通、物流行业信用环境影响性分析

1.能源（电、热、燃气等）供应、开发、节能减排及再循环服务业明显好转

从能源（电、热、燃气等）供应、开发、节能减排及再循环服务业信用环境影响性分析来看，2021 年的景气指数为 115.04 点，比 2020 年的 102.73 点提高了 12.31 点；盈利指数为 100.18 点，比 2020 年的 99.71 点提高了 0.47 点；效益指数为 106.43 点，比 2020 年的 104.10 点提高了 2.33 点。

2011—2021 年能源（电、热、燃气等）供应、开发、节能减排及再循环服务业信用环境影响性分析见图 5-1。

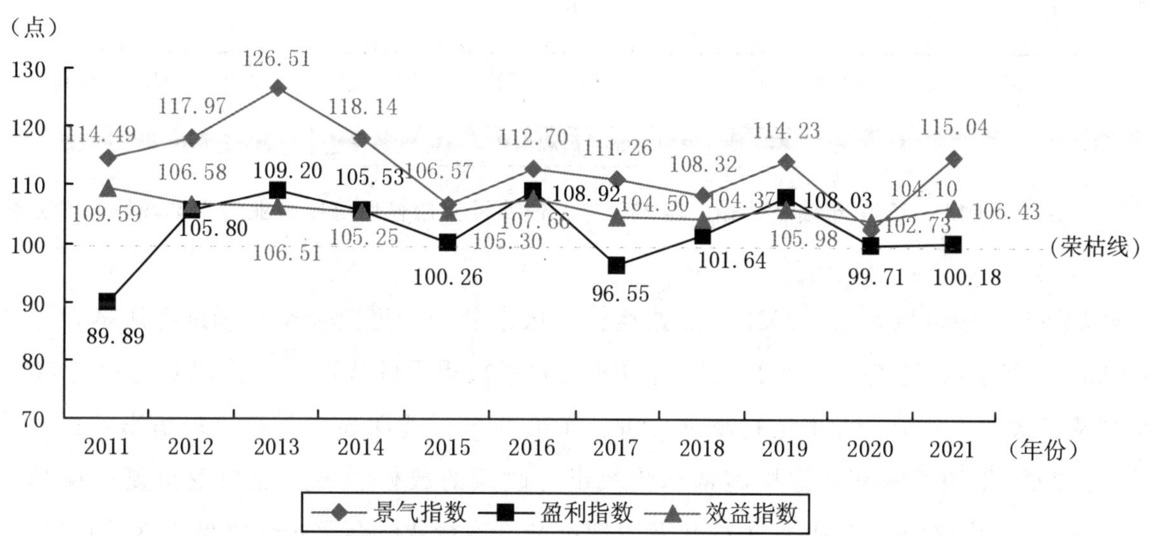

图 5-1 2011—2021 年能源（电、热、燃气等）供应、开发、节能减排及再循环服务业信用环境影响性分析

综合三项指数分析，能源（电、热、燃气等）供应、开发、节能减排及再循环服务业的整体运行呈现明显好转的发展势头。景气指数大幅反弹，创 2015 年以来的最好水平。盈利指数回归到荣枯线以上，效益指数温和上涨。总体来看，该行业具有明显的周期性特征，已经显现恢复性增长的迹象，但基础尚不稳固。预测 2022 年该行业受疫情及开工率不足的影响，能源需求持续减弱，将会再次面临下行压力，2023 年及后期市场，随着宏观经济的全面恢复，

国际能源需求紧张及能源价格的高涨，该行业将会呈现全面恢复性增长的态势。

2.陆路运输、城市公交、道路及交通辅助等服务业大幅反弹

从陆路运输、城市公交、道路及交通辅助等服务业信用环境影响性分析来看，2021 年的景气指数为 138.57 点，比 2020 年的 68.41 点提高了 70.16 点；盈利指数为 123.38 点，比 2020 年的 69.62 点提高了 53.76 点；效益指数为 110.94 点，比 2020 年的 105.98 点提高了 4.96 点。

2011—2021 年陆路运输、城市公交、道路及交通辅助等服务业信用环境影响性分析见图 5-2。

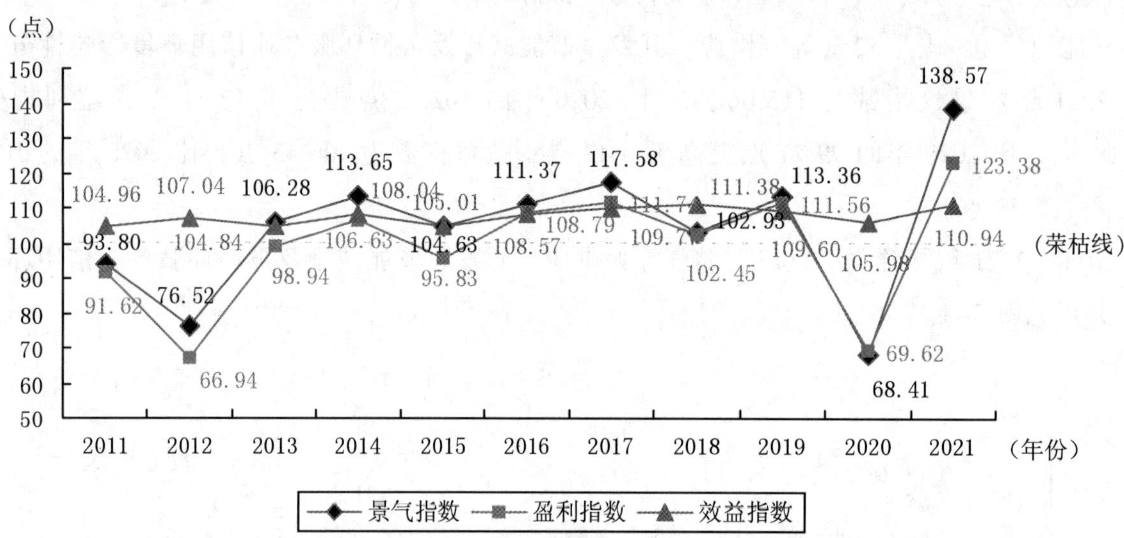

图 5-2 2011—2021 年陆路运输、城市公交、道路及交通辅助等服务业信用环境影响性分析

从图 5-2 中可以看出，2021 年陆路运输、城市公交、道路及交通辅助等服务业三项指数呈现报复性反弹的态势。尤其是景气指数和盈利指数提升的幅度较大，双双达到自 2011 年以来的最好水平。从该行业的运行轨迹分析，2020 年该行业明显是受新冠疫情影响而导致超常下跌，2021 年随着精准防控措施常态化及出行政策的放松，该行业出现报复性反弹。预测 2022 年该行业将会再次回落，2023 年及后期市场，该行业将会逐步恢复到正常运行轨道上来，总体呈现稳中有升的态势。

3.航空运输及相关服务业持续性行业亏损

从航空运输及相关服务业信用环境影响性分析来看，2021 年的景气指数为 24.19 点，比 2020 年的 35.08 点下降了 10.89 点；盈利指数为 29.31 点，比 2020 年的 38.67 点下降了 9.36 点；效益指数为 97.06 点，比 2020 年的 90.34 点提升了 6.72 点。

2011—2021 年航空运输及相关服务业信用环境影响性分析见图 5-3。

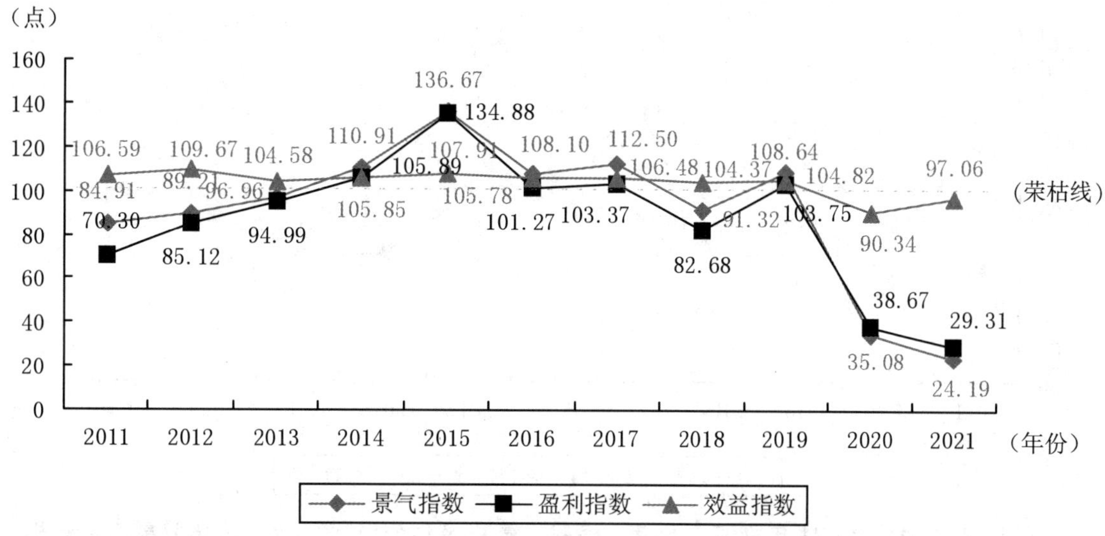

图 5-3 2011—2021 年航空运输及相关服务业信用环境影响性分析

从图 5-3 中可以看出，我国航空运输及相关服务业整体呈现行业性持续亏损状态，三项指数仍然处于荣枯线以下运行。景气指数和盈利指数再破新低，且下降的幅度继续扩大；效益指数小幅回升，但仍徘徊在荣枯线以下，表明该行业受新冠疫情影响和冲击仍较为严重，不仅国内出行受影响，更主要的是国际通行受阻。这一情况可能等到 2023 年及后期市场才会有根本性转变。

4.物流、仓储、运输、配送及供应链服务业呈现高增长

从物流、仓储、运输、配送及供应链服务业信用环境影响性分析来看，2021 年的景气指数为 123.72 点，比 2020 年的 103.38 点提高了 20.34 点；盈利指数为 107.01 点，比 2020 年的 103.49 点提高了 3.52 点；效益指数为 107.96 点，比 2020 年的 101.43 点提高了 6.53 点。

综合物流、仓储、运输、配送及供应链服务业的三项指数分析，该行业整体运行呈现高增长态势，尤其是景气指数提升的幅度较大，盈利指数和效益指数也有明显提升。总体来看，该行业后期市场仍有持续性增长的动能和潜力。

2011—2021 年物流、仓储、运输、配送及供应链服务业信用环境影响性分析见图 5-4。

（二）矿产、化工、机电等服务业信用环境影响性分析

1.能源、矿产、化工、机电、金属产品等内外商贸批发业保持较高景气度

从能源、矿产、化工、机电、金属产品等内外商贸批发业信用环境影响性分析来看，2021 年

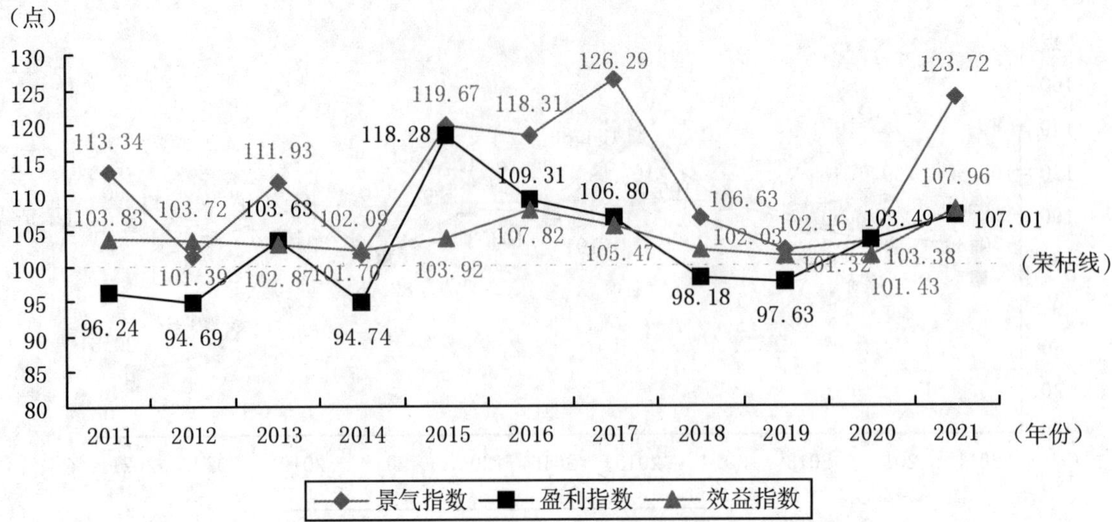

图 5-4　2011—2021 年物流、仓储、运输、配送及供应链服务业信用环境影响性分析

的景气指数为 121.08 点，比 2020 年的 113.42 点提高了 7.66 点；盈利指数为 106.41 点，比 2020 年的 109.66 点下降了 3.25 点；效益指数为 102.03 点，比 2020 年的 105.65 点下降了 3.62 点。

2011—2021 年能源、矿产、化工、机电、金属产品等内外商贸批发业信用环境影响性分析见图 5-5。

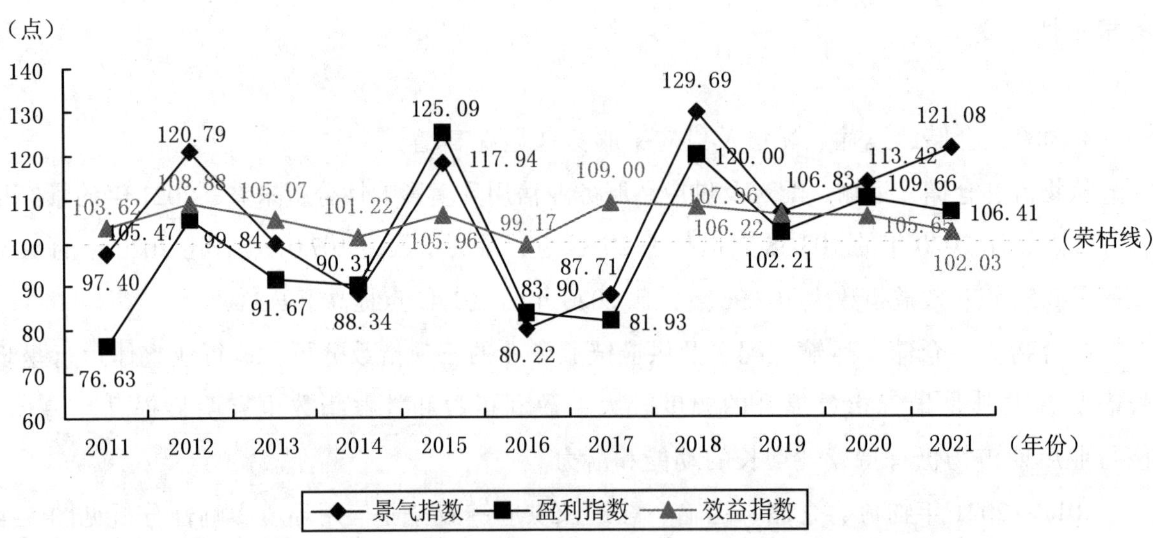

图 5-5　2011—2021 年能源、矿产、化工、机电、金属产品等内外商贸批发业信用环境影响性分析

从图 5-5 中可以看出，能源、矿产、化工、机电、金属产品等内外商贸批发业的三项指数处于有降有升的状态。景气指数有较大幅度的提升，但盈利指数和效益指数却有所下降，表明该行业恢复性增长的基础尚不稳固，且具有周期性特征。预测后期市场，由于受国际大宗

商品价格波动的影响，该行业也将面临着不确定性和一定的下行压力。

（三）农牧渔饲、医药、商业信用环境影响性分析

1.农牧渔饲产品及生活消费品等内外商贸批发、零售业总体运行平稳

从农牧渔饲产品及生活消费品等内外商贸批发、零售业信用环境影响性分析来看，2021 年的景气指数为 106.32 点，比 2020 年的 107.87 点下降了 1.55 点；盈利指数为 103.40 点，比 2020 年的 106.45 点下降了 3.05 点；效益指数为 105.66 点，比 2020 年的 101.96 点提高了 3.70 点。

2011—2021 年农牧渔饲产品及生活消费品等内外商贸批发、零售业信用环境影响性分析见图 5-6。

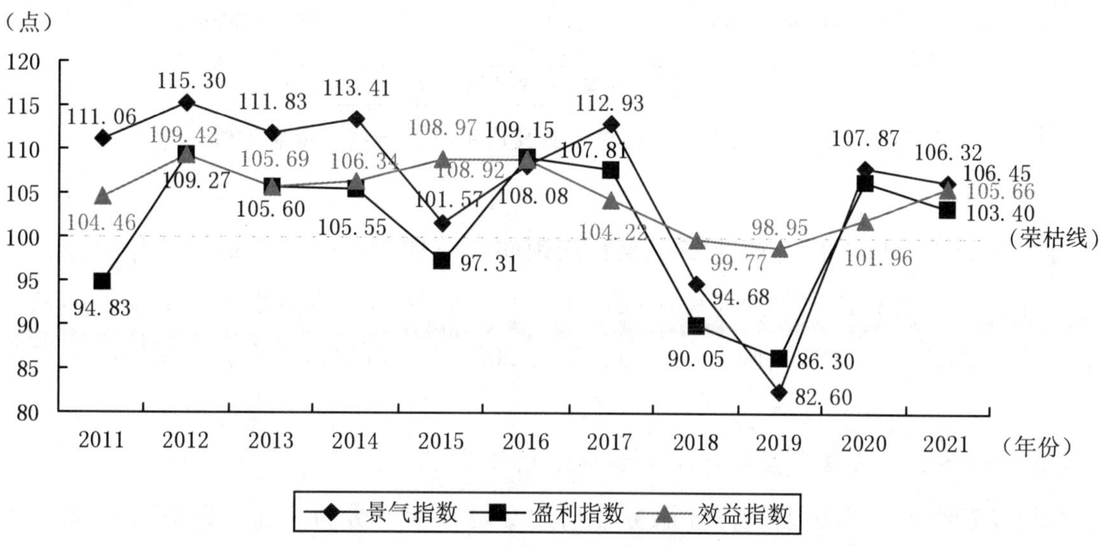

图 5-6 2011—2021 年农牧渔饲产品及生活消费品等内外商贸批发、零售业信用环境影响性分析

综合三项指数分析，农牧渔饲产品及生活消费品等内外商贸批发、零售业总体运行平稳，三项指数持续运行在荣枯线以上，下行的幅度有限，尚属于正常波动范围之内。总体分析来看，由于市场需求持续旺盛以及价格因素影响，该行业整体经营形势将会持续改善。预测 2022 年及后期市场，该行业仍将会保持较高的景气度和合理的增速，不会出现较大幅度的波动，总体保持稳中有升的态势。

2.商业零售业及连锁超市恢复性增长迹象明显

从商业零售业及连锁超市的信用环境影响性分析来看，2021 年的景气指数为 100.76 点，比 2020 年的 69.18 点提升了 31.58 点；盈利指数为 99.26 点，比 2020 年的 80.33 点提升了 18.93 点；

效益指数为 104.16 点，比 2020 年的 100.33 点提升了 3.83 点。

2011—2021 年商业零售业及连锁超市信用环境影响性分析见图 5-9。

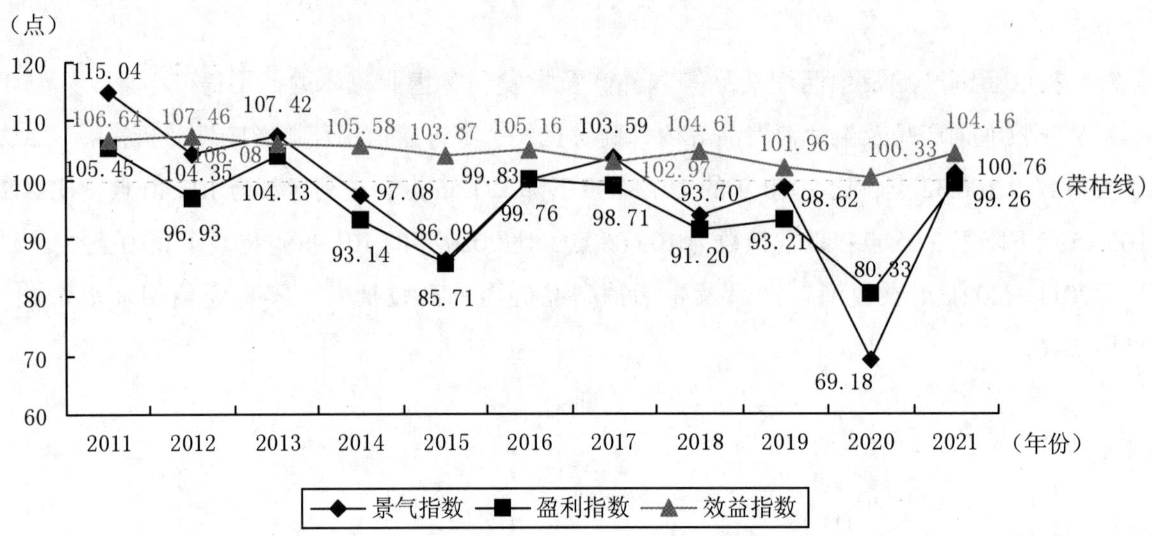

图 5-7 2011—2021 年商业零售业及连锁超市信用环境影响性分析

从图 5-9 分析可以看出，商业零售业及连锁超市总体上恢复性增长的迹象明显，三项指数均有明显回升。盈利指数仍处于荣枯线以下，但已经回归到边际水平，负增长的幅度有明显收窄。预测 2022 年会再次面临下行压力，但在 2023 年及后期市场将会重新回归正常轨道。

3.医药专营批发、零售业及医疗服务业平稳回升

从医药专营批发、零售业及医疗服务业信用环境影响性分析来看，2021 年的景气指数为 113.60 点，比 2020 年的 106.41 点提高了 7.19 点；盈利指数为 105.60 点，比 2020 年的 99.87 点提高了 5.73 点；效益指数为 108.20 点，比 2020 年的 102.20 点提高了 6.00 点。

2011—2021 年医药专营批发、零售业及医疗服务业信用环境影响性分析见图 5-8。

从图 5-8 中可以分析看出，医药专营批发、零售业及医疗服务业总体呈现平稳回升的基本态势。三项指数均有明显的同步提升，且提高的幅度大致相当，表明该行业恢复性增长的基础已经趋于稳固。由于受新冠疫情利好因素的影响以及医药需求的持续性增长，预测 2022 年及后期市场，该行业仍将保持较高的景气度。

4.信息、传媒、电子商务、网购、娱乐等互联网服务业温和回升

从信息、传媒、电子商务、网购、娱乐等互联网服务业信用环境影响性分析来看，2021 年的景气指数为 111.45 点，较 2020 年的 91.46 点提高了 19.99 点；盈利指数为 100.47 点，较 2020 年的

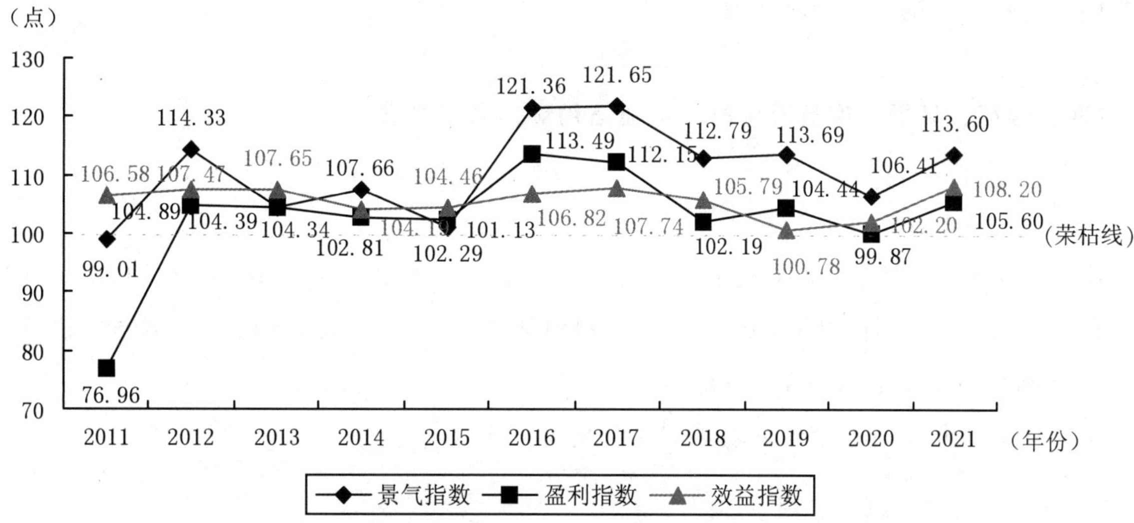

图 5-8 2011—2021 年医药专营批发、零售业及医疗服务业信用环境影响性分析

92.53 点提高了 7.94 点；效益指数为 108.06 点，较 2020 年的 104.65 点提高了 3.41 点。

2013—2021 年信息、传媒、电子商务、网购、娱乐等互联网服务业信用环境影响性分析见图 5-9。

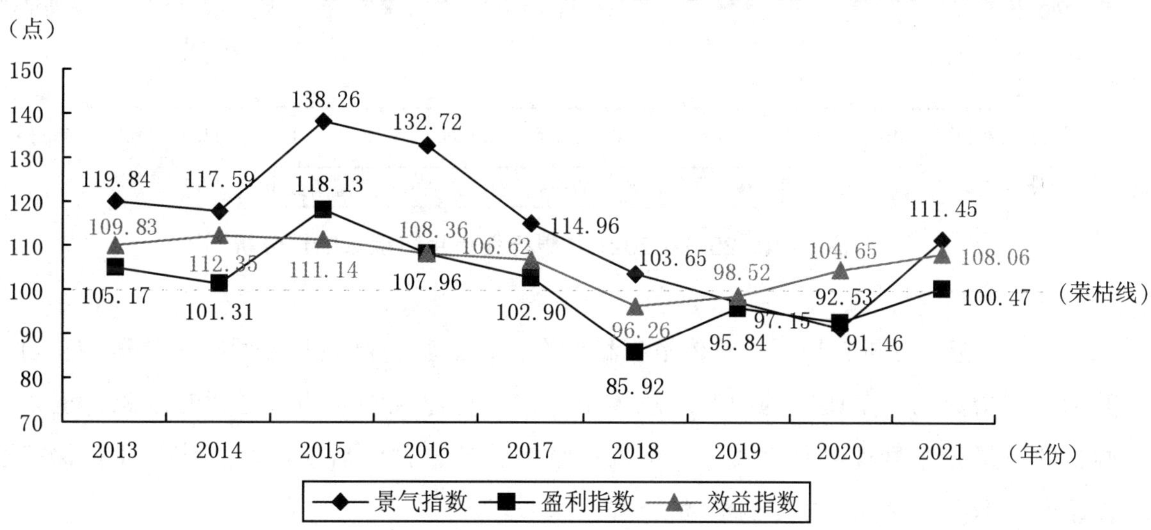

图 5-9 2013—2021 年信息、传媒、电子商务、网购、娱乐等互联网服务业信用环境影响性分析

综合三项指数分析，信息、传媒、电子商务、网购、娱乐等互联网服务业总体呈现温和回升的基本态势，三项指数重新回归到荣枯线以上运行。尤其是景气指数和盈利指数遏制住了下行态势，且回升的幅度较大，整体效益持续上升，为该行业持续恢复性增长打下良好基础。预测 2022

年及后期市场，该行业受创新要素的驱动，将迎来新的发展机遇，市场空间仍将有进一步拓展的空间，总体向好的基本面不会改变。

（四）银行、证券、保险等金融服务业信用环境影响性分析

1.银行业整体运行回归正常轨道

从银行业的信用环境影响性分析来看，2021 年的景气指数为 111.76 点，比 2020 年的 104.63 点提高了 7.13 点；盈利指数为 105.62 点，比 2020 年的 97.60 点提高了 8.02 点；效益指数为 111.35 点，比 2020 年的 111.18 点提高了 0.17 点。

2011—2021 年银行业信用环境影响性分析见图 5-10。

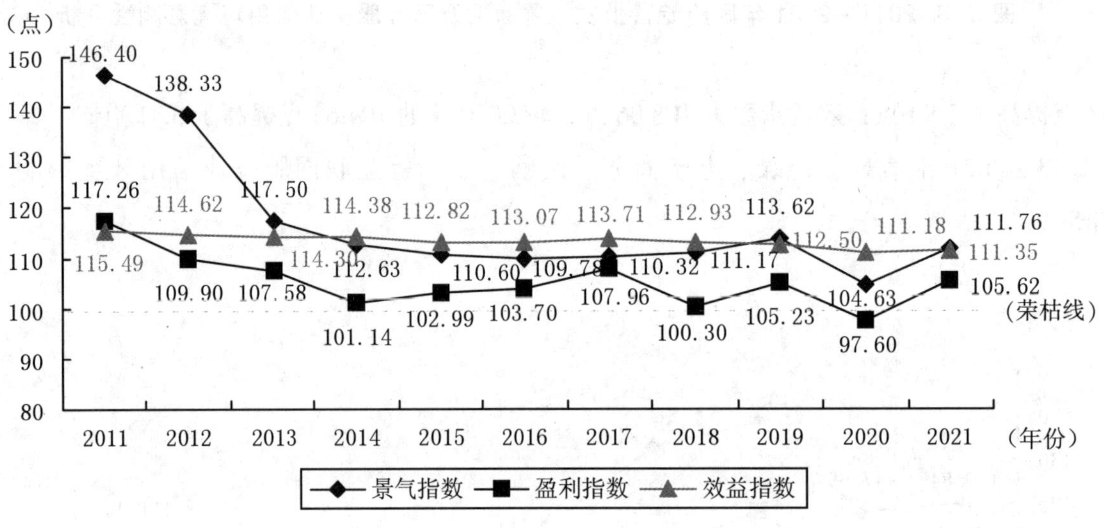

图 5-10 2011—2021 年银行业信用环境影响性分析

综合三项指数分析，银行业总体呈现稳中有升的态势，已经基本回归正常运行轨道。景气指数和盈利指数均一定幅度的回升。总体来看，该行业大幅回调只是暂时现象，但由于政策性调整的效果持续显现以及对实体经济的持续性扶持，预测后期市场，该行业将保持适度的增长速度，不会出现较大幅度的波动。

2.证券及其他金融服务业平稳运行

从证券及其他金融服务业信用环境影响性分析来看，2021 年的景气指数为 122.58 点，比 2020 年的 122.94 点下降了 0.36 点；盈利指数为 115.02 点，比 2020 年的 110.93 点提高了 4.09 点；效益指数为 112.59 点，比 2020 年的 110.03 点提高了 2.56 点。

2013—2021 年证券及其他金融服务业信用环境影响性分析见图 5-11。

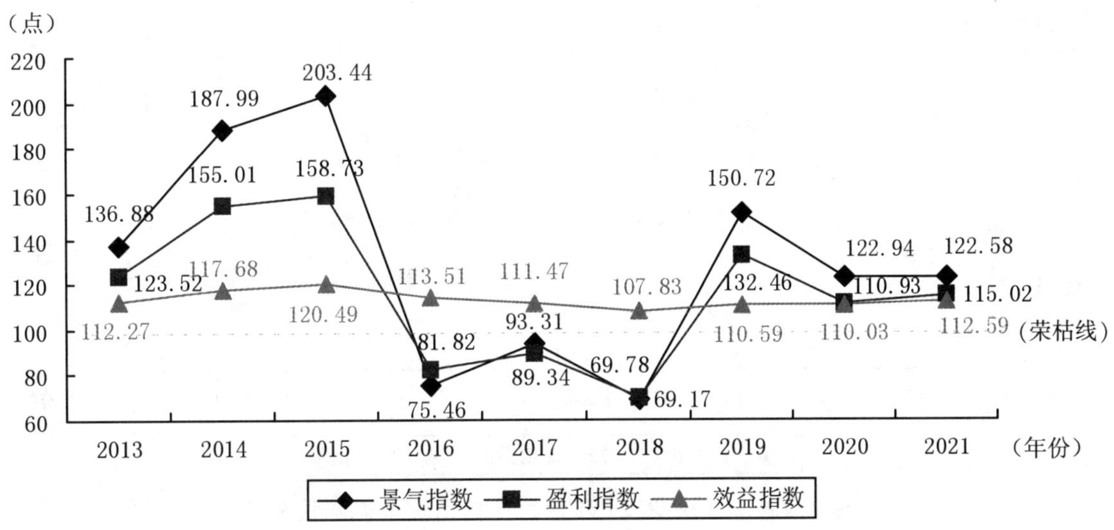

图 5-11 2013—2021 年证券及其他金融服务业信用环境影响性分析

从图 5-11 分析中可以看出，证券及其他金融服务业呈现平稳运行的基本态势，三项指数均没有出现大的波动。总体来看，该行业仍然维持着较高的景气水平和盈利能力。预测 2022 年及后期市场，随着资本市场深化改革，该行业仍将保持较高的活跃度和较高增速，不会出现大幅波动。

3.保险业低位徘徊

从保险业信用环境影响性分析来看，2021 年的景气指数为 95.39 点，比 2020 年的 91.58 点提高了 3.81 点；盈利指数为 93.38 点，比 2020 年的 86.77 点提高了 6.61 点；效益指数为 105.22 点，比 2020 年的 104.20 点提高了 1.02 点。

2011—2021 年保险业信用环境影响性分析见图 5-12。

从图 5-12 分析中可以看出，保险业总体处于低位徘徊状态，上升动力明显不足。景气指数和盈利指数虽然负增长的幅度有所收窄，但仍旧运行在荣枯线以下。预测后期市场，该行业仍将保持在相对低位区间运行，需要在转变发展模式和创新机制上做好文章。

（五）多元投资、房地产开发等服务业信用环境影响性分析

1.多元化投资控股、商务服务业强势反弹

从多元化投资控股、商务服务业信用环境影响性分析来看，2021 年的景气指数为 125.80 点，

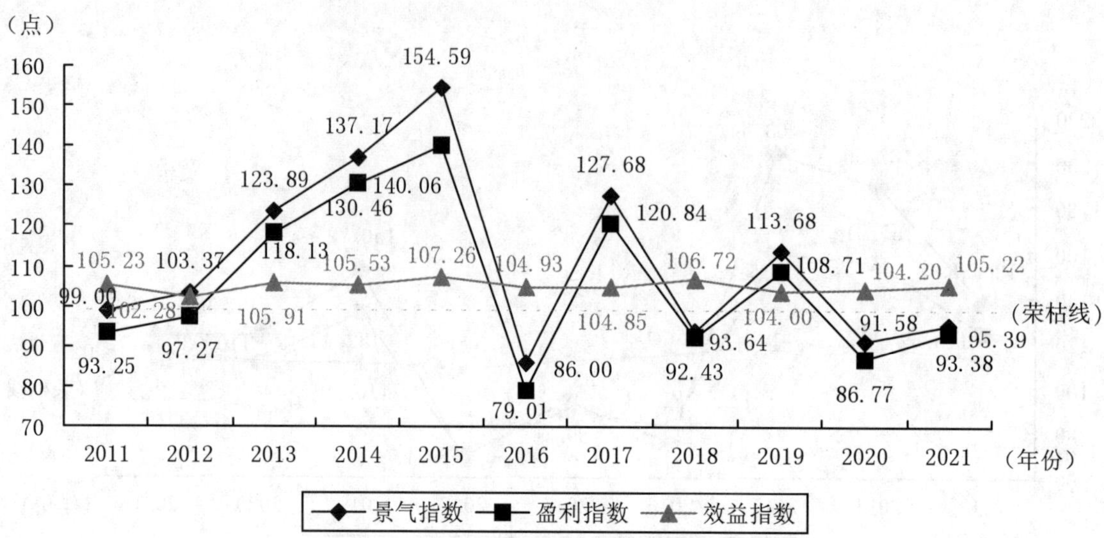

图 5-12 2011—2021 年保险业信用环境影响性分析

比 2020 年的 108.40 点提高了 17.40 点；盈利指数为 109.24 点，比 2020 年的 102.42 点提高了 6.82 点；效益指数为 104.63 点，比 2020 年的 104.08 点提高了 0.55 点。

2011—2021 年多元化投资控股、商务服务业信用环境影响性分析见图 5-13。

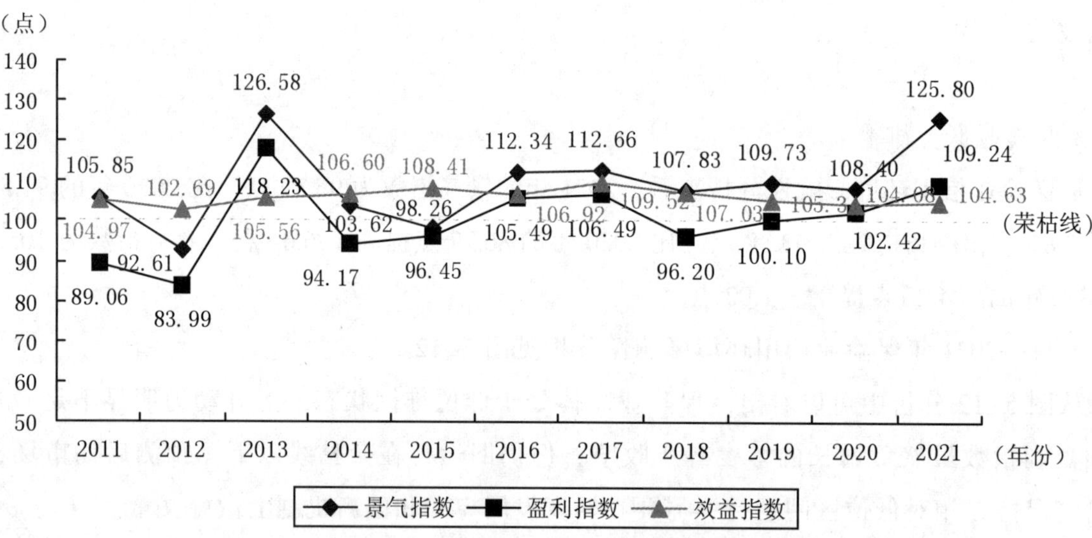

图 5-13 2011—2021 年多元化投资控股、商务服务业信用环境影响性分析

从图 5-13 中可以看出，多元化投资控股、商务服务业总体呈现强势反弹的态势。景气指数高涨 17.40 点，接近 2013 年的最好水平；盈利指数和效益指数也有较大幅度的提升。这一情况表明，该行业具有报复性反弹的特征，总体投资活跃度明显提高。预测后期市场，随着宏观经

济的全面恢复，该行业仍将保持相对高位运行的态势。

2.房地产开发与经营、物业及房屋装饰、修缮、管理等服务业下行压力持续加大

从房地产开发与经营、物业及房屋装饰、修缮、管理等服务业信用环境分析来看，2021 年的景气指数为 93.06 点，比 2020 年的 96.52 点下降了 3.46 点；盈利指数为 84.56 点，比 2020 年的 88.06 点下降了 3.50 点；效益指数为 104.48 点，比 2020 年的 102.38 点提高了 2.10 点。

2011—2021 年房地产开发与经营、物业及房屋装饰、修缮、管理等服务业信用环境影响性分析见图 5-14。

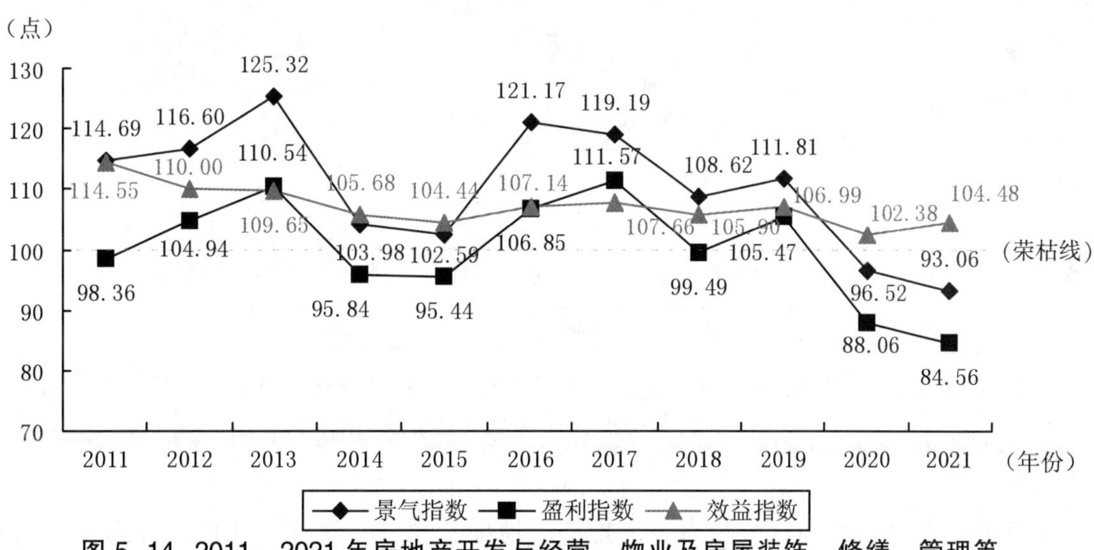

图 5-14 2011—2021 年房地产开发与经营、物业及房屋装饰、修缮、管理等服务业信用环境影响性分析

从图 5-14 中可以看出，房地产开发与经营、物业及房屋装饰、修缮、管理等服务业下行压力持续加大，恢复性增长的动能明显不足。景气指数和盈利指数再创新低，尚未出现明显的上升迹象。这一情况表明，该行业的景气度持续低迷，整体盈利能力持续减弱，整体经营形势持续恶化。预测后期市场，该行业受到宏观经济环境和消费疲软的双重影响，短期内难以改变低位运行的状态，但由于政策性支持，该行业也将维持在合理的区间运行，继续下行的压力将会有所减弱。

（六）科技、文化等服务业信用环境影响性分析

1.科技研发、推广及地勘、规划、设计、评估、咨询、认证等承包服务业整体回暖

从科技研发、推广及地勘、规划、设计、评估、咨询、认证等承包服务业信用环境分析来看，

2021 年的景气指数为 113.26 点，比 2020 年的 98.70 点提高了 14.56 点；盈利指数为 104.31 点，比 2020 年的 92.08 点提高了 12.23 点；效益指数为 108.65 点，比 2020 年的 104.42 点提高了 4.23 点。

2011—2021 年科技研发、推广及地勘、规划、设计、评估、咨询、认证等承包服务业信用环境影响性分析见图 5-15。

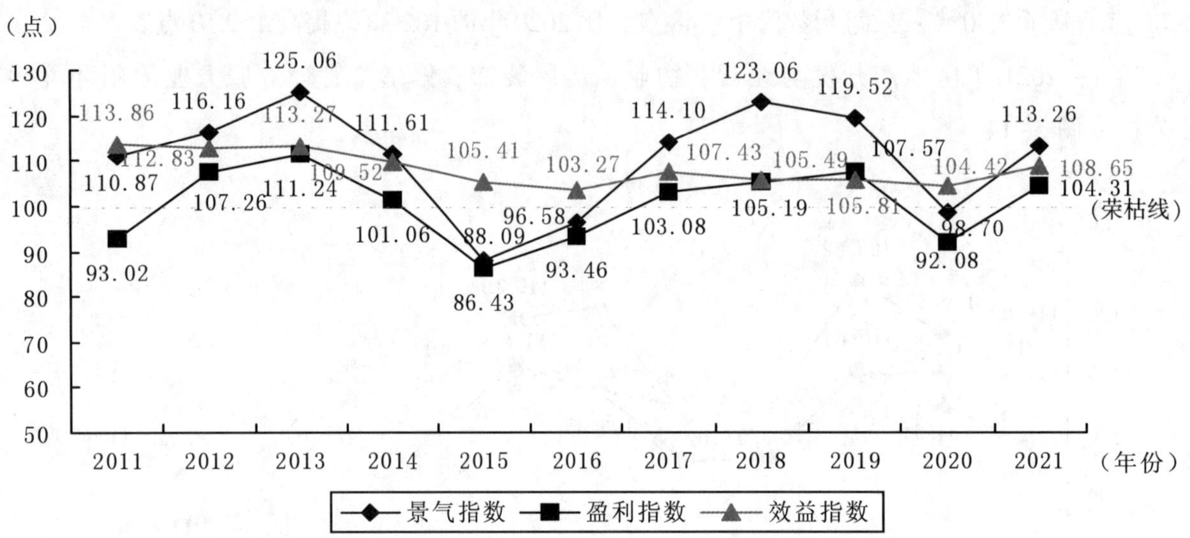

图 5-15 2011—2021 年科技研发、推广及地勘、规划、设计、评估、咨询、认证等承包服务业信用环境影响性分析

综合三项指数可以看出，科技研发、推广及地勘、规划、设计、评估、咨询、认证等承包服务业整体呈现回暖态势。三项指数均有明显回升，其中景气指数和盈利指数重新回归到荣枯线以上运行；效益指数也有明显回升。这一情况表明，该行业的经营形势出现整体向好的迹象。总体分析来看，该行业受到新冠疫情的影响是短暂的，预测后期市场，随着宏观经济环境持续改善和全面恢复性增长，投资环境和活跃度将会进一步向好，该行业的整体经营形势也将会呈现持续上升的态势。

2.文化产业（书刊出版、印刷、发行与销售及影视、音像、文体、演艺等）持续低迷

从文化产业（书刊出版、印刷、发行与销售及影视、音像、文体、演艺等）信用环境分析来看，2021 年的景气指数为96.98 点，比 2020 年的69.40 点回升了 27.58 点；盈利指数为 93.58 点，比 2020 年的 67.40 点回升了26.18 点；效益指数为 102.97 点，比 2020 年的91.16 点回升了 11.81 点。

2013—2021 年文化产业（书刊出版、印刷、发行与销售及影视、音像、文体、演艺等）信用环境影响性分析见图 5-16。

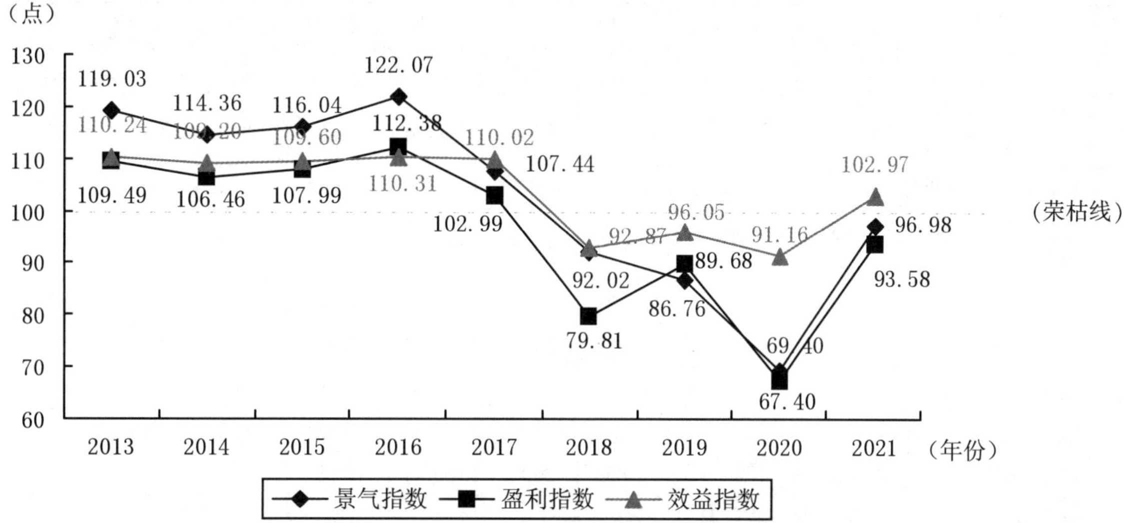

图 5-16 2013—2021 年文化产业（书刊出版、印刷、发行与销售及影视、音像、文体、演艺等）信用环境影响性分析

通过图 5-16 分析可以看出，文化产业（书刊出版、印刷、发行与销售及影视、音像、文体、演艺等）整体呈现持续低迷的状态，三项指数虽有明显回升，但景气指数和盈利指数仍运行在荣枯线以下，表明该行业整体仍然处于负增长状态。预测 2022 年及后期市场，由于宏观经济全面恢复性增长，文化消费也将得到明显改善，该行业下行压力将会逐步减弱，三项指数重归荣枯线以上将是大势所趋。

（七）2022 年服务业信用环境行业特征分析

1.2021 年服务业细分行业指数综合分析

2021 年景气指数下降的有 5 个细分行业（较 2020 年减少了 18 个细分行业），占服务业 28 个细分行业的 17.86%；有 8 个细分行业的景气指数处在荣枯线以下（较 2020 年减少了 8 个细分行业），占服务业 28 个细分行业的 28.57%。

2021 年盈利指数下降的有 7 个细分行业（较 2020 年减少了 15 个细分行业），占服务业 28 个细分行业的 25.00%；有 11 个细分行业的盈利指数处在荣枯线以下（较 2020 年减少了 8 个细分行业），占服务业 28 个细分行业的 39.29%。

2021 年效益指数下降的有 4 个细分行业（较 2020 年减少了 16 个细分行业），占服务业 28 个细分行业的 14.29%；有 4 个细分行业的效益指数处在荣枯线以下（较 2020 年减少了 2 个细分行业），占服务业 28 个细分行业的 14.29%。

2021 年服务业信用环境行业特征汇总分析见表 5-3。

表 5-3　　2021 年服务业信用环境行业特征汇总分析

序号	行业	景气指数		盈利指数		效益指数		盈亏系数	
		本期	同比(±)	本期	同比(±)	本期	同比(±)	本期	上期
1	能源(电、热、燃气等)供应、开发、节能减排及再循环服务业	115.04	12.31	100.18	0.47	106.43	2.33	0.245	0.116
2	铁路运输及辅助服务业	93.73	−14.61	83.93	−25.38	104.98	1.09	0.048	0.044
3	陆路运输、城市公交、道路及交通辅助等服务业	138.57	70.16	123.38	53.76	110.94	4.96	0.002	0.313
4	水上运输业	146.29	39.99	134.81	28.26	116.13	7.73	0.000	0.000
5	港口服务业	116.97	25.32	111.42	20.33	106.49	0.50	0.018	0.020
6	航空运输及相关服务业	24.19	−10.89	29.31	−9.36	97.06	6.72	10.388	130.94
7	航空港及相关服务业	53.17	31.55	50.74	30.53	96.30	1.63	4.861	26.734
8	电信、邮寄、速递等服务业	119.59	26.82	109.84	20.98	103.12	−0.63	0.004	0.000
9	软件、程序、计算机应用、网络工程等计算机、微电子服务业	110.83	12.43	99.02	5.23	105.94	4.52	0.047	0.413
10	物流、仓储、运输、配送服务业	123.72	20.34	107.01	3.52	107.96	6.53	0.009	0.031
11	能源、矿产、化工、机电、金属产品等内外商贸批发业	121.08	7.66	106.41	−3.25	102.03	−3.62	0.344	0.080
12	农牧渔饲产品及生活消费品等内外商贸批发、零售业	106.32	−1.55	103.40	−3.05	105.66	3.70	0.000	0.181
13	综合性内外商贸及批发、零售业	126.04	27.00	116.53	18.16	102.71	−2.66	0.027	0.027
14	汽车和摩托车商贸、维修保养及租赁业	119.09	7.28	106.96	−6.69	109.93	2.89	0.000	0.051
15	医药专营批发、零售业及医疗服务业	113.60	7.19	105.60	5.73	108.20	6.00	0.000	0.113
16	商业零售业及连锁超市	100.76	31.58	99.26	18.93	104.16	3.83	1.742	0.721
17	银行业	111.76	7.13	105.62	8.02	111.35	0.17	0.000	0.000
18	保险业	95.39	3.81	93.38	6.61	105.22	1.02	0.000	0.008
19	证券及其他金融服务业	122.58	−0.36	115.02	4.09	112.59	2.56	0.002	0.009
20	多元化投资控股、商务服务业	125.80	17.40	109.24	6.82	104.63	0.55	0.005	0.044
21	房地产开发与经营、物业及房屋装饰、修缮、管理等服务业	93.06	−3.46	84.56	−3.50	104.48	2.10	0.267	0.046
22	旅游、旅馆及娱乐服务业	75.04	40.16	66.08	25.80	98.61	12.64	0.081	1.004
23	公用事业、市政、水务、航道等公共设施投资、经营与管理业	115.62	5.82	104.88	0.39	109.96	5.43	0.062	0.068
24	人力资源(职业教育、培训等)、会展博览、国内外经济合作等社会综合服务业	94.70	24.99	85.59	8.33	92.11	−2.20	0.543	1.640
25	科技研发、推广及地勘、规划、设计、评估、咨询、认证等承包服务业	113.26	14.56	104.31	12.23	108.65	4.23	0.060	0.235
26	文化产业(书刊出版、印刷、发行与销售及影视、音像、文体、演艺等)	96.98	27.58	93.58	26.18	102.97	11.81	0.047	1.051
27	信息、传媒、电子商务、网购、娱乐等互联网服务业	111.45	19.99	100.47	7.94	108.06	3.41	0.076	0.045
28	综合服务业(以服务业为主,含有制造业)	102.80	6.49	88.77	−4.47	101.42	2.96	0.316	0.119

注:盈亏系数=行业亏损总额/行业净利润总额,数值越高,亏损比率越大,数值为 1 则盈亏额相等,数值为 0 则无亏损额。

2021 年服务业细分行业景气指数超过 120 点的行业有 7 个，分别为：水上运输业 146.29 点，陆路运输、城市公交、道路及交通辅助等服务业 138.57 点，物流、仓储、运输、配送服务业 123.72 点，综合性内外商贸及批发、零售业 126.04 点，多元化投资控股、商务服务业 125.80 点，证券及其他金融服务业 122.58 点，能源、矿产、化工、机电、金属产品等内外商贸批发业 121.08 点。

2021 年盈利指数超过 110 点的行业有 5 个，分别为：水上运输业 134.81 点，陆路运输、城市公交、道路及交通辅助等服务业 123.38 点，综合性内外商贸及批发、零售业 116.53 点，证券及其他金融服务业 115.02 点，港口服务业 111.42 点。

2021 年效益指数超过 110 点的行业有 4 个，分别为：陆路运输、城市公交、道路及交通辅助等服务业 110.94 点，水上运输业 116.13 点，银行业 111.35 点，证券及其他金融服务业 112.59 点。

以上这些景气水平高、盈利能力强、综合效益好的行业相对集中在交通运输、大宗商品贸易和与金融投资相关的领域。

2021 年景气指数、盈利指数、效益指数均低于荣枯线的行业有 4 个，分别为：航空运输及相关服务业，航空港及相关服务业，旅游、旅馆及娱乐服务业，人力资源（职业教育、培训等）、会展博览、国内外经济合作等社会综合服务业。这 4 个行业有可能出现行业性亏损局面，整体经营形势不容乐观，需要引起业界的高度警觉和关注。

2.2021 年服务业细分行业盈亏系数综合分析

2021 年服务业细分行业中盈亏系数为 0（无亏损额）的行业有 6 个（较 2020 年增加 3 个行业），分别为：水上运输业，农牧渔饲产品及生活消费品等内外商贸批发、零售业，汽车和摩托车商贸、维修保养及租赁业，医药专营批发、零售业及医疗服务业，银行业，保险业。

2021 年服务业细分行业中盈亏系数小于 0.010（亏损比率小于 1%）的行业有 5 个，分别为：陆路运输、城市公交、道路及交通辅助等服务业 0.002，电信、邮寄、速递等服务业 0.004，物流、仓储、运输、配送服务业 0.009，证券及其他金融服务业 0.002，多元化投资控股、商务服务业 0.005。以上这 5 个行业的亏损比率均不超过 1%。

2021 年服务业细分行业中盈亏系数大于 0.10 小于 1.00（亏损比率大于 10%小于 100%）的行业有 5 个，分别为：能源（电、热、燃气等）供应、开发、节能减排及再循环服务业 0.245，能源、矿产、化工、机电、金属产品等内外商贸批发业 0.344，房地产开发与经营、物业及房屋装饰、修缮、管理等服务业 0.267，人力资源（职业教育、培训等）、会展博览、国内外经济合作等社会综合服务业 0.543，综合服务业（以服务业为主，含有制造业）0.316。以上这 5

个行业的亏损比率均不超过 100%。

2021 年服务业细分行业中盈亏系数大于 1.00（亏损比率大于 100%）的行业有 3 个（较 2020 年减少 2 个行业），分别为：航空运输及相关服务业 10.388，航空港及相关服务业 4.861；商业零售业及连锁超市 1.742。整体性亏损的行业主要集中在与航空相关的领域。

三、2022 中国服务业企业信用 100 强行业效益变化趋势分析

（一）能源、交通、物流行业经济效益变化趋势分析

1.能源（电、热、燃气等）供应、开发、节能减排及再循环服务业增速明显回升

第一，从收益性指标分析。2021 年能源（电、热、燃气等）供应、开发、节能减排及再循环服务业营收利润率为 5.71%，同比提高了 1.23 个百分点；资产利润率为 2.08%，同比下降了 0.25 个百分点；所有者权益报酬率为 11.51%，同比提高了 6.03 个百分点。

能源（电、热、燃气等）供应、开发、节能减排及再循环服务业收益性指标变化趋势分析见图 5-17。

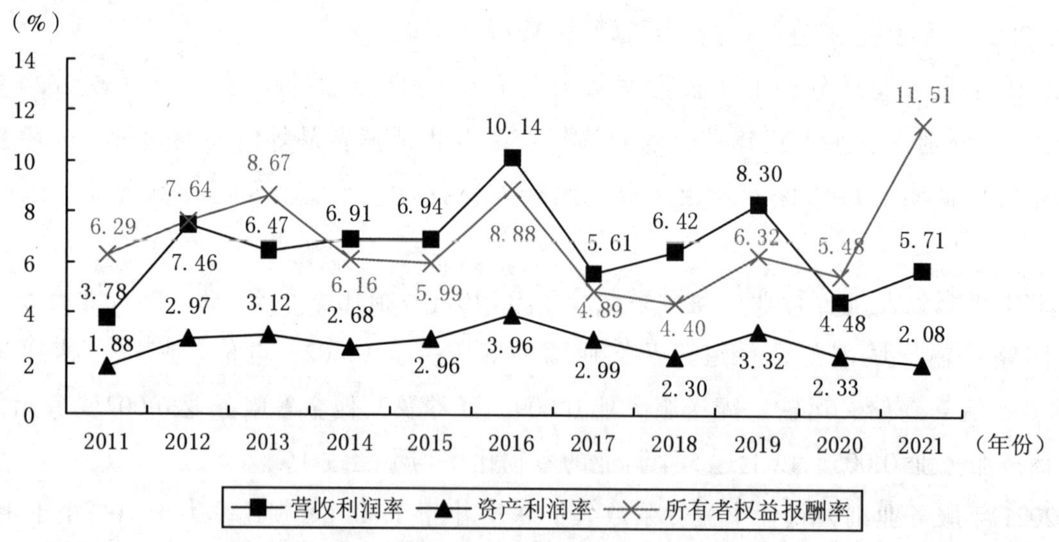

图 5-17 能源（电、热、燃气等）供应、开发、节能减排及再循环服务业收益性指标变化趋势分析

从图 5-17 中可以看出，该行业总体呈现明显回升的态势。其中，营收利润率有所上升，所有者权益报酬率提升的幅度较大，表明该行业整体盈利能力大幅提升；但资产利润率小幅

回落，表明其资本运营效益和质量有待进一步提高。总体来看，该行业整体经营形势趋于好转。

第二，从成长性指标分析。2021 年能源（电、热、燃气等）供应、开发、节能减排及再循环服务业营收增长率为 25.05%，同比提高了20.47 个百分点；利润增长率为 5.04%，同比提高了 4.15 个百分点；资产增长率为 13.01%，同比下降了 0.40 个百分点；人员增长率为 4.20%，同比提高了 1.36 个百分点。

能源（电、热、燃气等）供应、开发、节能减排及再循环服务业成长性指标变化趋势分析见图 5-18。

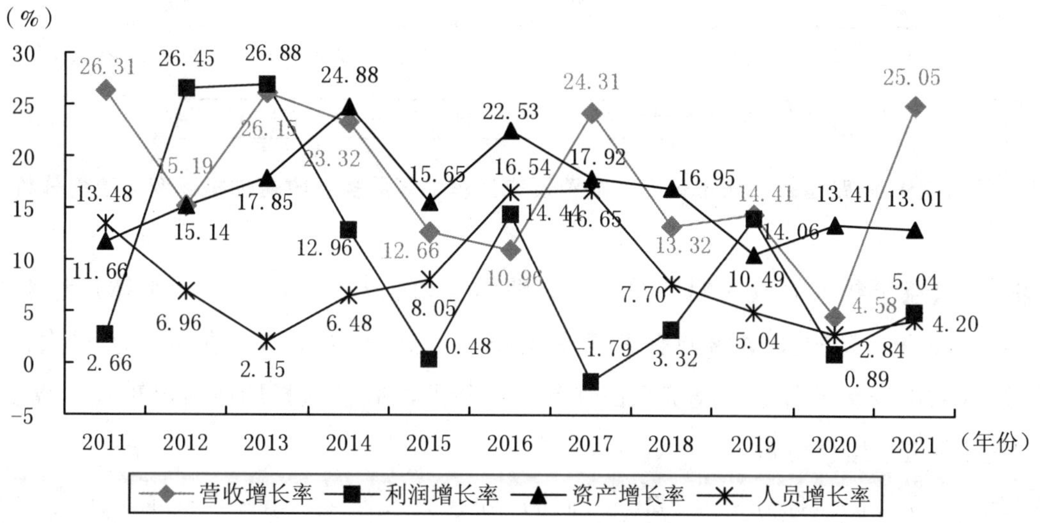

图 5-18 能源（电、热、燃气等）供应、开发、节能减排及再循环服务业成长性指标变化趋势分析

综合四项成长性指标分析，该行业总体上呈现震荡上行的运行态势。其中，营收增长率增幅较大，表明市场需求显著扩大；利润增长率增幅较小，并未实现同步增长；资产增长率虽有小幅下降，但与之前基本持平，且保持在相对高位运行；人员增长率有明显提升。总体分析表明，该行业总体增速明显回升，整体经营形势持续向好，为恢复性增长打下良好基础。预测 2022 年及后期市场，随着宏观经济持续向好，该行业仍将会保持相对合理的增长速度。

2.陆路运输、城市公交、道路及交通辅助等服务业增速强势反弹

第一，从收益性指标分析。2021 年陆路运输、城市公交、道路及交通辅助等服务业营收利润率为 20.94%，同比提高了 7.03 个百分点；资产利润率为 3.76%，同比提高了 2.28 个百分点；所有者权益报酬率为 8.13%，同比提高了 5.59 个百分点。

陆路运输、城市公交、道路及交通辅助等服务业收益性指标变化趋势分析见图 5-19。

综合三项收益性指标分析，该行业总体呈现强势反弹的基本态势。营收利润率、资产利润

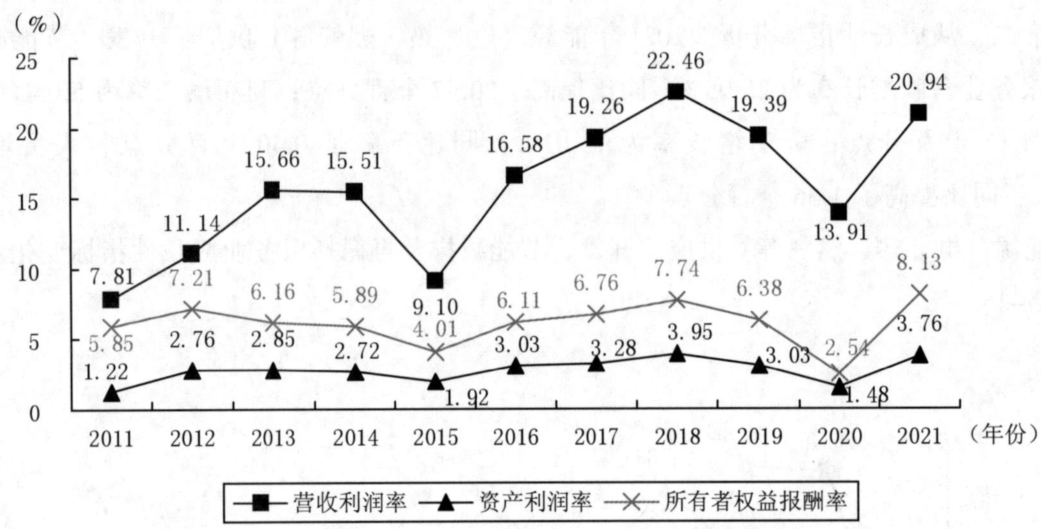

图 5-19 陆路运输、城市公交、道路及交通辅助等服务业收益性指标变化趋势分析

率和所有者权益报酬均有较大幅度的回升，整体盈利能力显著增强。从整体走势来看，该行业出现大幅波动与新冠疫情影响有着紧密关联，预测 2022 年该行业可能会再次出现回落，2023 年及后期市场，随着宏观经济全面恢复，该行业的收益性指标将会出现较大幅度的回升，并逐步回归到正常运行轨道。

第二，从成长性指标分析。2021 年陆路运输、城市公交、道路及交通辅助等服务业营收增长率为 33.39%，同比提升了 41.72 个百分点；利润增长率为 43.76%，同比提升了 98.62 个百分点；资产增长率为 7.24%，同比下降了 2.57 个百分点；人员增长率为 4.58%，同比提高了 2.86 个百分点。

陆路运输、城市公交、道路及交通辅助等服务业成长性指标变化趋势分析见图 5-20。

综合四项成长性指标分析，该行业主要经营性成长指标亦呈现强势反弹的态势。营收增长率和利润增长率双双达到自 2011 年以来的最好水平；人员增长率也有明显提升；资产增长率有所放缓。但由于是基于低点的强势反弹，不具有持续性，2022 年可能高点回落。预测 2023 年及后期市场，该行业将会持续保持合理的增速。

3.物流、仓储、运输、配送及供应链服务业持续回升

第一，从收益性指标分析。2021 年物流、仓储、运输、配送及供应链服务业营收利润率为 2.91%，同比提高了 1.45 个百分点；资产利润率为 3.39%，同比提高了 2.25 个百分点；所有者权益报酬率为 17.60%，同比提高了 15.91 个百分点。

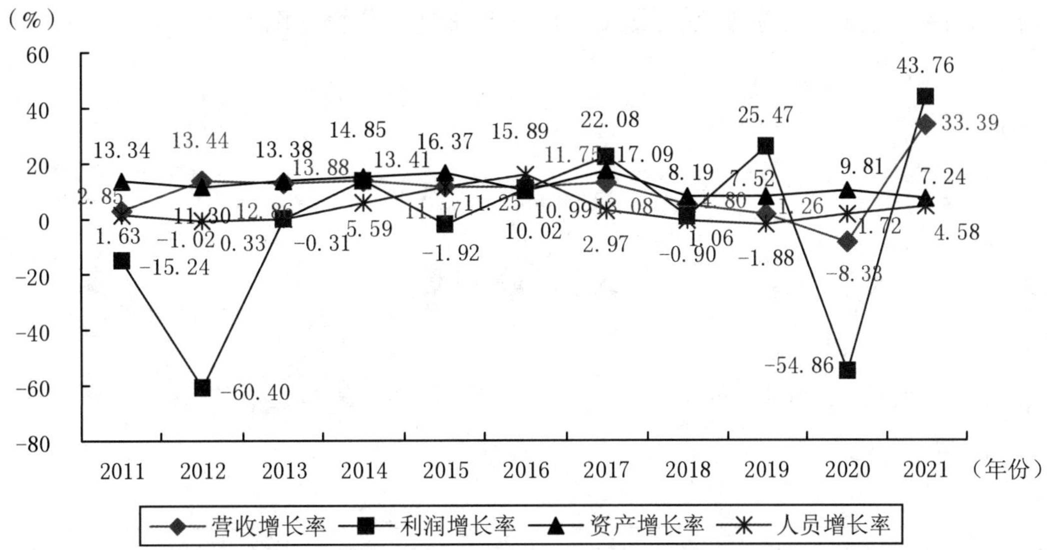

图 5-20 陆路运输、城市公交、道路及交通辅助等服务业成长性指标变化趋势分析

物流、仓储、运输、配送及供应链服务业收益性指标变化趋势分析见图 5-21。

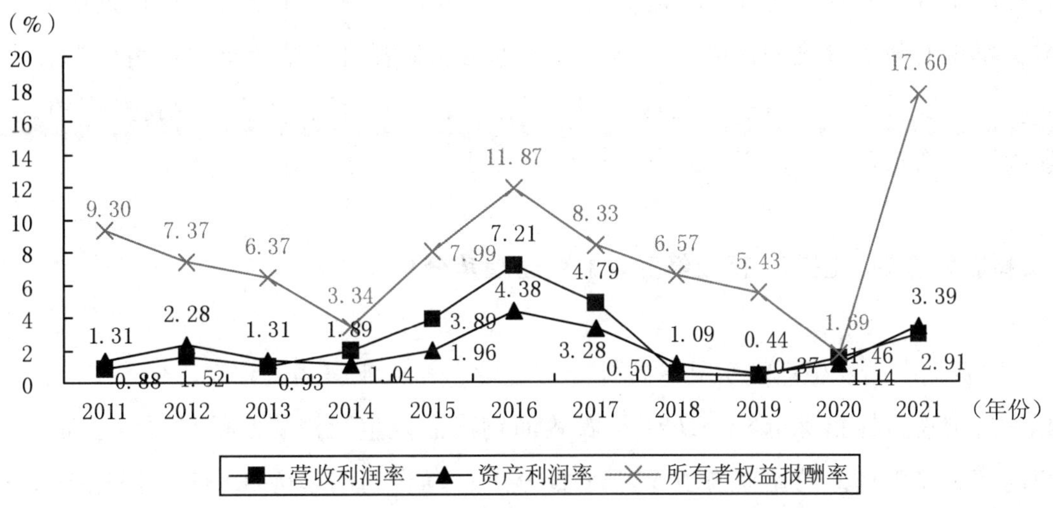

图 5-21 物流、仓储、运输、配送及供应链服务业收益性指标变化趋势分析

从图 5-21 中可以看出，该行业三项收益性指标呈现快速回升的态势。其中，营收利润率和资产利润率持续回升，所有者权益提升幅度明显加大。总体来看，该行业盈利能力明显加强。

第二，从成长性指标分析。2021 年物流、仓储、运输、配送及供应链服务业营收增长率为34.22%，同比提高了32.11 个百分点；利润增长率为 13.23%，同比提高了 8.57 个百分点；资产增长率为 20.28%，同比提高了 8.08 个百分点；人员增长率为 2.41%，同比提高了 1.21 个百分点。

物流、仓储、运输、配送服务业成长性指标变化趋势分析见图 5-22。

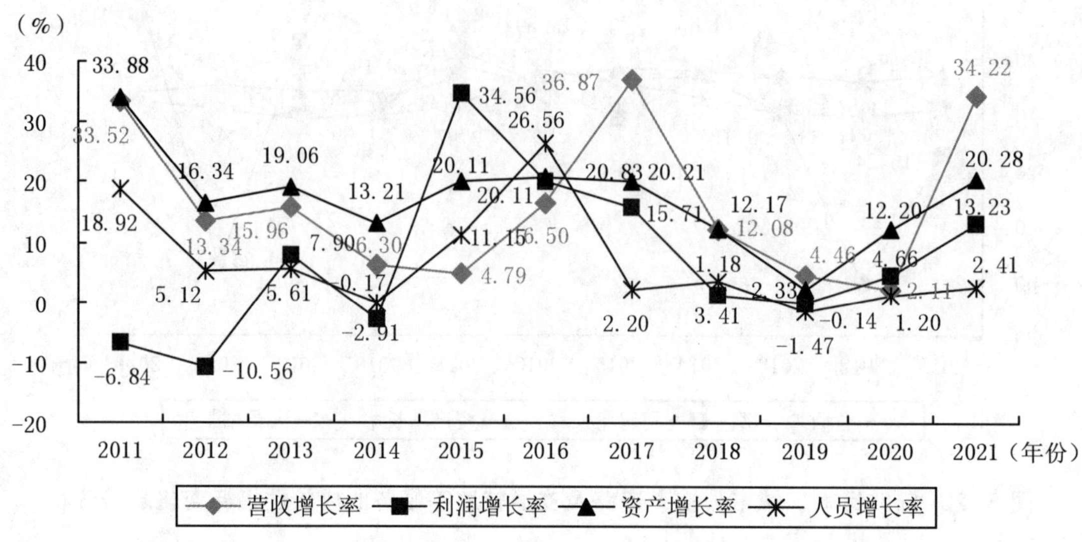

图 5-22 物流、仓储、运输、配送服务业成长性指标变化趋势分析

从成长性指标分析，该行业增速明显加快。营收增长率和资产增长率接近历史最好水平，利润增长率也有较大幅度的提高；人员增长率也有明显提升。结合收益性指标综合分析来看，该行业具有恢复性增长的特征，预测 2022 年及后期市场，该行业仍将保持较高的景气度，保持合理较快的增长速度将是该行业主要的发展趋势。

（二）农牧渔饲、医药、商业经济效益变化趋势分析

1.农牧渔饲产品及生活消费品等内外商贸批发、零售业震荡调整

第一，从收益性指标分析。2021 年农牧渔饲产品及生活消费品等内外商贸批发、零售业营收利润率为 7.28%，同比提高了 5.73 个百分点；资产利润率为 3.53%，同比提高了 1.65 个百分点；所有者权益报酬率为 6.18%，同比提高了 1.36 个百分点。

农牧渔饲产品及生活消费品等内外商贸批发、零售业收益性指标变化趋势分析见图 5-23。

综合三项收益性指标分析，该行业总体呈现温和回升的基本态势。其中，营收利润率回升的幅度较大，但资产利润率和所有者权益报酬率回升的幅度较为有限。总体来看，该行业仍处于震荡调整期。

第二，从成长性指标分析。2021 年农牧渔饲产品及生活消费品等内外商贸批发、零售业营收增长率为 5.88%，同比提高了7.45 个百分点；利润增长率为 6.76%，同比下降了 10.55 个百分点；资产增长率为 12.55%，同比提高了 6.35 个百分点；人员增长率为-0.73%，同比提高

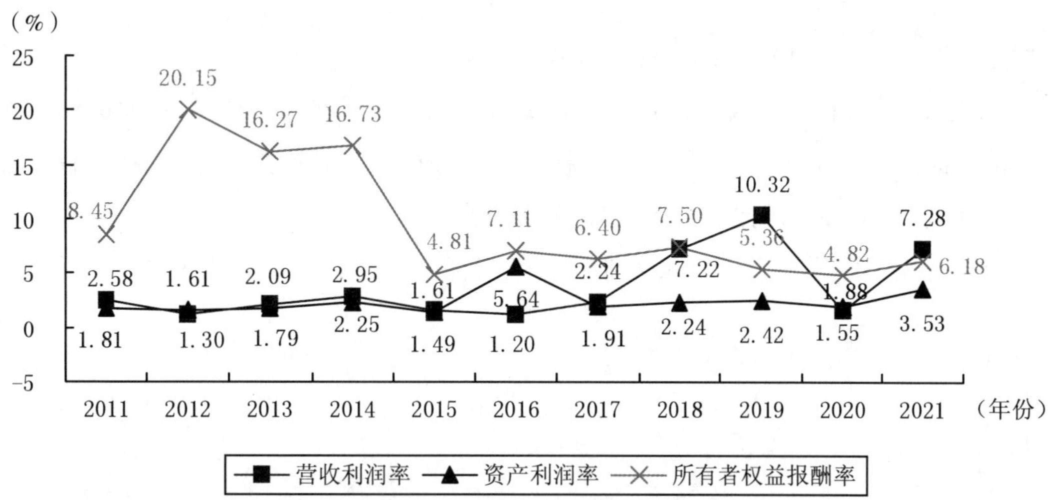

图 5-23 农牧渔饲产品及生活消费品等内外商贸批发、零售业收益性指标变化趋势分析

了 0.99 个百分点。

农牧渔饲产品及生活消费品等内外商贸批发、零售业成长性指标变化趋势分析见图 5-24。

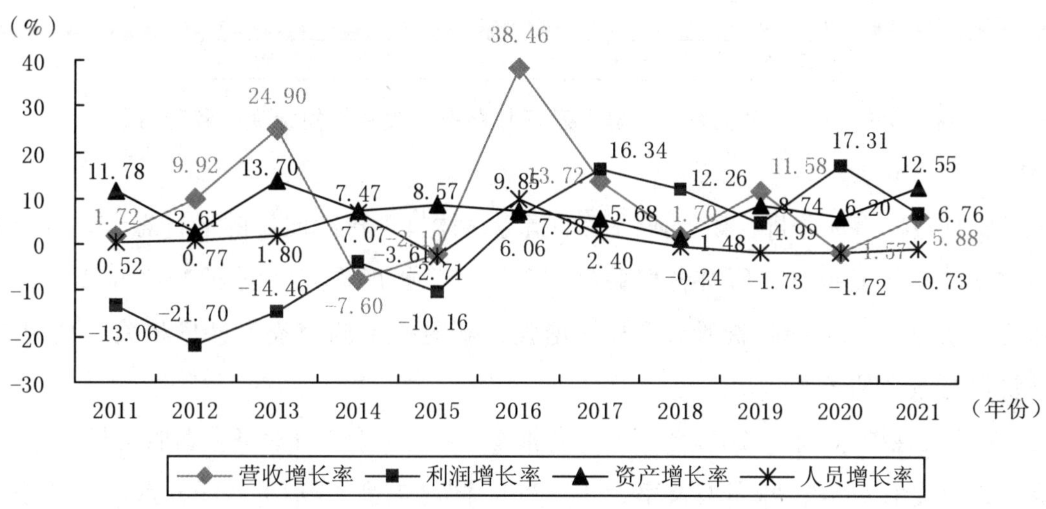

图 5-24 农牧渔饲产品及生活消费品等内外商贸批发、零售业成长性指标变化趋势分析

综合农牧渔饲产品及生活消费品等内外商贸批发、零售业成长性指标变化趋势分析，营收增长率有小幅回升，利润增长率却高位回落，资产规模增速明显加快，人员规模仍处于负增长状态，但下降的幅度有所收窄。结合收益性指标分析，该行业震荡调整特征明显，恢复性增长的基础尚不稳固。预测 2022 年及后期市场，该行业仍将延续周期性震荡调整走势，价格

波动及消费需求减弱仍是影响该行业经营形势的主要影响因素，总体运行仍将面临下行压力。

2.医药专营批发、零售业及医疗服务业持续向好

第一，从收益性指标分析。2021 年医药专营批发、零售业及医疗服务业的营收利润率为 5.81%，同比提高了 3.60 个百分点；资产利润率为 4.65%，同比提高了 2.50 个百分点；所有者权益报酬率为 14.13%，同比提高了 6.35 个百分点。

医药专营批发、零售业及医疗服务业收益性指标变化趋势分析见图 5-25。

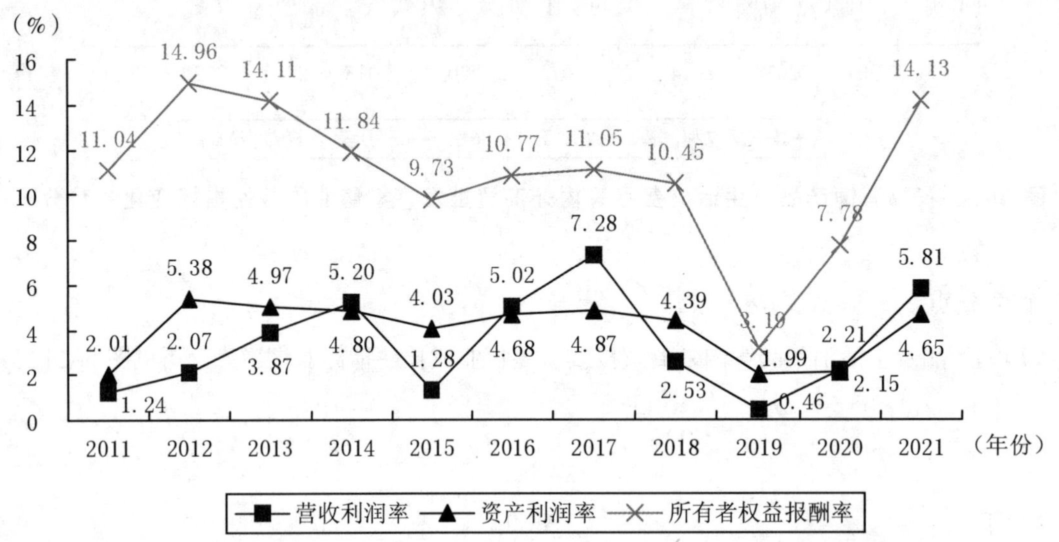

图 5-25　医药专营批发、零售业及医疗服务业收益性指标变化趋势分析

综合三项收益性指标分析，该行业的三项指标总体呈现持续向好的运行态势。营收利润率和资产利润率均有明显提升，所有者权益报酬率更有大幅度提升，创下 2013 年以来的最好水平。但综合分析来看，该行业盈利水平显著增强与新冠疫情调控政策息息相关。预测 2022 年该行业仍将保持较高的盈利水平。

第二，从成长性指标分析。2021 年医药专营批发、零售业及医疗服务业营收增长率为 16.03%，同比提高了5.20 个百分点；利润增长率为 11.18%，同比提高了 9.18 个百分点；资产增长率为 12.16%，同比下降了 5.43 个百分点；人员增长率为 3.75%，同比下降了 1.18 个百分点。

医药专营批发、零售业及医疗服务业成长性指标变化趋势分析见图 5-26。

综合成长性指标变化趋势分析，该行业总体上保持较高的增长速度。其中，营收增长率和利润增长率保持较高增速；资产增长率有所放缓，但相对保持较高水平；人员增长率小幅回落，总体来看，该行业仍将保持震荡上升的基本走势，持续向好的基本趋势不会改变，出现大幅波动的可能性较小。

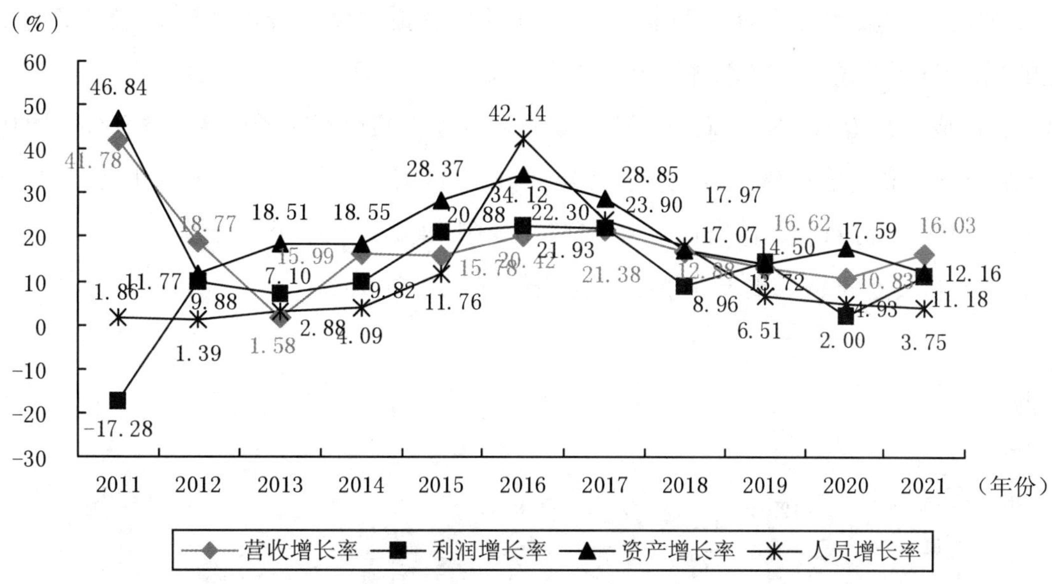

图 5-26 医药专营批发、零售业及医疗服务业成长性指标变化趋势分析

3.商业零售业及连锁超市低位反弹

第一，从收益性指标分析。2021 年商业零售业及连锁超市营收利润率为 6.80%，同比提高了 6.42 个百分点；资产利润率为 2.69%，同比提高了 2.35 个百分点；所有者权益报酬率为 2.99%，同比提高了 1.11 个百分点。

商业零售业及连锁超市收益性指标变化趋势分析见图 5-27。

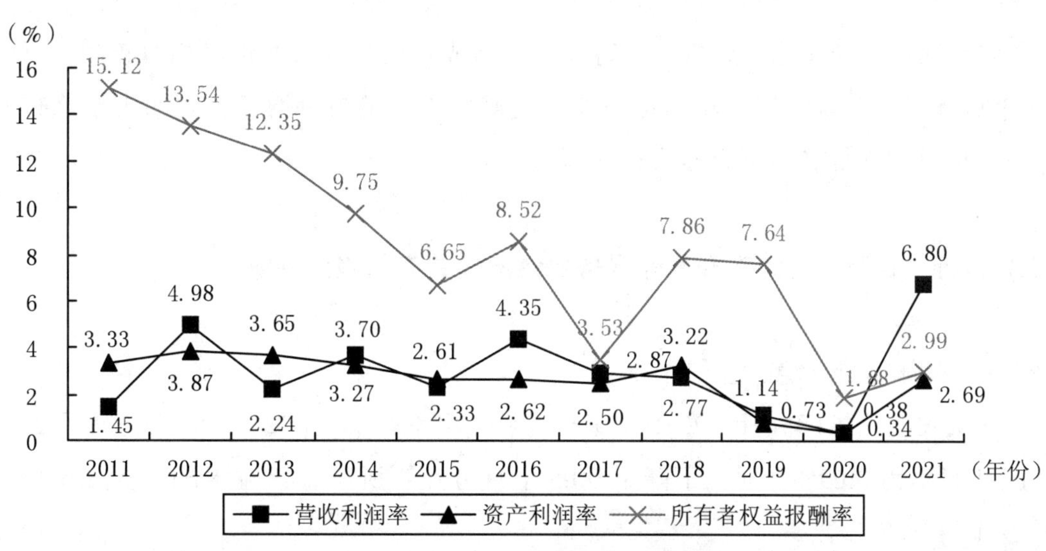

图 5-27 商业零售业及连锁超市收益性指标变化趋势分析

综合三项收益性指标分析，该行业总体呈现低位反弹的态势，但反弹的力度较弱。除营收利润率反弹的幅度较大外，资产利润率和所有者权益报酬率提升的幅度均较小。总体来看，该行业的增长动能尚显不足，总体盈利水平仍在低位区间运行。

第二，从成长性指标分析。2021 年商业零售业及连锁超市营收增长率为 2.86%，同比回升了 28.24 个百分点；利润增长率为-1.34%，同比回升了 34.92 个百分点；资产增长率为 14.91%，同比提高了 10.59 个百分点；人员增长率为 1.16%，同比回升了 4.55 个百分点。

商业零售业及连锁超市成长性指标变化趋势分析见图 5-28。

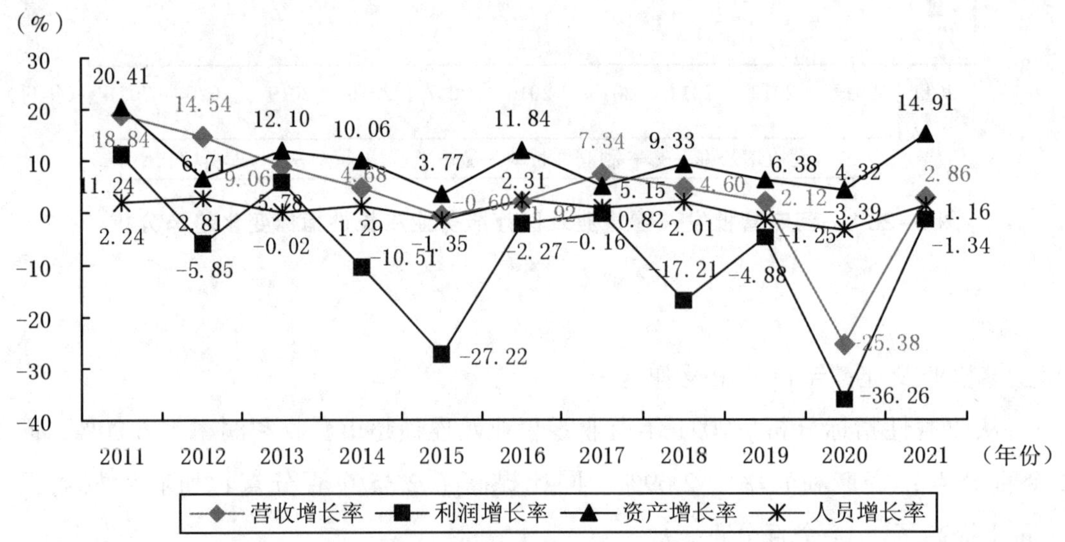

图 5-28 商业零售业及连锁超市成长性指标变化趋势分析

综合成长性指标变化趋势分析，该行业有三项成长性指标增速仍然相对较缓，营收增长率在 2020 年负增长的基础上转为小幅正增长，利润增长率仍为负增长，表明未来该行业总体经营形势并未出现明显好转，下行压力依然很大。

（三）银行、保险、房地产开发等服务业经济效益变化趋势分析

1.银行业总体运行平稳，温和回升

第一，从收益性指标分析。2021 年银行业营收利润率为 24.72%，同比提高了 2.14 个百分点；资产利润率为 0.69%，同比下降了 0.05 个百分点；所有者权益报酬率为 8.63%，同比下降了 1.59 个百分点。

银行业收益性指标变化趋势分析见图 5-29。

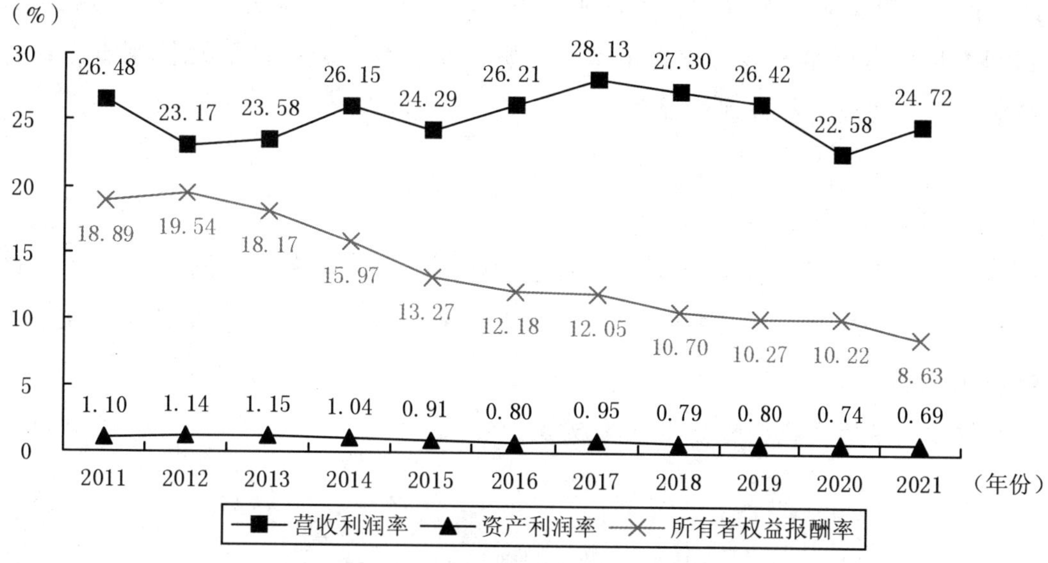

图 5-29 银行业收益性指标变化趋势分析

综合三项收益性指标分析，银行业总体运行平稳，营收利润率小幅提升，但资产利润率和所有者权益报酬率却有所下降。从整体来看，银行业仍具有较高的盈利水平。预测后期市场，该行业仍将保持相对平稳的运行态势，下行的空间较为有限。

第二，从成长性指标分析。2021 年银行业营收增长率为 13.23%，同比提高了1.68 个百分点；利润增长率为 10.29%，同比提高了 12.58 个百分点；资产增长率为 9.45%，同比下降了 1.89 个百分点；人员增长率为 2.98%，同比下降了 1.68 个百分点。

银行业成长性指标变化趋势分析见图 5-30。

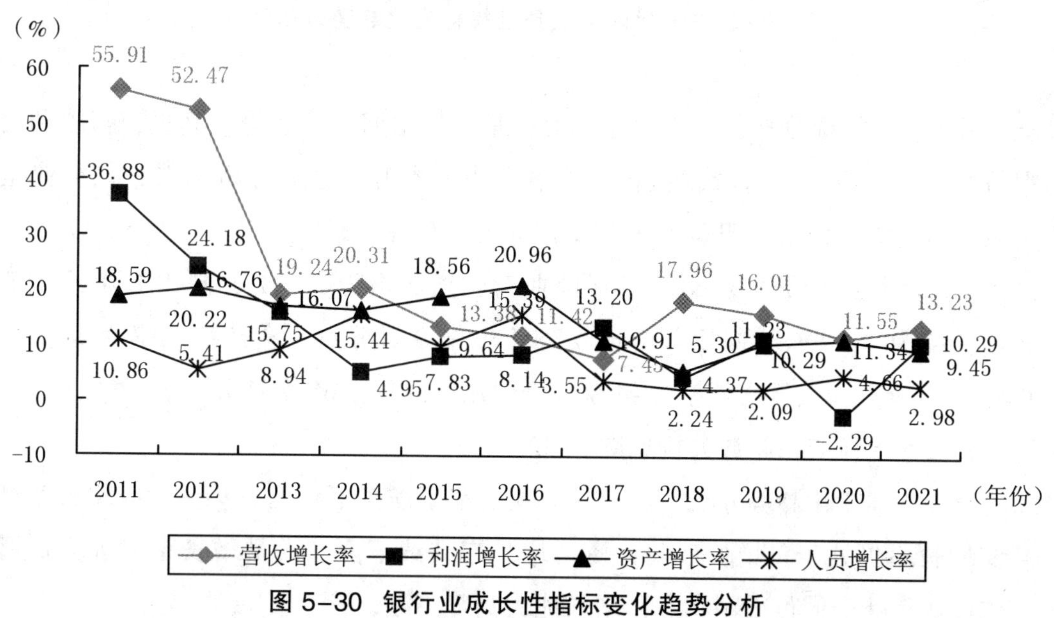

图 5-30 银行业成长性指标变化趋势分析

综合成长性指标变化趋势分析，该行业总体呈现温和回升的态势。其中，营收增长率持续增长，利润增长率由负增长转为较高正增长，资产增长率小幅回落。总体来看，该行业仍然保持平稳增速，其波动尚在合理范围之内。

2.保险业总体低位徘徊

第一，从收益性指标分析。2021 年保险业营收利润率为 4.80%，同比提升了 1.67 个百分点；资产利润率为 0.96%，同比提升了 0.35 个百分点；所有者权益报酬率为 9.92%，同比提升了 1.06 个百分点。

保险业收益性指标变化趋势分析见图 5-31。

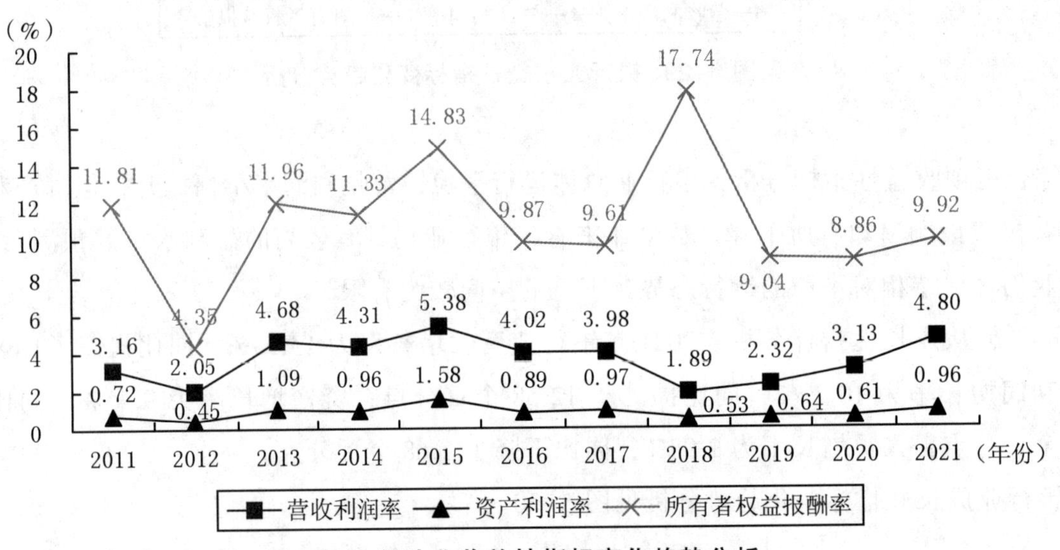

图 5-31 保险业收益性指标变化趋势分析

综合三项收益性指标分析，保险业总体运行呈现小幅回升的态势。其中，营收利润率和资产利润率持续稳定回升，所有者权益报酬率也有小幅提升。总体分析来看，该行业盈利能力有明显提高，但与成长性指标明显不相匹配，持续性有待观察。

第二，从成长性指标分析。2021 年保险业营收增长率为 5.57%，同比下降了2.15 个百分点；利润增长率为-14.79%，同比负增长收窄了 9.77 个百分点；资产增长率为 14.11%，同比下降了 0.43 个百分点；人员增长率为-4.80%，同比下降了 5.65 个百分点。

保险业成长性指标变化趋势分析见图 5-32。

综合成长性指标变化趋势分析，保险业总体延续了震荡下行的态势。营收增长率继续小幅回落，利润增长率仍处于负增长区间，资产增长率持续下降，人员增长率表现为负增长。总体来看，该行业仍处于低位徘徊状态，增长能力尚显不足。

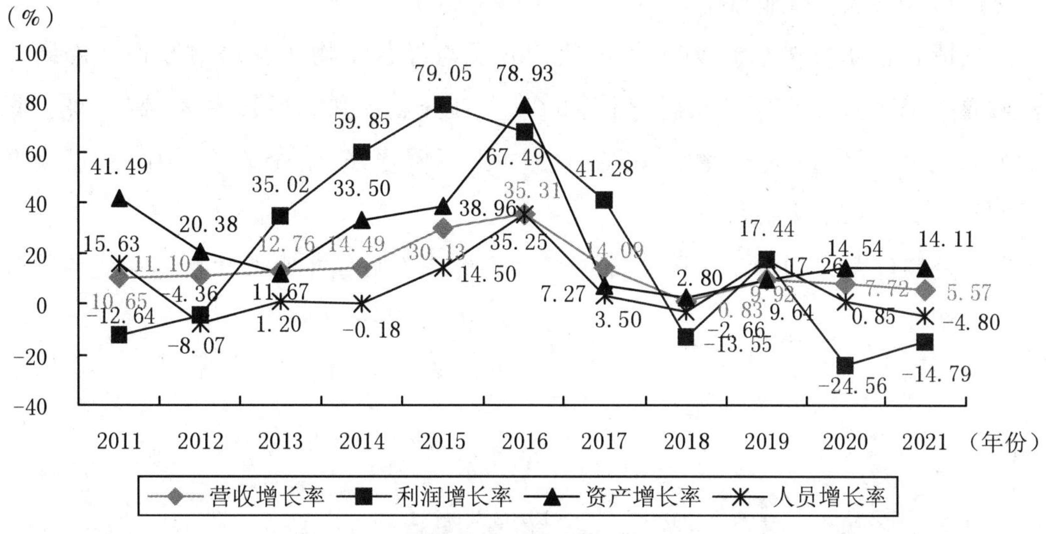

图 5-32 保险业成长性指标变化趋势分析

3.房地产开发与经营、物业及房屋装饰、修缮、管理等服务业持续低迷

第一，从收益性指标分析。2021 年房地产开发与经营、物业及房屋装饰、修缮、管理等服务业营收利润率为 6.57%，同比下降了 0.25 个百分点；资产利润率为 2.50%，同比提高了 0.99 个百分点；所有者权益报酬率为 4.36%，同比下降了 1.52 个百分点。

房地产开发与经营、物业及房屋装饰、修缮、管理等服务业收益性指标变化趋势分析见图 5-33。

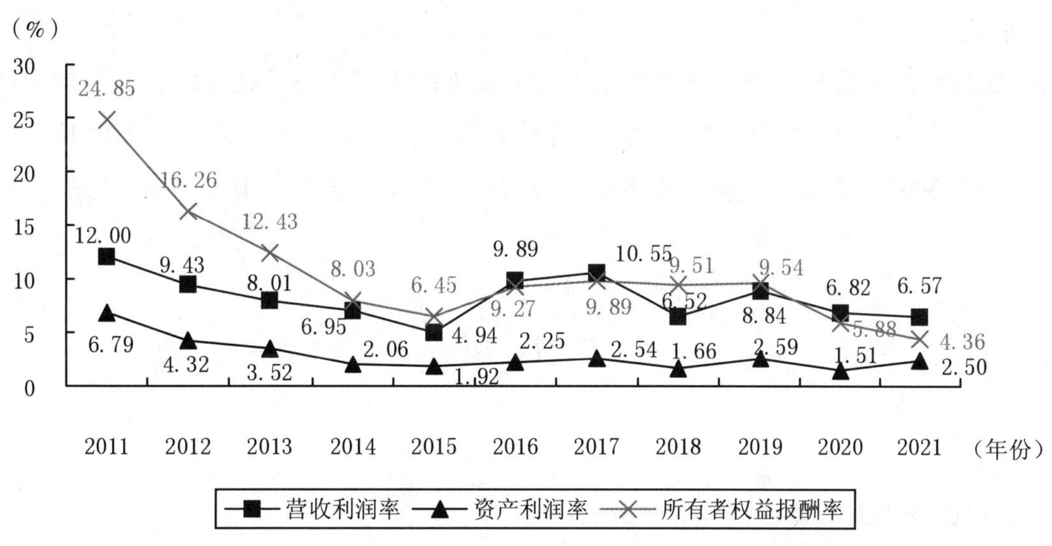

图 5-33 房地产开发与经营、物业及房屋装饰、修缮、管理等服务业收益性指标变化趋势分析

综合三项收益性指标分析，该行业收益性指标总体延续了震荡下行态势，整体盈利能力持

续下降，总体市场表现持续低迷。

第二，从成长性指标分析。2021 年房地产开发与经营、物业及房屋装饰、修缮、管理等服务业营收增长率为 13.98%，同比提高了 6.08 个百分点；利润增长率为-27.86%，同比下降了 13.00 个百分点；资产增长率为 6.47%，同比下降了 6.21 个百分点；人员增长率为-0.70%，同比下降了 4.39 个百分点。

房地产开发与经营、物业及房屋装饰、修缮、管理等服务业成长性指标变化趋势分析见图 5-34。

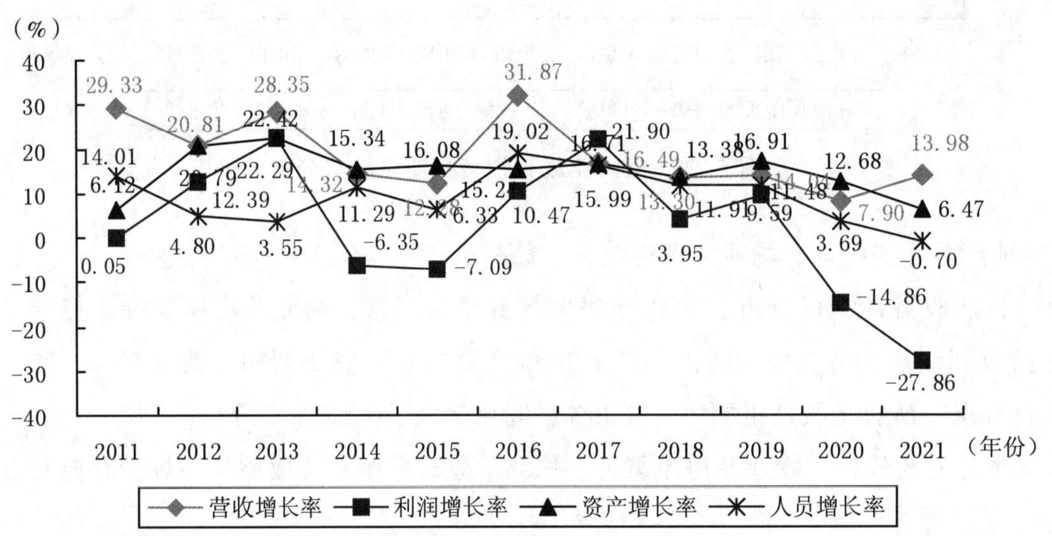

图 5-34 房地产开发与经营、物业及房屋装饰、修缮、管理等服务业成长性指标变化趋势分析

综合成长性指标分析，该行业总体呈现较大幅度的下行态势，营收增长率有较大提升，利润增长率却表现为较大幅的负增长，资产增速下降明显，人员增速表现为负增长。预测后期市场，受政策利好和消费回暖等因素影响，该行业将会呈现温和上升的态势。

四、2022 中国服务业企业信用 100 强行业效益综合分析

（一）中国服务业收益性指标综合分析

1.中国服务业2021 年行业收益性指标综合分析

2021 年中国服务业 28 个细分行业中营收利润率提高的细分行业有 23 个（较 2020 年增加了

15 个细分行业)，占 82.14 %；营收利润率下降或与上年持平的细分行业有 5 个，占 17.86%。

资产利润率提高的细分行业有 24 个（较 2020 年增加了 15 个细分行业)，占 85.71%；资产利润率下降的细分行业有 4 个，占 14.29%。

所有者权益报酬率提高的细分行业有 21 个（较 2020 年增加了 14 个细分行业)，占 75.00%；所有者权益报酬率下降的细分行业有 7 个，占 25.00%。

三项收益性指标中有一项或多项指标下降的行业有 11 个（较 2020 年减少了 13 个细分行业)，占全部 28 个行业的 39.29%。其中，三项指标均为下降的行业有 0 个；三项指标中有两项指标为下降的行业有 5 个，占全部 28 个行业的 17.86%；三项指标中有一项指标为下降的行业有 6 个，占全部 28 个行业的 21.43%。三项指标均为提高的行业有 17 个，占 60.71%。

2021 年中国服务业收益性指标行业特征见表 5-4。

2.中国服务业2021 年行业收益性指标排序分析

营收利润率超过 15%的 6 个行业分别为：证券及其他金融服务业 28.08%，银行业 24.72%，陆路运输、城市公交、道路及交通辅助等服务业 20.94%，水上运输业 19.61%，汽车和摩托车商贸、维修保养及租赁业 15.48%，公用事业、市政、水务、航道等公共设施投资、经营与管理业 15.95%。

资产利润率超过 4%的 6 个行业分别为：水上运输业 7.97%，信息、传媒、电子商务、网购、娱乐等互联网服务业 5.30%，科技研发、推广及地勘、规划、设计、评估、咨询、认证等承包服务业 5.19%，医药专营批发、零售业 4.65%，汽车和摩托车商贸、维修保养及租赁业 4.44%，软件、程序、计算机应用、网络工程等计算机、微电子服务业 4.27%。

所有者权益报酬率超过 10%的 6 个行业分别为：水上运输业 20.81%，物流、仓储、运输、配送服务业 17.60%，医药专营批发、零售业 14.13%，公用事业、市政、水务、航道等公共设施投资、经营与管理业 11.58%，能源（电、热、燃气等）供应、开发、节能减排及再循环服务业 11.51%，科技研发、推广及地勘、规划、设计、评估、咨询、认证等承包服务业 11.01%。

（二）中国服务业流动性和安全性指标综合分析

1.中国服务业2021 年行业流动性和安全性指标综合分析

2021 年中国服务业 28 个细分行业中资产周转率提高的细分行业有 23 个（较 2020 年增加了 18 个细分行业)，占 82.14 %；资产周转率下降的细分行业有 5 个，占 17.86%。

表 5-4　　2021 年中国服务业收益性指标行业特征

序号	行业	营收利润率		资产利润率		所有者权益报酬率	
		本期(%)	同比(±)	本期(%)	同比(±)	本期(%)	同比(±)
1	能源(电、热、燃气等)供应、开发、节能减排及再循环服务业	5.71	1.23	2.08	−0.25	11.51	6.03
2	铁路运输及辅助服务业	5.67	3.90	3.05	0.57	6.22	−1.21
3	陆路运输、城市公交、道路及交通辅助等服务业	20.94	7.03	3.76	2.28	8.13	5.59
4	水上运输业	19.61	8.67	7.97	3.93	20.81	10.60
5	港口服务业	11.28	0.23	2.73	0.37	5.46	0.91
6	航空运输及相关服务业	−4.64	18.61	−1.31	3.64	−2.87	−2.09
7	航空港及相关服务业	−10.18	3.10	−0.31	0.85	−0.62	0.94
8	电信、邮寄、速递等服务业	4.77	1.56	2.05	−0.22	6.80	1.03
9	软件、程序、计算机应用、网络工程等计算机、微电子服务业	7.96	4.63	4.27	2.32	5.59	6.62
10	物流、仓储、运输、配送服务业	2.91	1.45	3.39	2.25	17.60	15.91
11	能源、矿产、化工、机电、金属产品等内外商贸批发业	0.79	−0.72	3.14	1.61	2.17	−11.72
12	农牧渔饲产品及生活消费品等内外商贸批发、零售业	7.28	5.73	3.53	1.65	6.18	1.36
13	综合性内外商贸及批发、零售业	0.32	−1.58	1.75	0.82	6.06	−7.22
14	汽车和摩托车商贸、维修保养及租赁业	15.48	3.20	4.44	1.40	9.87	4.09
15	医药专营批发、零售业	5.81	3.60	4.65	2.50	14.13	6.35
16	商业零售业及连锁超市	6.80	6.42	2.69	2.35	2.99	1.11
17	银行业	24.72	2.14	0.69	−0.05	8.63	−1.59
18	保险业	4.80	1.67	0.96	0.35	9.92	1.06
19	证券及其他金融服务业	28.08	5.58	2.04	0.29	7.65	1.81
20	多元化投资控股、商务服务业	6.63	−0.92	1.56	0.20	8.59	5.26
21	房地产开发与经营、物业及房屋装饰、修缮、管理等服务业	6.57	−0.25	2.50	0.99	4.36	−1.52
22	旅游、旅馆及娱乐服务业	2.61	30.43	0.57	4.51	1.27	11.62
23	公用事业、市政、水务、航道等公共设施投资、经营与管理业	15.95	7.21	2.34	−0.13	11.58	9.20
24	人力资源(职业教育、培训等)、会展博览、国内外经济合作等社会综合服务业	−14.22	−5.84	−1.44	2.55	−8.00	−3.29
25	科技研发、推广及地勘、规划、设计、评估、咨询、认证等承包服务业	9.75	9.68	5.19	0.48	11.01	2.53
26	文化产业(书刊出版、印刷、发行与销售及影视、音像、文体、演艺等)	5.06	23.22	2.83	6.19	1.02	6.03
27	信息、传媒、电子商务、网购、娱乐等互联网服务业	9.28	4.81	5.30	5.18	9.59	0.23
28	综合服务业(以服务业为主,含有制造业)	2.40	3.74	0.14	3.35	1.71	1.79

所有者权益比率提高的细分行业有 9 个（较 2020 年减少了 1 个细分行业），占 32.14 %；所有者权益比率下降的细分行业有 19 个，占 67.86%。

资本保值增值率提高的细分行业有 19 个（较 2020 年增加了 10 个细分行业），占 67.86%；资本保值增值率下降的细分行业有 9 个，占 32.14%。

资本保值增值率低于 100%的行业有 2 个（较 2020 年减少了 2 个细分行业），分别为：2 航空运输及相关服务业 、航空港及相关服务业。以上这 2 个行业表现为资本亏损。

三项流动性和安全性指标中有一项或多项指标下降的行业有 22 个（较 2020 年减少了 6 个细分行业），占全部 28 个行业的 78.57%。其中，三项指标均为下降的行业为 0 个（较 2020 年减少了 9 个细分行业）；三项指标中有两项指标为下降的行业有 11 个（较 2020 年减少了 2 个细分行业），占全部 28 个行业的 39.29%；三项指标中有一项指标为下降的行业有 11 个（较 2020 年增加了 5 个细分行业），占全部 28 个行业的 39.29%。三项指标均为提高的行业有 6 个（较 2020 年增加了 6 个细分行业），占全部 28 个行业的 21.43%。

2021 年中国服务业流动性和安全性指标行业特征见表 5-5。

2.中国服务业行业 2021 年流动性和安全性指标排序分析

资产周转率超过 1.00 次/年的 7 个行业分别为：汽车和摩托车商贸、维修保养及租赁业 1.54 次/年，综合性内外商贸及批发、零售业 1.48 次/年，农牧渔饲产品及生活消费品等内外商贸批发、零售业 1.37 次/年，物流、仓储、运输、配送服务业 1.33 次/年，能源、矿产、化工、机电、金属产品等内外商贸批发业 1.22 次/年，医药专营批发、零售业 1.18 次/年，铁路运输及辅助服务业 1.14 次/年。以上这 7 个细分行业的资产运营效率较高。

所有者权益比率超过 50%的 6 个行业分别为：软件、程序、计算机应用、网络工程等计算机、微电子服务业 61.58%，铁路运输及辅助服务业 58.89%，信息、传媒、电子商务、网购、娱乐等互联网服务业 58.82%，文化产业（书刊出版、印刷、发行与销售及影视、音像、文体、演艺等）57.52%，航空港及相关服务业 57.02%，旅游、旅馆及娱乐服务业 52.59%。以上这 6 个细分行业的理论负债率相对较低。

资本保值增值率超过 110%的 9 个行业分别为：水上运输业 116.93%，医药专营批发、零售业 116.57%，科技研发、推广及地勘、规划、设计、评估、咨询、认证等承包服务业 114.07%，能源、矿产、化工、机电、金属产品等内外商贸批发业 112.53%，汽车和摩托车商贸、维修保养及租赁业 112.31%，银行业 111.82%，信息、传媒、电子商务、网购、娱乐等互联网服务业 111.81%，电信、邮寄、速递等服务业 111.23%，保险业 111.15%。以上这 9 个细分行业的资本效益较高。

表 5-5　　2021 年中国服务业流动性和安全性指标行业特征

序号	行业	资产周转率		所有者权益比率		资本保值增值率	
		本期(次)	同比(±)	本期(%)	同比(±)	本期(%)	同比(±)
1	能源(电、热、燃气等)供应、开发、节能减排及再循环服务业	0.53	0.08	41.07	−1.70	106.49	−0.25
2	铁路运输及辅助服务业	1.14	0.33	58.89	2.42	106.83	−3.38
3	陆路运输、城市公交、道路及交通辅助等服务业	0.20	0.04	42.00	−1.25	108.57	3.19
4	水上运输业	0.48	0.08	44.27	−2.08	116.93	5.57
5	港口服务业	0.41	0.03	42.29	0.02	105.78	0.61
6	航空运输及相关服务业	0.27	−0.21	23.24	−1.21	85.05	5.47
7	航空港及相关服务业	0.23	0.01	57.02	−5.73	99.61	1.13
8	电信、邮寄、速递等服务业	0.62	0.01	41.60	−3.41	111.23	3.71
9	软件、程序、计算机应用、网络工程等计算机、微电子服务业	0.57	0.04	61.58	−0.17	108.15	2.75
10	物流、仓储、运输、配送服务业	1.33	0.07	36.03	1.84	106.78	5.79
11	能源、矿产、化工、机电、金属产品等内外商贸批发业	1.22	−0.13	24.15	−2.70	112.53	0.97
12	农牧渔饲产品及生活消费品等内外商贸批发、零售业	1.37	0.27	22.21	−14.44	107.24	−1.16
13	综合性内外商贸及批发、零售业	1.48	0.20	32.27	4.34	109.65	−2.08
14	汽车和摩托车商贸、维修保养及租赁业	1.54	0.12	43.12	1.25	112.31	5.80
15	医药专营批发、零售业	1.18	0.19	36.23	−4.35	116.57	7.48
16	商业零售业及连锁超市	0.68	−0.13	39.00	0.90	104.97	−2.49
17	银行业	0.03	−0.01	7.98	−0.80	111.82	1.96
18	保险业	0.25	−0.02	11.02	−0.71	111.15	0.55
19	证券及其他金融服务业	0.14	0.02	27.71	−1.03	109.07	1.77
20	多元化投资控股、商务服务业	0.35	0.02	23.12	−7.13	106.71	1.32
21	房地产开发与经营、物业及房屋装饰、修缮、管理等服务业	0.34	0.01	29.28	−2.01	106.30	−3.10
22	旅游、旅馆及娱乐服务业	0.51	0.14	52.59	1.82	103.69	13.99
23	公用事业、市政、水务、航道等公共设施投资、经营与管理业	0.23	0.00	35.95	−3.47	100.21	−5.11
24	人力资源(职业教育、培训等)、会展博览、国内外经济合作等社会综合服务业	0.60	0.00	42.13	−3.19	101.51	−2.40
25	科技研发、推广及地勘、规划、设计、评估、咨询、认证等承包服务业	0.59	0.05	48.95	−3.63	114.07	5.71
26	文化产业(书刊出版、印刷、发行与销售及影视、音像、文体、演艺等)	0.50	0.05	57.52	3.14	106.88	9.45
27	信息、传媒、电子商务、网购、娱乐等互联网服务业	0.72	0.09	58.82	3.01	111.81	2.92
28	综合服务业(以服务业为主,含有制造业)	0.67	0.11	34.20	−2.01	101.81	−1.74

（三）中国服务业成长性指标综合分析

1.中国服务业2021 年行业成长性指标综合分析

2021 年中国服务业 28 个细分行业中营收增长率正增长的细分行业有 27 个（较 2020 年增加了 10 个），占 96.43%；营收增长率负增长的细分行业有 1 个，占 3.57%。

利润增长率正增长的细分行业有 20 个（较 2020 年增加了 9 个），占 71.43%；利润增长率负增长的细分行业有 8 个，占 28.57%。

资产增长率正增长的细分行业有 27 个（较 2020 年减少了 1 个），占 96.43%；资产增长率负增长的细分行业有 1 个，占 3.57%。

资本积累率正增长的细分行业有 25 个（与 2020 年持平），占 89.29%；资本积累率负增长的细分行业有 3 个（与 2020 年持平），占 10.71%。

人员增长率正增长的细分行业有 21 个（较 2020 年增加了 1 个），占 75.00%；人员增长率负增长的细分行业有 7 个，占 25.00%。

五项成长性指标中有一项或多项指标负增长的行业有 11 个（较 2020 年减少了 9 个），占全部 28 个行业的 39.29%。其中，五项中有一项指标负增长的行业有 5 个（较 2020 年减少了 4 个），占全部 28 个行业的 17.86%；五项中有两项指标负增长的行业为 4 个（较 2020 年减少了 1 个），占全部 28 个行业的 14.29%；五项中有三项和三项以上指标负增长的行业有 2 个（较 2020 年减少了 4 个），占全部 28 个行业的 7.14%。五项指标均为正增长的行业有 17 个（较 2020 年增加了 9 个），占全部 28 个行业的 60.71%。

2021 年中国服务业成长性指标行业特征见表 5-6。

2.中国服务业行业 2021 年成长性指标排序分析

营收增长率超过 20%的 8 个行业分别为：物流、仓储、运输、配送服务业 34.22%，陆路运输、城市公交、道路及交通辅助等服务业 33.39%，水上运输业 32.94%，多元化投资控股、商务服务业 27.71%，能源、矿产、化工、机电、金属产品等内外商贸批发业 28.31%，能源（电、热、燃气等）供应、开发、节能减排及再循环服务业 25.05%，汽车和摩托车商贸、维修保养及租赁业 24.85%，综合服务业（以服务业为主，含有制造业）22.82%。

利润增长率超过 20%的 7 个行业分别为：水上运输业 59.63%，陆路运输、城市公交、道路及交通辅助等服务业 43.76%，综合性内外商贸及批发、零售业 34.21%，证券及其他金融服务业 26.11%，电信、邮寄、速递等服务业 24.34%，多元化投资控股、商务服务业 23.88%，港口服务业 21.75%。

表 5-6　　　　2021 年中国服务业成长性指标行业特征

序号	行业	营收增长率(%)	利润增长率(%)	资产增长率(%)	资本积累率(%)	人员增长率(%)
1	能源(电、热、燃气等)供应、开发、节能减排及再循环服务业	25.05	5.04	13.01	11.57	4.20
2	铁路运输及辅助服务业	19.91	-32.45	3.96	4.96	2.49
3	陆路运输、城市公交、道路及交通辅助等服务业	33.39	43.76	7.24	6.07	4.58
4	水上运输业	32.94	59.63	7.91	25.00	2.05
5	港口服务业	12.19	21.75	6.80	7.08	2.09
6	航空运输及相关服务业	10.58	-162.20	14.28	-22.71	1.02
7	航空港及相关服务业	-0.44	-93.21	18.26	1.99	-1.14
8	电信、邮寄、速递等服务业	14.84	24.34	12.01	6.32	1.37
9	软件、程序、计算机应用、网络工程等计算机、微电子服务业	19.18	2.48	13.72	12.70	4.08
10	物流、仓储、运输、配送服务业	34.22	13.23	20.28	9.28	2.41
11	能源、矿产、化工、机电、金属产品等内外商贸批发业	28.31	13.85	13.90	11.14	4.00
12	农牧渔饲产品及生活消费品等内外商贸批发、零售业	5.88	6.76	12.55	33.64	-0.73
13	综合性内外商贸及批发、零售业	17.87	34.21	13.11	9.19	4.32
14	汽车和摩托车商贸、维修保养及租赁业	24.85	13.33	4.26	12.56	-0.38
15	医药专营批发、零售业	16.03	11.18	12.16	9.96	3.75
16	商业零售业及连锁超市	2.86	-1.34	14.91	-1.77	1.16
17	银行业	13.23	10.29	9.45	12.13	2.98
18	保险业(含人寿、财产、综合保险业)	5.57	-14.79	14.11	7.55	-4.80
19	证券及其他金融服务业	19.06	26.11	16.58	14.26	5.45
20	多元化投资控股、商务服务业	27.71	23.88	11.72	12.05	5.13
21	房地产开发与经营、物业及房屋装饰、修缮、管理等服务业	13.98	-27.86	6.47	3.31	-0.70
22	旅游、旅馆及娱乐服务业	18.60	0.10	12.64	21.09	0.27
23	公用事业、市政、水务、航道等公共设施投资、经营与管理业	15.37	15.87	9.48	3.04	-0.65
24	人力资源(职业教育、培训等)、会展博览、国内外经济合作等社会综合服务业	6.90	-17.50	-0.50	-1.64	-4.64
25	科技研发、推广及地勘、规划、设计、评估、咨询、认证等承包服务业	17.17	9.36	26.52	17.28	2.06
26	文化产业(书刊出版、印刷、发行与销售及影视、音像、文体、演艺等)	16.78	3.15	7.75	4.93	0.92
27	信息、传媒、电子商务、网购、娱乐等互联网服务业	18.38	4.53	18.86	16.93	1.64
28	综合服务业(以服务业为主,含有制造业)	22.82	-17.22	4.62	2.97	0.56

资产增长率超过 14%的 8 个行业分别为：科技研发、推广及地勘、规划、设计、评估、咨询、认证等承包服务业 26.52%，物流、仓储、运输、配送服务业 20.28%，信息、传媒、电子商务、网购、娱乐等互联网服务业 18.86%，航空港及相关服务业 18.26%，证券及其他金融服务业 16.58%，商业零售业及连锁超市 14.91%，航空运输及相关服务业 14.28%，保险业 14.11%。

资本积累率超过 14%的 6 个行业分别为：农牧渔饲产品及生活消费品等内外商贸批发、零售业 33.64%，水上运输业 25.00%，旅游、旅馆及娱乐服务业 21.09%，科技研发、推广及地勘、规划、设计、评估、咨询、认证等承包服务业 17.28%，信息、传媒、电子商务、网购、娱乐等互联网服务业 16.93%，证券及其他金融服务业 14.26%。

人员增长率大于等于 4%的 7 个行业分别为：证券及其他金融服务业 5.45%，多元化投资控股、商务服务业 5.13%，陆路运输、城市公交、道路及交通辅助等服务业 4.58%，综合性内外商贸及批发、零售业 4.32%，能源（电、热、燃气等）供应、开发、节能减排及再循环服务业 4.20%，软件、程序、计算机应用、网络工程等计算机、微电子服务业 4.08%，能源、矿产、化工、机电、金属产品等内外商贸批发业 4.00%。

（四）2022 中国服务业企业信用 100 强优势分析

2022 中国服务业企业信用 100 强的经营运行指标为各细分行业及企业提供了一个对标参数，同时也起到了行业标杆作用。

2022 中国服务业企业信用 100 强 2021 年的三项指数分别为：景气指数 122.59 点，较样本企业的 109.78 点高出 12.81 点；盈利指数 110.53 点，较样本企业的 100.04 点高出 10.49 点；效益指数 111.96 点，较样本企业的 106.02 点高出 5.94 点。

2022 中国服务业企业信用 100 强 2021 年的三项收益性指标分别为：营收利益率 17.87%，较样本企业的 8.50%高出 9.37 个百分点；资产利润率 4.13%，较样本企业的 2.59%高出 1.54 个百分点；所有者权益报酬率 13.87%，较样本企业的 6.97%高出 6.90 个百分点。

2022 中国服务业企业信用 100 强 2021 年的流动性和安全性指标分别为：资产周转率 0.39 次/年，较样本企业的 0.55 次/年减缓 0.16 次/年；所有者权益比率 28.46%，较样本企业的 37.63%降低 9.17 个百分点；资本保值增值率 117.09%，较样本企业的 107.80%高出 9.29 个百分点。

2022 中国服务业企业信用 100 强 2021 年的成长性指标分别为：营收增长率 23.70%，较样本企业的 18.61%高出 5.09 个百分点；利润增长率 21.49%，较样本企业的 0.95%高出 20.54 个百分点；资产增长率 15.90%，较样本企业的 11.89%高出 4.01 个百分点；资本积累率 15.45%，较样本企业的 8.99%高出 6.46 个百分点；人员增长率 7.84%，较样本企业的 2.11%高出 5.73 个百分点；研发投入比率 4.12%，较样本企业的 4.83%降低 0.71 个百分点。

2022 中国服务业企业信用 100 强 2021 年的人均营业收入为 284.93 万元/人·年，较样本企业的 291.08 万元/人·年低 6.15 万元/人·年；人均利润为 30.49 万元/人·年，较样本企业的 21.18 万元/人·年高出 9.31 万元/人·年。

2022 中国服务业企业信用 100 强效益指标比较优势分析见图 5-35。

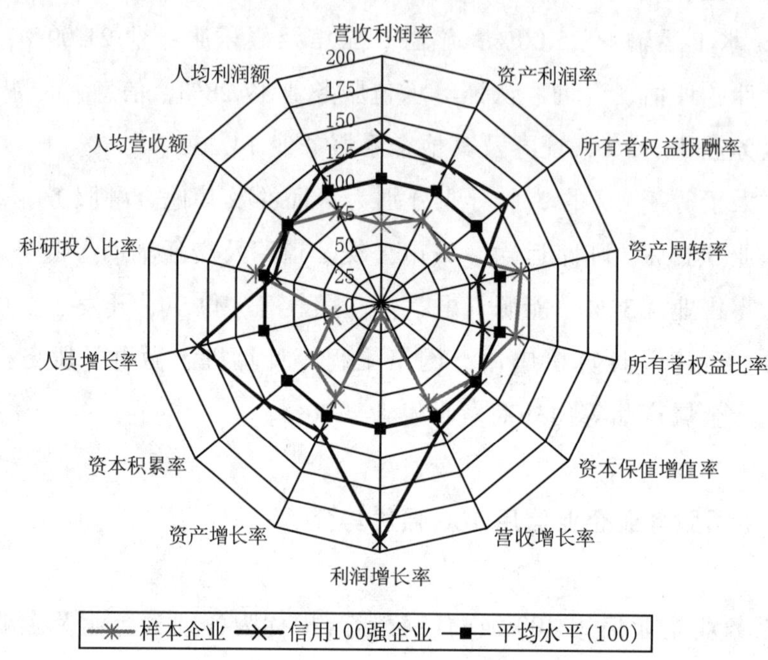

图 5-35 2022 中国服务业企业信用 100 强效益指标比较优势分析

通过对 2022 中国服务业企业信用 100 强与服务业样本企业对比分析，服务业信用 100 强企业的比较优势主要表现在以下六个方面：一是收益性指标全面领先于样本企业，具有显著的比较优势和竞争优势；二是成长性指标全面领先于样本企业，突出表现在利润增长率显著高于样本企业，具有显著的比较优势；三是人员增长率明显高于样本企业，对促进和扩大社会就业发挥着重要作用，同时也表明其活跃度明显高于样本企业；四是所有者权益比率明显偏低，相应的理论负债率偏高，表明其具有明显的融资信贷优势；五是人均效益明显高于样本企业；六是资本保值增值率具有优势。

通过以上综合对比分析，2022 中国服务业企业信用 100 强具有显著的比较优势，但与样本的差距有所缩小。同时也可以看出，服务业信用 100 强企业在以下四方面仍有较大的提升空间：一是科研投入比率仍然低于样本企业，科研投入强度需要进一步提高；二是资产周转率明显低于样本企业，在资产运营质量效率上仍有较大的提升空间；三是人均营收额要低于样本企业，劳动效率有待进一步提升；四是所有者权益比率偏低的幅度较大，相对应理论负债率明显偏高，应对可能存在的偿债风险加以有效管控，防止系统性风险的发生。

五、中国服务业信用发展中存在的主要问题及若干建议

通过对 2022 中国服务业企业信用 100 强以及我国服务业各行业信用环境影响性分析和经济效益变化趋势分析可以看出，我国服务业受新冠疫情影响和外部不确定因素影响较为明显，恢复性增长的动能明显不足。今后一个时期，我国服务业面临的外部环境更趋复杂严峻和不确定，高质量发展面临着诸多新问题、新挑战、新机遇。

（一）积极应对环境变化，进一步促进服务业高质量发展

2022 年中央经济工作会议指出，当前我国经济恢复的基础尚不牢固，需求收缩、供给冲击、预期转弱三重压力仍然较大，外部环境动荡不安，给我国经济带来的影响加深。但要看到，我国经济韧性强、潜力大、活力足，各项政策效果持续显现，明年经济运行有望总体回升，要坚定做好经济工作的信心。

本报告统计显示，2021 年服务业中有 8 个细分行业的景气指数和 11 个细分行业的盈利指数仍然在荣枯线以下运行，表明我国服务业整体增速持续放缓，盈利能力持续减弱，恢复性增长的动能明显不足。综合分析来看，服务业企业的总体经营形势仍然十分困难，面临的外部环境也更趋复杂严峻，不确定因素明显增多，势必对我国服务业带来更多新的挑战。

我国服务业还存在服务能力不足，发展不充分、不平衡等突出问题，解决这些问题要更多依靠市场机制和现代科技创新推动服务业发展，推动生产性服务业向专业化和价值链高端延伸，推动生活性服务业向高品质和多样化升级。但我们也要同时看到我国经济运行总体恢复回升的基本面没有改变，尤其是经济发展长期向好趋势没有改变，消费提升和数字经济给服务业持续高质量发展带来更为广阔空间和新机遇。我国服务业企业要积极应对环境变化，保持发展定力，提振发展信心，把握价值重塑机遇，推动生产性服务业向专业化和价值链高端延伸，推动生活性服务业向高品质和多样化升级。

（二）紧紧围绕自主创新，加快培育新型主导产业促进服务升级

2022 年中央经济工作会议强调，做好明年经济工作，要以习近平新时代中国特色社会主义思想为指导，全面贯彻落实党的二十大精神，扎实推进中国式现代化，坚持稳中求进工作

总基调，完整、准确、全面贯彻新发展理念，加快构建新发展格局，着力推动高质量发展，更好统筹疫情防控和经济社会发展，更好统筹发展和安全，全面深化改革开放，大力提振市场信心，把实施扩大内需战略同深化供给侧结构性改革有机结合起来，突出做好稳增长、稳就业、稳物价工作，有效防范化解重大风险，推动经济运行整体好转，实现质的有效提升和量的合理增长，为全面建设社会主义现代化国家开好局起好步。

我国服务业在做好稳增长、稳就业、稳物价工作，有效防范化解重大风险，推动经济运行整体好转，实现质的有效提升和量的合理增长，担负着重要责任。服务业企业要完整、准确、全面贯彻新发展理念，加快构建新发展格局，着力推动服务业高质量发展。“加快数字化发展，建设数字中国”是“十四五”规划的重要任务之一。数字时代是我国经济和企业实现弯道超车的重要战略机遇，加快建设数字经济、数字社会、数字政府，以数字化转型整体驱动生产方式、生活方式和治理方式变革。我国服务业企业要紧紧抓住数字化时代这一战略机遇，进一步推进实体经济与数字经济的深度融合，推进服务业与制造业的深度融合，加速向数字化、网络化、智能化发展，着力壮大新增长点，紧紧围绕自主创新，加快培育新型主导产业，形成持续发展新动能，壮大经济发展新引擎。

我国服务业要以国家战略需求为导向，进一步改革科研创新机制体制，主动承担起企业的主体责任，加快推动建立以企业为主体、市场为导向、产学研深度融合的技术创新体系；进一步加大研发投入力度，加快关键核心技术攻关，打造更多依靠创新驱动、发挥先发优势的引领性企业；不断提升原始创新能力、产业基础能力和产业链、供应链的现代化水平。

(三) 构建现代服务业发展新格局，进一步促进服务业高质量均衡发展

“适应新发展阶段、贯彻新发展理念、构建新发展格局”，服务业同样承担着重要角色。通过本报告分析，我国服务业企业面临的不确定因素增多，外部环境复杂严峻，恢复增长的基础尚不牢固，需求收缩、供给冲击、预期转弱三重压力仍然较大，发展不均衡、不充分问题仍然突出。要解决好这些不平衡不充分问题，应努力做好以下两个方面的工作。

一是继续围绕供给侧结构性改革为主线，加快形成以大企业为龙头的现代服务业体系。行业之间的发展不平衡，主要是传统服务业与新兴服务业之间的发展不平衡。服务业下行压力较大的行业仍然相对集中在传统生产性服务业和传统生活性服务业，压力主要是来自外部宏观经济环境不确定性和新兴服务业冲击的双重影响，既有供给侧结构性改革与调整尚未得到根本性解决的因素，也有需求侧改革与调整的现实因素。适应新发展阶段、贯彻新发展理念、构建新发展格局，我国服务业首先要解决好观念问题，其次要着力优化现代服务业体系，以服务业整体提升为重点，构建和优化现代服务业体系，提高供给与需求的动态适配性，打

通堵点，补齐短版，贯通生产、分配、流通、消费各环节，形成需求牵引供给、供给创造需求的高水平动态平衡，提升国民经济整体效能，这是构建新发展格局的关键。

二是精准施策，着力解决好服务业发展不平衡不充分问题。据本报告统计显示，2022 年中国服务业企业信用 100 强仍然高度集中在北（北京）、上（上海）、广（广东）地区，最近几年，四川、重庆地区的集中度也有明显提升。然而，中西部地区仍然存在着数量少、规模小，整体服务业发展水平和质量不高，难以满足日益高涨的消费需求。当前要进行的需求侧改革绝不是简单的扩大内需，而是重在调整结构的同时，提升经济活力，改善市场环境，推动消费升级，形成高质量多层次的消费格局与秩序。这需要从政策层面上精准施策，中小服务业企业也要主动找准自己在生产链、供应链和市场链中的角色，努力提高中西部地区和中小型服务业企业的发展水平和质量，进而优化和升级服务业体系。

（四）增强风险意识守牢诚信底线，更好履行社会责任

2022 年中央经济工作会议强调，要有效防范化解重大经济金融风险。要确保房地产市场平稳发展，扎实做好保交楼、保民生、保稳定各项工作，满足行业合理融资需求，推动行业重组并购，有效防范化解优质头部房企风险，改善资产负债状况，同时要坚决依法打击违法犯罪行为。要防范化解金融风险，压实各方责任，防止形成区域性、系统性金融风险。

本报告显示，2021 年我国房地产开发与经营、物业及房屋装饰、修缮、管理等服务业的景气水平仍然较低，航空运输及相关服务业，旅游相关服务业，人力资源和国内外经济合作等社会综合服务业，商业零售业及连锁超市仍然处于低水平运行，部分行业出现持续性行业亏损，且下行压力仍然较大，系统性风险较高。服务业及相关行业，要积极推进《企业诚信管理体系》（GB/T 31950—2015）标准的贯彻与实施，建立信用风险管理与控制体系，由事后风险管理转变为事前、事中、事后的全过程信用管理，明确信用管理与风险控制的关键环节和职能职责，建立系统性的评价机制，从根本上消除可能存在或已经存在的失信风险。在当前面临诸多困难和风险挑战的发展时期，我国企业更要强化忧患意识，做好风险防范，增强发展韧性，进一步加强和提高防范化解风险能力，高度重视和防范各类风险。要突出防范经营效益下滑风险、债务风险、投资风险、金融业务风险、国际化经营风险、安全环保风险，强化各类风险识别，建立预判预警机制，及时排查风险隐患，制定完善的应对预案，为企业可持续高质量发展保驾护航，为我国经济行稳致远做出企业担当和贡献。

在新时代新征程中更好履行社会责任、践行 ESG 理念，是企业贯彻落实党的二十大精神的必然要求和具体行动，也是打造国际竞争合作新优势、加快建设世界一流企业的重要抓手和有效举措。我国企业要主动适应、积极把握 ESG 发展热潮，认真研究、摸索从企业战略规

划和体制机制层面进一步有效加强 ESG 治理，合理设定企业的 ESG 标准，制定实施框架，科学评估 ESG 绩效，找准企业 ESG 管理有效路径；要与 ESG 监管机构、研究机构、中介机构等加强交流合作，积极参与构建具有中国特色、与国际准则接轨兼容的 ESG 规则规范，为建强我国 ESG 体系做出更大的贡献。

第六章

2022 中国民营企业信用 100 强发展报告

《2022 中国民营企业信用 100 强发展报告》是由中国企业改革与发展研究会、中国合作贸易企业协会、国信联合（北京）认证中心联合开展的中国民营企业信用分析研究成果，也是第 9 次向社会发布的中国民营企业信用 100 强发展报告。

2022 中国民营企业信用 100 强的入围门槛为：企业综合信用指数为 90 分以上，且 2021 年净利润为 105000 万元以上，较 2021 中国民营企业信用 100 强 2020 年的 140000 万元下降了 35000 万元。

2022 中国民营企业信用 100 强分析研究及发布活动，旨在通过中国民营企业的信用环境、信用能力、信用行为三个方面，对中国民营企业的信用发展状况进行分析评价，客观真实地反映我国民营企业的信用发展状况和水平，同时为政府、行业、企业和社会提供参考依据。

一、2022 中国民营企业信用 100 强分布特征

（一）2022 中国民营企业信用 100 强行业分布特征

制造业入围 2022 中国民营企业信用 100 强有 81 家，按照入围企业数量的多少排序分别为：计算机、通信器材、办公、影像等设备及零部件制造业有 7 家；医药、生物制药、医疗设备制造业，建筑材料及玻璃等制造业及非金属矿物制品业，电力、电气等设备、机械、元器件及光伏、风能、电池、线缆制造业各有 6 家；化学原料及化学制品（含精细化工、日化、肥料等）制造业，化学纤维制造业，汽车及零配件制造业各有 5 家；造纸及纸制品（含木材、藤、竹、家具等）加工、印刷、包装业，通用机械设备和专用机械设备及零配件制造业各有 4 家；农副食品及农产品加工业，纺织品、服装、服饰、鞋帽、皮革加工业，黑色冶金及压延加工业，一般有色冶金及压延加工业，工程机械、设备和特种装备（含电梯、仓储设备）及零配件制造业各有 3 家；食品（含饮料、乳制品、肉食品等）加工制造业，酿酒制造业，纺织、印染业，生活用品（含文体、玩具、工艺品、珠宝）等轻工产品加工制造业，石化产品、

炼焦及其他燃料生产加工业，家用电器及零配件制造业，综合制造业（以制造业为主，含有服务业）各有 2 家；橡胶、塑料制品及其他新材料制造业，金属制品、加工工具、工业辅助产品加工制造业及金属新材料制造业，电子元器件与仪器仪表、自动化控制设备制造业，摩托车、自行车和其他交通运输车辆及零配件制造业各有 1 家。

综合入围企业的行业分布情况来看，包括了制造业、服务业和生产业三个大类行业中的 34 个细分行业，比 2021 中国民营企业信用 100 强增加了 8 个细分行业。其中，生产业 1 家企业，比 2021 年中国民营企业信用 100 强减少了 2 家企业，分布在 1 个细分行业中；制造业 81 家企业，比 2021 年中国民营企业信用 100 强增加了 3 家企业，分布在 25 个细分行业；服务业 18 家企业，比 2021 年中国民营企业信用 100 强减少了 1 家企业，分布在 8 个细分行业中。

2022 中国民营企业信用 100 强行业分布见表 6-1。

表 6-1　　2022 中国民营企业信用 100 强行业分布

序号	行业	企业数(家)
制造业		81
1	农副食品及农产品加工业	3
2	食品(含饮料、乳制品、肉食品等)加工制造业	2
3	酿酒制造业	2
4	纺织、印染业	2
5	纺织品、服装、服饰、鞋帽、皮革加工业	3
6	造纸及纸制品(含木材、藤、竹、家具等)加工、印刷、包装业	4
7	生活用品(含文体、玩具、工艺品、珠宝)等轻工产品加工制造业	2
8	石化产品、炼焦及其他燃料生产加工业	2
9	化学原料及化学制品(含精细化工、日化、肥料等)制造业	5
10	医药、生物制药、医疗设备制造业	6
11	化学纤维制造业	5
12	橡胶、塑料制品及其他新材料制造业	1
13	建筑材料及玻璃等制造业及非金属矿物制品业	6
14	黑色冶金及压延加工业	3
15	一般有色冶金及压延加工业	3
16	金属制品、加工工具、工业辅助产品加工制造业及金属新材料制造业	1
17	工程机械、设备和特种装备(含电梯、仓储设备)及零配件制造业	3
18	通用机械设备和专用机械设备及零配件制造业	4
19	电力、电气等设备、机械、元器件及光伏、风能、电池、线缆制造业	6
20	家用电器及零配件制造业	2
21	电子元器件与仪器仪表、自动化控制设备制造业	1
22	计算机、通信器材、办公、影像等设备及零部件制造业	7
23	汽车及零配件制造业	5
24	摩托车、自行车和其他交通运输车辆及零配件制造业	1
25	综合制造业(以制造业为主,含有服务业)	2

续表

序号	行业	企业数(家)
服务业		18
26	能源(电、热、燃气等)供应、开发、节能减排及再循环服务业	1
27	电信、邮寄、速递等服务业	1
28	软件、程序、计算机应用、网络工程等计算机、微电子服务业	1
29	商业零售业及连锁超市	2
30	证券及其他金融服务业	1
31	房地产开发与经营、物业及房屋装饰、修缮、管理等服务业	7
32	公用事业、市政、水务、航道等公共设施投资、经营与管理业	1
33	信息、传媒、电子商务、网购、娱乐等互联网服务业	4
生产业		1
34	建筑业	1
合计		100

(二) 2022 中国民营企业信用 100 强地区分布特征

2022 中国民营企业信用 100 强地区分布见表 6-2。

从 2022 中国民营企业信用 100 强地区分布情况看，东部地区的 9 个省（直辖市）共有 78 家企业入围。其中，浙江有 21 家，广东有 16 家，江苏有 13 家，山东有 11 家，北京、河北、上海、福建各有 4 家，辽宁有 1 家。

表 6-2　　2022 中国民营企业信用 100 强地区分布

区域	地区	入围企业数(家)		区域	地区	入围企业数(家)		区域	地区	入围企业数(家)	
		2022 年	2021 年			2022 年	2021 年			2022 年	2021 年
东部地区	北京	4	9	中部地区	安徽	3	2	西部地区	广西		1
	广东	16	10		湖北	4			重庆	3	4
	河北	4	7		湖南	1			四川	2	6
	江苏	13	13		江西		2		陕西	1	
	山东	11	9		河南	1	3		内蒙古	1	1
	上海	4	3		吉林	1			宁夏	1	1
	天津				山西	1			新疆	1	1
	浙江	21	24						贵州		
	辽宁	1	1						甘肃	1	
	福建	4	3						西藏	1	
	海南										
合计		78	79	合计		11	7	合计		11	14

中部地区的 6 个省共有 11 家企业入围。其中，湖北有 4 家，安徽有 3 家，湖南、河南、吉林、山西各有 1 家。

西部地区的 8 个省（直辖市、自治区）共有 11 家企业入围。其中，重庆有 3 家，四川有 2 家，陕西、内蒙古、宁夏、新疆、甘肃、西藏各有 1 家。

从变动情况分析，东部地区较 2021 年减少 1 家，中部地区较 2021 年增加 4 家企业，西部地区较 2021 年减少 3 家企业。浙江（21 家）、广东（16 家）、江苏（13 家、）山东（11 家）这四个省份是 2022 年中国民营企业信用 100 强大省。

二、2022 中国民营企业信用 100 强效益变化趋势分析

（一）2022 中国民营企业信用 100 强收益性指标变化趋势分析

1.营收利润率变化趋势对比分析

2022 中国民营企业信用 100 强2021 年的营收利润率为13.32%，较 2020 年的 11.33%提高了 1.99 个百分点；民营样本企业 2021 年的营收利润率为8.73%，较 2020 年的 4.31%提高了 4.42 个百分点。

2013—2021 年民营企业信用 100 强与民营样本企业营收利润率对比分析见图 6-1。

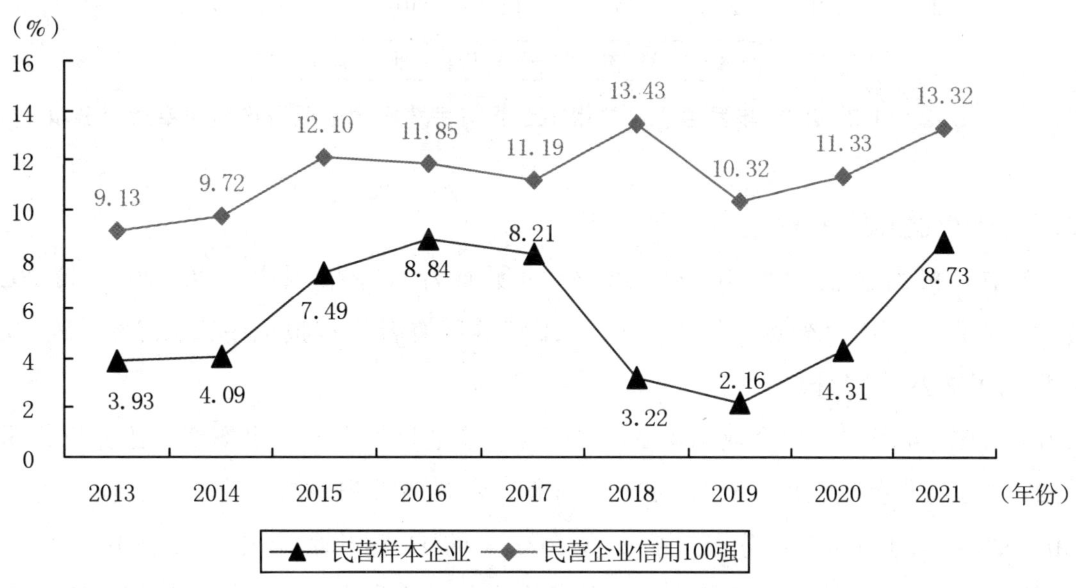

图 6-1 2013—2021 年民营企业信用 100 强与民营样本企业营收利润率对比分析

从图 6-1 可以看出，2022 中国民营企业信用 100 强 2021 年的营收利润率与民营样本企业

相比，两者的差距由 2020 年的 7.02 个百分点，缩小到 2021 年的 4.59 个百分点。虽然差距明显缩小，但民营企业信用 100 强的盈利能力仍具有明显优势。

2.资产利润率变化趋势对比分析

2022 中国民营企业信用 100 强2021 年的资产利润率为10.28%，较 2020 年的 7.96%提高了 2.32 个百分点；样本企业 2021 年的资产利润率为5.61%，较 2020 年的 3.45%提高了 2.16 个百分点。

从图 6-2 可以看出，2022 中国民营企业信用 100 强 2021 年的资产利润率与民营样本企业相比，两者的差距由 2020 年的 4.51 个百分点，扩大到 2021 年的 4.67 个百分点。由此可以看出，民营企业信用 100 强的资产运营效益优势更加明显。

2013—2021 年民营企业信用 100 强与民营样本企业资产利润率对比分析见图 6-2。

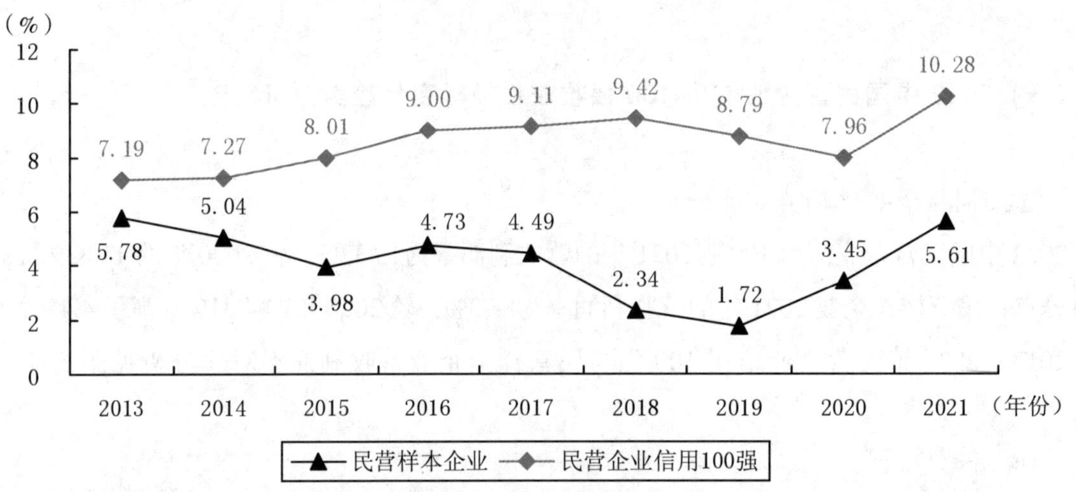

图 6-2 2013—2021 年民营企业信用 100 强与民营样本企业资产利润率对比分析

3.所有者权益报酬率变化趋势对比分析

2022 中国民营企业信用 100 强2021 年的所有者权益报酬率为20.21%，较 2020 年的 18.06%提高了 2.15 个百分点；样本企业 2021 年的所有者权益报酬率为8.65%，较 2020 年的 6.37%提高了 2.28 个百分点。

2013—2021 年民营信用企业 100 强与民营样本企业所有者权益报酬率对比分析见图 6-3。

2022 中国民营企业信用 100 强 2021 年的所有者权益报酬率与民营样本企业相比，两者的差距由 2020 年的 11.69 个百分点，缩小到 2021 年的 11.56 个百分点，仅缩小了 0.13 个百分点。由此可以看出，民营企业信用 100 强的所有者权益报酬率延续了高位运行，股东回报率明显要高于民营样本企业。

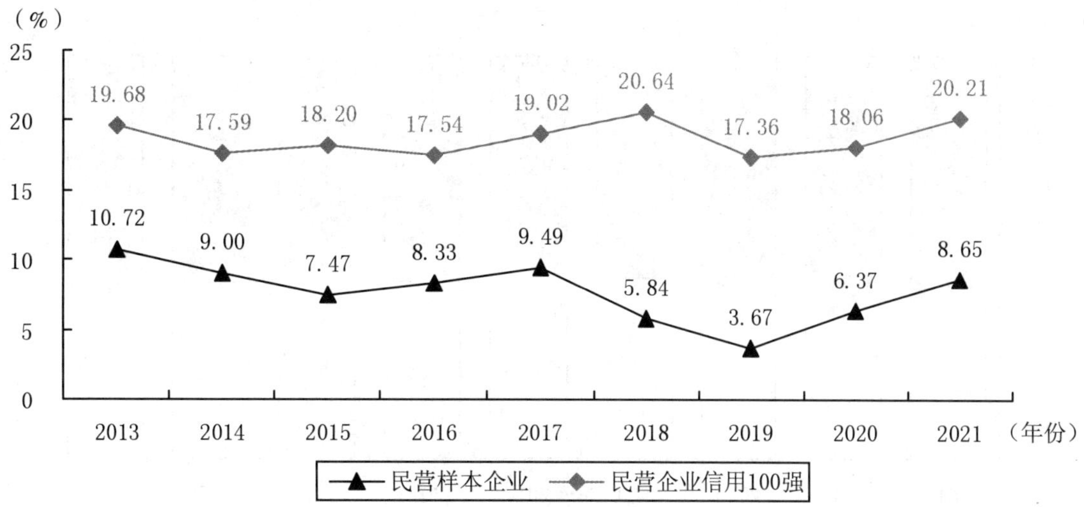

图 6-3 2013—2021 年民营企业信用 100 强与民营样本企业所有者权益报酬率对比分析

(二) 2022 中国民营企业信用 100 强流动性和安全性指标变化趋势分析

流动性和安全性指标从资产周转率、资本保值增值率和所有者权益比率三项指标进行分析。2013—2021 年资产周转率分别为 1.04 次/年、0.99 次/年、0.95 次/年、0.94 次/年、1.05 次/年、0.94 次/年、1.01 次/年、1.04 次/年、0.95 次/年；资本保值增值率分别为 118.38%、125.96%、124.86%、123.49%、125.24%、123.90%、122.41%、123.32%、126.93%；所有者权益比率分别为 34.37%、36.59%、43.07%、45.06%、46.27%、43.82%、48.11%、43.75%、46.88%。

2022 中国民营企业信用 100 强资产周转率、资本保值增值率变化趋势分析见图 6-4。

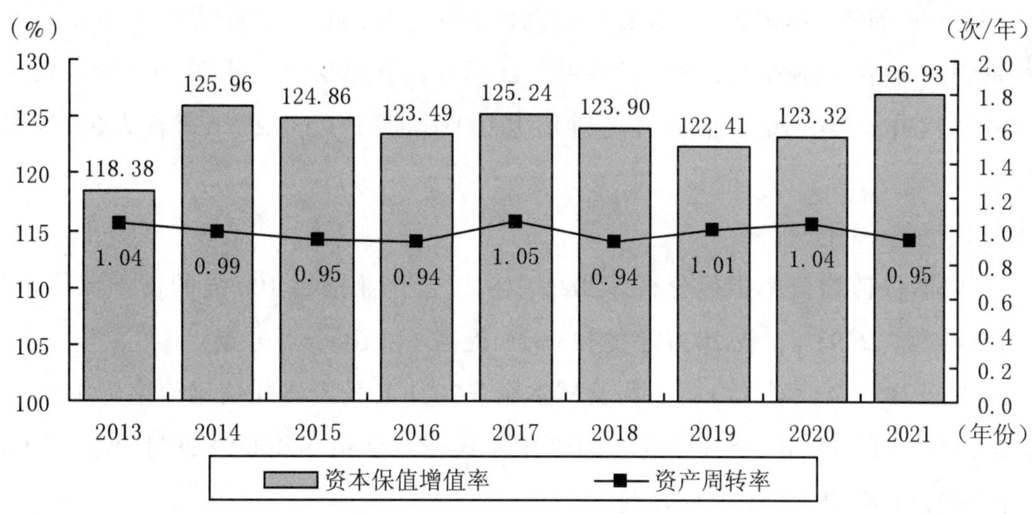

图 6-4 2022 中国民营企业信用 100 强资产周转率、资本保值增值率变化趋势分析

2022 中国民营企业信用 100 强所有者权益比率变化趋势分析见图 6-5。

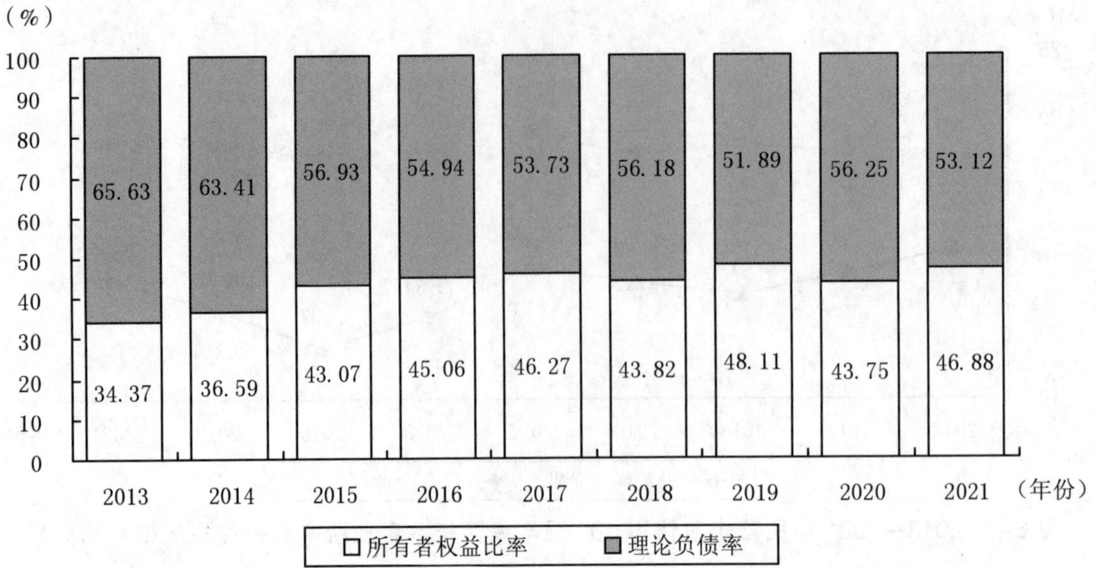

图 6-5　2022 中国民营企业信用 100 强所有者权益比率变化趋势分析

1.流动性有所放缓

第一，从资产周转率指标分析。2022 中国民营企业信用100 强的资产周转率有所放缓。2021 年资产周转率为0.95 次/年，比 2020 年的1.04 次/年下降了 0.09 次/年。

第二，与民营样本企业对比分析。民营样本企业 2021 年的资产周转率为 0.82 次/年，比 2020 年的 0.65 次/年提高了 0.17 次/年。2022 中国民营企业信用 100 强 2021 年的资产周转率较样本民营企业高出 0.13 次/年。

第三，综合资产周转率指标分析。2022 中国民营企业信用 100 强的资产周转率有所放缓，而民营样本企业的资产周转率有所加快，两者的差距由 2020 年的 0.39 次/年缩小到 2021 年的 0.13 次/年，差距缩小了 0.26 次/年，表明 2022 中国民营企业信用 100 强的资产运营效率比较优势有所减弱。

2.资本保值增值率明显提高

第一，从资本保值增值率指标分析。2022 中国民营企业信用 100 强的资本保值增值率明显提高，2021 年为 126.93%，较 2020 年的123.32%提高了 3.61 个百分点。

第二，与民营样本企业对比分析。民营样本企业2021 年的资本保值增值率为 112.42%，比 2020 年的109.57%提高了 2.85 个百分点。2022 中国民营企业信用 100 强 2021 年的资本保值增值率较民营样本企业高出 14.51 个百分点。

第三，综合资本保值增值率指标分析。2022 中国民营企业信用 100 强和民营样本企业的资本保值增值率均有所提高，但 2022 中国民营企业信用 100 强提高的幅度要高于民营样本企业，两者的差距由 2020 年的 13.75 个百分点扩大到 2021 年的 14.51 个百分点，差距扩大了 0.76 个百分点。

3.理论负债率水平明显下降

第一，从所有者权益比率指标分析。2022 中国民营企业信用100 强2021 年的所有者权益比率为 46.88%，比 2020 年的43.75%提高了 3.13 个百分点，相应的理论负债率水平明显下降。

第二，与民营样本企业对比分析。民营样本企业2021 年的所有者权益比率为 52.12%，比 2020 年的55.31%下降了 3.19 个百分点。2022 中国民营企业信用 100 强 2021 年的所有者权益比率较民营样本企业低 5.24 个百分点。

第三，综合负债率水平分析。2022 中国民营企业信用 100 强 2021 年的理论负债率水平呈下降态势，而民营样本企业的理论负债率水平则呈上升态势。但相对而言，2022 中国民营企业信用 100 强的理论负债率水平仍高于民营样本企业，在资金信贷方面仍具有一定优势。总体而言，民营样本企业的整体融资环境普遍得到明显改善。

（三）2022 中国民营企业信用 100 强成长性指标变化趋势分析

成长性指标从营收增长率、利润增长率、资产增长率、资本积累率和人员增长率五项指标进行分析。

2022 中国民营企业信用 100 强2013—2021 年营收增长率分别为19.44%、18.53%、20.28%、16.62%、25.64%、18.47%、18.55%、13.78%、32.12%；利润增长率分别为 43.37%、85.51%、62.72%、21.90%、53.25%、26.58%、38.50%、26.81%、47.22%；资产增长率分别为 20.43%、25.92%、26.35%、21.00%、24.58%、20.83%、17.63%、20.69%、25.85%；资本积累率分别为 19.01%、48.30%、35.11%、26.49%、27.03%、20.45%、25.93%、24.35%、25.91%；人员增长率分别为 5.00%、13.64%、9.24%、10.51%、10.01%、9.77%、6.42%、10.85%、17.13%。

2022 中国民营企业信用 100 强成长性指标变化趋势分析见图 6-6。

1.营收增长率大幅提高

第一，从营收增长率指标分析。2022 中国民营企业信用 100 强 2021 年的营收增长率为 32.12%，比 2020 年的 13.78%提高了 18.34 个百分点。

第二，与民营样本企业对比分析。民营样本企业2021 年的营收增长率为 25.44%，比 2020 年的6.71%提高了 18.73 个百分点。两者对比，2022 中国民营企业信用 100 强 2021 年的营收增长率较民营样本企业高出6.68 个百分点。

第三，综合营收增长率指标分析。2022 中国民营企业信用 100 强和民营样本企业 2021 年的营收增长率均呈现大幅度提升的态势，且提升的幅度也大致相当，均达到 18 个百分点以上。两者的差距由 2020 年的 7.07 个百分点，缩小到 2021 年的 6.68 个百分点，表明民营企业信用 100 强在营业收入增速方面仍具有明显的比较优势。

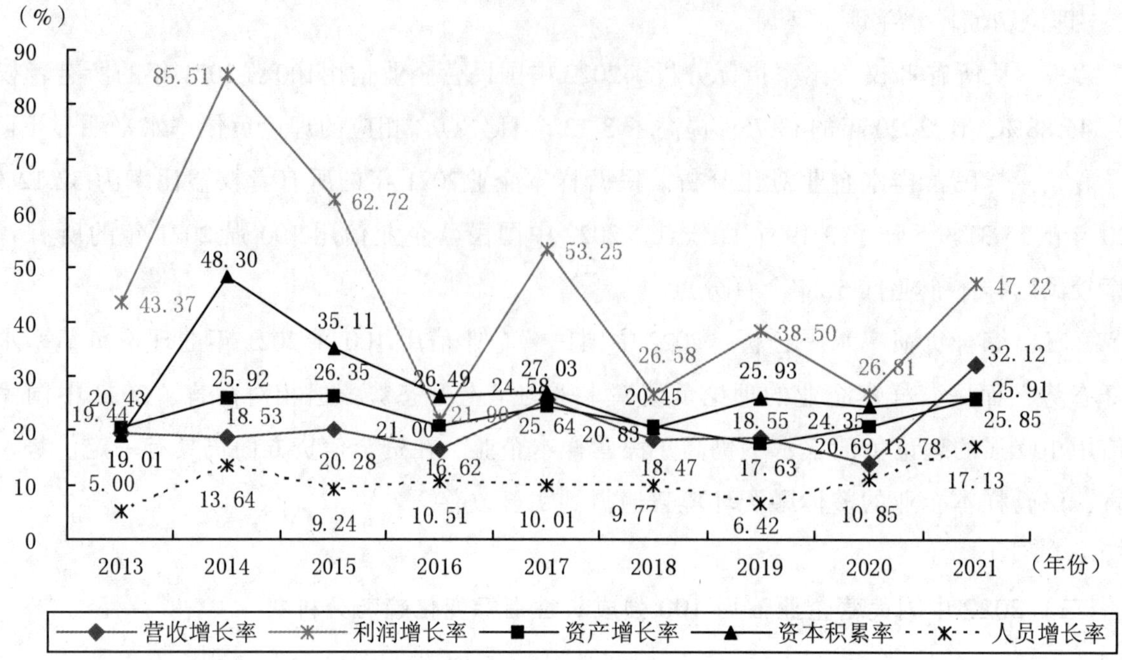

图 6-6 2022 中国民营企业信用 100 强成长性指标变化趋势分析

2.利润增长率呈现强势反弹

第一，从利润增长率指标分析。2022 中国民营企业信用 100 强 2021 年的利润增长率为 47.22%，比 2020 年的 26.81%提高了 20.41 个百分点。

第二，与民营样本企业对比分析。民营样本企业 2021 年的利润增长率为 15.70%，比 2020 年的-1.93%提高了 17.63 个百分点。2022 中国民营企业信用 100 强 2021 年的利润增长率较民营样本企业高出 31.52 个百分点。

第三，综合利润增长率指标分析。2022 中国民营企业信用 100 强 2021 年的利润增长率较 2020 年有大幅度提升，呈现强势反弹态势，且持续保持高速增长。而民营样本企业的利润增长率由负增长转为正增长，提升的幅度也较大。总体来看，民营企业信用 100 强 2021 年的利润增速明显要高于民营样本企业，且两者的差距由 2020 年的 28.74 个百分点进一步扩大到 31.52 个百分点，差距拉大了 2.78 个百分点，表明 2022 中国民营企业信用 100 强的利润增长率具有显著的比较优势。

3.资产增长率有所加快

第一，从资产增长率指标分析。2022 中国民营企业信用 100 强 2021 年的资产增长率为 25.85%，比 2020 年的 20.69%提高了 5.16 个百分点。

第二，与民营样本企业对比分析。民营样本企业 2021 年的资产增长率为 18.33%，比 2020 年的 19.93%回落了 1.60 个百分点。2022 中国民营企业信用 100 强 2021 年的资产增长率高于民营样本企业 7.52 个百分点。

第三，综合资产增长率指标分析。2022 中国民营企业信用 100 强 2021 年的资产增长率有较大幅度的提高，而民营样本企业 2021 年的资产增长率则有所回落，两者的差距由 2020 年的 0.76 个百分点，进一步扩大到 7.52 个百分点，差距拉大了 6.76 个百分点。这一情况表明，2022 中国民营企业信用 100 强的投资热情更为高涨，明显具有比较优势。

4.资本积累率持续高位运行

第一，从资本积累率指标分析。2022 中国民营企业信用 100 强 2021 年的资本积累率为 25.91%，比 2020 年的 24.35%提高了 1.56 个百分点。

第二，与民营样本企业对比分析。民营样本企业 2021 年的资本积累率为 15.89%，比 2020 年的 20.56%回落了 4.67 个百分点。2022 中国民营企业信用 100 强 2021 年的资本积累率比民营样本企业的资本积累率高出了 10.02 个百分点。

第三，综合资本积累率指标分析。2022 中国民营企业信用 100 强 2021 年的资本积累率有所提高，而民营样本企业的资本积累率有明显回落，两者的差距由 2020 年的 3.79 个百分点，扩大到 10.02 个百分点，差距拉大了 6.23 个百分点。总体而言，2022 中国民营企业信用 100 强的资本实力明显高于样本民营企业。

5.人员增长率显著提高

第一，从人员增长率指标分析。2022 中国民营企业信用 100 强 2021 年的人员增长率为 17.13%，比 2020 年的 10.85%提高了 6.28 个百分点。

第二，与民营样本企业对比分析。民营样本企业 2021 年的人员增长率为 3.29%，比 2020 年的 3.67%下降了 0.38 个百分点。2022 中国民营企业信用 100 强 2021 年的人员增长率比民营样本企业的人员增长率高出 13.84 个百分点。

第三，综合人员增长率指标分析。2022 中国民营企业信用 100 强 2021 年的人员增长率显著高于民营样本企业，两者的差距由 2020 年的 7.18 个百分点，扩大到 13.84 个百分点，差距拉大了 6.66 个百分点。由此可见，2022 中国民营企业信用 100 强的人员增速保持较高水平，活跃度明显提高，是社会就业的重要渠道，对实现社会就业目标发挥了不可替代的作用。

6.人均营收额大幅提高

第一，从人均营收额指标分析。2022 中国民营企业信用 100 强 2021 年的人均营收额为 343.49 万元，比 2020 年的 332.16 万元提高了 11.33 万元。

第二，与民营样本企业对比分析。民营样本企业 2021 年的人均营收额为 279.07 万元，比

2020 年的 236.96 万元提高了 42.11 万元。2022 中国民营企业信用 100 强 2021 年的人均营收额比民营样本企业的人均营收额高出 64.42 万元。

第三，综合人均营收额指标分析。2022 中国民营企业信用 100 强 2021 年的人均营收额仍明显高于样本企业，但两者的差距由 2020 年的 95.20 万元缩小到 2021 年的 64.42 万元，差距缩小了 30.78 万元。总体来看，2022 中国民营企业信用 100 强的人均营收额仍具有明显的比较优势。

7.人均利润额显著提高

第一，从人均利润额指标分析。2022 中国民营企业信用 100 强 2021 年的人均利润额为 27.12 万元，比 2020 年的 21.78 万元提高了 5.34 万元。

第二，与民营样本企业对比分析。民营样本企业 2021 年的人均利润额为 13.78 万元，比 2020 年的 10.49 万元提高了 3.29 万元。2022 中国民营企业信用 100 强 2021 年的人均利润额比民营样本企业的人均利润额高出 13.34 万元。

第三，综合人均利润额指标分析。2022 中国民营企业信用 100 强 2021 年的人均利润额明显高于民营样本企业，两者的差距由 2020 年的 11.29 万元扩大到 2021 年的 13.34 万元，差距拉大了 2.05 万元，2022 中国民营企业信用 100 强的人均利润额明显高于民营样本企业。2022 中国民营企业信用 100 强 2021 年的人均营收额高出民营样本企业 64.42 万元，人均利润额则高出民营样本企业 13.34 万元，由此可见，2022 中国民营企业信用 100 强在盈利方面的比较优势更为突出。

8.研发投入强度有所增加

第一，从研发投入经费占营收总额比值指标分析。2022 中国民营企业信用 100 强 2021 年的研发投入经费占营收总额比值为 4.87%，比 2020 年的 4.05%提高了 0.82 个百分点。

第二，与民营样本企业对比分析。民营样本企业 2021 年的研发投入经费占营收总额比值为 5.24%，比 2020 年的 6.12%下降了 0.88 个百分点。2022 中国民营企业信用 100 强 2021 年的研发投入经费占营收总额比值比民营样本企业低 0.37 个百分点。

第三，综合研发投入经费占营收总额比值指标分析。2022 中国民营企业信用 100 强 2021 年的研发投入经费占营收总额比值仍要小于民营样本企业，但两者的差距由 2020 年的 2.07 个百分点缩小到 2021 年的 0.37 个百分点。总体而言，2022 中国民营企业信用 100 强的研发投入强度有待进一步提高。

三、中国民营企业信用发展中存在的主要问题及若干建议

通过对 2022 中国民营企业信用 100 强以及我国民营企业综合性分析可以发现，我国民营

企业总体呈现快速恢复向好的运行态势，但在新时期发展中也面临诸多困难与新问题。

（一）紧密融合国家战略，进一步推进民营企业高质量发展

习近平总书记在党的二十大报告中进一步强调，要优化民营企业发展环境，依法保护民营企业产权和企业家权益，促进民营经济发展壮大。“十四五”规划强调，要激发各类市场主体活力，毫不动摇巩固和发展公有制经济，毫不动摇鼓励、支持、引导非公有制经济发展，培育更有活力、创造力和竞争力的市场主体。

2022 年中央经济工作会议强调，坚持和完善社会主义基本经济制度，坚持社会主义市场经济改革方向，坚持“两个毫不动摇”。要从制度和法律上把对国有企业民营企业平等对待的要求落实下来，从政策和舆论上鼓励支持民营经济和民营企业发展壮大，依法保护民营企业产权和企业家权益。

近年来，国家出台了一系列精准的政策措施，对于民营企业、中小型企业的支持力度进一步加大，营商环境进一步改善。这些政策措施对民营企业和中小型企业加快转型发展、创新发展，推动企业经济高质量发展发挥了重要作用。我国民营企业和中小型企业，要充分释放政策效应，激发企业高质量发展的内在活力和动力。中小型企业必须顺势而为，充分发挥其灵活性、适应性、创新性的巨大优势，发展新产业、新技术、新业态、新模式，积极进入战略性新兴产业或战略性新兴产业链中，努力开辟新的广阔发展空间。

民营企业和中小型企业要积极融入国家战略，在实施军民融合、混合所有制改革以及“一带一路”、长江经济带建设和京津冀一体化三大发展战略中，在国际国内双循环和构建全国统一大市场中，积极作为，我国民营企业也正在从以填补市场空白、迅速扩张为主要内容的“量的积累阶段”，转入以企业全面转型和提升为核心任务的“质的提高阶段”，民营企业要经久不衰、持续发展，就必须进行技术创新、制度创新和管理创新，要向高新技术进军，实现民营经济产业的升级换代，并以此作为民营经济新一轮增长的突破口，民营企业必须以全球化的视野积极融入国家战略之中，以科技创新为驱动，以全球化的大视野，大力推进国际化品牌战略，借鉴成功企业积累的经验，敢于在国际市场上同台竞争。

（二）紧紧围绕专精特新打造主导产业，持续推进企业高质量发展

当前，全球经济仍然面临着新冠疫情持续而广泛的影响，复苏势头进一步减弱，保护主义、单边主义、霸权主义以及地缘经济政治格局，全球供应链和产业链扰动等造成的不确定因素增多、风险加大，多重超预期冲击加剧的全球经济背景下，构建新发展格局对我国经济

发展行稳致远将起到关键作用。虽然我国传统制造业和基础性产业的供给侧结构性调整成效已经显现，新兴产业和未来产业发展强劲突破，在全球产业链的地位已经由中低端迈向了中高端，尤其是在一些高端领域强势突破，处于引领地位。但我们也应该清醒地认识到在一些重要关键领域和产业链上还存在明显的短板和“卡脖子”的瓶颈问题。

面对外部环境变化带来的新矛盾新挑战，我国民营企业必须顺势而为，紧紧抓住全球产业链新变局所带来的新机遇，创新作为，主动担当，紧紧围绕主导产业，尤其是战略性主导产业，补短板、破瓶颈、强弱项，进一步优化和调整经济发展思路，优化资产配置、产业布局以及可持续高质量发展的实现路径，提高全球竞争优势，创建国际一流企业，在努力打通国际循环的同时，进一步畅通国内大循环，提升经济发展的自主性和可持续性，增强发展韧性，保持我国经济平稳健康发展。中小型企业要突出主业，着力打造单项冠军、专精特新“小巨人”企业。要不断改进生产经营流程，优化资源要素配置，提高发展质量效益。坚持质量兴企，积极创建知名品牌，提高市场竞争力和影响力。

民营企业家要继续发扬企业家精神，勇于社会担当，坚持以新发展理念引领高质量发展，结合企业自身实际情况，从中短期规划着手，以长远发展布局，兼顾好短期利益和长远发展，兼顾好企业利益和国家战略，全力服务于国际国内双循环建设，为推动我国经济高质量发展做出应有贡献。

（三）突出风险意识守牢诚信底线，有效加强 ESG 治理

中美多方面的角逐和博弈，新冠疫情的变化，以及潜在的全球金融危机等外部环境因素，都有可能造成巨大的冲击。民营企业要着力强化抗冲击、防风险意识。风险主要来自企业内部，如企业债务违约、资金链断裂等，我国民营企业更要强化忧患意识，做好风险防范，增强发展韧性，进一步加强和提高防范化解风险能力，高度重视和防范各类风险。要突出防范经营效益下滑风险、债务风险、投资风险、金融业务风险、国际化经营风险、安全环保风险，强化各类风险识别，建立预判预警机制，及时排查风险隐患，制定完善的应对预案，为企业可持续高质量发展保驾护航。

企业的发展要秉承绿色低碳发展理念，践行人与自然和谐发展理念。民营企业要更好地履行社会责任，践行 ESG 理念，主动适应、积极把握 ESG 发展热潮，认真研究、摸索从企业战略规划和体制机制层面进一步有效加强 ESG 治理，合理设定企业的 ESG 标准，制定实施框架，科学评估 ESG 绩效，找准企业 ESG 管理有效路径；要与 ESG 监管机构、研究机构、中介机构等加强交流合作，积极参与构建具有中国特色、与国际准则接轨兼容的 ESG 规则规范，为建立我国 ESG 体系做出更大的贡献。

第七章
2022 中国上市公司信用 500 强发展报告

《2022 中国上市公司信用 500 强发展报告》是由中国企业改革与发展研究会、中国合作贸易企业协会、国信联合（北京）认证中心联合开展的中国上市公司信用分析研究成果，是第 8 次向社会发布。

2022 中国上市公司信用 500 强的入围门槛为：企业综合信用指数为 89 分以上，且 2021 年归属于上市公司股东的净利润为 15070 万元以上，较 2021 中国上市公司信用 500 强 2020 年的 36400 万元下降了 21330 万元。

2022 中国上市公司信用 500 强分析研究及发布活动，旨在通过中国上市公司的信用环境、信用能力、信用行为三个方面，对中国上市公司的信用发展状况进行分析评价，客观真实地反映我国上市公司的信用发展状况和水平，同时为政府、行业、企业和社会提供参考依据。

一、2022 中国上市公司信用 500 强分布特征

（一）2022 中国上市公司信用 500 强行业分布特征

2022 中国上市公司信用 500 强的行业分布，包括三大类行业中的 55 个细分行业。其中，制造业 324 家企业（较 2021 年增加 32 家），分布在 28 个细分行业；服务业 148 家企业（较 2021 年减少 33 家），分布在 21 个细分行业；生产业 28 家企业（较 2021 年增加 1 家），分布在 6 个细分行业。

2022 中国上市公司信用 500 强行业分布见表 7–1。

制造业按照入围企业数量的多少排序分别为：医药、生物制药、医疗设备制造业有 29 家；化学原料及化学制品（含精细化工、日化、肥料等）制造业，通用机械设备和专用机械设备及零配件制造业，汽车及零配件制造业各有 23 家；工程机械、设备和特种装备（含电梯、仓储设备）及零配件制造业有 22 家；造纸及纸制品（含木材、藤、竹、家具等）加工、印刷、包装业，电

表 7-1　　2022 中国上市公司信用 500 强行业分布

序号	行业	企业数(家)
制造业		324
1	农副食品及农产品加工业	5
2	食品(含饮料、乳制品、肉食品等)加工制造业	11
3	酿酒制造业	11
4	纺织、印染业	4
5	纺织品、服装、服饰、鞋帽、皮革加工业	10
6	造纸及纸制品(含木材、藤、竹、家具等)加工、印刷、包装业	21
7	生活用品(含文体、玩具、工艺品、珠宝)等轻工产品加工制造业	6
8	石化产品、炼焦及其他燃料生产加工业	3
9	化学原料及化学制品(含精细化工、日化、肥料等)制造业	23
10	医药、生物制药、医疗设备制造业	29
11	化学纤维制造业	7
12	橡胶、塑料制品及其他新材料制造业	5
13	建筑材料及玻璃等制造业及非金属矿物制品业	17
14	黑色冶金及压延加工业	6
15	一般有色冶金及压延加工业	16
16	金属制品、加工工具、工业辅助产品加工制造业及金属新材料制造业	5
17	工程机械、设备和特种装备(含电梯、仓储设备)及零配件制造业	22
18	通用机械设备和专用机械设备及零配件制造业	23
19	电力、电气等设备、机械、元器件及光伏、风能、电池、线缆制造业	21
20	船舶、轨道交通设备及零部件制造业	4
21	家用电器及零配件制造业	8
22	电子元器件与仪器仪表、自动化控制设备制造业	15
23	动力、电力生产等装备、设备制造业	4
24	计算机、通信器材、办公、影像等设备及零部件制造业	19
25	汽车及零配件制造业	23
26	摩托车、自行车和其他交通运输车辆及零配件制造业	1
27	航空航天、国防军工装备及零配件制造业	4
28	综合制造业(以制造业为主,含有服务业)	1
服务业		148
29	能源(电、热、燃气等)供应、开发、节能减排及再循环服务业	15
30	铁路运输及辅助服务业	2
31	陆路运输、城市公交、道路及交通辅助等服务业	2
32	水上运输业	1
33	航空运输及相关服务业	1
34	电信、邮寄、速递等服务业	2
35	软件、程序、计算机应用、网络工程等计算机、微电子服务业	13
36	物流、仓储、运输、配送及供应链服务业	7
37	综合性内外商贸及批发、零售业	3

续表

序号	行业	企业数(家)
38	医药专营批发、零售业及医疗服务业	2
39	商业零售业及连锁超市	10
40	银行业	13
41	保险业	5
42	证券及其他金融服务业	22
43	房地产开发与经营、物业及房屋装饰、修缮、管理等服务业	21
44	旅游、旅馆及娱乐服务业	1
45	公用事业、市政、水务、航道等公共设施投资、经营与管理业	15
46	人力资源(职业教育、培训等)、会展博览、国内外经济合作等社会综合服务业	1
47	科技研发、推广及地勘、规划、设计、评估、咨询、认证等承包服务业	3
48	信息、传媒、电子商务、网购、娱乐等互联网服务业	3
49	综合服务业(以服务业为主,含有制造业)	6
生产业		28
50	农业、渔业、畜牧业及林业	2
51	煤炭采掘及采选业	7
52	石油、天然气开采及生产业	2
53	建筑业	15
54	电力生产业	1
55	其他采选业	1
合计		500

力、电气等设备、机械、元器件及光伏、风能、电池、线缆制造业各有 21 家；计算机、通信器材、办公、影像等设备及零部件制造业有 19 家；建筑材料及玻璃等制造业及非金属矿物制品业有 17 家；一般有色冶金及压延加工业 16 家；电子元器件与仪器仪表、自动化控制设备制造业有 15 家；食品（含饮料、乳制品、肉食品等）加工制造业，酿酒制造业各有 11 家；纺织品、服装、服饰、鞋帽、皮革加工业有 10 家；家用电器及零配件制造业有 8 家；化学纤维制造业有 7 家；生活用品（含文体、玩具、工艺品、珠宝）等轻工产品加工制造业，黑色冶金及压延加工业各有 6 家；农副食品及农产品加工业，橡胶、塑料制品及其他新材料制造业，金属制品、加工工具、工业辅助产品加工制造业及金属新材料制造业各有 5 家；纺织、印染业，船舶、轨道交通设备及零部件制造业，动力、电力生产等装备、设备制造业，航空航天、国防军工装备及零配件制造业各有 4 家；石化产品、炼焦及其他燃料生产加工业有 3 家；摩托车、自行车和其他交通运输车辆及零配件制造业，综合制造业（以制造业为主，含有服务业）各有 1 家。

服务业按照入围企业数量的多少排序分别为：证券及其他金融服务业有 22 家；房地产开发与经营、物业及房屋装饰、修缮、管理等服务业有 21 家；能源（电、热、燃气等）供应、开发、节能减排及再循环服务业，公用事业、市政、水务、航道等公共设施投资、经营与管理业各有

15 家；软件、程序、计算机应用、网络工程等计算机、微电子服务业，银行业各有 13 家；商业零售业及连锁超市有 10 家；物流、仓储、运输、配送及供应链服务业有 7 家；综合服务业（以服务业为主，含有制造业）有 6 家；保险业有 5 家；综合性内外商贸及批发、零售业，科技研发、推广及地勘、规划、设计、评估、咨询、认证等承包服务业，信息、传媒、电子商务、网购、娱乐等互联网服务业各有 3 家；铁路运输及辅助服务业，陆路运输、城市公交、道路及交通辅助等服务业，电信、邮寄、速递等服务业，医药专营批发、零售业及医疗服务业各有 2 家；水上运输业，航空运输及相关服务业，旅游、旅馆及娱乐服务业，人力资源（职业教育、培训等）、会展博览、国内外经济合作等社会综合服务业各有 1 家。

生产业按照入围企业数量的多少排序分别为：建筑业有 15 家；煤炭采掘及采选业有 7 家；农业、渔业、畜牧业及林业，石油、天然气开采及生产业各有 2 家；电力生产业，其他采选业各有 1 家。

（二）2022 中国上市公司信用 500 强地区分布特征

从 2022 中国上市公司信用 500 强地区分布情况来看，东部地区的 10 个省（直辖市）共有 363 家企业入围，较 2021 年减少了 8 家。其中，浙江 69 家，北京 63 家，广东 61 家，上海 53 家，江苏 49 家，山东 30 家，福建 19 家，天津 8 家，河北 7 家，辽宁 4 家。

2022 中国上市公司信用 500 强地区分布见表 7–2。

表 7–2　　2022 中国上市公司信用 500 强地区分布

区域	地区	入围企业数(家)		区域	地区	入围企业数(家)		区域	地区	入围企业数(家)	
		2022 年	2021 年			2022 年	2021 年			2022 年	2021 年
东部地区	北京	63	62	中部地区	安徽	22	16	西部地区	甘肃	3	2
	广东	61	88		河南	11	9		广西	2	2
	河北	7	8		湖北	13	15		贵州	3	3
	江苏	49	45		湖南	9	11		内蒙古	3	4
	山东	30	43		吉林	6	6		宁夏	1	2
	上海	53	38		黑龙江	3	1		四川	17	22
	天津	8	5		江西	4	5		新疆	8	7
	浙江	69	57		山西	9	2		云南	5	6
	辽宁	4	7						重庆	12	10
	福建	19	18						陕西	5	5
	海南								青海		
									西藏	1	1
合计		363	371	合计		77	65	合计		60	64

中部地区 8 个省共有 77 家企业入围，较 2021 年增加了 12 家。其中，安徽 22 家，湖北 13 家，河南 11 家，湖南、山西各 9 家，吉林 6 家，江西 4 家，黑龙江 3 家。

西部地区 11 个省（自治区、直辖市）有 60 家企业入围，较 2021 年减少了 4 家。其中，四川 17 家，重庆 12 家，新疆 8 家，云南、陕西各 5 家，甘肃、贵州、内蒙古各 3 家，广西 2 家，宁夏、西藏各 1 家。

2022 中国上市公司信用 500 强相对集中在东部及沿海地区，占全部上市公司信用 500 强企业的 72.60%。其中，北京、广东、浙江、江苏、上海、山东仍是上市公司信用 500 强大户。中部地区入围企业 77 家，占全部上市公司信用 500 强企业的 15.40%。西部地区入围企业 60 家，占全部上市公司信用 500 强企业的 12.00%。从总体地区分布特征来看，仍然呈现东高西低的阶梯式分布。

二、2022 中国上市公司信用 500 强总体评价与分析

（一）2022 中国上市公司信用500 强信用环境评价与分析

2022 中国上市公司信用 500 强 2021 年的景气指数为 149.31 点，较 2020 年的 129.93 点提高了 19.38 点；盈利指数为 131.65 点，较 2020 年的 121.03 点提高了 10.62 点；效益指数为 113.62 点，较 2020 年的 112.41 点提高了 1.21 点。

2022 中国上市公司信用 500 强总体信用环境影响性分析见图 7-1。

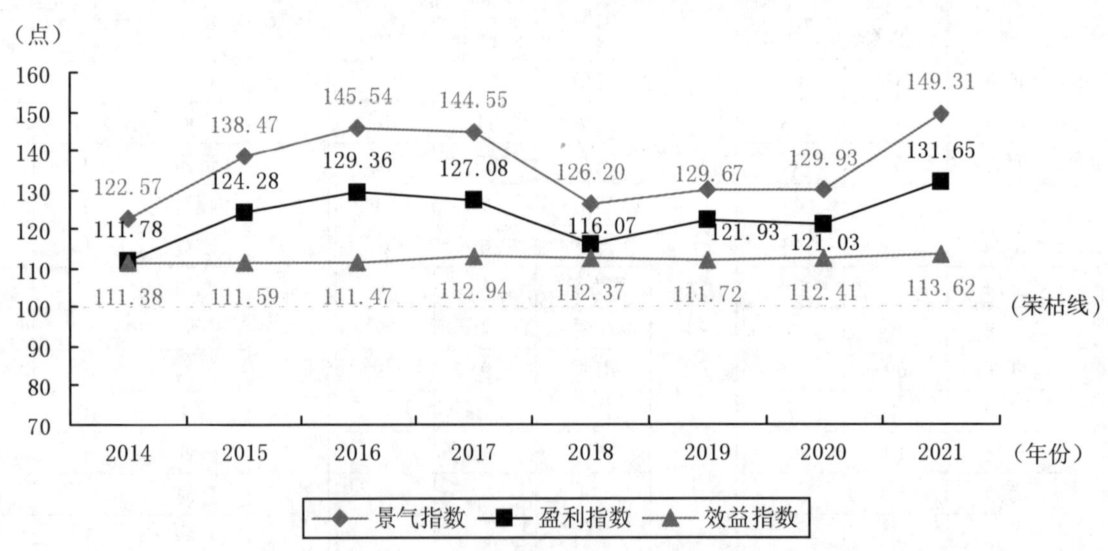

图 7-1 2022 中国上市公司信用 500 强总体信用环境影响性分析

从图 7-1 中可以看出，2022 中国上市公司信用 500 强 2021 年的三项指数总体呈现大幅提升的态势，三项指数均创下自 2014 年以来的最好水平。

中国上市公司 2021 年的景气指数为 119.09 点，较 2020 年的 101.82 点提高了 17.27 点；盈利指数为 106.89 点，较 2020 年的 99.01 点提高了 7.88 点；效益指数为 107.79 点，较 2020 年的 104.15 点提高了 3.64 点。

2014—2021 年中国上市公司信用环境影响性分析见图 7-2。

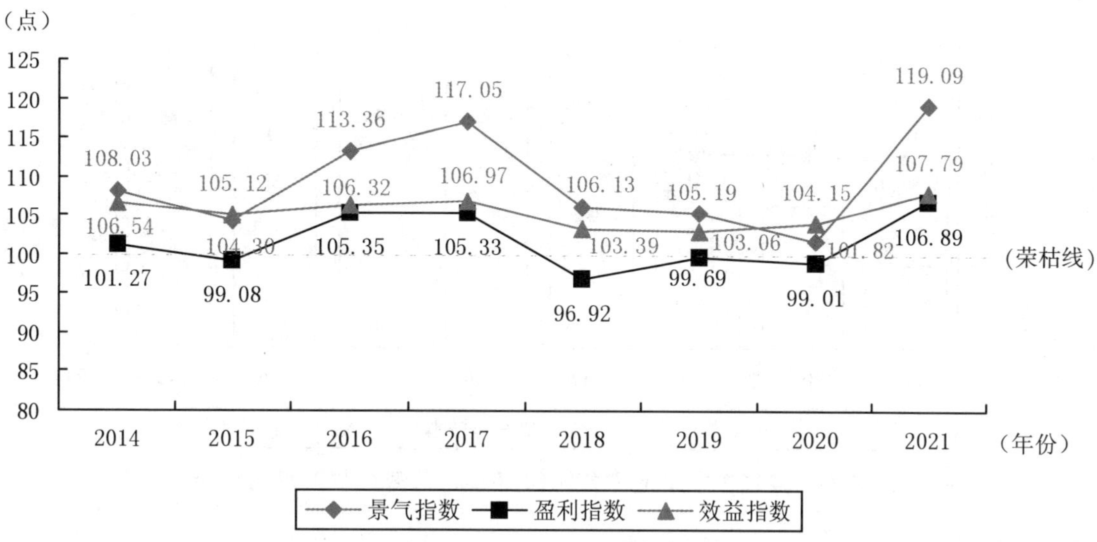

图 7-2 2014—2021 年中国上市公司信用环境影响性分析

从图 7-2 可以看出，2021 年上市公司的三项指数也表现为大幅反弹的态势，但与 2022 中国上市公司 500 强相比，反弹的力度略显逊色。其中，盈利指数遏制住了持续三年在荣枯线以下运行的低迷态势，表明上市公司的整体盈利水平有明显提升；景气指数和效益指数有较大幅度的回升限。总体分析来看，上市公司的三项指数也创下自 2014 年以来的最好水平。

通过图 7-1、图 7-2 对比分析可以看出，2022 中国上市公司信用 500 强 2021 年比样本上市公司的三项指数分别高出 30.22 点、24.76 点、5.83 点，2022 中国上市公司信用 500 强的三项指数均明显好于样本上市公司的平均水平，且景气指数和盈利指数的差距明显扩大，表明 2022 中国上市公司信用 500 强具有显著的比较优势。

（二）2022 中国上市公司信用500 强总量评价与分析

1.营业收入总量分析

2022 中国上市公司信用 500 强 2021 年的营业收入总额为 354420 亿元，较 2020 年的

292821 亿元增加了 61599 亿元，增幅为 21.04%；营业收入总额占样本企业营业收入总额 578697 亿元的 61.24%，较 2020 年的 56.36%提高了 4.88 个百分点；营业收入总额相当于 2021 年国内生产总值（GDP）1149237 亿元的 30.84%，较 2020 年的 28.89%提高了 1.95 个百分点。

2022 中国上市公司信用 500 强营业收入总量分析见图 7-3。

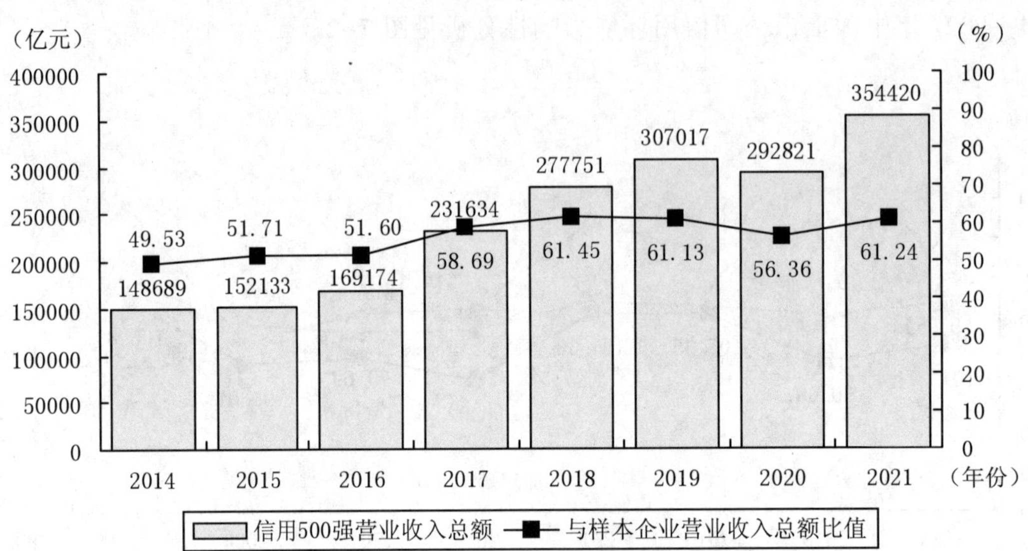

图 7-3 2022 中国上市公司信用 500 强营业收入总量分析

2.净利润总量分析

2022 中国上市公司信用 500 强 2021 年净利润（归属于上市公司股东的净利润）总额为 37618 亿元，较 2020 年的 29992 亿元提高了 7626 亿元；占样本企业净利润总额 46066 亿元的 81.66%，较 2020 年的 75.61%提高了 6.05 个百分点。

2022 中国上市公司信用 500 强净利润总量分析见图 7-4。

综合以上两项对比分析可以看出，2022 中国上市公司信用 500 强营业收入总额占样本企业营业收入总额 578697 亿元的 61.24%，较 2020 年的 56.36%提高了 4.88 个百分点；净利润总额占样本企业净利润总额 46066 亿元的 81.66%，较 2020 年的 75.61%提高了 6.05 个百分点。由此可见，2022 中国上市公司信用 500 强营业收入总额和净利润总额所占比重均有显著提高。也就意味着占总量 25%左右的上市公司信用 500 强获得了 60%左右的市场营业额和 80%左右的市场利润，上市公司信用 500 强的市场份额和利润的集中度进一步提高。总体来看，入围 2022 中国上市公司信用 500 强的企业具有显著的市场竞争优势，尤其是盈利能力更具有明显的比较优势。

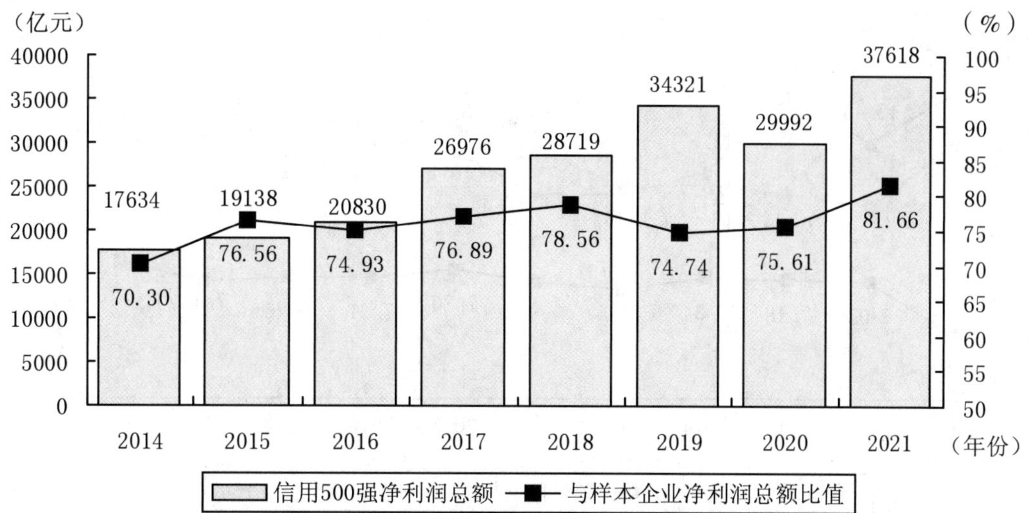

图 7-4 2022 中国上市公司信用 500 强净利润总量分析

三、2022 中国上市公司信用 500 强效益变化趋势分析

（一）2022 中国上市公司信用 500 强收益性指标变化趋势分析

收益性指标从营收利润率、资产利润率和所有者权益报酬率三项指标进行分析。2022 中国上市公司信用 500 强 2011—2021 年的营收利润率分别为 15.28%、11.66%、12.38%、12.96%、12.77%、14.99%、16.17%、15.12%、14.23%、15.59%、16.79%；资产利润率分别为 4.01%、7.05%、7.18%、7.34%、6.59%、7.05%、7.80%、7.31%、7.26%、7.12%、8.28%；所有者权益报酬率分别为 18.47%、15.46%、18.24%、13.67%、12.32%、12.39%、14.86%、14.69%、13.67%、14.53%、15.78%。

2022 中国上市公司信用 500 强收益性指标变化趋势分析见图 7-5。

1.营收利润率再创新高

第一，从营收利润率指标分析。2022 中国上市公司信用 500 强的营收利润率由 2020 年的 15.59%提高到 2021 年的 16.79%，2021 年较 2020 年提高了 1.20 个百分点。

第二，与样本上市公司对比分析。样本上市公司 2021 年的营收利润率为 10.15%，比 2020 年的 4.88%提高了 5.27 个百分点。2022 中国上市公司信用 500 强企业 2021 年的营收利润率较

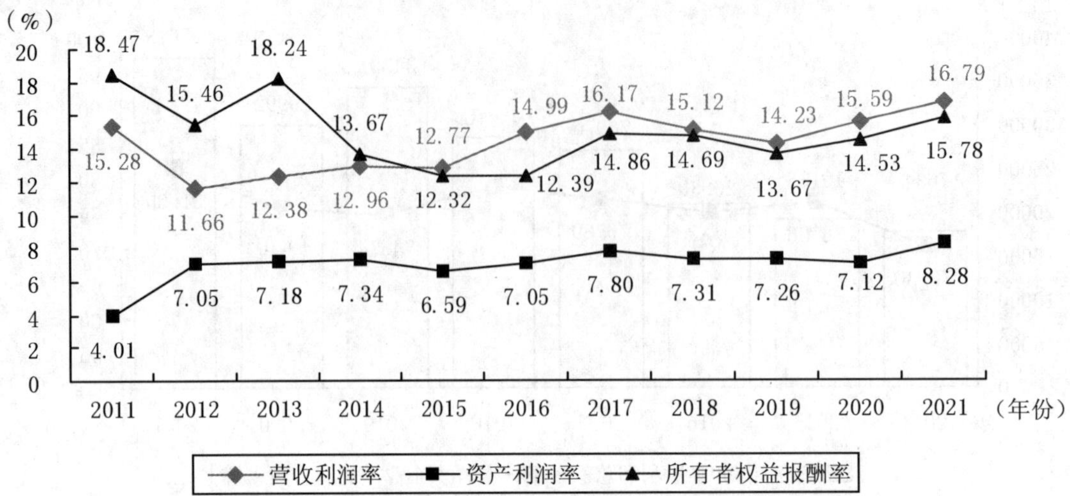

图 7-5　2022 中国上市公司信用 500 强收益性指标变化趋势分析

样本上市公司高出 6.64 个百分点。

第三，综合营收利润率指标分析。2022 中国上市公司信用 500 强和样本上市公司 2021 年的营收利润率均有所提高，但上市公司信用 500 强提高的幅度要小于样本上市公司，两者的差距由 2020 年的 10.71 个百分点缩小到 2021 年的 6.641 个百分点，差距缩小了 4.07 个百分点。但总体来看，上市公司信用 500 强盈利水平持续保持高位运行，且创下自 2011 年以来的最好水平，盈利能力仍具有显著的比较优势。

2.资产利润率明显提高

第一，从资产利润率指标分析。2022 中国上市公司信用 500 强 2021 年的资产利润率由 2020 年的 7.12%提高到 2021 年的 8.28%，提高了 1.16 个百分点。

第二，与样本上市公司对比分析。样本上市公司 2021 年的资产利润率为 4.60%，比 2020 年的 2.83%提高了 1.77 个百分点。2022 中国上市公司信用 500 强 2021 年的资产利润率较样本上市公司高出 3.68 个百分点。

第三，综合资产利润率指标分析。2022 中国上市公司信用 500 强和样本上市公司 2021 年的资产利润率较上年均有明显提高，且提升幅度相当大，两者的差距由 2020 年的 4.29 个百分点缩小到 2021 年的 3.68 个百分点，差距缩小了 0.61 个百分点。总体来看两者的差距呈现逐步缩小的趋势，但上市公司信用 500 强的资产效益总体上仍然保持较高水平，且资产利润率达到自 2011 年以来最好水平，与样本企业的差距仍然十分明显，表明上市公司信用 500 强的资产经营效益和质量仍具有十分明显的比较优势。

3.股东回报率持续保持较高水平

第一，从所有者权益报酬率指标分析。2022 中国上市公司信用 500 强 2021 年的所有者权益报酬率由 2020 年的 14.53%提高到 2021 年的 15.78%，提高了 1.25 个百分点。

第二，与样本上市公司对比分析。样本上市公司 2021 年的所有者权益报酬率为 8.62%，比 2020 年的 4.73%提高了 3.89 个百分点。2022 中国上市公司信用 500 强 2021 年的所有者权益报酬率较样本上市公司高出 7.16 个百分点。

第三，综合所有者权益报酬率指标分析。2022 中国上市公司信用 500 强 2021 年的所有者权益报酬率总体运行呈现稳中有升的态势，持续保持较高水平，与样本上市公司相比，两者的差距由 2020 年的 9.80 个百分点缩小至 2021 年的 7.16 个百分点，差距缩小了 2.64 个百分点。总体来看，上市公司信用 500 强的股东回报率持续高位运行，与样本上市公司相比仍具有明显的比较优势。

（二）2022 中国上市公司信用 500 强流动性和安全性指标变化趋势分析

流动性和安全性指标从资产周转率、资本保值增值率和所有者权益比率三项指标进行分析。2011—2021 年上市公司信用 500 强的资产周转率分别为 0.67 次/年、0.94 次/年、0.78 次/年、0.76 次/年、0.51 次/年、0.60 次/年、0.64 次/年、0.69 次/年、0.69 次/年、0.61 次/年、0.67 次/年；资本保值增值率分别为 122.51%、121.39%、120.33%、126.17%、116.21%、119.24%、120.90%、117.75%、118.45%、118.51%、120.64%；所有者权益比率分别为 22.07%、44.17%、41.03%、53.02%、52.50%、55.79%、51.84%、48.05%、50.31%、46.82%、48.83%。

2022 中国上市公司信用 500 强资产周转率、资本保值增值率变化趋势分析见图 7-6。

2022 中国上市公司信用 500 强所有者权益比率变化趋势分析见图 7-7。

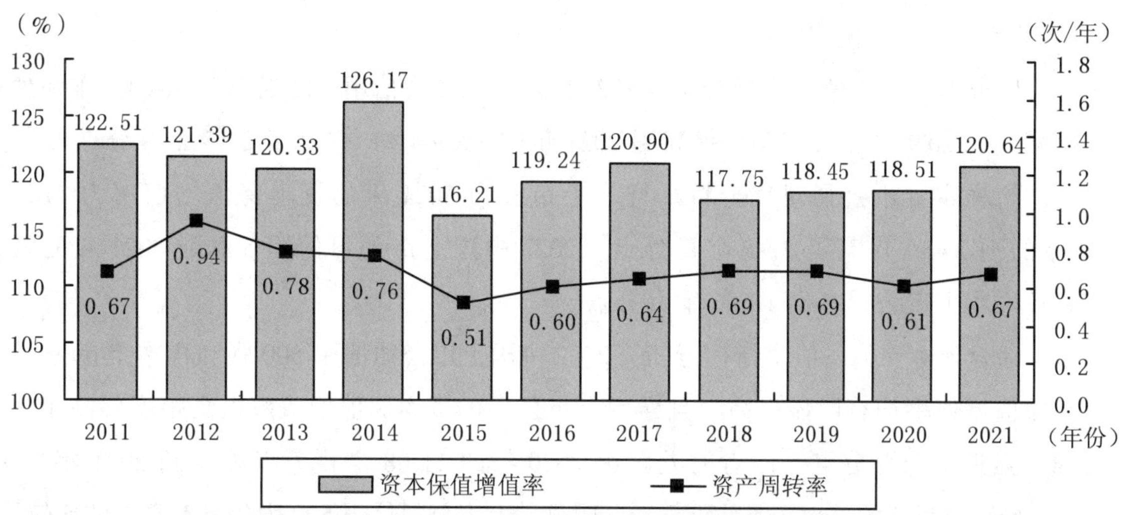

图 7-6　2022 中国上市公司信用 500 强资产周转率、资本保值增值率变化趋势分析

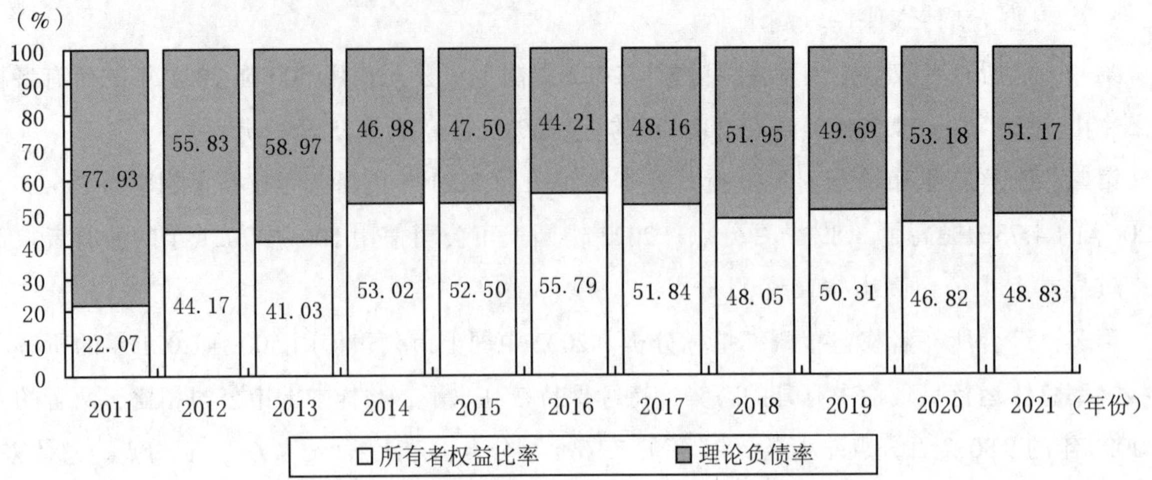

图 7-7　2022 中国上市公司信用 500强所有者权益比率变化趋势分析

1.流动性有所加快

第一，从资产周转率指标分析。2022 中国上市公司信用 500 强 2021 年的资产周转率有所加快。2021 年资产周转率为 0.67 次/年，比 2020 年 0.61 次/年提高 0.06 次/年。

第二，与样本上市公司对比分析。样本上市公司 2021 年的资产周转率为 0.62 次/年，比 2020 年的 0.55 次/年提高了 0.07 次/年。2022 中国上市公司信用 500 强 2021 年的资产周转率比样本上市公司高出 0.05 次/年。

第三，综合资产周转率指标分析。2022 中国上市公司信用 500 强和样本上市公司 2021 年的资产周转率均有所提高，上市公司信用 500 强与样本上市公司的差距由 2020 年 0.06 次/年缩小到 2021 年的 0.05 次/年。综合来看，2022 上市公司信用 500 强的资产运营效率和质量仍然具有一定的比较优势。

2.资本保值增值率明显提高

第一，从资本保值增值率指标分析。2022 中国上市公司信用 500 强 2021 年的资本保值增值率有所提高，由 2020 年的 118.51%提高到 2021 年的 120.64%，提高了 2.13 个百分点。

第二，与样本上市公司对比分析。样本上市公司 2021 年的资本保值增值率为 110.58%，比 2020 年的 107.43%提高了 3.15 个百分点。2022 中国上市公司信用 500 强 2021 年的资本保值增值率较样本上市公司高出 10.06 个百分点。

第三，综合资本保值增值率指标分析。2022 中国上市公司信用 500 强和样本上市公司 2021 年的资本保值增值率均有明显提高，且样本上市公司的资本保值增值率提高幅度要高于上市公司信用 500 强近 1 个百分点，两者的差距由 2020 年的 11.08 个百分点缩小到 2021 年的 10.06 个百分点，尽管差距有所缩小，但差距仍十分明显，上市公司信用 500 强仍具有显著的比较优势。

3.理论负债率小幅下降

第一，从所有者权益比率指标分析。2022 中国上市公司信用 500 强 2021 年的所有者权益比率有所提高，由 2020 年的 46.82%提高到 2021 年的 48.83%，提高了 2.01 个百分点。

第二，与样本上市公司对比分析。样本上市公司 2021 年的所有者权益比率为 51.41%，比 2020 年的 54.33%下降了 2.92 个百分点。2022 中国上市公司信用 500 强 2021 年的所有者权益比率较样本上市公司低出 2.58 个百分点。

第三，综合负债率水平分析。2022 中国上市公司信用 500 强 2021 年的理论负债率水平较样本上市公司仍然明显偏高，具有明显的信用优势。总体来看，上市公司的理论负债率处于下行状态。

（三）2022 中国上市公司信用 500强成长性指标变化趋势分析

成长性指标从营收增长率、利润增长率、资产增长率、资本积累率和人员增长率五项指标进行分析。2022 中国上市公司信用 500 强2011—2021 年营收增长率分别为 40.77%、29.16%、16.71%、22.17%、24.07%、34.57%、37.37%、21.44%、16.83%、19.90%、37.44%；利润增长率分别为 30.21%、11.14%、51.23%、43.32%、37.27%、56.51%、51.74%、30.95%、42.51%、39.95%、61.18%；资产增长率分别为 23.76%、16.72%、31.08%、25.07%、25.10%、43.06%、35.19%、17.50%、15.99%、21.88%、24.18%；资本积累率分别为 23.86%、19.78%、18.86%、49.11%、31.65%、53.66%、42.23%、19.24%、31.72%、24.23%、23.80%；人员增长率分别为9.92%、7.89%、6.21%、9.55%、14.38%、16.69%、14.68%、11.64%、7.60%、9.93%、12.69%。

2022 中国上市公司信用 500 强成长性指标变化趋势分析见图 7-8。

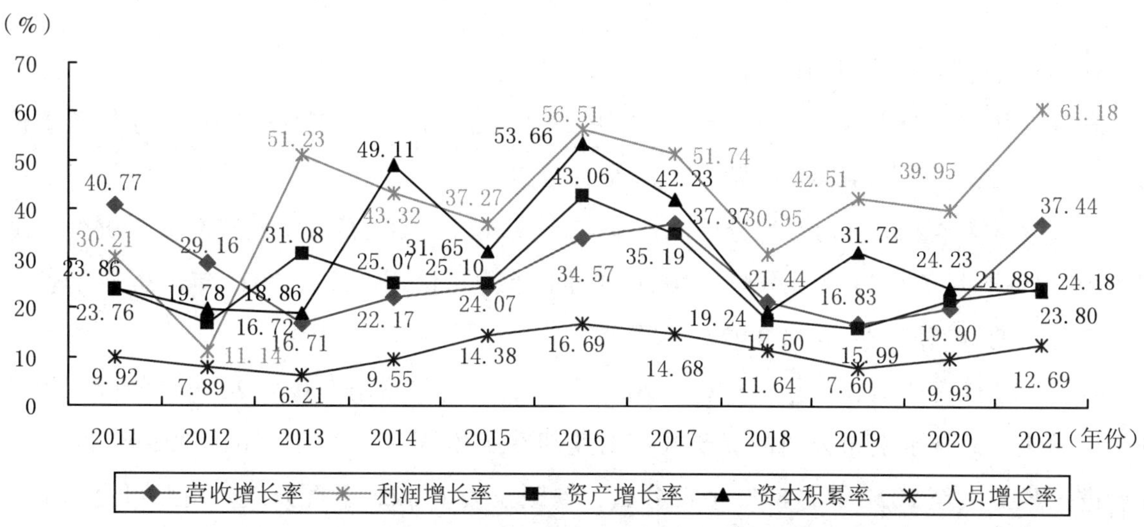

图 7-8 2022 中国上市公司信用 500强成长性指标变化趋势分析

1.营业收入增速明显加快

第一，从营收增长率指标分析。2022 中国上市公司信用 500 强 2021 年的营收增长率为 37.44%，比 2020 年的 19.90%提高了 17.54 个百分点。

第二，与样本上市公司对比分析。样本上市公司 2021 年的营收增长率为 24.22%，比 2020 年的 5.11%提高了 19.11 个百分点。2022 中国上市公司信用 500 强 2021 年的营收增长率较样本上市公司高出 13.22 个百分点。

第三，综合营收增长率指标分析。2022 中国上市公司信用 500 强和样本上市公司 2021 年的营收增长率均有明显加快，但上市公司信用 500 强提升幅度要低于样本上市公司，两者差距由 2020 年的 14.79 个百分点缩小至 13.22 个百分点，差距缩小了 1.57 个百分点。但相对而言，上市公司信用 500 强营收增速明显高于样本上市公司。

2.利润增长率强势提升

第一，从利润增长率指标分析。2022 中国上市公司信用 500 强 2021 年的利润增长率为 61.18%，比 2020 年的 39.95%大幅提高了 21.23 个百分点。

第二，与样本上市公司对比分析。样本上市公司 2021 年的利润增长率为 13.95%，较 2020 年的-1.46%转为正增长，提高了 15.41 个百分点。2022 中国上市公司信用 500 强 2021 年的利润增长率较样本上市公司高出 47.23 个百分点。

第三，综合利润增长率指标分析。2022 中国上市公司信用 500 强 2021 年的利润增长率持续保持在高位运行，样本上市公司的差距由 2020 年的 41.41 个百分点进一步扩大到 47.23 个百分点，差距拉大了 5.82 个百分点。综合来看，上市公司的利润增速强势提升，盈利能力显著提高，与样本上市公司相比具有十分显著的比较优势。

3.资产规模增速明显反弹

第一，从资产增长率指标分析。2022 中国上市公司信用 500 强 2021 年的资产增长率为 24.18%，比 2020 年的 21.88%提高了 2.30 个百分点。

第二，与样本上市公司对比分析。样本上市公司 2021 年的资产增长率为 15.96%，比 2020 年的 16.71%下降了 0.75 个百分点。2022 中国上市公司信用 500 强 2021 年的资产增长率比样本上市公司的资产增长率高出 8.22 个百分点。

第三，综合资产增长率指标分析。2022 中国上市公司信用 500 强 2021 年的资产规模增速进一步加快，而样本上市公司的资产规模增速却有所放缓，两者的差距由 2020 年的 5.17 个百分点进一步扩大至 2021 年的 8.22 个百分点，差距拉大了 3.05 个百分点。由此可见，上市公司信用 500 强的资产规模增速持续相对高位运行，发展动能充沛，发展潜力巨大。

4.资本积累率有所回落

第一，从资本积累率指标分析。2022 中国上市公司信用 500 强 2021 年的资本积累率为 23.80%，比 2020 年的 24.23%微幅下降了 0.43 个百分点。

第二，与样本上市公司对比分析。样本上市公司 2021 年的资本积累率为 13.15%，比 2020 年的 16.88%下降了 3.73 个百分点。2022 中国上市公司信用 500 强 2021 年的资本积累率比样本上市公司的资本积累率高出 10.65 个百分点。

第三，综合资本积累率指标分析。2022 中国上市公司信用 500 强和样本上市公司 2021 年的资本积累率均有所回落，但中国上市公司信用 500 强资本积累率下降的幅度较小，与样本上市公司相比，两者的差距由 2020 年的 7.35 个百分点扩大至 2021 年的 10.65 个百分点。由此可见，上市公司信用 500 强在资本实力方面具有明显的比较优势。

5.人员增长率明显提高

第一，从人员增长率指标分析。2022 中国上市公司信用 500 强 2021 年的人员增长率为 12.69%，比 2020 年的 9.93%提高了 2.76 个百分点。

第二，与样本上市公司对比分析。样本上市公司 2021 年的人员增长率为 3.39%，比 2020 年的 3.19%提高了 0.20 个百分点。2022 中国上市公司信用 500 强 2021 年的人员增长率比样本上市公司的人员增长率高出 9.30 个百分点。

第三，综合人员增长率指标分析。2022 中国上市公司信用 500 强和样本上市公司 2021 年的人员增长率均有所提高，但上市公司信用 500 强的人员规模增速仍然高于样本上市公司，两者的差距由 2020 年的 6.74 个百分点，扩大至 2021 年的 9.30 个百分点。由此可见，上市公司信用 500 强的活跃度要远高于样本上市公司，社会就业贡献率明显较高，在稳定社会就业方面发挥着十分重要的作用。

6.人均营收额明显提高

第一，从人均营收额指标分析。2022 中国上市公司信用 500 强 2021 年的人均营收额为 305.09 万元，比 2020 年的 250.70 万元提高了 54.39 万元。

第二，与样本上市公司对比分析。样本上市公司 2021 年的人均营收额为 271.43 万元，比 2020 年的 214.38 万元提高了 57.05 万元。2022 中国上市公司信用 500 强 2021 年的人均营收额比样本上市公司的人均营收额高出 33.66 万元。

第三，综合人均营收额指标分析。2022 中国上市公司信用 500 强和样本上市公司 2021 年的人均营收额均有大幅提高，两者的差距由 2020 年的 36.32 万元缩小到 2021 年的 33.66 万元。但总体来看，上市公司信用 500 强的劳动效率仍具有明显的比较优势。

7.人均利润额明显提高

第一，从人均利润额指标分析。2022 中国上市公司信用 500 强 2021 年的人均利润额为 32.38 万元，比 2020 年的 25.68 万元提高了 6.70 万元。

第二，与样本上市公司对比分析。样本上市公司 2021 年的人均利润额为 21.61 万元，比 2020 年的 16.36 万元提高了 5.25 万元。2022 中国上市公司信用 500 强 2021 年的人均利润额比样本上市公司的人均利润额高出 10.77 万元。

第三，综合人均利润额指标分析。2022 中国上市公司信用 500 强和样本上市公司 2021 年的人均利润额均有明显提高，但 2022 中国上市公司信用 500 强提高幅度要高于样本上市公司，两者的差距由 2020 年的 9.32 万元扩大至 2021 年的 10.77 万元。总体来看，上市公司信用 500 强在劳动效益方面仍然具有显著的比较优势。

8.研发投入强度偏低

第一，从研发投入经费占营收总额比值指标分析。2022 中国上市公司信用 500 强 2021 年的研发投入经费占营收总额比值为 4.22%，比 2020 年的 4.10%提高了 0.12 个百分点。

第二，与样本上市公司对比分析。样本上市公司 2021 年的研发投入经费占营收总额比值为 4.64%，比 2020 年的 5.74%下降了 1.10 个百分点。2022 中国上市公司信用 500 强 2021 年的研发投入经费占营收总额比值比样本上市公司低 0.42 个百分点。

第三，综合研发投入经费占营收总额比值指标分析。2022 中国上市公司信用 500 强 2021 年的研发投入经费占营收总额比值仍然小于样本上市公司，但两者的差距由 2020 年的 1.64 个百分点缩小至 0.42 个百分点。由此可见，上市公司信用 500 强的研发强度呈现持续稳步提高的态势，与样本上市公司的差距逐步缩小。

四、中国上市公司信用发展中存在的主要问题及若干建议

通过对 2022 中国上市公司信用 500 强以及我国上市公司经济效益指标的综合对比分析可以看出，2022 中国上市公司信用 500 强企业的景气水平、盈利能力和整体效益呈现显著提升的态势，持续保持高水平运行，在上市公司中发挥着标杆和示范作用。但由于受新冠疫情和宏观经济环境的影响，外部不确定、不稳定因素增多，上市公司存在着下行压力较大、增长动能不足、盈利水平不高、股东回报率偏低、资产运营效益质量有待进一步提高，以及在公司治理、信息披露等方面存在的诸多问题，需要引起上市公司的高度关注。

（一）全面提升公司治理和管理水平，持续推进高质量发展

国务院印发《关于进一步提高上市公司质量的意见》指出，认真落实党中央、国务院决策部署，贯彻新发展理念，坚持市场化、法治化方向，按照深化金融供给侧结构性改革要求，加强资本市场基础制度建设，大力提高上市公司质量。坚持存量与增量并重、治标与治本结合，发挥各方合力，强化持续监管，优化上市公司结构和发展环境，使上市公司运作规范性明显提升，信息披露质量不断改善，突出问题得到有效解决，可持续发展能力和整体质量显著提高，为建设规范、透明、开放、有活力、有韧性的资本市场，促进经济高质量发展提供有力支撑，并提出了六个方面 17 项重点举措。证监会将把强化公司治理作为提高上市公司质量的一项重要工作，通过开展上市公司治理专项行动等方式，进一步提高上市公司治理水平。健全现代企业制度，完善公司治理，应依法建立科学的公司内部治理结构，覆盖决策、执行、监督的全过程，使各权力机构在相互制约的同时达到良好的配合效果。优化资本结构，提高我国上市公司治理效率。

全面注册制改革在把选择权交给市场的同时，强化市场约束和法治约束，一方面，创新型企业资本化“大门”将彻底打开，给投资者分享创新型企业长期资本价值成长红利的机遇；另一方面，也将加强发行监管与上市公司持续监管的联动，规范上市公司治理，以“零容忍”的态度严厉打击欺诈发行、财务造假等违法违规行为，切实保护投资者合法权益。因此，上市公司要进一步完善公司治理制度规则，明确控股股东、实际控制人、董事、监事和高级管理人员的职责界限和法律责任。控股股东、实际控制人要履行诚信义务，维护上市公司独立性，切实保障上市公司和投资者的合法权益。股东大会、董事会、监事会、经理层要依法合规运作，董事、监事和高级管理人员要忠实勤勉履职，充分发挥独立董事、监事会作用。建立董事会与投资者的良好沟通机制，健全机构投资者参与公司治理的渠道和方式。科学界定国有控股上市公司治理相关方的权责，健全具有中国特色的国有控股上市公司治理机制。严格执行上市公司内控制度，加快推行内控规范体系，提升内控有效性。强化上市公司治理底线要求，倡导最佳实践，加强治理状况信息披露，促进提升决策管理的科学性，全面提升公司治理和管理水平，持续推进高质量发展。

（二）突出主导产业提质增效，着力提高可持续发展能力

上市公司普遍存在着逐利性投资，导致资本运用过于分散，大量资本运营于短期逐利性项目，从而弱化了主导产业和优势产业。因此，上市公司要牢牢坚持新发展理念，保持新发展

定力，提高资本的集中度，将优势资产和资本更集中于主导产业和优势产业领域，做强做优做大主导产业。要聚集主导产业，加快发展现代产业体系，推动经济体系优化升级，要提升产业链供应链现代化水平。要聚焦重点任务，发挥资本优势，带动构建新发展格局，立足国内大循环，扩大有效投资，发挥产业龙头作用，切实增强产业链供应链自主可控能力，推动上下游、产供销有效衔接、协调运转，主动适应和创造市场需求。助力畅通国内国际双循环，推动可持续高质量发展。

企业自身要努力提质增效，不断丰富高质量发展的“微观内涵”。企业作为宏观经济的微观主体，也是推动经济高质量发展的主体。企业要着力推进发展方式变革，用先进方式提质增效。企业要实现转型升级，必须掌握核心技术和关键环节，不断提高核心竞争力。中小型上市公司要发挥股权投资机构在促进公司优化治理、创新创业、产业升级等方面的积极作用。大力发展创业投资，培育科技型、创新型企业，着力打造单项冠军、专精特新“小巨人”企业。企业要不断改进生产经营流程，优化资源要素配置，提高发展质量效益。坚持质量兴企，积极创建知名品牌，提高市场竞争力和影响力。不断提高研发设计、供应链管理、品牌培育和营销水平，加快由低端制造向高生产率的设计、研发、品牌、营销、产业链管理等环节延伸。加强互联网、大数据等现代技术应用，实现传统产业与新兴产业、信息产业跨界融合，大力发展智能制造，全面提升研发、生产、管理和服务的智能化水平，通过装备技术创新和产业技术升级走高效低成本发展之路。

（三）切实履行社会责任，进一步推进 ESG 体系建设

国务院印发《关于进一步提高上市公司质量的意见》指出，完善退市标准，简化退市程序，加大退市监管力度。严厉打击通过财务造假、利益输送、操纵市场等方式恶意规避退市行为，将缺乏持续经营能力、严重违法违规扰乱市场秩序的公司及时清出市场。加大对违法违规主体的责任追究力度，支持投资者依法维权，保护投资者合法权益。

部分上市公司因治理失效、管控失灵、运作失序等引发资金占用、违规担保、财务造假、操纵并购、操纵股价等严重问题仍然存在。对于资本市场来说，上市公司充分而真实的信息披露，是市场健康发展的关键一环。尤其是在注册制条件下，企业信息披露显得尤为重要。注册制的一个基本特点，是以信息披露为中心，通过要求证券发行人真实、准确、完整地披露，使投资者获得必要信息，对证券价值进行判断并作出是否投资的决策。真实、准确、完整、及时的信息披露，是市场健康运行的重要基础。在当前面临诸多困难和风险挑战的发展时期，上市公司要诚实守信、规范运作，专注主业、稳健经营，不断提高经营水平和发展质量；要强化忧患意识，做好风险防范，增强发展韧性，进一步加强和提高防范化解风险能力；

要坚守底线思维，不断增强自我规范、自我提高、自我完善的意识，形成上市公司规范治理的长效机制，进一步推进企业诚信体系建设，以诚信建设筑牢企业高质量发展的基石。

在新时代新征程中更好履行社会责任、践行 ESG 理念，是企业贯彻落实党的二十大精神的必然要求和具体行动，也是打造国际竞争合作新优势、加快建设世界一流企业的重要抓手和有效举措。我国上市企业要以党的二十大为新起点，围绕促进上市公司高质量发展的新形势、新要求，将 ESG 作为提升上市公司质量的重要抓手，我国企业要主动适应、积极把握 ESG 发展热潮，认真研究、摸索从企业战略规划和体制机制层面进一步有效加强 ESG 治理，合理设定企业的 ESG 标准，制定实施框架，科学评估 ESG 绩效，找准企业 ESG 管理有效路径；要与 ESG 监管机构、研究机构、中介机构等加强交流合作，积极参与构建具有中国特色、与国际准则接轨兼容的 ESG 规则规范，为建强我国 ESG 体系做出更大的贡献。

第八章
2022 中国企业信用 500 强评价资料

一、2022 中国企业信用 500 强排序

序号	企业名称	地区	综合信用指数	信用环境指数	信用能力指数	信用行为指数
1	华为投资控股有限公司	广东	99.990	13.990	72.000	14.000
2	中国医药集团有限公司	北京	99.980	13.980	72.000	14.000
3	中国石油天然气集团有限公司	北京	99.980	13.980	72.000	14.000
4	中国海洋石油集团有限公司	北京	99.884	14.000	71.884	14.000
5	中国建筑股份有限公司	北京	99.674	14.000	71.674	14.000
6	贵州茅台酒股份有限公司	贵州	99.415	13.779	71.636	14.000
7	中国建设银行股份有限公司	北京	99.287	13.873	71.414	14.000
8	中国工商银行股份有限公司	北京	99.269	13.819	71.450	14.000
9	中国银行股份有限公司	北京	99.019	13.873	71.147	14.000
10	中国农业银行股份有限公司	北京	99.002	13.890	71.112	14.000
11	中国建材集团有限公司	北京	98.839	13.882	71.357	13.600
12	中国神华能源股份有限公司	北京	98.749	13.080	71.669	14.000
13	腾讯控股有限公司	广东	98.589	13.989	70.600	14.000
14	中国石油化工集团有限公司	北京	98.479	13.611	70.868	14.000
15	中国移动通信集团有限公司	北京	98.456	14.000	70.456	14.000
16	国家电网有限公司	北京	98.403	13.815	71.022	13.566
17	国家开发投资集团有限公司	北京	98.402	13.262	71.615	13.525
18	美的集团股份有限公司	广东	98.401	14.000	71.801	12.600
19	中国船舶集团有限公司	北京	98.399	13.842	71.957	12.600
20	中国邮政集团有限公司	北京	97.843	14.000	71.178	12.665
21	中国华润有限公司	广东	97.804	13.392	71.812	12.600
22	京东方科技集团股份有限公司	北京	97.600	14.000	72.000	11.600
23	中国旅游集团中免股份有限公司	北京	97.542	13.942	72.000	11.600
24	上海汽车集团股份有限公司	上海	97.454	13.947	70.800	12.707
25	中国第一汽车集团有限公司	吉林	97.444	13.935	72.000	11.509
26	龙湖集团控股有限公司	重庆	97.417	13.817	72.000	11.600
27	徐工集团工程机械股份有限公司	江苏	97.416	13.898	71.917	11.600
28	万华化学集团股份有限公司	山东	97.410	12.610	72.000	12.800
29	中国远洋海运集团有限公司	上海	97.395	13.944	70.444	13.007
30	中国铝业集团有限公司	北京	97.344	13.924	70.893	12.527
31	宜宾五粮液股份有限公司	四川	97.342	13.816	70.926	12.600
32	中国航天科技集团有限公司	北京	97.339	13.357	71.381	12.600

续表

序号	企业名称	地区	综合信用指数	信用环境指数	信用能力指数	信用行为指数
33	中国人寿保险股份有限公司	北京	97.296	13.017	70.279	14.000
34	恒申控股集团有限公司	福建	97.200	13.600	72.000	11.600
35	桐昆集团股份有限公司	浙江	97.200	13.600	72.000	11.600
36	珠海格力电器股份有限公司	广东	97.176	14.000	70.576	12.600
37	海尔集团公司	山东	97.176	14.000	71.076	12.100
38	兴业银行股份有限公司	福建	97.167	13.999	69.167	14.000
39	交通银行股份有限公司	上海	97.123	13.892	67.231	14.000
40	重庆智飞生物制品股份有限公司	重庆	97.075	13.600	71.875	11.600
41	农夫山泉股份有限公司	浙江	97.048	13.448	72.000	11.600
42	新疆特变电工集团有限公司	新疆	97.031	13.442	71.989	11.600
43	宁德时代新能源科技股份有限公司	福建	96.993	13.393	72.000	11.600
44	中国保利集团有限公司	北京	96.909	13.385	71.924	11.600
45	中国平安保险（集团）股份有限公司	广东	96.822	12.622	70.201	14.000
46	黑龙江飞鹤乳业有限公司	黑龙江	96.736	13.600	71.536	11.600
47	通威股份有限公司	四川	96.716	13.461	71.655	11.600
48	中国宝武钢铁集团有限公司	上海	96.691	14.000	68.691	14.000
49	内蒙古伊利实业集团股份有限公司	内蒙古	96.652	13.335	71.717	11.600
50	泰康保险集团股份有限公司	北京	96.193	12.694	70.899	12.600
51	国泰君安证券股份有限公司	上海	96.147	13.884	70.663	11.600
52	波司登股份有限公司	江苏	96.093	13.577	70.916	11.600
53	山东金岭集团有限公司	山东	96.088	14.000	69.288	12.800
54	中国化学工程股份有限公司	北京	95.966	13.808	70.558	11.600
55	紫光股份有限公司	北京	95.961	13.646	70.714	11.600
56	浙江荣晟环保纸业股份有限公司	浙江	95.953	13.403	70.949	11.600
57	歌尔股份有限公司	山东	95.950	13.883	70.466	11.600
58	内蒙古鄂尔多斯资源股份有限公司	内蒙古	95.856	13.600	70.656	11.600
59	中国兵器工业集团有限公司	北京	95.797	13.478	70.719	11.600
60	天洁集团有限公司	浙江	95.780	13.098	71.082	11.600
61	大族激光科技产业集团股份有限公司	广东	95.746	13.727	70.420	11.600
62	中国人民保险集团股份有限公司	北京	95.739	12.941	71.198	11.600
63	富士康工业互联网股份有限公司	广东	95.694	11.472	71.825	12.398
64	中兴通讯股份有限公司	广东	95.692	13.966	70.126	11.600
65	舍得酒业股份有限公司	四川	95.681	13.600	70.481	11.600
66	漳州片仔癀药业股份有限公司	福建	95.668	13.407	70.661	11.600
67	华泰证券股份有限公司	江苏	95.651	13.829	70.222	11.600
68	中国航天科工集团有限公司	北京	95.630	13.089	70.941	11.600
69	小米集团	北京	95.586	13.544	70.442	11.600

续表

序号	企业名称	地区	综合信用指数	信用环境指数	信用能力指数	信用行为指数
70	山西鹏飞集团有限公司	山西	95.572	13.842	70.130	11.600
71	中国国际金融股份有限公司	北京	95.556	13.915	70.041	11.600
72	泸州老窖股份有限公司	四川	95.501	13.887	70.014	11.600
73	云南云天化股份有限公司	云南	95.478	14.000	68.678	12.800
74	中国中信集团有限公司	北京	95.466	13.586	70.066	11.814
75	北京万泰生物药业股份有限公司	北京	95.437	13.600	70.237	11.600
76	紫金矿业集团股份有限公司	福建	95.429	13.213	70.616	11.600
77	万洲国际有限公司	河南	95.421	13.281	70.540	11.600
78	石药控股集团有限公司	河北	95.407	12.035	71.772	11.600
79	中国铁道建筑集团有限公司	北京	95.400	14.000	69.800	11.600
80	中国铁路工程集团有限公司	北京	95.386	14.000	69.786	11.600
81	广西绿城水务股份有限公司	广西	95.375	13.470	69.105	12.800
82	东风汽车集团有限公司	湖北	95.344	13.940	72.000	9.404
83	东方财富信息股份有限公司	上海	95.314	13.970	69.745	11.600
84	浙江吉利控股集团有限公司	浙江	95.294	13.860	72.000	9.434
85	广东宏川集团有限公司	广东	95.240	13.456	70.184	11.600
86	远景能源有限公司	江苏	95.220	13.600	70.020	11.600
87	广州金域医学检验集团股份有限公司	广东	95.203	13.220	70.383	11.600
88	宁波杉杉股份有限公司	浙江	95.196	13.600	69.996	11.600
89	上海美迪西生物医药股份有限公司	上海	95.173	13.600	69.973	11.600
90	碧桂园控股有限公司	广东	95.164	12.468	71.096	11.600
91	中国南方电网有限责任公司	广东	95.157	13.816	69.742	11.600
92	中国电子科技集团有限公司	北京	95.097	12.817	70.680	11.600
93	科大讯飞股份有限公司	安徽	95.082	13.588	69.894	11.600
94	中国太平洋保险（集团）股份有限公司	上海	95.080	12.934	70.545	11.600
95	广州工业投资控股集团有限公司	广东	95.056	14.000	69.456	11.600
96	旭辉控股（集团）有限公司	上海	95.034	13.166	70.268	11.600
97	宁波方太厨具有限公司	浙江	95.032	13.600	69.832	11.600
98	金地（集团）股份有限公司	广东	95.017	13.111	70.306	11.600
99	中国银河证券股份有限公司	北京	95.016	13.814	69.602	11.600
100	兆易创新科技集团股份有限公司	北京	95.012	13.600	69.812	11.600
101	山西兰花科技创业股份有限公司	山西	95.004	13.600	69.804	11.600
102	新凤鸣集团股份有限公司	浙江	94.975	13.600	69.775	11.600
103	山煤国际能源集团股份有限公司	山西	94.971	13.600	69.771	11.600
104	奥瑞金科技股份有限公司	北京	94.971	13.703	69.668	11.600
105	长城汽车股份有限公司	河北	94.958	13.942	72.000	9.016
106	华域汽车系统股份有限公司	上海	94.849	13.973	71.898	8.978

续表

序号	企业名称	地区	综合信用指数	信用环境指数	信用能力指数	信用行为指数
107	百隆东方股份有限公司	浙江	94.821	13.600	68.421	12.800
108	云南恩捷新材料股份有限公司	云南	94.800	13.600	69.600	11.600
109	正威国际集团有限公司	广东	94.764	11.365	69.399	14.000
110	浙江越剑智能装备股份有限公司	浙江	94.742	13.600	69.542	11.600
111	无锡上机数控股份有限公司	江苏	94.740	13.261	69.879	11.600
112	景津装备股份有限公司	山东	94.735	13.427	69.708	11.600
113	盛虹控股集团有限公司	江苏	94.652	13.430	69.622	11.600
114	浙江台华新材料股份有限公司	浙江	94.651	13.600	68.251	12.800
115	志邦家居股份有限公司	安徽	94.647	13.425	69.622	11.600
116	东鹏饮料（集团）股份有限公司	广东	94.638	13.195	69.843	11.600
117	中国北方稀土（集团）高科技股份有限公司	内蒙古	94.634	13.600	69.434	11.600
118	杭州市实业投资集团有限公司	浙江	94.599	13.857	69.143	11.600
119	山东魏桥创业集团有限公司	山东	94.598	12.427	69.371	12.800
120	珠海华发集团有限公司	广东	94.588	13.819	69.169	11.600
121	中铁集装箱运输有限责任公司	北京	94.570	13.847	69.123	11.600
122	海澜集团有限公司	江苏	94.569	13.433	69.536	11.600
123	华泰集团有限公司	山东	94.555	13.336	69.620	11.600
124	山东豪迈机械科技股份有限公司	山东	94.553	13.058	69.895	11.600
125	众业达电气股份有限公司	广东	94.550	13.485	69.465	11.600
126	成都市兴蓉环境股份有限公司	四川	94.549	12.466	69.283	12.800
127	振烨国际产业控股集团（深圳）有限公司	广东	94.541	13.600	69.341	11.600
128	天津城市基础设施建设投资集团有限公司	天津	94.539	13.000	69.939	11.600
129	王府井集团股份有限公司	北京	94.533	13.594	69.339	11.600
130	江苏硕世生物科技股份有限公司	江苏	94.525	13.079	69.846	11.600
131	鲁西化工集团股份有限公司	山东	94.515	13.000	69.715	11.800
132	四川川投能源股份有限公司	四川	94.506	11.276	70.430	12.800
133	新城控股集团股份有限公司	江苏	94.484	12.693	70.191	11.600
134	北京控股集团有限公司	北京	94.480	12.600	69.880	12.000
135	山鹰国际控股股份公司	安徽	94.447	13.745	69.103	11.600
136	新奥天然气股份有限公司	河北	94.446	13.863	68.984	11.600
137	江苏东方盛虹股份有限公司	江苏	94.403	13.600	69.203	11.600
138	广发证券股份有限公司	广东	94.398	13.506	69.292	11.600
139	华茂集团股份有限公司	浙江	94.386	13.410	69.376	11.600
140	物产中大集团股份有限公司	浙江	94.382	12.853	69.929	11.600
141	神马实业股份有限公司	河南	94.361	13.600	69.161	11.600
142	重庆华宇集团有限公司	重庆	94.351	13.267	69.484	11.600

续表

序号	企业名称	地区	综合信用指数	信用环境指数	信用能力指数	信用行为指数
143	合盛硅业股份有限公司	浙江	94.325	12.725	69.000	11.600
144	中国交通建设集团有限公司	北京	94.325	14.000	68.725	11.600
145	西部超导材料科技股份有限公司	陕西	94.270	13.539	69.131	11.600
146	山东太阳控股集团有限公司	山东	94.261	12.845	69.816	11.600
147	广州越秀集团股份有限公司	广东	94.255	13.390	69.265	11.600
148	雅迪科技集团有限公司	江苏	94.243	13.400	69.243	11.600
149	恒力集团有限公司	江苏	94.241	11.632	71.008	11.600
150	联想控股股份有限公司	北京	94.228	13.929	68.700	11.600
151	比亚迪股份有限公司	广东	94.219	13.439	69.180	11.600
152	紫光国芯微电子股份有限公司	河北	94.193	13.600	68.993	11.600
153	无锡药明康德新药开发股份有限公司	江苏	94.172	13.553	68.019	11.600
154	江苏沙钢集团有限公司	江苏	94.170	13.600	66.661	13.909
155	深圳前海微众银行股份有限公司	广东	94.168	13.260	69.308	11.600
156	创维集团有限公司	广东	94.150	13.751	68.799	11.600
157	江苏长电科技股份有限公司	江苏	94.148	13.976	68.573	11.600
158	中国机械工业集团有限公司	北京	94.132	12.874	69.659	11.600
159	山东博汇纸业股份有限公司	山东	94.121	14.000	68.521	11.600
160	浙江伟明环保股份有限公司	浙江	94.082	13.381	67.901	12.800
161	爱玛科技集团股份有限公司	天津	94.052	13.400	69.052	11.600
162	中国联合网络通信集团有限公司	北京	94.034	14.000	68.434	11.600
163	中芯国际集成电路制造有限公司	上海	94.033	14.000	68.433	11.600
164	比音勒芬服饰股份有限公司	广东	94.019	13.367	69.053	11.600
165	深圳迈瑞生物医疗电子股份有限公司	广东	94.004	12.404	70.000	11.600
166	周大生珠宝股份有限公司	广东	93.995	12.384	70.011	11.600
167	梅花生物科技集团股份有限公司	西藏	93.995	13.600	68.795	11.600
168	瑞芯微电子股份有限公司	福建	93.984	13.600	68.784	11.600
169	浙江新安化工集团股份有限公司	浙江	93.983	13.000	68.183	12.800
170	大秦铁路股份有限公司	山西	93.970	13.839	68.531	11.600
171	铜陵有色金属集团股份有限公司	安徽	93.969	14.000	68.369	11.600
172	深圳市汇川技术股份有限公司	广东	93.968	13.889	68.479	11.600
173	卓尔控股有限公司	湖北	93.967	13.816	68.550	11.600
174	山东金晶科技股份有限公司	山东	93.959	13.600	68.759	11.600
175	华勤橡胶工业集团有限公司	山东	93.952	13.816	68.536	11.600
176	人本股份有限公司	浙江	93.948	13.474	68.875	11.600
177	科沃斯机器人股份有限公司	江苏	93.940	12.600	68.740	11.600
178	中基宁波集团股份有限公司	浙江	93.937	13.726	68.611	11.600

续表

序号	企业名称	地区	综合信用指数	信用环境指数	信用能力指数	信用行为指数
179	晶澳太阳能科技股份有限公司	河北	93. 937	13. 819	68. 518	11. 600
180	上海移远通信技术股份有限公司	上海	93. 931	13. 502	68. 829	11. 600
181	郑州煤矿机械集团股份有限公司	河南	93. 927	12. 502	68. 825	11. 600
182	江西铜业集团有限公司	江西	93. 924	13. 876	68. 448	11. 600
183	四川路桥建设集团股份有限公司	四川	93. 924	13. 600	68. 724	11. 600
184	上海晨光文具股份有限公司	上海	93. 897	13. 806	68. 491	11. 600
185	厦门翔业集团有限公司	福建	93. 880	13. 841	68. 439	11. 600
186	雪天盐业集团股份有限公司	湖南	93. 872	13. 600	68. 672	11. 600
187	喜临门家具股份有限公司	浙江	93. 872	13. 549	68. 723	11. 600
188	杭叉集团股份有限公司	浙江	93. 867	13. 136	69. 131	11. 600
189	山东华鲁恒升化工股份有限公司	山东	93. 800	13. 000	68. 000	12. 800
190	杭氧集团股份有限公司	浙江	93. 796	13. 489	68. 707	11. 600
191	恒信汽车集团股份有限公司	湖北	93. 794	12. 916	69. 277	11. 600
192	江苏恒立液压股份有限公司	江苏	93. 782	13. 401	68. 781	11. 600
193	江西洪城环境股份有限公司	江西	93. 781	13. 600	68. 381	11. 800
194	华峰化学股份有限公司	浙江	93. 771	13. 000	67. 971	12. 800
195	重庆顺博铝合金股份有限公司	重庆	93. 764	13. 473	68. 691	11. 600
196	杰克科技股份有限公司	浙江	93. 751	13. 438	68. 713	11. 600
197	卫星化学股份有限公司	浙江	93. 751	13. 000	68. 951	11. 800
198	浙江华友钴业股份有限公司	浙江	93. 747	13. 600	68. 547	11. 600
199	中粮集团有限公司	北京	93. 739	13. 458	68. 682	11. 600
200	湖南建工控股集团有限公司	湖南	93. 710	13. 600	68. 510	11. 600
201	立讯精密工业股份有限公司	广东	93. 703	13. 490	68. 613	11. 600
202	四川水井坊股份有限公司	四川	93. 690	13. 600	68. 490	11. 600
203	深圳市科达利实业股份有限公司	广东	93. 679	13. 414	68. 665	11. 600
204	江苏国泰国际集团股份有限公司	江苏	93. 677	13. 421	68. 656	11. 600
205	广西农垦集团有限责任公司	广西	93. 666	13. 600	68. 466	11. 600
206	胜华新材料集团股份有限公司	山东	93. 659	13. 600	68. 459	11. 600
207	浙江荣盛控股集团有限公司	浙江	93. 656	13. 533	68. 523	11. 600
208	上海韦尔半导体股份有限公司	上海	93. 646	13. 619	68. 427	11. 600
209	圆通速递股份有限公司	辽宁	93. 640	13. 574	68. 466	11. 600
210	上海金桥出口加工区开发股份有限公司	上海	93. 629	13. 516	68. 513	11. 600
211	合肥城建发展股份有限公司	安徽	93. 609	13. 371	68. 638	11. 600
212	宁波海天精工股份有限公司	浙江	93. 607	13. 600	68. 407	11. 600
213	明阳新能源投资控股集团有限公司	广东	93. 592	12. 514	69. 478	11. 600
214	浪潮电子信息产业股份有限公司	山东	93. 569	13. 688	68. 281	11. 600

续表

序号	企业名称	地区	综合信用指数	信用环境指数	信用能力指数	信用行为指数
215	亿嘉和科技股份有限公司	江苏	93. 559	13. 380	68. 579	11. 600
216	浙江元立金属制品集团有限公司	浙江	93. 531	13. 044	68. 887	11. 600
217	网易公司	广东	93. 523	13. 915	68. 008	11. 600
218	西安陕鼓动力股份有限公司	陕西	93. 521	13. 429	68. 492	11. 600
219	长春高新技术产业（集团）股份有限公司	吉林	93. 494	12. 487	69. 407	11. 600
220	江苏华昌化工股份有限公司	江苏	93. 487	12. 600	69. 087	11. 800
221	江苏华宏科技股份有限公司	江苏	93. 482	12. 580	69. 302	11. 600
222	无锡新洁能股份有限公司	江苏	93. 481	12. 600	69. 281	11. 600
223	浙江天圣控股集团有限公司	浙江	93. 475	12. 600	69. 075	11. 800
224	佛燃能源集团股份有限公司	广东	93. 425	13. 363	68. 462	11. 600
225	广州汽车工业集团有限公司	广东	93. 414	13. 820	71. 002	8. 592
226	江西晨光新材料股份有限公司	江西	93. 400	12. 600	68. 000	12. 800
227	欧派家居集团股份有限公司	广东	93. 378	12. 818	68. 960	11. 600
228	交控科技股份有限公司	北京	93. 375	12. 534	69. 241	11. 600
229	广州酒家集团股份有限公司	广东	93. 343	13. 411	68. 332	11. 600
230	健民药业集团股份有限公司	湖北	93. 333	13. 600	68. 133	11. 600
231	中化国际（控股）股份有限公司	上海	93. 331	14. 000	66. 531	12. 800
232	浙江景兴纸业股份有限公司	浙江	93. 319	13. 454	68. 264	11. 600
233	首都实业投资有限公司	北京	93. 301	11. 200	69. 301	12. 800
234	浙江三花智能控制股份有限公司	浙江	93. 298	13. 379	68. 320	11. 600
235	杭州滨江房产集团股份有限公司	浙江	93. 294	13. 434	68. 260	11. 600
236	汕头东风印刷股份有限公司	广东	93. 285	13. 470	68. 215	11. 600
237	研祥高科技控股集团有限公司	广东	93. 284	12. 934	68. 750	11. 600
238	新疆金风科技股份有限公司	新疆	93. 280	13. 773	67. 907	11. 600
239	安徽海螺集团有限责任公司	安徽	93. 277	12. 994	68. 683	11. 600
240	承德露露股份公司	河北	93. 271	13. 487	68. 183	11. 600
241	万科企业股份有限公司	广东	93. 261	11. 426	70. 235	11. 600
242	安徽楚江科技新材料股份有限公司	安徽	93. 247	13. 316	68. 331	11. 600
243	中国国际海运集装箱（集团）股份有限公司	广东	93. 245	13. 831	67. 815	11. 600
244	重庆水务集团股份有限公司	重庆	93. 239	12. 600	68. 839	11. 800
245	玖龙纸业（控股）有限公司	广东	93. 206	13. 099	68. 507	11. 600
246	华鲁控股集团有限公司	山东	93. 201	13. 600	68. 001	11. 600
247	晶晨半导体（上海）股份有限公司	上海	93. 200	12. 600	69. 000	11. 600
248	深圳市明微电子股份有限公司	广东	93. 200	12. 600	69. 000	11. 600
249	广州达安基因股份有限公司	广东	93. 197	13. 225	68. 373	11. 600
250	杭州立昂微电子股份有限公司	浙江	93. 184	13. 522	68. 062	11. 600

续表

序号	企业名称	地区	综合信用指数	信用环境指数	信用能力指数	信用行为指数
251	浙江春风动力股份有限公司	浙江	93.183	13.141	68.442	11.600
252	天津津滨发展股份有限公司	天津	93.168	13.600	67.968	11.600
253	胜达集团有限公司	浙江	93.159	13.159	68.401	11.600
254	南昌市政公用集团有限公司	江西	93.157	12.482	68.675	12.000
255	江苏三木集团有限公司	江苏	93.125	13.727	66.598	12.800
256	天地科技股份有限公司	北京	93.117	13.828	67.688	11.600
257	老凤祥股份有限公司	上海	93.100	12.822	68.678	11.600
258	湖北济川药业股份有限公司	湖北	93.088	12.974	68.513	11.600
259	大亚科技集团有限公司	江苏	93.081	13.716	67.765	11.600
260	陕西煤业化工集团有限责任公司	陕西	93.067	13.866	67.601	11.600
261	河南神火煤电股份有限公司	河南	93.057	13.600	67.857	11.600
262	成都兴城投资集团有限公司	四川	93.045	13.390	68.055	11.600
263	深圳市物业发展（集团）股份有限公司	广东	93.044	13.463	67.981	11.600
264	山东联盟化工集团有限公司	山东	93.035	14.000	66.235	12.800
265	宝龙地产控股有限公司	上海	93.011	12.949	68.462	11.600
266	湖北兴发化工集团股份有限公司	湖北	93.007	13.000	68.207	11.800
267	武汉三镇实业控股股份有限公司	湖北	92.993	12.600	68.593	11.800
268	中山公用事业集团股份有限公司	广东	92.991	12.467	68.724	11.800
269	万向集团公司	浙江	92.987	13.819	70.892	8.276
270	中国黄金集团黄金珠宝股份有限公司	北京	92.985	12.864	68.522	11.600
271	南兴装备股份有限公司	广东	92.980	13.381	67.999	11.600
272	山西美锦能源股份有限公司	山西	92.978	13.600	67.778	11.600
273	安井食品集团股份有限公司	福建	92.960	13.295	68.065	11.600
274	心里程控股集团有限公司	广东	92.947	13.988	67.359	11.600
275	中国航空工业集团有限公司	北京	92.925	12.779	68.547	11.600
276	安徽口子酒业股份有限公司	安徽	92.923	13.517	67.805	11.600
277	福建百宏聚纤科技实业有限公司	福建	92.920	13.555	67.764	11.600
278	山东玻纤集团股份有限公司	山东	92.919	13.600	67.719	11.600
279	广州白云山医药集团股份有限公司	广东	92.903	12.531	68.772	11.600
280	江苏双星彩塑新材料股份有限公司	江苏	92.887	13.600	67.687	11.600
281	中策橡胶集团股份有限公司	浙江	92.840	12.736	68.505	11.600
282	杭州华旺新材料科技股份有限公司	浙江	92.833	12.518	68.715	11.600
283	深圳劲嘉集团股份有限公司	广东	92.828	13.449	67.779	11.600
284	仙鹤股份有限公司	浙江	92.824	13.470	67.755	11.600
285	天津泰达投资控股有限公司	天津	92.820	13.836	67.384	11.600
286	广东生益科技股份有限公司	广东	92.818	13.470	67.748	11.600

续表

序号	企业名称	地区	综合信用指数	信用环境指数	信用能力指数	信用行为指数
287	安克创新科技股份有限公司	湖南	92. 802	13. 462	67. 740	11. 600
288	湖南博深实业集团有限公司	湖南	92. 793	13. 538	67. 655	11. 600
289	绝味食品股份有限公司	湖南	92. 783	12. 488	68. 696	11. 600
290	浙江苏泊尔股份有限公司	浙江	92. 782	13. 108	68. 074	11. 600
291	西安三角防务股份有限公司	陕西	92. 763	13. 539	67. 624	11. 600
292	新疆广汇实业投资（集团）有限责任公司	新疆	92. 755	13. 508	67. 646	11. 600
293	广东联泰环保股份有限公司	广东	92. 731	12. 432	68. 499	11. 800
294	天水华天科技股份有限公司	甘肃	92. 712	13. 571	67. 541	11. 600
295	绿城物业服务集团有限公司	浙江	92. 709	13. 432	67. 677	11. 600
296	吉林高速公路股份有限公司	吉林	92. 682	13. 600	67. 482	11. 600
297	三一集团有限公司	湖南	92. 671	12. 333	68. 737	11. 600
298	通策医疗股份有限公司	浙江	92. 666	13. 426	67. 640	11. 600
299	迪尚集团有限公司	山东	92. 664	12. 898	68. 167	11. 600
300	四川成渝高速公路股份有限公司	四川	92. 664	13. 600	67. 464	11. 600
301	浙江海利得新材料股份有限公司	浙江	92. 657	13. 600	67. 457	11. 600
302	赛轮集团股份有限公司	山东	92. 613	12. 962	68. 051	11. 600
303	上海璞泰来新能源科技股份有限公司	上海	92. 605	13. 473	67. 532	11. 600
304	广东嘉元科技股份有限公司	广东	92. 604	13. 418	67. 585	11. 600
305	骆驼集团股份有限公司	湖北	92. 597	13. 518	70. 953	8. 126
306	山西振东制药股份有限公司	山西	92. 583	13. 600	67. 383	11. 600
307	安徽国风新材料股份有限公司	安徽	92. 563	13. 600	67. 363	11. 600
308	冰轮环境技术股份有限公司	山东	92. 561	13. 429	67. 532	11. 600
309	金牌厨柜家居科技股份有限公司	福建	92. 502	13. 356	67. 546	11. 600
310	北京北摩高科摩擦材料股份有限公司	北京	92. 499	13. 311	67. 589	11. 600
311	东方证券股份有限公司	上海	92. 497	13. 998	66. 899	11. 600
312	深圳市大疆创新科技有限公司	广东	92. 473	12. 853	68. 020	11. 600
313	中国中车集团有限公司	北京	92. 449	12. 816	68. 033	11. 600
314	安徽迎驾贡酒股份有限公司	安徽	92. 444	13. 540	67. 304	11. 600
315	上海宝信软件股份有限公司	上海	92. 420	13. 724	67. 096	11. 600
316	浙江医药股份有限公司	浙江	92. 410	13. 314	67. 496	11. 600
317	舜宇集团有限公司	浙江	92. 395	13. 537	67. 258	11. 600
318	国电南瑞科技股份有限公司	江苏	92. 353	13. 432	67. 321	11. 600
319	河南蓝天燃气股份有限公司	河南	92. 352	13. 373	67. 380	11. 600
320	嘉兴斯达半导体股份有限公司	浙江	92. 332	13. 302	67. 431	11. 600
321	宁波拓普集团股份有限公司	浙江	92. 262	13. 535	70. 573	8. 154
322	湖南金博碳素股份有限公司	湖南	92. 256	13. 443	67. 212	11. 600

续表

序号	企业名称	地区	综合信用指数	信用环境指数	信用能力指数	信用行为指数
323	江苏今世缘酒业股份有限公司	江苏	92.248	13.470	67.178	11.600
324	宇通重工股份有限公司	河南	92.243	13.465	67.178	11.600
325	上海泛微网络科技股份有限公司	上海	92.228	13.236	67.391	11.600
326	福莱特玻璃集团股份有限公司	浙江	92.225	13.296	67.330	11.600
327	南京新街口百货商店股份有限公司	江苏	92.205	13.503	67.102	11.600
328	新疆冠农果茸集团股份有限公司	新疆	92.197	13.588	67.009	11.600
329	报喜鸟控股股份有限公司	浙江	92.195	13.417	67.178	11.600
330	新疆鑫泰天然气股份有限公司	新疆	92.188	13.600	66.988	11.600
331	居然之家新零售集团股份有限公司	湖北	92.184	13.746	66.838	11.600
332	北京金山办公软件股份有限公司	北京	92.182	13.155	67.428	11.600
333	新疆中泰化学股份有限公司	新疆	92.181	14.000	65.381	12.800
334	中国国际贸易中心股份有限公司	北京	92.175	13.469	67.106	11.600
335	浙商中拓集团股份有限公司	浙江	92.164	11.817	68.747	11.600
336	京沪高速铁路股份有限公司	北京	92.149	13.473	67.075	11.600
337	北京东方雨虹防水技术股份有限公司	北京	92.140	13.640	66.900	11.600
338	山东晨鸣纸业集团股份有限公司	山东	92.129	13.724	66.806	11.600
339	瀚蓝环境股份有限公司	广东	92.125	13.065	67.460	11.600
340	中国光大银行股份有限公司	北京	92.114	13.927	64.940	13.247
341	云南省能源投资集团有限公司	云南	92.110	13.834	66.676	11.600
342	中新苏州工业园区开发集团股份有限公司	江苏	92.088	13.426	67.062	11.600
343	盛和资源控股股份有限公司	四川	92.085	13.600	66.885	11.600
344	华新水泥股份有限公司	湖北	92.053	13.117	67.336	11.600
345	山东南山铝业股份有限公司	山东	92.045	13.205	67.240	11.600
346	上海医药集团股份有限公司	上海	92.012	12.063	68.349	11.600
347	诺力智能装备股份有限公司	浙江	92.011	13.414	66.997	11.600
348	中国国际技术智力合作集团有限公司	北京	92.000	11.200	68.000	12.800
349	环旭电子股份有限公司	上海	91.999	13.881	66.518	11.600
350	北京汽车集团有限公司	北京	91.967	13.166	70.491	8.310
351	广东省交通集团有限公司	广东	91.959	13.900	66.459	11.600
352	广州市建筑集团有限公司	广东	91.945	13.842	66.502	11.600
353	福建龙溪轴承（集团）股份有限公司	福建	91.933	13.600	66.733	11.600
354	青山控股集团有限公司	浙江	91.924	13.600	64.731	13.593
355	上海微创心脉医疗科技（集团）股份有限公司	上海	91.924	13.393	66.931	11.600
356	万丰奥特控股集团有限公司	浙江	91.918	13.501	68.107	10.310
357	隆基绿能科技股份有限公司	陕西	91.913	10.969	69.344	11.600
358	山东东明石化集团有限公司	山东	91.907	13.050	67.257	11.600

续表

序号	企业名称	地区	综合信用指数	信用环境指数	信用能力指数	信用行为指数
359	东吴证券股份有限公司	江苏	91.905	13.451	66.854	11.600
360	物美科技集团有限公司	北京	91.892	13.886	66.406	11.600
361	四川邦泰投资集团有限责任公司	四川	91.885	13.259	67.026	11.600
362	无锡奥特维科技股份有限公司	江苏	91.881	13.479	66.801	11.600
363	明阳智慧能源集团股份公司	广东	91.872	13.421	66.851	11.600
364	江西新华发行集团有限公司	江西	91.864	8.903	71.361	11.600
365	杭州解百集团股份有限公司	浙江	91.864	13.600	66.664	11.600
366	浙江长城电工科技股份有限公司	浙江	91.855	13.327	66.927	11.600
367	巨化集团有限公司	浙江	91.844	13.318	64.726	12.800
368	北方华创科技集团股份有限公司	北京	91.841	13.424	66.817	11.600
369	复星国际有限公司	上海	91.834	13.723	66.511	11.600
370	山西潞安环保能源开发股份有限公司	山西	91.783	13.593	66.590	11.600
371	南京高科股份有限公司	江苏	91.759	12.699	67.460	11.600
372	五得利面粉集团有限公司	河北	91.699	13.287	66.812	11.600
373	江苏阳光集团有限公司	江苏	91.697	12.400	66.497	12.800
374	中国广核电力股份有限公司	广东	91.696	13.642	66.454	11.600
375	上海柏楚电子科技股份有限公司	上海	91.680	13.262	66.818	11.600
376	上海百润投资控股集团股份有限公司	上海	91.650	13.369	66.681	11.600
377	浙江省兴合集团有限责任公司	浙江	91.646	13.818	66.227	11.600
378	山西杏花村汾酒集团有限责任公司	山西	91.608	13.612	66.397	11.600
379	厦门吉比特网络技术股份有限公司	福建	91.593	13.402	66.590	11.600
380	招商局集团有限公司	北京	91.592	12.009	65.583	14.000
381	利群集团股份有限公司	山东	91.587	13.837	66.151	11.600
382	中国南玻集团股份有限公司	广东	91.564	13.574	66.390	11.600
383	利华益集团股份有限公司	山东	91.558	12.959	67.000	11.600
384	洽洽食品股份有限公司	安徽	91.501	13.600	66.301	11.600
385	宏旺控股集团有限公司	广东	91.475	13.501	66.374	11.600
386	中国五矿集团有限公司	北京	91.459	14.000	65.859	11.600
387	浙江万盛股份有限公司	浙江	91.439	11.439	67.200	12.800
388	浙江富冶集团有限公司	浙江	91.435	13.909	65.925	11.600
389	河南明泰铝业股份有限公司	河南	91.400	13.428	66.372	11.600
390	上海临港控股股份有限公司	上海	91.382	12.852	66.930	11.600
391	马上消费金融股份有限公司	重庆	91.362	13.936	65.826	11.600
392	恒生电子股份有限公司	浙江	91.360	12.861	66.899	11.600
393	福耀玻璃工业集团股份有限公司	福建	91.319	13.415	66.303	11.600
394	河南金利金铅集团有限公司	河南	91.315	13.600	66.115	11.600

续表

序号	企业名称	地区	综合信用指数	信用环境指数	信用能力指数	信用行为指数
395	北京首都创业集团有限公司	北京	91. 314	11. 933	65. 381	14. 000
396	怡球金属资源再生（中国）股份有限公司	江苏	91. 314	13. 600	66. 114	11. 600
397	四川华西集团有限公司	四川	91. 304	13. 600	66. 104	11. 600
398	广东好太太科技集团股份有限公司	广东	91. 297	13. 357	66. 340	11. 600
399	北京昭衍新药研究中心股份有限公司	北京	91. 297	13. 170	66. 527	11. 600
400	茂业商业股份有限公司	四川	91. 288	13. 504	66. 185	11. 600
401	奇瑞控股集团有限公司	安徽	91. 256	13. 929	67. 204	10. 123
402	安徽建工集团控股有限公司	安徽	91. 253	13. 600	66. 053	11. 600
403	兴业证券股份有限公司	福建	91. 237	13. 849	65. 789	11. 600
404	北京首农食品集团有限公司	北京	91. 230	12. 622	67. 008	11. 600
405	国联证券股份有限公司	江苏	91. 223	13. 391	66. 232	11. 600
406	绿滋肴控股集团有限公司	江西	91. 207	12. 896	66. 712	11. 600
407	新天绿色能源股份有限公司	河北	91. 187	13. 426	66. 161	11. 600
408	武商集团股份有限公司	湖北	91. 128	13. 475	66. 052	11. 600
409	腾达建设集团股份有限公司	浙江	91. 124	13. 600	65. 924	11. 600
410	双良集团有限公司	江苏	91. 121	13. 600	65. 921	11. 600
411	唐山三孚硅业股份有限公司	河北	91. 118	13. 561	64. 757	12. 800
412	江苏洋河酒厂股份有限公司	江苏	91. 112	13. 213	66. 298	11. 600
413	厦门象屿股份有限公司	福建	91. 091	13. 496	65. 995	11. 600
414	新华人寿保险股份有限公司	北京	91. 053	12. 804	66. 649	11. 600
415	厦门海沧投资集团有限公司	福建	91. 036	12. 684	66. 752	11. 600
416	中国电信集团有限公司	北京	91. 033	13. 902	65. 531	11. 600
417	浙江新澳纺织股份有限公司	浙江	91. 027	13. 311	64. 916	12. 800
418	中伟新材料股份有限公司	贵州	91. 009	13. 196	66. 213	11. 600
419	惠州亿纬锂能股份有限公司	广东	90. 993	12. 990	66. 403	11. 600
420	中国兵器装备集团有限公司	北京	90. 993	12. 677	66. 715	11. 600
421	敬业集团有限公司	河北	90. 981	13. 253	66. 128	11. 600
422	百联集团有限公司	上海	90. 978	13. 858	65. 519	11. 600
423	四川雅化实业集团股份有限公司	四川	90. 970	12. 686	65. 485	12. 800
424	上海陆家嘴金融贸易区开发股份有限公司	上海	90. 965	13. 310	66. 054	11. 600
425	天津七一二通信广播股份有限公司	天津	90. 958	13. 517	65. 841	11. 600
426	淄博齐翔腾达化工股份有限公司	山东	90. 947	12. 144	66. 003	12. 800
427	广东广弘控股股份有限公司	广东	90. 930	13. 200	66. 130	11. 600
428	上海新朋实业股份有限公司	上海	90. 909	13. 600	69. 248	8. 060
429	广东省建筑工程集团控股有限公司	广东	90. 902	13. 600	65. 702	11. 600
430	上海万业企业股份有限公司	上海	90. 887	13. 526	65. 761	11. 600

续表

序号	企业名称	地区	综合信用指数	信用环境指数	信用能力指数	信用行为指数
431	浙江大华技术股份有限公司	浙江	90.875	12.857	66.418	11.600
432	深圳市力合科创股份有限公司	广东	90.870	12.978	66.292	11.600
433	东方电气股份有限公司	四川	90.868	13.424	65.844	11.600
434	云南锡业股份有限公司	云南	90.855	13.600	65.655	11.600
435	北京金隅集团股份有限公司	北京	90.850	13.497	65.753	11.600
436	无锡威孚高科技集团股份有限公司	江苏	90.840	13.044	67.407	10.389
437	中天控股集团有限公司	浙江	90.833	13.308	65.925	11.600
438	德华兔宝宝装饰新材股份有限公司	浙江	90.795	13.600	65.595	11.600
439	浙江航民股份有限公司	浙江	90.792	12.227	65.765	12.800
440	罗莱生活科技股份有限公司	江苏	90.778	13.483	65.696	11.600
441	北京蓝色光标数据科技股份有限公司	北京	90.771	11.119	66.851	12.800
442	闻泰科技股份有限公司	湖北	90.759	13.921	65.238	11.600
443	中国能源建设集团有限公司	北京	90.746	13.946	65.200	11.600
444	中泰证券股份有限公司	山东	90.732	13.578	65.555	11.600
445	广州视源电子科技股份有限公司	广东	90.716	12.927	66.189	11.600
446	宁波华翔电子股份有限公司	浙江	90.692	13.600	68.901	8.191
447	深圳汇洁集团股份有限公司	广东	90.692	13.508	65.584	11.600
448	厦门建发集团有限公司	福建	90.690	13.433	65.656	11.600
449	上海机电股份有限公司	上海	90.689	11.784	67.305	11.600
450	奥德集团有限公司	山东	90.687	12.538	66.549	11.600
451	卫华集团有限公司	河南	90.667	13.421	65.647	11.600
452	上海浦东建设股份有限公司	上海	90.661	13.600	65.461	11.600
453	南京新华海科技产业集团有限公司	江苏	90.661	13.401	65.659	11.600
454	苏州东山精密制造股份有限公司	江苏	90.657	13.513	65.543	11.600
455	天津现代集团有限公司	天津	90.639	13.190	65.849	11.600
456	浙江伟星新型建材股份有限公司	浙江	90.586	12.903	66.083	11.600
457	永兴特种材料科技股份有限公司	浙江	90.573	13.600	65.373	11.600
458	上海协通（集团）有限公司	上海	90.571	13.450	65.520	11.600
459	甘肃上峰水泥股份有限公司	甘肃	90.563	12.925	66.037	11.600
460	新希望控股集团有限公司	四川	90.533	12.253	66.680	11.600
461	海信集团控股股份有限公司	山东	90.505	13.743	65.162	11.600
462	绿色动力环保集团股份有限公司	广东	90.499	13.331	65.568	11.600
463	滨化集团股份有限公司	山东	90.494	13.083	64.611	12.800
464	安徽古井贡酒股份有限公司	安徽	90.492	13.302	65.590	11.600
465	潍柴动力股份有限公司	山东	90.490	12.866	66.024	11.600
466	卓正控股集团有限公司	河北	90.478	13.363	65.514	11.600

续表

序号	企业名称	地区	综合信用指数	信用环境指数	信用能力指数	信用行为指数
467	鑫荣懋果业科技集团股份有限公司	广东	90. 460	13. 431	65. 429	11. 600
468	上海城投控股股份有限公司	上海	90. 440	13. 398	65. 442	11. 600
469	国金证券股份有限公司	四川	90. 396	13. 446	65. 350	11. 600
470	安徽鸿路钢结构（集团）股份有限公司	安徽	90. 388	12. 787	66. 001	11. 600
471	欧普照明股份有限公司	上海	90. 381	13. 360	65. 421	11. 600
472	广西柳州钢铁集团有限公司	广西	90. 376	13. 667	65. 109	11. 600
473	北京能源集团有限责任公司	北京	90. 372	13. 376	65. 396	11. 600
474	厦门松霖科技股份有限公司	福建	90. 366	13. 124	65. 641	11. 600
475	国元证券股份有限公司	安徽	90. 353	13. 443	65. 310	11. 600
476	陕西建工控股集团有限公司	陕西	90. 346	13. 749	64. 997	11. 600
477	旺能环境股份有限公司	浙江	90. 346	13. 320	65. 426	11. 600
478	光明食品（集团）有限公司	上海	90. 316	12. 568	66. 147	11. 600
479	重庆市涪陵榨菜集团股份有限公司	重庆	90. 314	13. 053	65. 662	11. 600
480	凯莱英医药集团（天津）股份有限公司	天津	90. 313	13. 235	65. 478	11. 600
481	浙江省国际贸易集团有限公司	浙江	90. 307	13. 849	64. 858	11. 600
482	威高集团有限公司	山东	90. 298	11. 566	67. 132	11. 600
483	安琪酵母股份有限公司	湖北	90. 276	12. 579	66. 097	11. 600
484	信雅达科技股份有限公司	浙江	90. 260	13. 600	65. 060	11. 600
485	宁波容百新能源科技股份有限公司	浙江	90. 203	13. 455	65. 148	11. 600
486	湖南华菱钢铁股份有限公司	湖南	90. 201	12. 932	65. 369	11. 901
487	深圳市漫步者科技股份有限公司	广东	90. 175	13. 503	65. 071	11. 600
488	首钢集团有限公司	北京	90. 174	13. 600	64. 974	11. 600
489	通化东宝药业股份有限公司	吉林	90. 162	13. 208	65. 354	11. 600
490	申能（集团）有限公司	上海	90. 153	12. 655	65. 898	11. 600
491	上海奕瑞光电子科技股份有限公司	上海	90. 150	13. 600	64. 950	11. 600
492	宁夏宝丰能源集团股份有限公司	宁夏	90. 107	10. 564	66. 742	12. 800
493	三七互娱网络科技集团股份有限公司	安徽	90. 099	12. 756	65. 743	11. 600
494	森马集团有限公司	浙江	90. 098	13. 333	65. 166	11. 600
495	大商股份有限公司	辽宁	90. 092	13. 485	65. 007	11. 600
496	中国电力建设集团有限公司	北京	90. 083	13. 601	64. 882	11. 600
497	中国核工业建设股份有限公司	上海	90. 068	13. 581	64. 887	11. 600
498	广东东方精工科技股份有限公司	广东	90. 056	13. 466	64. 991	11. 600
499	厦门钨业股份有限公司	福建	90. 032	13. 496	64. 937	11. 600
500	重庆三峰环境集团股份有限公司	重庆	90. 019	13. 577	64. 842	11. 600

二、2022 中国企业信用 500 强收益性指标

序号	企业名称	地区	综合信用指数	营收利润率（%）	资产利润率（%）	净资产利润率（%）
1	华为投资控股有限公司	广东	99.990	18.00	11.55	27.40
2	中国医药集团有限公司	北京	99.980	11.18	13.91	51.86
3	中国石油天然气集团有限公司	北京	99.980	2.34	1.48	3.12
4	中国海洋石油集团有限公司	北京	99.884	7.24	4.45	9.35
5	中国建筑股份有限公司	北京	99.674	2.72	2.15	14.95
6	贵州茅台酒股份有限公司	贵州	99.415	49.40	20.56	27.68
7	中国建设银行股份有限公司	北京	99.287	36.87	1.00	11.63
8	中国工商银行股份有限公司	北京	99.269	36.95	0.99	10.69
9	中国银行股份有限公司	北京	99.019	35.76	0.81	9.73
10	中国农业银行股份有限公司	北京	99.002	33.50	0.83	9.99
11	中国建材集团有限公司	北京	98.839	6.90	4.39	13.56
12	中国神华能源股份有限公司	北京	98.749	15.00	8.28	13.34
13	腾讯控股有限公司	广东	98.589	40.14	13.94	27.88
14	中国石油化工集团有限公司	北京	98.479	2.07	2.22	6.33
15	中国移动通信集团有限公司	北京	98.456	11.09	4.40	7.98
16	国家电网有限公司	北京	98.403	1.55	0.99	2.34
17	国家开发投资集团有限公司	北京	98.402	17.55	4.45	27.00
18	美的集团股份有限公司	广东	98.401	8.37	7.37	22.88
19	中国船舶集团有限公司	北京	98.399	4.87	1.92	6.50
20	中国邮政集团有限公司	北京	97.843	5.51	0.29	8.10
21	中国华润有限公司	广东	97.804	3.80	1.46	10.31
22	京东方科技集团股份有限公司	北京	97.600	11.78	5.74	18.07
23	中国旅游集团中免股份有限公司	北京	97.542	14.26	17.40	32.59
24	上海汽车集团股份有限公司	上海	97.454	3.15	2.68	8.96
25	中国第一汽车集团有限公司	吉林	97.444	3.29	3.87	10.18
26	龙湖集团控股有限公司	重庆	97.417	10.68	2.72	19.09
27	徐工集团工程机械股份有限公司	江苏	97.416	6.66	5.10	15.41
28	万华化学集团股份有限公司	山东	97.410	16.94	12.95	35.98
29	中国远洋海运集团有限公司	上海	97.395	7.63	4.24	17.52
30	中国铝业集团有限公司	北京	97.344	1.74	1.45	8.79
31	宜宾五粮液股份有限公司	四川	97.342	35.31	17.24	23.60
32	中国航天科技集团有限公司	北京	97.339	7.14	3.28	8.41

续表

序号	企业名称	地区	综合信用指数	营收利润率（%）	资产利润率（%）	净资产利润率（%）
33	中国人寿保险股份有限公司	北京	97.296	5.93	1.04	10.64
34	恒申控股集团有限公司	福建	97.200	12.88	16.53	28.77
35	桐昆集团股份有限公司	浙江	97.200	12.40	10.52	20.46
36	珠海格力电器股份有限公司	广东	97.176	12.16	7.22	22.25
37	海尔集团公司	山东	97.176	3.22	2.27	15.61
38	兴业银行股份有限公司	福建	97.167	37.37	0.96	12.09
39	交通银行股份有限公司	上海	97.123	32.51	0.75	9.08
40	重庆智飞生物制品股份有限公司	重庆	97.075	33.30	33.97	57.82
41	农夫山泉股份有限公司	浙江	97.048	24.12	21.77	34.53
42	新疆特变电工集团有限公司	新疆	97.031	11.20	5.38	14.87
43	宁德时代新能源科技股份有限公司	福建	96.993	12.22	5.18	18.85
44	中国保利集团有限公司	北京	96.909	2.95	0.76	12.01
45	中国平安保险（集团）股份有限公司	广东	96.822	8.61	1.00	12.51
46	黑龙江飞鹤乳业有限公司	黑龙江	96.736	30.17	21.83	32.84
47	通威股份有限公司	四川	96.716	12.93	9.30	21.89
48	中国宝武钢铁集团有限公司	上海	96.691	1.99	1.73	6.24
49	内蒙古伊利实业集团股份有限公司	内蒙古	96.652	7.90	8.54	18.25
50	泰康保险集团股份有限公司	北京	96.193	9.42	1.86	20.34
51	国泰君安证券股份有限公司	上海	96.147	35.06	1.90	10.20
52	波司登股份有限公司	江苏	96.093	16.04	14.38	23.74
53	山东金岭集团有限公司	山东	96.088	38.85	86.07	100.00
54	中国化学工程股份有限公司	北京	95.966	3.37	2.60	9.61
55	紫光股份有限公司	北京	95.961	3.18	3.23	7.17
56	浙江荣晟环保纸业股份有限公司	浙江	95.953	11.78	11.02	15.21
57	歌尔股份有限公司	山东	95.950	4.90	6.28	14.02
58	内蒙古鄂尔多斯资源股份有限公司	内蒙古	95.856	16.70	12.23	32.81
59	中国兵器工业集团有限公司	北京	95.797	2.13	2.31	8.34
60	天洁集团有限公司	浙江	95.780	5.34	9.72	15.44
61	大族激光科技产业集团股份有限公司	广东	95.746	12.21	7.34	17.16
62	中国人民保险集团股份有限公司	北京	95.739	3.62	1.57	9.87
63	富士康工业互联网股份有限公司	广东	95.694	4.55	7.51	16.79
64	中兴通讯股份有限公司	广东	95.692	5.95	4.04	13.23
65	舍得酒业股份有限公司	四川	95.681	25.07	15.39	25.98
66	漳州片仔癀药业股份有限公司	福建	95.668	30.31	19.46	25.05
67	华泰证券股份有限公司	江苏	95.651	35.21	1.65	8.99
68	中国航天科工集团有限公司	北京	95.630	5.16	2.68	8.13
69	小米集团	北京	95.586	5.89	6.60	14.09

续表

序号	企业名称	地区	综合信用指数	营收利润率（%）	资产利润率（%）	净资产利润率（%）
70	山西鹏飞集团有限公司	山西	95.572	5.26	4.77	7.98
71	中国国际金融股份有限公司	北京	95.556	35.77	1.66	12.77
72	泸州老窖股份有限公司	四川	95.501	38.54	18.41	28.37
73	云南云天化股份有限公司	云南	95.478	5.76	6.85	35.66
74	中国中信集团有限公司	北京	95.466	5.09	0.36	7.54
75	北京万泰生物药业股份有限公司	北京	95.437	35.15	28.69	45.26
76	紫金矿业集团股份有限公司	福建	95.429	8.71	9.40	27.59
77	万洲国际有限公司	河南	95.421	3.91	5.56	12.35
78	石药控股集团有限公司	河北	95.407	16.26	11.46	21.90
79	中国铁道建筑集团有限公司	北京	95.400	1.08	0.81	10.41
80	中国铁路工程集团有限公司	北京	95.386	1.11	0.87	9.78
81	广西绿城水务股份有限公司	广西	95.375	14.16	1.73	6.44
82	东风汽车集团有限公司	湖北	95.344	1.67	1.69	7.93
83	东方财富信息股份有限公司	上海	95.314	65.32	4.62	19.42
84	浙江吉利控股集团有限公司	浙江	95.294	2.63	1.83	10.15
85	广东宏川集团有限公司	广东	95.240	1.10	4.40	18.43
86	远景能源有限公司	江苏	95.220	18.06	11.16	34.97
87	广州金域医学检验集团股份有限公司	广东	95.203	18.58	20.65	35.21
88	宁波杉杉股份有限公司	浙江	95.196	16.13	8.29	17.64
89	上海美迪西生物医药股份有限公司	上海	95.173	24.18	15.74	21.26
90	碧桂园控股有限公司	广东	95.164	5.12	1.38	13.48
91	中国南方电网有限责任公司	广东	95.157	1.25	0.78	2.11
92	中国电子科技集团有限公司	北京	95.097	3.88	2.55	7.18
93	科大讯飞股份有限公司	安徽	95.082	8.50	4.96	9.28
94	中国太平洋保险（集团）股份有限公司	上海	95.080	6.09	1.38	11.83
95	广州工业投资控股集团有限公司	广东	95.056	1.81	2.00	9.65
96	旭辉控股（集团）有限公司	上海	95.034	7.06	1.76	18.13
97	宁波方太厨具有限公司	浙江	95.032	11.78	10.51	17.85
98	金地（集团）股份有限公司	广东	95.017	9.48	2.03	14.94
99	中国银河证券股份有限公司	北京	95.016	28.99	1.86	10.54
100	兆易创新科技集团股份有限公司	北京	95.012	27.46	15.16	17.33
101	山西兰花科技创业股份有限公司	山西	95.004	18.29	8.19	18.01
102	新凤鸣集团股份有限公司	浙江	94.975	5.03	6.01	13.72
103	山煤国际能源集团股份有限公司	山西	94.971	10.28	10.74	41.74
104	奥瑞金科技股份有限公司	北京	94.971	6.52	5.44	11.97
105	长城汽车股份有限公司	河北	94.958	4.93	3.83	10.83
106	华域汽车系统股份有限公司	上海	94.849	4.62	4.20	13.06

续表

序号	企业名称	地区	综合信用指数	营收利润率（%）	资产利润率（%）	净资产利润率（%）
107	百隆东方股份有限公司	浙江	94.821	17.63	9.60	15.24
108	云南恩捷新材料股份有限公司	云南	94.800	34.05	10.40	19.65
109	正威国际集团有限公司	广东	94.764	1.79	6.07	10.40
110	浙江越剑智能装备股份有限公司	浙江	94.742	20.90	9.66	14.50
111	无锡上机数控股份有限公司	江苏	94.740	15.68	11.81	23.00
112	景津装备股份有限公司	山东	94.735	13.91	10.87	19.20
113	盛虹控股集团有限公司	江苏	94.652	1.74	3.51	17.01
114	浙江台华新材料股份有限公司	浙江	94.651	10.89	7.21	12.50
115	志邦家居股份有限公司	安徽	94.647	9.81	9.54	19.51
116	东鹏饮料（集团）股份有限公司	广东	94.638	17.10	15.31	28.15
117	中国北方稀土（集团）高科技股份有限公司	内蒙古	94.634	16.87	14.78	33.42
118	杭州市实业投资集团有限公司	浙江	94.599	1.26	3.03	14.03
119	山东魏桥创业集团有限公司	山东	94.598	2.76	4.45	13.29
120	珠海华发集团有限公司	广东	94.588	1.50	0.37	3.49
121	中铁集装箱运输有限责任公司	北京	94.570	3.37	6.16	10.62
122	海澜集团有限公司	江苏	94.569	3.86	3.99	5.49
123	华泰集团有限公司	山东	94.555	1.85	3.88	11.27
124	山东豪迈机械科技股份有限公司	山东	94.553	17.53	13.78	16.19
125	众业达电气股份有限公司	广东	94.550	3.31	6.19	9.52
126	成都市兴蓉环境股份有限公司	四川	94.549	22.20	4.33	11.10
127	振烨国际产业控股集团（深圳）有限公司	广东	94.541	8.03	42.68	109.75
128	天津城市基础设施建设投资集团有限公司	天津	94.539	9.84	0.20	0.67
129	王府井集团股份有限公司	北京	94.533	11.62	3.42	6.93
130	江苏硕世生物科技股份有限公司	江苏	94.525	42.03	34.10	47.04
131	鲁西化工集团股份有限公司	山东	94.515	14.53	14.38	25.74
132	四川川投能源股份有限公司	四川	94.506	244.39	6.37	9.88
133	新城控股集团股份有限公司	江苏	94.484	7.49	2.36	21.24
134	北京控股集团有限公司	北京	94.480	1.50	0.40	3.83
135	山鹰国际控股股份公司	安徽	94.447	4.59	2.92	9.18
136	新奥天然气股份有限公司	河北	94.446	3.54	3.21	27.65
137	江苏东方盛虹股份有限公司	江苏	94.403	8.78	3.44	16.45
138	广发证券股份有限公司	广东	94.398	31.69	2.03	10.18
139	华茂集团股份有限公司	浙江	94.386	7.26	4.47	8.73
140	物产中大集团股份有限公司	浙江	94.382	0.71	3.08	13.12
141	神马实业股份有限公司	河南	94.361	15.98	8.28	27.80
142	重庆华宇集团有限公司	重庆	94.351	11.47	6.64	16.17

续表

序号	企业名称	地区	综合信用指数	营收利润率（%）	资产利润率（%）	净资产利润率（%）
143	合盛硅业股份有限公司	浙江	94.325	38.47	27.09	40.81
144	中国交通建设集团有限公司	北京	94.325	1.07	0.40	5.89
145	西部超导材料科技股份有限公司	陕西	94.270	25.33	8.47	13.83
146	山东太阳控股集团有限公司	山东	94.261	6.78	7.85	18.26
147	广州越秀集团股份有限公司	广东	94.255	5.10	0.57	8.12
148	雅迪科技集团有限公司	江苏	94.243	5.37	7.50	32.45
149	恒力集团有限公司	江苏	94.241	2.09	5.02	26.45
150	联想控股股份有限公司	北京	94.228	1.17	0.85	9.39
151	比亚迪股份有限公司	广东	94.219	1.41	1.03	3.20
152	紫光国芯微电子股份有限公司	河北	94.193	36.57	16.85	26.97
153	无锡药明康德新药开发股份有限公司	江苏	94.172	22.26	9.25	13.24
154	江苏沙钢集团有限公司	江苏	94.170	4.83	4.51	18.79
155	深圳前海微众银行股份有限公司	广东	94.168	14.36	1.57	24.83
156	创维集团有限公司	广东	94.150	3.21	2.68	9.06
157	江苏长电科技股份有限公司	江苏	94.148	9.70	7.98	14.10
158	中国机械工业集团有限公司	北京	94.132	0.80	0.81	4.08
159	山东博汇纸业股份有限公司	山东	94.121	10.48	8.57	23.47
160	浙江伟明环保股份有限公司	浙江	94.082	36.69	10.48	20.08
161	爱玛科技集团股份有限公司	天津	94.052	4.31	4.96	13.35
162	中国联合网络通信集团有限公司	北京	94.034	0.97	0.51	1.73
163	中芯国际集成电路制造有限公司	上海	94.033	30.12	4.67	9.83
164	比音勒芬服饰股份有限公司	广东	94.019	22.96	12.84	19.24
165	深圳迈瑞生物医疗电子股份有限公司	广东	94.004	31.66	21.00	29.69
166	周大生珠宝股份有限公司	广东	93.995	13.38	17.45	21.16
167	梅花生物科技集团股份有限公司	西藏	93.995	10.30	11.24	22.14
168	瑞芯微电子股份有限公司	福建	93.984	22.14	17.81	21.11
169	浙江新安化工集团股份有限公司	浙江	93.983	13.99	15.43	29.68
170	大秦铁路股份有限公司	山西	93.970	15.48	6.14	9.79
171	铜陵有色金属集团股份有限公司	安徽	93.969	2.37	6.10	14.29
172	深圳市汇川技术股份有限公司	广东	93.968	19.92	13.09	22.50
173	卓尔控股有限公司	湖北	93.967	0.91	1.16	2.31
174	山东金晶科技股份有限公司	山东	93.959	18.89	12.08	23.81
175	华勤橡胶工业集团有限公司	山东	93.952	2.03	4.32	9.00
176	人本股份有限公司	浙江	93.948	3.53	4.98	21.65
177	科沃斯机器人股份有限公司	江苏	93.940	15.36	18.75	39.46
178	中基宁波集团股份有限公司	浙江	93.937	0.31	2.28	20.57

续表

序号	企业名称	地区	综合信用指数	营收利润率（%）	资产利润率（%）	净资产利润率（%）
179	晶澳太阳能科技股份有限公司	河北	93.937	4.94	3.58	12.36
180	上海移远通信技术股份有限公司	上海	93.931	3.18	4.40	11.16
181	郑州煤矿机械集团股份有限公司	河南	93.927	6.65	5.31	13.16
182	江西铜业集团有限公司	江西	93.924	0.66	1.52	8.90
183	四川路桥建设集团股份有限公司	四川	93.924	6.56	4.07	20.56
184	上海晨光文具股份有限公司	上海	93.897	8.62	13.29	24.50
185	厦门翔业集团有限公司	福建	93.880	1.65	0.68	2.27
186	雪天盐业集团股份有限公司	湖南	93.872	8.40	4.80	7.96
187	喜临门家具股份有限公司	浙江	93.872	7.19	6.72	17.46
188	杭叉集团股份有限公司	浙江	93.867	6.27	8.74	16.22
189	山东华鲁恒升化工股份有限公司	山东	93.800	27.23	25.32	32.59
190	杭氧集团股份有限公司	浙江	93.796	10.05	7.44	16.30
191	恒信汽车集团股份有限公司	湖北	93.794	3.21	11.11	19.48
192	江苏恒立液压股份有限公司	江苏	93.782	28.93	21.84	29.29
193	江西洪城环境股份有限公司	江西	93.781	10.03	4.63	13.93
194	华峰化学股份有限公司	浙江	93.771	27.98	27.20	41.75
195	重庆顺博铝合金股份有限公司	重庆	93.764	3.43	6.82	15.63
196	杰克科技股份有限公司	浙江	93.751	7.70	6.03	14.29
197	卫星化学股份有限公司	浙江	93.751	21.03	12.34	31.02
198	浙江华友钴业股份有限公司	浙江	93.747	11.04	6.72	20.11
199	中粮集团有限公司	北京	93.739	1.45	1.41	9.31
200	湖南建工控股集团有限公司	湖南	93.710	1.53	1.84	10.68
201	立讯精密工业股份有限公司	广东	93.703	4.59	5.86	20.04
202	四川水井坊股份有限公司	四川	93.690	25.89	20.35	45.56
203	深圳市科达利实业股份有限公司	广东	93.679	12.12	7.39	11.89
204	江苏国泰国际集团股份有限公司	江苏	93.677	3.14	3.58	11.77
205	广西农垦集团有限责任公司	广西	93.666	2.02	0.45	0.79
206	胜华新材料集团股份有限公司	山东	93.659	16.70	25.13	37.96
207	浙江荣盛控股集团有限公司	浙江	93.656	1.72	2.14	25.00
208	上海韦尔半导体股份有限公司	上海	93.646	18.57	13.95	27.63
209	圆通速递股份有限公司	辽宁	93.640	4.66	6.15	9.31
210	上海金桥出口加工区开发股份有限公司	上海	93.629	35.15	4.88	13.15
211	合肥城建发展股份有限公司	安徽	93.609	11.60	3.89	14.24
212	宁波海天精工股份有限公司	浙江	93.607	13.59	9.09	22.55
213	明阳新能源投资控股集团有限公司	广东	93.592	8.69	4.81	15.49
214	浪潮电子信息产业股份有限公司	山东	93.569	2.99	4.33	13.21

续表

序号	企业名称	地区	综合信用指数	营收利润率（%）	资产利润率（%）	净资产利润率（%）
215	亿嘉和科技股份有限公司	江苏	93.559	37.60	14.32	18.22
216	浙江元立金属制品集团有限公司	浙江	93.531	5.57	8.36	29.99
217	网易公司	广东	93.523	19.24	10.97	17.68
218	西安陕鼓动力股份有限公司	陕西	93.521	8.28	3.14	11.43
219	长春高新技术产业（集团）股份有限公司	吉林	93.494	34.96	16.69	25.78
220	江苏华昌化工股份有限公司	江苏	93.487	17.35	20.10	37.87
221	江苏华宏科技股份有限公司	江苏	93.482	7.85	10.31	15.26
222	无锡新洁能股份有限公司	江苏	93.481	27.40	21.77	26.82
223	浙江天圣控股集团有限公司	浙江	93.475	21.61	30.42	49.47
224	佛燃能源集团股份有限公司	广东	93.425	4.40	4.27	13.34
225	广州汽车工业集团有限公司	广东	93.414	0.91	1.08	7.58
226	江西晨光新材料股份有限公司	江西	93.400	31.63	28.83	32.87
227	欧派家居集团股份有限公司	广东	93.378	13.04	11.39	18.50
228	交控科技股份有限公司	北京	93.375	11.27	5.50	12.70
229	广州酒家集团股份有限公司	广东	93.343	14.34	11.55	18.67
230	健民药业集团股份有限公司	湖北	93.333	9.91	11.49	20.80
231	中化国际（控股）股份有限公司	上海	93.331	2.70	3.75	17.76
232	浙江景兴纸业股份有限公司	浙江	93.319	7.09	5.56	8.12
233	首都实业投资有限公司	北京	93.301	0.51	4.84	19.91
234	浙江三花智能控制股份有限公司	浙江	93.298	10.51	7.13	15.10
235	杭州滨江房产集团股份有限公司	浙江	93.294	7.97	1.43	14.71
236	汕头东风印刷股份有限公司	广东	93.285	20.63	9.77	13.14
237	研祥高科技控股集团有限公司	广东	93.284	5.34	8.54	13.45
238	新疆金风科技股份有限公司	新疆	93.280	6.84	2.90	9.73
239	安徽海螺集团有限责任公司	安徽	93.277	4.84	4.39	17.28
240	承德露露股份公司	河北	93.271	22.56	16.23	24.17
241	万科企业股份有限公司	广东	93.261	4.97	1.16	9.55
242	安徽楚江科技新材料股份有限公司	安徽	93.247	1.52	4.28	9.20
243	中国国际海运集装箱（集团）股份有限公司	广东	93.245	4.07	4.32	14.77
244	重庆水务集团股份有限公司	重庆	93.239	28.65	7.10	12.64
245	玖龙纸业（控股）有限公司	广东	93.206	6.73	6.09	12.46
246	华鲁控股集团有限公司	山东	93.201	6.29	4.91	21.66
247	晶晨半导体（上海）股份有限公司	上海	93.200	16.99	16.05	20.95
248	深圳市明微电子股份有限公司	广东	93.200	51.73	34.31	38.34
249	广州达安基因股份有限公司	广东	93.197	47.21	35.00	49.22
250	杭州立昂微电子股份有限公司	浙江	93.184	23.63	4.78	7.96

续表

序号	企业名称	地区	综合信用指数	营收利润率（%）	资产利润率（%）	净资产利润率（%）
251	浙江春风动力股份有限公司	浙江	93.183	5.23	5.16	11.32
252	天津津滨发展股份有限公司	天津	93.168	21.67	7.04	25.56
253	胜达集团有限公司	浙江	93.159	3.48	6.85	10.36
254	南昌市政公用集团有限公司	江西	93.157	1.07	0.38	1.57
255	江苏三木集团有限公司	江苏	93.125	6.92	19.13	29.04
256	天地科技股份有限公司	北京	93.117	6.87	3.84	8.53
257	老凤祥股份有限公司	上海	93.100	3.20	8.42	20.41
258	湖北济川药业股份有限公司	湖北	93.088	22.53	14.17	18.86
259	大亚科技集团有限公司	江苏	93.081	3.53	5.91	25.32
260	陕西煤业化工集团有限责任公司	陕西	93.067	0.97	0.58	5.40
261	河南神火煤电股份有限公司	河南	93.057	9.39	6.04	34.53
262	成都兴城投资集团有限公司	四川	93.045	1.12	0.23	3.55
263	深圳市物业发展（集团）股份有限公司	广东	93.044	22.35	6.88	22.38
264	山东联盟化工集团有限公司	山东	93.035	6.57	10.77	18.67
265	宝龙地产控股有限公司	上海	93.011	15.02	2.45	14.72
266	湖北兴发化工集团股份有限公司	湖北	93.007	17.99	12.68	30.71
267	武汉三镇实业控股股份有限公司	湖北	92.993	19.83	2.21	6.99
268	中山公用事业集团股份有限公司	广东	92.991	61.82	6.52	9.68
269	万向集团公司	浙江	92.987	1.12	1.67	5.87
270	中国黄金集团黄金珠宝股份有限公司	北京	92.985	1.57	7.21	12.12
271	南兴装备股份有限公司	广东	92.980	10.49	8.42	13.08
272	山西美锦能源股份有限公司	山西	92.978	12.06	8.73	20.66
273	安井食品集团股份有限公司	福建	92.960	7.36	7.78	13.45
274	心里程控股集团有限公司	广东	92.947	4.02	9.81	15.42
275	中国航空工业集团有限公司	北京	92.925	1.06	0.45	2.49
276	安徽口子酒业股份有限公司	安徽	92.923	34.35	15.66	20.94
277	福建百宏聚纤科技实业有限公司	福建	92.920	6.17	3.91	15.01
278	山东玻纤集团股份有限公司	山东	92.919	19.87	10.75	23.16
279	广州白云山医药集团股份有限公司	广东	92.903	5.39	5.63	12.80
280	江苏双星彩塑新材料股份有限公司	江苏	92.887	23.36	11.43	14.74
281	中策橡胶集团股份有限公司	浙江	92.840	5.30	4.96	14.42
282	杭州华旺新材料科技股份有限公司	浙江	92.833	15.26	11.16	17.61
283	深圳劲嘉集团股份有限公司	广东	92.828	20.12	9.87	13.00
284	仙鹤股份有限公司	浙江	92.824	16.90	9.20	15.84
285	天津泰达投资控股有限公司	天津	92.820	1.53	0.30	1.21
286	广东生益科技股份有限公司	广东	92.818	13.96	11.58	21.61

续表

序号	企业名称	地区	综合信用指数	营收利润率（%）	资产利润率（%）	净资产利润率（%）
287	安克创新科技股份有限公司	湖南	92.802	7.81	11.58	16.23
288	湖南博深实业集团有限公司	湖南	92.793	3.17	6.50	8.73
289	绝味食品股份有限公司	湖南	92.783	14.98	13.25	17.20
290	浙江苏泊尔股份有限公司	浙江	92.782	9.01	13.99	25.50
291	西安三角防务股份有限公司	陕西	92.763	35.17	9.98	16.78
292	新疆广汇实业投资（集团）有限责任公司	新疆	92.755	0.21	0.16	1.11
293	广东联泰环保股份有限公司	广东	92.731	38.65	3.11	11.22
294	天水华天科技股份有限公司	甘肃	92.712	11.70	4.72	9.41
295	绿城物业服务集团有限公司	浙江	92.709	6.73	5.89	12.06
296	吉林高速公路股份有限公司	吉林	92.682	25.03	4.79	7.75
297	三一集团有限公司	湖南	92.671	3.30	2.08	11.32
298	通策医疗股份有限公司	浙江	92.666	25.27	14.18	24.40
299	迪尚集团有限公司	山东	92.664	6.62	9.36	19.01
300	四川成渝高速公路股份有限公司	四川	92.664	20.54	4.59	10.76
301	浙江海利得新材料股份有限公司	浙江	92.657	11.35	8.29	17.68
302	赛轮集团股份有限公司	山东	92.613	7.29	5.02	12.24
303	上海璞泰来新能源科技股份有限公司	上海	92.605	19.44	8.15	16.68
304	广东嘉元科技股份有限公司	广东	92.604	19.61	9.07	15.32
305	骆驼集团股份有限公司	湖北	92.597	6.71	6.43	9.80
306	山西振东制药股份有限公司	山西	92.583	51.38	25.93	32.40
307	安徽国风新材料股份有限公司	安徽	92.563	14.77	8.67	10.47
308	冰轮环境技术股份有限公司	山东	92.561	5.59	3.05	6.33
309	金牌厨柜家居科技股份有限公司	福建	92.502	9.80	7.48	14.02
310	北京北摩高科摩擦材料股份有限公司	北京	92.499	37.29	10.70	17.22
311	东方证券股份有限公司	上海	92.497	22.04	1.64	8.38
312	深圳市大疆创新科技有限公司	广东	92.473	29.04	19.41	26.34
313	中国中车集团有限公司	北京	92.449	2.40	1.20	6.86
314	安徽迎驾贡酒股份有限公司	安徽	92.444	30.20	16.02	23.17
315	上海宝信软件股份有限公司	上海	92.420	15.47	10.18	20.17
316	浙江医药股份有限公司	浙江	92.410	11.45	8.34	11.91
317	舜宇集团有限公司	浙江	92.395	13.30	12.86	24.23
318	国电南瑞科技股份有限公司	江苏	92.353	13.30	7.76	14.85
319	河南蓝天燃气股份有限公司	河南	92.352	10.79	8.18	14.47
320	嘉兴斯达半导体股份有限公司	浙江	92.332	23.34	7.21	7.97
321	宁波拓普集团股份有限公司	浙江	92.262	8.87	5.44	9.61
322	湖南金博碳素股份有限公司	湖南	92.256	37.45	17.04	26.50

续表

序号	企业名称	地区	综合信用指数	营收利润率（%）	资产利润率（%）	净资产利润率（%）
323	江苏今世缘酒业股份有限公司	江苏	92.248	31.68	14.06	21.83
324	宇通重工股份有限公司	河南	92.243	10.46	8.23	17.76
325	上海泛微网络科技股份有限公司	上海	92.228	15.41	9.14	16.42
326	福莱特玻璃集团股份有限公司	浙江	92.225	24.33	10.56	17.95
327	南京新街口百货商店股份有限公司	江苏	92.205	17.67	4.31	6.35
328	新疆冠农果茸集团股份有限公司	新疆	92.197	6.95	4.23	10.94
329	报喜鸟控股股份有限公司	浙江	92.195	10.43	7.59	11.16
330	新疆鑫泰天然气股份有限公司	新疆	92.188	39.30	9.31	22.67
331	居然之家新零售集团股份有限公司	湖北	92.184	17.79	4.14	12.11
332	北京金山办公软件股份有限公司	北京	92.182	31.74	9.99	13.49
333	新疆中泰化学股份有限公司	新疆	92.181	4.33	3.70	10.71
334	中国国际贸易中心股份有限公司	北京	92.175	28.55	8.04	11.86
335	浙商中拓集团股份有限公司	浙江	92.164	0.46	3.55	18.13
336	京沪高速铁路股份有限公司	北京	92.149	16.43	1.63	2.58
337	北京东方雨虹防水技术股份有限公司	北京	92.140	13.17	8.45	15.99
338	山东晨鸣纸业集团股份有限公司	山东	92.129	6.26	2.49	10.82
339	瀚蓝环境股份有限公司	广东	92.125	9.88	3.97	11.75
340	中国光大银行股份有限公司	北京	92.114	28.42	0.74	9.00
341	云南省能源投资集团有限公司	云南	92.110	2.03	1.23	4.53
342	中新苏州工业园区开发集团股份有限公司	江苏	92.088	38.85	5.17	12.50
343	盛和资源控股股份有限公司	四川	92.085	10.14	7.10	11.49
344	华新水泥股份有限公司	湖北	92.053	16.52	10.21	20.07
345	山东南山铝业股份有限公司	山东	92.045	11.87	5.40	7.96
346	上海医药集团股份有限公司	上海	92.012	2.36	3.12	10.32
347	诺力智能装备股份有限公司	浙江	92.011	5.10	3.93	14.55
348	中国国际技术智力合作集团有限公司	北京	92.000	0.64	4.99	12.95
349	环旭电子股份有限公司	上海	91.999	3.36	5.18	14.20
350	北京汽车集团有限公司	北京	91.967	0.43	0.41	2.74
351	广东省交通集团有限公司	广东	91.959	5.71	0.69	3.05
352	广州市建筑集团有限公司	广东	91.945	0.38	0.52	5.74
353	福建龙溪轴承（集团）股份有限公司	福建	91.933	20.78	8.64	13.04
354	青山控股集团有限公司	浙江	91.924	3.88	2.55	7.18
355	上海微创心脉医疗科技（集团）股份有限公司	上海	91.924	46.14	18.01	21.14
356	万丰奥特控股集团有限公司	浙江	91.918	6.19	7.17	34.48
357	隆基绿能科技股份有限公司	陕西	91.913	11.23	9.30	19.15
358	山东东明石化集团有限公司	山东	91.907	1.85	4.62	10.44

续表

序号	企业名称	地区	综合信用指数	营收利润率（%）	资产利润率（%）	净资产利润率（%）
359	东吴证券股份有限公司	江苏	91.905	25.87	1.92	6.44
360	物美科技集团有限公司	北京	91.892	4.36	2.37	10.14
361	四川邦泰投资集团有限责任公司	四川	91.885	8.42	4.62	49.77
362	无锡奥特维科技股份有限公司	江苏	91.881	18.11	8.66	26.33
363	明阳智慧能源集团股份公司	广东	91.872	11.42	5.04	16.86
364	江西新华发行集团有限公司	江西	91.864	16.07	7.84	12.00
365	杭州解百集团股份有限公司	浙江	91.864	16.46	41.84	11.17
366	浙江长城电工科技股份有限公司	浙江	91.855	3.18	7.69	12.58
367	巨化集团有限公司	浙江	91.844	12.98	10.50	33.57
368	北方华创科技集团股份有限公司	北京	91.841	11.13	3.47	6.38
369	复星国际有限公司	上海	91.834	6.26	1.25	7.70
370	山西潞安环保能源开发股份有限公司	山西	91.783	14.86	7.07	19.38
371	南京高科股份有限公司	江苏	91.759	47.82	7.12	15.61
372	五得利面粉集团有限公司	河北	91.699	5.47	11.01	15.25
373	江苏阳光集团有限公司	江苏	91.697	5.07	10.37	19.51
374	中国广核电力股份有限公司	广东	91.696	12.06	2433.21	9.64
375	上海柏楚电子科技股份有限公司	上海	91.680	60.23	17.47	18.41
376	上海百润投资控股集团股份有限公司	上海	91.650	25.67	11.81	17.57
377	浙江省兴合集团有限责任公司	浙江	91.646	0.46	0.84	11.71
378	山西杏花村汾酒集团有限责任公司	山西	91.608	13.51	7.97	25.81
379	厦门吉比特网络技术股份有限公司	福建	91.593	31.79	20.67	32.06
380	招商局集团有限公司	北京	91.592	11.11	2.19	12.46
381	利群集团股份有限公司	山东	91.587	1.02	1.10	4.22
382	中国南玻集团股份有限公司	广东	91.564	11.22	7.67	13.38
383	利华益集团股份有限公司	山东	91.558	2.56	5.65	11.45
384	洽洽食品股份有限公司	安徽	91.501	15.52	11.50	19.37
385	宏旺控股集团有限公司	广东	91.475	0.84	3.72	11.16
386	中国五矿集团有限公司	北京	91.459	0.47	0.40	5.93
387	浙江万盛股份有限公司	浙江	91.439	20.04	24.86	34.82
388	浙江富冶集团有限公司	浙江	91.435	1.12	5.86	20.90
389	河南明泰铝业股份有限公司	河南	91.400	7.52	9.78	17.35
390	上海临港控股股份有限公司	上海	91.382	24.48	3.12	9.99
391	马上消费金融股份有限公司	重庆	91.362	7.31	2.26	16.64
392	恒生电子股份有限公司	浙江	91.360	26.63	12.12	25.70
393	福耀玻璃工业集团股份有限公司	福建	91.319	13.33	7.03	11.96
394	河南金利金铅集团有限公司	河南	91.315	1.90	8.59	23.09

续表

序号	企业名称	地区	综合信用指数	营收利润率（%）	资产利润率（%）	净资产利润率（%）
395	北京首都创业集团有限公司	北京	91.314	0.97	0.15	2.52
396	怡球金属资源再生（中国）股份有限公司	江苏	91.314	10.28	14.81	22.04
397	四川华西集团有限公司	四川	91.304	1.38	1.18	8.61
398	广东好太太科技集团股份有限公司	广东	91.297	21.06	12.80	15.98
399	北京昭衍新药研究中心股份有限公司	北京	91.297	36.76	6.53	7.81
400	茂业商业股份有限公司	四川	91.288	9.82	1.92	5.79
401	奇瑞控股集团有限公司	安徽	91.256	0.77	0.38	4.78
402	安徽建工集团控股有限公司	安徽	91.253	0.82	0.46	14.64
403	兴业证券股份有限公司	福建	91.237	25.00	2.18	11.52
404	北京首农食品集团有限公司	北京	91.230	1.49	1.65	6.40
405	国联证券股份有限公司	江苏	91.223	29.95	1.35	5.42
406	绿滋肴控股集团有限公司	江西	91.207	5.87	11.78	20.74
407	新天绿色能源股份有限公司	河北	91.187	13.51	3.00	10.97
408	武商集团股份有限公司	湖北	91.128	10.56	2.67	7.05
409	腾达建设集团股份有限公司	浙江	91.124	11.85	7.10	13.58
410	双良集团有限公司	江苏	91.121	1.09	1.61	5.88
411	唐山三孚硅业股份有限公司	河北	91.118	20.99	14.46	21.58
412	江苏洋河酒厂股份有限公司	江苏	91.112	29.62	11.07	17.67
413	厦门象屿股份有限公司	福建	91.091	0.47	2.25	12.55
414	新华人寿保险股份有限公司	北京	91.053	6.72	1.33	13.78
415	厦门海沧投资集团有限公司	福建	91.036	2.79	2.19	10.89
416	中国电信集团有限公司	北京	91.033	2.31	1.26	3.27
417	浙江新澳纺织股份有限公司	浙江	91.027	8.66	7.51	10.97
418	中伟新材料股份有限公司	贵州	91.009	4.68	3.33	9.55
419	惠州亿纬锂能股份有限公司	广东	90.993	17.19	6.52	16.20
420	中国兵器装备集团有限公司	北京	90.993	1.66	1.21	5.64
421	敬业集团有限公司	河北	90.981	2.42	7.42	14.85
422	百联集团有限公司	上海	90.978	1.51	0.43	2.97
423	四川雅化实业集团股份有限公司	四川	90.970	17.87	10.32	14.71
424	上海陆家嘴金融贸易区开发股份有限公司	上海	90.965	31.08	3.57	19.10
425	天津七一二通信广播股份有限公司	天津	90.958	19.95	8.01	19.04
426	淄博齐翔腾达化工股份有限公司	山东	90.947	6.86	9.18	18.71
427	广东广弘控股股份有限公司	广东	90.930	9.10	7.03	14.30
428	上海新朋实业股份有限公司	上海	90.909	8.46	7.33	13.72
429	广东省建筑工程集团控股有限公司	广东	90.902	1.83	1.31	7.57
430	上海万业企业股份有限公司	上海	90.887	42.79	4.11	4.94

续表

序号	企业名称	地区	综合信用指数	营收利润率（%）	资产利润率（%）	净资产利润率（%）
431	浙江大华技术股份有限公司	浙江	90.875	10.29	7.67	14.30
432	深圳市力合科创股份有限公司	广东	90.870	20.97	4.63	9.82
433	东方电气股份有限公司	四川	90.868	4.79	2.22	7.04
434	云南锡业股份有限公司	云南	90.855	5.23	6.87	18.15
435	北京金隅集团股份有限公司	北京	90.850	2.37	1.02	4.60
436	无锡威孚高科技集团股份有限公司	江苏	90.840	18.82	9.21	13.28
437	中天控股集团有限公司	浙江	90.833	2.83	2.70	14.85
438	德华兔宝宝装饰新材股份有限公司	浙江	90.795	7.55	12.68	33.41
439	浙江航民股份有限公司	浙江	90.792	7.02	8.45	12.20
440	罗莱生活科技股份有限公司	江苏	90.778	12.38	11.38	17.57
441	北京蓝色光标数据科技股份有限公司	北京	90.771	1.30	2.91	5.55
442	闻泰科技股份有限公司	湖北	90.759	4.95	3.60	7.75
443	中国能源建设集团有限公司	北京	90.746	1.19	0.71	8.87
444	中泰证券股份有限公司	山东	90.732	24.34	1.56	8.94
445	广州视源电子科技股份有限公司	广东	90.716	8.00	10.96	20.33
446	宁波华翔电子股份有限公司	浙江	90.692	7.19	5.80	11.65
447	深圳汇洁集团股份有限公司	广东	90.692	10.10	10.61	14.63
448	厦门建发集团有限公司	福建	90.690	1.00	1.09	11.66
449	上海机电股份有限公司	上海	90.689	3.28	2.18	6.58
450	奥德集团有限公司	山东	90.687	11.57	7.56	13.36
451	卫华集团有限公司	河南	90.667	2.82	4.03	10.01
452	上海浦东建设股份有限公司	上海	90.661	4.69	2.48	7.85
453	南京新华海科技产业集团有限公司	江苏	90.661	1.90	3.98	8.47
454	苏州东山精密制造股份有限公司	江苏	90.657	5.86	4.91	12.78
455	天津现代集团有限公司	天津	90.639	3.80	2.35	5.90
456	浙江伟星新型建材股份有限公司	浙江	90.586	19.15	19.01	24.93
457	永兴特种材料科技股份有限公司	浙江	90.573	12.32	13.93	17.61
458	上海协通（集团）有限公司	上海	90.571	3.63	12.09	31.37
459	甘肃上峰水泥股份有限公司	甘肃	90.563	26.17	14.39	26.25
460	新希望控股集团有限公司	四川	90.533	0.86	0.58	8.15
461	海信集团控股股份有限公司	山东	90.505	1.90	1.91	16.52
462	绿色动力环保集团股份有限公司	广东	90.499	13.80	3.45	10.69
463	滨化集团股份有限公司	山东	90.494	17.54	9.68	15.92
464	安徽古井贡酒股份有限公司	安徽	90.492	17.32	9.04	13.90
465	潍柴动力股份有限公司	山东	90.490	4.55	3.34	13.05
466	卓正控股集团有限公司	河北	90.478	11.21	1.74	3.65

续表

序号	企业名称	地区	综合信用指数	营收利润率（%）	资产利润率（%）	净资产利润率（%）
467	鑫荣懋果业科技集团股份有限公司	广东	90. 460	2. 57	5. 46	11. 18
468	上海城投控股股份有限公司	上海	90. 440	9. 92	1. 32	4. 47
469	国金证券股份有限公司	四川	90. 396	32. 52	2. 62	9. 49
470	安徽鸿路钢结构（集团）股份有限公司	安徽	90. 388	5. 89	5. 88	15. 82
471	欧普照明股份有限公司	上海	90. 381	10. 26	10. 00	15. 68
472	广西柳州钢铁集团有限公司	广西	90. 376	4. 75	5. 21	17. 85
473	北京能源集团有限责任公司	北京	90. 372	2. 71	0. 60	2. 66
474	厦门松霖科技股份有限公司	福建	90. 366	10. 12	7. 47	13. 53
475	国元证券股份有限公司	安徽	90. 353	31. 25	1. 67	5. 91
476	陕西建工控股集团有限公司	陕西	90. 346	1. 23	0. 76	18. 23
477	旺能环境股份有限公司	浙江	90. 346	21. 83	5. 11	12. 05
478	光明食品（集团）有限公司	上海	90. 316	0. 82	0. 44	1. 79
479	重庆市涪陵榨菜集团股份有限公司	重庆	90. 314	29. 46	9. 58	10. 35
480	凯莱英医药集团（天津）股份有限公司	天津	90. 313	23. 05	7. 05	8. 48
481	浙江省国际贸易集团有限公司	浙江	90. 307	1. 92	1. 13	9. 09
482	威高集团有限公司	山东	90. 298	8. 61	6. 10	10. 25
483	安琪酵母股份有限公司	湖北	90. 276	12. 26	9. 73	19. 09
484	信雅达科技股份有限公司	浙江	90. 260	18. 92	14. 65	23. 42
485	宁波容百新能源科技股份有限公司	浙江	90. 203	8. 88	6. 20	16. 78
486	湖南华菱钢铁股份有限公司	湖南	90. 201	5. 65	9. 08	21. 32
487	深圳市漫步者科技股份有限公司	广东	90. 175	13. 70	11. 79	14. 37
488	首钢集团有限公司	北京	90. 174	0. 50	0. 26	1. 11
489	通化东宝药业股份有限公司	吉林	90. 162	40. 03	20. 06	21. 05
490	申能（集团）有限公司	上海	90. 153	8. 96	2. 32	4. 84
491	上海奕瑞光电子科技股份有限公司	上海	90. 150	40. 77	13. 68	15. 86
492	宁夏宝丰能源集团股份有限公司	宁夏	90. 107	30. 35	15. 93	23. 04
493	三七互娱网络科技集团股份有限公司	安徽	90. 099	17. 73	19. 92	26. 69
494	森马集团有限公司	浙江	90. 098	0. 79	1. 03	2. 96
495	大商股份有限公司	辽宁	90. 092	8. 85	3. 60	7. 95
496	中国电力建设集团有限公司	北京	90. 083	0. 70	0. 38	4. 60
497	中国核工业建设股份有限公司	上海	90. 068	1. 83	0. 89	7. 51
498	广东东方精工科技股份有限公司	广东	90. 056	13. 26	7. 35	12. 69
499	厦门钨业股份有限公司	福建	90. 032	3. 71	3. 64	13. 17
500	重庆三峰环境集团股份有限公司	重庆	90. 019	21. 08	5. 77	14. 06

三、2022 中国企业信用 500 强流动性和安全性指标

序号	企业名称	地区	综合信用指数	资产周转率（次/年）	所有者权益比率（%）	资本保值增值率（%）
1	华为投资控股有限公司	广东	99.990	0.64	42.17	134.37
2	中国医药集团有限公司	北京	99.980	1.24	26.82	187.75
3	中国石油天然气集团有限公司	北京	99.980	0.63	47.47	103.14
4	中国海洋石油集团有限公司	北京	99.884	0.62	47.62	110.17
5	中国建筑股份有限公司	北京	99.674	0.79	14.40	117.11
6	贵州茅台酒股份有限公司	贵州	99.415	0.42	74.28	132.52
7	中国建设银行股份有限公司	北京	99.287	0.03	8.64	112.72
8	中国工商银行股份有限公司	北京	99.269	0.03	9.26	112.04
9	中国银行股份有限公司	北京	99.019	0.02	8.33	110.62
10	中国农业银行股份有限公司	北京	99.002	0.02	8.31	110.94
11	中国建材集团有限公司	北京	98.839	0.64	32.40	115.16
12	中国神华能源股份有限公司	北京	98.749	0.55	62.08	113.96
13	腾讯控股有限公司	广东	98.589	0.35	50.01	131.94
14	中国石油化工集团有限公司	北京	98.479	1.07	35.06	106.79
15	中国移动通信集团有限公司	北京	98.456	0.40	55.07	108.56
16	国家电网有限公司	北京	98.403	0.64	42.19	102.53
17	国家开发投资集团有限公司	北京	98.402	0.25	16.49	134.82
18	美的集团股份有限公司	广东	98.401	0.88	32.19	124.31
19	中国船舶集团有限公司	北京	98.399	0.39	29.56	106.82
20	中国邮政集团有限公司	北京	97.843	0.05	3.62	109.03
21	中国华润有限公司	广东	97.804	0.38	14.19	111.29
22	京东方科技集团股份有限公司	北京	97.600	0.49	31.78	125.01
23	中国旅游集团中免股份有限公司	北京	97.542	1.22	53.39	143.26
24	上海汽车集团股份有限公司	上海	97.454	0.85	29.86	109.43
25	中国第一汽车集团有限公司	吉林	97.444	1.18	38.02	111.07
26	龙湖集团控股有限公司	重庆	97.417	0.26	14.27	122.02
27	徐工集团工程机械股份有限公司	江苏	97.416	0.77	33.12	116.66
28	万华化学集团股份有限公司	山东	97.410	0.76	35.99	150.53
29	中国远洋海运集团有限公司	上海	97.395	0.56	24.21	121.81
30	中国铝业集团有限公司	北京	97.344	0.83	16.44	108.30
31	宜宾五粮液股份有限公司	四川	97.342	0.49	73.05	127.28

续表

序号	企业名称	地区	综合信用指数	资产周转率（次/年）	所有者权益比率（%）	资本保值增值率（%）
32	中国航天科技集团有限公司	北京	97.339	0.46	39.07	109.23
33	中国人寿保险股份有限公司	北京	97.296	0.18	9.78	111.31
34	恒申控股集团有限公司	福建	97.200	1.28	57.44	137.21
35	桐昆集团股份有限公司	浙江	97.200	0.85	51.42	128.48
36	珠海格力电器股份有限公司	广东	97.176	0.59	32.43	120.02
37	海尔集团公司	山东	97.176	0.71	14.55	118.97
38	兴业银行股份有限公司	福建	97.167	0.03	7.95	113.43
39	交通银行股份有限公司	上海	97.123	0.02	8.27	110.11
40	重庆智飞生物制品股份有限公司	重庆	97.075	1.02	58.76	223.76
41	农夫山泉股份有限公司	浙江	97.048	0.90	63.05	146.20
42	新疆特变电工集团有限公司	新疆	97.031	0.48	36.18	117.53
43	宁德时代新能源科技股份有限公司	福建	96.993	0.42	27.47	124.81
44	中国保利集团有限公司	北京	96.909	0.26	6.33	113.15
45	中国平安保险（集团）股份有限公司	广东	96.822	0.12	8.01	113.33
46	黑龙江飞鹤乳业有限公司	黑龙江	96.736	0.72	66.46	135.81
47	通威股份有限公司	四川	96.716	0.72	42.50	126.87
48	中国宝武钢铁集团有限公司	上海	96.691	0.87	27.69	106.58
49	内蒙古伊利实业集团股份有限公司	内蒙古	96.652	1.08	46.79	128.65
50	泰康保险集团股份有限公司	北京	96.193	0.20	9.13	123.00
51	国泰君安证券股份有限公司	上海	96.147	0.05	18.59	110.93
52	波司登股份有限公司	江苏	96.093	0.90	60.57	124.36
53	山东金岭集团有限公司	山东	96.088	2.22	86.07	216.85
54	中国化学工程股份有限公司	北京	95.966	0.77	27.09	112.30
55	紫光股份有限公司	北京	95.961	1.02	45.10	107.22
56	浙江荣晟环保纸业股份有限公司	浙江	95.953	0.94	72.44	117.08
57	歌尔股份有限公司	山东	95.950	1.28	44.75	119.50
58	内蒙古鄂尔多斯资源股份有限公司	内蒙古	95.856	0.73	37.27	144.66
59	中国兵器工业集团有限公司	北京	95.797	1.09	27.69	109.34
60	天洁集团有限公司	浙江	95.780	1.82	62.93	122.86
61	大族激光科技产业集团股份有限公司	广东	95.746	0.60	42.75	120.46
62	中国人民保险集团股份有限公司	北京	95.739	0.43	15.92	110.70
63	富士康工业互联网股份有限公司	广东	95.694	1.65	44.70	119.29
64	中兴通讯股份有限公司	广东	95.692	0.68	30.51	115.74
65	舍得酒业股份有限公司	四川	95.681	0.61	59.23	134.79
66	漳州片仔癀药业股份有限公司	福建	95.668	0.64	77.67	130.93
67	华泰证券股份有限公司	江苏	95.651	0.05	18.40	110.34
68	中国航天科工集团有限公司	北京	95.630	0.52	32.97	109.44

续表

序号	企业名称	地区	综合信用指数	资产周转率（次/年）	所有者权益比率（%）	资本保值增值率（%）
69	小米集团	北京	95.586	1.12	46.85	115.64
70	山西鹏飞集团有限公司	山西	95.572	0.91	59.79	108.87
71	中国国际金融股份有限公司	北京	95.556	0.05	12.99	115.05
72	泸州老窖股份有限公司	四川	95.501	0.48	64.89	134.48
73	云南云天化股份有限公司	云南	95.478	1.19	19.22	156.65
74	中国中信集团有限公司	北京	95.466	0.07	4.75	108.29
75	北京万泰生物药业股份有限公司	北京	95.437	0.82	63.39	179.16
76	紫金矿业集团股份有限公司	福建	95.429	1.08	34.05	134.67
77	万洲国际有限公司	河南	95.421	1.42	45.07	110.55
78	石药控股集团有限公司	河北	95.407	0.70	52.31	123.90
79	中国铁道建筑集团有限公司	北京	95.400	0.75	7.79	111.54
80	中国铁路工程集团有限公司	北京	95.386	0.78	8.91	110.68
81	广西绿城水务股份有限公司	广西	95.375	0.12	26.81	106.75
82	东风汽车集团有限公司	湖北	95.344	1.01	21.25	108.75
83	东方财富信息股份有限公司	上海	95.314	0.07	23.80	125.80
84	浙江吉利控股集团有限公司	浙江	95.294	0.70	18.03	110.88
85	广东宏川集团有限公司	广东	95.240	3.99	23.88	122.07
86	远景能源有限公司	江苏	95.220	0.62	31.92	168.00
87	广州金域医学检验集团股份有限公司	广东	95.203	1.11	58.64	158.61
88	宁波杉杉股份有限公司	浙江	95.196	0.51	46.98	126.92
89	上海美迪西生物医药股份有限公司	上海	95.173	0.65	74.01	125.12
90	碧桂园控股有限公司	广东	95.164	0.27	10.20	115.30
91	中国南方电网有限责任公司	广东	95.157	0.62	36.88	102.16
92	中国电子科技集团有限公司	北京	95.097	0.66	35.49	107.98
93	科大讯飞股份有限公司	安徽	95.082	0.58	53.45	112.29
94	中国太平洋保险（集团）股份有限公司	上海	95.080	0.23	11.65	112.47
95	广州工业投资控股集团有限公司	广东	95.056	1.10	20.68	120.72
96	旭辉控股（集团）有限公司	上海	95.034	0.25	9.70	121.12
97	宁波方太厨具有限公司	浙江	95.032	0.89	58.86	121.70
98	金地（集团）股份有限公司	广东	95.017	0.21	13.61	116.37
99	中国银河证券股份有限公司	北京	95.016	0.06	17.67	112.84
100	兆易创新科技集团股份有限公司	北京	95.012	0.55	87.45	121.85
101	山西兰花科技创业股份有限公司	山西	95.004	0.45	45.48	121.96
102	新凤鸣集团股份有限公司	浙江	94.975	1.19	43.79	118.72
103	山煤国际能源集团股份有限公司	山西	94.971	1.05	25.73	154.34
104	奥瑞金科技股份有限公司	北京	94.971	0.83	45.39	113.74
105	长城汽车股份有限公司	河北	94.958	0.78	35.42	111.73

续表

序号	企业名称	地区	综合信用指数	资产周转率（次/年）	所有者权益比率（%）	资本保值增值率（%）
106	华域汽车系统股份有限公司	上海	94.849	0.91	32.20	112.31
107	百隆东方股份有限公司	浙江	94.821	0.54	63.01	117.37
108	云南恩捷新材料股份有限公司	云南	94.800	0.31	52.95	124.48
109	正威国际集团有限公司	广东	94.764	3.38	58.37	111.37
110	浙江越剑智能装备股份有限公司	浙江	94.742	0.46	66.63	116.68
111	无锡上机数控股份有限公司	江苏	94.740	0.75	51.35	164.29
112	景津装备股份有限公司	山东	94.735	0.78	56.63	121.77
113	盛虹控股集团有限公司	江苏	94.652	2.01	20.64	127.39
114	浙江台华新材料股份有限公司	浙江	94.651	0.66	57.71	115.44
115	志邦家居股份有限公司	安徽	94.647	0.97	48.90	122.69
116	东鹏饮料（集团）股份有限公司	广东	94.638	0.90	54.40	162.35
117	中国北方稀土（集团）高科技股份有限公司	内蒙古	94.634	0.88	44.22	149.20
118	杭州市实业投资集团有限公司	浙江	94.599	2.40	21.63	115.40
119	山东魏桥创业集团有限公司	山东	94.598	1.61	33.46	114.45
120	珠海华发集团有限公司	广东	94.588	0.25	10.53	104.03
121	中铁集装箱运输有限责任公司	北京	94.570	1.83	58.03	111.91
122	海澜集团有限公司	江苏	94.569	1.03	72.67	105.31
123	华泰集团有限公司	山东	94.555	2.10	34.41	112.39
124	山东豪迈机械科技股份有限公司	山东	94.553	0.79	85.10	118.25
125	众业达电气股份有限公司	广东	94.550	1.87	65.07	110.30
126	成都市兴蓉环境股份有限公司	四川	94.549	0.20	39.00	112.17
127	振烨国际产业控股集团（深圳）有限公司	广东	94.541	5.31	38.89	234.42
128	天津城市基础设施建设投资集团有限公司	天津	94.539	0.02	29.86	100.67
129	王府井集团股份有限公司	北京	94.533	0.29	49.42	108.58
130	江苏硕世生物科技股份有限公司	江苏	94.525	0.81	72.48	171.69
131	鲁西化工集团股份有限公司	山东	94.515	0.99	55.87	132.39
132	四川川投能源股份有限公司	四川	94.506	0.03	64.47	110.72
133	新城控股集团股份有限公司	江苏	94.484	0.31	11.10	124.90
134	北京控股集团有限公司	北京	94.480	0.27	10.43	103.92
135	山鹰国际控股股份公司	安徽	94.447	0.64	31.77	109.72
136	新奥天然气股份有限公司	河北	94.446	0.91	11.59	150.44
137	江苏东方盛虹股份有限公司	江苏	94.403	0.39	20.92	118.90
138	广发证券股份有限公司	广东	94.398	0.06	19.90	111.06
139	华茂集团股份有限公司	浙江	94.386	0.62	51.23	109.78
140	物产中大集团股份有限公司	浙江	94.382	4.34	23.47	114.83
141	神马实业股份有限公司	河南	94.361	0.52	29.78	143.64
142	重庆华宇集团有限公司	重庆	94.351	0.58	41.06	119.41

续表

序号	企业名称	地区	综合信用指数	资产周转率（次/年）	所有者权益比率（%）	资本保值增值率（%）
143	合盛硅业股份有限公司	浙江	94.325	0.70	66.37	184.78
144	中国交通建设集团有限公司	北京	94.325	0.38	6.82	106.37
145	西部超导材料科技股份有限公司	陕西	94.270	0.33	61.21	126.40
146	山东太阳控股集团有限公司	山东	94.261	1.16	42.98	122.89
147	广州越秀集团股份有限公司	广东	94.255	0.11	6.99	109.01
148	雅迪科技集团有限公司	江苏	94.243	1.40	23.11	140.47
149	恒力集团有限公司	江苏	94.241	2.40	18.96	132.06
150	联想控股股份有限公司	北京	94.228	0.72	9.00	109.52
151	比亚迪股份有限公司	广东	94.219	0.73	32.14	105.35
152	紫光国芯微电子股份有限公司	河北	94.193	0.46	62.49	139.37
153	无锡药明康德新药开发股份有限公司	江苏	94.172	0.42	69.82	115.69
154	江苏沙钢集团有限公司	江苏	94.170	0.93	24.03	121.92
155	深圳前海微众银行股份有限公司	广东	94.168	0.11	6.32	132.74
156	创维集团有限公司	广东	94.150	0.84	29.64	116.08
157	江苏长电科技股份有限公司	江苏	94.148	0.82	56.58	122.08
158	中国机械工业集团有限公司	北京	94.132	1.02	19.90	104.29
159	山东博汇纸业股份有限公司	山东	94.121	0.82	36.49	128.02
160	浙江伟明环保股份有限公司	浙江	94.082	0.29	52.20	127.97
161	爱玛科技集团股份有限公司	天津	94.052	1.15	37.13	125.25
162	中国联合网络通信集团有限公司	北京	94.034	0.52	29.44	101.76
163	中芯国际集成电路制造有限公司	上海	94.033	0.15	47.49	101.08
164	比音勒芬服饰股份有限公司	广东	94.019	0.56	66.74	126.69
165	深圳迈瑞生物医疗电子股份有限公司	广东	94.004	0.66	70.74	134.37
166	周大生珠宝股份有限公司	广东	93.995	1.30	82.48	122.74
167	梅花生物科技集团股份有限公司	西藏	93.995	1.09	50.77	125.88
168	瑞芯微电子股份有限公司	福建	93.984	0.80	84.37	126.62
169	浙江新安化工集团股份有限公司	浙江	93.983	1.10	52.00	140.83
170	大秦铁路股份有限公司	山西	93.970	0.40	62.66	109.81
171	铜陵有色金属集团股份有限公司	安徽	93.969	2.58	42.70	116.39
172	深圳市汇川技术股份有限公司	广东	93.968	0.66	58.17	133.59
173	卓尔控股有限公司	湖北	93.967	1.27	50.06	102.36
174	山东金晶科技股份有限公司	山东	93.959	0.64	50.74	129.92
175	华勤橡胶工业集团有限公司	山东	93.952	2.13	48.03	109.89
176	人本股份有限公司	浙江	93.948	1.41	22.98	127.14
177	科沃斯机器人股份有限公司	江苏	93.940	1.22	47.52	164.82
178	中基宁波集团股份有限公司	浙江	93.937	7.37	11.10	124.06

续表

序号	企业名称	地区	综合信用指数	资产周转率（次/年）	所有者权益比率（%）	资本保值增值率（%）
179	晶澳太阳能科技股份有限公司	河北	93.937	0.73	28.95	113.91
180	上海移远通信技术股份有限公司	上海	93.931	1.38	39.42	119.16
181	郑州煤矿机械集团股份有限公司	河南	93.927	0.80	40.37	114.91
182	江西铜业集团有限公司	江西	93.924	2.31	17.03	110.27
183	四川路桥建设集团股份有限公司	四川	93.924	0.62	19.81	124.01
184	上海晨光文具股份有限公司	上海	93.897	1.54	54.23	129.23
185	厦门翔业集团有限公司	福建	93.880	0.42	30.16	102.64
186	雪天盐业集团股份有限公司	湖南	93.872	0.57	60.21	109.98
187	喜临门家具股份有限公司	浙江	93.872	0.94	38.50	119.00
188	杭叉集团股份有限公司	浙江	93.867	1.39	53.86	118.46
189	山东华鲁恒升化工股份有限公司	山东	93.800	0.93	77.67	146.90
190	杭氧集团股份有限公司	浙江	93.796	0.74	45.64	118.79
191	恒信汽车集团股份有限公司	湖北	93.794	3.47	57.06	124.18
192	江苏恒立液压股份有限公司	江苏	93.782	0.75	74.57	136.83
193	江西洪城环境股份有限公司	江西	93.781	0.46	33.26	115.09
194	华峰化学股份有限公司	浙江	93.771	0.97	65.15	168.58
195	重庆顺博铝合金股份有限公司	重庆	93.764	1.99	43.66	118.20
196	杰克科技股份有限公司	浙江	93.751	0.78	42.19	115.95
197	卫星化学股份有限公司	浙江	93.751	0.59	39.77	144.07
198	浙江华友钴业股份有限公司	浙江	93.747	0.61	33.43	139.28
199	中粮集团有限公司	北京	93.739	0.97	15.13	110.07
200	湖南建工控股集团有限公司	湖南	93.710	1.21	17.28	113.90
201	立讯精密工业股份有限公司	广东	93.703	1.28	29.27	125.16
202	四川水井坊股份有限公司	四川	93.690	0.79	44.67	156.14
203	深圳市科达利实业股份有限公司	广东	93.679	0.61	62.17	113.58
204	江苏国泰国际集团股份有限公司	江苏	93.677	1.14	30.37	113.38
205	广西农垦集团有限责任公司	广西	93.666	0.22	57.16	100.79
206	胜华新材料集团股份有限公司	山东	93.659	1.50	66.20	157.21
207	浙江荣盛控股集团有限公司	浙江	93.656	1.24	8.57	129.26
208	上海韦尔半导体股份有限公司	上海	93.646	0.75	50.49	139.83
209	圆通速递股份有限公司	辽宁	93.640	1.32	66.05	112.28
210	上海金桥出口加工区开发股份有限公司	上海	93.629	0.14	37.09	115.08
211	合肥城建发展股份有限公司	安徽	93.609	0.34	27.31	116.34
212	宁波海天精工股份有限公司	浙江	93.607	0.67	40.29	126.52
213	明阳新能源投资控股集团有限公司	广东	93.592	0.55	31.03	119.11
214	浪潮电子信息产业股份有限公司	山东	93.569	1.45	32.81	113.86

续表

序号	企业名称	地区	综合信用指数	资产周转率（次/年）	所有者权益比率（%）	资本保值增值率（%）
215	亿嘉和科技股份有限公司	江苏	93.559	0.38	78.61	131.71
216	浙江元立金属制品集团有限公司	浙江	93.531	1.50	27.87	138.96
217	网易公司	广东	93.523	0.57	62.04	120.53
218	西安陕鼓动力股份有限公司	陕西	93.521	0.38	27.51	112.31
219	长春高新技术产业（集团）股份有限公司	吉林	93.494	0.48	64.73	134.37
220	江苏华昌化工股份有限公司	江苏	93.487	1.16	53.07	157.59
221	江苏华宏科技股份有限公司	江苏	93.482	1.31	67.55	117.95
222	无锡新洁能股份有限公司	江苏	93.481	0.79	81.17	135.39
223	浙江天圣控股集团有限公司	浙江	93.475	1.41	61.49	206.12
224	佛燃能源集团股份有限公司	广东	93.425	0.97	32.00	117.76
225	广州汽车工业集团有限公司	广东	93.414	1.19	14.19	108.13
226	江西晨光新材料股份有限公司	江西	93.400	0.91	87.70	147.34
227	欧派家居集团股份有限公司	广东	93.378	0.87	61.60	122.35
228	交控科技股份有限公司	北京	93.375	0.49	43.32	122.48
229	广州酒家集团股份有限公司	广东	93.343	0.81	61.84	121.98
230	健民药业集团股份有限公司	湖北	93.333	1.16	55.25	124.66
231	中化国际（控股）股份有限公司	上海	93.331	1.39	21.13	116.79
232	浙江景兴纸业股份有限公司	浙江	93.319	0.78	68.44	109.26
233	首都实业投资有限公司	北京	93.301	9.48	24.31	120.16
234	浙江三花智能控制股份有限公司	浙江	93.298	0.68	47.21	116.73
235	杭州滨江房产集团股份有限公司	浙江	93.294	0.18	9.72	116.48
236	汕头东风印刷股份有限公司	广东	93.285	0.47	74.35	117.80
237	研祥高科技控股集团有限公司	广东	93.284	1.60	63.48	115.54
238	新疆金风科技股份有限公司	新疆	93.280	0.42	29.78	110.12
239	安徽海螺集团有限责任公司	安徽	93.277	0.91	25.42	119.87
240	承德露露股份公司	河北	93.271	0.72	67.17	125.87
241	万科企业股份有限公司	广东	93.261	0.23	12.17	110.03
242	安徽楚江科技新材料股份有限公司	安徽	93.247	2.82	46.49	109.86
243	中国国际海运集装箱（集团）股份有限公司	广东	93.245	1.06	29.24	115.14
244	重庆水务集团股份有限公司	重庆	93.239	0.25	56.20	113.38
245	玖龙纸业（控股）有限公司	广东	93.206	0.91	48.92	113.56
246	华鲁控股集团有限公司	山东	93.201	0.78	22.66	127.30
247	晶晨半导体（上海）股份有限公司	上海	93.200	0.94	76.63	127.81
248	深圳市明微电子股份有限公司	广东	93.200	0.66	89.46	159.61
249	广州达安基因股份有限公司	广东	93.197	0.74	71.12	184.76
250	杭州立昂微电子股份有限公司	浙江	93.184	0.20	60.05	132.36

续表

序号	企业名称	地区	综合信用指数	资产周转率（次/年）	所有者权益比率（%）	资本保值增值率（%）
251	浙江春风动力股份有限公司	浙江	93.183	0.99	45.62	127.52
252	天津津滨发展股份有限公司	天津	93.168	0.32	27.53	134.32
253	胜达集团有限公司	浙江	93.159	1.97	66.07	111.03
254	南昌市政公用集团有限公司	江西	93.157	0.36	24.20	101.68
255	江苏三木集团有限公司	江苏	93.125	2.77	65.89	140.92
256	天地科技股份有限公司	北京	93.117	0.56	45.07	108.98
257	老凤祥股份有限公司	上海	93.100	2.63	41.26	123.56
258	湖北济川药业股份有限公司	湖北	93.088	0.63	75.15	122.15
259	大亚科技集团有限公司	江苏	93.081	1.68	23.35	133.91
260	陕西煤业化工集团有限责任公司	陕西	93.067	0.60	10.77	106.51
261	河南神火煤电股份有限公司	河南	93.057	0.64	17.50	146.32
262	成都兴城投资集团有限公司	四川	93.045	0.21	6.60	103.89
263	深圳市物业发展（集团）股份有限公司	广东	93.044	0.31	30.76	126.93
264	山东联盟化工集团有限公司	山东	93.035	1.64	57.71	122.58
265	宝龙地产控股有限公司	上海	93.011	0.16	16.61	116.54
266	湖北兴发化工集团股份有限公司	湖北	93.007	0.70	41.29	144.73
267	武汉三镇实业控股股份有限公司	湖北	92.993	0.11	31.66	107.42
268	中山公用事业集团股份有限公司	广东	92.991	0.11	67.33	110.41
269	万向集团公司	浙江	92.987	1.49	28.48	107.75
270	中国黄金集团黄金珠宝股份有限公司	北京	92.985	4.61	59.49	115.28
271	南兴装备股份有限公司	广东	92.980	0.80	64.40	114.39
272	山西美锦能源股份有限公司	山西	92.978	0.72	42.25	125.65
273	安井食品集团股份有限公司	福建	92.960	1.06	57.84	118.52
274	心里程控股集团有限公司	广东	92.947	2.44	63.62	114.92
275	中国航空工业集团有限公司	北京	92.925	0.42	17.86	102.63
276	安徽口子酒业股份有限公司	安徽	92.923	0.46	74.78	123.86
277	福建百宏聚纤科技实业有限公司	福建	92.920	0.63	26.08	122.40
278	山东玻纤集团股份有限公司	山东	92.919	0.54	46.40	130.65
279	广州白云山医药集团股份有限公司	广东	92.903	1.04	43.96	114.23
280	江苏双星彩塑新材料股份有限公司	江苏	92.887	0.49	77.51	116.67
281	中策橡胶集团股份有限公司	浙江	92.840	0.94	34.41	114.71
282	杭州华旺新材料科技股份有限公司	浙江	92.833	0.73	63.37	120.21
283	深圳劲嘉集团股份有限公司	广东	92.828	0.49	75.97	113.73
284	仙鹤股份有限公司	浙江	92.824	0.54	58.10	118.99
285	天津泰达投资控股有限公司	天津	92.820	0.20	25.18	101.17
286	广东生益科技股份有限公司	广东	92.818	0.83	53.61	128.61

续表

序号	企业名称	地区	综合信用指数	资产周转率（次/年）	所有者权益比率（%）	资本保值增值率（%）
287	安克创新科技股份有限公司	湖南	92.802	1.48	71.39	118.19
288	湖南博深实业集团有限公司	湖南	92.793	2.05	74.41	109.25
289	绝味食品股份有限公司	湖南	92.783	0.88	77.04	119.76
290	浙江苏泊尔股份有限公司	浙江	92.782	1.55	54.84	127.00
291	西安三角防务股份有限公司	陕西	92.763	0.28	59.46	121.40
292	新疆广汇实业投资（集团）有限责任公司	新疆	92.755	0.75	14.02	101.12
293	广东联泰环保股份有限公司	广东	92.731	0.08	27.70	118.43
294	天水华天科技股份有限公司	甘肃	92.712	0.40	50.21	116.64
295	绿城物业服务集团有限公司	浙江	92.709	0.87	48.83	112.41
296	吉林高速公路股份有限公司	吉林	92.682	0.19	61.84	108.48
297	三一集团有限公司	湖南	92.671	0.63	18.38	112.29
298	通策医疗股份有限公司	浙江	92.666	0.56	58.14	132.69
299	迪尚集团有限公司	山东	92.664	1.41	49.23	130.39
300	四川成渝高速公路股份有限公司	四川	92.664	0.22	42.64	112.03
301	浙江海利得新材料股份有限公司	浙江	92.657	0.73	46.90	119.85
302	赛轮集团股份有限公司	山东	92.613	0.69	41.00	115.52
303	上海璞泰来新能源科技股份有限公司	上海	92.605	0.42	48.89	119.62
304	广东嘉元科技股份有限公司	广东	92.604	0.46	59.25	121.07
305	骆驼集团股份有限公司	湖北	92.597	0.96	65.60	111.19
306	山西振东制药股份有限公司	山西	92.583	0.50	80.05	146.37
307	安徽国风新材料股份有限公司	安徽	92.563	0.59	82.88	116.17
308	冰轮环境技术股份有限公司	山东	92.561	0.55	48.21	107.00
309	金牌厨柜家居科技股份有限公司	福建	92.502	0.76	53.38	118.51
310	北京北摩高科摩擦材料股份有限公司	北京	92.499	0.29	62.11	120.42
311	东方证券股份有限公司	上海	92.497	0.07	19.63	108.92
312	深圳市大疆创新科技有限公司	广东	92.473	0.67	73.68	135.75
313	中国中车集团有限公司	北京	92.449	0.50	17.47	107.39
314	安徽迎驾贡酒股份有限公司	安徽	92.444	0.53	69.13	126.88
315	上海宝信软件股份有限公司	上海	92.420	0.66	50.49	123.03
316	浙江医药股份有限公司	浙江	92.410	0.73	70.05	113.62
317	舜宇集团有限公司	浙江	92.395	0.97	53.10	130.05
318	国电南瑞科技股份有限公司	江苏	92.353	0.58	52.24	116.52
319	河南蓝天燃气股份有限公司	河南	92.352	0.76	56.52	122.76
320	嘉兴斯达半导体股份有限公司	浙江	92.332	0.31	90.50	134.37
321	宁波拓普集团股份有限公司	浙江	92.262	0.61	56.68	113.06
322	湖南金博碳素股份有限公司	湖南	92.256	0.45	64.30	138.76

续表

序号	企业名称	地区	综合信用指数	资产周转率（次/年）	所有者权益比率（%）	资本保值增值率（%）
323	江苏今世缘酒业股份有限公司	江苏	92.248	0.44	64.41	124.54
324	宇通重工股份有限公司	河南	92.243	0.79	46.31	122.42
325	上海泛微网络科技股份有限公司	上海	92.228	0.59	55.66	122.92
326	福莱特玻璃集团股份有限公司	浙江	92.225	0.43	58.81	129.30
327	南京新街口百货商店股份有限公司	江苏	92.205	0.24	67.84	106.76
328	新疆冠农果茸集团股份有限公司	新疆	92.197	0.61	38.66	112.48
329	报喜鸟控股股份有限公司	浙江	92.195	0.73	68.02	114.38
330	新疆鑫泰天然气股份有限公司	新疆	92.188	0.24	41.09	137.02
331	居然之家新零售集团股份有限公司	湖北	92.184	0.23	34.15	111.82
332	北京金山办公软件股份有限公司	北京	92.182	0.31	74.04	115.19
333	新疆中泰化学股份有限公司	新疆	92.181	0.85	34.52	114.33
334	中国国际贸易中心股份有限公司	北京	92.175	0.28	67.85	112.78
335	浙商中拓集团股份有限公司	浙江	92.164	7.72	19.57	126.49
336	京沪高速铁路股份有限公司	北京	92.149	0.10	63.28	102.62
337	北京东方雨虹防水技术股份有限公司	北京	92.140	0.64	52.87	128.77
338	山东晨鸣纸业集团股份有限公司	山东	92.129	0.40	23.04	108.51
339	瀚蓝环境股份有限公司	广东	92.125	0.40	33.83	115.39
340	中国光大银行股份有限公司	北京	92.114	0.03	8.17	109.57
341	云南省能源投资集团有限公司	云南	92.110	0.60	27.08	105.29
342	中新苏州工业园区开发集团股份有限公司	江苏	92.088	0.13	41.36	113.77
343	盛和资源控股股份有限公司	四川	92.085	0.70	61.80	114.22
344	华新水泥股份有限公司	湖北	92.053	0.62	50.87	122.75
345	山东南山铝业股份有限公司	山东	92.045	0.45	67.85	108.45
346	上海医药集团股份有限公司	上海	92.012	1.32	30.20	111.23
347	诺力智能装备股份有限公司	浙江	92.011	0.77	27.01	116.07
348	中国国际技术智力合作集团有限公司	北京	92.000	7.80	38.53	116.41
349	环旭电子股份有限公司	上海	91.999	1.54	36.48	115.42
350	北京汽车集团有限公司	北京	91.967	0.96	14.98	102.93
351	广东省交通集团有限公司	广东	91.959	0.12	22.50	103.20
352	广州市建筑集团有限公司	广东	91.945	1.39	9.11	108.74
353	福建龙溪轴承（集团）股份有限公司	福建	91.933	0.42	66.25	114.54
354	青山控股集团有限公司	浙江	91.924	0.66	35.49	147.00
355	上海微创心脉医疗科技（集团）股份有限公司	上海	91.924	0.39	85.21	125.60
356	万丰奥特控股集团有限公司	浙江	91.918	1.16	20.81	135.37
357	隆基绿能科技股份有限公司	陕西	91.913	0.83	48.55	125.88
358	山东东明石化集团有限公司	山东	91.907	2.50	44.28	111.37

续表

序号	企业名称	地区	综合信用指数	资产周转率（次/年）	所有者权益比率（%）	资本保值增值率（%）
359	东吴证券股份有限公司	江苏	91.905	0.07	29.86	108.58
360	物美科技集团有限公司	北京	91.892	0.54	23.37	110.23
361	四川邦泰投资集团有限责任公司	四川	91.885	0.55	9.29	198.08
362	无锡奥特维科技股份有限公司	江苏	91.881	0.48	32.87	134.02
363	明阳智慧能源集团股份公司	广东	91.872	0.44	29.91	121.01
364	江西新华发行集团有限公司	江西	91.864	0.49	65.36	112.45
365	杭州解百集团股份有限公司	浙江	91.864	2.54	374.64	112.67
366	浙江长城电工科技股份有限公司	浙江	91.855	2.42	61.19	117.14
367	巨化集团有限公司	浙江	91.844	0.81	31.28	148.94
368	北方华创科技集团股份有限公司	北京	91.841	0.31	54.41	115.89
369	复星国际有限公司	上海	91.834	0.20	16.25	107.89
370	山西潞安环保能源开发股份有限公司	山西	91.783	0.48	36.49	124.48
371	南京高科股份有限公司	江苏	91.759	0.15	45.63	117.75
372	五得利面粉集团有限公司	河北	91.699	2.01	72.19	117.58
373	江苏阳光集团有限公司	江苏	91.697	2.04	53.17	120.56
374	中国广核电力股份有限公司	广东	91.696	201.70	25228.27	110.22
375	上海柏楚电子科技股份有限公司	上海	91.680	0.29	94.94	122.07
376	上海百润投资控股集团股份有限公司	上海	91.650	0.46	67.21	120.71
377	浙江省兴合集团有限责任公司	浙江	91.646	1.85	7.20	112.86
378	山西杏花村汾酒集团有限责任公司	山西	91.608	0.59	30.89	133.45
379	厦门吉比特网络技术股份有限公司	福建	91.593	0.65	64.48	138.61
380	招商局集团有限公司	北京	91.592	0.20	17.60	113.82
381	利群集团股份有限公司	山东	91.587	1.09	26.14	104.13
382	中国南玻集团股份有限公司	广东	91.564	0.68	57.32	114.97
383	利华益集团股份有限公司	山东	91.558	2.20	49.35	112.93
384	洽洽食品股份有限公司	安徽	91.501	0.74	59.39	122.07
385	宏旺控股集团有限公司	广东	91.475	4.41	33.31	111.15
386	中国五矿集团有限公司	北京	91.459	0.85	6.68	105.74
387	浙江万盛股份有限公司	浙江	91.439	1.24	71.39	151.12
388	浙江富冶集团有限公司	浙江	91.435	5.22	28.05	124.91
389	河南明泰铝业股份有限公司	河南	91.400	1.30	56.39	121.39
390	上海临港控股股份有限公司	上海	91.382	0.13	31.20	110.56
391	马上消费金融股份有限公司	重庆	91.362	0.31	13.59	119.33
392	恒生电子股份有限公司	浙江	91.360	0.46	47.14	132.14
393	福耀玻璃工业集团股份有限公司	福建	91.319	0.53	58.74	114.57
394	河南金利金铅集团有限公司	河南	91.315	4.52	37.21	127.79

续表

序号	企业名称	地区	综合信用指数	资产周转率（次/年）	所有者权益比率（%）	资本保值增值率（%）
395	北京首都创业集团有限公司	北京	91.314	0.15	5.83	102.32
396	怡球金属资源再生（中国）股份有限公司	江苏	91.314	1.44	67.21	125.92
397	四川华西集团有限公司	四川	91.304	0.86	13.74	110.28
398	广东好太太科技集团股份有限公司	广东	91.297	0.61	80.13	118.10
399	北京昭衍新药研究中心股份有限公司	北京	91.297	0.18	83.59	145.51
400	茂业商业股份有限公司	四川	91.288	0.20	33.06	106.24
401	奇瑞控股集团有限公司	安徽	91.256	0.50	8.06	104.41
402	安徽建工集团控股有限公司	安徽	91.253	0.56	3.11	116.91
403	兴业证券股份有限公司	福建	91.237	0.09	18.94	112.57
404	北京首农食品集团有限公司	北京	91.230	1.11	25.87	106.94
405	国联证券股份有限公司	江苏	91.223	0.04	24.84	108.39
406	绿滋肴控股集团有限公司	江西	91.207	2.01	56.80	126.17
407	新天绿色能源股份有限公司	河北	91.187	0.22	27.37	116.41
408	武商集团股份有限公司	湖北	91.128	0.25	37.88	107.59
409	腾达建设集团股份有限公司	浙江	91.124	0.60	52.24	115.49
410	双良集团有限公司	江苏	91.121	1.48	27.41	106.25
411	唐山三孚硅业股份有限公司	河北	91.118	0.69	66.98	127.34
412	江苏洋河酒厂股份有限公司	江苏	91.112	0.37	62.67	119.51
413	厦门象屿股份有限公司	福建	91.091	4.83	17.96	114.44
414	新华人寿保险股份有限公司	北京	91.053	0.20	9.62	114.70
415	厦门海沧投资集团有限公司	福建	91.036	0.78	20.08	113.29
416	中国电信集团有限公司	北京	91.033	0.54	38.61	103.34
417	浙江新澳纺织股份有限公司	浙江	91.027	0.87	68.41	111.79
418	中伟新材料股份有限公司	贵州	91.009	0.71	34.87	124.47
419	惠州亿纬锂能股份有限公司	广东	90.993	0.38	40.27	120.21
420	中国兵器装备集团有限公司	北京	90.993	0.73	21.48	106.17
421	敬业集团有限公司	河北	90.981	3.07	49.98	117.78
422	百联集团有限公司	上海	90.978	0.29	14.50	103.55
423	四川雅化实业集团股份有限公司	四川	90.970	0.58	70.20	118.26
424	上海陆家嘴金融贸易区开发股份有限公司	上海	90.965	0.11	18.67	121.27
425	天津七一二通信广播股份有限公司	天津	90.958	0.40	42.10	122.91
426	淄博齐翔腾达化工股份有限公司	山东	90.947	1.34	49.06	126.64
427	广东广弘控股股份有限公司	广东	90.930	0.77	49.15	117.02
428	上海新朋实业股份有限公司	上海	90.909	0.87	53.41	115.33
429	广东省建筑工程集团控股有限公司	广东	90.902	0.71	17.26	108.29
430	上海万业企业股份有限公司	上海	90.887	0.10	83.07	105.65

续表

序号	企业名称	地区	综合信用指数	资产周转率（次/年）	所有者权益比率（%）	资本保值增值率（%）
431	浙江大华技术股份有限公司	浙江	90.875	0.75	53.61	117.09
432	深圳市力合科创股份有限公司	广东	90.870	0.22	47.20	110.79
433	东方电气股份有限公司	四川	90.868	0.46	31.52	107.41
434	云南锡业股份有限公司	云南	90.855	1.31	37.87	121.78
435	北京金隅集团股份有限公司	北京	90.850	0.43	22.25	104.63
436	无锡威孚高科技集团股份有限公司	江苏	90.840	0.49	69.35	114.09
437	中天控股集团有限公司	浙江	90.833	0.95	18.16	118.16
438	德华兔宝宝装饰新材股份有限公司	浙江	90.795	1.68	37.96	138.25
439	浙江航民股份有限公司	浙江	90.792	1.20	69.25	112.87
440	罗莱生活科技股份有限公司	江苏	90.778	0.92	64.79	116.63
441	北京蓝色光标数据科技股份有限公司	北京	90.771	2.23	52.43	105.81
442	闻泰科技股份有限公司	湖北	90.759	0.73	46.43	108.99
443	中国能源建设集团有限公司	北京	90.746	0.60	8.04	109.27
444	中泰证券股份有限公司	山东	90.732	0.06	17.48	109.62
445	广州视源电子科技股份有限公司	广东	90.716	1.37	53.88	123.60
446	宁波华翔电子股份有限公司	浙江	90.692	0.81	49.81	112.24
447	深圳汇洁集团股份有限公司	广东	90.692	1.05	72.49	113.91
448	厦门建发集团有限公司	福建	90.690	1.09	9.35	112.56
449	上海机电股份有限公司	上海	90.689	0.66	33.09	106.80
450	奥德集团有限公司	山东	90.687	0.65	56.62	113.91
451	卫华集团有限公司	河南	90.667	1.43	40.32	111.45
452	上海浦东建设股份有限公司	上海	90.661	0.53	31.62	108.32
453	南京新华海科技产业集团有限公司	江苏	90.661	2.10	46.93	109.46
454	苏州东山精密制造股份有限公司	江苏	90.657	0.84	38.41	114.25
455	天津现代集团有限公司	天津	90.639	0.62	39.89	106.25
456	浙江伟星新型建材股份有限公司	浙江	90.586	0.99	76.25	128.30
457	永兴特种材料科技股份有限公司	浙江	90.573	1.13	79.07	122.02
458	上海协通（集团）有限公司	上海	90.571	3.33	38.54	132.43
459	甘肃上峰水泥股份有限公司	甘肃	90.563	0.55	54.81	132.12
460	新希望控股集团有限公司	四川	90.533	0.67	7.10	108.03
461	海信集团控股股份有限公司	山东	90.505	1.01	11.57	116.80
462	绿色动力环保集团股份有限公司	广东	90.499	0.25	32.29	112.72
463	滨化集团股份有限公司	山东	90.494	0.55	60.80	122.02
464	安徽古井贡酒股份有限公司	安徽	90.492	0.52	65.06	122.88
465	潍柴动力股份有限公司	山东	90.490	0.73	25.59	118.07
466	卓正控股集团有限公司	河北	90.478	0.16	47.65	122.14

续表

序号	企业名称	地区	综合信用指数	资产周转率（次/年）	所有者权益比率（%）	资本保值增值率（%）
467	鑫荣懋果业科技集团股份有限公司	广东	90.460	2.13	48.88	113.00
468	上海城投控股股份有限公司	上海	90.440	0.13	29.57	104.38
469	国金证券股份有限公司	四川	90.396	0.08	27.65	110.32
470	安徽鸿路钢结构（集团）股份有限公司	安徽	90.388	1.00	37.14	119.24
471	欧普照明股份有限公司	上海	90.381	0.97	63.75	117.29
472	广西柳州钢铁集团有限公司	广西	90.376	1.10	29.19	121.30
473	北京能源集团有限责任公司	北京	90.372	0.22	22.39	103.01
474	厦门松霖科技股份有限公司	福建	90.366	0.74	55.17	115.02
475	国元证券股份有限公司	安徽	90.353	0.05	28.18	106.19
476	陕西建工控股集团有限公司	陕西	90.346	0.61	4.16	117.11
477	旺能环境股份有限公司	浙江	90.346	0.23	42.44	113.61
478	光明食品（集团）有限公司	上海	90.316	0.53	24.38	101.74
479	重庆市涪陵榨菜集团股份有限公司	重庆	90.314	0.33	92.49	121.75
480	凯莱英医药集团（天津）股份有限公司	天津	90.313	0.31	83.20	117.84
481	浙江省国际贸易集团有限公司	浙江	90.307	0.59	12.39	109.51
482	威高集团有限公司	山东	90.298	0.71	59.47	111.42
483	安琪酵母股份有限公司	湖北	90.276	0.79	50.98	122.22
484	信雅达科技股份有限公司	浙江	90.260	0.77	62.57	129.34
485	宁波容百新能源科技股份有限公司	浙江	90.203	0.70	36.93	120.32
486	湖南华菱钢铁股份有限公司	湖南	90.201	1.61	42.61	128.74
487	深圳市漫步者科技股份有限公司	广东	90.175	0.86	82.08	115.37
488	首钢集团有限公司	北京	90.174	0.52	23.57	101.14
489	通化东宝药业股份有限公司	吉林	90.162	0.50	95.32	123.56
490	申能（集团）有限公司	上海	90.153	0.26	48.05	104.73
491	上海奕瑞光电子科技股份有限公司	上海	90.150	0.34	86.29	118.38
492	宁夏宝丰能源集团股份有限公司	宁夏	90.107	0.53	69.16	127.30
493	三七互娱网络科技集团股份有限公司	安徽	90.099	1.12	74.62	147.63
494	森马集团有限公司	浙江	90.098	1.29	34.65	103.06
495	大商股份有限公司	辽宁	90.092	0.41	45.27	107.58
496	中国电力建设集团有限公司	北京	90.083	0.54	8.32	104.77
497	中国核工业建设股份有限公司	上海	90.068	0.49	11.88	108.97
498	广东东方精工科技股份有限公司	广东	90.056	0.55	57.92	111.24
499	厦门钨业股份有限公司	福建	90.032	0.98	27.64	115.50
500	重庆三峰环境集团股份有限公司	重庆	90.019	0.27	41.04	115.95

四、2022 中国企业信用 500 强成长性指标

序号	企业名称	地区	营收增长率（%）	利润增长率（%）	资产增长率（%）	资本积累率（%）
1	华为投资控股有限公司	广东	-29.24	75.78	12.09	25.47
2	中国医药集团有限公司	北京	31.59	803.47	21.98	69.20
3	中国石油天然气集团有限公司	北京	35.54	96.92	2.54	0.59
4	中国海洋石油集团有限公司	北京	42.44	78.76	5.41	8.70
5	中国建筑股份有限公司	北京	17.11	14.38	8.94	14.47
6	贵州茅台酒股份有限公司	贵州	11.88	12.34	19.58	17.49
7	中国建设银行股份有限公司	北京	9.05	11.09	7.54	9.41
8	中国工商银行股份有限公司	北京	6.81	10.27	5.48	12.59
9	中国银行股份有限公司	北京	7.08	12.28	9.51	9.16
10	中国农业银行股份有限公司	北京	9.42	11.70	6.85	9.52
11	中国建材集团有限公司	北京	5.43	42.29	8.68	11.82
12	中国神华能源股份有限公司	北京	43.71	28.34	8.70	4.63
13	腾讯控股有限公司	广东	16.19	40.65	20.92	14.53
14	中国石油化工集团有限公司	北京	32.23	25.28	7.95	7.33
15	中国移动通信集团有限公司	北京	10.28	5.85	8.03	7.24
16	国家电网有限公司	北京	11.38	19.57	7.48	8.11
17	国家开发投资集团有限公司	北京	27.03	443.05	12.33	28.96
18	美的集团股份有限公司	广东	20.06	4.96	7.65	6.26
19	中国船舶集团有限公司	北京	7.98	31.28	2.61	4.90
20	中国邮政集团有限公司	北京	5.49	19.04	11.44	11.44
21	中国华润有限公司	广东	13.36	-1.10	12.35	9.51
22	京东方科技集团股份有限公司	北京	61.79	412.96	6.00	38.39
23	中国旅游集团中免股份有限公司	北京	28.67	57.23	32.31	32.73
24	上海汽车集团股份有限公司	上海	5.08	20.08	-0.27	5.26
25	中国第一汽车集团有限公司	吉林	1.19	17.42	22.73	8.78
26	龙湖集团控股有限公司	重庆	21.04	19.26	14.44	15.33
27	徐工集团工程机械股份有限公司	江苏	14.01	50.57	19.86	8.16
28	万华化学集团股份有限公司	山东	98.19	145.47	42.28	40.42
29	中国远洋海运集团有限公司	上海	63.85	307.98	14.86	24.49
30	中国铝业集团有限公司	北京	41.31	307.55	-1.26	-5.58
31	宜宾五粮液股份有限公司	四川	15.51	17.15	19.08	15.59
32	中国航天科技集团有限公司	北京	4.77	5.92	17.32	9.77

续表

序号	企业名称	地区	营收增长率（%）	利润增长率（%）	资产增长率（%）	资本积累率（%）
33	中国人寿保险股份有限公司	北京	4.07	1.30	15.02	6.34
34	恒申控股集团有限公司	福建	16.35	111.56	18.87	29.32
35	桐昆集团股份有限公司	浙江	29.01	158.44	48.09	39.21
36	珠海格力电器股份有限公司	广东	12.76	4.01	14.46	-10.02
37	海尔集团公司	山东	10.01	32.80	5.25	21.54
38	兴业银行股份有限公司	福建	8.91	24.10	8.98	11.13
39	交通银行股份有限公司	上海	9.42	11.89	9.05	11.31
40	重庆智飞生物制品股份有限公司	重庆	101.79	209.23	97.48	114.06
41	农夫山泉股份有限公司	浙江	27.96	35.50	27.49	33.81
42	新疆特变电工集团有限公司	新疆	24.16	159.43	15.83	17.95
43	宁德时代新能源科技股份有限公司	福建	159.06	185.34	96.44	31.63
44	中国保利集团有限公司	北京	11.99	-1.63	10.80	9.49
45	中国平安保险（集团）股份有限公司	广东	-3.11	-28.99	6.45	6.54
46	黑龙江飞鹤乳业有限公司	黑龙江	22.50	74.63	11.15	9.05
47	通威股份有限公司	四川	43.64	127.50	37.35	22.79
48	中国宝武钢铁集团有限公司	上海	44.31	-22.85	10.16	5.31
49	内蒙古伊利实业集团股份有限公司	内蒙古	14.11	22.98	43.30	57.02
50	泰康保险集团股份有限公司	北京	7.01	2.68	17.72	13.10
51	国泰君安证券股份有限公司	上海	21.64	34.99	12.57	7.11
52	波司登股份有限公司	江苏	6.27	36.46	1.14	2.63
53	山东金岭集团有限公司	山东	4.86	627.19	13.39	16.85
54	中国化学工程股份有限公司	北京	25.43	26.64	30.80	27.98
55	紫光股份有限公司	北京	13.29	13.35	12.91	0.73
56	浙江荣晟环保纸业股份有限公司	浙江	42.42	22.64	21.30	12.34
57	歌尔股份有限公司	山东	35.47	34.56	24.33	39.05
58	内蒙古鄂尔多斯资源股份有限公司	内蒙古	57.61	298.58	6.42	36.10
59	中国兵器工业集团有限公司	北京	7.66	7.76	10.52	11.98
60	天洁集团有限公司	浙江	7.18	7.50	16.83	48.03
61	大族激光科技产业集团股份有限公司	广东	36.76	103.74	27.34	19.21
62	中国人民保险集团股份有限公司	北京	2.40	7.82	9.63	8.38
63	富士康工业互联网股份有限公司	广东	1.80	14.80	18.22	14.87
64	中兴通讯股份有限公司	广东	12.88	59.94	12.03	18.91
65	舍得酒业股份有限公司	四川	83.80	114.35	25.40	33.91
66	漳州片仔癀药业股份有限公司	福建	23.20	45.46	22.44	23.44
67	华泰证券股份有限公司	江苏	20.55	23.32	12.54	14.99
68	中国航天科工集团有限公司	北京	1.32	0.81	32.08	16.14
69	小米集团	北京	33.53	-4.99	15.46	10.93

续表

序号	企业名称	地区	营收增长率（%）	利润增长率（%）	资产增长率（%）	资本积累率（%）
70	山西鹏飞集团有限公司	山西	51.80	66.22	85.83	11.11
71	中国国际金融股份有限公司	北京	27.35	49.54	24.57	17.85
72	泸州老窖股份有限公司	四川	23.96	32.47	23.43	21.52
73	云南云天化股份有限公司	云南	21.37	1238.75	0.29	58.87
74	中国中信集团有限公司	北京	20.31	19.00	6.71	9.88
75	北京万泰生物药业股份有限公司	北京	144.25	198.59	101.10	74.90
76	紫金矿业集团股份有限公司	福建	31.25	131.73	14.42	25.64
77	万洲国际有限公司	河南	-0.28	20.60	1.35	-14.56
78	石药控股集团有限公司	河北	2.57	14.96	7.81	9.11
79	中国铁道建筑集团有限公司	北京	12.05	7.23	8.84	10.90
80	中国铁路工程集团有限公司	北京	10.06	5.71	13.42	9.11
81	广西绿城水务股份有限公司	广西	34.89	18.93	12.91	4.91
82	东风汽车集团有限公司	湖北	-7.31	20.75	-0.70	10.34
83	东方财富信息股份有限公司	上海	58.94	79.00	67.70	32.83
84	浙江吉利控股集团有限公司	浙江	10.66	1.69	6.76	7.20
85	广东宏川集团有限公司	广东	200.61	50.24	15.01	19.75
86	远景能源有限公司	江苏	35.16	248.82	32.86	94.42
87	广州金域医学检验集团股份有限公司	广东	44.88	47.03	61.93	66.45
88	宁波杉杉股份有限公司	浙江	151.94	2320.07	64.17	52.55
89	上海美迪西生物医药股份有限公司	上海	75.27	118.12	31.46	18.18
90	碧桂园控股有限公司	广东	13.01	-23.44	-3.35	13.50
91	中国南方电网有限责任公司	广东	16.29	22.08	6.89	2.55
92	中国电子科技集团有限公司	北京	51.10	7.03	20.69	11.23
93	科大讯飞股份有限公司	安徽	40.61	14.13	26.40	32.47
94	中国太平洋保险（集团）股份有限公司	上海	4.37	9.15	9.89	5.35
95	广州工业投资控股集团有限公司	广东	129.70	236.38	102.91	114.73
96	旭辉控股（集团）有限公司	上海	50.19	-5.22	14.09	16.47
97	宁波方太厨具有限公司	浙江	29.10	24.84	18.32	21.56
98	金地（集团）股份有限公司	广东	18.16	-9.50	15.23	9.57
99	中国银河证券股份有限公司	北京	51.52	43.99	25.67	21.78
100	兆易创新科技集团股份有限公司	北京	89.25	165.33	31.66	26.08
101	山西兰花科技创业股份有限公司	山西	94.07	527.84	9.13	21.94
102	新凤鸣集团股份有限公司	浙江	21.05	273.77	32.06	36.39
103	山煤国际能源集团股份有限公司	山西	35.66	497.42	14.27	30.20
104	奥瑞金科技股份有限公司	北京	31.47	27.94	10.32	14.72
105	长城汽车股份有限公司	河北	32.04	25.43	13.89	8.34
106	华域汽车系统股份有限公司	上海	4.77	19.72	2.27	-5.70

续表

序号	企业名称	地区	营收增长率（%）	利润增长率（%）	资产增长率（%）	资本积累率（%）
107	百隆东方股份有限公司	浙江	26.73	274.48	8.47	13.94
108	云南恩捷新材料股份有限公司	云南	86.37	143.60	26.98	24.58
109	正威国际集团有限公司	广东	4.45	1.51	5.46	9.32
110	浙江越剑智能装备股份有限公司	浙江	109.82	162.19	24.78	15.03
111	无锡上机数控股份有限公司	江苏	262.51	222.11	195.65	179.52
112	景津装备股份有限公司	山东	39.70	25.71	13.41	13.40
113	盛虹控股集团有限公司	江苏	31.20	69.28	50.25	61.05
114	浙江台华新材料股份有限公司	浙江	70.19	287.26	17.88	23.53
115	志邦家居股份有限公司	安徽	34.17	27.84	28.34	16.29
116	东鹏饮料（集团）股份有限公司	广东	40.72	46.91	78.63	121.51
117	中国北方稀土（集团）高科技股份有限公司	内蒙古	43.13	516.13	35.95	47.20
118	杭州市实业投资集团有限公司	浙江	18.94	39.97	17.24	9.72
119	山东魏桥创业集团有限公司	山东	42.28	32.96	3.64	8.79
120	珠海华发集团有限公司	广东	30.00	40.15	18.38	15.42
121	中铁集装箱运输有限责任公司	北京	20.52	29.07	1.94	12.08
122	海澜集团有限公司	江苏	11.06	18.11	-0.54	-3.14
123	华泰集团有限公司	山东	0.45	10.01	6.67	10.00
124	山东豪迈机械科技股份有限公司	山东	13.48	4.56	9.63	12.74
125	众业达电气股份有限公司	广东	16.92	59.18	7.21	8.19
126	成都市兴蓉环境股份有限公司	四川	25.36	15.10	11.76	9.64
127	振烨国际产业控股集团（深圳）有限公司	广东	18.47	368.46	3.36	22.48
128	天津城市基础设施建设投资集团有限公司	天津	14.20	20.20	2.10	-0.53
129	王府井集团股份有限公司	北京	40.28	295.61	36.90	23.87
130	江苏硕世生物科技股份有限公司	江苏	63.19	45.59	53.64	52.39
131	鲁西化工集团股份有限公司	山东	80.73	459.95	0.76	25.83
132	四川川投能源股份有限公司	四川	22.52	-2.35	17.27	8.51
133	新城控股集团股份有限公司	江苏	15.64	-17.42	-0.64	17.23
134	北京控股集团有限公司	北京	7.87	36.99	5.77	2.35
135	山鹰国际控股股份公司	安徽	32.29	9.74	14.43	5.91
136	新奥天然气股份有限公司	河北	31.58	94.67	16.81	82.40
137	江苏东方盛虹股份有限公司	江苏	53.48	492.66	58.40	14.87
138	广发证券股份有限公司	广东	17.48	8.13	17.14	8.62
139	华茂集团股份有限公司	浙江	48.69	24.28	7.60	11.94
140	物产中大集团股份有限公司	浙江	39.26	45.13	21.38	13.02
141	神马实业股份有限公司	河南	50.53	478.55	28.97	56.98
142	重庆华宇集团有限公司	重庆	1.00	1.00	8.31	20.04

续表

序号	企业名称	地区	营收增长率（%）	利润增长率（%）	资产增长率（%）	资本积累率（%）
143	合盛硅业股份有限公司	浙江	137.99	484.75	51.55	107.72
144	中国交通建设集团有限公司	北京	14.30	12.12	12.15	8.12
145	西部超导材料科技股份有限公司	陕西	38.54	99.98	58.09	90.87
146	山东太阳控股集团有限公司	山东	11.73	33.58	24.01	25.40
147	广州越秀集团股份有限公司	广东	25.13	-0.18	15.84	10.93
148	雅迪科技集团有限公司	江苏	39.73	51.74	20.94	24.73
149	恒力集团有限公司	江苏	5.32	-6.45	14.85	21.20
150	联想控股股份有限公司	北京	17.32	48.78	4.44	1.38
151	比亚迪股份有限公司	广东	38.02	-28.08	47.14	67.16
152	紫光国芯微电子股份有限公司	河北	63.35	142.28	51.97	45.98
153	无锡药明康德新药开发股份有限公司	江苏	38.50	72.19	19.09	18.46
154	江苏沙钢集团有限公司	江苏	13.81	85.70	7.48	16.68
155	深圳前海微众银行股份有限公司	广东	33.32	38.87	26.65	31.84
156	创维集团有限公司	广东	27.79	68.58	11.21	77.60
157	江苏长电科技股份有限公司	江苏	15.26	126.83	14.76	56.65
158	中国机械工业集团有限公司	北京	30.99	-24.96	2.68	5.13
159	山东博汇纸业股份有限公司	山东	16.41	104.50	2.37	19.39
160	浙江伟明环保股份有限公司	浙江	34.00	22.13	39.89	39.32
161	爱玛科技集团股份有限公司	天津	19.33	10.94	40.16	89.17
162	中国联合网络通信集团有限公司	北京	7.95	34.27	1.82	1.73
163	中芯国际集成电路制造有限公司	上海	29.70	147.75	12.38	-88.98
164	比音勒芬服饰股份有限公司	广东	40.38	30.27	33.78	38.70
165	深圳迈瑞生物医疗电子股份有限公司	广东	20.18	20.19	14.40	15.79
166	周大生珠宝股份有限公司	广东	80.07	20.85	5.41	7.45
167	梅花生物科技集团股份有限公司	西藏	33.94	139.40	10.15	16.90
168	瑞芯微电子股份有限公司	福建	45.90	88.07	24.29	26.09
169	浙江新安化工集团股份有限公司	浙江	51.45	354.56	38.03	37.55
170	大秦铁路股份有限公司	山西	8.28	13.14	3.87	0.15
171	铜陵有色金属集团股份有限公司	安徽	31.77	258.29	-2.57	14.71
172	深圳市汇川技术股份有限公司	广东	55.87	70.15	46.41	49.31
173	卓尔控股有限公司	湖北	25.42	23.10	4.50	2.21
174	山东金晶科技股份有限公司	山东	41.72	295.11	12.53	25.67
175	华勤橡胶工业集团有限公司	山东	28.68	14.35	2.39	9.89
176	人本股份有限公司	浙江	8.88	47.19	19.89	25.36
177	科沃斯机器人股份有限公司	江苏	80.90	213.51	73.96	64.27
178	中基宁波集团股份有限公司	浙江	38.43	33.03	10.96	16.99

续表

序号	企业名称	地区	营收增长率（%）	利润增长率（%）	资产增长率（%）	资本积累率（%）
179	晶澳太阳能科技股份有限公司	河北	59.80	35.32	52.74	12.54
180	上海移远通信技术股份有限公司	上海	84.45	89.43	76.91	71.70
181	郑州煤矿机械集团股份有限公司	河南	10.43	57.19	8.70	13.26
182	江西铜业集团有限公司	江西	35.79	123.12	16.86	15.43
183	四川路桥建设集团股份有限公司	四川	31.73	85.43	17.38	16.79
184	上海晨光文具股份有限公司	上海	34.02	20.90	17.66	19.28
185	厦门翔业集团有限公司	福建	10.66	141.74	9.49	16.38
186	雪天盐业集团股份有限公司	湖南	35.19	109.29	83.19	25.28
187	喜临门家具股份有限公司	浙江	38.21	78.29	9.88	8.79
188	杭叉集团股份有限公司	浙江	26.53	8.42	28.26	13.76
189	山东华鲁恒升化工股份有限公司	山东	103.10	303.37	39.44	43.88
190	杭氧集团股份有限公司	浙江	18.53	41.60	11.17	15.26
191	恒信汽车集团股份有限公司	湖北	13.75	38.78	21.62	24.11
192	江苏恒立液压股份有限公司	江苏	18.51	19.51	16.12	25.73
193	江西洪城环境股份有限公司	江西	23.83	23.52	7.30	8.35
194	华峰化学股份有限公司	浙江	92.66	248.23	48.34	64.26
195	重庆顺博铝合金股份有限公司	重庆	105.07	74.74	65.21	16.47
196	杰克科技股份有限公司	浙江	71.91	48.67	51.77	11.62
197	卫星化学股份有限公司	浙江	165.09	261.62	50.56	42.05
198	浙江华友钴业股份有限公司	浙江	66.69	234.60	115.21	95.36
199	中粮集团有限公司	北京	25.39	1.64	2.42	8.15
200	湖南建工控股集团有限公司	湖南	23.09	31.98	37.21	30.19
201	立讯精密工业股份有限公司	广东	66.43	-2.14	72.21	25.57
202	四川水井坊股份有限公司	四川	54.10	63.96	34.91	23.21
203	深圳市科达利实业股份有限公司	广东	125.06	203.19	33.89	14.19
204	江苏国泰国际集团股份有限公司	江苏	30.69	26.44	33.51	13.70
205	广西农垦集团有限责任公司	广西	21.00	46.96	5.66	-0.14
206	胜华新材料集团股份有限公司	山东	57.67	353.60	42.98	50.71
207	浙江荣盛控股集团有限公司	浙江	45.27	80.73	33.27	17.06
208	上海韦尔半导体股份有限公司	上海	21.59	65.41	41.65	44.13
209	圆通速递股份有限公司	辽宁	29.36	19.06	29.49	31.96
210	上海金桥出口加工区开发股份有限公司	上海	28.50	46.51	10.78	14.68
211	合肥城建发展股份有限公司	安徽	41.01	14.24	20.88	14.81
212	宁波海天精工股份有限公司	浙江	67.30	168.46	37.30	17.62
213	明阳新能源投资控股集团有限公司	广东	23.14	66.11	27.11	23.38
214	浪潮电子信息产业股份有限公司	山东	6.36	36.57	20.58	4.95

续表

序号	企业名称	地区	营收增长率（%）	利润增长率（%）	资产增长率（%）	资本积累率（%）
215	亿嘉和科技股份有限公司	江苏	27.78	43.59	69.84	74.04
216	浙江元立金属制品集团有限公司	浙江	55.67	50.77	40.70	29.91
217	网易公司	广东	18.92	39.74	8.30	16.07
218	西安陕鼓动力股份有限公司	陕西	28.47	25.22	18.90	7.71
219	长春高新技术产业（集团）股份有限公司	吉林	25.30	23.33	33.67	33.32
220	江苏华昌化工股份有限公司	江苏	54.33	794.38	9.63	52.07
221	江苏华宏科技股份有限公司	江苏	100.75	136.19	31.09	17.60
222	无锡新洁能股份有限公司	江苏	56.89	194.55	34.81	31.93
223	浙江天圣控股集团有限公司	浙江	17.80	562.69	0.89	114.50
224	佛燃能源集团股份有限公司	广东	80.07	26.78	61.15	33.21
225	广州汽车工业集团有限公司	广东	8.43	-1.46	8.74	7.36
226	江西晨光新材料股份有限公司	江西	127.47	320.88	49.41	44.02
227	欧派家居集团股份有限公司	广东	38.68	29.23	24.14	20.82
228	交控科技股份有限公司	北京	27.44	22.90	21.67	77.04
229	广州酒家集团股份有限公司	广东	18.32	20.28	25.85	17.71
230	健民药业集团股份有限公司	湖北	33.48	119.73	16.90	18.55
231	中化国际（控股）股份有限公司	上海	48.90	608.91	3.64	-5.48
232	浙江景兴纸业股份有限公司	浙江	27.70	41.41	8.89	14.12
233	首都实业投资有限公司	北京	18.79	55.31	-3.11	1.28
234	浙江三花智能控制股份有限公司	浙江	32.30	15.17	38.68	10.79
235	杭州滨江房产集团股份有限公司	浙江	32.80	30.06	23.09	12.03
236	汕头东风印刷股份有限公司	广东	23.97	43.39	25.27	35.50
237	研祥高科技控股集团有限公司	广东	55.31	43.84	15.53	15.54
238	新疆金风科技股份有限公司	新疆	-10.12	16.65	9.37	4.02
239	安徽海螺集团有限责任公司	安徽	-2.16	-4.34	15.00	15.04
240	承德露露股份公司	河北	35.65	31.77	13.43	7.06
241	万科企业股份有限公司	广东	8.04	-45.75	3.72	5.10
242	安徽楚江科技新材料股份有限公司	安徽	62.57	106.79	17.94	7.20
243	中国国际海运集装箱（集团）股份有限公司	广东	73.85	24.59	5.55	2.50
244	重庆水务集团股份有限公司	重庆	14.22	17.13	19.20	5.87
245	玖龙纸业（控股）有限公司	广东	11.75	-0.30	15.47	8.88
246	华鲁控股集团有限公司	山东	62.45	234.44	26.01	26.03
247	晶晨半导体（上海）股份有限公司	上海	74.46	606.79	37.19	32.74
248	深圳市明微电子股份有限公司	广东	138.21	492.33	56.93	55.45
249	广州达安基因股份有限公司	广东	43.49	47.74	54.27	72.22
250	杭州立昂微电子股份有限公司	浙江	69.17	197.24	97.02	306.53

续表

序号	企业名称	地区	营收增长率（%）	利润增长率（%）	资产增长率（%）	资本积累率（%）
251	浙江春风动力股份有限公司	浙江	73. 71	12. 78	89. 72	143. 16
252	天津津滨发展股份有限公司	天津	22. 39	142. 73	0. 09	34. 29
253	胜达集团有限公司	浙江	11. 66	0. 76	12. 35	6. 39
254	南昌市政公用集团有限公司	江西	3. 72	1. 88	8. 02	6. 89
255	江苏三木集团有限公司	江苏	88. 59	226. 18	24. 61	40. 92
256	天地科技股份有限公司	北京	14. 69	18. 73	9. 99	5. 38
257	老凤祥股份有限公司	上海	13. 47	18. 30	13. 86	15. 40
258	湖北济川药业股份有限公司	湖北	23. 77	34. 60	15. 36	17. 44
259	大亚科技集团有限公司	江苏	14. 42	18. 88	7. 78	33. 95
260	陕西煤业化工集团有限责任公司	陕西	16. 20	361. 44	11. 00	20. 57
261	河南神火煤电股份有限公司	河南	83. 16	802. 57	-11. 72	34. 13
262	成都兴城投资集团有限公司	四川	169. 97	0. 39	20. 91	9. 62
263	深圳市物业发展（集团）股份有限公司	广东	9. 44	25. 72	19. 45	20. 34
264	山东联盟化工集团有限公司	山东	33. 59	272. 46	15. 68	20. 94
265	宝龙地产控股有限公司	上海	12. 42	-1. 66	25. 59	12. 35
266	湖北兴发化工集团股份有限公司	湖北	28. 88	583. 58	12. 88	45. 64
267	武汉三镇实业控股股份有限公司	湖北	22. 41	56. 19	10. 39	6. 17
268	中山公用事业集团股份有限公司	广东	8. 58	6. 61	7. 67	7. 58
269	万向集团公司	浙江	28. 49	0. 69	17. 67	32. 09
270	中国黄金集团黄金珠宝股份有限公司	北京	50. 23	58. 84	22. 08	26. 09
271	南兴装备股份有限公司	广东	30. 19	11. 95	22. 15	10. 07
272	山西美锦能源股份有限公司	山西	65. 71	264. 35	16. 16	24. 13
273	安井食品集团股份有限公司	福建	33. 12	13. 00	23. 60	37. 72
274	心里程控股集团有限公司	广东	32. 44	41. 89	-0. 06	-3. 24
275	中国航空工业集团有限公司	北京	10. 72	-12. 69	17. 72	5. 42
276	安徽口子酒业股份有限公司	安徽	25. 37	35. 38	12. 49	13. 96
277	福建百宏聚纤科技实业有限公司	福建	132. 18	229. 28	106. 11	49. 28
278	山东玻纤集团股份有限公司	山东	37. 72	216. 78	12. 06	32. 37
279	广州白云山医药集团股份有限公司	广东	11. 90	27. 60	10. 64	11. 16
280	江苏双星彩塑新材料股份有限公司	江苏	17. 19	92. 28	18. 67	13. 10
281	中策橡胶集团股份有限公司	浙江	7. 59	-14. 97	21. 69	2. 05
282	杭州华旺新材料科技股份有限公司	浙江	82. 40	72. 53	17. 96	14. 81
283	深圳劲嘉集团股份有限公司	广东	20. 89	23. 82	14. 67	5. 67
284	仙鹤股份有限公司	浙江	24. 24	41. 76	38. 74	19. 91
285	天津泰达投资控股有限公司	天津	-0. 67	222. 02	-6. 00	-3. 19
286	广东生益科技股份有限公司	广东	38. 04	68. 38	33. 09	32. 43

续表

序号	企业名称	地区	营收增长率（%）	利润增长率（%）	资产增长率（%）	资本积累率（%）
287	安克创新科技股份有限公司	湖南	34.45	14.70	21.36	12.06
288	湖南博深实业集团有限公司	湖南	34.59	152.14	13.79	5.90
289	绝味食品股份有限公司	湖南	24.12	39.86	24.97	14.87
290	浙江苏泊尔股份有限公司	浙江	16.07	5.29	13.07	5.86
291	西安三角防务股份有限公司	陕西	90.67	101.69	59.21	27.54
292	新疆广汇实业投资（集团）有限责任公司	新疆	7.30	3.43	-2.18	0.79
293	广东联泰环保股份有限公司	广东	30.05	27.22	22.33	64.27
294	天水华天科技股份有限公司	甘肃	44.32	101.75	55.23	76.91
295	绿城物业服务集团有限公司	浙江	24.35	19.12	9.91	2.91
296	吉林高速公路股份有限公司	吉林	49.58	220.98	-0.10	9.41
297	三一集团有限公司	湖南	23.33	-31.66	8.78	8.53
298	通策医疗股份有限公司	浙江	33.19	42.66	61.69	33.98
299	迪尚集团有限公司	山东	16.37	3.27	35.63	59.84
300	四川成渝高速公路股份有限公司	四川	66.61	177.05	0.66	11.78
301	浙江海利得新材料股份有限公司	浙江	44.26	128.52	18.01	12.25
302	赛轮集团股份有限公司	山东	16.84	-11.97	24.30	26.81
303	上海璞泰来新能源科技股份有限公司	上海	70.36	161.93	48.07	17.64
304	广东嘉元科技股份有限公司	广东	133.26	195.03	106.04	37.53
305	骆驼集团股份有限公司	湖北	28.67	14.55	4.63	14.20
306	山西振东制药股份有限公司	山西	5.07	898.90	32.75	43.13
307	安徽国风新材料股份有限公司	安徽	28.93	145.84	6.44	54.46
308	冰轮环境技术股份有限公司	山东	33.14	35.20	20.49	10.68
309	金牌厨柜家居科技股份有限公司	福建	30.61	15.49	29.56	32.03
310	北京北摩高科摩擦材料股份有限公司	北京	64.91	33.43	44.84	18.53
311	东方证券股份有限公司	上海	5.34	97.26	12.19	6.52
312	深圳市大疆创新科技有限公司	广东	25.24	21.77	31.72	35.73
313	中国中车集团有限公司	北京	-0.64	11.08	9.51	7.74
314	安徽迎驾贡酒股份有限公司	安徽	32.58	44.96	16.89	15.99
315	上海宝信软件股份有限公司	上海	15.01	35.93	14.29	14.17
316	浙江医药股份有限公司	浙江	24.60	45.71	19.35	14.39
317	舜宇集团有限公司	浙江	-1.33	2.39	9.41	24.05
318	国电南瑞科技股份有限公司	江苏	10.15	16.30	10.26	11.28
319	河南蓝天燃气股份有限公司	河南	9.83	26.45	38.87	57.32
320	嘉兴斯达半导体股份有限公司	浙江	77.22	120.49	287.60	331.18
321	宁波拓普集团股份有限公司	浙江	76.05	61.93	54.21	35.98
322	湖南金博碳素股份有限公司	湖南	213.71	197.25	98.06	46.29

续表

序号	企业名称	地区	营收增长率（%）	利润增长率（%）	资产增长率（%）	资本积累率（%）
323	江苏今世缘酒业股份有限公司	江苏	25.12	29.50	21.79	12.46
324	宇通重工股份有限公司	河南	7.82	33.55	11.39	26.24
325	上海泛微网络科技股份有限公司	上海	35.11	34.48	24.48	39.55
326	福莱特玻璃集团股份有限公司	浙江	39.18	30.15	63.73	63.24
327	南京新街口百货商店股份有限公司	江苏	9.19	45.19	2.85	6.44
328	新疆冠农果茸集团股份有限公司	新疆	56.62	22.01	11.12	14.04
329	报喜鸟控股股份有限公司	浙江	17.52	26.70	25.91	28.90
330	新疆鑫泰天然气股份有限公司	新疆	23.89	186.49	19.80	63.28
331	居然之家新零售集团股份有限公司	湖北	45.35	70.62	43.10	-2.39
332	北京金山办公软件股份有限公司	北京	45.07	18.57	22.49	12.61
333	新疆中泰化学股份有限公司	新疆	-25.81	1751.65	14.31	33.75
334	中国国际贸易中心股份有限公司	北京	15.76	24.03	5.26	7.75
335	浙商中拓集团股份有限公司	浙江	63.59	47.56	26.90	46.16
336	京沪高速铁路股份有限公司	北京	16.11	49.15	-1.86	1.75
337	北京东方雨虹防水技术股份有限公司	北京	46.96	24.07	78.60	79.92
338	山东晨鸣纸业集团股份有限公司	山东	7.43	20.65	-9.54	-21.37
339	瀚蓝环境股份有限公司	广东	57.41	10.01	17.45	31.06
340	中国光大银行股份有限公司	北京	7.21	14.73	9.95	6.40
341	云南省能源投资集团有限公司	云南	6.46	50.08	12.55	16.74
342	中新苏州工业园区开发集团股份有限公司	江苏	14.74	16.40	14.31	10.14
343	盛和资源控股股份有限公司	四川	30.15	232.82	25.12	23.71
344	华新水泥股份有限公司	湖北	10.59	-4.74	19.63	13.40
345	山东南山铝业股份有限公司	山东	28.82	66.43	12.79	6.14
346	上海医药集团股份有限公司	上海	12.46	13.28	9.55	8.83
347	诺力智能装备股份有限公司	浙江	44.39	23.86	35.06	10.50
348	中国国际技术智力合作集团有限公司	北京	23.73	9.97	19.06	26.64
349	环旭电子股份有限公司	上海	15.94	6.81	15.90	8.57
350	北京汽车集团有限公司	北京	-3.23	-12.51	-6.38	7.17
351	广东省交通集团有限公司	广东	31.80	394.20	0.68	4.99
352	广州市建筑集团有限公司	广东	35.47	6.84	15.67	52.41
353	福建龙溪轴承（集团）股份有限公司	福建	23.86	99.28	17.28	11.48
354	青山控股集团有限公司	浙江	22.13	78.14	532.61	555.05
355	上海微创心脉医疗科技（集团）股份有限公司	上海	45.59	47.18	27.43	21.10
356	万丰奥特控股集团有限公司	浙江	9.92	3.26	-1.54	2.59
357	隆基绿能科技股份有限公司	陕西	48.27	6.24	11.53	35.16
358	山东东明石化集团有限公司	山东	26.50	20.27	27.68	8.90

续表

序号	企业名称	地区	营收增长率（%）	利润增长率（%）	资产增长率（%）	资本积累率（%）
359	东吴证券股份有限公司	江苏	25.68	40.10	17.87	33.16
360	物美科技集团有限公司	北京	11.08	63.32	10.63	0.88
361	四川邦泰投资集团有限责任公司	四川	47.44	54.09	-1.33	97.06
362	无锡奥特维科技股份有限公司	江苏	78.93	138.62	43.72	29.20
363	明阳智慧能源集团股份公司	广东	20.93	125.69	19.11	24.61
364	江西新华发行集团有限公司	江西	5.53	-0.53	0.00	3.73
365	杭州解百集团股份有限公司	浙江	18.98	31.36	-86.73	13.49
366	浙江长城电工科技股份有限公司	浙江	70.99	95.79	12.22	36.30
367	巨化集团有限公司	浙江	6.93	110.67	16.12	45.80
368	北方华创科技集团股份有限公司	北京	59.90	100.66	77.27	149.19
369	复星国际有限公司	上海	18.05	25.84	5.04	2.55
370	山西潞安环保能源开发股份有限公司	山西	73.33	244.80	22.07	26.35
371	南京高科股份有限公司	江苏	69.40	16.68	1.26	13.71
372	五得利面粉集团有限公司	河北	24.90	-7.34	26.11	15.26
373	江苏阳光集团有限公司	江苏	14.01	12.56	0.93	5.38
374	中国广核电力股份有限公司	广东	14.30	1.78	-99.90	5.92
375	上海柏楚电子科技股份有限公司	上海	60.02	48.47	20.57	19.92
376	上海百润投资控股集团股份有限公司	上海	34.66	24.38	45.11	17.86
377	浙江省兴合集团有限责任公司	浙江	14.68	17.19	26.22	9.81
378	山西杏花村汾酒集团有限责任公司	山西	42.79	72.98	53.14	29.61
379	厦门吉比特网络技术股份有限公司	福建	68.44	40.34	31.84	20.44
380	招商局集团有限公司	北京	19.05	34.64	12.84	10.95
381	利群集团股份有限公司	山东	5.99	53.34	12.58	-2.23
382	中国南玻集团股份有限公司	广东	27.72	96.24	11.50	11.91
383	利华益集团股份有限公司	山东	12.32	21.65	8.01	12.93
384	洽洽食品股份有限公司	安徽	13.15	15.35	15.66	13.96
385	宏旺控股集团有限公司	广东	16.45	4.20	11.89	-0.13
386	中国五矿集团有限公司	北京	20.78	17.42	2.13	-3.22
387	浙江万盛股份有限公司	浙江	77.18	109.67	37.08	46.80
388	浙江富冶集团有限公司	浙江	34.38	77.97	21.02	19.19
389	河南明泰铝业股份有限公司	河南	50.69	73.08	48.19	23.29
390	上海临港控股股份有限公司	上海	59.29	8.68	17.44	5.68
391	马上消费金融股份有限公司	重庆	31.31	94.26	16.40	16.11
392	恒生电子股份有限公司	浙江	31.73	10.73	21.15	25.05
393	福耀玻璃工业集团股份有限公司	福建	18.57	20.97	16.56	21.82
394	河南金利金铅集团有限公司	河南	18.99	116.90	17.18	20.35

续表

序号	企业名称	地区	营收增长率（%）	利润增长率（%）	资产增长率（%）	资本积累率（%）
395	北京首都创业集团有限公司	北京	21.71	-66.44	3.51	-7.67
396	怡球金属资源再生（中国）股份有限公司	江苏	47.20	84.43	11.61	17.59
397	四川华西集团有限公司	四川	21.33	26.17	26.71	19.42
398	广东好太太科技集团股份有限公司	广东	22.88	12.97	11.44	13.27
399	北京昭衍新药研究中心股份有限公司	北京	40.97	76.97	305.02	482.60
400	茂业商业股份有限公司	四川	12.67	92.18	11.05	7.67
401	奇瑞控股集团有限公司	安徽	28.05	7.76	5.87	-7.71
402	安徽建工集团控股有限公司	安徽	23.33	58.52	21.59	15.55
403	兴业证券股份有限公司	福建	7.92	18.48	20.13	9.14
404	北京首农食品集团有限公司	北京	16.57	-6.45	7.19	8.58
405	国联证券股份有限公司	江苏	58.11	51.16	42.66	54.62
406	绿滋肴控股集团有限公司	江西	1.87	2.38	18.42	26.17
407	新天绿色能源股份有限公司	河北	27.77	43.00	25.60	49.52
408	武商集团股份有限公司	湖北	-6.71	37.45	23.62	7.69
409	腾达建设集团股份有限公司	浙江	17.31	35.10	5.83	14.06
410	双良集团有限公司	江苏	15.34	194.74	8.21	6.25
411	唐山三孚硅业股份有限公司	河北	58.89	244.76	51.94	26.66
412	江苏洋河酒厂股份有限公司	江苏	20.14	0.34	25.86	10.40
413	厦门象屿股份有限公司	福建	28.40	66.22	9.69	15.03
414	新华人寿保险股份有限公司	北京	7.67	4.57	12.28	6.72
415	厦门海沧投资集团有限公司	福建	9109.62	273.37	10.16	21.97
416	中国电信集团有限公司	北京	9.45	-4.09	9.03	2.33
417	浙江新澳纺织股份有限公司	浙江	51.57	96.93	21.49	7.45
418	中伟新材料股份有限公司	贵州	169.81	123.47	185.88	156.28
419	惠州亿纬锂能股份有限公司	广东	107.06	75.89	73.28	24.75
420	中国兵器装备集团有限公司	北京	20.40	-19.25	9.46	9.38
421	敬业集团有限公司	河北	6.00	37.15	10.82	19.74
422	百联集团有限公司	上海	-20.86	414.63	79.33	19.82
423	四川雅化实业集团股份有限公司	四川	61.26	189.22	30.41	24.13
424	上海陆家嘴金融贸易区开发股份有限公司	上海	-4.16	7.45	19.28	11.39
425	天津七一二通信广播股份有限公司	天津	28.00	31.59	24.91	20.34
426	淄博齐翔腾达化工股份有限公司	山东	41.34	145.22	26.32	42.41
427	广东广弘控股股份有限公司	广东	7.16	9.71	26.26	19.02
428	上海新朋实业股份有限公司	上海	11.08	176.13	15.09	11.77
429	广东省建筑工程集团控股有限公司	广东	20.23	23.84	25.29	9.53
430	上海万业企业股份有限公司	上海	-5.54	19.42	18.82	14.22

续表

序号	企业名称	地区	营收增长率（%）	利润增长率（%）	资产增长率（%）	资本积累率（%）
431	浙江大华技术股份有限公司	浙江	24.07	-13.44	20.39	19.44
432	深圳市力合科创股份有限公司	广东	37.77	7.24	28.84	9.89
433	东方电气股份有限公司	四川	28.26	22.93	5.43	5.14
434	云南锡业股份有限公司	云南	20.20	308.03	9.40	19.96
435	北京金隅集团股份有限公司	北京	14.47	3.14	-1.71	0.54
436	无锡威孚高科技集团股份有限公司	江苏	6.20	-7.12	2.27	6.11
437	中天控股集团有限公司	浙江	8.75	7.66	12.46	22.28
438	德华兔宝宝装饰新材股份有限公司	浙江	45.78	76.71	6.30	14.49
439	浙江航民股份有限公司	浙江	81.38	10.87	5.62	5.47
440	罗莱生活科技股份有限公司	江苏	17.30	21.92	7.38	-5.33
441	北京蓝色光标数据科技股份有限公司	北京	-1.11	-27.95	-16.66	4.73
442	闻泰科技股份有限公司	湖北	1.98	8.12	21.18	15.96
443	中国能源建设集团有限公司	北京	19.33	10.51	13.89	4.50
444	中泰证券股份有限公司	山东	27.02	26.72	17.29	7.55
445	广州视源电子科技股份有限公司	广东	23.91	-10.65	23.47	16.07
446	宁波华翔电子股份有限公司	浙江	4.12	48.87	14.08	5.10
447	深圳汇洁集团股份有限公司	广东	15.18	30.96	-0.38	-4.94
448	厦门建发集团有限公司	福建	62.66	9.33	50.78	7.70
449	上海机电股份有限公司	上海	5.65	-28.23	2.87	3.24
450	奥德集团有限公司	山东	16.14	-12.33	4.03	4.15
451	卫华集团有限公司	河南	9.80	19.41	12.70	14.43
452	上海浦东建设股份有限公司	上海	36.03	20.30	29.15	5.94
453	南京新华海科技产业集团有限公司	江苏	15.85	-0.95	5.89	11.70
454	苏州东山精密制造股份有限公司	江苏	13.17	21.72	1.20	11.54
455	天津现代集团有限公司	天津	6.60	7.80	7.46	5.94
456	浙江伟星新型建材股份有限公司	浙江	25.13	2.58	13.72	13.52
457	永兴特种材料科技股份有限公司	浙江	44.76	243.83	18.80	25.04
458	上海协通（集团）有限公司	上海	15.08	14.08	11.13	3.40
459	甘肃上峰水泥股份有限公司	甘肃	29.26	7.42	33.81	22.34
460	新希望控股集团有限公司	四川	15.85	-39.10	18.48	-1.40
461	海信集团控股股份有限公司	山东	24.38	-7.47	10.13	1.67
462	绿色动力环保集团股份有限公司	广东	122.03	38.62	15.87	18.96
463	滨化集团股份有限公司	山东	43.53	220.57	18.74	38.33
464	安徽古井贡酒股份有限公司	安徽	28.93	23.90	67.37	64.66
465	潍柴动力股份有限公司	山东	3.07	0.51	2.32	38.48
466	卓正控股集团有限公司	河北	-1.26	122.66	581.49	506.87

续表

序号	企业名称	地区	营收增长率（%）	利润增长率（%）	资产增长率（%）	资本积累率（%）
467	鑫荣懋果业科技集团股份有限公司	广东	14.35	29.99	24.78	16.27
468	上海城投控股股份有限公司	上海	40.03	18.26	5.58	-1.99
469	国金证券股份有限公司	四川	17.55	24.41	30.58	8.70
470	安徽鸿路钢结构（集团）股份有限公司	安徽	45.08	43.93	20.79	21.63
471	欧普照明股份有限公司	上海	11.00	13.44	6.03	10.24
472	广西柳州钢铁集团有限公司	广西	12.89	55.78	15.48	19.34
473	北京能源集团有限责任公司	北京	26.77	-2.13	13.34	12.94
474	厦门松霖科技股份有限公司	福建	46.30	11.39	48.29	10.96
475	国元证券股份有限公司	安徽	34.91	39.35	26.57	4.66
476	陕西建工控股集团有限公司	陕西	28.05	36.99	30.03	-6.15
477	旺能环境股份有限公司	浙江	74.75	24.10	5.55	13.00
478	光明食品（集团）有限公司	上海	-3.16	0.73	-4.33	-2.91
479	重庆市涪陵榨菜集团股份有限公司	重庆	10.82	-4.52	95.20	110.09
480	凯莱英医药集团（天津）股份有限公司	天津	47.28	48.08	111.75	110.36
481	浙江省国际贸易集团有限公司	浙江	17.20	43.64	10.56	4.55
482	威高集团有限公司	山东	2.67	2.37	7.41	11.42
483	安琪酵母股份有限公司	湖北	19.50	-4.59	24.41	16.37
484	信雅达科技股份有限公司	浙江	21.38	158.26	19.32	25.31
485	宁波容百新能源科技股份有限公司	浙江	170.36	327.60	139.63	21.09
486	湖南华菱钢铁股份有限公司	湖南	47.22	51.36	17.43	34.81
487	深圳市漫步者科技股份有限公司	广东	19.10	14.30	2.92	6.96
488	首钢集团有限公司	北京	30.92	363.19	1.28	3.00
489	通化东宝药业股份有限公司	吉林	12.99	40.68	12.35	11.90
490	申能（集团）有限公司	上海	24.91	-13.87	2.65	-2.23
491	上海奕瑞光电子科技股份有限公司	上海	51.43	117.79	22.16	15.90
492	宁夏宝丰能源集团股份有限公司	宁夏	46.29	52.95	16.45	18.49
493	三七互娱网络科技集团股份有限公司	安徽	12.62	4.15	36.66	78.45
494	森马集团有限公司	浙江	4.09	18.04	3.65	3.28
495	大商股份有限公司	辽宁	-2.28	40.60	12.98	-4.67
496	中国电力建设集团有限公司	北京	14.84	-7.78	8.38	3.79
497	中国核工业建设股份有限公司	上海	15.00	12.70	17.82	19.42
498	广东东方精工科技股份有限公司	广东	20.86	20.08	0.54	-11.46
499	厦门钨业股份有限公司	福建	67.96	92.23	29.15	17.68
500	重庆三峰环境集团股份有限公司	重庆	19.16	71.78	13.94	13.46

五、2022 中国企业信用 500 强地区分布

序号	企业名称	综合信用指数	营业收入（万元）	利润（万元）	资产（万元）	所有者权益（万元）
北京						
1	中国医药集团有限公司	99.980	70166212	7846699	56402153	15129832
2	中国石油天然气集团有限公司	99.980	265555424	6216526	419243418	199016690
3	中国海洋石油集团有限公司	99.884	81867619	5923601	132996757	63336749
4	中国建筑股份有限公司	99.674	189133897	5140766	238824913	34390009
5	中国建设银行股份有限公司	99.287	82424600	30392800	3025397900	261412200
6	中国工商银行股份有限公司	99.269	94276200	34833800	3517138300	325775500
7	中国银行股份有限公司	99.019	60555900	21655900	2672240800	222515300
8	中国农业银行股份有限公司	99.002	71991500	24118300	2906915500	241460500
9	中国建材集团有限公司	98.839	41550846	2865000	65224429	21134200
10	中国神华能源股份有限公司	98.749	33521600	5026900	60705200	37687500
11	中国石油化工集团有限公司	98.479	258860343	5364137	241808347	84785275
12	中国移动通信集团有限公司	98.456	85088466	9436108	214651950	118216661
13	国家电网有限公司	98.403	297113025	4604112	467152425	197069429
14	国家开发投资集团有限公司	98.402	19445388	3412071	76637289	12635047
15	中国船舶集团有限公司	98.399	34902186	1698063	88394553	26126378
16	中国邮政集团有限公司	97.843	70095084	3859218	1316870009	47646084
17	京东方科技集团股份有限公司	97.600	21930979	2583093	44972698	14292554
18	中国旅游集团中免股份有限公司	97.542	6767552	965374	5547373	2961880
19	中国铝业集团有限公司	97.344	51864838	902344	62444306	10267418
20	中国航天科技集团有限公司	97.339	28007020	1998943	60861741	23781499
21	中国人寿保险股份有限公司	97.296	85850500	5092100	489108500	47858500
22	中国保利集团有限公司	96.909	44875187	1323230	174015716	11020766
23	泰康保险集团股份有限公司	96.193	26193348	2468118	132977846	12135133
24	中国化学工程股份有限公司	95.966	13728898	463342	17789604	4819923
25	紫光股份有限公司	95.961	6763753	214764	6643045	2996067
26	中国兵器工业集团有限公司	95.797	52754166	1123400	48617366	13462102
27	中国人民保险集团股份有限公司	95.739	59769100	2163800	137640200	21913200
28	中国航天科工集团有限公司	95.630	26353542	1359836	50718529	16723371
29	小米集团	95.586	32830915	1933932	29289187	13721291
30	中国国际金融股份有限公司	95.556	3013105	1077771	64979549	8442212
31	中国中信集团有限公司	95.466	62004272	3154971	880968219	41823175

续表

序号	企业名称	综合信用指数	营业收入（万元）	利润（万元）	资产（万元）	所有者权益（万元）
32	北京万泰生物药业股份有限公司	95.437	575033	202147	704595	446629
33	中国铁道建筑集团有限公司	95.400	102046150	1099037	135586741	10560013
34	中国铁路工程集团有限公司	95.386	107367038	1195379	137150260	12218186
35	中国电子科技集团有限公司	95.097	35771735	1388072	54505051	19344834
36	中国银河证券股份有限公司	95.016	3598399	1043024	56013503	9895580
37	兆易创新科技集团股份有限公司	95.012	851022	233679	1541837	1348305
38	奥瑞金科技股份有限公司	94.971	1388498	90511	1665186	755896
39	中铁集装箱运输有限责任公司	94.570	5296277	178302	2892890	1678620
40	王府井集团股份有限公司	94.533	1153555	134024	3915058	1934701
41	北京控股集团有限公司	94.480	10923283	164160	41074964	4283259
42	中国交通建设集团有限公司	94.325	84282649	901314	224338606	15309718
43	联想控股股份有限公司	94.228	48987168	575489	68068617	6126989
44	中国机械工业集团有限公司	94.132	37054529	295579	36441119	7251965
45	中国联合网络通信集团有限公司	94.034	32912229	318788	62701575	18461028
46	中粮集团有限公司	93.739	66494705	966171	68601206	10379337
47	交控科技股份有限公司	93.375	258213	29101	529142	229217
48	首都实业投资有限公司	93.301	12055107	61502	1271011	308940
49	天地科技股份有限公司	93.117	2357071	161989	4215788	1900042
50	中国黄金集团黄金珠宝股份有限公司	92.985	5075767	79443	1102015	655598
51	中国航空工业集团有限公司	92.925	51903589	551610	123832280	22122502
52	北京北摩高科摩擦材料股份有限公司	92.499	113237	42230	394749	245176
53	中国中车集团有限公司	92.449	23842915	573344	47827825	8357573
54	北京金山办公软件股份有限公司	92.182	328006	104125	1042567	771952
55	中国国际贸易中心股份有限公司	92.175	358598	102379	1272592	863395
56	京沪高速铁路股份有限公司	92.149	2930478	481571	29525225	18684988
57	北京东方雨虹防水技术股份有限公司	92.140	3193420	420469	4973322	2629439
58	中国光大银行股份有限公司	92.114	15275100	4340700	590206900	48248900
59	中国国际技术智力合作集团有限公司	92.000	14665554	93799	1879186	724038
60	北京汽车集团有限公司	91.967	48175754	205136	50026416	7493926
61	物美科技集团有限公司	91.892	6184575	269741	11383621	2659999
62	北方华创科技集团股份有限公司	91.841	968347	107740	3105447	1689755
63	招商局集团有限公司	91.592	49517181	5499226	250876457	44146405
64	中国五矿集团有限公司	91.459	85015599	397887	100390805	6704470
65	北京首都创业集团有限公司	91.314	6414277	62087	42347271	2467582
66	北京昭衍新药研究中心股份有限公司	91.297	151668	55746	853708	713621
67	北京首农食品集团有限公司	91.230	18309244	272694	16485622	4264125
68	新华人寿保险股份有限公司	91.053	22238000	1494700	112772100	10849700

续表

序号	企业名称	综合信用指数	营业收入（万元）	利润（万元）	资产（万元）	所有者权益（万元）
69	中国电信集团有限公司	91.033	53922328	1248156	98976966	38211746
70	中国兵器装备集团有限公司	90.993	28622955	475056	39231532	8425264
71	北京金隅集团股份有限公司	90.850	12363445	293301	28635681	6371749
72	北京蓝色光标数据科技股份有限公司	90.771	4007791	52180	1793390	940291
73	中国能源建设集团有限公司	90.746	32473970	387020	54261563	4362479
74	北京能源集团有限责任公司	90.372	8798832	238560	40014870	8961183
75	首钢集团有限公司	90.174	27149655	135780	51856071	12222708
76	中国电力建设集团有限公司	90.083	62195161	438152	114551061	9529847
安徽						
1	科大讯飞股份有限公司	95.082	1831360	155646	3139403	1678072
2	志邦家居股份有限公司	94.647	515280	50552	529805	259098
3	山鹰国际控股股份公司	94.447	3303281	151567	5199449	1651744
4	铜陵有色金属集团股份有限公司	93.969	13103365	310143	5084042	2170738
5	合肥城建发展股份有限公司	93.609	755730	87692	2255733	615972
6	安徽海螺集团有限责任公司	93.277	25607469	1239871	28232081	7177204
7	安徽楚江科技新材料股份有限公司	93.247	3734960	56709	1326247	616626
8	安徽口子酒业股份有限公司	92.923	502860	172709	1103089	824941
9	安徽国风新材料股份有限公司	92.563	191002	28215	325257	269587
10	安徽迎驾贡酒股份有限公司	92.444	457685	138202	862797	596414
11	洽洽食品股份有限公司	91.501	598502	92866	807222	479443
12	奇瑞控股集团有限公司	91.256	10611251	81458	21158194	1705757
13	安徽建工集团控股有限公司	91.253	7671462	62741	13783185	428704
14	安徽古井贡酒股份有限公司	90.492	1326982	229789	2541808	1653738
15	安徽鸿路钢结构（集团）股份有限公司	90.388	1951481	115011	1957616	727079
16	国元证券股份有限公司	90.353	610975	190927	11461812	3229778
17	三七互娱网络科技集团股份有限公司	90.099	1621649	287557	1443718	1077371
福建						
1	恒申控股集团有限公司	97.200	6592748	849396	5139727	2952070
2	兴业银行股份有限公司	97.167	22123600	8268000	860302400	68411100
3	宁德时代新能源科技股份有限公司	96.993	13035580	1593131	30766686	8451327
4	漳州片仔癀药业股份有限公司	95.668	802155	243145	1249533	970501
5	紫金矿业集团股份有限公司	95.429	22510249	1959964	20859468	7103437
6	瑞芯微电子股份有限公司	93.984	271860	60178	337871	285058
7	厦门翔业集团有限公司	93.880	1783558	29379	4296502	1295966
8	安井食品集团股份有限公司	92.960	927220	68230	877147	507342
9	福建百宏聚纤科技实业有限公司	92.920	3998798	246909	6309450	1645298
10	金牌厨柜家居科技股份有限公司	92.502	344777	33798	451628	241068

续表

序号	企业名称	综合信用指数	营业收入（万元）	利润（万元）	资产（万元）	所有者权益（万元）
11	福建龙溪轴承（集团）股份有限公司	91.933	143517	29816	345151	228677
12	厦门吉比特网络技术股份有限公司	91.593	461905	146850	710328	458014
13	福耀玻璃工业集团股份有限公司	91.319	2360306	314617	4478489	2630602
14	兴业证券股份有限公司	91.237	1897217	474307	21746334	4118944
15	厦门象屿股份有限公司	91.091	46251623	216027	9583422	1721426
16	厦门海沧投资集团有限公司	91.036	3076013	85748	3919951	787144
17	厦门建发集团有限公司	90.690	71957617	718654	65883882	6163193
18	厦门松霖科技股份有限公司	90.366	297700	30130	403566	222628
19	厦门钨业股份有限公司	90.032	3185220	118053	3242089	896094
甘肃						
1	天水华天科技股份有限公司	92.712	1209679	141567	2997435	1504944
2	甘肃上峰水泥股份有限公司	90.563	831452	217622	1512542	828970
广东						
1	华为投资控股有限公司	99.990	63069840	11354549	98283639	41445976
2	腾讯控股有限公司	98.589	56011800	22482200	161236400	80629900
3	美的集团股份有限公司	98.401	34123321	2857365	38794610	12486812
4	中国华润有限公司	97.804	77776660	2954963	202110927	28672427
5	珠海格力电器股份有限公司	97.176	18965403	2306373	31959818	10365165
6	中国平安保险（集团）股份有限公司	96.822	118044400	10161800	1014202600	81240500
7	大族激光科技产业集团股份有限公司	95.746	1633233	199449	2718055	1161984
8	富士康工业互联网股份有限公司	95.694	43955720	2000975	26660878	11918060
9	中兴通讯股份有限公司	95.692	11452164	681294	16876343	5148209
10	广东宏川集团有限公司	95.240	4492966	49496	1124678	268566
11	广州金域医学检验集团股份有限公司	95.203	1194322	221964	1075089	630381
12	碧桂园控股有限公司	95.164	52306400	2679700	194836500	19873600
13	中国南方电网有限责任公司	95.157	67160048	841150	108223257	39910622
14	广州工业投资控股集团有限公司	95.056	18209575	329434	16507092	3413723
15	金地（集团）股份有限公司	95.017	9923222	940952	46280951	6298117
16	正威国际集团有限公司	94.764	72275382	1296964	21363794	12469061
17	东鹏饮料（集团）股份有限公司	94.638	697782	119296	779049	423813
18	珠海华发集团有限公司	94.588	14194254	212286	57742333	6079291
19	众业达电气股份有限公司	94.550	1255834	41558	670924	436585
20	振烨国际产业控股集团（深圳）有限公司	94.541	9601924	771429	1807594	702908
21	广发证券股份有限公司	94.398	3424999	1085412	53585532	10662451
22	广州越秀集团股份有限公司	94.255	8716181	444580	78247953	5472077
23	比亚迪股份有限公司	94.219	21614239	304519	29578015	9506967

续表

序号	企业名称	综合信用指数	营业收入（万元）	利润（万元）	资产（万元）	所有者权益（万元）
24	深圳前海微众银行股份有限公司	94.168	4795005	688376	43874781	2772353
25	创维集团有限公司	94.150	5092800	163400	6088100	1804500
26	比音勒芬服饰股份有限公司	94.019	271998	62454	486295	324544
27	深圳迈瑞生物医疗电子股份有限公司	94.004	2526958	800155	3810302	2695280
28	周大生珠宝股份有限公司	93.995	915520	122461	701611	578715
29	深圳市汇川技术股份有限公司	93.968	1794325	357340	2730271	1588326
30	立讯精密工业股份有限公司	93.703	15394610	707052	12057210	3528855
31	深圳市科达利实业股份有限公司	93.679	446758	54161	732648	455497
32	明阳新能源投资控股集团有限公司	93.592	5697358	495279	10303689	3197696
33	网易公司	93.523	8760603	1685684	15364392	9532808
34	佛燃能源集团股份有限公司	93.425	1353117	59474	1393699	445960
35	广州汽车工业集团有限公司	93.414	43188274	391760	36432279	5170179
36	欧派家居集团股份有限公司	93.378	2044160	266559	2339273	1440879
37	广州酒家集团股份有限公司	93.343	388992	55763	482942	298663
38	汕头东风印刷股份有限公司	93.285	380507	78505	803838	597672
39	研祥高科技控股集团有限公司	93.284	7914163	422930	4952964	3144265
40	万科企业股份有限公司	93.261	45279778	2252403	193863813	23595313
41	中国国际海运集装箱（集团）股份有限公司	93.245	16369598	666532	15432250	4511863
42	玖龙纸业（控股）有限公司	93.206	8731040	587388	9639108	4715611
43	深圳市明微电子股份有限公司	93.200	125120	64724	188672	168795
44	广州达安基因股份有限公司	93.197	766426	361818	1033644	735133
45	深圳市物业发展（集团）股份有限公司	93.044	449196	100396	1458189	448611
46	中山公用事业集团股份有限公司	92.991	237068	146564	2249064	1514197
47	南兴装备股份有限公司	92.980	277678	29136	345913	222783
48	心里程控股集团有限公司	92.947	6010437	241384	2460899	1565545
49	广州白云山医药集团股份有限公司	92.903	6901405	371988	6611779	2906218
50	深圳劲嘉集团股份有限公司	92.828	506707	101974	1032808	784667
51	广东生益科技股份有限公司	92.818	2027426	282968	2443116	1309641
52	广东联泰环保股份有限公司	92.731	78505	30345	976220	270426
53	广东嘉元科技股份有限公司	92.604	280418	54996	606044	359066
54	深圳市大疆创新科技有限公司	92.473	2522200	732398	3774274	2781041
55	瀚蓝环境股份有限公司	92.125	1177651	116338	2927848	990460
56	广东省交通集团有限公司	91.959	5394085	307919	44930543	10107464
57	广州市建筑集团有限公司	91.945	24913759	93443	17889211	1629222
58	明阳智慧能源集团股份公司	91.872	2715805	310112	6149293	1839454

续表

序号	企业名称	综合信用指数	营业收入（万元）	利润（万元）	资产（万元）	所有者权益（万元）
59	中国广核电力股份有限公司	91.696	8067874	973258	39999	10091055
60	中国南玻集团股份有限公司	91.564	1362903	152932	1993936	1142966
61	宏旺控股集团有限公司	91.475	5008617	42249	1136264	378517
62	广东好太太科技集团股份有限公司	91.297	142545	30022	234505	187901
63	惠州亿纬锂能股份有限公司	90.993	1689980	290579	4453390	1793416
64	广东广弘控股股份有限公司	90.930	363771	33108	471056	231502
65	广东省建筑工程集团控股有限公司	90.902	8341643	152625	11685239	2016588
66	深圳市力合科创股份有限公司	90.870	300854	63079	1361283	642568
67	广州视源电子科技股份有限公司	90.716	2122571	169899	1550776	835559
68	深圳汇洁集团股份有限公司	90.692	273317	27605	260266	188670
69	绿色动力环保集团股份有限公司	90.499	505689	69779	2021447	652809
70	鑫荣懋果业科技集团股份有限公司	90.460	1083546	27842	509517	249031
71	深圳市漫步者科技股份有限公司	90.175	230366	31556	267590	219625
72	广东东方精工科技股份有限公司	90.056	352473	46733	635716	368197
广西						
1	广西绿城水务股份有限公司	95.375	208149	29469	1708094	457912
2	广西农垦集团有限责任公司	93.666	2023837	40838	9000618	5144750
3	广西柳州钢铁集团有限公司	90.376	13253262	630151	12094540	3530654
贵州						
1	贵州茅台酒股份有限公司	99.415	10619015	5246014	25516820	18953937
2	中伟新材料股份有限公司	91.009	2007249	93895	2819976	983249
河北						
1	石药控股集团有限公司	95.407	4139416	673111	5874388	3073089
2	长城汽车股份有限公司	94.958	13640466	672609	17540802	6212438
3	新奥天然气股份有限公司	94.446	11591963	410165	12793392	1483322
4	紫光国芯微电子股份有限公司	94.193	534211	195378	1159224	724349
5	晶澳太阳能科技股份有限公司	93.937	4130175	203863	5696745	1649426
6	承德露露股份公司	93.271	252390	56950	350833	235671
7	五得利面粉集团有限公司	91.699	4157239	227444	2065638	1491187
8	新天绿色能源股份有限公司	91.187	1598527	216013	7191776	1968436
9	唐山三孚硅业股份有限公司	91.118	159887	33566	232170	155515
10	敬业集团有限公司	90.981	23790148	574692	7743682	3870538
11	卓正控股集团有限公司	90.478	922931	103476	5951575	2835844
河南						
1	万洲国际有限公司	95.421	17597435	688604	12375871	5577462
2	神马实业股份有限公司	94.361	1341514	214418	2589652	771241

续表

序号	企业名称	综合信用指数	营业收入（万元）	利润（万元）	资产（万元）	所有者权益（万元）
3	郑州煤矿机械集团股份有限公司	93.927	2927462	194779	3664801	1479549
4	河南神火煤电股份有限公司	93.057	3445156	323410	5352794	936520
5	河南蓝天燃气股份有限公司	92.352	390089	42088	514709	290889
6	宇通重工股份有限公司	92.243	375654	39291	477695	221203
7	河南明泰铝业股份有限公司	91.400	2461262	185201	1892886	1067406
8	河南金利金铅集团有限公司	91.315	3627977	68974	802811	298742
9	卫华集团有限公司	90.667	1633448	46022	1140730	459950
黑龙江						
1	黑龙江飞鹤乳业有限公司	96.736	2277626	687104	3148142	2092130
湖北						
1	东风汽车集团有限公司	95.344	55551521	929446	55134798	11715984
2	卓尔控股有限公司	93.967	12803758	116690	10091836	5052015
3	恒信汽车集团股份有限公司	93.794	8021367	257199	2313995	1320251
4	健民药业集团股份有限公司	93.333	327818	32474	282560	156121
5	湖北济川药业股份有限公司	93.088	763051	171918	1213104	911688
6	湖北兴发化工集团股份有限公司	93.007	2360668	424659	3348791	1382774
7	武汉三镇实业控股股份有限公司	92.993	201190	39894	1802552	570644
8	骆驼集团股份有限公司	92.597	1240345	83179	1293720	848696
9	居然之家新零售集团股份有限公司	92.184	1307104	232504	5621038	1919798
10	华新水泥股份有限公司	92.053	3246408	536353	5254962	2672991
11	武商集团股份有限公司	91.128	712651	75242	2818837	1067765
12	闻泰科技股份有限公司	90.759	5272865	261154	7257588	3369871
13	安琪酵母股份有限公司	90.276	1067533	130854	1344565	685406
湖南						
1	雪天盐业集团股份有限公司	93.872	478026	40171	837624	504361
2	湖南建工控股集团有限公司	93.710	12133777	185090	10036471	1733854
3	安克创新科技股份有限公司	92.802	1257420	98173	847423	604942
4	湖南博深实业集团有限公司	92.793	1692297	53636	825596	614305
5	绝味食品股份有限公司	92.783	654862	98094	740139	570235
6	三一集团有限公司	92.671	15456008	509474	24473736	4499012
7	湖南金博碳素股份有限公司	92.256	133790	50110	294086	189109
8	湖南华菱钢铁股份有限公司	90.201	17117596	967980	10655946	4540968
吉林						
1	中国第一汽车集团有限公司	97.444	70569611	2322386	60008812	22813252
2	长春高新技术产业（集团）股份有限公司	93.494	1074671	375747	2251576	1457372

续表

序号	企业名称	综合信用指数	营业收入（万元）	利润（万元）	资产（万元）	所有者权益（万元）
3	吉林高速公路股份有限公司	92. 682	127202	31844	664589	410993
4	通化东宝药业股份有限公司	90. 162	326790	130825	652010	621488
江苏						
1	徐工集团工程机械股份有限公司	97. 416	8432757	561460	11002910	3644350
2	波司登股份有限公司	96. 093	3494721	560414	3897972	2361025
3	华泰证券股份有限公司	95. 651	3790544	1334611	80665083	14842281
4	远景能源有限公司	95. 220	6156902	1111978	9960145	3179382
5	无锡上机数控股份有限公司	94. 740	1091532	171141	1449085	744101
6	盛虹控股集团有限公司	94. 652	34797926	607114	17292018	3569906
7	海澜集团有限公司	94. 569	11685025	450947	11310337	8219571
8	江苏硕世生物科技股份有限公司	94. 525	283904	119321	349934	253645
9	新城控股集团股份有限公司	94. 484	16823168	1259809	53429311	5930996
10	江苏东方盛虹股份有限公司	94. 403	5172217	454360	13200254	2761453
11	雅迪科技集团有限公司	94. 243	2705159	145275	1936964	447710
12	恒力集团有限公司	94. 241	73234451	1531614	30536547	5790619
13	无锡药明康德新药开发股份有限公司	94. 172	2290239	509716	5512739	3849151
14	江苏沙钢集团有限公司	94. 170	30363121	1466463	32482912	7805325
15	江苏长电科技股份有限公司	94. 148	3050242	295871	3709862	2099113
16	科沃斯机器人股份有限公司	93. 940	1308601	201026	1072001	509429
17	江苏恒立液压股份有限公司	93. 782	930922	269360	1233204	919570
18	江苏国泰国际集团股份有限公司	93. 677	3933950	123616	3457513	1050093
19	亿嘉和科技股份有限公司	93. 559	128493	48308	337248	265124
20	江苏华昌化工股份有限公司	93. 487	941332	163340	812680	431294
21	江苏华宏科技股份有限公司	93. 482	677682	53202	516118	348643
22	无锡新洁能股份有限公司	93. 481	149827	41046	188525	153031
23	江苏三木集团有限公司	93. 125	4651957	321769	1681721	1108115
24	大亚科技集团有限公司	93. 081	2983612	105247	1780771	415739
25	江苏双星彩塑新材料股份有限公司	92. 887	593120	138543	1212530	939878
26	国电南瑞科技股份有限公司	92. 353	4241101	564245	7273295	3799690
27	江苏今世缘酒业股份有限公司	92. 248	640550	202913	1443370	929708
28	南京新街口百货商店股份有限公司	92. 205	617675	109118	2533013	1718370
29	中新苏州工业园区开发集团股份有限公司	92. 088	391724	152185	2943046	1217243
30	东吴证券股份有限公司	91. 905	924549	239178	12431825	3712562
31	无锡奥特维科技股份有限公司	91. 881	204673	37072	428239	140774
32	南京高科股份有限公司	91. 759	491863	235205	3302944	1507087

续表

序号	企业名称	综合信用指数	营业收入（万元）	利润（万元）	资产（万元）	所有者权益（万元）
33	江苏阳光集团有限公司	91.697	4516216	229181	2209057	1174475
34	怡球金属资源再生（中国）股份有限公司	91.314	828293	85166	574945	386443
35	国联证券股份有限公司	91.223	296663	88864	6593924	1638107
36	双良集团有限公司	91.121	4594200	49902	3094647	848291
37	江苏洋河酒厂股份有限公司	91.112	2535018	750768	6779870	4248621
38	无锡威孚高科技集团股份有限公司	90.840	1368242	257537	2797085	1939860
39	罗莱生活科技股份有限公司	90.778	576000	71321	626575	405970
40	南京新华海科技产业集团有限公司	90.661	2676520	50784	1277287	599432
41	苏州东山精密制造股份有限公司	90.657	3179314	186248	3795140	1457650
江西						
1	江西铜业集团有限公司	93.924	45741836	299714	19783051	3368826
2	江西洪城环境股份有限公司	93.781	817435	82004	1770245	588829
3	江西晨光新材料股份有限公司	93.400	169743	53687	186235	163319
4	南昌市政公用集团有限公司	93.157	5630743	60269	15829405	3830159
5	江西新华发行集团有限公司	91.864	588200	94500	1205000	787600
6	绿滋肴控股集团有限公司	91.207	1159154	68003	577210	327835
辽宁						
1	圆通速递股份有限公司	93.640	4515495	210341	3422231	2260355
2	大商股份有限公司	90.092	793154	70218	1951557	883565
内蒙古						
1	内蒙古伊利实业集团股份有限公司	96.652	11014399	870492	10196234	4770831
2	内蒙古鄂尔多斯资源股份有限公司	95.856	3647331	609082	4980720	1856167
3	中国北方稀土（集团）高科技股份有限公司	94.634	3040840	513004	3470776	1534823
宁夏						
1	宁夏宝丰能源集团股份有限公司	90.107	2329994	707043	4437377	3068996
山东						
1	万华化学集团股份有限公司	97.410	14553782	2464875	19030958	6849853
2	海尔集团公司	97.176	33273670	1070417	47129095	6859095
3	山东金岭集团有限公司	96.088	4512214	1752931	2036687	1752931
4	歌尔股份有限公司	95.950	7822142	383242	6106657	2732774
5	景津装备股份有限公司	94.735	465110	64701	595074	336972
6	山东魏桥创业集团有限公司	94.598	41113475	1133995	25504593	8534472
7	华泰集团有限公司	94.555	7683349	142076	3664748	1260996
8	山东豪迈机械科技股份有限公司	94.553	600833	105317	764353	650474
9	鲁西化工集团股份有限公司	94.515	3179433	461866	3211553	1794401

续表

序号	企业名称	综合信用指数	营业收入（万元）	利润（万元）	资产（万元）	所有者权益（万元）
10	山东太阳控股集团有限公司	94. 261	6038744	409590	5220280	2243531
11	山东博汇纸业股份有限公司	94. 121	1627612	170568	1991356	726655
12	山东金晶科技股份有限公司	93. 959	692151	130749	1082442	549199
13	华勤橡胶工业集团有限公司	93. 952	4596324	93286	2158373	1036691
14	山东华鲁恒升化工股份有限公司	93. 800	2663586	725417	2865318	2225582
15	胜华新材料集团股份有限公司	93. 659	705621	117841	468961	310438
16	浪潮电子信息产业股份有限公司	93. 569	6704755	200273	4620816	1516185
17	华鲁控股集团有限公司	93. 201	3954981	248848	5071262	1148943
18	山东联盟化工集团有限公司	93. 035	2074719	136229	1264483	729761
19	山东玻纤集团股份有限公司	92. 919	274863	54603	508171	235815
20	迪尚集团有限公司	92. 664	1750622	115915	1238399	609618
21	赛轮集团股份有限公司	92. 613	1799843	131297	2617294	1073047
22	冰轮环境技术股份有限公司	92. 561	538347	30084	986385	475564
23	山东晨鸣纸业集团股份有限公司	92. 129	3301981	206551	8284145	1908977
24	山东南山铝业股份有限公司	92. 045	2872502	341083	6317818	4286670
25	山东东明石化集团有限公司	91. 907	12861179	237822	5142971	2277439
26	利群集团股份有限公司	91. 587	2875035	29237	2649564	692724
27	利华益集团股份有限公司	91. 558	10806670	277023	4901485	2418785
28	淄博齐翔腾达化工股份有限公司	90. 947	3489207	239264	2607051	1278977
29	中泰证券股份有限公司	90. 732	1314967	320001	20468976	3578992
30	奥德集团有限公司	90. 687	3519453	407237	5384402	3048522
31	海信集团控股股份有限公司	90. 505	16955274	321469	16823472	1945712
32	滨化集团股份有限公司	90. 494	926814	162592	1680379	1021604
33	潍柴动力股份有限公司	90. 490	20354770	925448	27704442	7090680
34	威高集团有限公司	90. 298	5110981	439914	7214381	4290442
山西						
1	山西鹏飞集团有限公司	95. 572	8619669	453505	9502448	5681598
2	山西兰花科技创业股份有限公司	95. 004	1285956	235252	2872581	1306408
3	山煤国际能源集团股份有限公司	94. 971	4805364	493774	4597675	1182954
4	大秦铁路股份有限公司	93. 970	7868205	1218131	19854630	12440120
5	山西美锦能源股份有限公司	92. 978	2128768	256694	2940484	1242357
6	山西振东制药股份有限公司	92. 583	509377	261742	1009344	807960
7	山西潞安环保能源开发股份有限公司	91. 783	4514744	670835	9486700	3461757
8	山西杏花村汾酒集团有限责任公司	91. 608	2001756	270519	3394053	1048315
陕西						
1	山西鹏飞集团有限公司	95. 572	8619669	453505	9502448	5681598

续表

序号	企业名称	综合信用指数	营业收入（万元）	利润（万元）	资产（万元）	所有者权益（万元）
2	山西兰花科技创业股份有限公司	95.004	1285956	235252	2872581	1306408
3	山煤国际能源集团股份有限公司	94.971	4805364	493774	4597675	1182954
4	大秦铁路股份有限公司	93.970	7868205	1218131	19854630	12440120
5	山西美锦能源股份有限公司	92.978	2128768	256694	2940484	1242357
6	山西振东制药股份有限公司	92.583	509377	261742	1009344	807960
上海						
1	上海汽车集团股份有限公司	97.454	77984579	2453310	91692270	27377368
2	中国远洋海运集团有限公司	97.395	54266305	4141597	97615126	23637244
3	交通银行股份有限公司	97.123	26939000	8758100	1166575700	96464700
4	中国宝武钢铁集团有限公司	96.691	97225779	1931794	111708361	30936785
5	国泰君安证券股份有限公司	96.147	4281714	1501348	79127281	14712366
6	东方财富信息股份有限公司	95.314	1309432	855293	18502025	4404024
7	上海美迪西生物医药股份有限公司	95.173	116726	28222	179357	132751
8	中国太平洋保险（集团）股份有限公司	95.080	44064300	2683400	194616400	22674100
9	旭辉控股（集团）有限公司	95.034	10783474	761292	43274953	4199015
10	华域汽车系统股份有限公司	94.849	13994414	646894	15384676	4954302
11	中芯国际集成电路制造有限公司	94.033	3563063	1073310	22993281	10919877
12	上海移远通信技术股份有限公司	93.931	1126192	35806	814002	320846
13	上海晨光文具股份有限公司	93.897	1760740	151787	1142439	619489
14	上海韦尔半导体股份有限公司	93.646	2410351	447619	3207993	1619831
15	上海金桥出口加工区开发股份有限公司	93.629	461715	162300	3326784	1233921
16	中化国际（控股）股份有限公司	93.331	8064778	217543	5797320	1224926
17	晶晨半导体（上海）股份有限公司	93.200	477707	81161	505645	387466
18	老凤祥股份有限公司	93.100	5869077	187631	2227486	919114
19	宝龙地产控股有限公司	93.011	3990246	599210	24505645	4069366
20	上海璞泰来新能源科技股份有限公司	92.605	899589	174873	2145026	1048670
21	东方证券股份有限公司	92.497	2437039	537150	32659962	6412711
22	上海宝信软件股份有限公司	92.420	1175936	181884	1786017	901746
23	上海泛微网络科技股份有限公司	92.228	200286	30870	337671	187955
24	上海医药集团股份有限公司	92.012	21582426	509347	16343551	4935948
25	环旭电子股份有限公司	91.999	5529965	185797	3585673	1308196
26	上海微创心脉医疗科技（集团）股份有限公司	91.924	68463	31586	175357	149429
27	复星国际有限公司	91.834	16129120	1008990	80637210	13106991
28	上海柏楚电子科技股份有限公司	91.680	91344	55020	314860	298931
29	上海百润投资控股集团股份有限公司	91.650	259435	66606	564031	379076
30	上海临港控股股份有限公司	91.382	627192	153522	4926475	1537124

续表

序号	企业名称	综合信用指数	营业收入（万元）	利润（万元）	资产（万元）	所有者权益（万元）
31	百联集团有限公司	90.978	4916028	74014	17202260	2494733
32	上海陆家嘴金融贸易区开发股份有限公司	90.965	1387204	431087	12089589	2257325
33	上海新朋实业股份有限公司	90.909	472163	39942	545167	291159
34	上海万业企业股份有限公司	90.887	87991	37652	916682	761526
35	上海机电股份有限公司	90.689	2471674	81092	3721162	1231472
36	上海浦东建设股份有限公司	90.661	1139479	53485	2154586	681212
37	上海协通（集团）有限公司	90.571	2442419	88747	734175	282930
38	上海城投控股股份有限公司	90.440	919300	91154	6890165	2037446
39	欧普照明股份有限公司	90.381	884663	90748	907691	578689
40	光明食品（集团）有限公司	90.316	15083030	123825	28330567	6908289
41	申能（集团）有限公司	90.153	5588972	500870	21547735	10354595
42	上海奕瑞光电子科技股份有限公司	90.150	118735	48404	353710	305218
43	中国核工业建设股份有限公司	90.068	8371993	153265	17174305	2039561
四川						
1	宜宾五粮液股份有限公司	97.342	6620905	2337707	13562081	9906849
2	通威股份有限公司	96.716	6349107	820792	8824999	3750257
3	舍得酒业股份有限公司	95.681	496927	124565	809344	479412
4	泸州老窖股份有限公司	95.501	2064226	795555	4321178	2804024
5	成都市兴蓉环境股份有限公司	94.549	673236	149442	3451201	1345846
6	四川川投能源股份有限公司	94.506	126333	308739	4846729	3124741
7	四川路桥建设集团股份有限公司	93.924	8504851	558207	13703847	2714939
8	四川水井坊股份有限公司	93.690	463186	119908	589099	263170
9	成都兴城投资集团有限公司	93.045	19707423	220467	94199134	6216417
10	四川成渝高速公路股份有限公司	92.664	909544	186859	4072906	1736499
11	盛和资源控股股份有限公司	92.085	1061635	107605	1514781	936184
12	四川邦泰投资集团有限责任公司	91.885	1716251	144472	3125978	290280
13	四川华西集团有限公司	91.304	8190738	113185	9570905	1314573
14	茂业商业股份有限公司	91.288	416780	40936	2137252	706507
15	四川雅化实业集团股份有限公司	90.970	524134	93662	907199	636898
16	东方电气股份有限公司	90.868	4781917	228904	10310457	3249766
17	新希望控股集团有限公司	90.533	25265247	216575	37443425	2658893
18	国金证券股份有限公司	90.396	712663	231732	8831283	2442100
天津						
1	天津城市基础设施建设投资集团有限公司	94.539	1787672	175927	87297864	26070507
2	爱玛科技集团股份有限公司	94.052	1539871	66399	1339694	497482

续表

序号	企业名称	综合信用指数	营业收入（万元）	利润（万元）	资产（万元）	所有者权益（万元）
3	天津津滨发展股份有限公司	93.168	225443	48849	694305	191146
4	天津泰达投资控股有限公司	92.820	8594907	131417	43206447	10880478
5	天津七一二通信广播股份有限公司	90.958	345094	68830	858771	361525
6	天津现代集团有限公司	90.639	1796302	68257	2899321	1156635
7	凯莱英医药集团（天津）股份有限公司	90.313	463883	106927	1515629	1261001
西藏						
1	梅花生物科技集团股份有限公司	93.995	2283689	235109	2092120	1062153
新疆						
1	新疆特变电工集团有限公司	97.031	7569536	847747	15762605	5702790
2	新疆金风科技股份有限公司	93.280	5057072	345695	11936019	3554178
3	新疆广汇实业投资（集团）有限责任公司	92.755	20322327	42222	27211903	3816131
4	新疆冠农果茸集团股份有限公司	92.197	433719	30135	712411	275415
5	新疆鑫泰天然气股份有限公司	92.188	261698	102844	1104137	453665
6	新疆中泰化学股份有限公司	92.181	6246327	270267	7307782	2522969
云南						
1	云南云天化股份有限公司	95.478	6324923	364194	5314221	1021382
2	云南恩捷新材料股份有限公司	94.800	798242	271762	2612218	1383186
3	云南省能源投资集团有限公司	92.110	13999577	283722	23142724	6266440
4	云南锡业股份有限公司	90.855	5384432	281698	4098147	1551876
浙江						
1	桐昆集团股份有限公司	97.200	5913095	733220	6969491	3583626
2	农夫山泉股份有限公司	97.048	2969641	716179	3289620	2074163
3	浙江荣晟环保纸业股份有限公司	95.953	241460	28442	258199	187034
4	天洁集团有限公司	95.780	2976362	159053	1636466	1029842
5	浙江吉利控股集团有限公司	95.294	36031587	948839	51822877	9346032
6	宁波杉杉股份有限公司	95.196	2069938	333970	4028847	1892838
7	宁波方太厨具有限公司	95.032	1548640	182406	1735531	1021602
8	新凤鸣集团股份有限公司	94.975	4477003	225398	3750840	1642457
9	百隆东方股份有限公司	94.821	777408	137078	1427376	899320
10	浙江越剑智能装备股份有限公司	94.742	155021	32394	335323	223441
11	浙江台华新材料股份有限公司	94.651	425657	46371	642788	370972
12	杭州市实业投资集团有限公司	94.599	18105521	228951	7544066	1631436
13	华茂集团股份有限公司	94.386	1184452	86000	1922229	984779
14	物产中大集团股份有限公司	94.382	56199173	398499	12944969	3037895
15	合盛硅业股份有限公司	94.325	2134324	821160	3031416	2011927
16	浙江伟明环保股份有限公司	94.082	418537	153546	1465138	764817

续表

序号	企业名称	综合信用指数	营业收入（万元）	利润（万元）	资产（万元）	所有者权益（万元）
17	浙江新安化工集团股份有限公司	93.983	1897666	265449	1719934	894345
18	人本股份有限公司	93.948	2157066	76082	1529123	351459
19	中基宁波集团股份有限公司	93.937	10954361	33928	1485861	164963
20	喜临门家具股份有限公司	93.872	777184	55875	831114	319957
21	杭叉集团股份有限公司	93.867	1448970	90847	1039725	559982
22	杭氧集团股份有限公司	93.796	1187784	119394	1604727	732369
23	华峰化学股份有限公司	93.771	2836720	793669	2917779	1900829
24	杰克科技股份有限公司	93.751	605360	46638	773672	326439
25	卫星化学股份有限公司	93.751	2855703	600651	4869243	1936263
26	浙江华友钴业股份有限公司	93.747	3531655	389750	5798906	1938359
27	浙江荣盛控股集团有限公司	93.656	44831822	772437	36066971	3090346
28	宁波海天精工股份有限公司	93.607	273049	37107	408434	164552
29	浙江元立金属制品集团有限公司	93.531	4903178	273016	3266274	910294
30	浙江天圣控股集团有限公司	93.475	1993436	430733	1416014	870660
31	浙江景兴纸业股份有限公司	93.319	622461	44112	794028	543418
32	浙江三花智能控制股份有限公司	93.298	1602080	168404	2361996	1115030
33	杭州滨江房产集团股份有限公司	93.294	3797636	302733	21172580	2057930
34	杭州立昂微电子股份有限公司	93.184	254092	60030	1256063	754243
35	浙江春风动力股份有限公司	93.183	786149	41152	797076	363640
36	胜达集团有限公司	93.159	2882662	100249	1464118	967286
37	万向集团公司	92.987	16284367	182361	10908538	3106580
38	中策橡胶集团股份有限公司	92.840	3028569	160380	3233050	1112505
39	杭州华旺新材料科技股份有限公司	92.833	294019	44858	402059	254781
40	仙鹤股份有限公司	92.824	601697	101667	1104866	641930
41	浙江苏泊尔股份有限公司	92.782	2158533	194394	1389945	762263
42	绿城物业服务集团有限公司	92.709	1256613	84627	1437475	701931
43	通策医疗股份有限公司	92.666	278073	70281	495476	288067
44	浙江海利得新材料股份有限公司	92.657	506739	57496	693162	325115
45	浙江医药股份有限公司	92.410	912909	104532	1253198	877911
46	舜宇集团有限公司	92.395	3749685	498801	3877384	2058807
47	嘉兴斯达半导体股份有限公司	92.332	170664	39838	552205	499725
48	宁波拓普集团股份有限公司	92.262	1146269	101725	1868269	1058877
49	福莱特玻璃集团股份有限公司	92.225	871323	211992	2008292	1181017
50	报喜鸟控股股份有限公司	92.195	445136	46435	611753	416142
51	浙商中拓集团股份有限公司	92.164	17827015	81914	2309411	451925
52	诺力智能装备股份有限公司	92.011	588698	30022	764121	206390

续表

序号	企业名称	综合信用指数	营业收入（万元）	利润（万元）	资产（万元）	所有者权益（万元）
53	青山控股集团有限公司	91.924	35771735	1388072	54505051	19344834
54	万丰奥特控股集团有限公司	91.918	3310508	204881	2855718	594199
55	杭州解百集团股份有限公司	91.864	212932	35056	83783	313887
56	浙江长城电工科技股份有限公司	91.855	1072673	34110	443277	271245
57	巨化集团有限公司	91.844	3628904	471098	4485916	1403389
58	浙江省兴合集团有限责任公司	91.646	14920459	67979	8069030	580696
59	浙江万盛股份有限公司	91.439	411460	82446	331670	236783
60	浙江富冶集团有限公司	91.435	7937051	89114	1520336	426415
61	恒生电子股份有限公司	91.360	549658	146354	1207991	569503
62	腾达建设集团股份有限公司	91.124	692516	82039	1156270	604016
63	浙江新澳纺织股份有限公司	91.027	344550	29827	397276	271773
64	浙江大华技术股份有限公司	90.875	3283548	337841	4405587	2361760
65	中天控股集团有限公司	90.833	13121409	371162	13761597	2499267
66	德华兔宝宝装饰新材股份有限公司	90.795	942592	71161	561217	213013
67	浙江航民股份有限公司	90.792	949116	66661	789057	546449
68	宁波华翔电子股份有限公司	90.692	1758782	126457	2179557	1085637
69	浙江伟星新型建材股份有限公司	90.586	638762	122335	643619	490748
70	永兴特种材料科技股份有限公司	90.573	719925	88708	636930	503618
71	旺能环境股份有限公司	90.346	296793	64800	1267352	537866
72	浙江省国际贸易集团有限公司	90.307	8426493	161565	14344221	1777162
73	信雅达科技股份有限公司	90.260	153695	29085	198524	124212
74	宁波容百新能源科技股份有限公司	90.203	1025900	91104	1470142	542898
75	森马集团有限公司	90.098	4216782	33483	3263308	1130617
重庆						
1	龙湖集团控股有限公司	97.417	22337547	2385369	87565111	12494925
2	重庆智飞生物制品股份有限公司	97.075	3065242	1020855	3004732	1765721
3	重庆华宇集团有限公司	94.351	8165839	936320	14098553	5789317
4	重庆顺博铝合金股份有限公司	93.764	998475	34219	501411	218940
5	重庆水务集团股份有限公司	93.239	725225	207755	2924479	1643435
6	马上消费金融股份有限公司	91.362	1890966	138216	6109087	830423
7	重庆市涪陵榨菜集团股份有限公司	90.314	251864	74195	774870	716705
8	重庆三峰环境集团股份有限公司	90.019	587382	123835	2146539	880867

六、2022中国企业信用500强行业分布

序号	企业名称	综合信用指数	营业收入（万元）	利润（万元）	资产（万元）	所有者权益（万元）
农副食品及农产品加工业						
1	梅花生物科技集团股份有限公司	93.995	2283689	235109	2092120	1062153
2	雪天盐业集团股份有限公司	93.872	478026	40171	837624	504361
3	广西农垦集团有限责任公司	93.666	2023837	40838	9000618	5144750
4	新疆冠农果茸集团股份有限公司	92.197	433719	30135	712411	275415
5	五得利面粉集团有限公司	91.699	4157239	227444	2065638	1491187
6	洽洽食品股份有限公司	91.501	598502	92866	807222	479443
7	新希望控股集团有限公司	90.533	25265247	216575	37443425	2658893
8	重庆市涪陵榨菜集团股份有限公司	90.314	251864	74195	774870	716705
食品（含饮料、乳制品、肉食品等）加工制造业						
1	农夫山泉股份有限公司	97.048	2969641	716179	3289620	2074163
2	黑龙江飞鹤乳业有限公司	96.736	2277626	687104	3148142	2092130
3	内蒙古伊利实业集团股份有限公司	96.652	11014399	870492	10196234	4770831
4	万洲国际有限公司	95.421	17597435	688604	12375871	5577462
5	东鹏饮料（集团）股份有限公司	94.638	697782	119296	779049	423813
6	广州酒家集团股份有限公司	93.343	388992	55763	482942	298663
7	承德露露股份公司	93.271	252390	56950	350833	235671
8	安井食品集团股份有限公司	92.960	927220	68230	877147	507342
9	绝味食品股份有限公司	92.783	654862	98094	740139	570235
10	上海百润投资控股集团股份有限公司	91.650	259435	66606	564031	379076
11	北京首农食品集团有限公司	91.230	18309244	272694	16485622	4264125
12	光明食品（集团）有限公司	90.316	15083030	123825	28330567	6908289
13	安琪酵母股份有限公司	90.276	1067533	130854	1344565	685406
酿酒制造业						
1	贵州茅台酒股份有限公司	99.415	10619015	5246014	25516820	18953937
2	宜宾五粮液股份有限公司	97.342	6620905	2337707	13562081	9906849
3	舍得酒业股份有限公司	95.681	496927	124565	809344	479412
4	泸州老窖股份有限公司	95.501	2064226	795555	4321178	2804024
5	四川水井坊股份有限公司	93.690	463186	119908	589099	263170
6	安徽口子酒业股份有限公司	92.923	502860	172709	1103089	824941

续表

序号	企业名称	综合信用指数	营业收入（万元）	利润（万元）	资产（万元）	所有者权益（万元）
7	安徽迎驾贡酒股份有限公司	92.444	457685	138202	862797	596414
8	江苏今世缘酒业股份有限公司	92.248	640550	202913	1443370	929708
9	山西杏花村汾酒集团有限责任公司	91.608	2001756	270519	3394053	1048315
10	江苏洋河酒厂股份有限公司	91.112	2535018	750768	6779870	4248621
11	安徽古井贡酒股份有限公司	90.492	1326982	229789	2541808	1653738
纺织、印染业						
1	百隆东方股份有限公司	94.821	777408	137078	1427376	899320
2	浙江台华新材料股份有限公司	94.651	425657	46371	642788	370972
3	山东魏桥创业集团有限公司	94.598	41113475	1133995	25504593	8534472
4	浙江天圣控股集团有限公司	93.475	1993436	430733	1416014	870660
5	江苏阳光集团有限公司	91.697	4516216	229181	2209057	1174475
6	浙江新澳纺织股份有限公司	91.027	344550	29827	397276	271773
7	浙江航民股份有限公司	90.792	949116	66661	789057	546449
纺织品、服装、服饰、鞋帽、皮革加工业						
1	波司登股份有限公司	96.093	3494721	560414	3897972	2361025
2	内蒙古鄂尔多斯资源股份有限公司	95.856	3647331	609082	4980720	1856167
3	海澜集团有限公司	94.569	11685025	450947	11310337	8219571
4	比音勒芬服饰股份有限公司	94.019	271998	62454	486295	324544
5	迪尚集团有限公司	92.664	1750622	115915	1238399	609618
6	报喜鸟控股股份有限公司	92.195	445136	46435	611753	416142
7	罗莱生活科技股份有限公司	90.778	576000	71321	626575	405970
8	深圳汇洁集团股份有限公司	90.692	273317	27605	260266	188670
9	森马集团有限公司	90.098	4216782	33483	3263308	1130617
造纸及纸制品（含木材、藤、竹、家具等）加工、印刷、包装业						
1	浙江荣晟环保纸业股份有限公司	95.953	241460	28442	258199	187034
2	奥瑞金科技股份有限公司	94.971	1388498	90511	1665186	755896
3	云南恩捷新材料股份有限公司	94.800	798242	271762	2612218	1383186
4	志邦家居股份有限公司	94.647	515280	50552	529805	259098
5	华泰集团有限公司	94.555	7683349	142076	3664748	1260996
6	山鹰国际控股股份公司	94.447	3303281	151567	5199449	1651744
7	山东太阳控股集团有限公司	94.261	6038744	409590	5220280	2243531
8	山东博汇纸业股份有限公司	94.121	1627612	170568	1991356	726655
9	喜临门家具股份有限公司	93.872	777184	55875	831114	319957

续表

序号	企业名称	综合信用指数	营业收入（万元）	利润（万元）	资产（万元）	所有者权益（万元）
10	欧派家居集团股份有限公司	93.378	2044160	266559	2339273	1440879
11	浙江景兴纸业股份有限公司	93.319	622461	44112	794028	543418
12	汕头东风印刷股份有限公司	93.285	380507	78505	803838	597672
13	玖龙纸业（控股）有限公司	93.206	8731040	587388	9639108	4715611
14	胜达集团有限公司	93.159	2882662	100249	1464118	967286
15	大亚科技集团有限公司	93.081	2983612	105247	1780771	415739
16	杭州华旺新材料科技股份有限公司	92.833	294019	44858	402059	254781
17	深圳劲嘉集团股份有限公司	92.828	506707	101974	1032808	784667
18	仙鹤股份有限公司	92.824	601697	101667	1104866	641930
19	金牌厨柜家居科技股份有限公司	92.502	344777	33798	451628	241068
20	山东晨鸣纸业集团股份有限公司	92.129	3301981	206551	8284145	1908977
21	广东好太太科技集团股份有限公司	91.297	142545	30022	234505	187901
生活用品（含文体、玩具、工艺品、珠宝）等轻工产品加工制造业						
1	周大生珠宝股份有限公司	93.995	915520	122461	701611	578715
2	上海晨光文具股份有限公司	93.897	1760740	151787	1142439	619489
3	老凤祥股份有限公司	93.100	5869077	187631	2227486	919114
4	中国黄金集团黄金珠宝股份有限公司	92.985	5075767	79443	1102015	655598
5	宏旺控股集团有限公司	91.475	5008617	42249	1136264	378517
6	厦门松霖科技股份有限公司	90.366	297700	30130	403566	222628
石化产品、炼焦及其他燃料生产加工业						
1	中国石油化工集团有限公司	98.479	258860343	5364137	241808347	84785275
2	胜华新材料集团股份有限公司	93.659	705621	117841	468961	310438
3	山西美锦能源股份有限公司	92.978	2128768	256694	2940484	1242357
4	山东东明石化集团有限公司	91.907	12861179	237822	5142971	2277439
5	利华益集团股份有限公司	91.558	10806670	277023	4901485	2418785
化学原料及化学制品（含精细化工、日化、肥料等）制造业						
1	万华化学集团股份有限公司	97.410	14553782	2464875	19030958	6849853
2	山东金岭集团有限公司	96.088	4512214	1752931	2036687	1752931
3	云南云天化股份有限公司	95.478	6324923	364194	5314221	1021382
4	鲁西化工集团股份有限公司	94.515	3179433	461866	3211553	1794401
5	浙江新安化工集团股份有限公司	93.983	1897666	265449	1719934	894345
6	山东华鲁恒升化工股份有限公司	93.800	2663586	725417	2865318	2225582
7	华峰化学股份有限公司	93.771	2836720	793669	2917779	1900829
8	卫星化学股份有限公司	93.751	2855703	600651	4869243	1936263

续表

序号	企业名称	综合信用指数	营业收入（万元）	利润（万元）	资产（万元）	所有者权益（万元）
9	江苏华昌化工股份有限公司	93.487	941332	163340	812680	431294
10	江西晨光新材料股份有限公司	93.400	169743	53687	186235	163319
11	中化国际（控股）股份有限公司	93.331	8064778	217543	5797320	1224926
12	江苏三木集团有限公司	93.125	4651957	321769	1681721	1108115
13	山东联盟化工集团有限公司	93.035	2074719	136229	1264483	729761
14	湖北兴发化工集团股份有限公司	93.007	2360668	424659	3348791	1382774
15	新疆中泰化学股份有限公司	92.181	6246327	270267	7307782	2522969
16	巨化集团有限公司	91.844	3628904	471098	4485916	1403389
17	浙江万盛股份有限公司	91.439	411460	82446	331670	236783
18	唐山三孚硅业股份有限公司	91.118	159887	33566	232170	155515
19	四川雅化实业集团股份有限公司	90.970	524134	93662	907199	636898
20	淄博齐翔腾达化工股份有限公司	90.947	3489207	239264	2607051	1278977
21	滨化集团股份有限公司	90.494	926814	162592	1680379	1021604
22	宁夏宝丰能源集团股份有限公司	90.107	2329994	707043	4437377	3068996
医药、生物制药、医疗设备制造业						
1	重庆智飞生物制品股份有限公司	97.075	3065242	1020855	3004732	1765721
2	漳州片仔癀药业股份有限公司	95.668	802155	243145	1249533	970501
3	北京万泰生物药业股份有限公司	95.437	575033	202147	704595	446629
4	石药控股集团有限公司	95.407	4139416	673111	5874388	3073089
5	广州金域医学检验集团股份有限公司	95.203	1194322	221964	1075089	630381
6	上海美迪西生物医药股份有限公司	95.173	116726	28222	179357	132751
7	江苏硕世生物科技股份有限公司	94.525	283904	119321	349934	253645
8	无锡药明康德新药开发股份有限公司	94.172	2290239	509716	5512739	3849151
9	深圳迈瑞生物医疗电子股份有限公司	94.004	2526958	800155	3810302	2695280
10	长春高新技术产业（集团）股份有限公司	93.494	1074671	375747	2251576	1457372
11	健民药业集团股份有限公司	93.333	327818	32474	282560	156121
12	华鲁控股集团有限公司	93.201	3954981	248848	5071262	1148943
13	广州达安基因股份有限公司	93.197	766426	361818	1033644	735133
14	湖北济川药业股份有限公司	93.088	763051	171918	1213104	911688
15	广州白云山医药集团股份有限公司	92.903	6901405	371988	6611779	2906218
16	山西振东制药股份有限公司	92.583	509377	261742	1009344	807960
17	浙江医药股份有限公司	92.410	912909	104532	1253198	877911
18	上海医药集团股份有限公司	92.012	21582426	509347	16343551	4935948
19	上海微创心脉医疗科技（集团）股份有限公司	91.924	68463	31586	175357	149429
20	凯莱英医药集团（天津）股份有限公司	90.313	463883	106927	1515629	1261001
21	威高集团有限公司	90.298	5110981	439914	7214381	4290442

续表

序号	企业名称	综合信用指数	营业收入（万元）	利润（万元）	资产（万元）	所有者权益（万元）
22	通化东宝药业股份有限公司	90.162	326790	130825	652010	621488
23	上海奕瑞光电子科技股份有限公司	90.150	118735	48404	353710	305218
化学纤维制造业						
1	恒申控股集团有限公司	97.200	6592748	849396	5139727	2952070
2	桐昆集团股份有限公司	97.200	5913095	733220	6969491	3583626
3	新凤鸣集团股份有限公司	94.975	4477003	225398	3750840	1642457
4	盛虹控股集团有限公司	94.652	34797926	607114	17292018	3569906
5	江苏东方盛虹股份有限公司	94.403	5172217	454360	13200254	2761453
6	神马实业股份有限公司	94.361	1341514	214418	2589652	771241
7	恒力集团有限公司	94.241	73234451	1531614	30536547	5790619
8	浙江荣盛控股集团有限公司	93.656	44831822	772437	36066971	3090346
9	福建百宏聚纤科技实业有限公司	92.920	3998798	246909	6309450	1645298
10	山东玻纤集团股份有限公司	92.919	274863	54603	508171	235815
11	浙江海利得新材料股份有限公司	92.657	506739	57496	693162	325115
橡胶、塑料制品及其他新材料制造业						
1	杭州市实业投资集团有限公司	94.599	18105521	228951	7544066	1631436
2	华勤橡胶工业集团有限公司	93.952	4596324	93286	2158373	1036691
3	江苏双星彩塑新材料股份有限公司	92.887	593120	138543	1212530	939878
4	中策橡胶集团股份有限公司	92.840	3028569	160380	3233050	1112505
5	赛轮集团股份有限公司	92.613	1799843	131297	2617294	1073047
6	安徽国风新材料股份有限公司	92.563	191002	28215	325257	269587
7	深圳市力合科创股份有限公司	90.870	300854	63079	1361283	642568
建筑材料及玻璃等制造业及非金属矿物制品业						
1	中国建材集团有限公司	98.839	41550846	2865000	65224429	21134200
2	合盛硅业股份有限公司	94.325	2134324	821160	3031416	2011927
3	山东金晶科技股份有限公司	93.959	692151	130749	1082442	549199
4	安徽海螺集团有限责任公司	93.277	25607469	1239871	28232081	7177204
5	福莱特玻璃集团股份有限公司	92.225	871323	211992	2008292	1181017
6	北京东方雨虹防水技术股份有限公司	92.140	3193420	420469	4973322	2629439
7	华新水泥股份有限公司	92.053	3246408	536353	5254962	2672991
8	中国南玻集团股份有限公司	91.564	1362903	152932	1993936	1142966
9	福耀玻璃工业集团股份有限公司	91.319	2360306	314617	4478489	2630602
10	北京金隅集团股份有限公司	90.850	12363445	293301	28635681	6371749
11	德华兔宝宝装饰新材股份有限公司	90.795	942592	71161	561217	213013

续表

序号	企业名称	综合信用指数	营业收入（万元）	利润（万元）	资产（万元）	所有者权益（万元）
12	浙江伟星新型建材股份有限公司	90.586	638762	122335	643619	490748
13	甘肃上峰水泥股份有限公司	90.563	831452	217622	1512542	828970
黑色冶金及压延加工业						
1	中国宝武钢铁集团有限公司	96.691	97225779	1931794	111708361	30936785
2	江苏沙钢集团有限公司	94.170	30363121	1466463	32482912	7805325
3	青山控股集团有限公司	91.924	35771735	1388072	54505051	19344834
4	敬业集团有限公司	90.981	23790148	574692	7743682	3870538
5	永兴特种材料科技股份有限公司	90.573	719925	88708	636930	503618
6	广西柳州钢铁集团有限公司	90.376	13253262	630151	12094540	3530654
7	湖南华菱钢铁股份有限公司	90.201	17117596	967980	10655946	4540968
8	首钢集团有限公司	90.174	27149655	135780	51856071	12222708
一般有色冶金及压延加工业						
1	中国铝业集团有限公司	97.344	51864838	902344	62444306	10267418
2	正威国际集团有限公司	94.764	72275382	1296964	21363794	12469061
3	中国北方稀土（集团）高科技股份有限公司	94.634	3040840	513004	3470776	1534823
4	西部超导材料科技股份有限公司	94.270	292722	74148	875795	536083
5	铜陵有色金属集团股份有限公司	93.969	13103365	310143	5084042	2170738
6	江西铜业集团有限公司	93.924	45741836	299714	19783051	3368826
7	浙江华友钴业股份有限公司	93.747	3531655	389750	5798906	1938359
8	西安三角防务股份有限公司	92.763	117233	41228	413133	245666
9	盛和资源控股股份有限公司	92.085	1061635	107605	1514781	936184
10	山东南山铝业股份有限公司	92.045	2872502	341083	6317818	4286670
11	浙江富冶集团有限公司	91.435	7937051	89114	1520336	426415
12	河南明泰铝业股份有限公司	91.400	2461262	185201	1892886	1067406
13	河南金利金铅集团有限公司	91.315	3627977	68974	802811	298742
14	怡球金属资源再生（中国）股份有限公司	91.314	828293	85166	574945	386443
15	云南锡业股份有限公司	90.855	5384432	281698	4098147	1551876
16	厦门钨业股份有限公司	90.032	3185220	118053	3242089	896094
金属制品、加工工具、工业辅助产品加工制造业及金属新材料制造业						
1	深圳市科达利实业股份有限公司	93.679	446758	54161	732648	455497
2	浙江元立金属制品集团有限公司	93.531	4903178	273016	3266274	910294
3	安徽楚江科技新材料股份有限公司	93.247	3734960	56709	1326247	616626
4	安徽鸿路钢结构（集团）股份有限公司	90.388	1951481	115011	1957616	727079
工程机械、设备和特种装备（含电梯、仓储设备）及零配件制造业						
1	徐工集团工程机械股份有限公司	97.416	8432757	561460	11002910	3644350
2	大族激光科技产业集团股份有限公司	95.746	1633233	199449	2718055	1161984

续表

序号	企业名称	综合信用指数	营业收入（万元）	利润（万元）	资产（万元）	所有者权益（万元）
3	浙江越剑智能装备股份有限公司	94.742	155021	32394	335323	223441
4	景津装备股份有限公司	94.735	465110	64701	595074	336972
5	深圳市汇川技术股份有限公司	93.968	1794325	357340	2730271	1588326
6	晶澳太阳能科技股份有限公司	93.937	4130175	203863	5696745	1649426
7	杭叉集团股份有限公司	93.867	1448970	90847	1039725	559982
8	杭氧集团股份有限公司	93.796	1187784	119394	1604727	732369
9	新疆金风科技股份有限公司	93.280	5057072	345695	11936019	3554178
10	中国国际海运集装箱（集团）股份有限公司	93.245	16369598	666532	15432250	4511863
11	天地科技股份有限公司	93.117	2357071	161989	4215788	1900042
12	南兴装备股份有限公司	92.980	277678	29136	345913	222783
13	三一集团有限公司	92.671	15456008	509474	24473736	4499012
14	宇通重工股份有限公司	92.243	375654	39291	477695	221203
15	诺力智能装备股份有限公司	92.011	588698	30022	764121	206390
16	卫华集团有限公司	90.667	1633448	46022	1140730	459950
通用机械设备和专用机械设备及零配件制造业						
1	天洁集团有限公司	95.780	2976362	159053	1636466	1029842
2	山东豪迈机械科技股份有限公司	94.553	600833	105317	764353	650474
3	人本股份有限公司	93.948	2157066	76082	1529123	351459
4	郑州煤矿机械集团股份有限公司	93.927	2927462	194779	3664801	1479549
5	江苏恒立液压股份有限公司	93.782	930922	269360	1233204	919570
6	杰克科技股份有限公司	93.751	605360	46638	773672	326439
7	宁波海天精工股份有限公司	93.607	273049	37107	408434	164552
8	亿嘉和科技股份有限公司	93.559	128493	48308	337248	265124
9	西安陕鼓动力股份有限公司	93.521	1036092	85756	2727649	750425
10	江苏华宏科技股份有限公司	93.482	677682	53202	516118	348643
11	浙江三花智能控制股份有限公司	93.298	1602080	168404	2361996	1115030
12	冰轮环境技术股份有限公司	92.561	538347	30084	986385	475564
13	福建龙溪轴承（集团）股份有限公司	91.933	143517	29816	345151	228677
14	上海机电股份有限公司	90.689	2471674	81092	3721162	1231472
15	广东东方精工科技股份有限公司	90.056	352473	46733	635716	368197
电力、电气等设备、机械、元器件及光伏、风能、电池、线缆制造业						
1	新疆特变电工集团有限公司	97.031	7569536	847747	15762605	5702790
2	宁德时代新能源科技股份有限公司	96.993	13035580	1593131	30766686	8451327
3	通威股份有限公司	96.716	6349107	820792	8824999	3750257
4	远景能源有限公司	95.220	6156902	1111978	9960145	3179382

续表

序号	企业名称	综合信用指数	营业收入（万元）	利润（万元）	资产（万元）	所有者权益（万元）
5	宁波杉杉股份有限公司	95.196	2069938	333970	4028847	1892838
6	无锡上机数控股份有限公司	94.740	1091532	171141	1449085	744101
7	明阳新能源投资控股集团有限公司	93.592	5697358	495279	10303689	3197696
8	上海璞泰来新能源科技股份有限公司	92.605	899589	174873	2145026	1048670
9	广东嘉元科技股份有限公司	92.604	280418	54996	606044	359066
10	湖南金博碳素股份有限公司	92.256	133790	50110	294086	189109
11	隆基绿能科技股份有限公司	91.913	8093225	908588	9773488	4744775
12	无锡奥特维科技股份有限公司	91.881	204673	37072	428239	140774
13	明阳智慧能源集团股份公司	91.872	2715805	310112	6149293	1839454
14	浙江长城电工科技股份有限公司	91.855	1072673	34110	443277	271245
15	中伟新材料股份有限公司	91.009	2007249	93895	2819976	983249
16	惠州亿纬锂能股份有限公司	90.993	1689980	290579	4453390	1793416
17	宁波容百新能源科技股份有限公司	90.203	1025900	91104	1470142	542898
船舶、轨道交通设备及零部件制造业						
1	中国船舶集团有限公司	98.399	34902186	1698063	88394553	26126378
2	交控科技股份有限公司	93.375	258213	29101	529142	229217
3	中国中车集团有限公司	92.449	23842915	573344	47827825	8357573
家用电器及零配件制造业						
1	美的集团股份有限公司	98.401	34123321	2857365	38794610	12486812
2	珠海格力电器股份有限公司	97.176	18965403	2306373	31959818	10365165
3	海尔集团公司	97.176	33273670	1070417	47129095	6859095
4	宁波方太厨具有限公司	95.032	1548640	182406	1735531	1021602
5	创维集团有限公司	94.150	5092800	163400	6088100	1804500
6	科沃斯机器人股份有限公司	93.940	1308601	201026	1072001	509429
7	浙江苏泊尔股份有限公司	92.782	2158533	194394	1389945	762263
8	双良集团有限公司	91.121	4594200	49902	3094647	848291
9	海信集团控股股份有限公司	90.505	16955274	321469	16823472	1945712
10	欧普照明股份有限公司	90.381	884663	90748	907691	578689
电子元器件与仪器仪表、自动化控制设备制造业						
1	富士康工业互联网股份有限公司	95.694	43955720	2000975	26660878	11918060
2	中国电子科技集团有限公司	95.097	35771735	1388072	54505051	19344834
3	兆易创新科技集团股份有限公司	95.012	851022	233679	1541837	1348305
4	紫光国芯微电子股份有限公司	94.193	534211	195378	1159224	724349
5	江苏长电科技股份有限公司	94.148	3050242	295871	3709862	2099113
6	中芯国际集成电路制造有限公司	94.033	3563063	1073310	22993281	10919877
7	瑞芯微电子股份有限公司	93.984	271860	60178	337871	285058

续表

序号	企业名称	综合信用指数	营业收入（万元）	利润（万元）	资产（万元）	所有者权益（万元）
8	深圳市明微电子股份有限公司	93.200	125120	64724	188672	168795
9	杭州立昂微电子股份有限公司	93.184	254092	60030	1256063	754243
10	广东生益科技股份有限公司	92.818	2027426	282968	2443116	1309641
11	天水华天科技股份有限公司	92.712	1209679	141567	2997435	1504944
12	深圳市大疆创新科技有限公司	92.473	2522200	732398	3774274	2781041
13	嘉兴斯达半导体股份有限公司	92.332	170664	39838	552205	499725
14	北方华创科技集团股份有限公司	91.841	968347	107740	3105447	1689755
动力、电力生产等装备、设备制造业						
1	东方电气股份有限公司	90.868	4781917	228904	10310457	3249766
2	潍柴动力股份有限公司	90.490	20354770	925448	27704442	7090680
计算机、通信器材、办公、影像等设备及零部件制造业						
1	华为投资控股有限公司	99.990	63069840	11354549	98283639	41445976
2	京东方科技集团股份有限公司	97.600	21930979	2583093	44972698	14292554
3	歌尔股份有限公司	95.950	7822142	383242	6106657	2732774
4	中兴通讯股份有限公司	95.692	11452164	681294	16876343	5148209
5	小米集团	95.586	32830915	1933932	29289187	13721291
6	联想控股股份有限公司	94.228	48987168	575489	68068617	6126989
7	上海移远通信技术股份有限公司	93.931	1126192	35806	814002	320846
8	立讯精密工业股份有限公司	93.703	15394610	707052	12057210	3528855
9	上海韦尔半导体股份有限公司	93.646	2410351	447619	3207993	1619831
10	无锡新洁能股份有限公司	93.481	149827	41046	188525	153031
11	研祥高科技控股集团有限公司	93.284	7914163	422930	4952964	3144265
12	晶晨半导体（上海）股份有限公司	93.200	477707	81161	505645	387466
13	心里程控股集团有限公司	92.947	6010437	241384	2460899	1565545
14	安克创新科技股份有限公司	92.802	1257420	98173	847423	604942
15	舜宇集团有限公司	92.395	3749685	498801	3877384	2058807
16	环旭电子股份有限公司	91.999	5529965	185797	3585673	1308196
17	天津七一二通信广播股份有限公司	90.958	345094	68830	858771	361525
18	浙江大华技术股份有限公司	90.875	3283548	337841	4405587	2361760
19	闻泰科技股份有限公司	90.759	5272865	261154	7257588	3369871
20	广州视源电子科技股份有限公司	90.716	2122571	169899	1550776	835559
21	苏州东山精密制造股份有限公司	90.657	3179314	186248	3795140	1457650
22	深圳市漫步者科技股份有限公司	90.175	230366	31556	267590	219625
汽车及零配件制造业						
1	上海汽车集团股份有限公司	97.454	77984579	2453310	91692270	27377368

续表

序号	企业名称	综合信用指数	营业收入（万元）	利润（万元）	资产（万元）	所有者权益（万元）
2	中国第一汽车集团有限公司	97.444	70569611	2322386	60008812	22813252
3	东风汽车集团有限公司	95.344	55551521	929446	55134798	11715984
4	浙江吉利控股集团有限公司	95.294	36031587	948839	51822877	9346032
5	长城汽车股份有限公司	94.958	13640466	672609	17540802	6212438
6	华域汽车系统股份有限公司	94.849	13994414	646894	15384676	4954302
7	广州汽车工业集团有限公司	93.414	43188274	391760	36432279	5170179
8	万向集团公司	92.987	16284367	182361	10908538	3106580
9	骆驼集团股份有限公司	92.597	1240345	83179	1293720	848696
10	宁波拓普集团股份有限公司	92.262	1146269	101725	1868269	1058877
11	北京汽车集团有限公司	91.967	48175754	205136	50026416	7493926
12	万丰奥特控股集团有限公司	91.918	3310508	204881	2855718	594199
13	奇瑞控股集团有限公司	91.256	10611251	81458	21158194	1705757
14	上海新朋实业股份有限公司	90.909	472163	39942	545167	291159
15	无锡威孚高科技集团股份有限公司	90.840	1368242	257537	2797085	1939860
16	宁波华翔电子股份有限公司	90.692	1758782	126457	2179557	1085637
摩托车、自行车和其他交通运输车辆及零配件制造业						
1	雅迪科技集团有限公司	94.243	2705159	145275	1936964	447710
2	爱玛科技集团股份有限公司	94.052	1539871	66399	1339694	497482
3	浙江春风动力股份有限公司	93.183	786149	41152	797076	363640
航空航天、国防军工装备及零配件制造业						
1	中国航天科技集团有限公司	97.339	28007020	1998943	60861741	23781499
2	中国兵器工业集团有限公司	95.797	52754166	1123400	48617366	13462102
3	中国航天科工集团有限公司	95.630	26353542	1359836	50718529	16723371
4	中国航空工业集团有限公司	92.925	51903589	551610	123832280	22122502
5	北京北摩高科摩擦材料股份有限公司	92.499	113237	42230	394749	245176
6	中国兵器装备集团有限公司	90.993	28622955	475056	39231532	8425264
综合制造业（以制造业为主，含有服务业）						
1	广州工业投资控股集团有限公司	95.056	18209575	329434	16507092	3413723
2	比亚迪股份有限公司	94.219	21614239	304519	29578015	9506967
3	复星国际有限公司	91.834	16129120	1008990	80637210	13106991
4	中国五矿集团有限公司	91.459	85015599	397887	100390805	6704470
能源（电、热、燃气等）供应、开发、节能减排及再循环服务业						
1	国家电网有限公司	98.403	297113025	4604112	467152425	197069429
2	中国南方电网有限责任公司	95.157	67160048	841150	108223257	39910622

续表

序号	企业名称	综合信用指数	营业收入（万元）	利润（万元）	资产（万元）	所有者权益（万元）
3	新奥天然气股份有限公司	94.446	11591963	410165	12793392	1483322
4	重庆顺博铝合金股份有限公司	93.764	998475	34219	501411	218940
5	佛燃能源集团股份有限公司	93.425	1353117	59474	1393699	445960
6	国电南瑞科技股份有限公司	92.353	4241101	564245	7273295	3799690
7	河南蓝天燃气股份有限公司	92.352	390089	42088	514709	290889
8	新疆鑫泰天然气股份有限公司	92.188	261698	102844	1104137	453665
9	瀚蓝环境股份有限公司	92.125	1177651	116338	2927848	990460
10	云南省能源投资集团有限公司	92.110	13999577	283722	23142724	6266440
11	新天绿色能源股份有限公司	91.187	1598527	216013	7191776	1968436
12	奥德集团有限公司	90.687	3519453	407237	5384402	3048522
13	绿色动力环保集团股份有限公司	90.499	505689	69779	2021447	652809
14	北京能源集团有限责任公司	90.372	8798832	238560	40014870	8961183
15	旺能环境股份有限公司	90.346	296793	64800	1267352	537866
16	申能（集团）有限公司	90.153	5588972	500870	21547735	10354595
17	重庆三峰环境集团股份有限公司	90.019	587382	123835	2146539	880867
铁路运输及辅助服务业						
1	中铁集装箱运输有限责任公司	94.570	5296277	178302	2892890	1678620
2	大秦铁路股份有限公司	93.970	7868205	1218131	19854630	12440120
3	京沪高速铁路股份有限公司	92.149	2930478	481571	29525225	18684988
陆路运输、城市公交、道路及交通辅助等服务业						
1	吉林高速公路股份有限公司	92.682	127202	31844	664589	410993
2	四川成渝高速公路股份有限公司	92.664	909544	186859	4072906	1736499
3	广东省交通集团有限公司	91.959	5394085	307919	44930543	10107464
水上运输业						
1	中国远洋海运集团有限公司	97.395	54266305	4141597	97615126	23637244
航空港及相关服务业						
1	厦门翔业集团有限公司	93.880	1783558	29379	4296502	1295966
电信、邮寄、速递等服务业						
1	中国移动通信集团有限公司	98.456	85088466	9436108	214651950	118216661
2	中国邮政集团有限公司	97.843	70095084	3859218	1316870009	47646084
3	振烨国际产业控股集团（深圳）有限公司	94.541	9601924	771429	1807594	702908
4	中国联合网络通信集团有限公司	94.034	32912229	318788	62701575	18461028
5	圆通速递股份有限公司	93.640	4515495	210341	3422231	2260355
6	中国电信集团有限公司	91.033	53922328	1248156	98976966	38211746

续表

序号	企业名称	综合信用指数	营业收入（万元）	利润（万元）	资产（万元）	所有者权益（万元）
商业零售业及连锁超市						
1	紫光股份有限公司	95.961	6763753	214764	6643045	2996067
2	科大讯飞股份有限公司	95.082	1831360	155646	3139403	1678072
3	浪潮电子信息产业股份有限公司	93.569	6704755	200273	4620816	1516185
4	上海宝信软件股份有限公司	92.420	1175936	181884	1786017	901746
5	上海泛微网络科技股份有限公司	92.228	200286	30870	337671	187955
6	北京金山办公软件股份有限公司	92.182	328006	104125	1042567	771952
7	上海柏楚电子科技股份有限公司	91.680	91344	55020	314860	298931
8	恒生电子股份有限公司	91.360	549658	146354	1207991	569503
9	信雅达科技股份有限公司	90.260	153695	29085	198524	124212
物流、仓储、运输、配送及供应链服务业						
1	厦门象屿股份有限公司	91.091	46251623	216027	9583422	1721426
2	厦门建发集团有限公司	90.690	71957617	718654	65883882	6163193
农牧渔饲产品及生活消费品等内外商贸批发、零售业						
1	中粮集团有限公司	93.739	66494705	966171	68601206	10379337
2	鑫荣懋果业科技集团股份有限公司	90.460	1083546	27842	509517	249031
3	浙江省国际贸易集团有限公司	90.307	8426493	161565	14344221	1777162
综合性内外商贸及批发、零售业						
1	物产中大集团股份有限公司	94.382	56199173	398499	12944969	3037895
2	中基宁波集团股份有限公司	93.937	10954361	33928	1485861	164963
3	江苏国泰国际集团股份有限公司	93.677	3933950	123616	3457513	1050093
4	湖南博深实业集团有限公司	92.793	1692297	53636	825596	614305
5	浙商中拓集团股份有限公司	92.164	17827015	81914	2309411	451925
6	浙江省兴合集团有限责任公司	91.646	14920459	67979	8069030	580696
7	上海协通（集团）有限公司	90.571	2442419	88747	734175	282930
汽车和摩托车商贸、维修保养及租赁业						
1	恒信汽车集团股份有限公司	93.794	8021367	257199	2313995	1320251
医药专营批发、零售业及医疗服务业						
1	中国医药集团有限公司	99.980	70166212	7846699	56402153	15129832
2	通策医疗股份有限公司	92.666	278073	70281	495476	288067
3	北京昭衍新药研究中心股份有限公司	91.297	151668	55746	853708	713621
商业零售业及连锁超市						
1	王府井集团股份有限公司	94.533	1153555	134024	3915058	1934701
2	南京新街口百货商店股份有限公司	92.205	617675	109118	2533013	1718370
3	居然之家新零售集团股份有限公司	92.184	1307104	232504	5621038	1919798
4	物美科技集团有限公司	91.892	6184575	269741	11383621	2659999

续表

序号	企业名称	综合信用指数	营业收入（万元）	利润（万元）	资产（万元）	所有者权益（万元）
5	杭州解百集团股份有限公司	91.864	212932	35056	83783	313887
6	利群集团股份有限公司	91.587	2875035	29237	2649564	692724
7	茂业商业股份有限公司	91.288	416780	40936	2137252	706507
8	绿滋肴控股集团有限公司	91.207	1159154	68003	577210	327835
9	武商集团股份有限公司	91.128	712651	75242	2818837	1067765
10	百联集团有限公司	90.978	4916028	74014	17202260	2494733
11	南京新华海科技产业集团有限公司	90.661	2676520	50784	1277287	599432
12	大商股份有限公司	90.092	793154	70218	1951557	883565
银行业						
1	中国建设银行股份有限公司	99.287	82424600	30392800	3025397900	261412200
2	中国工商银行股份有限公司	99.269	94276200	34833800	3517138300	325775500
3	中国银行股份有限公司	99.019	60555900	21655900	2672240800	222515300
4	中国农业银行股份有限公司	99.002	71991500	24118300	2906915500	241460500
5	兴业银行股份有限公司	97.167	22123600	8268000	860302400	68411100
6	交通银行股份有限公司	97.123	26939000	8758100	1166575700	96464700
7	中国光大银行股份有限公司	92.114	15275100	4340700	590206900	48248900
8	深圳前海微众银行股份有限公司	94.168	4795005	688376	43874781	2772353
保险业						
1	中国人寿保险股份有限公司	97.296	85850500	5092100	489108500	47858500
2	中国平安保险（集团）股份有限公司	96.822	118044400	10161800	1014202600	81240500
3	泰康保险集团股份有限公司	96.193	26193348	2468118	132977846	12135133
4	中国人民保险集团股份有限公司	95.739	59769100	2163800	137640200	21913200
5	中国太平洋保险（集团）股份有限公司	95.080	44064300	2683400	194616400	22674100
6	新华人寿保险股份有限公司	91.053	22238000	1494700	112772100	10849700
证券及其他金融服务业						
1	国泰君安证券股份有限公司	96.147	4281714	1501348	79127281	14712366
2	华泰证券股份有限公司	95.651	3790544	1334611	80665083	14842281
3	中国国际金融股份有限公司	95.556	3013105	1077771	64979549	8442212
4	东方财富信息股份有限公司	95.314	1309432	855293	18502025	4404024
5	中国银河证券股份有限公司	95.016	3598399	1043024	56013503	9895580
6	广发证券股份有限公司	94.398	3424999	1085412	53585532	10662451
7	东方证券股份有限公司	92.497	2437039	537150	32659962	6412711
8	东吴证券股份有限公司	91.905	924549	239178	12431825	3712562
9	马上消费金融股份有限公司	91.362	1890966	138216	6109087	830423
10	兴业证券股份有限公司	91.237	1897217	474307	21746334	4118944

续表

序号	企业名称	综合信用指数	营业收入（万元）	利润（万元）	资产（万元）	所有者权益（万元）
11	国联证券股份有限公司	91.223	296663	88864	6593924	1638107
12	中泰证券股份有限公司	90.732	1314967	320001	20468976	3578992
13	国金证券股份有限公司	90.396	712663	231732	8831283	2442100
14	国元证券股份有限公司	90.353	610975	190927	11461812	3229778
多元化投资控股、商务服务业						
1	国家开发投资集团有限公司	98.402	19445388	3412071	76637289	12635047
2	中国中信集团有限公司	95.466	62004272	3154971	880968219	41823175
3	招商局集团有限公司	91.592	49517181	5499226	250876457	44146405
4	厦门海沧投资集团有限公司	91.036	3076013	85748	3919951	787144
房地产开发与经营、物业及房屋装饰、修缮、管理等服务业						
1	龙湖集团控股有限公司	97.417	22337547	2385369	87565111	12494925
2	山西鹏飞集团有限公司	95.572	8619669	453505	9502448	5681598
3	碧桂园控股有限公司	95.164	52306400	2679700	194836500	19873600
4	旭辉控股（集团）有限公司	95.034	10783474	761292	43274953	4199015
5	金地（集团）股份有限公司	95.017	9923222	940952	46280951	6298117
6	珠海华发集团有限公司	94.588	14194254	212286	57742333	6079291
7	新城控股集团股份有限公司	94.484	16823168	1259809	53429311	5930996
8	重庆华宇集团有限公司	94.351	8165839	936320	14098553	5789317
9	广州越秀集团股份有限公司	94.255	8716181	444580	78247953	5472077
10	卓尔控股有限公司	93.967	12803758	116690	10091836	5052015
11	上海金桥出口加工区开发股份有限公司	93.629	461715	162300	3326784	1233921
12	合肥城建发展股份有限公司	93.609	755730	87692	2255733	615972
13	杭州滨江房产集团股份有限公司	93.294	3797636	302733	21172580	2057930
14	万科企业股份有限公司	93.261	45279778	2252403	193863813	23595313
15	天津津滨发展股份有限公司	93.168	225443	48849	694305	191146
16	成都兴城投资集团有限公司	93.045	19707423	220467	94199134	6216417
17	深圳市物业发展（集团）股份有限公司	93.044	449196	100396	1458189	448611
18	宝龙地产控股有限公司	93.011	3990246	599210	24505645	4069366
19	天津泰达投资控股有限公司	92.820	8594907	131417	43206447	10880478
20	绿城物业服务集团有限公司	92.709	1256613	84627	1437475	701931
21	中国国际贸易中心股份有限公司	92.175	358598	102379	1272592	863395
22	中新苏州工业园区开发集团股份有限公司	92.088	391724	152185	2943046	1217243
23	四川邦泰投资集团有限责任公司	91.885	1716251	144472	3125978	290280
24	上海临港控股股份有限公司	91.382	627192	153522	4926475	1537124
25	上海陆家嘴金融贸易区开发股份有限公司	90.965	1387204	431087	12089589	2257325

续表

序号	企业名称	综合信用指数	营业收入（万元）	利润（万元）	资产（万元）	所有者权益（万元）
26	天津现代集团有限公司	90.639	1796302	68257	2899321	1156635
27	卓正控股集团有限公司	90.478	922931	103476	5951575	2835844
28	上海城投控股股份有限公司	90.440	919300	91154	6890165	2037446
旅游、旅馆及娱乐服务业						
1	中国旅游集团中免股份有限公司	97.542	6767552	965374	5547373	2961880
公用事业、市政、水务、航道等公共设施投资、经营与管理业						
1	广西绿城水务股份有限公司	95.375	208149	29469	1708094	457912
2	成都市兴蓉环境股份有限公司	94.549	673236	149442	3451201	1345846
3	天津城市基础设施建设投资集团有限公司	94.539	1787672	175927	87297864	26070507
4	四川川投能源股份有限公司	94.506	126333	308739	4846729	3124741
5	北京控股集团有限公司	94.480	10923283	164160	41074964	4283259
6	浙江伟明环保股份有限公司	94.082	418537	153546	1465138	764817
7	江西洪城环境股份有限公司	93.781	817435	82004	1770245	588829
8	重庆水务集团股份有限公司	93.239	725225	207755	2924479	1643435
9	南昌市政公用集团有限公司	93.157	5630743	60269	15829405	3830159
10	武汉三镇实业控股股份有限公司	92.993	201190	39894	1802552	570644
11	中山公用事业集团股份有限公司	92.991	237068	146564	2249064	1514197
12	广东联泰环保股份有限公司	92.731	78505	30345	976220	270426
13	北京首都创业集团有限公司	91.314	6414277	62087	42347271	2467582
人力资源（职业教育、培训等）、会展博览、国内外经济合作等社会综合服务业						
1	首都实业投资有限公司	93.301	12055107	61502	1271011	308940
2	中国国际技术智力合作集团有限公司	92.000	14665554	93799	1879186	724038
3	北京蓝色光标数据科技股份有限公司	90.771	4007791	52180	1793390	940291
科技研发、推广及地勘、规划、设计、评估、咨询、认证等承包服务业						
1	中国化学工程股份有限公司	95.966	13728898	463342	17789604	4819923
文化产业（书刊出版、印刷、发行与销售及影视、音像、文体、演艺等）						
1	江西新华发行集团有限公司	91.864	588200	94500	1205000	787600
信息、传媒、电子商务、网购、娱乐等互联网服务业						
1	腾讯控股有限公司	98.589	56011800	22482200	161236400	80629900
2	网易公司	93.523	8760603	1685684	15364392	9532808
3	厦门吉比特网络技术股份有限公司	91.593	461905	146850	710328	458014
4	三七互娱网络科技集团股份有限公司	90.099	1621649	287557	1443718	1077371
综合服务业（以服务业为主，含有制造业）						
1	中国华润有限公司	97.804	77776660	2954963	202110927	28672427
2	中国保利集团有限公司	96.909	44875187	1323230	174015716	11020766
3	广东宏川集团有限公司	95.240	4492966	49496	1124678	268566

续表

序号	企业名称	综合信用指数	营业收入（万元）	利润（万元）	资产（万元）	所有者权益（万元）
4	众业达电气股份有限公司	94.550	1255834	41558	670924	436585
5	华茂集团股份有限公司	94.386	1184452	86000	1922229	984779
6	中国机械工业集团有限公司	94.132	37054529	295579	36441119	7251965
7	新疆广汇实业投资（集团）有限责任公司	92.755	20322327	42222	27211903	3816131
8	南京高科股份有限公司	91.759	491863	235205	3302944	1507087
9	广东广弘控股股份有限公司	90.930	363771	33108	471056	231502
10	上海万业企业股份有限公司	90.887	87991	37652	916682	761526
煤炭采掘及采选业						
1	中国神华能源股份有限公司	98.749	33521600	5026900	60705200	37687500
2	山西兰花科技创业股份有限公司	95.004	1285956	235252	2872581	1306408
3	山煤国际能源集团股份有限公司	94.971	4805364	493774	4597675	1182954
4	陕西煤业化工集团有限责任公司	93.067	39539854	384746	66164153	7124802
5	河南神火煤电股份有限公司	93.057	3445156	323410	5352794	936520
6	山西潞安环保能源开发股份有限公司	91.783	4514744	670835	9486700	3461757
石油、天然气开采及生产业						
1	中国石油天然气集团有限公司	99.980	265555424	6216526	419243418	199016690
2	中国海洋石油集团有限公司	99.884	81867619	5923601	132996757	63336749
建筑业						
1	中国建筑股份有限公司	99.674	189133897	5140766	238824913	34390009
2	中国铁道建筑集团有限公司	95.400	102046150	1099037	135586741	10560013
3	中国铁路工程集团有限公司	95.386	107367038	1195379	137150260	12218186
4	中国交通建设集团有限公司	94.325	84282649	901314	224338606	15309718
5	四川路桥建设集团股份有限公司	93.924	8504851	558207	13703847	2714939
6	湖南建工控股集团有限公司	93.710	12133777	185090	10036471	1733854
7	广州市建筑集团有限公司	91.945	24913759	93443	17889211	1629222
8	四川华西集团有限公司	91.304	8190738	113185	9570905	1314573
9	安徽建工集团控股有限公司	91.253	7671462	62741	13783185	428704
10	腾达建设集团股份有限公司	91.124	692516	82039	1156270	604016
11	广东省建筑工程集团控股有限公司	90.902	8341643	152625	11685239	2016588
12	中天控股集团有限公司	90.833	13121409	371162	13761597	2499267
13	中国能源建设集团有限公司	90.746	32473970	387020	54261563	4362479
14	上海浦东建设股份有限公司	90.661	1139479	53485	2154586	681212
15	陕西建工控股集团有限公司	90.346	18288042	225668	29750570	1237580
16	中国电力建设集团有限公司	90.083	62195161	438152	114551061	9529847
17	中国核工业建设股份有限公司	90.068	8371993	153265	17174305	2039561

续表

序号	企业名称	综合信用指数	营业收入（万元）	利润（万元）	资产（万元）	所有者权益（万元）
电力生产业						
1	中国广核电力股份有限公司	91.696	8067874	973258	39999	10091055
其他采选业						
1	紫金矿业集团股份有限公司	95.429	22510249	1959964	20859468	7103437

第九章

2022 中国制造业企业信用 100 强评价资料

一、2022 中国制造业企业信用 100 强排序

序号	企业名称	地区	综合信用指数	信用环境指数	信用能力指数	信用行为指数
1	华为投资控股有限公司	广东	99.990	13.990	72.000	14.000
2	贵州茅台酒股份有限公司	贵州	99.415	13.779	71.636	14.000
3	中国建材集团有限公司	北京	98.839	13.882	71.357	13.600
4	中国石油化工集团有限公司	北京	98.479	13.611	70.868	14.000
5	美的集团股份有限公司	广东	98.401	14.000	71.801	12.600
6	中国船舶集团有限公司	北京	98.399	13.842	71.957	12.600
7	京东方科技集团股份有限公司	北京	97.600	14.000	72.000	11.600
8	上海汽车集团股份有限公司	上海	97.454	13.947	70.800	12.707
9	中国第一汽车集团有限公司	吉林	97.444	13.935	72.000	11.509
10	徐工集团工程机械股份有限公司	江苏	97.416	13.898	71.917	11.600
11	万华化学集团股份有限公司	山东	97.410	12.610	72.000	12.800
12	中国铝业集团有限公司	北京	97.344	13.924	70.893	12.527
13	宜宾五粮液股份有限公司	四川	97.342	13.816	70.926	12.600
14	中国航天科技集团有限公司	北京	97.339	13.357	71.381	12.600
15	恒申控股集团有限公司	福建	97.200	13.600	72.000	11.600
16	桐昆集团股份有限公司	浙江	97.200	13.600	72.000	11.600
17	珠海格力电器股份有限公司	广东	97.176	14.000	70.576	12.600
18	海尔集团公司	山东	97.176	14.000	71.076	12.100
19	重庆智飞生物制品股份有限公司	重庆	97.075	13.600	71.875	11.600
20	农夫山泉股份有限公司	浙江	97.048	13.448	72.000	11.600
21	新疆特变电工集团有限公司	新疆	97.031	13.442	71.989	11.600
22	宁德时代新能源科技股份有限公司	福建	96.993	13.393	72.000	11.600
23	黑龙江飞鹤乳业有限公司	黑龙江	96.736	13.600	71.536	11.600
24	通威股份有限公司	四川	96.716	13.461	71.655	11.600
25	中国宝武钢铁集团有限公司	上海	96.691	14.000	68.691	14.000
26	内蒙古伊利实业集团股份有限公司	内蒙古	96.652	13.335	71.717	11.600
27	波司登股份有限公司	江苏	96.093	13.577	70.916	11.600
28	山东金岭集团有限公司	山东	96.088	14.000	69.288	12.800
29	歌尔股份有限公司	山东	95.950	13.883	70.466	11.600
30	中国兵器工业集团有限公司	北京	95.797	13.478	70.719	11.600
31	富士康工业互联网股份有限公司	广东	95.694	11.472	71.825	12.398
32	中兴通讯股份有限公司	广东	95.692	13.966	70.126	11.600

续表

序号	企业名称	地区	综合信用指数	信用环境指数	信用能力指数	信用行为指数
33	中国航天科工集团有限公司	北京	95.630	13.089	70.941	11.600
34	小米集团	北京	95.586	13.544	70.442	11.600
35	泸州老窖股份有限公司	四川	95.501	13.887	70.014	11.600
36	万洲国际有限公司	河南	95.421	13.281	70.540	11.600
37	石药控股集团有限公司	河北	95.407	12.035	71.772	11.600
38	东风汽车集团有限公司	湖北	95.344	13.940	72.000	9.404
39	浙江吉利控股集团有限公司	浙江	95.294	13.860	72.000	9.434
40	远景能源有限公司	江苏	95.220	13.600	70.020	11.600
41	中国电子科技集团有限公司	北京	95.097	12.817	70.680	11.600
42	长城汽车股份有限公司	河北	94.958	13.942	72.000	9.016
43	华域汽车系统股份有限公司	上海	94.849	13.973	71.898	8.978
44	正威国际集团有限公司	广东	94.764	11.365	69.399	14.000
45	盛虹控股集团有限公司	江苏	94.652	13.430	69.622	11.600
46	山东魏桥创业集团有限公司	山东	94.598	12.427	69.371	12.800
47	海澜集团有限公司	江苏	94.569	13.433	69.536	11.600
48	山东太阳控股集团有限公司	山东	94.261	12.845	69.816	11.600
49	恒力集团有限公司	江苏	94.241	11.632	71.008	11.600
50	联想控股股份有限公司	北京	94.228	13.929	68.700	11.600
51	比亚迪股份有限公司	广东	94.219	13.439	69.180	11.600
52	无锡药明康德新药开发股份有限公司	江苏	94.172	13.553	68.019	11.600
53	江苏沙钢集团有限公司	江苏	94.170	13.600	66.661	13.909
54	中芯国际集成电路制造有限公司	上海	94.033	14.000	68.433	11.600
55	深圳迈瑞生物医疗电子股份有限公司	广东	94.004	12.404	70.000	11.600
56	深圳市汇川技术股份有限公司	广东	93.968	13.889	68.479	11.600
57	山东华鲁恒升化工股份有限公司	山东	93.800	13.000	68.000	12.800
58	华峰化学股份有限公司	浙江	93.771	13.000	67.971	12.800
59	卫星化学股份有限公司	浙江	93.751	13.000	68.951	11.800
60	立讯精密工业股份有限公司	广东	93.703	13.490	68.613	11.600
61	浙江荣盛控股集团有限公司	浙江	93.656	13.533	68.523	11.600
62	上海韦尔半导体股份有限公司	上海	93.646	13.619	68.427	11.600
63	明阳新能源投资控股集团有限公司	广东	93.592	12.514	69.478	11.600
64	长春高新技术产业（集团）股份有限公司	吉林	93.494	12.487	69.407	11.600
65	广州汽车工业集团有限公司	广东	93.414	13.820	71.002	8.592
66	研祥高科技控股集团有限公司	广东	93.284	12.934	68.750	11.600
67	新疆金风科技股份有限公司	新疆	93.280	13.773	67.907	11.600
68	安徽海螺集团有限责任公司	安徽	93.277	12.994	68.683	11.600
69	中国国际海运集装箱（集团）股份有限公司	广东	93.245	13.831	67.815	11.600

续表

序号	企业名称	地区	综合信用指数	信用环境指数	信用能力指数	信用行为指数
70	玖龙纸业（控股）有限公司	广东	93.206	13.099	68.507	11.600
71	广州达安基因股份有限公司	广东	93.197	13.225	68.373	11.600
72	中国航空工业集团有限公司	北京	92.925	12.779	68.547	11.600
73	广州白云山医药集团股份有限公司	广东	92.903	12.531	68.772	11.600
74	广东生益科技股份有限公司	广东	92.818	13.470	67.748	11.600
75	三一集团有限公司	湖南	92.671	12.333	68.737	11.600
76	深圳市大疆创新科技有限公司	广东	92.473	12.853	68.020	11.600
77	中国中车集团有限公司	北京	92.449	12.816	68.033	11.600
78	舜宇集团有限公司	浙江	92.395	13.537	67.258	11.600
79	北京东方雨虹防水技术股份有限公司	北京	92.140	13.640	66.900	11.600
80	华新水泥股份有限公司	湖北	92.053	13.117	67.336	11.600
81	山东南山铝业股份有限公司	山东	92.045	13.205	67.240	11.600
82	上海医药集团股份有限公司	上海	92.012	12.063	68.349	11.600
83	青山控股集团有限公司	浙江	91.924	13.600	64.731	13.593
84	隆基绿能科技股份有限公司	陕西	91.913	10.969	69.344	11.600
85	巨化集团有限公司	浙江	91.844	13.318	64.726	12.800
86	复星国际有限公司	上海	91.834	13.723	66.511	11.600
87	中国五矿集团有限公司	北京	91.459	14.000	65.859	11.600
88	福耀玻璃工业集团股份有限公司	福建	91.319	13.415	66.303	11.600
89	江苏洋河酒厂股份有限公司	江苏	91.112	13.213	66.298	11.600
90	惠州亿纬锂能股份有限公司	广东	90.993	12.990	66.403	11.600
91	中国兵器装备集团有限公司	北京	90.993	12.677	66.715	11.600
92	敬业集团有限公司	河北	90.981	13.253	66.128	11.600
93	浙江大华技术股份有限公司	浙江	90.875	12.857	66.418	11.600
94	北京金隅集团股份有限公司	北京	90.850	13.497	65.753	11.600
95	海信集团控股股份有限公司	山东	90.505	13.743	65.162	11.600
96	潍柴动力股份有限公司	山东	90.490	12.866	66.024	11.600
97	广西柳州钢铁集团有限公司	广西	90.376	13.667	65.109	11.600
98	威高集团有限公司	山东	90.298	11.566	67.132	11.600
99	湖南华菱钢铁股份有限公司	湖南	90.201	12.932	65.369	11.901
100	宁夏宝丰能源集团股份有限公司	宁夏	90.107	10.564	66.742	12.800

二、2022中国制造业企业信用100强收益性指标

序号	企业名称	地区	综合信用指数	营收利润率（%）	资产利润率（%）	净资产利润率（%）
1	华为投资控股有限公司	广东	99.990	18.00	11.55	27.40
2	贵州茅台酒股份有限公司	贵州	99.415	49.40	20.56	27.68
3	中国建材集团有限公司	北京	98.839	6.90	4.39	13.56
4	中国石油化工集团有限公司	北京	98.479	2.07	2.22	6.33
5	美的集团股份有限公司	广东	98.401	8.37	7.37	22.88
6	中国船舶集团有限公司	北京	98.399	4.87	1.92	6.50
7	京东方科技集团股份有限公司	北京	97.600	11.78	5.74	18.07
8	上海汽车集团股份有限公司	上海	97.454	3.15	2.68	8.96
9	中国第一汽车集团有限公司	吉林	97.444	3.29	3.87	10.18
10	徐工集团工程机械股份有限公司	江苏	97.416	6.66	5.10	15.41
11	万华化学集团股份有限公司	山东	97.410	16.94	12.95	35.98
12	中国铝业集团有限公司	北京	97.344	1.74	1.45	8.79
13	宜宾五粮液股份有限公司	四川	97.342	35.31	17.24	23.60
14	中国航天科技集团有限公司	北京	97.339	7.14	3.28	8.41
15	恒申控股集团有限公司	福建	97.200	12.88	16.53	28.77
16	桐昆集团股份有限公司	浙江	97.200	12.40	10.52	20.46
17	珠海格力电器股份有限公司	广东	97.176	12.16	7.22	22.25
18	海尔集团公司	山东	97.176	3.22	2.27	15.61
19	重庆智飞生物制品股份有限公司	重庆	97.075	33.30	33.97	57.82
20	农夫山泉股份有限公司	浙江	97.048	24.12	21.77	34.53
21	新疆特变电工集团有限公司	新疆	97.031	11.20	5.38	14.87
22	宁德时代新能源科技股份有限公司	福建	96.993	12.22	5.18	18.85
23	黑龙江飞鹤乳业有限公司	黑龙江	96.736	30.17	21.83	32.84
24	通威股份有限公司	四川	96.716	12.93	9.30	21.89
25	中国宝武钢铁集团有限公司	上海	96.691	1.99	1.73	6.24
26	内蒙古伊利实业集团股份有限公司	内蒙古	96.652	7.90	8.54	18.25
27	波司登股份有限公司	江苏	96.093	16.04	14.38	23.74
28	山东金岭集团有限公司	山东	96.088	38.85	86.07	100.00
29	歌尔股份有限公司	山东	95.950	4.90	6.28	14.02
30	中国兵器工业集团有限公司	北京	95.797	2.13	2.31	8.34
31	富士康工业互联网股份有限公司	广东	95.694	4.55	7.51	16.79

续表

序号	企业名称	地区	综合信用指数	营收利润率（%）	资产利润率（%）	净资产利润率（%）
32	中兴通讯股份有限公司	广东	95. 692	5. 95	4. 04	13. 23
33	中国航天科工集团有限公司	北京	95. 630	5. 16	2. 68	8. 13
34	小米集团	北京	95. 586	5. 89	6. 60	14. 09
35	泸州老窖股份有限公司	四川	95. 501	38. 54	18. 41	28. 37
36	万洲国际有限公司	河南	95. 421	3. 91	5. 56	12. 35
37	石药控股集团有限公司	河北	95. 407	16. 26	11. 46	21. 90
38	东风汽车集团有限公司	湖北	95. 344	1. 67	1. 69	7. 93
39	浙江吉利控股集团有限公司	浙江	95. 294	2. 63	1. 83	10. 15
40	远景能源有限公司	江苏	95. 220	18. 06	11. 16	34. 97
41	中国电子科技集团有限公司	北京	95. 097	3. 88	2. 55	7. 18
42	长城汽车股份有限公司	河北	94. 958	4. 93	3. 83	10. 83
43	华域汽车系统股份有限公司	上海	94. 849	4. 62	4. 20	13. 06
44	正威国际集团有限公司	广东	94. 764	1. 79	6. 07	10. 40
45	盛虹控股集团有限公司	江苏	94. 652	1. 74	3. 51	17. 01
46	山东魏桥创业集团有限公司	山东	94. 598	2. 76	4. 45	13. 29
47	海澜集团有限公司	江苏	94. 569	3. 86	3. 99	5. 49
48	山东太阳控股集团有限公司	山东	94. 261	6. 78	7. 85	18. 26
49	恒力集团有限公司	江苏	94. 241	2. 09	5. 02	26. 45
50	联想控股股份有限公司	北京	94. 228	1. 17	0. 85	9. 39
51	比亚迪股份有限公司	广东	94. 219	1. 41	1. 03	3. 20
52	无锡药明康德新药开发股份有限公司	江苏	94. 172	22. 26	9. 25	13. 24
53	江苏沙钢集团有限公司	江苏	94. 170	4. 83	4. 51	18. 79
54	中芯国际集成电路制造有限公司	上海	94. 033	30. 12	4. 67	9. 83
55	深圳迈瑞生物医疗电子股份有限公司	广东	94. 004	31. 66	21. 00	29. 69
56	深圳市汇川技术股份有限公司	广东	93. 968	19. 92	13. 09	22. 50
57	山东华鲁恒升化工股份有限公司	山东	93. 800	27. 23	25. 32	32. 59
58	华峰化学股份有限公司	浙江	93. 771	27. 98	27. 20	41. 75
59	卫星化学股份有限公司	浙江	93. 751	21. 03	12. 34	31. 02
60	立讯精密工业股份有限公司	广东	93. 703	4. 59	5. 86	20. 04
61	浙江荣盛控股集团有限公司	浙江	93. 656	1. 72	2. 14	25. 00
62	上海韦尔半导体股份有限公司	上海	93. 646	18. 57	13. 95	27. 63
63	明阳新能源投资控股集团有限公司	广东	93. 592	8. 69	4. 81	15. 49
64	长春高新技术产业（集团）股份有限公司	吉林	93. 494	34. 96	16. 69	25. 78
65	广州汽车工业集团有限公司	广东	93. 414	0. 91	1. 08	7. 58
66	研祥高科技控股集团有限公司	广东	93. 284	5. 34	8. 54	13. 45
67	新疆金风科技股份有限公司	新疆	93. 280	6. 84	2. 90	9. 73
68	安徽海螺集团有限责任公司	安徽	93. 277	4. 84	4. 39	17. 28

续表

序号	企业名称	地区	综合信用指数	营收利润率（%）	资产利润率（%）	净资产利润率（%）
69	中国国际海运集装箱（集团）股份有限公司	广东	93.245	4.07	4.32	14.77
70	玖龙纸业（控股）有限公司	广东	93.206	6.73	6.09	12.46
71	广州达安基因股份有限公司	广东	93.197	47.21	35.00	49.22
72	中国航空工业集团有限公司	北京	92.925	1.06	0.45	2.49
73	广州白云山医药集团股份有限公司	广东	92.903	5.39	5.63	12.80
74	广东生益科技股份有限公司	广东	92.818	13.96	11.58	21.61
75	三一集团有限公司	湖南	92.671	3.30	2.08	11.32
76	深圳市大疆创新科技有限公司	广东	92.473	29.04	19.41	26.34
77	中国中车集团有限公司	北京	92.449	2.40	1.20	6.86
78	舜宇集团有限公司	浙江	92.395	13.30	12.86	24.23
79	北京东方雨虹防水技术股份有限公司	北京	92.140	13.17	8.45	15.99
80	华新水泥股份有限公司	湖北	92.053	16.52	10.21	20.07
81	山东南山铝业股份有限公司	山东	92.045	11.87	5.40	7.96
82	上海医药集团股份有限公司	上海	92.012	2.36	3.12	10.32
83	青山控股集团有限公司	浙江	91.924	3.88	2.55	7.18
84	隆基绿能科技股份有限公司	陕西	91.913	11.23	9.30	19.15
85	巨化集团有限公司	浙江	91.844	12.98	10.50	33.57
86	复星国际有限公司	上海	91.834	6.26	1.25	7.70
87	中国五矿集团有限公司	北京	91.459	0.47	0.40	5.93
88	福耀玻璃工业集团股份有限公司	福建	91.319	13.33	7.03	11.96
89	江苏洋河酒厂股份有限公司	江苏	91.112	29.62	11.07	17.67
90	惠州亿纬锂能股份有限公司	广东	90.993	17.19	6.52	16.20
91	中国兵器装备集团有限公司	北京	90.993	1.66	1.21	5.64
92	敬业集团有限公司	河北	90.981	2.42	7.42	14.85
93	浙江大华技术股份有限公司	浙江	90.875	10.29	7.67	14.30
94	北京金隅集团股份有限公司	北京	90.850	2.37	1.02	4.60
95	海信集团控股股份有限公司	山东	90.505	1.90	1.91	16.52
96	潍柴动力股份有限公司	山东	90.490	4.55	3.34	13.05
97	广西柳州钢铁集团有限公司	广西	90.376	4.75	5.21	17.85
98	威高集团有限公司	山东	90.298	8.61	6.10	10.25
99	湖南华菱钢铁股份有限公司	湖南	90.201	5.65	9.08	21.32
100	宁夏宝丰能源集团股份有限公司	宁夏	90.107	30.35	15.93	23.04

三、2022 中国制造业企业信用 100 强流动性和安全性指标

序号	企业名称	地区	综合信用指数	资产周转率（次/年）	所有者权益比率（%）	资本保值增值率（%）
1	华为投资控股有限公司	广东	99.990	0.64	42.17	134.37
2	贵州茅台酒股份有限公司	贵州	99.415	0.42	74.28	132.52
3	中国建材集团有限公司	北京	98.839	0.64	32.40	115.16
4	中国石油化工集团有限公司	北京	98.479	1.07	35.06	106.79
5	美的集团股份有限公司	广东	98.401	0.88	32.19	124.31
6	中国船舶集团有限公司	北京	98.399	0.39	29.56	106.82
7	京东方科技集团股份有限公司	北京	97.600	0.49	31.78	125.01
8	上海汽车集团股份有限公司	上海	97.454	0.85	29.86	109.43
9	中国第一汽车集团有限公司	吉林	97.444	1.18	38.02	111.07
10	徐工集团工程机械股份有限公司	江苏	97.416	0.77	33.12	116.66
11	万华化学集团股份有限公司	山东	97.410	0.76	35.99	150.53
12	中国铝业集团有限公司	北京	97.344	0.83	16.44	108.30
13	宜宾五粮液股份有限公司	四川	97.342	0.49	73.05	127.28
14	中国航天科技集团有限公司	北京	97.339	0.46	39.07	109.23
15	恒申控股集团有限公司	福建	97.200	1.28	57.44	137.21
16	桐昆集团股份有限公司	浙江	97.200	0.85	51.42	128.48
17	珠海格力电器股份有限公司	广东	97.176	0.59	32.43	120.02
18	海尔集团公司	山东	97.176	0.71	14.55	118.97
19	重庆智飞生物制品股份有限公司	重庆	97.075	1.02	58.76	223.76
20	农夫山泉股份有限公司	浙江	97.048	0.90	63.05	146.20
21	新疆特变电工集团有限公司	新疆	97.031	0.48	36.18	117.53
22	宁德时代新能源科技股份有限公司	福建	96.993	0.42	27.47	124.81
23	黑龙江飞鹤乳业有限公司	黑龙江	96.736	0.72	66.46	135.81
24	通威股份有限公司	四川	96.716	0.72	42.50	126.87
25	中国宝武钢铁集团有限公司	上海	96.691	0.87	27.69	106.58
26	内蒙古伊利实业集团股份有限公司	内蒙古	96.652	1.08	46.79	128.65
27	波司登股份有限公司	江苏	96.093	0.90	60.57	124.36
28	山东金岭集团有限公司	山东	96.088	2.22	86.07	216.85
29	歌尔股份有限公司	山东	95.950	1.28	44.75	119.50
30	中国兵器工业集团有限公司	北京	95.797	1.09	27.69	109.34
31	富士康工业互联网股份有限公司	广东	95.694	1.65	44.70	119.29

续表

序号	企业名称	地区	综合信用指数	资产周转率（次/年）	所有者权益比率（%）	资本保值增值率（%）
32	中兴通讯股份有限公司	广东	95.692	0.68	30.51	115.74
33	中国航天科工集团有限公司	北京	95.630	0.52	32.97	109.44
34	小米集团	北京	95.586	1.12	46.85	115.64
35	泸州老窖股份有限公司	四川	95.501	0.48	64.89	134.48
36	万洲国际有限公司	河南	95.421	1.42	45.07	110.55
37	石药控股集团有限公司	河北	95.407	0.70	52.31	123.90
38	东风汽车集团有限公司	湖北	95.344	1.01	21.25	108.75
39	浙江吉利控股集团有限公司	浙江	95.294	0.70	18.03	110.88
40	远景能源有限公司	江苏	95.220	0.62	31.92	168.00
41	中国电子科技集团有限公司	北京	95.097	0.66	35.49	107.98
42	长城汽车股份有限公司	河北	94.958	0.78	35.42	111.73
43	华域汽车系统股份有限公司	上海	94.849	0.91	32.20	112.31
44	正威国际集团有限公司	广东	94.764	3.38	58.37	111.37
45	盛虹控股集团有限公司	江苏	94.652	2.01	20.64	127.39
46	山东魏桥创业集团有限公司	山东	94.598	1.61	33.46	114.45
47	海澜集团有限公司	江苏	94.569	1.03	72.67	105.31
48	山东太阳控股集团有限公司	山东	94.261	1.16	42.98	122.89
49	恒力集团有限公司	江苏	94.241	2.40	18.96	132.06
50	联想控股股份有限公司	北京	94.228	0.72	9.00	109.52
51	比亚迪股份有限公司	广东	94.219	0.73	32.14	105.35
52	无锡药明康德新药开发股份有限公司	江苏	94.172	0.42	69.82	115.69
53	江苏沙钢集团有限公司	江苏	94.170	0.93	24.03	121.92
54	中芯国际集成电路制造有限公司	上海	94.033	0.15	47.49	101.08
55	深圳迈瑞生物医疗电子股份有限公司	广东	94.004	0.66	70.74	134.37
56	深圳市汇川技术股份有限公司	广东	93.968	0.66	58.17	133.59
57	山东华鲁恒升化工股份有限公司	山东	93.800	0.93	77.67	146.90
58	华峰化学股份有限公司	浙江	93.771	0.97	65.15	168.58
59	卫星化学股份有限公司	浙江	93.751	0.59	39.77	144.07
60	立讯精密工业股份有限公司	广东	93.703	1.28	29.27	125.16
61	浙江荣盛控股集团有限公司	浙江	93.656	1.24	8.57	129.26
62	上海韦尔半导体股份有限公司	上海	93.646	0.75	50.49	139.83
63	明阳新能源投资控股集团有限公司	广东	93.592	0.55	31.03	119.11
64	长春高新技术产业（集团）股份有限公司	吉林	93.494	0.48	64.73	134.37
65	广州汽车工业集团有限公司	广东	93.414	1.19	14.19	108.13
66	研祥高科技控股集团有限公司	广东	93.284	1.60	63.48	115.54
67	新疆金风科技股份有限公司	新疆	93.280	0.42	29.78	110.12

续表

序号	企业名称	地区	综合信用指数	资产周转率（次/年）	所有者权益比率（%）	资本保值增值率（%）
68	安徽海螺集团有限责任公司	安徽	93.277	0.91	25.42	119.87
69	中国国际海运集装箱（集团）股份有限公司	广东	93.245	1.06	29.24	115.14
70	玖龙纸业（控股）有限公司	广东	93.206	0.91	48.92	113.56
71	广州达安基因股份有限公司	广东	93.197	0.74	71.12	184.76
72	中国航空工业集团有限公司	北京	92.925	0.42	17.86	102.63
73	广州白云山医药集团股份有限公司	广东	92.903	1.04	43.96	114.23
74	广东生益科技股份有限公司	广东	92.818	0.83	53.61	128.61
75	三一集团有限公司	湖南	92.671	0.63	18.38	112.29
76	深圳市大疆创新科技有限公司	广东	92.473	0.67	73.68	135.75
77	中国中车集团有限公司	北京	92.449	0.50	17.47	107.39
78	舜宇集团有限公司	浙江	92.395	0.97	53.10	130.05
79	北京东方雨虹防水技术股份有限公司	北京	92.140	0.64	52.87	128.77
80	华新水泥股份有限公司	湖北	92.053	0.62	50.87	122.75
81	山东南山铝业股份有限公司	山东	92.045	0.45	67.85	108.45
82	上海医药集团股份有限公司	上海	92.012	1.32	30.20	111.23
83	青山控股集团有限公司	浙江	91.924	0.66	35.49	147.00
84	隆基绿能科技股份有限公司	陕西	91.913	0.83	48.55	125.88
85	巨化集团有限公司	浙江	91.844	0.81	31.28	148.94
86	复星国际有限公司	上海	91.834	0.20	16.25	107.89
87	中国五矿集团有限公司	北京	91.459	0.85	6.68	105.74
88	福耀玻璃工业集团股份有限公司	福建	91.319	0.53	58.74	114.57
89	江苏洋河酒厂股份有限公司	江苏	91.112	0.37	62.67	119.51
90	惠州亿纬锂能股份有限公司	广东	90.993	0.38	40.27	120.21
91	中国兵器装备集团有限公司	北京	90.993	0.73	21.48	106.17
92	敬业集团有限公司	河北	90.981	3.07	49.98	117.78
93	浙江大华技术股份有限公司	浙江	90.875	0.75	53.61	117.09
94	北京金隅集团股份有限公司	北京	90.850	0.43	22.25	104.63
95	海信集团控股股份有限公司	山东	90.505	1.01	11.57	116.80
96	潍柴动力股份有限公司	山东	90.490	0.73	25.59	118.07
97	广西柳州钢铁集团有限公司	广西	90.376	1.10	29.19	121.30
98	威高集团有限公司	山东	90.298	0.71	59.47	111.42
99	湖南华菱钢铁股份有限公司	湖南	90.201	1.61	42.61	128.74
100	宁夏宝丰能源集团股份有限公司	宁夏	90.107	0.53	69.16	127.30

四、2022 中国制造业企业信用 100 强成长性指标

序号	企业名称	地区	营收增长率（%）	利润增长率（%）	资产增长率（%）	资本积累率（%）
1	华为投资控股有限公司	广东	-29.24	75.78	12.09	25.47
2	贵州茅台酒股份有限公司	贵州	11.88	12.34	19.58	17.49
3	中国建材集团有限公司	北京	5.43	42.29	8.68	11.82
4	中国石油化工集团有限公司	北京	32.23	25.28	7.95	7.33
5	美的集团股份有限公司	广东	20.06	4.96	7.65	6.26
6	中国船舶集团有限公司	北京	7.98	31.28	2.61	4.90
7	京东方科技集团股份有限公司	北京	61.79	412.96	6.00	38.39
8	上海汽车集团股份有限公司	上海	5.08	20.08	-0.27	5.26
9	中国第一汽车集团有限公司	吉林	1.19	17.42	22.73	8.78
10	徐工集团工程机械股份有限公司	江苏	14.01	50.57	19.86	8.16
11	万华化学集团股份有限公司	山东	98.19	145.47	42.28	40.42
12	中国铝业集团有限公司	北京	41.31	307.55	-1.26	-5.58
13	宜宾五粮液股份有限公司	四川	15.51	17.15	19.08	15.59
14	中国航天科技集团有限公司	北京	4.77	5.92	17.32	9.77
15	恒申控股集团有限公司	福建	16.35	111.56	18.87	29.32
16	桐昆集团股份有限公司	浙江	29.01	158.44	48.09	39.21
17	珠海格力电器股份有限公司	广东	12.76	4.01	14.46	-10.02
18	海尔集团公司	山东	10.01	32.80	5.25	21.54
19	重庆智飞生物制品股份有限公司	重庆	101.79	209.23	97.48	114.06
20	农夫山泉股份有限公司	浙江	27.96	35.50	27.49	33.81
21	新疆特变电工集团有限公司	新疆	24.16	159.43	15.83	17.95
22	宁德时代新能源科技股份有限公司	福建	159.06	185.34	96.44	31.63
23	黑龙江飞鹤乳业有限公司	黑龙江	22.50	74.63	11.15	9.05
24	通威股份有限公司	四川	43.64	127.50	37.35	22.79
25	中国宝武钢铁集团有限公司	上海	44.31	-22.85	10.16	5.31
26	内蒙古伊利实业集团股份有限公司	内蒙古	14.11	22.98	43.30	57.02
27	波司登股份有限公司	江苏	6.27	36.46	1.14	2.63
28	山东金岭集团有限公司	山东	4.86	627.19	13.39	16.85
29	歌尔股份有限公司	山东	35.47	34.56	24.33	39.05
30	中国兵器工业集团有限公司	北京	7.66	7.76	10.52	11.98
31	富士康工业互联网股份有限公司	广东	1.80	14.80	18.22	14.87

续表

序号	企业名称	地区	营收增长率（%）	利润增长率（%）	资产增长率（%）	资本积累率（%）
32	中兴通讯股份有限公司	广东	12.88	59.94	12.03	18.91
33	中国航天科工集团有限公司	北京	1.32	0.81	32.08	16.14
34	小米集团	北京	33.53	-4.99	15.46	10.93
35	泸州老窖股份有限公司	四川	23.96	32.47	23.43	21.52
36	万洲国际有限公司	河南	-0.28	20.60	1.35	-14.56
37	石药控股集团有限公司	河北	2.57	14.96	7.81	9.11
38	东风汽车集团有限公司	湖北	-7.31	20.75	-0.70	10.34
39	浙江吉利控股集团有限公司	浙江	10.66	1.69	6.76	7.20
40	远景能源有限公司	江苏	35.16	248.82	32.86	94.42
41	中国电子科技集团有限公司	北京	51.10	7.03	20.69	11.23
42	长城汽车股份有限公司	河北	32.04	25.43	13.89	8.34
43	华域汽车系统股份有限公司	上海	4.77	19.72	2.27	-5.70
44	正威国际集团有限公司	广东	4.45	1.51	5.46	9.32
45	盛虹控股集团有限公司	江苏	31.20	69.28	50.25	61.05
46	山东魏桥创业集团有限公司	山东	42.28	32.96	3.64	8.79
47	海澜集团有限公司	江苏	11.06	18.11	-0.54	-3.14
48	山东太阳控股集团有限公司	山东	11.73	33.58	24.01	25.40
49	恒力集团有限公司	江苏	5.32	-6.45	14.85	21.20
50	联想控股股份有限公司	北京	17.32	48.78	4.44	1.38
51	比亚迪股份有限公司	广东	38.02	-28.08	47.14	67.16
52	无锡药明康德新药开发股份有限公司	江苏	38.50	72.19	19.09	18.46
53	江苏沙钢集团有限公司	江苏	13.81	85.70	7.48	16.68
54	中芯国际集成电路制造有限公司	上海	29.70	147.75	12.38	-88.98
55	深圳迈瑞生物医疗电子股份有限公司	广东	20.18	20.19	14.40	15.79
56	深圳市汇川技术股份有限公司	广东	55.87	70.15	46.41	49.31
57	山东华鲁恒升化工股份有限公司	山东	103.10	303.37	39.44	43.88
58	华峰化学股份有限公司	浙江	92.66	248.23	48.34	64.26
59	卫星化学股份有限公司	浙江	165.09	261.62	50.56	42.05
60	立讯精密工业股份有限公司	广东	66.43	-2.14	72.21	25.57
61	浙江荣盛控股集团有限公司	浙江	45.27	80.73	33.27	17.06
62	上海韦尔半导体股份有限公司	上海	21.59	65.41	41.65	44.13
63	明阳新能源投资控股集团有限公司	广东	23.14	66.11	27.11	23.38
64	长春高新技术产业（集团）股份有限公司	吉林	25.30	23.33	33.67	33.32
65	广州汽车工业集团有限公司	广东	8.43	-1.46	8.74	7.36
66	研祥高科技控股集团有限公司	广东	55.31	43.84	15.53	15.54
67	新疆金风科技股份有限公司	新疆	-10.12	16.65	9.37	4.02

续表

序号	企业名称	地区	营收增长率（%）	利润增长率（%）	资产增长率（%）	资本积累率（%）
68	安徽海螺集团有限责任公司	安徽	-2.16	-4.34	15.00	15.04
69	中国国际海运集装箱（集团）股份有限公司	广东	73.85	24.59	5.55	2.50
70	玖龙纸业（控股）有限公司	广东	11.75	-0.30	15.47	8.88
71	广州达安基因股份有限公司	广东	43.49	47.74	54.27	72.22
72	中国航空工业集团有限公司	北京	10.72	-12.69	17.72	5.42
73	广州白云山医药集团股份有限公司	广东	11.90	27.60	10.64	11.16
74	广东生益科技股份有限公司	广东	38.04	68.38	33.09	32.43
75	三一集团有限公司	湖南	23.33	-31.66	8.78	8.53
76	深圳市大疆创新科技有限公司	广东	25.24	21.77	31.72	35.73
77	中国中车集团有限公司	北京	-0.64	11.08	9.51	7.74
78	舜宇集团有限公司	浙江	-1.33	2.39	9.41	24.05
79	北京东方雨虹防水技术股份有限公司	北京	46.96	24.07	78.60	79.92
80	华新水泥股份有限公司	湖北	10.59	-4.74	19.63	13.40
81	山东南山铝业股份有限公司	山东	28.82	66.43	12.79	6.14
82	上海医药集团股份有限公司	上海	12.46	13.28	9.55	8.83
83	青山控股集团有限公司	浙江	22.13	78.14	532.61	555.05
84	隆基绿能科技股份有限公司	陕西	48.27	6.24	11.53	35.16
85	巨化集团有限公司	浙江	6.93	110.67	16.12	45.80
86	复星国际有限公司	上海	18.05	25.84	5.04	2.55
87	中国五矿集团有限公司	北京	20.78	17.42	2.13	-3.22
88	福耀玻璃工业集团股份有限公司	福建	18.57	20.97	16.56	21.82
89	江苏洋河酒厂股份有限公司	江苏	20.14	0.34	25.86	10.40
90	惠州亿纬锂能股份有限公司	广东	107.06	75.89	73.28	24.75
91	中国兵器装备集团有限公司	北京	20.40	-19.25	9.46	9.38
92	敬业集团有限公司	河北	6.00	37.15	10.82	19.74
93	浙江大华技术股份有限公司	浙江	24.07	-13.44	20.39	19.44
94	北京金隅集团股份有限公司	北京	14.47	3.14	-1.71	0.54
95	海信集团控股股份有限公司	山东	24.38	-7.47	10.13	1.67
96	潍柴动力股份有限公司	山东	3.07	0.51	2.32	38.48
97	广西柳州钢铁集团有限公司	广西	12.89	55.78	15.48	19.34
98	威高集团有限公司	山东	2.67	2.37	7.41	11.42
99	湖南华菱钢铁股份有限公司	湖南	47.22	51.36	17.43	34.81
100	宁夏宝丰能源集团股份有限公司	宁夏	46.29	52.95	16.45	18.49

五、2022 中国制造业企业信用 100 强地区分布

序号	企业名称	综合信用指数	营业收入（万元）	利润（万元）	资产（万元）	所有者权益（万元）
北京						
1	中国建材集团有限公司	98.839	41550846	2865000	65224429	21134200
2	中国石油化工集团有限公司	98.479	258860343	5364137	241808347	84785275
3	中国船舶集团有限公司	98.399	34902186	1698063	88394553	26126378
4	京东方科技集团股份有限公司	97.600	21930979	2583093	44972698	14292554
5	中国铝业集团有限公司	97.344	51864838	902344	62444306	10267418
6	中国航天科技集团有限公司	97.339	28007020	1998943	60861741	23781499
7	中国兵器工业集团有限公司	95.797	52754166	1123400	48617366	13462102
8	中国航天科工集团有限公司	95.630	26353542	1359836	50718529	16723371
9	小米集团	95.586	32830915	1933932	29289187	13721291
10	中国电子科技集团有限公司	95.097	35771735	1388072	54505051	19344834
11	联想控股股份有限公司	94.228	48987168	575489	68068617	6126989
12	中国航空工业集团有限公司	92.925	51903589	551610	123832280	22122502
13	中国中车集团有限公司	92.449	23842915	573344	47827825	8357573
14	北京东方雨虹防水技术股份有限公司	92.140	3193420	420469	4973322	2629439
15	中国五矿集团有限公司	91.459	85015599	397887	100390805	6704470
16	中国兵器装备集团有限公司	90.993	28622955	475056	39231532	8425264
17	北京金隅集团股份有限公司	90.850	12363445	293301	28635681	6371749
安徽						
1	安徽海螺集团有限责任公司	93.277	25607469	1239871	28232081	7177204
福建						
1	恒申控股集团有限公司	97.200	6592748	849396	5139727	2952070
2	宁德时代新能源科技股份有限公司	96.993	13035580	1593131	30766686	8451327
3	福耀玻璃工业集团股份有限公司	91.319	2360306	314617	4478489	2630602
广东						
1	华为投资控股有限公司	99.801	89136800	6459500	87685400	33032500
2	玖龙环球（中国）投资集团有限公司	97.452	7813009	589176	8348039	4330985
3	比亚迪股份有限公司	97.442	15659769	423427	20101732	5687427
4	中国国际海运集装箱（集团）股份有限公司	97.437	9415908	534961	14621151	4401752
5	富士康工业互联网股份有限公司	97.301	43178589	1743078	22551394	10375255
6	普联技术有限公司	96.277	1505913	383396	2076048	1883160

续表

序号	企业名称	综合信用指数	营业收入（万元）	利润（万元）	资产（万元）	所有者权益（万元）
7	立讯精密工业股份有限公司	95.829	9250126	722546	7001275	2810182
8	中兴通讯股份有限公司	94.915	10145070	425980	15063490	4329680
9	美的集团股份有限公司	94.551	28422125	2722297	36038260	11751626
10	立讯精密工业股份有限公司	93.703	15394610	707052	12057210	3528855
11	明阳新能源投资控股集团有限公司	93.592	5697358	495279	10303689	3197696
12	广州汽车工业集团有限公司	93.414	43188274	391760	36432279	5170179
13	研祥高科技控股集团有限公司	93.284	7914163	422930	4952964	3144265
14	中国国际海运集装箱（集团）股份有限公司	93.245	16369598	666532	15432250	4511863
15	玖龙纸业（控股）有限公司	93.206	8731040	587388	9639108	4715611
16	广州达安基因股份有限公司	93.197	766426	361818	1033644	735133
17	广州白云山医药集团股份有限公司	92.903	6901405	371988	6611779	2906218
18	广东生益科技股份有限公司	92.818	2027426	282968	2443116	1309641
19	深圳市大疆创新科技有限公司	92.473	2522200	732398	3774274	2781041
20	惠州亿纬锂能股份有限公司	90.993	1689980	290579	4453390	1793416
广西						
1	广西柳州钢铁集团有限公司	90.376	13253262	630151	12094540	3530654
贵州						
1	贵州茅台酒股份有限公司	99.415	10619015	5246014	25516820	18953937
河北						
1	石药控股集团有限公司	95.407	4139416	673111	5874388	3073089
2	长城汽车股份有限公司	94.958	13640466	672609	17540802	6212438
3	敬业集团有限公司	90.981	23790148	574692	7743682	3870538
河南						
1	万洲国际有限公司	95.421	17597435	688604	12375871	5577462
黑龙江						
1	黑龙江飞鹤乳业有限公司	96.736	2277626	687104	3148142	2092130
湖北						
1	东风汽车集团有限公司	95.344	55551521	929446	55134798	11715984
2	华新水泥股份有限公司	92.053	3246408	536353	5254962	2672991
湖南						
1	三一集团有限公司	92.671	15456008	509474	24473736	4499012
2	湖南华菱钢铁股份有限公司	90.201	17117596	967980	10655946	4540968
吉林						
1	中国第一汽车集团有限公司	97.444	70569611	2322386	60008812	22813252
2	长春高新技术产业（集团）股份有限公司	93.494	1074671	375747	2251576	1457372

续表

序号	企业名称	综合信用指数	营业收入（万元）	利润（万元）	资产（万元）	所有者权益（万元）
江苏						
1	徐工集团工程机械股份有限公司	97.416	8432757	561460	11002910	3644350
2	波司登股份有限公司	96.093	3494721	560414	3897972	2361025
3	远景能源有限公司	95.220	6156902	1111978	9960145	3179382
4	盛虹控股集团有限公司	94.652	34797926	607114	17292018	3569906
5	海澜集团有限公司	94.569	11685025	450947	11310337	8219571
6	恒力集团有限公司	94.241	73234451	1531614	30536547	5790619
7	无锡药明康德新药开发股份有限公司	94.172	2290239	509716	5512739	3849151
8	江苏沙钢集团有限公司	94.170	30363121	1466463	32482912	7805325
9	江苏洋河酒厂股份有限公司	91.112	2535018	750768	6779870	4248621
内蒙古						
1	内蒙古伊利实业集团股份有限公司	96.652	11014399	870492	10196234	4770831
宁夏						
1	宁夏宝丰能源集团股份有限公司	90.107	2329994	707043	4437377	3068996
山东						
1	万华化学集团股份有限公司	97.410	14553782	2464875	19030958	6849853
2	海尔集团公司	97.176	33273670	1070417	47129095	6859095
3	山东金岭集团有限公司	96.088	4512214	1752931	2036687	1752931
4	歌尔股份有限公司	95.950	7822142	383242	6106657	2732774
5	山东魏桥创业集团有限公司	94.598	41113475	1133995	25504593	8534472
6	山东太阳控股集团有限公司	94.261	6038744	409590	5220280	2243531
7	山东华鲁恒升化工股份有限公司	93.800	2663586	725417	2865318	2225582
8	山东南山铝业股份有限公司	92.045	2872502	341083	6317818	4286670
9	海信集团控股股份有限公司	90.505	16955274	321469	16823472	1945712
10	潍柴动力股份有限公司	90.490	20354770	925448	27704442	7090680
11	威高集团有限公司	90.298	5110981	439914	7214381	4290442
陕西						
1	隆基绿能科技股份有限公司	91.913	8093225	908588	9773488	4744775
上海						
1	上海汽车集团股份有限公司	97.454	77984579	2453310	91692270	27377368
2	中国宝武钢铁集团有限公司	96.691	97225779	1931794	111708361	30936785
3	华域汽车系统股份有限公司	94.849	13994414	646894	15384676	4954302
4	中芯国际集成电路制造有限公司	94.033	3563063	1073310	22993281	10919877
5	上海韦尔半导体股份有限公司	93.646	2410351	447619	3207993	1619831
6	上海医药集团股份有限公司	92.012	21582426	509347	16343551	4935948

续表

序号	企业名称	综合信用指数	营业收入（万元）	利润（万元）	资产（万元）	所有者权益（万元）
7	复星国际有限公司	91.834	16129120	1008990	80637210	13106991
四川						
1	宜宾五粮液股份有限公司	97.342	6620905	2337707	13562081	9906849
2	通威股份有限公司	96.716	6349107	820792	8824999	3750257
3	泸州老窖股份有限公司	95.501	2064226	795555	4321178	2804024
新疆						
1	新疆特变电工集团有限公司	97.031	7569536	847747	15762605	5702790
2	新疆金风科技股份有限公司	93.280	5057072	345695	11936019	3554178
浙江						
1	桐昆集团股份有限公司	97.200	5913095	733220	6969491	3583626
2	农夫山泉股份有限公司	97.048	2969641	716179	3289620	2074163
3	浙江吉利控股集团有限公司	95.294	36031587	948839	51822877	9346032
4	华峰化学股份有限公司	93.771	2836720	793669	2917779	1900829
5	卫星化学股份有限公司	93.751	2855703	600651	4869243	1936263
6	浙江荣盛控股集团有限公司	93.656	44831822	772437	36066971	3090346
7	舜宇集团有限公司	92.395	3749685	498801	3877384	2058807
8	青山控股集团有限公司	91.924	35771735	1388072	54505051	19344834
9	巨化集团有限公司	91.844	3628904	471098	4485916	1403389
10	浙江大华技术股份有限公司	90.875	3283548	337841	4405587	2361760
重庆						
1	重庆智飞生物制品股份有限公司	97.075	3065242	1020855	3004732	1765721

六、2022 中国制造业企业信用 100 强行业分布

序号	企业名称	综合信用指数	营业收入（万元）	利润（万元）	资产（万元）	所有者权益（万元）
食品（含饮料、乳制品、肉食品等）加工制造业						
1	农夫山泉股份有限公司	97.048	2969641	716179	3289620	2074163
2	黑龙江飞鹤乳业有限公司	96.736	2277626	687104	3148142	2092130
3	内蒙古伊利实业集团股份有限公司	96.652	11014399	870492	10196234	4770831
4	万洲国际有限公司	95.421	17597435	688604	12375871	5577462
酿酒制造业						
1	贵州茅台酒股份有限公司	99.415	10619015	5246014	25516820	18953937
2	宜宾五粮液股份有限公司	97.342	6620905	2337707	13562081	9906849
3	泸州老窖股份有限公司	95.501	2064226	795555	4321178	2804024
4	江苏洋河酒厂股份有限公司	91.112	2535018	750768	6779870	4248621
纺织、印染业						
1	山东魏桥创业集团有限公司	94.598	41113475	1133995	25504593	8534472
纺织品、服装、服饰、鞋帽、皮革加工业						
1	波司登股份有限公司	96.093	3494721	560414	3897972	2361025
2	海澜集团有限公司	94.569	11685025	450947	11310337	8219571
造纸及纸制品（含木材、藤、竹、家具等）加工、印刷、包装业						
1	山东太阳控股集团有限公司	94.261	6038744	409590	5220280	2243531
2	玖龙纸业（控股）有限公司	93.206	8731040	587388	9639108	4715611
石化产品、炼焦及其他燃料生产加工业						
1	中国石油化工集团有限公司	98.479	258860343	5364137	241808347	84785275
化学原料及化学制品（含精细化工、日化、肥料等）制造业						
1	万华化学集团股份有限公司	97.410	14553782	2464875	19030958	6849853
2	山东金岭集团有限公司	96.088	4512214	1752931	2036687	1752931
3	山东华鲁恒升化工股份有限公司	93.800	2663586	725417	2865318	2225582
4	华峰化学股份有限公司	93.771	2836720	793669	2917779	1900829
5	卫星化学股份有限公司	93.751	2855703	600651	4869243	1936263
6	巨化集团有限公司	91.844	3628904	471098	4485916	1403389
7	宁夏宝丰能源集团股份有限公司	90.107	2329994	707043	4437377	3068996
医药、生物制药、医疗设备制造业						
1	重庆智飞生物制品股份有限公司	97.075	3065242	1020855	3004732	1765721

续表

序号	企业名称	综合信用指数	营业收入（万元）	利润（万元）	资产（万元）	所有者权益（万元）
2	石药控股集团有限公司	95.407	4139416	673111	5874388	3073089
3	无锡药明康德新药开发股份有限公司	94.172	2290239	509716	5512739	3849151
4	深圳迈瑞生物医疗电子股份有限公司	94.004	2526958	800155	3810302	2695280
5	长春高新技术产业（集团）股份有限公司	93.494	1074671	375747	2251576	1457372
6	广州达安基因股份有限公司	93.197	766426	361818	1033644	735133
7	广州白云山医药集团股份有限公司	92.903	6901405	371988	6611779	2906218
8	上海医药集团股份有限公司	92.012	21582426	509347	16343551	4935948
9	威高集团有限公司	90.298	5110981	439914	7214381	4290442
化学纤维制造业						
1	恒申控股集团有限公司	97.200	6592748	849396	5139727	2952070
2	桐昆集团股份有限公司	97.200	5913095	733220	6969491	3583626
3	盛虹控股集团有限公司	94.652	34797926	607114	17292018	3569906
4	恒力集团有限公司	94.241	73234451	1531614	30536547	5790619
5	浙江荣盛控股集团有限公司	93.656	44831822	772437	36066971	3090346
建筑材料及玻璃等制造业及非金属矿物制品业						
1	中国建材集团有限公司	98.839	41550846	2865000	65224429	21134200
2	安徽海螺集团有限责任公司	93.277	25607469	1239871	28232081	7177204
3	北京东方雨虹防水技术股份有限公司	92.140	3193420	420469	4973322	2629439
4	华新水泥股份有限公司	92.053	3246408	536353	5254962	2672991
5	福耀玻璃工业集团股份有限公司	91.319	2360306	314617	4478489	2630602
6	北京金隅集团股份有限公司	90.850	12363445	293301	28635681	6371749
黑色冶金及压延加工业						
1	中国宝武钢铁集团有限公司	96.691	97225779	1931794	111708361	30936785
2	江苏沙钢集团有限公司	94.170	30363121	1466463	32482912	7805325
3	青山控股集团有限公司	91.924	35771735	1388072	54505051	19344834
4	敬业集团有限公司	90.981	23790148	574692	7743682	3870538
5	广西柳州钢铁集团有限公司	90.376	13253262	630151	12094540	3530654
6	湖南华菱钢铁股份有限公司	90.201	17117596	967980	10655946	4540968
一般有色冶金及压延加工业						
1	中国铝业集团有限公司	97.344	51864838	902344	62444306	10267418
2	正威国际集团有限公司	94.764	72275382	1296964	21363794	12469061
3	山东南山铝业股份有限公司	92.045	2872502	341083	6317818	4286670
工程机械、设备和特种装备（含电梯、仓储设备）及零配件制造业						
1	徐工集团工程机械股份有限公司	97.416	8432757	561460	11002910	3644350

续表

序号	企业名称	综合信用指数	营业收入（万元）	利润（万元）	资产（万元）	所有者权益（万元）
2	深圳市汇川技术股份有限公司	93.968	1794325	357340	2730271	1588326
3	新疆金风科技股份有限公司	93.280	5057072	345695	11936019	3554178
4	中国国际海运集装箱（集团）股份有限公司	93.245	16369598	666532	15432250	4511863
5	三一集团有限公司	92.671	15456008	509474	24473736	4499012
电力、电气等设备、机械、元器件及光伏、风能、电池、线缆制造业						
1	新疆特变电工集团有限公司	97.031	7569536	847747	15762605	5702790
2	宁德时代新能源科技股份有限公司	96.993	13035580	1593131	30766686	8451327
3	通威股份有限公司	96.716	6349107	820792	8824999	3750257
4	远景能源有限公司	95.220	6156902	1111978	9960145	3179382
5	明阳新能源投资控股集团有限公司	93.592	5697358	495279	10303689	3197696
6	隆基绿能科技股份有限公司	91.913	8093225	908588	9773488	4744775
7	惠州亿纬锂能股份有限公司	90.993	1689980	290579	4453390	1793416
船舶、轨道交通设备及零部件制造业						
1	中国船舶集团有限公司	98.399	34902186	1698063	88394553	26126378
2	中国中车集团有限公司	92.449	23842915	573344	47827825	8357573
家用电器及零配件制造业						
1	美的集团股份有限公司	98.401	34123321	2857365	38794610	12486812
2	珠海格力电器股份有限公司	97.176	18965403	2306373	31959818	10365165
3	海尔集团公司	97.176	33273670	1070417	47129095	6859095
4	海信集团控股股份有限公司	90.505	16955274	321469	16823472	1945712
电子元器件与仪器仪表、自动化控制设备制造业						
1	富士康工业互联网股份有限公司	95.694	43955720	2000975	26660878	11918060
2	中国电子科技集团有限公司	95.097	35771735	1388072	54505051	19344834
3	中芯国际集成电路制造有限公司	94.033	3563063	1073310	22993281	10919877
4	广东生益科技股份有限公司	92.818	2027426	282968	2443116	1309641
5	深圳市大疆创新科技有限公司	92.473	2522200	732398	3774274	2781041
动力、电力生产等装备、设备制造业						
1	潍柴动力股份有限公司	90.490	20354770	925448	27704442	7090680
计算机、通信器材、办公、影像等设备及零部件制造业						
1	华为投资控股有限公司	99.990	63069840	11354549	98283639	41445976
2	京东方科技集团股份有限公司	97.600	21930979	2583093	44972698	14292554

续表

序号	企业名称	综合信用指数	营业收入（万元）	利润（万元）	资产（万元）	所有者权益（万元）
3	歌尔股份有限公司	95.950	7822142	383242	6106657	2732774
4	中兴通讯股份有限公司	95.692	11452164	681294	16876343	5148209
5	小米集团	95.586	32830915	1933932	29289187	13721291
6	联想控股股份有限公司	94.228	48987168	575489	68068617	6126989
7	立讯精密工业股份有限公司	93.703	15394610	707052	12057210	3528855
8	上海韦尔半导体股份有限公司	93.646	2410351	447619	3207993	1619831
9	研祥高科技控股集团有限公司	93.284	7914163	422930	4952964	3144265
10	舜宇集团有限公司	92.395	3749685	498801	3877384	2058807
11	浙江大华技术股份有限公司	90.875	3283548	337841	4405587	2361760
汽车及零配件制造业						
1	上海汽车集团股份有限公司	97.454	77984579	2453310	91692270	27377368
2	中国第一汽车集团有限公司	97.444	70569611	2322386	60008812	22813252
3	东风汽车集团有限公司	95.344	55551521	929446	55134798	11715984
4	浙江吉利控股集团有限公司	95.294	36031587	948839	51822877	9346032
5	长城汽车股份有限公司	94.958	13640466	672609	17540802	6212438
6	华域汽车系统股份有限公司	94.849	13994414	646894	15384676	4954302
7	广州汽车工业集团有限公司	93.414	43188274	391760	36432279	5170179
航空航天、国防军工装备及零配件制造业						
1	中国航天科技集团有限公司	97.339	28007020	1998943	60861741	23781499
2	中国兵器工业集团有限公司	95.797	52754166	1123400	48617366	13462102
3	中国航天科工集团有限公司	95.630	26353542	1359836	50718529	16723371
4	中国航空工业集团有限公司	92.925	51903589	551610	123832280	22122502
5	中国兵器装备集团有限公司	90.993	28622955	475056	39231532	8425264
综合制造业（以制造业为主，含有服务业）						
1	比亚迪股份有限公司	94.219	21614239	304519	29578015	9506967
2	复星国际有限公司	91.834	16129120	1008990	80637210	13106991
3	中国五矿集团有限公司	91.459	85015599	397887	100390805	6704470

第十章

2022 中国服务业企业信用 100 强评价资料

一、2022 中国服务业企业信用 100 强排序

序号	企业名称	地区	综合信用指数	信用环境指数	信用能力指数	信用行为指数
1	中国医药集团有限公司	北京	99.980	13.980	72.000	14.000
2	中国建设银行股份有限公司	北京	99.287	13.873	71.414	14.000
3	中国工商银行股份有限公司	北京	99.269	13.819	71.450	14.000
4	中国银行股份有限公司	北京	99.019	13.873	71.147	14.000
5	中国农业银行股份有限公司	北京	99.002	13.890	71.112	14.000
6	腾讯控股有限公司	广东	98.589	13.989	70.600	14.000
7	中国移动通信集团有限公司	北京	98.456	14.000	70.456	14.000
8	国家电网有限公司	北京	98.403	13.815	71.022	13.566
9	国家开发投资集团有限公司	北京	98.402	13.262	71.615	13.525
10	中国邮政集团有限公司	北京	97.843	14.000	71.178	12.665
11	中国华润有限公司	广东	97.804	13.392	71.812	12.600
12	中国旅游集团中免股份有限公司	北京	97.542	13.942	72.000	11.600
13	龙湖集团控股有限公司	重庆	97.417	13.817	72.000	11.600
14	中国远洋海运集团有限公司	上海	97.395	13.944	70.444	13.007
15	中国人寿保险股份有限公司	北京	97.296	13.017	70.279	14.000
16	兴业银行股份有限公司	福建	97.167	13.999	69.167	14.000
17	交通银行股份有限公司	上海	97.123	13.892	67.231	14.000
18	中国保利集团有限公司	北京	96.909	13.385	71.924	11.600
19	中国平安保险（集团）股份有限公司	广东	96.822	12.622	70.201	14.000
20	泰康保险集团股份有限公司	北京	96.193	12.694	70.899	12.600
21	国泰君安证券股份有限公司	上海	96.147	13.884	70.663	11.600
22	中国化学工程股份有限公司	北京	95.966	13.808	70.558	11.600
23	紫光股份有限公司	北京	95.961	13.646	70.714	11.600
24	中国人民保险集团股份有限公司	北京	95.739	12.941	71.198	11.600
25	华泰证券股份有限公司	江苏	95.651	13.829	70.222	11.600
26	山西鹏飞集团有限公司	山西	95.572	13.842	70.130	11.600
27	中国国际金融股份有限公司	北京	95.556	13.915	70.041	11.600
28	中国中信集团有限公司	北京	95.466	13.586	70.066	11.814
29	东方财富信息股份有限公司	上海	95.314	13.970	69.745	11.600
30	碧桂园控股有限公司	广东	95.164	12.468	71.096	11.600
31	中国南方电网有限责任公司	广东	95.157	13.816	69.742	11.600

续表

序号	企业名称	地区	综合信用指数	信用环境指数	信用能力指数	信用行为指数
32	科大讯飞股份有限公司	安徽	95.082	13.588	69.894	11.600
33	中国太平洋保险（集团）股份有限公司	上海	95.080	12.934	70.545	11.600
34	旭辉控股（集团）有限公司	上海	95.034	13.166	70.268	11.600
35	金地（集团）股份有限公司	广东	95.017	13.111	70.306	11.600
36	中国银河证券股份有限公司	北京	95.016	13.814	69.602	11.600
37	珠海华发集团有限公司	广东	94.588	13.819	69.169	11.600
38	中铁集装箱运输有限责任公司	北京	94.570	13.847	69.123	11.600
39	成都市兴蓉环境股份有限公司	四川	94.549	12.466	69.283	12.800
40	振烨国际产业控股集团（深圳）有限公司	广东	94.541	13.600	69.341	11.600
41	天津城市基础设施建设投资集团有限公司	天津	94.539	13.000	69.939	11.600
42	四川川投能源股份有限公司	四川	94.506	11.276	70.430	12.800
43	新城控股集团股份有限公司	江苏	94.484	12.693	70.191	11.600
44	北京控股集团有限公司	北京	94.480	12.600	69.880	12.000
45	新奥天然气股份有限公司	河北	94.446	13.863	68.984	11.600
46	广发证券股份有限公司	广东	94.398	13.506	69.292	11.600
47	物产中大集团股份有限公司	浙江	94.382	12.853	69.929	11.600
48	重庆华宇集团有限公司	重庆	94.351	13.267	69.484	11.600
49	广州越秀集团股份有限公司	广东	94.255	13.390	69.265	11.600
50	深圳前海微众银行股份有限公司	广东	94.168	13.260	69.308	11.600
51	中国机械工业集团有限公司	北京	94.132	12.874	69.659	11.600
52	浙江伟明环保股份有限公司	浙江	94.082	13.381	67.901	12.800
53	中国联合网络通信集团有限公司	北京	94.034	14.000	68.434	11.600
54	大秦铁路股份有限公司	山西	93.970	13.839	68.531	11.600
55	卓尔控股有限公司	湖北	93.967	13.816	68.550	11.600
56	恒信汽车集团股份有限公司	湖北	93.794	12.916	69.277	11.600
57	中粮集团有限公司	北京	93.739	13.458	68.682	11.600
58	江苏国泰国际集团股份有限公司	江苏	93.677	13.421	68.656	11.600
59	圆通速递股份有限公司	辽宁	93.640	13.574	68.466	11.600
60	上海金桥出口加工区开发股份有限公司	上海	93.629	13.516	68.513	11.600
61	浪潮电子信息产业股份有限公司	山东	93.569	13.688	68.281	11.600
62	网易公司	广东	93.523	13.915	68.008	11.600
63	杭州滨江房产集团股份有限公司	浙江	93.294	13.434	68.260	11.600
64	万科企业股份有限公司	广东	93.261	11.426	70.235	11.600
65	重庆水务集团股份有限公司	重庆	93.239	12.600	68.839	11.800
66	成都兴城投资集团有限公司	四川	93.045	13.390	68.055	11.600
67	宝龙地产控股有限公司	上海	93.011	12.949	68.462	11.600

续表

序号	企业名称	地区	综合信用指数	信用环境指数	信用能力指数	信用行为指数
68	中山公用事业集团股份有限公司	广东	92.991	12.467	68.724	11.800
69	东方证券股份有限公司	上海	92.497	13.998	66.899	11.600
70	上海宝信软件股份有限公司	上海	92.420	13.724	67.096	11.600
71	国电南瑞科技股份有限公司	江苏	92.353	13.432	67.321	11.600
72	居然之家新零售集团股份有限公司	湖北	92.184	13.746	66.838	11.600
73	京沪高速铁路股份有限公司	北京	92.149	13.473	67.075	11.600
74	瀚蓝环境股份有限公司	广东	92.125	13.065	67.460	11.600
75	中国光大银行股份有限公司	北京	92.114	13.927	64.940	13.247
76	云南省能源投资集团有限公司	云南	92.110	13.834	66.676	11.600
77	中新苏州工业园区开发集团股份有限公司	江苏	92.088	13.426	67.062	11.600
78	东吴证券股份有限公司	江苏	91.905	13.451	66.854	11.600
79	物美科技集团有限公司	北京	91.892	13.886	66.406	11.600
80	四川邦泰投资集团有限责任公司	四川	91.885	13.259	67.026	11.600
81	南京高科股份有限公司	江苏	91.759	12.699	67.460	11.600
82	厦门吉比特网络技术股份有限公司	福建	91.593	13.402	66.590	11.600
83	招商局集团有限公司	北京	91.592	12.009	65.583	14.000
84	上海临港控股股份有限公司	上海	91.382	12.852	66.930	11.600
85	恒生电子股份有限公司	浙江	91.360	12.861	66.899	11.600
86	兴业证券股份有限公司	福建	91.237	13.849	65.789	11.600
87	新天绿色能源股份有限公司	河北	91.187	13.426	66.161	11.600
88	厦门象屿股份有限公司	福建	91.091	13.496	65.995	11.600
89	新华人寿保险股份有限公司	北京	91.053	12.804	66.649	11.600
90	中国电信集团有限公司	北京	91.033	13.902	65.531	11.600
91	上海陆家嘴金融贸易区开发股份有限公司	上海	90.965	13.310	66.054	11.600
92	中泰证券股份有限公司	山东	90.732	13.578	65.555	11.600
93	厦门建发集团有限公司	福建	90.690	13.433	65.656	11.600
94	奥德集团有限公司	山东	90.687	12.538	66.549	11.600
95	国金证券股份有限公司	四川	90.396	13.446	65.350	11.600
96	北京能源集团有限责任公司	北京	90.372	13.376	65.396	11.600
97	国元证券股份有限公司	安徽	90.353	13.443	65.310	11.600
98	浙江省国际贸易集团有限公司	浙江	90.307	13.849	64.858	11.600
99	申能（集团）有限公司	上海	90.153	12.655	65.898	11.600
100	三七互娱网络科技集团股份有限公司	安徽	90.099	12.756	65.743	11.600

二、2022 中国服务业企业信用 100 强收益性指标

序号	企业名称	地区	综合信用指数	营收利润率（%）	资产利润率（%）	净资产利润率（%）
1	中国医药集团有限公司	北京	99.980	11.18	13.91	51.86
2	中国建设银行股份有限公司	北京	99.287	36.87	1.00	11.63
3	中国工商银行股份有限公司	北京	99.269	36.95	0.99	10.69
4	中国银行股份有限公司	北京	99.019	35.76	0.81	9.73
5	中国农业银行股份有限公司	北京	99.002	33.50	0.83	9.99
6	腾讯控股有限公司	广东	98.589	40.14	13.94	27.88
7	中国移动通信集团有限公司	北京	98.456	11.09	4.40	7.98
8	国家电网有限公司	北京	98.403	1.55	0.99	2.34
9	国家开发投资集团有限公司	北京	98.402	17.55	4.45	27.00
10	中国邮政集团有限公司	北京	97.843	5.51	0.29	8.10
11	中国华润有限公司	广东	97.804	3.80	1.46	10.31
12	中国旅游集团中免股份有限公司	北京	97.542	14.26	17.40	32.59
13	龙湖集团控股有限公司	重庆	97.417	10.68	2.72	19.09
14	中国远洋海运集团有限公司	上海	97.395	7.63	4.24	17.52
15	中国人寿保险股份有限公司	北京	97.296	5.93	1.04	10.64
16	兴业银行股份有限公司	福建	97.167	37.37	0.96	12.09
17	交通银行股份有限公司	上海	97.123	32.51	0.75	9.08
18	中国保利集团有限公司	北京	96.909	2.95	0.76	12.01
19	中国平安保险（集团）股份有限公司	广东	96.822	8.61	1.00	12.51
20	泰康保险集团股份有限公司	北京	96.193	9.42	1.86	20.34
21	国泰君安证券股份有限公司	上海	96.147	35.06	1.90	10.20
22	中国化学工程股份有限公司	北京	95.966	3.37	2.60	9.61
23	紫光股份有限公司	北京	95.961	3.18	3.23	7.17
24	中国人民保险集团股份有限公司	北京	95.739	3.62	1.57	9.87
25	华泰证券股份有限公司	江苏	95.651	35.21	1.65	8.99
26	山西鹏飞集团有限公司	山西	95.572	5.26	4.77	7.98
27	中国国际金融股份有限公司	北京	95.556	35.77	1.66	12.77
28	中国中信集团有限公司	北京	95.466	5.09	0.36	7.54
29	东方财富信息股份有限公司	上海	95.314	65.32	4.62	19.42
30	碧桂园控股有限公司	广东	95.164	5.12	1.38	13.48
31	中国南方电网有限责任公司	广东	95.157	1.25	0.78	2.11

续表

序号	企业名称	地区	综合信用指数	营收利润率（%）	资产利润率（%）	净资产利润率（%）
32	科大讯飞股份有限公司	安徽	95.082	8.50	4.96	9.28
33	中国太平洋保险（集团）股份有限公司	上海	95.080	6.09	1.38	11.83
34	旭辉控股（集团）有限公司	上海	95.034	7.06	1.76	18.13
35	金地（集团）股份有限公司	广东	95.017	9.48	2.03	14.94
36	中国银河证券股份有限公司	北京	95.016	28.99	1.86	10.54
37	珠海华发集团有限公司	广东	94.588	1.50	0.37	3.49
38	中铁集装箱运输有限责任公司	北京	94.570	3.37	6.16	10.62
39	成都市兴蓉环境股份有限公司	四川	94.549	22.20	4.33	11.10
40	振烨国际产业控股集团（深圳）有限公司	广东	94.541	8.03	42.68	109.75
41	天津城市基础设施建设投资集团有限公司	天津	94.539	9.84	0.20	0.67
42	四川川投能源股份有限公司	四川	94.506	244.39	6.37	9.88
43	新城控股集团股份有限公司	江苏	94.484	7.49	2.36	21.24
44	北京控股集团有限公司	北京	94.480	1.50	0.40	3.83
45	新奥天然气股份有限公司	河北	94.446	3.54	3.21	27.65
46	广发证券股份有限公司	广东	94.398	31.69	2.03	10.18
47	物产中大集团股份有限公司	浙江	94.382	0.71	3.08	13.12
48	重庆华宇集团有限公司	重庆	94.351	11.47	6.64	16.17
49	广州越秀集团股份有限公司	广东	94.255	5.10	0.57	8.12
50	深圳前海微众银行股份有限公司	广东	94.168	14.36	1.57	24.83
51	中国机械工业集团有限公司	北京	94.132	0.80	0.81	4.08
52	浙江伟明环保股份有限公司	浙江	94.082	36.69	10.48	20.08
53	中国联合网络通信集团有限公司	北京	94.034	0.97	0.51	1.73
54	大秦铁路股份有限公司	山西	93.970	15.48	6.14	9.79
55	卓尔控股有限公司	湖北	93.967	0.91	1.16	2.31
56	恒信汽车集团股份有限公司	湖北	93.794	3.21	11.11	19.48
57	中粮集团有限公司	北京	93.739	1.45	1.41	9.31
58	江苏国泰国际集团股份有限公司	江苏	93.677	3.14	3.58	11.77
59	圆通速递股份有限公司	辽宁	93.640	4.66	6.15	9.31
60	上海金桥出口加工区开发股份有限公司	上海	93.629	35.15	4.88	13.15
61	浪潮电子信息产业股份有限公司	山东	93.569	2.99	4.33	13.21
62	网易公司	广东	93.523	19.24	10.97	17.68
63	杭州滨江房产集团股份有限公司	浙江	93.294	7.97	1.43	14.71
64	万科企业股份有限公司	广东	93.261	4.97	1.16	9.55
65	重庆水务集团股份有限公司	重庆	93.239	28.65	7.10	12.64
66	成都兴城投资集团有限公司	四川	93.045	1.12	0.23	3.55
67	宝龙地产控股有限公司	上海	93.011	15.02	2.45	14.72

续表

序号	企业名称	地区	综合信用指数	营收利润率（%）	资产利润率（%）	净资产利润率（%）
68	中山公用事业集团股份有限公司	广东	92.991	61.82	6.52	9.68
69	东方证券股份有限公司	上海	92.497	22.04	1.64	8.38
70	上海宝信软件股份有限公司	上海	92.420	15.47	10.18	20.17
71	国电南瑞科技股份有限公司	江苏	92.353	13.30	7.76	14.85
72	居然之家新零售集团股份有限公司	湖北	92.184	17.79	4.14	12.11
73	京沪高速铁路股份有限公司	北京	92.149	16.43	1.63	2.58
74	瀚蓝环境股份有限公司	广东	92.125	9.88	3.97	11.75
75	中国光大银行股份有限公司	北京	92.114	28.42	0.74	9.00
76	云南省能源投资集团有限公司	云南	92.110	2.03	1.23	4.53
77	中新苏州工业园区开发集团股份有限公司	江苏	92.088	38.85	5.17	12.50
78	东吴证券股份有限公司	江苏	91.905	25.87	1.92	6.44
79	物美科技集团有限公司	北京	91.892	4.36	2.37	10.14
80	四川邦泰投资集团有限责任公司	四川	91.885	8.42	4.62	49.77
81	南京高科股份有限公司	江苏	91.759	47.82	7.12	15.61
82	厦门吉比特网络技术股份有限公司	福建	91.593	31.79	20.67	32.06
83	招商局集团有限公司	北京	91.592	11.11	2.19	12.46
84	上海临港控股股份有限公司	上海	91.382	24.48	3.12	9.99
85	恒生电子股份有限公司	浙江	91.360	26.63	12.12	25.70
86	兴业证券股份有限公司	福建	91.237	25.00	2.18	11.52
87	新天绿色能源股份有限公司	河北	91.187	13.51	3.00	10.97
88	厦门象屿股份有限公司	福建	91.091	0.47	2.25	12.55
89	新华人寿保险股份有限公司	北京	91.053	6.72	1.33	13.78
90	中国电信集团有限公司	北京	91.033	2.31	1.26	3.27
91	上海陆家嘴金融贸易区开发股份有限公司	上海	90.965	31.08	3.57	19.10
92	中泰证券股份有限公司	山东	90.732	24.34	1.56	8.94
93	厦门建发集团有限公司	福建	90.690	1.00	1.09	11.66
94	奥德集团有限公司	山东	90.687	11.57	7.56	13.36
95	国金证券股份有限公司	四川	90.396	32.52	2.62	9.49
96	北京能源集团有限责任公司	北京	90.372	2.71	0.60	2.66
97	国元证券股份有限公司	安徽	90.353	31.25	1.67	5.91
98	浙江省国际贸易集团有限公司	浙江	90.307	1.92	1.13	9.09
99	申能（集团）有限公司	上海	90.153	8.96	2.32	4.84
100	三七互娱网络科技集团股份有限公司	安徽	90.099	17.73	19.92	26.69

三、2022 中国服务业企业信用 100 强流动性和安全性指标

序号	企业名称	地区	综合信用指数	资产周转率（次/年）	所有者权益比率（%）	资本保值增值率（%）
1	中国医药集团有限公司	北京	99.980	1.24	26.82	187.75
2	中国建设银行股份有限公司	北京	99.287	0.03	8.64	112.72
3	中国工商银行股份有限公司	北京	99.269	0.03	9.26	112.04
4	中国银行股份有限公司	北京	99.019	0.02	8.33	110.62
5	中国农业银行股份有限公司	北京	99.002	0.02	8.31	110.94
6	腾讯控股有限公司	广东	98.589	0.35	50.01	131.94
7	中国移动通信集团有限公司	北京	98.456	0.40	55.07	108.56
8	国家电网有限公司	北京	98.403	0.64	42.19	102.53
9	国家开发投资集团有限公司	北京	98.402	0.25	16.49	134.82
10	中国邮政集团有限公司	北京	97.843	0.05	3.62	109.03
11	中国华润有限公司	广东	97.804	0.38	14.19	111.29
12	中国旅游集团中免股份有限公司	北京	97.542	1.22	53.39	143.26
13	龙湖集团控股有限公司	重庆	97.417	0.26	14.27	122.02
14	中国远洋海运集团有限公司	上海	97.395	0.56	24.21	121.81
15	中国人寿保险股份有限公司	北京	97.296	0.18	9.78	111.31
16	兴业银行股份有限公司	福建	97.167	0.03	7.95	113.43
17	交通银行股份有限公司	上海	97.123	0.02	8.27	110.11
18	中国保利集团有限公司	北京	96.909	0.26	6.33	113.15
19	中国平安保险（集团）股份有限公司	广东	96.822	0.12	8.01	113.33
20	泰康保险集团股份有限公司	北京	96.193	0.20	9.13	123.00
21	国泰君安证券股份有限公司	上海	96.147	0.05	18.59	110.93
22	中国化学工程股份有限公司	北京	95.966	0.77	27.09	112.30
23	紫光股份有限公司	北京	95.961	1.02	45.10	107.22
24	中国人民保险集团股份有限公司	北京	95.739	0.43	15.92	110.70
25	华泰证券股份有限公司	江苏	95.651	0.05	18.40	110.34
26	山西鹏飞集团有限公司	山西	95.572	0.91	59.79	108.87
27	中国国际金融股份有限公司	北京	95.556	0.05	12.99	115.05
28	中国中信集团有限公司	北京	95.466	0.07	4.75	108.29
29	东方财富信息股份有限公司	上海	95.314	0.07	23.80	125.80
30	碧桂园控股有限公司	广东	95.164	0.27	10.20	115.30
31	中国南方电网有限责任公司	广东	95.157	0.62	36.88	102.16

续表

序号	企业名称	地区	综合信用指数	资产周转率（次/年）	所有者权益比率（%）	资本保值增值率（%）
32	科大讯飞股份有限公司	安徽	95.082	0.58	53.45	112.29
33	中国太平洋保险（集团）股份有限公司	上海	95.080	0.23	11.65	112.47
34	旭辉控股（集团）有限公司	上海	95.034	0.25	9.70	121.12
35	金地（集团）股份有限公司	广东	95.017	0.21	13.61	116.37
36	中国银河证券股份有限公司	北京	95.016	0.06	17.67	112.84
37	珠海华发集团有限公司	广东	94.588	0.25	10.53	104.03
38	中铁集装箱运输有限责任公司	北京	94.570	1.83	58.03	111.91
39	成都市兴蓉环境股份有限公司	四川	94.549	0.20	39.00	112.17
40	振烨国际产业控股集团（深圳）有限公司	广东	94.541	5.31	38.89	234.42
41	天津城市基础设施建设投资集团有限公司	天津	94.539	0.02	29.86	100.67
42	四川川投能源股份有限公司	四川	94.506	0.03	64.47	110.72
43	新城控股集团股份有限公司	江苏	94.484	0.31	11.10	124.90
44	北京控股集团有限公司	北京	94.480	0.27	10.43	103.92
45	新奥天然气股份有限公司	河北	94.446	0.91	11.59	150.44
46	广发证券股份有限公司	广东	94.398	0.06	19.90	111.06
47	物产中大集团股份有限公司	浙江	94.382	4.34	23.47	114.83
48	重庆华宇集团有限公司	重庆	94.351	0.58	41.06	119.41
49	广州越秀集团股份有限公司	广东	94.255	0.11	6.99	109.01
50	深圳前海微众银行股份有限公司	广东	94.168	0.11	6.32	132.74
51	中国机械工业集团有限公司	北京	94.132	1.02	19.90	104.29
52	浙江伟明环保股份有限公司	浙江	94.082	0.29	52.20	127.97
53	中国联合网络通信集团有限公司	北京	94.034	0.52	29.44	101.76
54	大秦铁路股份有限公司	山西	93.970	0.40	62.66	109.81
55	卓尔控股有限公司	湖北	93.967	1.27	50.06	102.36
56	恒信汽车集团股份有限公司	湖北	93.794	3.47	57.06	124.18
57	中粮集团有限公司	北京	93.739	0.97	15.13	110.07
58	江苏国泰国际集团股份有限公司	江苏	93.677	1.14	30.37	113.38
59	圆通速递股份有限公司	辽宁	93.640	1.32	66.05	112.28
60	上海金桥出口加工区开发股份有限公司	上海	93.629	0.14	37.09	115.08
61	浪潮电子信息产业股份有限公司	山东	93.569	1.45	32.81	113.86
62	网易公司	广东	93.523	0.57	62.04	120.53
63	杭州滨江房产集团股份有限公司	浙江	93.294	0.18	9.72	116.48
64	万科企业股份有限公司	广东	93.261	0.23	12.17	110.03
65	重庆水务集团股份有限公司	重庆	93.239	0.25	56.20	113.38
66	成都兴城投资集团有限公司	四川	93.045	0.21	6.60	103.89
67	宝龙地产控股有限公司	上海	93.011	0.16	16.61	116.54

续表

序号	企业名称	地区	综合信用指数	资产周转率（次/年）	所有者权益比率（%）	资本保值增值率（%）
68	中山公用事业集团股份有限公司	广东	92.991	0.11	67.33	110.41
69	东方证券股份有限公司	上海	92.497	0.07	19.63	108.92
70	上海宝信软件股份有限公司	上海	92.420	0.66	50.49	123.03
71	国电南瑞科技股份有限公司	江苏	92.353	0.58	52.24	116.52
72	居然之家新零售集团股份有限公司	湖北	92.184	0.23	34.15	111.82
73	京沪高速铁路股份有限公司	北京	92.149	0.10	63.28	102.62
74	瀚蓝环境股份有限公司	广东	92.125	0.40	33.83	115.39
75	中国光大银行股份有限公司	北京	92.114	0.03	8.17	109.57
76	云南省能源投资集团有限公司	云南	92.110	0.60	27.08	105.29
77	中新苏州工业园区开发集团股份有限公司	江苏	92.088	0.13	41.36	113.77
78	东吴证券股份有限公司	江苏	91.905	0.07	29.86	108.58
79	物美科技集团有限公司	北京	91.892	0.54	23.37	110.23
80	四川邦泰投资集团有限责任公司	四川	91.885	0.55	9.29	198.08
81	南京高科股份有限公司	江苏	91.759	0.15	45.63	117.75
82	厦门吉比特网络技术股份有限公司	福建	91.593	0.65	64.48	138.61
83	招商局集团有限公司	北京	91.592	0.20	17.60	113.82
84	上海临港控股股份有限公司	上海	91.382	0.13	31.20	110.56
85	恒生电子股份有限公司	浙江	91.360	0.46	47.14	132.14
86	兴业证券股份有限公司	福建	91.237	0.09	18.94	112.57
87	新天绿色能源股份有限公司	河北	91.187	0.22	27.37	116.41
88	厦门象屿股份有限公司	福建	91.091	4.83	17.96	114.44
89	新华人寿保险股份有限公司	北京	91.053	0.20	9.62	114.70
90	中国电信集团有限公司	北京	91.033	0.54	38.61	103.34
91	上海陆家嘴金融贸易区开发股份有限公司	上海	90.965	0.11	18.67	121.27
92	中泰证券股份有限公司	山东	90.732	0.06	17.48	109.62
93	厦门建发集团有限公司	福建	90.690	1.09	9.35	112.56
94	奥德集团有限公司	山东	90.687	0.65	56.62	113.91
95	国金证券股份有限公司	四川	90.396	0.08	27.65	110.32
96	北京能源集团有限责任公司	北京	90.372	0.22	22.39	103.01
97	国元证券股份有限公司	安徽	90.353	0.05	28.18	106.19
98	浙江省国际贸易集团有限公司	浙江	90.307	0.59	12.39	109.51
99	申能（集团）有限公司	上海	90.153	0.26	48.05	104.73
100	三七互娱网络科技集团股份有限公司	安徽	90.099	1.12	74.62	147.63

四、2022 中国服务业企业信用 100 强成长性指标

序号	企业名称	地区	营收增长率（%）	利润增长率（%）	资产增长率（%）	资本积累率（%）
1	中国医药集团有限公司	北京	31.59	803.47	21.98	69.20
2	中国建设银行股份有限公司	北京	9.05	11.09	7.54	9.41
3	中国工商银行股份有限公司	北京	6.81	10.27	5.48	12.59
4	中国银行股份有限公司	北京	7.08	12.28	9.51	9.16
5	中国农业银行股份有限公司	北京	9.42	11.70	6.85	9.52
6	腾讯控股有限公司	广东	16.19	40.65	20.92	14.53
7	中国移动通信集团有限公司	北京	10.28	5.85	8.03	7.24
8	国家电网有限公司	北京	11.38	19.57	7.48	8.11
9	国家开发投资集团有限公司	北京	27.03	443.05	12.33	28.96
10	中国邮政集团有限公司	北京	5.49	19.04	11.44	11.44
11	中国华润有限公司	广东	13.36	-1.10	12.35	9.51
12	中国旅游集团中免股份有限公司	北京	28.67	57.23	32.31	32.73
13	龙湖集团控股有限公司	重庆	21.04	19.26	14.44	15.33
14	中国远洋海运集团有限公司	上海	63.85	307.98	14.86	24.49
15	中国人寿保险股份有限公司	北京	4.07	1.30	15.02	6.34
16	兴业银行股份有限公司	福建	8.91	24.10	8.98	11.13
17	交通银行股份有限公司	上海	9.42	11.89	9.05	11.31
18	中国保利集团有限公司	北京	11.99	-1.63	10.80	9.49
19	中国平安保险（集团）股份有限公司	广东	-3.11	-28.99	6.45	6.54
20	泰康保险集团股份有限公司	北京	7.01	2.68	17.72	13.10
21	国泰君安证券股份有限公司	上海	21.64	34.99	12.57	7.11
22	中国化学工程股份有限公司	北京	25.43	26.64	30.80	27.98
23	紫光股份有限公司	北京	13.29	13.35	12.91	0.73
24	中国人民保险集团股份有限公司	北京	2.40	7.82	9.63	8.38
25	华泰证券股份有限公司	江苏	20.55	23.32	12.54	14.99
26	山西鹏飞集团有限公司	山西	51.80	66.22	85.83	11.11
27	中国国际金融股份有限公司	北京	27.35	49.54	24.57	17.85
28	中国中信集团有限公司	北京	20.31	19.00	6.71	9.88
29	东方财富信息股份有限公司	上海	58.94	79.00	67.70	32.83
30	碧桂园控股有限公司	广东	13.01	-23.44	-3.35	13.50
31	中国南方电网有限责任公司	广东	16.29	22.08	6.89	2.55

续表

序号	企业名称	地区	营收增长率（%）	利润增长率（%）	资产增长率（%）	资本积累率（%）
32	科大讯飞股份有限公司	安徽	40.61	14.13	26.40	32.47
33	中国太平洋保险（集团）股份有限公司	上海	4.37	9.15	9.89	5.35
34	旭辉控股（集团）有限公司	上海	50.19	-5.22	14.09	16.47
35	金地（集团）股份有限公司	广东	18.16	-9.50	15.23	9.57
36	中国银河证券股份有限公司	北京	51.52	43.99	25.67	21.78
37	珠海华发集团有限公司	广东	30.00	40.15	18.38	15.42
38	中铁集装箱运输有限责任公司	北京	20.52	29.07	1.94	12.08
39	成都市兴蓉环境股份有限公司	四川	25.36	15.10	11.76	9.64
40	振烨国际产业控股集团（深圳）有限公司	广东	18.47	368.46	3.36	22.48
41	天津城市基础设施建设投资集团有限公司	天津	14.20	20.20	2.10	-0.53
42	四川川投能源股份有限公司	四川	22.52	-2.35	17.27	8.51
43	新城控股集团股份有限公司	江苏	15.64	-17.42	-0.64	17.23
44	北京控股集团有限公司	北京	7.87	36.99	5.77	2.35
45	新奥天然气股份有限公司	河北	31.58	94.67	16.81	82.40
46	广发证券股份有限公司	广东	17.48	8.13	17.14	8.62
47	物产中大集团股份有限公司	浙江	39.26	45.13	21.38	13.02
48	重庆华宇集团有限公司	重庆	1.00	1.00	8.31	20.04
49	广州越秀集团股份有限公司	广东	25.13	-0.18	15.84	10.93
50	深圳前海微众银行股份有限公司	广东	33.32	38.87	26.65	31.84
51	中国机械工业集团有限公司	北京	30.99	-24.96	2.68	5.13
52	浙江伟明环保股份有限公司	浙江	34.00	22.13	39.89	39.32
53	中国联合网络通信集团有限公司	北京	7.95	34.27	1.82	1.73
54	大秦铁路股份有限公司	山西	8.28	13.14	3.87	0.15
55	卓尔控股有限公司	湖北	25.42	23.10	4.50	2.21
56	恒信汽车集团股份有限公司	湖北	13.75	38.78	21.62	24.11
57	中粮集团有限公司	北京	25.39	1.64	2.42	8.15
58	江苏国泰国际集团股份有限公司	江苏	30.69	26.44	33.51	13.70
59	圆通速递股份有限公司	辽宁	29.36	19.06	29.49	31.96
60	上海金桥出口加工区开发股份有限公司	上海	28.50	46.51	10.78	14.68
61	浪潮电子信息产业股份有限公司	山东	6.36	36.57	20.58	4.95
62	网易公司	广东	18.92	39.74	8.30	16.07
63	杭州滨江房产集团股份有限公司	浙江	32.80	30.06	23.09	12.03
64	万科企业股份有限公司	广东	8.04	-45.75	3.72	5.10
65	重庆水务集团股份有限公司	重庆	14.22	17.13	19.20	5.87
66	成都兴城投资集团有限公司	四川	169.97	0.39	20.91	9.62
67	宝龙地产控股有限公司	上海	12.42	-1.66	25.59	12.35

续表

序号	企业名称	地区	营收增长率（%）	利润增长率（%）	资产增长率（%）	资本积累率（%）
68	中山公用事业集团股份有限公司	广东	8.58	6.61	7.67	7.58
69	东方证券股份有限公司	上海	5.34	97.26	12.19	6.52
70	上海宝信软件股份有限公司	上海	15.01	35.93	14.29	14.17
71	国电南瑞科技股份有限公司	江苏	10.15	16.30	10.26	11.28
72	居然之家新零售集团股份有限公司	湖北	45.35	70.62	43.10	-2.39
73	京沪高速铁路股份有限公司	北京	16.11	49.15	-1.86	1.75
74	瀚蓝环境股份有限公司	广东	57.41	10.01	17.45	31.06
75	中国光大银行股份有限公司	北京	7.21	14.73	9.95	6.40
76	云南省能源投资集团有限公司	云南	6.46	50.08	12.55	16.74
77	中新苏州工业园区开发集团股份有限公司	江苏	14.74	16.40	14.31	10.14
78	东吴证券股份有限公司	江苏	25.68	40.10	17.87	33.16
79	物美科技集团有限公司	北京	11.08	63.32	10.63	0.88
80	四川邦泰投资集团有限责任公司	四川	47.44	54.09	-1.33	97.06
81	南京高科股份有限公司	江苏	69.40	16.68	1.26	13.71
82	厦门吉比特网络技术股份有限公司	福建	68.44	40.34	31.84	20.44
83	招商局集团有限公司	北京	19.05	34.64	12.84	10.95
84	上海临港控股股份有限公司	上海	59.29	8.68	17.44	5.68
85	恒生电子股份有限公司	浙江	31.73	10.73	21.15	25.05
86	兴业证券股份有限公司	福建	7.92	18.48	20.13	9.14
87	新天绿色能源股份有限公司	河北	27.77	43.00	25.60	49.52
88	厦门象屿股份有限公司	福建	28.40	66.22	9.69	15.03
89	新华人寿保险股份有限公司	北京	7.67	4.57	12.28	6.72
90	中国电信集团有限公司	北京	9.45	-4.09	9.03	2.33
91	上海陆家嘴金融贸易区开发股份有限公司	上海	-4.16	7.45	19.28	11.39
92	中泰证券股份有限公司	山东	27.02	26.72	17.29	7.55
93	厦门建发集团有限公司	福建	62.66	9.33	50.78	7.70
94	奥德集团有限公司	山东	16.14	-12.33	4.03	4.15
95	国金证券股份有限公司	四川	17.55	24.41	30.58	8.70
96	北京能源集团有限责任公司	北京	26.77	-2.13	13.34	12.94
97	国元证券股份有限公司	安徽	34.91	39.35	26.57	4.66
98	浙江省国际贸易集团有限公司	浙江	17.20	43.64	10.56	4.55
99	申能（集团）有限公司	上海	24.91	-13.87	2.65	-2.23
100	三七互娱网络科技集团股份有限公司	安徽	12.62	4.15	36.66	78.45

五、2022 中国服务业企业信用 100 强地区分布

序号	企业名称	综合信用指数	营业收入（万元）	利润（万元）	资产（万元）	所有者权益（万元）
北京						
1	中国医药集团有限公司	99.980	70166212	7846699	56402153	15129832
2	中国建设银行股份有限公司	99.287	82424600	30392800	3025397900	261412200
3	中国工商银行股份有限公司	99.269	94276200	34833800	3517138300	325775500
4	中国银行股份有限公司	99.019	60555900	21655900	2672240800	222515300
5	中国农业银行股份有限公司	99.002	71991500	24118300	2906915500	241460500
6	中国移动通信集团有限公司	98.456	85088466	9436108	214651950	118216661
7	国家电网有限公司	98.403	297113025	4604112	467152425	197069429
8	国家开发投资集团有限公司	98.402	19445388	3412071	76637289	12635047
9	中国邮政集团有限公司	97.843	70095084	3859218	1316870009	47646084
10	中国旅游集团中免股份有限公司	97.542	6767552	965374	5547373	2961880
11	中国人寿保险股份有限公司	97.296	85850500	5092100	489108500	47858500
12	中国保利集团有限公司	96.909	44875187	1323230	174015716	11020766
13	泰康保险集团股份有限公司	96.193	26193348	2468118	132977846	12135133
14	中国化学工程股份有限公司	95.966	13728898	463342	17789604	4819923
15	紫光股份有限公司	95.961	6763753	214764	6643045	2996067
16	中国人民保险集团股份有限公司	95.739	59769100	2163800	137640200	21913200
17	中国国际金融股份有限公司	95.556	3013105	1077771	64979549	8442212
18	中国中信集团有限公司	95.466	62004272	3154971	880968219	41823175
19	中国银河证券股份有限公司	95.016	3598399	1043024	56013503	9895580
20	中铁集装箱运输有限责任公司	94.570	5296277	178302	2892890	1678620
21	北京控股集团有限公司	94.480	10923283	164160	41074964	4283259
22	中国机械工业集团有限公司	94.132	37054529	295579	36441119	7251965
23	中国联合网络通信集团有限公司	94.034	32912229	318788	62701575	18461028
24	中粮集团有限公司	93.739	66494705	966171	68601206	10379337
25	京沪高速铁路股份有限公司	92.149	2930478	481571	29525225	18684988
26	中国光大银行股份有限公司	92.114	15275100	4340700	590206900	48248900
27	物美科技集团有限公司	91.892	6184575	269741	11383621	2659999
28	招商局集团有限公司	91.592	49517181	5499226	250876457	44146405

续表

序号	企业名称	综合信用指数	营业收入（万元）	利润（万元）	资产（万元）	所有者权益（万元）
29	新华人寿保险股份有限公司	91.053	22238000	1494700	112772100	10849700
30	中国电信集团有限公司	91.033	53922328	1248156	98976966	38211746
31	北京能源集团有限责任公司	90.372	8798832	238560	40014870	8961183
安徽						
1	科大讯飞股份有限公司	95.082	1831360	155646	3139403	1678072
2	国元证券股份有限公司	90.353	610975	190927	11461812	3229778
3	三七互娱网络科技集团股份有限公司	90.099	1621649	287557	1443718	1077371
福建						
1	兴业银行股份有限公司	97.167	22123600	8268000	860302400	68411100
2	厦门吉比特网络技术股份有限公司	91.593	461905	146850	710328	458014
3	兴业证券股份有限公司	91.237	1897217	474307	21746334	4118944
4	厦门象屿股份有限公司	91.091	46251623	216027	9583422	1721426
5	厦门建发集团有限公司	90.690	71957617	718654	65883882	6163193
广东						
1	腾讯控股有限公司	98.589	56011800	22482200	161236400	80629900
2	中国华润有限公司	97.804	77776660	2954963	202110927	28672427
3	中国平安保险（集团）股份有限公司	96.822	118044400	10161800	1014202600	81240500
4	碧桂园控股有限公司	95.164	52306400	2679700	194836500	19873600
5	中国南方电网有限责任公司	95.157	67160048	841150	108223257	39910622
6	金地（集团）股份有限公司	95.017	9923222	940952	46280951	6298117
7	珠海华发集团有限公司	94.588	14194254	212286	57742333	6079291
8	振烨国际产业控股集团（深圳）有限公司	94.541	9601924	771429	1807594	702908
9	广发证券股份有限公司	94.398	3424999	1085412	53585532	10662451
10	广州越秀集团股份有限公司	94.255	8716181	444580	78247953	5472077
11	深圳前海微众银行股份有限公司	94.168	4795005	688376	43874781	2772353
12	网易公司	93.523	8760603	1685684	15364392	9532808
13	万科企业股份有限公司	93.261	45279778	2252403	193863813	23595313
14	中山公用事业集团股份有限公司	92.991	237068	146564	2249064	1514197
15	瀚蓝环境股份有限公司	92.125	1177651	116338	2927848	990460
河北						
1	新奥天然气股份有限公司	94.446	11591963	410165	12793392	1483322
2	新天绿色能源股份有限公司	91.187	1598527	216013	7191776	1968436
湖北						
1	卓尔控股有限公司	93.967	12803758	116690	10091836	5052015

续表

序号	企业名称	综合信用指数	营业收入（万元）	利润（万元）	资产（万元）	所有者权益（万元）
2	恒信汽车集团股份有限公司	93.794	8021367	257199	2313995	1320251
3	居然之家新零售集团股份有限公司	92.184	1307104	232504	5621038	1919798
江苏						
1	华泰证券股份有限公司	95.651	3790544	1334611	80665083	14842281
2	新城控股集团股份有限公司	94.484	16823168	1259809	53429311	5930996
3	江苏国泰国际集团股份有限公司	93.677	3933950	123616	3457513	1050093
4	国电南瑞科技股份有限公司	92.353	4241101	564245	7273295	3799690
5	中新苏州工业园区开发集团股份有限公司	92.088	391724	152185	2943046	1217243
6	东吴证券股份有限公司	91.905	924549	239178	12431825	3712562
7	南京高科股份有限公司	91.759	491863	235205	3302944	1507087
辽宁						
1	圆通速递股份有限公司	93.640	4515495	210341	3422231	2260355
山东						
1	浪潮电子信息产业股份有限公司	93.569	6704755	200273	4620816	1516185
2	中泰证券股份有限公司	90.732	1314967	320001	20468976	3578992
3	奥德集团有限公司	90.687	3519453	407237	5384402	3048522
山西						
1	山西鹏飞集团有限公司	95.572	8619669	453505	9502448	5681598
2	大秦铁路股份有限公司	93.970	7868205	1218131	19854630	12440120
上海						
1	中国远洋海运集团有限公司	97.395	54266305	4141597	97615126	23637244
2	交通银行股份有限公司	97.123	26939000	8758100	1166575700	96464700
3	国泰君安证券股份有限公司	96.147	4281714	1501348	79127281	14712366
4	东方财富信息股份有限公司	95.314	1309432	855293	18502025	4404024
5	中国太平洋保险（集团）股份有限公司	95.080	44064300	2683400	194616400	22674100
6	旭辉控股（集团）有限公司	95.034	10783474	761292	43274953	4199015
7	上海金桥出口加工区开发股份有限公司	93.629	461715	162300	3326784	1233921
8	宝龙地产控股有限公司	93.011	3990246	599210	24505645	4069366
9	东方证券股份有限公司	92.497	2437039	537150	32659962	6412711
10	上海宝信软件股份有限公司	92.420	1175936	181884	1786017	901746
11	上海临港控股股份有限公司	91.382	627192	153522	4926475	1537124
12	中国远洋海运集团有限公司	97.395	54266305	4141597	97615126	23637244

续表

序号	企业名称	综合信用指数	营业收入（万元）	利润（万元）	资产（万元）	所有者权益（万元）
13	上海陆家嘴金融贸易区开发股份有限公司	90.965	1387204	431087	12089589	2257325
四川						
1	成都市兴蓉环境股份有限公司	94.549	673236	149442	3451201	1345846
2	四川川投能源股份有限公司	94.506	126333	308739	4846729	3124741
3	成都兴城投资集团有限公司	93.045	19707423	220467	94199134	6216417
4	四川邦泰投资集团有限责任公司	91.885	1716251	144472	3125978	290280
5	国金证券股份有限公司	90.396	712663	231732	8831283	2442100
天津						
1	天津城市基础设施建设投资集团有限公司	94.539	1787672	175927	87297864	26070507
云南						
1	云南省能源投资集团有限公司	92.110	13999577	283722	23142724	6266440
浙江						
1	物产中大集团股份有限公司	94.382	56199173	398499	12944969	3037895
2	浙江伟明环保股份有限公司	94.082	418537	153546	1465138	764817
3	杭州滨江房产集团股份有限公司	93.294	3797636	302733	21172580	2057930
4	恒生电子股份有限公司	91.360	549658	146354	1207991	569503
5	浙江省国际贸易集团有限公司	90.307	8426493	161565	14344221	1777162
重庆						
1	龙湖集团控股有限公司	97.417	22337547	2385369	87565111	12494925
2	重庆华宇集团有限公司	94.351	8165839	936320	14098553	5789317
3	重庆水务集团股份有限公司	93.239	725225	207755	2924479	1643435

六、2022 中国服务业企业信用 100 强行业分布

序号	企业名称	综合信用指数	营业收入（万元）	利润（万元）	资产（万元）	所有者权益（万元）
能源（电、热、燃气等）供应、开发、节能减排及再循环服务业						
1	国家电网有限公司	98.403	297113025	4604112	467152425	197069429
2	中国南方电网有限责任公司	95.157	67160048	841150	108223257	39910622
3	新奥天然气股份有限公司	94.446	11591963	410165	12793392	1483322
4	国电南瑞科技股份有限公司	92.353	4241101	564245	7273295	3799690
5	瀚蓝环境股份有限公司	92.125	1177651	116338	2927848	990460
6	云南省能源投资集团有限公司	92.110	13999577	283722	23142724	6266440
7	新天绿色能源股份有限公司	91.187	1598527	216013	7191776	1968436
8	奥德集团有限公司	90.687	3519453	407237	5384402	3048522
9	北京能源集团有限责任公司	90.372	8798832	238560	40014870	8961183
10	申能（集团）有限公司	90.153	5588972	500870	21547735	10354595
铁路运输及辅助服务业						
1	中铁集装箱运输有限责任公司	94.570	5296277	178302	2892890	1678620
2	大秦铁路股份有限公司	93.970	7868205	1218131	19854630	12440120
3	京沪高速铁路股份有限公司	92.149	2930478	481571	29525225	18684988
水上运输业						
1	中国远洋海运集团有限公司	97.395	54266305	4141597	97615126	23637244
电信、邮寄、速递等服务业						
1	中国移动通信集团有限公司	98.456	85088466	9436108	214651950	118216661
2	中国邮政集团有限公司	97.843	70095084	3859218	1316870009	47646084
3	振烨国际产业控股集团（深圳）有限公司	94.541	9601924	771429	1807594	702908
4	中国联合网络通信集团有限公司	94.034	32912229	318788	62701575	18461028
5	圆通速递股份有限公司	93.640	4515495	210341	3422231	2260355
6	中国电信集团有限公司	91.033	53922328	1248156	98976966	38211746
软件、程序、计算机应用、网络工程等计算机、微电子服务业						
1	紫光股份有限公司	95.961	6763753	214764	6643045	2996067
2	科大讯飞股份有限公司	95.082	1831360	155646	3139403	1678072
3	浪潮电子信息产业股份有限公司	93.569	6704755	200273	4620816	1516185
4	上海宝信软件股份有限公司	92.420	1175936	181884	1786017	901746

续表

序号	企业名称	综合信用指数	营业收入（万元）	利润（万元）	资产（万元）	所有者权益（万元）
5	恒生电子股份有限公司	91.360	549658	146354	1207991	569503
物流、仓储、运输、配送及供应链服务业						
1	厦门象屿股份有限公司	91.091	46251623	216027	9583422	1721426
2	厦门建发集团有限公司	90.690	71957617	718654	65883882	6163193
农牧渔饲产品及生活消费品等内外商贸批发、零售业						
1	中粮集团有限公司	93.739	66494705	966171	68601206	10379337
2	浙江省国际贸易集团有限公司	90.307	8426493	161565	14344221	1777162
综合性内外商贸及批发、零售业						
1	物产中大集团股份有限公司	94.382	56199173	398499	12944969	3037895
2	江苏国泰国际集团股份有限公司	93.677	3933950	123616	3457513	1050093
汽车和摩托车商贸、维修保养及租赁业						
1	恒信汽车集团股份有限公司	93.794	8021367	257199	2313995	1320251
医药专营批发、零售业及医疗服务业						
1	中国医药集团有限公司	99.980	70166212	7846699	56402153	15129832
商业零售业及连锁超市						
1	居然之家新零售集团股份有限公司	92.184	1307104	232504	5621038	1919798
2	物美科技集团有限公司	91.892	6184575	269741	11383621	2659999
银行业						
1	中国建设银行股份有限公司	99.287	82424600	30392800	3025397900	261412200
2	中国工商银行股份有限公司	99.269	94276200	34833800	3517138300	325775500
3	中国银行股份有限公司	99.019	60555900	21655900	2672240800	222515300
4	中国农业银行股份有限公司	99.002	71991500	24118300	2906915500	241460500
5	兴业银行股份有限公司	97.167	22123600	8268000	860302400	68411100
6	交通银行股份有限公司	97.123	26939000	8758100	1166575700	96464700
7	深圳前海微众银行股份有限公司	94.168	4795005	688376	43874781	2772353
8	中国光大银行股份有限公司	92.114	15275100	4340700	590206900	48248900
保险业						
1	中国人寿保险股份有限公司	97.296	85850500	5092100	489108500	47858500
2	中国平安保险（集团）股份有限公司	96.822	118044400	10161800	1014202600	81240500
3	泰康保险集团股份有限公司	96.193	26193348	2468118	132977846	12135133
4	中国人民保险集团股份有限公司	95.739	59769100	2163800	137640200	21913200
5	中国太平洋保险（集团）股份有限公司	95.080	44064300	2683400	194616400	22674100
6	新华人寿保险股份有限公司	91.053	22238000	1494700	112772100	10849700
证券及其他金融服务业						
1	国泰君安证券股份有限公司	96.147	4281714	1501348	79127281	14712366

续表

序号	企业名称	综合信用指数	营业收入（万元）	利润（万元）	资产（万元）	所有者权益（万元）
2	华泰证券股份有限公司	95.651	3790544	1334611	80665083	14842281
3	中国国际金融股份有限公司	95.556	3013105	1077771	64979549	8442212
4	东方财富信息股份有限公司	95.314	1309432	855293	18502025	4404024
5	中国银河证券股份有限公司	95.016	3598399	1043024	56013503	9895580
6	广发证券股份有限公司	94.398	3424999	1085412	53585532	10662451
7	东方证券股份有限公司	92.497	2437039	537150	32659962	6412711
8	东吴证券股份有限公司	91.905	924549	239178	12431825	3712562
9	兴业证券股份有限公司	91.237	1897217	474307	21746334	4118944
10	中泰证券股份有限公司	90.732	1314967	320001	20468976	3578992
11	国金证券股份有限公司	90.396	712663	231732	8831283	2442100
12	国元证券股份有限公司	90.353	610975	190927	11461812	3229778
多元化投资控股、商务服务业						
1	国家开发投资集团有限公司	98.402	19445388	3412071	76637289	12635047
2	中国中信集团有限公司	95.466	62004272	3154971	880968219	41823175
3	招商局集团有限公司	91.592	49517181	5499226	250876457	44146405
房地产开发与经营、物业及房屋装饰、修缮、管理等服务业						
1	龙湖集团控股有限公司	97.417	22337547	2385369	87565111	12494925
2	山西鹏飞集团有限公司	95.572	8619669	453505	9502448	5681598
3	碧桂园控股有限公司	95.164	52306400	2679700	194836500	19873600
4	旭辉控股（集团）有限公司	95.034	10783474	761292	43274953	4199015
5	金地（集团）股份有限公司	95.017	9923222	940952	46280951	6298117
6	珠海华发集团有限公司	94.588	14194254	212286	57742333	6079291
7	新城控股集团股份有限公司	94.484	16823168	1259809	53429311	5930996
8	重庆华宇集团有限公司	94.351	8165839	936320	14098553	5789317
9	广州越秀集团股份有限公司	94.255	8716181	444580	78247953	5472077
10	卓尔控股有限公司	93.967	12803758	116690	10091836	5052015
11	上海金桥出口加工区开发股份有限公司	93.629	461715	162300	3326784	1233921
12	杭州滨江房产集团股份有限公司	93.294	3797636	302733	21172580	2057930
13	万科企业股份有限公司	93.261	45279778	2252403	193863813	23595313
14	成都兴城投资集团有限公司	93.045	19707423	220467	94199134	6216417
15	宝龙地产控股有限公司	93.011	3990246	599210	24505645	4069366

续表

序号	企业名称	综合信用指数	营业收入（万元）	利润（万元）	资产（万元）	所有者权益（万元）
16	中新苏州工业园区开发集团股份有限公司	92.088	391724	152185	2943046	1217243
17	四川邦泰投资集团有限责任公司	91.885	1716251	144472	3125978	290280
18	上海临港控股股份有限公司	91.382	627192	153522	4926475	1537124
19	上海陆家嘴金融贸易区开发股份有限公司	90.965	1387204	431087	12089589	2257325
旅游、旅馆及娱乐服务业						
1	中国旅游集团中免股份有限公司	97.542	6767552	965374	5547373	2961880
公用事业、市政、水务、航道等公共设施投资、经营与管理业						
1	成都市兴蓉环境股份有限公司	94.549	673236	149442	3451201	1345846
2	天津城市基础设施建设投资集团有限公司	94.539	1787672	175927	87297864	26070507
3	四川川投能源股份有限公司	94.506	126333	308739	4846729	3124741
4	北京控股集团有限公司	94.480	10923283	164160	41074964	4283259
5	浙江伟明环保股份有限公司	94.082	418537	153546	1465138	764817
6	重庆水务集团股份有限公司	93.239	725225	207755	2924479	1643435
7	中山公用事业集团股份有限公司	92.991	237068	146564	2249064	1514197
科技研发、推广及地勘、规划、设计、评估、咨询、认证等承包服务业						
1	中国化学工程股份有限公司	95.966	13728898	463342	17789604	4819923
信息、传媒、电子商务、网购、娱乐等互联网服务业						
1	腾讯控股有限公司	98.589	56011800	22482200	161236400	80629900
2	网易公司	93.523	8760603	1685684	15364392	9532808
3	厦门吉比特网络技术股份有限公司	91.593	461905	146850	710328	458014
4	三七互娱网络科技集团股份有限公司	90.099	1621649	287557	1443718	1077371
综合服务业（以服务业为主，含有制造业）						
1	中国华润有限公司	97.804	77776660	2954963	202110927	28672427
2	中国保利集团有限公司	96.909	44875187	1323230	174015716	11020766
3	中国机械工业集团有限公司	94.132	37054529	295579	36441119	7251965
4	南京高科股份有限公司	91.759	491863	235205	3302944	1507087

第十一章

2022 中国民营企业信用 100 强评价资料

一、2022 中国民营企业信用 100 强排序

序号	企业名称	地区	综合信用指数	信用环境指数	信用能力指数	信用行为指数
1	华为投资控股有限公司	广东	99.990	13.990	72.000	14.000
2	腾讯控股有限公司	广东	98.589	13.989	70.600	14.000
3	美的集团股份有限公司	广东	98.401	14.000	71.801	12.600
4	龙湖集团控股有限公司	重庆	97.417	13.817	72.000	11.600
5	桐昆集团股份有限公司	浙江	97.200	13.600	72.000	11.600
6	恒申控股集团有限公司	福建	97.200	13.600	72.000	11.600
7	重庆智飞生物制品股份有限公司	重庆	97.075	13.600	71.875	11.600
8	农夫山泉股份有限公司	浙江	97.048	13.448	72.000	11.600
9	新疆特变电工集团有限公司	新疆	97.031	13.442	71.989	11.600
10	宁德时代新能源科技股份有限公司	福建	96.993	13.393	72.000	11.600
11	通威股份有限公司	四川	96.716	13.461	71.655	11.600
12	波司登股份有限公司	江苏	96.093	13.577	70.916	11.600
13	山东金岭集团有限公司	山东	96.088	14.000	69.288	12.800
14	内蒙古鄂尔多斯资源股份有限公司	内蒙古	95.856	13.600	70.656	11.600
15	天洁集团有限公司	浙江	95.780	13.098	71.082	11.600
16	大族激光科技产业集团股份有限公司	广东	95.746	13.727	70.420	11.600
17	小米集团	北京	95.586	13.544	70.442	11.600
18	山西鹏飞集团有限公司	山西	95.572	13.842	70.130	11.600
19	东方财富信息股份有限公司	上海	95.314	13.970	69.745	11.600
20	浙江吉利控股集团有限公司	浙江	95.294	13.860	72.000	9.434
21	广州金域医学检验集团股份有限公司	广东	95.203	13.220	70.383	11.600
22	碧桂园控股有限公司	广东	95.164	12.468	71.096	11.600
23	宁波方太厨具有限公司	浙江	95.032	13.600	69.832	11.600
24	长城汽车股份有限公司	河北	94.958	13.942	72.000	9.016
25	正威国际集团有限公司	广东	94.764	11.365	69.399	14.000
26	盛虹控股集团有限公司	江苏	94.652	13.430	69.622	11.600
27	东鹏饮料（集团）股份有限公司	广东	94.638	13.195	69.843	11.600
28	山东魏桥创业集团有限公司	山东	94.598	12.427	69.371	12.800
29	海澜集团有限公司	江苏	94.569	13.433	69.536	11.600
30	华泰集团有限公司	山东	94.555	13.336	69.620	11.600
31	山东豪迈机械科技股份有限公司	山东	94.553	13.058	69.895	11.600

续表

序号	企业名称	地区	综合信用指数	信用环境指数	信用能力指数	信用行为指数
32	江苏硕世生物科技股份有限公司	江苏	94.525	13.079	69.846	11.600
33	新城控股集团股份有限公司	江苏	94.484	12.693	70.191	11.600
34	重庆华宇集团有限公司	重庆	94.351	13.267	69.484	11.600
35	合盛硅业股份有限公司	浙江	94.325	12.725	69.000	11.600
36	山东太阳控股集团有限公司	山东	94.261	12.845	69.816	11.600
37	雅迪科技集团有限公司	江苏	94.243	13.400	69.243	11.600
38	恒力集团有限公司	江苏	94.241	11.632	71.008	11.600
39	联想控股股份有限公司	北京	94.228	13.929	68.700	11.600
40	比亚迪股份有限公司	广东	94.219	13.439	69.180	11.600
41	江苏沙钢集团有限公司	江苏	94.170	13.600	66.661	13.909
42	浙江伟明环保股份有限公司	浙江	94.082	13.381	67.901	12.800
43	周大生珠宝股份有限公司	广东	93.995	12.384	70.011	11.600
44	梅花生物科技集团股份有限公司	西藏	93.995	13.600	68.795	11.600
45	卓尔控股有限公司	湖北	93.967	13.816	68.550	11.600
46	晶澳太阳能科技股份有限公司	河北	93.937	13.819	68.518	11.600
47	上海晨光文具股份有限公司	上海	93.897	13.806	68.491	11.600
48	江苏恒立液压股份有限公司	江苏	93.782	13.401	68.781	11.600
49	华峰化学股份有限公司	浙江	93.771	13.000	67.971	12.800
50	浙江华友钴业股份有限公司	浙江	93.747	13.600	68.547	11.600
51	浙江荣盛控股集团有限公司	浙江	93.656	13.533	68.523	11.600
52	上海韦尔半导体股份有限公司	上海	93.646	13.619	68.427	11.600
53	圆通速递股份有限公司	辽宁	93.640	13.574	68.466	11.600
54	明阳新能源投资控股集团有限公司	广东	93.592	12.514	69.478	11.600
55	浙江元立金属制品集团有限公司	浙江	93.531	13.044	68.887	11.600
56	网易公司	广东	93.523	13.915	68.008	11.600
57	欧派家居集团股份有限公司	广东	93.378	12.818	68.960	11.600
58	浙江三花智能控制股份有限公司	浙江	93.298	13.379	68.320	11.600
59	杭州滨江房产集团股份有限公司	浙江	93.294	13.434	68.260	11.600
60	研祥高科技控股集团有限公司	广东	93.284	12.934	68.750	11.600
61	江苏三木集团有限公司	江苏	93.125	13.727	66.598	12.800
62	湖北济川药业股份有限公司	湖北	93.088	12.974	68.513	11.600
63	大亚科技集团有限公司	江苏	93.081	13.716	67.765	11.600
64	万向集团公司	浙江	92.987	13.819	70.892	8.276
65	安徽口子酒业股份有限公司	安徽	92.923	13.517	67.805	11.600
66	三一集团有限公司	湖南	92.671	12.333	68.737	11.600
67	赛轮集团股份有限公司	山东	92.613	12.962	68.051	11.600

续表

序号	企业名称	地区	综合信用指数	信用环境指数	信用能力指数	信用行为指数
68	深圳市大疆创新科技有限公司	广东	92.473	12.853	68.020	11.600
69	安徽迎驾贡酒股份有限公司	安徽	92.444	13.540	67.304	11.600
70	福莱特玻璃集团股份有限公司	浙江	92.225	13.296	67.330	11.600
71	居然之家新零售集团股份有限公司	湖北	92.184	13.746	66.838	11.600
72	北京东方雨虹防水技术股份有限公司	北京	92.140	13.640	66.900	11.600
73	青山控股集团有限公司	浙江	91.924	13.600	64.731	13.593
74	万丰奥特控股集团有限公司	浙江	91.918	13.501	68.107	10.310
75	隆基绿能科技股份有限公司	陕西	91.913	10.969	69.344	11.600
76	山东东明石化集团有限公司	山东	91.907	13.050	67.257	11.600
77	物美科技集团有限公司	北京	91.892	13.886	66.406	11.600
78	复星国际有限公司	上海	91.834	13.723	66.511	11.600
79	五得利面粉集团有限公司	河北	91.699	13.287	66.812	11.600
80	江苏阳光集团有限公司	江苏	91.697	12.400	66.497	12.800
81	厦门吉比特网络技术股份有限公司	福建	91.593	13.402	66.590	11.600
82	利华益集团股份有限公司	山东	91.558	12.959	67.000	11.600
83	河南明泰铝业股份有限公司	河南	91.400	13.428	66.372	11.600
84	恒生电子股份有限公司	浙江	91.360	12.861	66.899	11.600
85	福耀玻璃工业集团股份有限公司	福建	91.319	13.415	66.303	11.600
86	惠州亿纬锂能股份有限公司	广东	90.993	12.990	66.403	11.600
87	敬业集团有限公司	河北	90.981	13.253	66.128	11.600
88	淄博齐翔腾达化工股份有限公司	山东	90.947	12.144	66.003	12.800
89	中天控股集团有限公司	浙江	90.833	13.308	65.925	11.600
90	闻泰科技股份有限公司	湖北	90.759	13.921	65.238	11.600
91	宁波华翔电子股份有限公司	浙江	90.692	13.600	68.901	8.191
92	奥德集团有限公司	山东	90.687	12.538	66.549	11.600
93	苏州东山精密制造股份有限公司	江苏	90.657	13.513	65.543	11.600
94	浙江伟星新型建材股份有限公司	浙江	90.586	12.903	66.083	11.600
95	甘肃上峰水泥股份有限公司	甘肃	90.563	12.925	66.037	11.600
96	新希望控股集团有限公司	四川	90.533	12.253	66.680	11.600
97	威高集团有限公司	山东	90.298	11.566	67.132	11.600
98	通化东宝药业股份有限公司	吉林	90.162	13.208	65.354	11.600
99	宁夏宝丰能源集团股份有限公司	宁夏	90.107	10.564	66.742	12.800
100	三七互娱网络科技集团股份有限公司	安徽	90.099	12.756	65.743	11.600

二、2022中国民营企业信用100强收益性指标

序号	企业名称	地区	综合信用指数	营收利润率（%）	资产利润率（%）	净资产利润率（%）
1	华为投资控股有限公司	广东	99.990	18.00	11.55	27.40
2	腾讯控股有限公司	广东	98.589	40.14	13.94	27.88
3	美的集团股份有限公司	广东	98.401	8.37	7.37	22.88
4	龙湖集团控股有限公司	重庆	97.417	10.68	2.72	19.09
5	桐昆集团股份有限公司	浙江	97.200	12.40	10.52	20.46
6	恒申控股集团有限公司	福建	97.200	12.88	16.53	28.77
7	重庆智飞生物制品股份有限公司	重庆	97.075	33.30	33.97	57.82
8	农夫山泉股份有限公司	浙江	97.048	24.12	21.77	34.53
9	新疆特变电工集团有限公司	新疆	97.031	11.20	5.38	14.87
10	宁德时代新能源科技股份有限公司	福建	96.993	12.22	5.18	18.85
11	通威股份有限公司	四川	96.716	12.93	9.30	21.89
12	波司登股份有限公司	江苏	96.093	16.04	14.38	23.74
13	山东金岭集团有限公司	山东	96.088	38.85	86.07	100.00
14	内蒙古鄂尔多斯资源股份有限公司	内蒙古	95.856	16.70	12.23	32.81
15	天洁集团有限公司	浙江	95.780	5.34	9.72	15.44
16	大族激光科技产业集团股份有限公司	广东	95.746	12.21	7.34	17.16
17	小米集团	北京	95.586	5.89	6.60	14.09
18	山西鹏飞集团有限公司	山西	95.572	5.26	4.77	7.98
19	东方财富信息股份有限公司	上海	95.314	65.32	4.62	19.42
20	浙江吉利控股集团有限公司	浙江	95.294	2.63	1.83	10.15
21	广州金域医学检验集团股份有限公司	广东	95.203	18.58	20.65	35.21
22	碧桂园控股有限公司	广东	95.164	5.12	1.38	13.48
23	宁波方太厨具有限公司	浙江	95.032	11.78	10.51	17.85
24	长城汽车股份有限公司	河北	94.958	4.93	3.83	10.83
25	正威国际集团有限公司	广东	94.764	1.79	6.07	10.40
26	盛虹控股集团有限公司	江苏	94.652	1.74	3.51	17.01
27	东鹏饮料（集团）股份有限公司	广东	94.638	17.10	15.31	28.15
28	山东魏桥创业集团有限公司	山东	94.598	2.76	4.45	13.29
29	海澜集团有限公司	江苏	94.569	3.86	3.99	5.49
30	华泰集团有限公司	山东	94.555	1.85	3.88	11.27
31	山东豪迈机械科技股份有限公司	山东	94.553	17.53	13.78	16.19

续表

序号	企业名称	地区	综合信用指数	营收利润率（%）	资产利润率（%）	净资产利润率（%）
32	江苏硕世生物科技股份有限公司	江苏	94.525	42.03	34.10	47.04
33	新城控股集团股份有限公司	江苏	94.484	7.49	2.36	21.24
34	重庆华宇集团有限公司	重庆	94.351	11.47	6.64	16.17
35	合盛硅业股份有限公司	浙江	94.325	38.47	27.09	40.81
36	山东太阳控股集团有限公司	山东	94.261	6.78	7.85	18.26
37	雅迪科技集团有限公司	江苏	94.243	5.37	7.50	32.45
38	恒力集团有限公司	江苏	94.241	2.09	5.02	26.45
39	联想控股股份有限公司	北京	94.228	1.17	0.85	9.39
40	比亚迪股份有限公司	广东	94.219	1.41	1.03	3.20
41	江苏沙钢集团有限公司	江苏	94.170	4.83	4.51	18.79
42	浙江伟明环保股份有限公司	浙江	94.082	36.69	10.48	20.08
43	周大生珠宝股份有限公司	广东	93.995	13.38	17.45	21.16
44	梅花生物科技集团股份有限公司	西藏	93.995	10.30	11.24	22.14
45	卓尔控股有限公司	湖北	93.967	0.91	1.16	2.31
46	晶澳太阳能科技股份有限公司	河北	93.937	4.94	3.58	12.36
47	上海晨光文具股份有限公司	上海	93.897	8.62	13.29	24.50
48	江苏恒立液压股份有限公司	江苏	93.782	28.93	21.84	29.29
49	华峰化学股份有限公司	浙江	93.771	27.98	27.20	41.75
50	浙江华友钴业股份有限公司	浙江	93.747	11.04	6.72	20.11
51	浙江荣盛控股集团有限公司	浙江	93.656	1.72	2.14	25.00
52	上海韦尔半导体股份有限公司	上海	93.646	18.57	13.95	27.63
53	圆通速递股份有限公司	辽宁	93.640	4.66	6.15	9.31
54	明阳新能源投资控股集团有限公司	广东	93.592	8.69	4.81	15.49
55	浙江元立金属制品集团有限公司	浙江	93.531	5.57	8.36	29.99
56	网易公司	广东	93.523	19.24	10.97	17.68
57	欧派家居集团股份有限公司	广东	93.378	13.04	11.39	18.50
58	浙江三花智能控制股份有限公司	浙江	93.298	10.51	7.13	15.10
59	杭州滨江房产集团股份有限公司	浙江	93.294	7.97	1.43	14.71
60	研祥高科技控股集团有限公司	广东	93.284	5.34	8.54	13.45
61	江苏三木集团有限公司	江苏	93.125	6.92	19.13	29.04
62	湖北济川药业股份有限公司	湖北	93.088	22.53	14.17	18.86
63	大亚科技集团有限公司	江苏	93.081	3.53	5.91	25.32
64	万向集团公司	浙江	92.987	1.12	1.67	5.87
65	安徽口子酒业股份有限公司	安徽	92.923	34.35	15.66	20.94
66	三一集团有限公司	湖南	92.671	3.30	2.08	11.32
67	赛轮集团股份有限公司	山东	92.613	7.29	5.02	12.24

续表

序号	企业名称	地区	综合信用指数	营收利润率（%）	资产利润率（%）	净资产利润率（%）
68	深圳市大疆创新科技有限公司	广东	92.473	29.04	19.41	26.34
69	安徽迎驾贡酒股份有限公司	安徽	92.444	30.20	16.02	23.17
70	福莱特玻璃集团股份有限公司	浙江	92.225	24.33	10.56	17.95
71	居然之家新零售集团股份有限公司	湖北	92.184	17.79	4.14	12.11
72	北京东方雨虹防水技术股份有限公司	北京	92.140	13.17	8.45	15.99
73	青山控股集团有限公司	浙江	91.924	3.88	2.55	7.18
74	万丰奥特控股集团有限公司	浙江	91.918	6.19	7.17	34.48
75	隆基绿能科技股份有限公司	陕西	91.913	11.23	9.30	19.15
76	山东东明石化集团有限公司	山东	91.907	1.85	4.62	10.44
77	物美科技集团有限公司	北京	91.892	4.36	2.37	10.14
78	复星国际有限公司	上海	91.834	6.26	1.25	7.70
79	五得利面粉集团有限公司	河北	91.699	5.47	11.01	15.25
80	江苏阳光集团有限公司	江苏	91.697	5.07	10.37	19.51
81	厦门吉比特网络技术股份有限公司	福建	91.593	31.79	20.67	32.06
82	利华益集团股份有限公司	山东	91.558	2.56	5.65	11.45
83	河南明泰铝业股份有限公司	河南	91.400	7.52	9.78	17.35
84	恒生电子股份有限公司	浙江	91.360	26.63	12.12	25.70
85	福耀玻璃工业集团股份有限公司	福建	91.319	13.33	7.03	11.96
86	惠州亿纬锂能股份有限公司	广东	90.993	17.19	6.52	16.20
87	敬业集团有限公司	河北	90.981	2.42	7.42	14.85
88	淄博齐翔腾达化工股份有限公司	山东	90.947	6.86	9.18	18.71
89	中天控股集团有限公司	浙江	90.833	2.83	2.70	14.85
90	闻泰科技股份有限公司	湖北	90.759	4.95	3.60	7.75
91	宁波华翔电子股份有限公司	浙江	90.692	7.19	5.80	11.65
92	奥德集团有限公司	山东	90.687	11.57	7.56	13.36
93	苏州东山精密制造股份有限公司	江苏	90.657	5.86	4.91	12.78
94	浙江伟星新型建材股份有限公司	浙江	90.586	19.15	19.01	24.93
95	甘肃上峰水泥股份有限公司	甘肃	90.563	26.17	14.39	26.25
96	新希望控股集团有限公司	四川	90.533	0.86	0.58	8.15
97	威高集团有限公司	山东	90.298	8.61	6.10	10.25
98	通化东宝药业股份有限公司	吉林	90.162	40.03	20.06	21.05
99	宁夏宝丰能源集团股份有限公司	宁夏	90.107	30.35	15.93	23.04
100	三七互娱网络科技集团股份有限公司	安徽	90.099	17.73	19.92	26.69

三、2022 中国民营企业信用 100 强流动性和安全性指标

序号	企业名称	地区	综合信用指数	资产周转率（次/年）	所有者权益比率（%）	资本保值增值率（%）
1	华为投资控股有限公司	广东	99.990	0.64	42.17	134.37
2	腾讯控股有限公司	广东	98.589	0.35	50.01	131.94
3	美的集团股份有限公司	广东	98.401	0.88	32.19	124.31
4	龙湖集团控股有限公司	重庆	97.417	0.26	14.27	122.02
5	桐昆集团股份有限公司	浙江	97.200	0.85	51.42	128.48
6	恒申控股集团有限公司	福建	97.200	1.28	57.44	137.21
7	重庆智飞生物制品股份有限公司	重庆	97.075	1.02	58.76	223.76
8	农夫山泉股份有限公司	浙江	97.048	0.90	63.05	146.20
9	新疆特变电工集团有限公司	新疆	97.031	0.48	36.18	117.53
10	宁德时代新能源科技股份有限公司	福建	96.993	0.42	27.47	124.81
11	通威股份有限公司	四川	96.716	0.72	42.50	126.87
12	波司登股份有限公司	江苏	96.093	0.90	60.57	124.36
13	山东金岭集团有限公司	山东	96.088	2.22	86.07	216.85
14	内蒙古鄂尔多斯资源股份有限公司	内蒙古	95.856	0.73	37.27	144.66
15	天洁集团有限公司	浙江	95.780	1.82	62.93	122.86
16	大族激光科技产业集团股份有限公司	广东	95.746	0.60	42.75	120.46
17	小米集团	北京	95.586	1.12	46.85	115.64
18	山西鹏飞集团有限公司	山西	95.572	0.91	59.79	108.87
19	东方财富信息股份有限公司	上海	95.314	0.07	23.80	125.80
20	浙江吉利控股集团有限公司	浙江	95.294	0.70	18.03	110.88
21	广州金域医学检验集团股份有限公司	广东	95.203	1.11	58.64	158.61
22	碧桂园控股有限公司	广东	95.164	0.27	10.20	115.30
23	宁波方太厨具有限公司	浙江	95.032	0.89	58.86	121.70
24	长城汽车股份有限公司	河北	94.958	0.78	35.42	111.73
25	正威国际集团有限公司	广东	94.764	3.38	58.37	111.37
26	盛虹控股集团有限公司	江苏	94.652	2.01	20.64	127.39
27	东鹏饮料（集团）股份有限公司	广东	94.638	0.90	54.40	162.35
28	山东魏桥创业集团有限公司	山东	94.598	1.61	33.46	114.45
29	海澜集团有限公司	江苏	94.569	1.03	72.67	105.31
30	华泰集团有限公司	山东	94.555	2.10	34.41	112.39
31	山东豪迈机械科技股份有限公司	山东	94.553	0.79	85.10	118.25

续表

序号	企业名称	地区	综合信用指数	资产周转率（次/年）	所有者权益比率（%）	资本保值增值率（%）
32	江苏硕世生物科技股份有限公司	江苏	94.525	0.81	72.48	171.69
33	新城控股集团股份有限公司	江苏	94.484	0.31	11.10	124.90
34	重庆华宇集团有限公司	重庆	94.351	0.58	41.06	119.41
35	合盛硅业股份有限公司	浙江	94.325	0.70	66.37	184.78
36	山东太阳控股集团有限公司	山东	94.261	1.16	42.98	122.89
37	雅迪科技集团有限公司	江苏	94.243	1.40	23.11	140.47
38	恒力集团有限公司	江苏	94.241	2.40	18.96	132.06
39	联想控股股份有限公司	北京	94.228	0.72	9.00	109.52
40	比亚迪股份有限公司	广东	94.219	0.73	32.14	105.35
41	江苏沙钢集团有限公司	江苏	94.170	0.93	24.03	121.92
42	浙江伟明环保股份有限公司	浙江	94.082	0.29	52.20	127.97
43	周大生珠宝股份有限公司	广东	93.995	1.30	82.48	122.74
44	梅花生物科技集团股份有限公司	西藏	93.995	1.09	50.77	125.88
45	卓尔控股有限公司	湖北	93.967	1.27	50.06	102.36
46	晶澳太阳能科技股份有限公司	河北	93.937	0.73	28.95	113.91
47	上海晨光文具股份有限公司	上海	93.897	1.54	54.23	129.23
48	江苏恒立液压股份有限公司	江苏	93.782	0.75	74.57	136.83
49	华峰化学股份有限公司	浙江	93.771	0.97	65.15	168.58
50	浙江华友钴业股份有限公司	浙江	93.747	0.61	33.43	139.28
51	浙江荣盛控股集团有限公司	浙江	93.656	1.24	8.57	129.26
52	上海韦尔半导体股份有限公司	上海	93.646	0.75	50.49	139.83
53	圆通速递股份有限公司	辽宁	93.640	1.32	66.05	112.28
54	明阳新能源投资控股集团有限公司	广东	93.592	0.55	31.03	119.11
55	浙江元立金属制品集团有限公司	浙江	93.531	1.50	27.87	138.96
56	网易公司	广东	93.523	0.57	62.04	120.53
57	欧派家居集团股份有限公司	广东	93.378	0.87	61.60	122.35
58	浙江三花智能控制股份有限公司	浙江	93.298	0.68	47.21	116.73
59	杭州滨江房产集团股份有限公司	浙江	93.294	0.18	9.72	116.48
60	研祥高科技控股集团有限公司	广东	93.284	1.60	63.48	115.54
61	江苏三木集团有限公司	江苏	93.125	2.77	65.89	140.92
62	湖北济川药业股份有限公司	湖北	93.088	0.63	75.15	122.15
63	大亚科技集团有限公司	江苏	93.081	1.68	23.35	133.91
64	万向集团公司	浙江	92.987	1.49	28.48	107.75
65	安徽口子酒业股份有限公司	安徽	92.923	0.46	74.78	123.86
66	三一集团有限公司	湖南	92.671	0.63	18.38	112.29
67	赛轮集团股份有限公司	山东	92.613	0.69	41.00	115.52

续表

序号	企业名称	地区	综合信用指数	资产周转率（次/年）	所有者权益比率（%）	资本保值增值率（%）
68	深圳市大疆创新科技有限公司	广东	92.473	0.67	73.68	135.75
69	安徽迎驾贡酒股份有限公司	安徽	92.444	0.53	69.13	126.88
70	福莱特玻璃集团股份有限公司	浙江	92.225	0.43	58.81	129.30
71	居然之家新零售集团股份有限公司	湖北	92.184	0.23	34.15	111.82
72	北京东方雨虹防水技术股份有限公司	北京	92.140	0.64	52.87	128.77
73	青山控股集团有限公司	浙江	91.924	0.66	35.49	147.00
74	万丰奥特控股集团有限公司	浙江	91.918	1.16	20.81	135.37
75	隆基绿能科技股份有限公司	陕西	91.913	0.83	48.55	125.88
76	山东东明石化集团有限公司	山东	91.907	2.50	44.28	111.37
77	物美科技集团有限公司	北京	91.892	0.54	23.37	110.23
78	复星国际有限公司	上海	91.834	0.20	16.25	107.89
79	五得利面粉集团有限公司	河北	91.699	2.01	72.19	117.58
80	江苏阳光集团有限公司	江苏	91.697	2.04	53.17	120.56
81	厦门吉比特网络技术股份有限公司	福建	91.593	0.65	64.48	138.61
82	利华益集团股份有限公司	山东	91.558	2.20	49.35	112.93
83	河南明泰铝业股份有限公司	河南	91.400	1.30	56.39	121.39
84	恒生电子股份有限公司	浙江	91.360	0.46	47.14	132.14
85	福耀玻璃工业集团股份有限公司	福建	91.319	0.53	58.74	114.57
86	惠州亿纬锂能股份有限公司	广东	90.993	0.38	40.27	120.21
87	敬业集团有限公司	河北	90.981	3.07	49.98	117.78
88	淄博齐翔腾达化工股份有限公司	山东	90.947	1.34	49.06	126.64
89	中天控股集团有限公司	浙江	90.833	0.95	18.16	118.16
90	闻泰科技股份有限公司	湖北	90.759	0.73	46.43	108.99
91	宁波华翔电子股份有限公司	浙江	90.692	0.81	49.81	112.24
92	奥德集团有限公司	山东	90.687	0.65	56.62	113.91
93	苏州东山精密制造股份有限公司	江苏	90.657	0.84	38.41	114.25
94	浙江伟星新型建材股份有限公司	浙江	90.586	0.99	76.25	128.30
95	甘肃上峰水泥股份有限公司	甘肃	90.563	0.55	54.81	132.12
96	新希望控股集团有限公司	四川	90.533	0.67	7.10	108.03
97	威高集团有限公司	山东	90.298	0.71	59.47	111.42
98	通化东宝药业股份有限公司	吉林	90.162	0.50	95.32	123.56
99	宁夏宝丰能源集团股份有限公司	宁夏	90.107	0.53	69.16	127.30
100	三七互娱网络科技集团股份有限公司	安徽	90.099	1.12	74.62	147.63

四、2022 中国民营企业信用 100 强成长性指标

序号	企业名称	地区	营收增长率（%）	利润增长率（%）	资产增长率（%）	资本积累率（%）
1	华为投资控股有限公司	广东	-29.24	75.78	12.09	25.47
2	腾讯控股有限公司	广东	16.19	40.65	20.92	14.53
3	美的集团股份有限公司	广东	20.06	4.96	7.65	6.26
4	龙湖集团控股有限公司	重庆	21.04	19.26	14.44	15.33
5	桐昆集团股份有限公司	浙江	29.01	158.44	48.09	39.21
6	恒申控股集团有限公司	福建	16.35	111.56	18.87	29.32
7	重庆智飞生物制品股份有限公司	重庆	101.79	209.23	97.48	114.06
8	农夫山泉股份有限公司	浙江	27.96	35.50	27.49	33.81
9	新疆特变电工集团有限公司	新疆	24.16	159.43	15.83	17.95
10	宁德时代新能源科技股份有限公司	福建	159.06	185.34	96.44	31.63
11	通威股份有限公司	四川	43.64	127.50	37.35	22.79
12	波司登股份有限公司	江苏	6.27	36.46	1.14	2.63
13	山东金岭集团有限公司	山东	4.86	627.19	13.39	16.85
14	内蒙古鄂尔多斯资源股份有限公司	内蒙古	57.61	298.58	6.42	36.10
15	天洁集团有限公司	浙江	7.18	7.50	16.83	48.03
16	大族激光科技产业集团股份有限公司	广东	36.76	103.74	27.34	19.21
17	小米集团	北京	33.53	-4.99	15.46	10.93
18	山西鹏飞集团有限公司	山西	51.80	66.22	85.83	11.11
19	东方财富信息股份有限公司	上海	58.94	79.00	67.70	32.83
20	浙江吉利控股集团有限公司	浙江	10.66	1.69	6.76	7.20
21	广州金域医学检验集团股份有限公司	广东	44.88	47.03	61.93	66.45
22	碧桂园控股有限公司	广东	13.01	-23.44	-3.35	13.50
23	宁波方太厨具有限公司	浙江	29.10	24.84	18.32	21.56
24	长城汽车股份有限公司	河北	32.04	25.43	13.89	8.34
25	正威国际集团有限公司	广东	4.45	1.51	5.46	9.32
26	盛虹控股集团有限公司	江苏	31.20	69.28	50.25	61.05
27	东鹏饮料（集团）股份有限公司	广东	40.72	46.91	78.63	121.51
28	山东魏桥创业集团有限公司	山东	42.28	32.96	3.64	8.79
29	海澜集团有限公司	江苏	11.06	18.11	-0.54	-3.14
30	华泰集团有限公司	山东	0.45	10.01	6.67	10.00
31	山东豪迈机械科技股份有限公司	山东	13.48	4.56	9.63	12.74

续表

序号	企业名称	地区	营收增长率（%）	利润增长率（%）	资产增长率（%）	资本积累率（%）
32	江苏硕世生物科技股份有限公司	江苏	63.19	45.59	53.64	52.39
33	新城控股集团股份有限公司	江苏	15.64	-17.42	-0.64	17.23
34	重庆华宇集团有限公司	重庆	1.00	1.00	8.31	20.04
35	合盛硅业股份有限公司	浙江	137.99	484.75	51.55	107.72
36	山东太阳控股集团有限公司	山东	11.73	33.58	24.01	25.40
37	雅迪科技集团有限公司	江苏	39.73	51.74	20.94	24.73
38	恒力集团有限公司	江苏	5.32	-6.45	14.85	21.20
39	联想控股股份有限公司	北京	17.32	48.78	4.44	1.38
40	比亚迪股份有限公司	广东	38.02	-28.08	47.14	67.16
41	江苏沙钢集团有限公司	江苏	13.81	85.70	7.48	16.68
42	浙江伟明环保股份有限公司	浙江	34.00	22.13	39.89	39.32
43	周大生珠宝股份有限公司	广东	80.07	20.85	5.41	7.45
44	梅花生物科技集团股份有限公司	西藏	33.94	139.40	10.15	16.90
45	卓尔控股有限公司	湖北	25.42	23.10	4.50	2.21
46	晶澳太阳能科技股份有限公司	河北	59.80	35.32	52.74	12.54
47	上海晨光文具股份有限公司	上海	34.02	20.90	17.66	19.28
48	江苏恒立液压股份有限公司	江苏	18.51	19.51	16.12	25.73
49	华峰化学股份有限公司	浙江	92.66	248.23	48.34	64.26
50	浙江华友钴业股份有限公司	浙江	66.69	234.60	115.21	95.36
51	浙江荣盛控股集团有限公司	浙江	45.27	80.73	33.27	17.06
52	上海韦尔半导体股份有限公司	上海	21.59	65.41	41.65	44.13
53	圆通速递股份有限公司	辽宁	29.36	19.06	29.49	31.96
54	明阳新能源投资控股集团有限公司	广东	23.14	66.11	27.11	23.38
55	浙江元立金属制品集团有限公司	浙江	55.67	50.77	40.70	29.91
56	网易公司	广东	18.92	39.74	8.30	16.07
57	欧派家居集团股份有限公司	广东	38.68	29.23	24.14	20.82
58	浙江三花智能控制股份有限公司	浙江	32.30	15.17	38.68	10.79
59	杭州滨江房产集团股份有限公司	浙江	32.80	30.06	23.09	12.03
60	研祥高科技控股集团有限公司	广东	55.31	43.84	15.53	15.54
61	江苏三木集团有限公司	江苏	88.59	226.18	24.61	40.92
62	湖北济川药业股份有限公司	湖北	23.77	34.60	15.36	17.44
63	大亚科技集团有限公司	江苏	14.42	18.88	7.78	33.95
64	万向集团公司	浙江	28.49	0.69	17.67	32.09
65	安徽口子酒业股份有限公司	安徽	25.37	35.38	12.49	13.96
66	三一集团有限公司	湖南	23.33	-31.66	8.78	8.53
67	赛轮集团股份有限公司	山东	16.84	-11.97	24.30	26.81

续表

序号	企业名称	地区	营收增长率（%）	利润增长率（%）	资产增长率（%）	资本积累率（%）
68	深圳市大疆创新科技有限公司	广东	25.24	21.77	31.72	35.73
69	安徽迎驾贡酒股份有限公司	安徽	32.58	44.96	16.89	15.99
70	福莱特玻璃集团股份有限公司	浙江	39.18	30.15	63.73	63.24
71	居然之家新零售集团股份有限公司	湖北	45.35	70.62	43.10	-2.39
72	北京东方雨虹防水技术股份有限公司	北京	46.96	24.07	78.60	79.92
73	青山控股集团有限公司	浙江	22.13	78.14	532.61	555.05
74	万丰奥特控股集团有限公司	浙江	9.92	3.26	-1.54	2.59
75	隆基绿能科技股份有限公司	陕西	48.27	6.24	11.53	35.16
76	山东东明石化集团有限公司	山东	26.50	20.27	27.68	8.90
77	物美科技集团有限公司	北京	11.08	63.32	10.63	0.88
78	复星国际有限公司	上海	18.05	25.84	5.04	2.55
79	五得利面粉集团有限公司	河北	24.90	-7.34	26.11	15.26
80	江苏阳光集团有限公司	江苏	14.01	12.56	0.93	5.38
81	厦门吉比特网络技术股份有限公司	福建	68.44	40.34	31.84	20.44
82	利华益集团股份有限公司	山东	12.32	21.65	8.01	12.93
83	河南明泰铝业股份有限公司	河南	50.69	73.08	48.19	23.29
84	恒生电子股份有限公司	浙江	31.73	10.73	21.15	25.05
85	福耀玻璃工业集团股份有限公司	福建	18.57	20.97	16.56	21.82
86	惠州亿纬锂能股份有限公司	广东	107.06	75.89	73.28	24.75
87	敬业集团有限公司	河北	6.00	37.15	10.82	19.74
88	淄博齐翔腾达化工股份有限公司	山东	41.34	145.22	26.32	42.41
89	中天控股集团有限公司	浙江	8.75	7.66	12.46	22.28
90	闻泰科技股份有限公司	湖北	1.98	8.12	21.18	15.96
91	宁波华翔电子股份有限公司	浙江	4.12	48.87	14.08	5.10
92	奥德集团有限公司	山东	16.14	-12.33	4.03	4.15
93	苏州东山精密制造股份有限公司	江苏	13.17	21.72	1.20	11.54
94	浙江伟星新型建材股份有限公司	浙江	25.13	2.58	13.72	13.52
95	甘肃上峰水泥股份有限公司	甘肃	29.26	7.42	33.81	22.34
96	新希望控股集团有限公司	四川	15.85	-39.10	18.48	-1.40
97	威高集团有限公司	山东	2.67	2.37	7.41	11.42
98	通化东宝药业股份有限公司	吉林	12.99	40.68	12.35	11.90
99	宁夏宝丰能源集团股份有限公司	宁夏	46.29	52.95	16.45	18.49
100	三七互娱网络科技集团股份有限公司	安徽	12.62	4.15	36.66	78.45

五、2022 中国民营企业信用 100 强地区分布

序号	企业名称	综合信用指数	营业收入（万元）	利润（万元）	资产（万元）	所有者权益（万元）
北京						
1	小米集团	95.586	32830915	1933932	29289187	13721291
2	联想控股股份有限公司	94.228	48987168	575489	68068617	6126989
3	北京东方雨虹防水技术股份有限公司	92.140	3193420	420469	4973322	2629439
4	物美科技集团有限公司	91.892	6184575	269741	11383621	2659999
安徽						
1	安徽口子酒业股份有限公司	92.923	502860	172709	1103089	824941
2	安徽迎驾贡酒股份有限公司	92.444	457685	138202	862797	596414
3	三七互娱网络科技集团股份有限公司	90.099	1621649	287557	1443718	1077371
福建						
1	恒申控股集团有限公司	97.200	6592748	849396	5139727	2952070
2	宁德时代新能源科技股份有限公司	96.993	13035580	1593131	30766686	8451327
3	厦门吉比特网络技术股份有限公司	91.593	461905	146850	710328	458014
4	福耀玻璃工业集团股份有限公司	91.319	2360306	314617	4478489	2630602
甘肃						
1	甘肃上峰水泥股份有限公司	90.563	831452	217622	1512542	828970
广东						
1	华为投资控股有限公司	99.990	63069840	11354549	98283639	41445976
2	腾讯控股有限公司	98.589	56011800	22482200	161236400	80629900
3	美的集团股份有限公司	98.401	34123321	2857365	38794610	12486812
4	大族激光科技产业集团股份有限公司	95.746	1633233	199449	2718055	1161984
5	广州金域医学检验集团股份有限公司	95.203	1194322	221964	1075089	630381
6	碧桂园控股有限公司	95.164	52306400	2679700	194836500	19873600
7	正威国际集团有限公司	94.764	72275382	1296964	21363794	12469061
8	东鹏饮料（集团）股份有限公司	94.638	697782	119296	779049	423813
9	比亚迪股份有限公司	94.219	21614239	304519	29578015	9506967
10	周大生珠宝股份有限公司	93.995	915520	122461	701611	578715
11	明阳新能源投资控股集团有限公司	93.592	5697358	495279	10303689	3197696
12	网易公司	93.523	8760603	1685684	15364392	9532808

续表

序号	企业名称	综合信用指数	营业收入（万元）	利润（万元）	资产（万元）	所有者权益（万元）
13	欧派家居集团股份有限公司	93. 378	2044160	266559	2339273	1440879
14	研祥高科技控股集团有限公司	93. 284	7914163	422930	4952964	3144265
15	深圳市大疆创新科技有限公司	92. 473	2522200	732398	3774274	2781041
16	惠州亿纬锂能股份有限公司	90. 993	1689980	290579	4453390	1793416
河北						
1	长城汽车股份有限公司	94. 958	13640466	672609	17540802	6212438
2	晶澳太阳能科技股份有限公司	93. 937	4130175	203863	5696745	1649426
3	五得利面粉集团有限公司	91. 699	4157239	227444	2065638	1491187
4	敬业集团有限公司	90. 981	23790148	574692	7743682	3870538
河南						
1	河南明泰铝业股份有限公司	91. 400	2461262	185201	1892886	1067406
湖北						
1	卓尔控股有限公司	93. 967	12803758	116690	10091836	5052015
2	湖北济川药业股份有限公司	93. 088	763051	171918	1213104	911688
3	居然之家新零售集团股份有限公司	92. 184	1307104	232504	5621038	1919798
4	闻泰科技股份有限公司	90. 759	5272865	261154	7257588	3369871
湖南						
1	三一集团有限公司	92. 671	15456008	509474	24473736	4499012
吉林						
1	通化东宝药业股份有限公司	90. 162	326790	130825	652010	621488
江苏						
1	波司登股份有限公司	96. 093	3494721	560414	3897972	2361025
2	盛虹控股集团有限公司	94. 652	34797926	607114	17292018	3569906
3	海澜集团有限公司	94. 569	11685025	450947	11310337	8219571
4	江苏硕世生物科技股份有限公司	94. 525	283904	119321	349934	253645
5	新城控股集团股份有限公司	94. 484	16823168	1259809	53429311	5930996
6	雅迪科技集团有限公司	94. 243	2705159	145275	1936964	447710
7	恒力集团有限公司	94. 241	73234451	1531614	30536547	5790619
8	江苏沙钢集团有限公司	94. 170	30363121	1466463	32482912	7805325
9	江苏恒立液压股份有限公司	93. 782	930922	269360	1233204	919570
10	江苏三木集团有限公司	93. 125	4651957	321769	1681721	1108115
11	大亚科技集团有限公司	93. 081	2983612	105247	1780771	415739
12	江苏阳光集团有限公司	91. 697	4516216	229181	2209057	1174475
13	苏州东山精密制造股份有限公司	90. 657	3179314	186248	3795140	1457650

续表

序号	企业名称	综合信用指数	营业收入（万元）	利润（万元）	资产（万元）	所有者权益（万元）
辽宁						
1	圆通速递股份有限公司	93.640	4515495	210341	3422231	2260355
内蒙古						
1	内蒙古鄂尔多斯资源股份有限公司	95.856	3647331	609082	4980720	1856167
宁夏						
1	宁夏宝丰能源集团股份有限公司	90.107	2329994	707043	4437377	3068996
山东						
1	山东金岭集团有限公司	96.088	4512214	1752931	2036687	1752931
2	山东魏桥创业集团有限公司	94.598	41113475	1133995	25504593	8534472
3	华泰集团有限公司	94.555	7683349	142076	3664748	1260996
4	山东豪迈机械科技股份有限公司	94.553	600833	105317	764353	650474
5	山东太阳控股集团有限公司	94.261	6038744	409590	5220280	2243531
6	赛轮集团股份有限公司	92.613	1799843	131297	2617294	1073047
7	山东东明石化集团有限公司	91.907	12861179	237822	5142971	2277439
8	利华益集团股份有限公司	91.558	10806670	277023	4901485	2418785
9	淄博齐翔腾达化工股份有限公司	90.947	3489207	239264	2607051	1278977
10	奥德集团有限公司	90.687	3519453	407237	5384402	3048522
11	威高集团有限公司	90.298	5110981	439914	7214381	4290442
山西						
1	山西鹏飞集团有限公司	95.572	8619669	453505	9502448	5681598
陕西						
1	隆基绿能科技股份有限公司	91.913	8093225	908588	9773488	4744775
上海						
1	东方财富信息股份有限公司	95.314	1309432	855293	18502025	4404024
2	上海晨光文具股份有限公司	93.897	1760740	151787	1142439	619489
3	上海韦尔半导体股份有限公司	93.646	2410351	447619	3207993	1619831
4	复星国际有限公司	91.834	16129120	1008990	80637210	13106991
四川						
1	通威股份有限公司	96.716	6349107	820792	8824999	3750257
2	新希望控股集团有限公司	90.533	25265247	216575	37443425	2658893
西藏						
1	梅花生物科技集团股份有限公司	93.995	2283689	235109	2092120	1062153
新疆						
1	新疆特变电工集团有限公司	97.031	7569536	847747	15762605	5702790

续表

序号	企业名称	综合信用指数	营业收入（万元）	利润（万元）	资产（万元）	所有者权益（万元）
浙江						
1	桐昆集团股份有限公司	97.200	5913095	733220	6969491	3583626
2	农夫山泉股份有限公司	97.048	2969641	716179	3289620	2074163
3	天洁集团有限公司	95.780	2976362	159053	1636466	1029842
4	浙江吉利控股集团有限公司	95.294	36031587	948839	51822877	9346032
5	宁波方太厨具有限公司	95.032	1548640	182406	1735531	1021602
6	合盛硅业股份有限公司	94.325	2134324	821160	3031416	2011927
7	浙江伟明环保股份有限公司	94.082	418537	153546	1465138	764817
8	华峰化学股份有限公司	93.771	2836720	793669	2917779	1900829
9	浙江华友钴业股份有限公司	93.747	3531655	389750	5798906	1938359
10	浙江荣盛控股集团有限公司	93.656	44831822	772437	36066971	3090346
11	浙江元立金属制品集团有限公司	93.531	4903178	273016	3266274	910294
12	浙江三花智能控制股份有限公司	93.298	1602080	168404	2361996	1115030
13	杭州滨江房产集团股份有限公司	93.294	3797636	302733	21172580	2057930
14	万向集团公司	92.987	16284367	182361	10908538	3106580
15	福莱特玻璃集团股份有限公司	92.225	871323	211992	2008292	1181017
16	青山控股集团有限公司	91.924	35771735	1388072	54505051	19344834
17	万丰奥特控股集团有限公司	91.918	3310508	204881	2855718	594199
18	恒生电子股份有限公司	91.360	549658	146354	1207991	569503
19	中天控股集团有限公司	90.833	13121409	371162	13761597	2499267
20	宁波华翔电子股份有限公司	90.692	1758782	126457	2179557	1085637
21	浙江伟星新型建材股份有限公司	90.586	638762	122335	643619	490748
重庆						
1	龙湖集团控股有限公司	97.417	22337547	2385369	87565111	12494925
2	重庆智飞生物制品股份有限公司	97.075	3065242	1020855	3004732	1765721
3	重庆华宇集团有限公司	94.351	8165839	936320	14098553	5789317

六、2022 中国民营企业信用 100 强行业分布

序号	企业名称	综合信用指数	营业收入（万元）	利润（万元）	资产（万元）	所有者权益（万元）
农副食品及农产品加工业						
1	梅花生物科技集团股份有限公司	93.995	2283689	235109	2092120	1062153
2	五得利面粉集团有限公司	91.699	4157239	227444	2065638	1491187
3	新希望控股集团有限公司	90.533	25265247	216575	37443425	2658893
食品（含饮料、乳制品、肉食品等）加工制造业						
1	农夫山泉股份有限公司	97.048	2969641	716179	3289620	2074163
2	东鹏饮料（集团）股份有限公司	94.638	697782	119296	779049	423813
酿酒制造业						
1	安徽口子酒业股份有限公司	92.923	502860	172709	1103089	824941
2	安徽迎驾贡酒股份有限公司	92.444	457685	138202	862797	596414
纺织、印染业						
1	山东魏桥创业集团有限公司	94.598	41113475	1133995	25504593	8534472
2	江苏阳光集团有限公司	91.697	4516216	229181	2209057	1174475
纺织品、服装、服饰、鞋帽、皮革加工业						
1	波司登股份有限公司	96.093	3494721	560414	3897972	2361025
2	内蒙古鄂尔多斯资源股份有限公司	95.856	3647331	609082	4980720	1856167
3	海澜集团有限公司	94.569	11685025	450947	11310337	8219571
造纸及纸制品（含木材、藤、竹、家具等）加工、印刷、包装业						
1	华泰集团有限公司	94.555	7683349	142076	3664748	1260996
2	山东太阳控股集团有限公司	94.261	6038744	409590	5220280	2243531
3	欧派家居集团股份有限公司	93.378	2044160	266559	2339273	1440879
4	大亚科技集团有限公司	93.081	2983612	105247	1780771	415739
生活用品（含文体、玩具、工艺品、珠宝）等轻工产品加工制造业						
1	周大生珠宝股份有限公司	93.995	915520	122461	701611	578715
2	上海晨光文具股份有限公司	93.897	1760740	151787	1142439	619489
石化产品、炼焦及其他燃料生产加工业						
1	山东东明石化集团有限公司	91.907	12861179	237822	5142971	2277439
2	利华益集团股份有限公司	91.558	10806670	277023	4901485	2418785
化学原料及化学制品（含精细化工、日化、肥料等）制造业						
1	山东金岭集团有限公司	96.088	4512214	1752931	2036687	1752931

续表

序号	企业名称	综合信用指数	营业收入（万元）	利润（万元）	资产（万元）	所有者权益（万元）
2	华峰化学股份有限公司	93.771	2836720	793669	2917779	1900829
3	江苏三木集团有限公司	93.125	4651957	321769	1681721	1108115
4	淄博齐翔腾达化工股份有限公司	90.947	3489207	239264	2607051	1278977
5	宁夏宝丰能源集团股份有限公司	90.107	2329994	707043	4437377	3068996
医药、生物制药、医疗设备制造业						
1	重庆智飞生物制品股份有限公司	97.075	3065242	1020855	3004732	1765721
2	广州金域医学检验集团股份有限公司	95.203	1194322	221964	1075089	630381
3	江苏硕世生物科技股份有限公司	94.525	283904	119321	349934	253645
4	湖北济川药业股份有限公司	93.088	763051	171918	1213104	911688
5	威高集团有限公司	90.298	5110981	439914	7214381	4290442
6	通化东宝药业股份有限公司	90.162	326790	130825	652010	621488
化学纤维制造业						
1	恒申控股集团有限公司	97.200	6592748	849396	5139727	2952070
2	桐昆集团股份有限公司	97.200	5913095	733220	6969491	3583626
3	盛虹控股集团有限公司	94.652	34797926	607114	17292018	3569906
4	恒力集团有限公司	94.241	73234451	1531614	30536547	5790619
5	浙江荣盛控股集团有限公司	93.656	44831822	772437	36066971	3090346
橡胶、塑料制品及其他新材料制造业						
1	赛轮集团股份有限公司	92.613	1799843	131297	2617294	1073047
建筑材料及玻璃等制造业及非金属矿物制品业						
1	合盛硅业股份有限公司	94.325	2134324	821160	3031416	2011927
2	福莱特玻璃集团股份有限公司	92.225	871323	211992	2008292	1181017
3	北京东方雨虹防水技术股份有限公司	92.140	3193420	420469	4973322	2629439
4	福耀玻璃工业集团股份有限公司	91.319	2360306	314617	4478489	2630602
5	浙江伟星新型建材股份有限公司	90.586	638762	122335	643619	490748
6	甘肃上峰水泥股份有限公司	90.563	831452	217622	1512542	828970
黑色冶金及压延加工业						
1	江苏沙钢集团有限公司	94.170	30363121	1466463	32482912	7805325
2	青山控股集团有限公司	91.924	35771735	1388072	54505051	19344834
3	敬业集团有限公司	90.981	23790148	574692	7743682	3870538
一般有色冶金及压延加工业						
1	正威国际集团有限公司	94.764	72275382	1296964	21363794	12469061
2	浙江华友钴业股份有限公司	93.747	3531655	389750	5798906	1938359

续表

序号	企业名称	综合信用指数	营业收入（万元）	利润（万元）	资产（万元）	所有者权益（万元）
3	河南明泰铝业股份有限公司	91.400	2461262	185201	1892886	1067406
金属制品、加工工具、工业辅助产品加工制造业及金属新材料制造业						
1	浙江元立金属制品集团有限公司	93.531	4903178	273016	3266274	910294
工程机械、设备和特种装备（含电梯、仓储设备）及零配件制造业						
1	大族激光科技产业集团股份有限公司	95.746	1633233	199449	2718055	1161984
2	晶澳太阳能科技股份有限公司	93.937	4130175	203863	5696745	1649426
3	三一集团有限公司	92.671	15456008	509474	24473736	4499012
通用机械设备和专用机械设备及零配件制造业						
1	天洁集团有限公司	95.780	2976362	159053	1636466	1029842
2	山东豪迈机械科技股份有限公司	94.553	600833	105317	764353	650474
3	江苏恒立液压股份有限公司	93.782	930922	269360	1233204	919570
4	浙江三花智能控制股份有限公司	93.298	1602080	168404	2361996	1115030
电力、电气等设备、机械、元器件及光伏、风能、电池、线缆制造业						
1	新疆特变电工集团有限公司	97.031	7569536	847747	15762605	5702790
2	宁德时代新能源科技股份有限公司	96.993	13035580	1593131	30766686	8451327
3	通威股份有限公司	96.716	6349107	820792	8824999	3750257
4	明阳新能源投资控股集团有限公司	93.592	5697358	495279	10303689	3197696
5	隆基绿能科技股份有限公司	91.913	8093225	908588	9773488	4744775
6	惠州亿纬锂能股份有限公司	90.993	1689980	290579	4453390	1793416
家用电器及零配件制造业						
1	美的集团股份有限公司	98.401	34123321	2857365	38794610	12486812
2	宁波方太厨具有限公司	95.032	1548640	182406	1735531	1021602
电子元器件与仪器仪表、自动化控制设备制造业						
1	深圳市大疆创新科技有限公司	92.473	2522200	732398	3774274	2781041
计算机、通信器材、办公、影像等设备及零部件制造业						
1	华为投资控股有限公司	99.990	63069840	11354549	98283639	41445976
2	小米集团	95.586	32830915	1933932	29289187	13721291
3	联想控股股份有限公司	94.228	48987168	575489	68068617	6126989
4	上海韦尔半导体股份有限公司	93.646	2410351	447619	3207993	1619831
5	研祥高科技控股集团有限公司	93.284	7914163	422930	4952964	3144265
6	闻泰科技股份有限公司	90.759	5272865	261154	7257588	3369871
7	苏州东山精密制造股份有限公司	90.657	3179314	186248	3795140	1457650

续表

序号	企业名称	综合信用指数	营业收入（万元）	利润（万元）	资产（万元）	所有者权益（万元）
汽车及零配件制造业						
1	浙江吉利控股集团有限公司	95.294	36031587	948839	51822877	9346032
2	长城汽车股份有限公司	94.958	13640466	672609	17540802	6212438
3	万向集团公司	92.987	16284367	182361	10908538	3106580
4	万丰奥特控股集团有限公司	91.918	3310508	204881	2855718	594199
5	宁波华翔电子股份有限公司	90.692	1758782	126457	2179557	1085637
摩托车、自行车和其他交通运输车辆及零配件制造业						
1	雅迪科技集团有限公司	94.243	2705159	145275	1936964	447710
综合制造业（以制造业为主，含有服务业）						
1	比亚迪股份有限公司	94.219	21614239	304519	29578015	9506967
2	复星国际有限公司	91.834	16129120	1008990	80637210	13106991
能源（电、热、燃气等）供应、开发、节能减排及再循环服务业						
1	奥德集团有限公司	90.687	3519453	407237	5384402	3048522
电信、邮寄、速递等服务业						
1	圆通速递股份有限公司	93.640	4515495	210341	3422231	2260355
软件、程序、计算机应用、网络工程等计算机、微电子服务业						
1	恒生电子股份有限公司	91.360	549658	146354	1207991	569503
商业零售业及连锁超市						
1	居然之家新零售集团股份有限公司	92.184	1307104	232504	5621038	1919798
2	物美科技集团有限公司	91.892	6184575	269741	11383621	2659999
证券及其他金融服务业						
1	东方财富信息股份有限公司	95.314	1309432	855293	18502025	4404024
房地产开发与经营、物业及房屋装饰、修缮、管理等服务业						
1	龙湖集团控股有限公司	97.417	22337547	2385369	87565111	12494925
2	山西鹏飞集团有限公司	95.572	8619669	453505	9502448	5681598
3	碧桂园控股有限公司	95.164	52306400	2679700	194836500	19873600
4	新城控股集团股份有限公司	94.484	16823168	1259809	53429311	5930996
5	重庆华宇集团有限公司	94.351	8165839	936320	14098553	5789317
6	卓尔控股有限公司	93.967	12803758	116690	10091836	5052015
7	杭州滨江房产集团股份有限公司	93.294	3797636	302733	21172580	2057930
公用事业、市政、水务、航道等公共设施投资、经营与管理业						
1	浙江伟明环保股份有限公司	94.082	418537	153546	1465138	764817
信息、传媒、电子商务、网购、娱乐等互联网服务业						
1	腾讯控股有限公司	98.589	56011800	22482200	161236400	80629900

续表

序号	企业名称	综合信用指数	营业收入（万元）	利润（万元）	资产（万元）	所有者权益（万元）
2	网易公司	93. 523	8760603	1685684	15364392	9532808
3	厦门吉比特网络技术股份有限公司	91. 593	461905	146850	710328	458014
4	三七互娱网络科技集团股份有限公司	90. 099	1621649	287557	1443718	1077371
建筑业						
1	中天控股集团有限公司	90. 833	13121409	371162	13761597	2499267

第十二章

2022 中国上市公司信用 500 强评价资料

一、2022 中国上市公司信用 500 强排序

序号	企业名称	股票简称	股票代码	综合信用指数	信用环境指数	信用能力指数	信用行为指数
1	中国建筑股份有限公司	中国建筑	601668	99.674	14.000	71.674	14.000
2	贵州茅台酒股份有限公司	贵州茅台	600519	99.415	13.779	71.636	14.000
3	中国建设银行股份有限公司	建设银行	601939	99.287	13.873	71.414	14.000
4	中远海运控股股份有限公司	中远海控	601919	99.270	13.970	71.300	14.000
5	中国工商银行股份有限公司	工商银行	601398	99.269	13.819	71.450	14.000
6	中国银行股份有限公司	中国银行	601988	99.019	13.873	71.147	14.000
7	中国农业银行股份有限公司	农业银行	601288	99.002	13.890	71.112	14.000
8	中国神华能源股份有限公司	中国神华	601088	98.749	13.080	71.669	14.000
9	中国石油化工股份有限公司	中国石化	600028	98.451	12.451	72.000	14.000
10	美的集团股份有限公司	美的集团	000333	98.401	14.000	71.801	12.600
11	京东方科技集团股份有限公司	京东方 A	000725	97.600	14.000	72.000	11.600
12	中国旅游集团中免股份有限公司	中国中免	601888	97.542	13.942	72.000	11.600
13	杭州海康威视数字技术股份有限公司	海康威视	002415	97.512	13.912	72.000	11.600
14	上海汽车集团股份有限公司	上汽集团	600104	97.454	13.947	70.800	12.707
15	北京首创生态环保集团股份有限公司	首创股份	600008	97.445	13.600	69.845	14.000
16	徐工集团工程机械股份有限公司	徐工机械	000425	97.416	13.898	71.917	11.600
17	万华化学集团股份有限公司	万华化学	600309	97.410	12.610	72.000	12.800
18	海天水务集团股份公司	海天股份	603759	97.382	13.420	71.162	12.800
19	宜宾五粮液股份有限公司	五粮液	000858	97.342	13.816	70.926	12.600
20	山东太阳纸业股份有限公司	太阳纸业	002078	97.298	13.877	71.821	11.600
21	中国人寿保险股份有限公司	中国人寿	601628	97.296	13.017	70.279	14.000
22	海尔智家股份有限公司	海尔智家	600690	97.270	14.000	71.670	11.600
23	桐昆集团股份有限公司	桐昆股份	601233	97.200	13.600	72.000	11.600
24	武汉明德生物科技股份有限公司	明德生物	002932	97.200	13.600	72.000	11.600
25	珠海格力电器股份有限公司	格力电器	000651	97.176	14.000	70.576	12.600
26	兴业银行股份有限公司	兴业银行	601166	97.167	13.999	69.167	14.000
27	交通银行股份有限公司	交通银行	601328	97.123	13.892	67.231	14.000
28	重庆智飞生物制品股份有限公司	智飞生物	300122	97.075	13.600	71.875	11.600
29	宁德时代新能源科技股份有限公司	宁德时代	300750	96.993	13.393	72.000	11.600
30	中国平安保险（集团）股份有限公司	中国平安	601318	96.822	12.622	70.201	14.000
31	神驰机电股份有限公司	神驰机电	603109	96.738	13.521	71.617	11.600
32	通威股份有限公司	通威股份	600438	96.716	13.461	71.655	11.600

续表

序号	企业名称	股票简称	股票代码	综合信用指数	信用环境指数	信用能力指数	信用行为指数
33	内蒙古伊利实业集团股份有限公司	伊利股份	600887	96.652	13.335	71.717	11.600
34	特变电工股份有限公司	特变电工	600089	96.569	13.476	71.493	11.600
35	中国移动有限公司	中国移动	600941	96.441	14.000	68.441	14.000
36	中国铝业股份有限公司	中国铝业	601600	96.320	13.952	70.768	11.600
37	江西铜业股份有限公司	江西铜业	600362	96.170	13.893	70.677	11.600
38	国泰君安证券股份有限公司	国泰君安	601211	96.147	13.884	70.663	11.600
39	中持水务股份有限公司	中持股份	603903	96.015	13.600	69.615	12.800
40	中国化学工程股份有限公司	中国化学	601117	95.966	13.808	70.558	11.600
41	紫光股份有限公司	紫光股份	000938	95.961	13.646	70.714	11.600
42	浙江荣晟环保纸业股份有限公司	荣晟环保	603165	95.953	13.403	70.949	11.600
43	歌尔股份有限公司	歌尔股份	002241	95.950	13.883	70.466	11.600
44	恒力石化股份有限公司	恒力石化	600346	95.930	12.330	72.000	11.600
45	安徽海螺水泥股份有限公司	海螺水泥	600585	95.922	12.878	71.023	12.022
46	内蒙古鄂尔多斯资源股份有限公司	鄂尔多斯	600295	95.856	13.600	70.656	11.600
47	中国中铁股份有限公司	中国中铁	601390	95.802	14.000	70.202	11.600
48	中航工业机电系统股份有限公司	中航机电	002013	95.782	13.416	70.766	11.600
49	上海新动力汽车科技股份有限公司	上柴股份	600841	95.772	13.438	70.734	11.600
50	大族激光科技产业集团股份有限公司	大族激光	002008	95.746	13.727	70.420	11.600
51	中国人民保险集团股份有限公司	中国人保	601319	95.739	12.941	71.198	11.600
52	江苏江南水务股份有限公司	江南水务	601199	95.719	13.600	69.319	12.800
53	富士康工业互联网股份有限公司	工业富联	601138	95.694	11.472	71.825	12.398
54	中兴通讯股份有限公司	中兴通讯	000063	95.692	13.966	70.126	11.600
55	舍得酒业股份有限公司	舍得酒业	600702	95.681	13.600	70.481	11.600
56	中国铁建股份有限公司	中国铁建	601186	95.678	14.000	70.078	11.600
57	宝山钢铁股份有限公司	宝钢股份	600019	95.676	13.600	68.076	14.000
58	漳州片仔癀药业股份有限公司	片仔癀	600436	95.668	13.407	70.661	11.600
59	华泰证券股份有限公司	华泰证券	601688	95.651	13.829	70.222	11.600
60	重庆新大正物业集团股份有限公司	新大正	002968	95.560	13.415	70.546	11.600
61	中国国际金融股份有限公司	中金公司	601995	95.556	13.915	70.041	11.600
62	泸州老窖股份有限公司	泸州老窖	000568	95.501	13.887	70.014	11.600
63	云南云天化股份有限公司	云天化	600096	95.478	14.000	68.678	12.800
64	山西杏花村汾酒厂股份有限公司	山西汾酒	600809	95.452	13.806	70.046	11.600
65	招商局蛇口工业区控股股份有限公司	招商蛇口	001979	95.443	13.009	70.834	11.600
66	北京万泰生物药业股份有限公司	万泰生物	603392	95.437	13.600	70.237	11.600
67	紫金矿业集团股份有限公司	紫金矿业	601899	95.429	13.213	70.616	11.600
68	广东顺控发展股份有限公司	顺控发展	003039	95.428	13.419	69.209	12.800
69	广西绿城水务股份有限公司	绿城水务	601368	95.375	13.470	69.105	12.800

续表

序号	企业名称	股票简称	股票代码	综合信用指数	信用环境指数	信用能力指数	信用行为指数
70	东方财富信息股份有限公司	东方财富	300059	95.314	13.970	69.745	11.600
71	中国巨石股份有限公司	中国巨石	600176	95.276	13.600	70.076	11.600
72	广州金域医学检验集团股份有限公司	金域医学	603882	95.203	13.220	70.383	11.600
73	宁波杉杉股份有限公司	杉杉股份	600884	95.196	13.600	69.996	11.600
74	中国冶金科工股份有限公司	中国中冶	601618	95.196	14.000	69.596	11.600
75	上海美迪西生物医药股份有限公司	美迪西	688202	95.173	13.600	69.973	11.600
76	科大讯飞股份有限公司	科大讯飞	002230	95.082	13.588	69.894	11.600
77	中国太平洋保险（集团）股份有限公司	中国太保	601601	95.080	12.934	70.545	11.600
78	钱江水利开发股份有限公司	钱江水利	600283	95.042	13.477	68.766	12.800
79	金地（集团）股份有限公司	金地集团	600383	95.017	13.111	70.306	11.600
80	中国银河证券股份有限公司	中国银河	601881	95.016	13.814	69.602	11.600
81	兆易创新科技集团股份有限公司	兆易创新	603986	95.012	13.600	69.812	11.600
82	山西兰花科技创业股份有限公司	兰花科创	600123	95.004	13.600	69.804	11.600
83	新凤鸣集团股份有限公司	新凤鸣	603225	94.975	13.600	69.775	11.600
84	山煤国际能源集团股份有限公司	山煤国际	600546	94.971	13.600	69.771	11.600
85	奥瑞金科技股份有限公司	奥瑞金	002701	94.971	13.703	69.668	11.600
86	青岛海尔生物医疗股份有限公司	海尔生物	688139	94.966	13.600	69.766	11.600
87	长城汽车股份有限公司	长城汽车	601633	94.958	13.942	72.000	9.016
88	华域汽车系统股份有限公司	华域汽车	600741	94.849	13.973	71.898	8.978
89	百隆东方股份有限公司	百隆东方	601339	94.821	13.600	68.421	12.800
90	云南恩捷新材料股份有限公司	恩捷股份	002812	94.800	13.600	69.600	11.600
91	中国中车股份有限公司	中国中车	601766	94.747	12.642	70.505	11.600
92	浙江越剑智能装备股份有限公司	越剑智能	603095	94.742	13.600	69.542	11.600
93	无锡上机数控股份有限公司	上机数控	603185	94.740	13.261	69.879	11.600
94	景津装备股份有限公司	景津装备	603279	94.735	13.427	69.708	11.600
95	浙江台华新材料股份有限公司	台华新材	603055	94.651	13.600	68.251	12.800
96	志邦家居股份有限公司	志邦家居	603801	94.647	13.425	69.622	11.600
97	东鹏饮料（集团）股份有限公司	东鹏饮料	605499	94.638	13.195	69.843	11.600
98	中国北方稀土（集团）高科技股份有限公司	北方稀土	600111	94.634	13.600	69.434	11.600
99	南都物业服务集团股份有限公司	南都物业	603506	94.632	13.420	69.613	11.600
100	株洲华锐精密工具股份有限公司	华锐精密	688059	94.626	13.426	69.600	11.600
101	上海复星医药（集团）股份有限公司	复星医药	600196	94.625	12.815	70.210	11.600
102	杭州微光电子股份有限公司	微光股份	002801	94.594	13.452	69.542	11.600
103	山东豪迈机械科技股份有限公司	豪迈科技	002595	94.553	13.058	69.895	11.600
104	众业达电气股份有限公司	众业达	002441	94.550	13.485	69.465	11.600
105	成都市兴蓉环境股份有限公司	兴蓉环境	000598	94.549	12.466	69.283	12.800
106	王府井集团股份有限公司	王府井	600859	94.533	13.594	69.339	11.600

续表

序号	企业名称	股票简称	股票代码	综合信用指数	信用环境指数	信用能力指数	信用行为指数
107	江苏硕世生物科技股份有限公司	硕世生物	688399	94.525	13.079	69.846	11.600
108	鲁西化工集团股份有限公司	鲁西化工	000830	94.515	13.000	69.715	11.800
109	四川川投能源股份有限公司	川投能源	600674	94.506	11.276	70.430	12.800
110	新城控股集团股份有限公司	新城控股	601155	94.484	12.693	70.191	11.600
111	山东华泰纸业股份有限公司	华泰股份	600308	94.453	13.806	69.047	11.600
112	山鹰国际控股股份公司	山鹰国际	600567	94.447	13.745	69.103	11.600
113	新奥天然气股份有限公司	新奥股份	600803	94.446	13.863	68.984	11.600
114	广州汽车集团股份有限公司	广汽集团	601238	94.437	13.946	71.382	9.108
115	江苏东方盛虹股份有限公司	东方盛虹	000301	94.403	13.600	69.203	11.600
116	广发证券股份有限公司	广发证券	000776	94.398	13.506	69.292	11.600
117	物产中大集团股份有限公司	物产中大	600704	94.382	12.853	69.929	11.600
118	神马实业股份有限公司	神马股份	600810	94.361	13.600	69.161	11.600
119	洛阳建龙微纳新材料股份有限公司	建龙微纳	688357	94.341	13.600	69.141	11.600
120	南通国盛智能科技集团股份有限公司	国盛智科	688558	94.335	13.518	69.217	11.600
121	合盛硅业股份有限公司	合盛硅业	603260	94.325	12.725	69.000	11.600
122	苏美达股份有限公司	苏美达	600710	94.281	13.850	68.831	11.600
123	西部超导材料科技股份有限公司	西部超导	688122	94.270	13.539	69.131	11.600
124	中信银行股份有限公司	中信银行	601998	94.220	13.860	66.360	14.000
125	比亚迪股份有限公司	比亚迪	002594	94.219	13.439	69.180	11.600
126	紫光国芯微电子股份有限公司	紫光国微	002049	94.193	13.600	68.993	11.600
127	无锡药明康德新药开发股份有限公司	药明康德	603259	94.172	13.553	68.019	11.600
128	江苏长电科技股份有限公司	长电科技	600584	94.148	13.976	68.573	11.600
129	第一拖拉机股份有限公司	一拖股份	601038	94.127	13.460	69.068	11.600
130	山东博汇纸业股份有限公司	博汇纸业	600966	94.121	14.000	68.521	11.600
131	苏州天华超净科技股份有限公司	天华超净	300390	94.108	13.570	68.939	11.600
132	浙江伟明环保股份有限公司	伟明环保	603568	94.082	13.381	67.901	12.800
133	中芯国际集成电路制造有限公司	中芯国际	688981	94.033	14.000	68.433	11.600
134	中航重机股份有限公司	中航重机	600765	94.023	13.558	68.864	11.600
135	比音勒芬服饰股份有限公司	比音勒芬	002832	94.019	13.367	69.053	11.600
136	深圳迈瑞生物医疗电子股份有限公司	迈瑞医疗	300760	94.004	12.404	70.000	11.600
137	周大生珠宝股份有限公司	周大生	002867	93.995	12.384	70.011	11.600
138	梅花生物科技集团股份有限公司	梅花生物	600873	93.995	13.600	68.795	11.600
139	瑞芯微电子股份有限公司	瑞芯微	603893	93.984	13.600	68.784	11.600
140	浙江新安化工集团股份有限公司	新安股份	600596	93.983	13.000	68.183	12.800
141	新疆众和股份有限公司	新疆众和	600888	93.974	13.568	68.805	11.600
142	大秦铁路股份有限公司	大秦铁路	601006	93.970	13.839	68.531	11.600

续表

序号	企业名称	股票简称	股票代码	综合信用指数	信用环境指数	信用能力指数	信用行为指数
143	铜陵有色金属集团股份有限公司	铜陵有色	000630	93.969	14.000	68.369	11.600
144	深圳市汇川技术股份有限公司	汇川技术	300124	93.968	13.889	68.479	11.600
145	山东金晶科技股份有限公司	金晶科技	600586	93.959	13.600	68.759	11.600
146	科沃斯机器人股份有限公司	科沃斯	603486	93.940	12.600	68.740	11.600
147	晶澳太阳能科技股份有限公司	晶澳科技	002459	93.937	13.819	68.518	11.600
148	上海移远通信技术股份有限公司	移远通信	603236	93.931	13.502	68.829	11.600
149	郑州煤矿机械集团股份有限公司	郑煤机	601717	93.927	12.502	68.825	11.600
150	四川路桥建设集团股份有限公司	四川路桥	600039	93.924	13.600	68.724	11.600
151	上海晨光文具股份有限公司	晨光股份	603899	93.897	13.806	68.491	11.600
152	雪天盐业集团股份有限公司	雪天盐业	600929	93.872	13.600	68.672	11.600
153	喜临门家具股份有限公司	喜临门	603008	93.872	13.549	68.723	11.600
154	杭叉集团股份有限公司	杭叉集团	603298	93.867	13.136	69.131	11.600
155	中国交通建设股份有限公司	中国交建	601800	93.843	14.000	68.243	11.600
156	山东华鲁恒升化工股份有限公司	华鲁恒升	600426	93.800	13.000	68.000	12.800
157	杭氧集团股份有限公司	杭氧股份	002430	93.796	13.489	68.707	11.600
158	江苏恒立液压股份有限公司	恒立液压	601100	93.782	13.401	68.781	11.600
159	江西洪城环境股份有限公司	洪城环境	600461	93.781	13.600	68.381	11.800
160	华峰化学股份有限公司	华峰化学	002064	93.771	13.000	67.971	12.800
161	重庆顺博铝合金股份有限公司	顺博合金	002996	93.764	13.473	68.691	11.600
162	杰克科技股份有限公司	杰克股份	603337	93.751	13.438	68.713	11.600
163	卫星化学股份有限公司	卫星化学	002648	93.751	13.000	68.951	11.800
164	浙江华友钴业股份有限公司	华友钴业	603799	93.747	13.600	68.547	11.600
165	中信建投证券股份有限公司	中信建投	601066	93.735	13.367	68.768	11.600
166	立讯精密工业股份有限公司	立讯精密	002475	93.703	13.490	68.613	11.600
167	四川水井坊股份有限公司	水井坊	600779	93.690	13.600	68.490	11.600
168	深圳市科达利实业股份有限公司	科达利	002850	93.679	13.414	68.665	11.600
169	江苏国泰国际集团股份有限公司	江苏国泰	002091	93.677	13.421	68.656	11.600
170	北新集团建材股份有限公司	北新建材	000786	93.674	13.431	68.643	11.600
171	胜华新材料集团股份有限公司	胜华新材	603026	93.659	13.600	68.459	11.600
172	苏州苏试试验集团股份有限公司	苏试试验	300416	93.659	13.429	68.630	11.600
173	上海韦尔半导体股份有限公司	韦尔股份	603501	93.646	13.619	68.427	11.600
174	圆通速递股份有限公司	圆通速递	600233	93.640	13.574	68.466	11.600
175	上海金桥出口加工区开发股份有限公司	浦东金桥	600639	93.629	13.516	68.513	11.600
176	合肥城建发展股份有限公司	合肥城建	002208	93.609	13.371	68.638	11.600
177	宁波海天精工股份有限公司	海天精工	601882	93.607	13.600	68.407	11.600
178	广汇能源股份有限公司	广汇能源	600256	93.600	13.600	68.400	11.600

续表

序号	企业名称	股票简称	股票代码	综合信用指数	信用环境指数	信用能力指数	信用行为指数
179	上海永茂泰汽车科技股份有限公司	永茂泰	605208	93.572	13.495	72.043	8.034
180	浪潮电子信息产业股份有限公司	浪潮信息	000977	93.569	13.688	68.281	11.600
181	亿嘉和科技股份有限公司	亿嘉和	603666	93.559	13.380	68.579	11.600
182	西安陕鼓动力股份有限公司	陕鼓动力	601369	93.521	13.429	68.492	11.600
183	长春高新技术产业（集团）股份有限公司	长春高新	000661	93.494	12.487	69.407	11.600
184	江苏华昌化工股份有限公司	华昌化工	002274	93.487	12.600	69.087	11.800
185	江苏华宏科技股份有限公司	华宏科技	002645	93.482	12.580	69.302	11.600
186	无锡新洁能股份有限公司	新洁能	605111	93.481	12.600	69.281	11.600
187	佛燃能源集团股份有限公司	佛燃股份	002911	93.425	13.363	68.462	11.600
188	中信海洋直升机股份有限公司	中信海直	000099	93.414	13.401	68.413	11.600
189	海澜之家集团股份有限公司	海澜之家	600398	93.407	13.504	68.302	11.600
190	江西晨光新材料股份有限公司	晨光新材	605399	93.400	12.600	68.000	12.800
191	中国能源建设股份有限公司	中国能建	601868	93.387	14.000	67.787	11.600
192	欧派家居集团股份有限公司	欧派家居	603833	93.378	12.818	68.960	11.600
193	交控科技股份有限公司	交控科技	688015	93.375	12.534	69.241	11.600
194	中国邮政储蓄银行股份有限公司	邮储银行	601658	93.368	12.817	66.551	14.000
195	广州酒家集团股份有限公司	广州酒家	603043	93.343	13.411	68.332	11.600
196	健民药业集团股份有限公司	健民集团	600976	93.333	13.600	68.133	11.600
197	中化国际（控股）股份有限公司	中化国际	600500	93.331	14.000	66.531	12.800
198	浙江景兴纸业股份有限公司	景兴纸业	002067	93.319	13.454	68.264	11.600
199	浙江三花智能控制股份有限公司	三花智控	002050	93.298	13.379	68.320	11.600
200	杭州滨江房产集团股份有限公司	滨江集团	002244	93.294	13.434	68.260	11.600
201	汕头东风印刷股份有限公司	东风股份	601515	93.285	13.470	68.215	11.600
202	新疆金风科技股份有限公司	金风科技	002202	93.280	13.773	67.907	11.600
203	承德露露股份公司	承德露露	000848	93.271	13.487	68.183	11.600
204	万科企业股份有限公司	万科 A	000002	93.261	11.426	70.235	11.600
205	安徽楚江科技新材料股份有限公司	楚江新材	002171	93.247	13.316	68.331	11.600
206	中国国际海运集装箱（集团）股份有限公司	中集集团	000039	93.245	13.831	67.815	11.600
207	重庆水务集团股份有限公司	重庆水务	601158	93.239	12.600	68.839	11.800
208	晶晨半导体（上海）股份有限公司	晶晨股份	688099	93.200	12.600	69.000	11.600
209	深圳市明微电子股份有限公司	明微电子	688699	93.200	12.600	69.000	11.600
210	广州达安基因股份有限公司	达安基因	002030	93.197	13.225	68.373	11.600
211	杭州立昂微电子股份有限公司	立昂微	605358	93.184	13.522	68.062	11.600
212	浙江春风动力股份有限公司	春风动力	603129	93.183	13.141	68.442	11.600
213	天津津滨发展股份有限公司	津滨发展	000897	93.168	13.600	67.968	11.600
214	中国电力建设股份有限公司	中国电建	601669	93.159	14.000	67.559	11.600

续表

序号	企业名称	股票简称	股票代码	综合信用指数	信用环境指数	信用能力指数	信用行为指数
215	天地科技股份有限公司	天地科技	600582	93.117	13.828	67.688	11.600
216	老凤祥股份有限公司	老凤祥	600612	93.100	12.822	68.678	11.600
217	湖北济川药业股份有限公司	济川药业	600566	93.088	12.974	68.513	11.600
218	河南神火煤电股份有限公司	神火股份	000933	93.057	13.600	67.857	11.600
219	深圳市物业发展（集团）股份有限公司	深物业 A	000011	93.044	13.463	67.981	11.600
220	湖北兴发化工集团股份有限公司	兴发集团	600141	93.007	13.000	68.207	11.800
221	武汉三镇实业控股股份有限公司	武汉控股	600168	92.993	12.600	68.593	11.800
222	中山公用事业集团股份有限公司	中山公用	000685	92.991	12.467	68.724	11.800
223	中国黄金集团黄金珠宝股份有限公司	中国黄金	600916	92.985	12.864	68.522	11.600
224	南兴装备股份有限公司	南兴股份	002757	92.980	13.381	67.999	11.600
225	山西美锦能源股份有限公司	美锦能源	000723	92.978	13.600	67.778	11.600
226	安井食品集团股份有限公司	安井食品	603345	92.960	13.295	68.065	11.600
227	安徽口子酒业股份有限公司	口子窖	603589	92.923	13.517	67.805	11.600
228	山东玻纤集团股份有限公司	山东玻纤	605006	92.919	13.600	67.719	11.600
229	广州白云山医药集团股份有限公司	白云山	600332	92.903	12.531	68.772	11.600
230	江苏双星彩塑新材料股份有限公司	双星新材	002585	92.887	13.600	67.687	11.600
231	浙江巨化股份有限公司	巨化股份	600160	92.851	14.000	66.051	12.800
232	新疆洪通燃气股份有限公司	洪通燃气	605169	92.838	13.509	67.729	11.600
233	杭州华旺新材料科技股份有限公司	华旺科技	605377	92.833	12.518	68.715	11.600
234	深圳劲嘉集团股份有限公司	劲嘉股份	002191	92.828	13.449	67.779	11.600
235	一汽解放集团股份有限公司	一汽解放	000800	92.827	14.000	70.238	8.589
236	仙鹤股份有限公司	仙鹤股份	603733	92.824	13.470	67.755	11.600
237	广东生益科技股份有限公司	生益科技	600183	92.818	13.470	67.748	11.600
238	天津九安医疗电子股份有限公司	九安医疗	002432	92.794	13.600	67.594	11.600
239	绝味食品股份有限公司	绝味食品	603517	92.783	12.488	68.696	11.600
240	浙江苏泊尔股份有限公司	苏泊尔	002032	92.782	13.108	68.074	11.600
241	西安三角防务股份有限公司	三角防务	300775	92.763	13.539	67.624	11.600
242	广东联泰环保股份有限公司	联泰环保	603797	92.731	12.432	68.499	11.800
243	天水华天科技股份有限公司	华天科技	002185	92.712	13.571	67.541	11.600
244	吉林高速公路股份有限公司	吉林高速	601518	92.682	13.600	67.482	11.600
245	通策医疗股份有限公司	通策医疗	600763	92.666	13.426	67.640	11.600
246	四川成渝高速公路股份有限公司	四川成渝	601107	92.664	13.600	67.464	11.600
247	江苏联瑞新材料股份有限公司	联瑞新材	688300	92.662	13.506	67.556	11.600
248	中航航空高科技股份有限公司	中航高科	600862	92.659	13.474	67.585	11.600
249	浙江海利得新材料股份有限公司	海利得	002206	92.657	13.600	67.457	11.600

续表

序号	企业名称	股票简称	股票代码	综合信用指数	信用环境指数	信用能力指数	信用行为指数
250	中铁高新工业股份有限公司	中铁工业	600528	92.647	13.446	67.601	11.600
251	赛轮集团股份有限公司	赛轮轮胎	601058	92.613	12.962	68.051	11.600
252	上海璞泰来新能源科技股份有限公司	璞泰来	603659	92.605	13.473	67.532	11.600
253	广东嘉元科技股份有限公司	嘉元科技	688388	92.604	13.418	67.585	11.600
254	骆驼集团股份有限公司	骆驼股份	601311	92.597	13.518	70.953	8.126
255	山西振东制药股份有限公司	振东制药	300158	92.583	13.600	67.383	11.600
256	中国铁建重工集团股份有限公司	铁建重工	688425	92.580	13.064	67.916	11.600
257	安徽国风新材料股份有限公司	国风新材	000859	92.563	13.600	67.363	11.600
258	冰轮环境技术股份有限公司	冰轮环境	000811	92.561	13.429	67.532	11.600
259	北京首钢股份有限公司	首钢股份	000959	92.537	13.600	67.337	11.600
260	金牌厨柜家居科技股份有限公司	金牌厨柜	603180	92.502	13.356	67.546	11.600
261	北京北摩高科摩擦材料股份有限公司	北摩高科	002985	92.499	13.311	67.589	11.600
262	东方证券股份有限公司	东方证券	600958	92.497	13.998	66.899	11.600
263	航天信息股份有限公司	航天信息	600271	92.464	13.003	67.862	11.600
264	安徽迎驾贡酒股份有限公司	迎驾贡酒	603198	92.444	13.540	67.304	11.600
265	上海宝信软件股份有限公司	宝信软件	600845	92.420	13.724	67.096	11.600
266	浙江医药股份有限公司	浙江医药	600216	92.410	13.314	67.496	11.600
267	国电南瑞科技股份有限公司	国电南瑞	600406	92.353	13.432	67.321	11.600
268	河南蓝天燃气股份有限公司	蓝天燃气	605368	92.352	13.373	67.380	11.600
269	云南铝业股份有限公司	云铝股份	000807	92.346	13.600	67.146	11.600
270	上海宝钢包装股份有限公司	宝钢包装	601968	92.345	13.600	67.145	11.600
271	招商银行股份有限公司	招商银行	600036	92.343	13.103	65.240	14.000
272	嘉兴斯达半导体股份有限公司	斯达半导	603290	92.332	13.302	67.431	11.600
273	宁波拓普集团股份有限公司	拓普集团	601689	92.262	13.535	70.573	8.154
274	湖南金博碳素股份有限公司	金博股份	688598	92.256	13.443	67.212	11.600
275	江苏今世缘酒业股份有限公司	今世缘	603369	92.248	13.470	67.178	11.600
276	宇通重工股份有限公司	宇通重工	600817	92.243	13.465	67.178	11.600
277	上海泛微网络科技股份有限公司	泛微网络	603039	92.228	13.236	67.391	11.600
278	福莱特玻璃集团股份有限公司	福莱特	601865	92.225	13.296	67.330	11.600
279	南京新街口百货商店股份有限公司	南京新百	600682	92.205	13.503	67.102	11.600
280	厦门特宝生物工程股份有限公司	特宝生物	688278	92.201	13.514	67.087	11.600
281	新疆冠农果茸集团股份有限公司	冠农股份	600251	92.197	13.588	67.009	11.600
282	报喜鸟控股股份有限公司	报喜鸟	002154	92.195	13.417	67.178	11.600
283	新疆鑫泰天然气股份有限公司	新天然气	603393	92.188	13.600	66.988	11.600
284	居然之家新零售集团股份有限公司	居然之家	000785	92.184	13.746	66.838	11.600
285	北京金山办公软件股份有限公司	金山办公	688111	92.182	13.155	67.428	11.600

续表

序号	企业名称	股票简称	股票代码	综合信用指数	信用环境指数	信用能力指数	信用行为指数
286	新疆中泰化学股份有限公司	中泰化学	002092	92.181	14.000	65.381	12.800
287	中国国际贸易中心股份有限公司	中国国贸	600007	92.175	13.469	67.106	11.600
288	浙商中拓集团股份有限公司	浙商中拓	000906	92.164	11.817	68.747	11.600
289	京沪高速铁路股份有限公司	京沪高铁	601816	92.149	13.473	67.075	11.600
290	北京东方雨虹防水技术股份有限公司	东方雨虹	002271	92.140	13.640	66.900	11.600
291	山东晨鸣纸业集团股份有限公司	晨鸣纸业	000488	92.129	13.724	66.806	11.600
292	瀚蓝环境股份有限公司	瀚蓝环境	600323	92.125	13.065	67.460	11.600
293	中国光大银行股份有限公司	光大银行	601818	92.114	13.927	64.940	13.247
294	中新苏州工业园区开发集团股份有限公司	中新集团	601512	92.088	13.426	67.062	11.600
295	盛和资源控股股份有限公司	盛和资源	600392	92.085	13.600	66.885	11.600
296	华新水泥股份有限公司	华新水泥	600801	92.053	13.117	67.336	11.600
297	山东南山铝业股份有限公司	南山铝业	600219	92.045	13.205	67.240	11.600
298	上海医药集团股份有限公司	上海医药	601607	92.012	12.063	68.349	11.600
299	诺力智能装备股份有限公司	诺力股份	603611	92.011	13.414	66.997	11.600
300	北京键凯科技股份有限公司	键凯科技	688356	92.004	13.600	66.804	11.600
301	环旭电子股份有限公司	环旭电子	601231	91.999	13.881	66.518	11.600
302	中海油田服务股份有限公司	中海油服	601808	91.945	13.678	66.666	11.600
303	山推工程机械股份有限公司	山推股份	000680	91.942	13.456	66.885	11.600
304	福建龙溪轴承（集团）股份有限公司	龙溪股份	600592	91.933	13.600	66.733	11.600
305	上海微创心脉医疗科技（集团）股份有限公司	心脉医疗	688016	91.924	13.393	66.931	11.600
306	隆基绿能科技股份有限公司	隆基股份	601012	91.913	10.969	69.344	11.600
307	东吴证券股份有限公司	东吴证券	601555	91.905	13.451	66.854	11.600
308	无锡奥特维科技股份有限公司	奥特维	688516	91.881	13.479	66.801	11.600
309	明阳智慧能源集团股份公司	明阳智能	601615	91.872	13.421	66.851	11.600
310	杭州解百集团股份有限公司	杭州解百	600814	91.864	13.600	66.664	11.600
311	浙江长城电工科技股份有限公司	长城科技	603897	91.855	13.327	66.927	11.600
312	北方华创科技集团股份有限公司	北方华创	002371	91.841	13.424	66.817	11.600
313	广州中望龙腾软件股份有限公司	中望软件	688083	91.804	12.909	67.295	11.600
314	山西潞安环保能源开发股份有限公司	潞安环能	601699	91.783	13.593	66.590	11.600
315	南京高科股份有限公司	南京高科	600064	91.759	12.699	67.460	11.600
316	中国广核电力股份有限公司	中国广核	003816	91.696	13.642	66.454	11.600
317	上海柏楚电子科技股份有限公司	柏楚电子	688188	91.680	13.262	66.818	11.600
318	上海百润投资控股集团股份有限公司	百润股份	002568	91.650	13.369	66.681	11.600
319	安徽全柴动力股份有限公司	全柴动力	600218	91.636	12.744	67.292	11.600
320	爱普香料集团股份有限公司	爱普股份	603020	91.635	13.284	66.751	11.600
321	厦门吉比特网络技术股份有限公司	吉比特	603444	91.593	13.402	66.590	11.600

续表

序号	企业名称	股票简称	股票代码	综合信用指数	信用环境指数	信用能力指数	信用行为指数
322	中国南玻集团股份有限公司	南玻 A	000012	91.564	13.574	66.390	11.600
323	浙江帅丰电器股份有限公司	帅丰电器	605336	91.512	13.600	66.312	11.600
324	洽洽食品股份有限公司	洽洽食品	002557	91.501	13.600	66.301	11.600
325	浙江铁流离合器股份有限公司	铁流股份	603926	91.495	13.479	69.990	8.027
326	浙江万盛股份有限公司	万盛股份	603010	91.439	11.439	67.200	12.800
327	河南明泰铝业股份有限公司	明泰铝业	601677	91.400	13.428	66.372	11.600
328	上海临港控股股份有限公司	上海临港	600848	91.382	12.852	66.930	11.600
329	华润三九医药股份有限公司	华润三九	000999	91.370	12.588	67.182	11.600
330	恒生电子股份有限公司	恒生电子	600570	91.360	12.861	66.899	11.600
331	浙商证券股份有限公司	浙商证券	601878	91.344	13.788	65.957	11.600
332	浙江森马服饰股份有限公司	森马服饰	002563	91.323	13.573	66.149	11.600
333	北京天宜上佳高新材料股份有限公司	天宜上佳	688033	91.319	12.627	67.092	11.600
334	福耀玻璃工业集团股份有限公司	福耀玻璃	600660	91.319	13.415	66.303	11.600
335	怡球金属资源再生（中国）股份有限公司	怡球资源	601388	91.314	13.600	66.114	11.600
336	广东好太太科技集团股份有限公司	好太太	603848	91.297	13.357	66.340	11.600
337	北京昭衍新药研究中心股份有限公司	昭衍新药	603127	91.297	13.170	66.527	11.600
338	茂业商业股份有限公司	茂业商业	600828	91.288	13.504	66.185	11.600
339	平安银行股份有限公司	平安银行	000001	91.270	13.973	64.905	12.393
340	株洲欧科亿数控精密刀具股份有限公司	欧科亿	688308	91.238	13.463	66.175	11.600
341	兴业证券股份有限公司	兴业证券	601377	91.237	13.849	65.789	11.600
342	国联证券股份有限公司	国联证券	601456	91.223	13.391	66.232	11.600
343	新天绿色能源股份有限公司	新天绿能	600956	91.187	13.426	66.161	11.600
344	东风电子科技股份有限公司	东风科技	600081	91.172	13.568	69.568	8.036
345	兰州丽尚国潮实业集团股份有限公司	丽尚国潮	600738	91.128	13.596	65.931	11.600
346	武商集团股份有限公司	鄂武商 A	000501	91.128	13.475	66.052	11.600
347	腾达建设集团股份有限公司	腾达建设	600512	91.124	13.600	65.924	11.600
348	万向钱潮股份公司	万向钱潮	000559	91.124	13.587	69.433	8.104
349	唐山三孚硅业股份有限公司	三孚股份	603938	91.118	13.561	64.757	12.800
350	江苏洋河酒厂股份有限公司	洋河股份	002304	91.112	13.213	66.298	11.600
351	厦门象屿股份有限公司	象屿股份	600057	91.091	13.496	65.995	11.600
352	新华人寿保险股份有限公司	新华保险	601336	91.053	12.804	66.649	11.600
353	浙江新澳纺织股份有限公司	新澳股份	603889	91.027	13.311	64.916	12.800
354	中伟新材料股份有限公司	中伟股份	300919	91.009	13.196	66.213	11.600
355	合兴汽车电子股份有限公司	合兴股份	605005	91.008	13.351	69.628	8.029
356	惠州亿纬锂能股份有限公司	亿纬锂能	300014	90.993	12.990	66.403	11.600
357	四川雅化实业集团股份有限公司	雅化集团	002497	90.970	12.686	65.485	12.800

续表

序号	企业名称	股票简称	股票代码	综合信用指数	信用环境指数	信用能力指数	信用行为指数
358	上海陆家嘴金融贸易区开发股份有限公司	陆家嘴	600663	90.965	13.310	66.054	11.600
359	天津七一二通信广播股份有限公司	七一二	603712	90.958	13.517	65.841	11.600
360	重庆百亚卫生用品股份有限公司	百亚股份	003006	90.953	13.483	65.870	11.600
361	淄博齐翔腾达化工股份有限公司	齐翔腾达	002408	90.947	12.144	66.003	12.800
362	广东广弘控股股份有限公司	广弘控股	000529	90.930	13.200	66.130	11.600
363	大亚圣象家居股份有限公司	大亚圣象	000910	90.920	12.650	66.670	11.600
364	上海新朋实业股份有限公司	新朋股份	002328	90.909	13.600	69.248	8.060
365	上海华峰铝业股份有限公司	华峰铝业	601702	90.902	13.559	65.743	11.600
366	上海万业企业股份有限公司	万业企业	600641	90.887	13.526	65.761	11.600
367	浙江大华技术股份有限公司	大华股份	002236	90.875	12.857	66.418	11.600
368	深圳市力合科创股份有限公司	力合科创	002243	90.870	12.978	66.292	11.600
369	东方电气股份有限公司	东方电气	600875	90.868	13.424	65.844	11.600
370	云南锡业股份有限公司	锡业股份	000960	90.855	13.600	65.655	11.600
371	北京金隅集团股份有限公司	金隅集团	601992	90.850	13.497	65.753	11.600
372	无锡威孚高科技集团股份有限公司	威孚高科	000581	90.840	13.044	67.407	10.389
373	厦门建发股份有限公司	建发股份	600153	90.836	13.441	65.795	11.600
374	德华兔宝宝装饰新材股份有限公司	兔宝宝	002043	90.795	13.600	65.595	11.600
375	浙江航民股份有限公司	航民股份	600987	90.792	12.227	65.765	12.800
376	罗莱生活科技股份有限公司	罗莱生活	002293	90.778	13.483	65.696	11.600
377	北京蓝色光标数据科技股份有限公司	蓝色光标	300058	90.771	11.119	66.851	12.800
378	珠海华发实业股份有限公司	华发股份	600325	90.767	13.775	65.392	11.600
379	华电重工股份有限公司	华电重工	601226	90.766	13.519	65.648	11.600
380	闻泰科技股份有限公司	闻泰科技	600745	90.759	13.921	65.238	11.600
381	中航工业产融控股股份有限公司	中航产融	600705	90.735	13.587	65.548	11.600
382	中泰证券股份有限公司	中泰证券	600918	90.732	13.578	65.555	11.600
383	广州视源电子科技股份有限公司	视源股份	002841	90.716	12.927	66.189	11.600
384	山西太钢不锈钢股份有限公司	太钢不锈	000825	90.705	13.600	65.505	11.600
385	宁波华翔电子股份有限公司	宁波华翔	002048	90.692	13.600	68.901	8.191
386	深圳汇洁集团股份有限公司	汇洁股份	002763	90.692	13.508	65.584	11.600
387	上海机电股份有限公司	上海机电	600835	90.689	11.784	67.305	11.600
388	上海浦东建设股份有限公司	浦东建设	600284	90.661	13.600	65.461	11.600
389	苏州东山精密制造股份有限公司	东山精密	002384	90.657	13.513	65.543	11.600
390	重庆渝开发股份有限公司	渝开发	000514	90.637	13.322	65.715	11.600
391	浙江伟星新型建材股份有限公司	伟星新材	002372	90.586	12.903	66.083	11.600
392	永兴特种材料科技股份有限公司	永兴材料	002756	90.573	13.600	65.373	11.600

续表

序号	企业名称	股票简称	股票代码	综合信用指数	信用环境指数	信用能力指数	信用行为指数
393	甘肃上峰水泥股份有限公司	上峰水泥	000672	90.563	12.925	66.037	11.600
394	中国中材国际工程股份有限公司	中材国际	600970	90.549	13.600	65.349	11.600
395	天音通信控股股份有限公司	天音控股	000829	90.520	13.812	65.108	11.600
396	绿色动力环保集团股份有限公司	绿色动力	601330	90.499	13.331	65.568	11.600
397	滨化集团股份有限公司	滨化股份	601678	90.494	13.083	64.611	12.800
398	安徽古井贡酒股份有限公司	古井贡酒	000596	90.492	13.302	65.590	11.600
399	潍柴动力股份有限公司	潍柴动力	000338	90.490	12.866	66.024	11.600
400	上海城投控股股份有限公司	城投控股	600649	90.440	13.398	65.442	11.600
401	国金证券股份有限公司	国金证券	600109	90.396	13.446	65.350	11.600
402	安徽鸿路钢结构（集团）股份有限公司	鸿路钢构	002541	90.388	12.787	66.001	11.600
403	欧普照明股份有限公司	欧普照明	603515	90.381	13.360	65.421	11.600
404	厦门松霖科技股份有限公司	松霖科技	603992	90.366	13.124	65.641	11.600
405	国元证券股份有限公司	国元证券	000728	90.353	13.443	65.310	11.600
406	旺能环境股份有限公司	旺能环境	002034	90.346	13.320	65.426	11.600
407	重庆市涪陵榨菜集团股份有限公司	涪陵榨菜	002507	90.314	13.053	65.662	11.600
408	凯莱英医药集团（天津）股份有限公司	凯莱英	002821	90.313	13.235	65.478	11.600
409	安琪酵母股份有限公司	安琪酵母	600298	90.276	12.579	66.097	11.600
410	信雅达科技股份有限公司	信雅达	600571	90.260	13.600	65.060	11.600
411	东华工程科技股份有限公司	东华科技	002140	90.253	13.600	65.053	11.600
412	宁波容百新能源科技股份有限公司	容百科技	688005	90.203	13.455	65.148	11.600
413	湖南华菱钢铁股份有限公司	华菱钢铁	000932	90.201	12.932	65.369	11.901
414	光大证券股份有限公司	光大证券	601788	90.186	13.913	64.673	11.600
415	深圳市漫步者科技股份有限公司	漫步者	002351	90.175	13.503	65.071	11.600
416	通化东宝药业股份有限公司	通化东宝	600867	90.162	13.208	65.354	11.600
417	上海奕瑞光电子科技股份有限公司	奕瑞科技	688301	90.150	13.600	64.950	11.600
418	宁夏宝丰能源集团股份有限公司	宝丰能源	600989	90.107	10.564	66.742	12.800
419	三七互娱网络科技集团股份有限公司	三七互娱	002555	90.099	12.756	65.743	11.600
420	苏州固锝电子股份有限公司	苏州固锝	002079	90.098	13.556	64.943	11.600
421	大商股份有限公司	大商股份	600694	90.092	13.485	65.007	11.600
422	中国外运股份有限公司	中国外运	601598	90.072	13.473	64.999	11.600
423	中国核工业建设股份有限公司	中国核建	601611	90.068	13.581	64.887	11.600
424	广东东方精工科技股份有限公司	东方精工	002611	90.056	13.466	64.991	11.600
425	厦门钨业股份有限公司	厦门钨业	600549	90.032	13.496	64.937	11.600
426	兴业皮革科技股份有限公司	兴业科技	002674	90.030	13.496	64.935	11.600
427	重庆三峰环境集团股份有限公司	三峰环境	601827	90.019	13.577	64.842	11.600
428	黄山永新股份有限公司	永新股份	002014	89.998	12.871	65.527	11.600

续表

序号	企业名称	股票简称	股票代码	综合信用指数	信用环境指数	信用能力指数	信用行为指数
429	河南双汇投资发展股份有限公司	双汇发展	000895	89.981	11.482	66.900	11.600
430	中山大洋电机股份有限公司	大洋电机	002249	89.933	13.573	68.322	8.038
431	南京银行股份有限公司	南京银行	601009	89.928	13.542	64.786	11.600
432	郑州宇通客车股份有限公司	宇通客车	600066	89.916	13.538	68.284	8.093
433	深圳市共进电子股份有限公司	共进股份	603118	89.909	13.489	64.820	11.600
434	中国中煤能源股份有限公司	中煤能源	601898	89.887	12.026	66.261	11.600
435	深圳市爱施德股份有限公司	爱施德	002416	89.853	13.844	64.409	11.600
436	红塔证券股份有限公司	红塔证券	601236	89.831	13.160	65.071	11.600
437	山西蓝焰控股股份有限公司	蓝焰控股	000968	89.821	13.600	64.621	11.600
438	华安证券股份有限公司	华安证券	600909	89.798	13.428	64.770	11.600
439	格林美股份有限公司	格林美	002340	89.796	13.311	64.885	11.600
440	中创物流股份有限公司	中创物流	603967	89.794	13.021	65.173	11.600
441	爱博诺德（北京）医疗科技股份有限公司	爱博医疗	688050	89.790	13.544	64.646	11.600
442	创维数字股份有限公司	创维数字	000810	89.781	13.542	64.639	11.600
443	江苏常熟汽饰集团股份有限公司	常熟汽饰	603035	89.769	13.526	68.179	8.064
444	湖南机油泵股份有限公司	湘油泵	603319	89.754	13.418	64.736	11.600
445	北京京运通科技股份有限公司	京运通	601908	89.745	13.267	64.879	11.600
446	南通海星电子股份有限公司	海星股份	603115	89.726	13.190	64.936	11.600
447	龙佰集团股份有限公司	龙佰集团	002601	89.725	11.526	65.400	12.800
448	上海氯碱化工股份有限公司	氯碱化工	600618	89.713	12.586	64.327	12.800
449	江苏新泉汽车饰件股份有限公司	新泉股份	603179	89.704	13.512	68.148	8.043
450	雅戈尔集团股份有限公司	雅戈尔	600177	89.700	10.991	67.109	11.600
451	杭州福斯特应用材料股份有限公司	福斯特	603806	89.678	12.092	65.986	11.600
452	上海起帆电缆股份有限公司	起帆电缆	605222	89.667	12.918	65.149	11.600
453	北京指南针科技发展股份有限公司	指南针	300803	89.657	13.418	64.639	11.600
454	江苏润邦重工股份有限公司	润邦股份	002483	89.648	13.468	64.580	11.600
455	宁波东方电缆股份有限公司	东方电缆	603606	89.642	11.855	66.187	11.600
456	广西柳工机械股份有限公司	柳工	000528	89.641	12.626	65.415	11.600
457	上海实业发展股份有限公司	上实发展	600748	89.637	13.524	64.512	11.600
458	安徽江淮汽车集团股份有限公司	江淮汽车	600418	89.613	13.528	68.055	8.030
459	深圳科安达电子科技股份有限公司	科安达	002972	89.590	12.610	65.380	11.600
460	齐峰新材料股份有限公司	齐峰新材	002521	89.581	13.177	64.803	11.600
461	三只松鼠股份有限公司	三只松鼠	300783	89.579	13.489	64.489	11.600
462	重庆燃气集团股份有限公司	重庆燃气	600917	89.570	13.439	64.531	11.600
463	芜湖伯特利汽车安全系统股份有限公司	伯特利	603596	89.549	13.453	68.020	8.076
464	启明星辰信息技术集团股份有限公司	启明星辰	002439	89.520	12.923	64.998	11.600

续表

序号	企业名称	股票简称	股票代码	综合信用指数	信用环境指数	信用能力指数	信用行为指数
465	瑞达期货股份有限公司	瑞达期货	002961	89.512	13.595	64.317	11.600
466	成都燃气集团股份有限公司	成都燃气	603053	89.510	13.454	64.456	11.600
467	长春一汽富维汽车零部件股份有限公司	一汽富维	600742	89.493	13.520	67.873	8.100
468	武汉凡谷电子技术股份有限公司	武汉凡谷	002194	89.474	13.494	64.380	11.600
469	山东登海种业股份有限公司	登海种业	002041	89.470	10.800	67.070	11.600
470	中国第一重型机械股份公司	中国一重	601106	89.466	13.815	64.051	11.600
471	无锡商业大厦大东方股份有限公司	大东方	600327	89.455	13.600	64.255	11.600
472	中储发展股份有限公司	中储股份	600787	89.449	13.134	64.714	11.600
473	密尔克卫化工供应链服务股份有限公司	密尔克卫	603713	89.437	12.944	64.893	11.600
474	江苏金融租赁股份有限公司	江苏租赁	600901	89.430	13.437	64.393	11.600
475	青岛海容商用冷链股份有限公司	海容冷链	603187	89.422	12.482	65.339	11.600
476	上海威派格智慧水务股份有限公司	威派格	603956	89.422	13.419	64.403	11.600
477	港中旅华贸国际物流股份有限公司	华贸物流	603128	89.387	13.102	64.685	11.600
478	重庆钢铁股份有限公司	重庆钢铁	601005	89.311	13.600	64.111	11.600
479	元利化学集团股份有限公司	元利科技	603217	89.307	11.862	64.645	12.800
480	北京华峰测控技术股份有限公司	华峰测控	688200	89.305	13.581	64.124	11.600
481	宁波建工股份有限公司	宁波建工	601789	89.302	13.600	64.102	11.600
482	上海浦东发展银行股份有限公司	浦发银行	600000	89.278	12.823	62.455	14.000
483	双良节能系统股份有限公司	双良节能	600481	89.270	13.514	64.156	11.600
484	江苏共创人造草坪股份有限公司	共创草坪	605099	89.269	12.639	65.031	11.600
485	北京元六鸿远电子科技股份有限公司	鸿远电子	603267	89.259	12.988	64.671	11.600
486	重庆宗申动力机械股份有限公司	宗申动力	001696	89.253	12.401	65.251	11.600
487	卧龙地产集团股份有限公司	卧龙地产	600173	89.225	12.898	64.727	11.600
488	上海隧道工程股份有限公司	隧道股份	600820	89.207	13.371	64.237	11.600
489	陕西煤业股份有限公司	陕西煤业	601225	89.193	10.469	67.123	11.600
490	黑龙江北大荒农业股份有限公司	北大荒	600598	89.192	10.800	66.792	11.600
491	江河创建集团股份有限公司	江河集团	601886	89.182	13.600	63.982	11.600
492	富奥汽车零部件股份有限公司	富奥股份	000030	89.182	13.294	67.761	8.127
493	浙江中国轻纺城集团股份有限公司	轻纺城	600790	89.171	13.159	64.412	11.600
494	国投资本股份有限公司	国投资本	600061	89.158	13.758	63.801	11.600
495	航锦科技股份有限公司	航锦科技	000818	89.151	12.846	63.505	12.800
496	鲁泰纺织股份有限公司	鲁泰 A	000726	89.135	13.531	64.004	11.600
497	天津创业环保集团股份有限公司	创业环保	600874	89.132	13.406	64.127	11.600
498	福建水泥股份有限公司	福建水泥	600802	89.122	13.511	64.012	11.600
499	方正证券股份有限公司	方正证券	601901	89.054	13.516	63.938	11.600
500	上海飞科电器股份有限公司	飞科电器	603868	89.031	12.820	64.611	11.600

二、2022 中国上市公司信用 500 强收益性指标

序号	企业名称	股票代码	综合信用指数	营收利润率（%）	资产利润率（%）	净资产利润率（%）
1	中国建筑股份有限公司	601668	99.674	2.72	2.15	14.95
2	贵州茅台酒股份有限公司	600519	99.415	49.40	20.56	27.68
3	中国建设银行股份有限公司	601939	99.287	36.87	1.00	11.63
4	中远海运控股股份有限公司	601919	99.270	26.76	21.59	67.09
5	中国工商银行股份有限公司	601398	99.269	36.95	0.99	10.69
6	中国银行股份有限公司	601988	99.019	35.76	0.81	9.73
7	中国农业银行股份有限公司	601288	99.002	33.50	0.83	9.99
8	中国神华能源股份有限公司	601088	98.749	15.00	8.28	13.34
9	中国石油化工股份有限公司	600028	98.451	2.60	3.77	9.19
10	美的集团股份有限公司	000333	98.401	8.37	7.37	22.88
11	京东方科技集团股份有限公司	000725	97.600	11.78	5.74	18.07
12	中国旅游集团中免股份有限公司	601888	97.542	14.26	17.40	32.59
13	杭州海康威视数字技术股份有限公司	002415	97.512	20.63	16.18	26.47
14	上海汽车集团股份有限公司	600104	97.454	3.15	2.68	8.96
15	北京首创生态环保集团股份有限公司	600008	97.445	10.29	2.13	8.35
16	徐工集团工程机械股份有限公司	000425	97.416	6.66	5.10	15.41
17	万华化学集团股份有限公司	600309	97.410	16.94	12.95	35.98
18	海天水务集团股份公司	603759	97.382	19.73	4.00	9.70
19	宜宾五粮液股份有限公司	000858	97.342	35.31	17.24	23.60
20	山东太阳纸业股份有限公司	002078	97.298	9.24	6.92	15.78
21	中国人寿保险股份有限公司	601628	97.296	5.93	1.04	10.64
22	海尔智家股份有限公司	600690	97.270	5.74	6.01	16.37
23	桐昆集团股份有限公司	601233	97.200	12.40	10.52	20.46
24	武汉明德生物科技股份有限公司	002932	97.200	49.94	41.36	50.67
25	珠海格力电器股份有限公司	000651	97.176	12.16	7.22	22.25
26	兴业银行股份有限公司	601166	97.167	37.37	0.96	12.09
27	交通银行股份有限公司	601328	97.123	32.51	0.75	9.08
28	重庆智飞生物制品股份有限公司	300122	97.075	33.30	33.97	57.82
29	宁德时代新能源科技股份有限公司	300750	96.993	12.22	5.18	18.85
30	中国平安保险（集团）股份有限公司	601318	96.822	8.61	1.00	12.51
31	神驰机电股份有限公司	603109	96.738	7.96	7.47	13.08
32	通威股份有限公司	600438	96.716	12.93	9.30	21.89

续表

序号	企业名称	股票代码	综合信用指数	营收利润率（%）	资产利润率（%）	净资产利润率（%）
33	内蒙古伊利实业集团股份有限公司	600887	96.652	7.90	8.54	18.25
34	特变电工股份有限公司	600089	96.569	11.84	5.74	16.42
35	中国移动有限公司	600941	96.441	13.67	6.42	9.90
36	中国铝业股份有限公司	601600	96.320	1.88	2.64	8.87
37	江西铜业股份有限公司	600362	96.170	1.27	3.50	8.07
38	国泰君安证券股份有限公司	601211	96.147	35.06	1.90	10.20
39	中持水务股份有限公司	603903	96.015	11.23	4.44	14.01
40	中国化学工程股份有限公司	601117	95.966	3.37	2.60	9.61
41	紫光股份有限公司	000938	95.961	3.18	3.23	7.17
42	浙江荣晟环保纸业股份有限公司	603165	95.953	11.78	11.02	15.21
43	歌尔股份有限公司	002241	95.950	4.90	6.28	14.02
44	恒力石化股份有限公司	600346	95.930	7.85	7.39	27.14
45	安徽海螺水泥股份有限公司	600585	95.922	19.81	14.43	18.11
46	内蒙古鄂尔多斯资源股份有限公司	600295	95.856	16.70	12.23	32.81
47	中国中铁股份有限公司	601390	95.802	2.58	2.03	10.03
48	中航工业机电系统股份有限公司	002013	95.782	8.48	3.64	9.08
49	上海新动力汽车科技股份有限公司	600841	95.772	2.84	2.86	7.09
50	大族激光科技产业集团股份有限公司	002008	95.746	12.21	7.34	17.16
51	中国人民保险集团股份有限公司	601319	95.739	3.62	1.57	9.87
52	江苏江南水务股份有限公司	601199	95.719	24.82	4.84	8.39
53	富士康工业互联网股份有限公司	601138	95.694	4.55	7.51	16.79
54	中兴通讯股份有限公司	000063	95.692	5.95	4.04	13.23
55	舍得酒业股份有限公司	600702	95.681	25.07	15.39	25.98
56	中国铁建股份有限公司	601186	95.678	2.42	1.82	9.19
57	宝山钢铁股份有限公司	600019	95.676	6.49	6.21	12.38
58	漳州片仔癀药业股份有限公司	600436	95.668	30.31	19.46	25.05
59	华泰证券股份有限公司	601688	95.651	35.21	1.65	8.99
60	重庆新大正物业集团股份有限公司	002968	95.560	7.95	11.42	17.05
61	中国国际金融股份有限公司	601995	95.556	35.77	1.66	12.77
62	泸州老窖股份有限公司	000568	95.501	38.54	18.41	28.37
63	云南云天化股份有限公司	600096	95.478	5.76	6.85	35.66
64	山西杏花村汾酒厂股份有限公司	600809	95.452	26.61	17.74	34.91
65	招商局蛇口工业区控股股份有限公司	001979	95.443	6.46	1.21	9.54
66	北京万泰生物药业股份有限公司	603392	95.437	35.15	28.69	45.26
67	紫金矿业集团股份有限公司	601899	95.429	8.71	9.40	27.59
68	广东顺控发展股份有限公司	003039	95.428	20.43	6.18	12.21
69	广西绿城水务股份有限公司	601368	95.375	14.16	1.73	6.44

续表

序号	企业名称	股票代码	综合信用指数	营收利润率（%）	资产利润率（%）	净资产利润率（%）
70	东方财富信息股份有限公司	300059	95.314	65.32	4.62	19.42
71	中国巨石股份有限公司	600176	95.276	30.59	13.75	26.71
72	广州金域医学检验集团股份有限公司	603882	95.203	18.58	20.65	35.21
73	宁波杉杉股份有限公司	600884	95.196	16.13	8.29	17.64
74	中国冶金科工股份有限公司	601618	95.196	1.67	1.54	7.79
75	上海美迪西生物医药股份有限公司	688202	95.173	24.18	15.74	21.26
76	科大讯飞股份有限公司	002230	95.082	8.50	4.96	9.28
77	中国太平洋保险（集团）股份有限公司	601601	95.080	6.09	1.38	11.83
78	钱江水利开发股份有限公司	600283	95.042	9.80	2.36	7.24
79	金地（集团）股份有限公司	600383	95.017	9.48	2.03	14.94
80	中国银河证券股份有限公司	601881	95.016	28.99	1.86	10.54
81	兆易创新科技集团股份有限公司	603986	95.012	27.46	15.16	17.33
82	山西兰花科技创业股份有限公司	600123	95.004	18.29	8.19	18.01
83	新凤鸣集团股份有限公司	603225	94.975	5.03	6.01	13.72
84	山煤国际能源集团股份有限公司	600546	94.971	10.28	10.74	41.74
85	奥瑞金科技股份有限公司	002701	94.971	6.52	5.44	11.97
86	青岛海尔生物医疗股份有限公司	688139	94.966	39.75	17.25	23.33
87	长城汽车股份有限公司	601633	94.958	4.93	3.83	10.83
88	华域汽车系统股份有限公司	600741	94.849	4.62	4.20	13.06
89	百隆东方股份有限公司	601339	94.821	17.63	9.60	15.24
90	云南恩捷新材料股份有限公司	002812	94.800	34.05	10.40	19.65
91	中国中车股份有限公司	601766	94.747	4.56	2.41	6.93
92	浙江越剑智能装备股份有限公司	603095	94.742	20.90	9.66	14.50
93	无锡上机数控股份有限公司	603185	94.740	15.68	11.81	23.00
94	景津装备股份有限公司	603279	94.735	13.91	10.87	19.20
95	浙江台华新材料股份有限公司	603055	94.651	10.89	7.21	12.50
96	志邦家居股份有限公司	603801	94.647	9.81	9.54	19.51
97	东鹏饮料（集团）股份有限公司	605499	94.638	17.10	15.31	28.15
98	中国北方稀土（集团）高科技股份有限公司	600111	94.634	16.87	14.78	33.42
99	南都物业服务集团股份有限公司	603506	94.632	10.22	7.69	17.19
100	株洲华锐精密工具股份有限公司	688059	94.626	33.44	14.12	18.26
101	上海复星医药（集团）股份有限公司	600196	94.625	12.14	5.08	12.08
102	杭州微光电子股份有限公司	002801	94.594	22.89	16.06	19.03
103	山东豪迈机械科技股份有限公司	002595	94.553	17.53	13.78	16.19
104	众业达电气股份有限公司	002441	94.550	3.31	6.19	9.52
105	成都市兴蓉环境股份有限公司	000598	94.549	22.20	4.33	11.10
106	王府井集团股份有限公司	600859	94.533	11.62	3.42	6.93

续表

序号	企业名称	股票代码	综合信用指数	营收利润率（%）	资产利润率（%）	净资产利润率（%）
107	江苏硕世生物科技股份有限公司	688399	94.525	42.03	34.10	47.04
108	鲁西化工集团股份有限公司	000830	94.515	14.53	14.38	25.74
109	四川川投能源股份有限公司	600674	94.506	244.39	6.37	9.88
110	新城控股集团股份有限公司	601155	94.484	7.49	2.36	21.24
111	山东华泰纸业股份有限公司	600308	94.453	5.42	4.99	8.66
112	山鹰国际控股股份公司	600567	94.447	4.59	2.92	9.18
113	新奥天然气股份有限公司	600803	94.446	3.54	3.21	27.65
114	广州汽车集团股份有限公司	601238	94.437	9.77	4.76	8.13
115	江苏东方盛虹股份有限公司	000301	94.403	8.78	3.44	16.45
116	广发证券股份有限公司	000776	94.398	31.69	2.03	10.18
117	物产中大集团股份有限公司	600704	94.382	0.71	3.08	13.12
118	神马实业股份有限公司	600810	94.361	15.98	8.28	27.80
119	洛阳建龙微纳新材料股份有限公司	688357	94.341	31.38	16.38	22.49
120	南通国盛智能科技集团股份有限公司	688558	94.335	17.64	10.19	14.39
121	合盛硅业股份有限公司	603260	94.325	38.47	27.09	40.81
122	苏美达股份有限公司	600710	94.281	0.45	1.41	13.55
123	西部超导材料科技股份有限公司	688122	94.270	25.33	8.47	13.83
124	中信银行股份有限公司	601998	94.220	27.20	0.69	8.88
125	比亚迪股份有限公司	002594	94.219	1.41	1.03	3.20
126	紫光国芯微电子股份有限公司	002049	94.193	36.57	16.85	26.97
127	无锡药明康德新药开发股份有限公司	603259	94.172	22.26	9.25	13.24
128	江苏长电科技股份有限公司	600584	94.148	9.70	7.98	14.10
129	第一拖拉机股份有限公司	601038	94.127	4.69	3.55	8.11
130	山东博汇纸业股份有限公司	600966	94.121	10.48	8.57	23.47
131	苏州天华超净科技股份有限公司	300390	94.108	26.80	14.56	28.08
132	浙江伟明环保股份有限公司	603568	94.082	36.69	10.48	20.08
133	中芯国际集成电路制造有限公司	688981	94.033	30.12	4.67	9.83
134	中航重机股份有限公司	600765	94.023	10.13	4.52	9.52
135	比音勒芬服饰股份有限公司	002832	94.019	22.96	12.84	19.24
136	深圳迈瑞生物医疗电子股份有限公司	300760	94.004	31.66	21.00	29.69
137	周大生珠宝股份有限公司	002867	93.995	13.38	17.45	21.16
138	梅花生物科技集团股份有限公司	600873	93.995	10.30	11.24	22.14
139	瑞芯微电子股份有限公司	603893	93.984	22.14	17.81	21.11
140	浙江新安化工集团股份有限公司	600596	93.983	13.99	15.43	29.68
141	新疆众和股份有限公司	600888	93.974	10.37	6.12	12.47
142	大秦铁路股份有限公司	601006	93.970	15.48	6.14	9.79

续表

序号	企业名称	股票代码	综合信用指数	营收利润率（%）	资产利润率（%）	净资产利润率（%）
143	铜陵有色金属集团股份有限公司	000630	93.969	2.37	6.10	14.29
144	深圳市汇川技术股份有限公司	300124	93.968	19.92	13.09	22.50
145	山东金晶科技股份有限公司	600586	93.959	18.89	12.08	23.81
146	科沃斯机器人股份有限公司	603486	93.940	15.36	18.75	39.46
147	晶澳太阳能科技股份有限公司	002459	93.937	4.94	3.58	12.36
148	上海移远通信技术股份有限公司	603236	93.931	3.18	4.40	11.16
149	郑州煤矿机械集团股份有限公司	601717	93.927	6.65	5.31	13.16
150	四川路桥建设集团股份有限公司	600039	93.924	6.56	4.07	20.56
151	上海晨光文具股份有限公司	603899	93.897	8.62	13.29	24.50
152	雪天盐业集团股份有限公司	600929	93.872	8.40	4.80	7.96
153	喜临门家具股份有限公司	603008	93.872	7.19	6.72	17.46
154	杭叉集团股份有限公司	603298	93.867	6.27	8.74	16.22
155	中国交通建设股份有限公司	601800	93.843	2.62	1.29	6.91
156	山东华鲁恒升化工股份有限公司	600426	93.800	27.23	25.32	32.59
157	杭氧集团股份有限公司	002430	93.796	10.05	7.44	16.30
158	江苏恒立液压股份有限公司	601100	93.782	28.93	21.84	29.29
159	江西洪城环境股份有限公司	600461	93.781	10.03	4.63	13.93
160	华峰化学股份有限公司	002064	93.771	27.98	27.20	41.75
161	重庆顺博铝合金股份有限公司	002996	93.764	3.43	6.82	15.63
162	杰克科技股份有限公司	603337	93.751	7.70	6.03	14.29
163	卫星化学股份有限公司	002648	93.751	21.03	12.34	31.02
164	浙江华友钴业股份有限公司	603799	93.747	11.04	6.72	20.11
165	中信建投证券股份有限公司	601066	93.735	34.28	2.26	12.83
166	立讯精密工业股份有限公司	002475	93.703	4.59	5.86	20.04
167	四川水井坊股份有限公司	600779	93.690	25.89	20.35	45.56
168	深圳市科达利实业股份有限公司	002850	93.679	12.12	7.39	11.89
169	江苏国泰国际集团股份有限公司	002091	93.677	3.14	3.58	11.77
170	北新集团建材股份有限公司	000786	93.674	16.65	13.21	18.53
171	胜华新材料集团股份有限公司	603026	93.659	16.70	25.13	37.96
172	苏州苏试试验集团股份有限公司	300416	93.659	12.65	5.04	11.09
173	上海韦尔半导体股份有限公司	603501	93.646	18.57	13.95	27.63
174	圆通速递股份有限公司	600233	93.640	4.66	6.15	9.31
175	上海金桥出口加工区开发股份有限公司	600639	93.629	35.15	4.88	13.15
176	合肥城建发展股份有限公司	002208	93.609	11.60	3.89	14.24
177	宁波海天精工股份有限公司	601882	93.607	13.59	9.09	22.55
178	广汇能源股份有限公司	600256	93.600	20.12	8.38	23.90

续表

序号	企业名称	股票代码	综合信用指数	营收利润率（%）	资产利润率（%）	净资产利润率（%）
179	上海永茂泰汽车科技股份有限公司	605208	93.572	6.91	7.79	11.32
180	浪潮电子信息产业股份有限公司	000977	93.569	2.99	4.33	13.21
181	亿嘉和科技股份有限公司	603666	93.559	37.60	14.32	18.22
182	西安陕鼓动力股份有限公司	601369	93.521	8.28	3.14	11.43
183	长春高新技术产业（集团）股份有限公司	000661	93.494	34.96	16.69	25.78
184	江苏华昌化工股份有限公司	002274	93.487	17.35	20.10	37.87
185	江苏华宏科技股份有限公司	002645	93.482	7.85	10.31	15.26
186	无锡新洁能股份有限公司	605111	93.481	27.40	21.77	26.82
187	佛燃能源集团股份有限公司	002911	93.425	4.40	4.27	13.34
188	中信海洋直升机股份有限公司	000099	93.414	14.67	3.72	5.21
189	海澜之家集团股份有限公司	600398	93.407	12.34	7.91	16.62
190	江西晨光新材料股份有限公司	605399	93.400	31.63	28.83	32.87
191	中国能源建设股份有限公司	601868	93.387	2.02	1.23	6.90
192	欧派家居集团股份有限公司	603833	93.378	13.04	11.39	18.50
193	交控科技股份有限公司	688015	93.375	11.27	5.50	12.70
194	中国邮政储蓄银行股份有限公司	601658	93.368	23.90	0.61	9.59
195	广州酒家集团股份有限公司	603043	93.343	14.34	11.55	18.67
196	健民药业集团股份有限公司	600976	93.333	9.91	11.49	20.80
197	中化国际（控股）股份有限公司	600500	93.331	2.70	3.75	17.76
198	浙江景兴纸业股份有限公司	002067	93.319	7.09	5.56	8.12
199	浙江三花智能控制股份有限公司	002050	93.298	10.51	7.13	15.10
200	杭州滨江房产集团股份有限公司	002244	93.294	7.97	1.43	14.71
201	汕头东风印刷股份有限公司	601515	93.285	20.63	9.77	13.14
202	新疆金风科技股份有限公司	002202	93.280	6.84	2.90	9.73
203	承德露露股份公司	000848	93.271	22.56	16.23	24.17
204	万科企业股份有限公司	000002	93.261	4.97	1.16	9.55
205	安徽楚江科技新材料股份有限公司	002171	93.247	1.52	4.28	9.20
206	中国国际海运集装箱（集团）股份有限公司	000039	93.245	4.07	4.32	14.77
207	重庆水务集团股份有限公司	601158	93.239	28.65	7.10	12.64
208	晶晨半导体（上海）股份有限公司	688099	93.200	16.99	16.05	20.95
209	深圳市明微电子股份有限公司	688699	93.200	51.73	34.31	38.34
210	广州达安基因股份有限公司	002030	93.197	47.21	35.00	49.22
211	杭州立昂微电子股份有限公司	605358	93.184	23.63	4.78	7.96
212	浙江春风动力股份有限公司	603129	93.183	5.23	5.16	11.32
213	天津津滨发展股份有限公司	000897	93.168	21.67	7.04	25.56
214	中国电力建设股份有限公司	601669	93.159	1.93	0.90	6.91

续表

序号	企业名称	股票代码	综合信用指数	营收利润率（%）	资产利润率（%）	净资产利润率（%）
215	天地科技股份有限公司	600582	93.117	6.87	3.84	8.53
216	老凤祥股份有限公司	600612	93.100	3.20	8.42	20.41
217	湖北济川药业股份有限公司	600566	93.088	22.53	14.17	18.86
218	河南神火煤电股份有限公司	000933	93.057	9.39	6.04	34.53
219	深圳市物业发展（集团）股份有限公司	000011	93.044	22.35	6.88	22.38
220	湖北兴发化工集团股份有限公司	600141	93.007	17.99	12.68	30.71
221	武汉三镇实业控股股份有限公司	600168	92.993	19.83	2.21	6.99
222	中山公用事业集团股份有限公司	000685	92.991	61.82	6.52	9.68
223	中国黄金集团黄金珠宝股份有限公司	600916	92.985	1.57	7.21	12.12
224	南兴装备股份有限公司	002757	92.980	10.49	8.42	13.08
225	山西美锦能源股份有限公司	000723	92.978	12.06	8.73	20.66
226	安井食品集团股份有限公司	603345	92.960	7.36	7.78	13.45
227	安徽口子酒业股份有限公司	603589	92.923	34.35	15.66	20.94
228	山东玻纤集团股份有限公司	605006	92.919	19.87	10.75	23.16
229	广州白云山医药集团股份有限公司	600332	92.903	5.39	5.63	12.80
230	江苏双星彩塑新材料股份有限公司	002585	92.887	23.36	11.43	14.74
231	浙江巨化股份有限公司	600160	92.851	6.17	6.20	8.32
232	新疆洪通燃气股份有限公司	605169	92.838	16.61	8.78	11.98
233	杭州华旺新材料科技股份有限公司	605377	92.833	15.26	11.16	17.61
234	深圳劲嘉集团股份有限公司	002191	92.828	20.12	9.87	13.00
235	一汽解放集团股份有限公司	000800	92.827	3.95	5.59	14.86
236	仙鹤股份有限公司	603733	92.824	16.90	9.20	15.84
237	广东生益科技股份有限公司	600183	92.818	13.96	11.58	21.61
238	天津九安医疗电子股份有限公司	002432	92.794	37.91	23.12	31.63
239	绝味食品股份有限公司	603517	92.783	14.98	13.25	17.20
240	浙江苏泊尔股份有限公司	002032	92.782	9.01	13.99	25.50
241	西安三角防务股份有限公司	300775	92.763	35.17	9.98	16.78
242	广东联泰环保股份有限公司	603797	92.731	38.65	3.11	11.22
243	天水华天科技股份有限公司	002185	92.712	11.70	4.72	9.41
244	吉林高速公路股份有限公司	601518	92.682	25.03	4.79	7.75
245	通策医疗股份有限公司	600763	92.666	25.27	14.18	24.40
246	四川成渝高速公路股份有限公司	601107	92.664	20.54	4.59	10.76
247	江苏联瑞新材料股份有限公司	688300	92.662	27.67	13.25	15.81
248	中航航空高科技股份有限公司	600862	92.659	15.53	8.54	12.22
249	浙江海利得新材料股份有限公司	002206	92.657	11.35	8.29	17.68

续表

序号	企业名称	股票代码	综合信用指数	营收利润率（%）	资产利润率（%）	净资产利润率（%）
250	中铁高新工业股份有限公司	600528	92.647	6.84	3.77	8.18
251	赛轮集团股份有限公司	601058	92.613	7.29	5.02	12.24
252	上海璞泰来新能源科技股份有限公司	603659	92.605	19.44	8.15	16.68
253	广东嘉元科技股份有限公司	688388	92.604	19.61	9.07	15.32
254	骆驼集团股份有限公司	601311	92.597	6.71	6.43	9.80
255	山西振东制药股份有限公司	300158	92.583	51.38	25.93	32.40
256	中国铁建重工集团股份有限公司	688425	92.580	18.24	7.66	12.25
257	安徽国风新材料股份有限公司	000859	92.563	14.77	8.67	10.47
258	冰轮环境技术股份有限公司	000811	92.561	5.59	3.05	6.33
259	北京首钢股份有限公司	000959	92.537	5.23	4.76	16.77
260	金牌厨柜家居科技股份有限公司	603180	92.502	9.80	7.48	14.02
261	北京北摩高科摩擦材料股份有限公司	002985	92.499	37.29	10.70	17.22
262	东方证券股份有限公司	600958	92.497	22.04	1.64	8.38
263	航天信息股份有限公司	600271	92.464	4.36	4.49	7.68
264	安徽迎驾贡酒股份有限公司	603198	92.444	30.20	16.02	23.17
265	上海宝信软件股份有限公司	600845	92.420	15.47	10.18	20.17
266	浙江医药股份有限公司	600216	92.410	11.45	8.34	11.91
267	国电南瑞科技股份有限公司	600406	92.353	13.30	7.76	14.85
268	河南蓝天燃气股份有限公司	605368	92.352	10.79	8.18	14.47
269	云南铝业股份有限公司	000807	92.346	7.97	8.77	18.25
270	上海宝钢包装股份有限公司	601968	92.345	38.82	32.86	75.46
271	招商银行股份有限公司	600036	92.343	81.02	1.30	13.96
272	嘉兴斯达半导体股份有限公司	603290	92.332	23.34	7.21	7.97
273	宁波拓普集团股份有限公司	601689	92.262	8.87	5.44	9.61
274	湖南金博碳素股份有限公司	688598	92.256	37.45	17.04	26.50
275	江苏今世缘酒业股份有限公司	603369	92.248	31.68	14.06	21.83
276	宇通重工股份有限公司	600817	92.243	10.46	8.23	17.76
277	上海泛微网络科技股份有限公司	603039	92.228	15.41	9.14	16.42
278	福莱特玻璃集团股份有限公司	601865	92.225	24.33	10.56	17.95
279	南京新街口百货商店股份有限公司	600682	92.205	17.67	4.31	6.35
280	厦门特宝生物工程股份有限公司	688278	92.201	16.00	12.72	15.60
281	新疆冠农果茸集团股份有限公司	600251	92.197	6.95	4.23	10.94
282	报喜鸟控股股份有限公司	002154	92.195	10.43	7.59	11.16
283	新疆鑫泰天然气股份有限公司	603393	92.188	39.30	9.31	22.67
284	居然之家新零售集团股份有限公司	000785	92.184	17.79	4.14	12.11
285	北京金山办公软件股份有限公司	688111	92.182	31.74	9.99	13.49

续表

序号	企业名称	股票代码	综合信用指数	营收利润率（%）	资产利润率（%）	净资产利润率（%）
286	新疆中泰化学股份有限公司	002092	92. 181	4. 33	3. 70	10. 71
287	中国国际贸易中心股份有限公司	600007	92. 175	28. 55	8. 04	11. 86
288	浙商中拓集团股份有限公司	000906	92. 164	0. 46	3. 55	18. 13
289	京沪高速铁路股份有限公司	601816	92. 149	16. 43	1. 63	2. 58
290	北京东方雨虹防水技术股份有限公司	002271	92. 140	13. 17	8. 45	15. 99
291	山东晨鸣纸业集团股份有限公司	000488	92. 129	6. 26	2. 49	10. 82
292	瀚蓝环境股份有限公司	600323	92. 125	9. 88	3. 97	11. 75
293	中国光大银行股份有限公司	601818	92. 114	28. 42	0. 74	9. 00
294	中新苏州工业园区开发集团股份有限公司	601512	92. 088	38. 85	5. 17	12. 50
295	盛和资源控股股份有限公司	600392	92. 085	10. 14	7. 10	11. 49
296	华新水泥股份有限公司	600801	92. 053	16. 52	10. 21	20. 07
297	山东南山铝业股份有限公司	600219	92. 045	11. 87	5. 40	7. 96
298	上海医药集团股份有限公司	601607	92. 012	2. 36	3. 12	10. 32
299	诺力智能装备股份有限公司	603611	92. 011	5. 10	3. 93	14. 55
300	北京键凯科技股份有限公司	688356	92. 004	50. 05	15. 96	16. 72
301	环旭电子股份有限公司	601231	91. 999	3. 36	5. 18	14. 20
302	中海油田服务股份有限公司	601808	91. 945	10. 72	4. 27	8. 23
303	山推工程机械股份有限公司	000680	91. 942	2. 29	1. 95	4. 78
304	福建龙溪轴承（集团）股份有限公司	600592	91. 933	20. 78	8. 64	13. 04
305	上海微创心脉医疗科技（集团）股份有限公司	688016	91. 924	46. 14	18. 01	21. 14
306	隆基绿能科技股份有限公司	601012	91. 913	11. 23	9. 30	19. 15
307	东吴证券股份有限公司	601555	91. 905	25. 87	1. 92	6. 44
308	无锡奥特维科技股份有限公司	688516	91. 881	18. 11	8. 66	26. 33
309	明阳智慧能源集团股份公司	601615	91. 872	11. 42	5. 04	16. 86
310	杭州解百集团股份有限公司	600814	91. 864	16. 46	41. 84	11. 17
311	浙江长城电工科技股份有限公司	603897	91. 855	3. 18	7. 69	12. 58
312	北方华创科技集团股份有限公司	002371	91. 841	11. 13	3. 47	6. 38
313	广州中望龙腾软件股份有限公司	688083	91. 804	29. 36	5. 83	6. 46
314	山西潞安环保能源开发股份有限公司	601699	91. 783	14. 86	7. 07	19. 38
315	南京高科股份有限公司	600064	91. 759	47. 82	7. 12	15. 61
316	中国广核电力股份有限公司	003816	91. 696	12. 06	2. 43	9. 64
317	上海柏楚电子科技股份有限公司	688188	91. 680	60. 23	17. 47	18. 41
318	上海百润投资控股集团股份有限公司	002568	91. 650	25. 67	11. 81	17. 57
319	安徽全柴动力股份有限公司	600218	91. 636	2. 76	2. 51	5. 00
320	爱普香料集团股份有限公司	603020	91. 635	5. 64	4. 88	6. 10
321	厦门吉比特网络技术股份有限公司	603444	91. 593	31. 79	20. 67	32. 06

续表

序号	企业名称	股票代码	综合信用指数	营收利润率（%）	资产利润率（%）	净资产利润率（%）
322	中国南玻集团股份有限公司	000012	91.564	11.22	7.67	13.38
323	浙江帅丰电器股份有限公司	605336	91.512	25.23	10.97	13.03
324	洽洽食品股份有限公司	002557	91.501	15.52	11.50	19.37
325	浙江铁流离合器股份有限公司	603926	91.495	9.40	6.52	11.56
326	浙江万盛股份有限公司	603010	91.439	20.04	24.86	34.82
327	河南明泰铝业股份有限公司	601677	91.400	7.52	9.78	17.35
328	上海临港控股股份有限公司	600848	91.382	24.48	3.12	9.99
329	华润三九医药股份有限公司	000999	91.370	13.36	8.42	13.39
330	恒生电子股份有限公司	600570	91.360	26.63	12.12	25.70
331	浙商证券股份有限公司	601878	91.344	13.37	1.75	9.21
332	浙江森马服饰股份有限公司	002563	91.323	9.64	7.52	12.74
333	北京天宜上佳高新材料股份有限公司	688033	91.319	26.07	5.24	6.76
334	福耀玻璃工业集团股份有限公司	600660	91.319	13.33	7.03	11.96
335	怡球金属资源再生（中国）股份有限公司	601388	91.314	10.28	14.81	22.04
336	广东好太太科技集团股份有限公司	603848	91.297	21.06	12.80	15.98
337	北京昭衍新药研究中心股份有限公司	603127	91.297	36.76	6.53	7.81
338	茂业商业股份有限公司	600828	91.288	9.82	1.92	5.79
339	平安银行股份有限公司	000001	91.270	21.45	0.74	9.19
340	株洲欧科亿数控精密刀具股份有限公司	688308	91.238	22.44	11.50	14.87
341	兴业证券股份有限公司	601377	91.237	25.00	2.18	11.52
342	国联证券股份有限公司	601456	91.223	29.95	1.35	5.42
343	新天绿色能源股份有限公司	600956	91.187	13.51	3.00	10.97
344	东风电子科技股份有限公司	600081	91.172	3.06	2.52	7.67
345	兰州丽尚国潮实业集团股份有限公司	600738	91.128	24.09	4.41	8.42
346	武商集团股份有限公司	000501	91.128	10.56	2.67	7.05
347	腾达建设集团股份有限公司	600512	91.124	11.85	7.10	13.58
348	万向钱潮股份公司	000559	91.124	4.79	4.08	8.02
349	唐山三孚硅业股份有限公司	603938	91.118	20.99	14.46	21.58
350	江苏洋河酒厂股份有限公司	002304	91.112	29.62	11.07	17.67
351	厦门象屿股份有限公司	600057	91.091	0.47	2.25	12.55
352	新华人寿保险股份有限公司	601336	91.053	6.72	1.33	13.78
353	浙江新澳纺织股份有限公司	603889	91.027	8.66	7.51	10.97
354	中伟新材料股份有限公司	300919	91.009	4.68	3.33	9.55
355	合兴汽车电子股份有限公司	605005	91.008	13.71	10.85	13.60
356	惠州亿纬锂能股份有限公司	300014	90.993	17.19	6.52	16.20
357	四川雅化实业集团股份有限公司	002497	90.970	17.87	10.32	14.71

续表

序号	企业名称	股票代码	综合信用指数	营收利润率（%）	资产利润率（%）	净资产利润率（%）
358	上海陆家嘴金融贸易区开发股份有限公司	600663	90.965	31.08	3.57	19.10
359	天津七一二通信广播股份有限公司	603712	90.958	19.95	8.01	19.04
360	重庆百亚卫生用品股份有限公司	003006	90.953	15.58	14.67	18.79
361	淄博齐翔腾达化工股份有限公司	002408	90.947	6.86	9.18	18.71
362	广东广弘控股股份有限公司	000529	90.930	9.10	7.03	14.30
363	大亚圣象家居股份有限公司	000910	90.920	6.80	6.32	9.73
364	上海新朋实业股份有限公司	002328	90.909	8.46	7.33	13.72
365	上海华峰铝业股份有限公司	601702	90.902	7.76	8.59	15.92
366	上海万业企业股份有限公司	600641	90.887	42.79	4.11	4.94
367	浙江大华技术股份有限公司	002236	90.875	10.29	7.67	14.30
368	深圳市力合科创股份有限公司	002243	90.870	20.97	4.63	9.82
369	东方电气股份有限公司	600875	90.868	4.79	2.22	7.04
370	云南锡业股份有限公司	000960	90.855	5.23	6.87	18.15
371	北京金隅集团股份有限公司	601992	90.850	2.37	1.02	4.60
372	无锡威孚高科技集团股份有限公司	000581	90.840	18.82	9.21	13.28
373	厦门建发股份有限公司	600153	90.836	0.86	1.01	11.99
374	德华兔宝宝装饰新材股份有限公司	002043	90.795	7.55	12.68	33.41
375	浙江航民股份有限公司	600987	90.792	7.02	8.45	12.20
376	罗莱生活科技股份有限公司	002293	90.778	12.38	11.38	17.57
377	北京蓝色光标数据科技股份有限公司	300058	90.771	1.30	2.91	5.55
378	珠海华发实业股份有限公司	600325	90.767	6.23	0.90	15.35
379	华电重工股份有限公司	601226	90.766	2.94	2.84	7.63
380	闻泰科技股份有限公司	600745	90.759	4.95	3.60	7.75
381	中航工业产融控股股份有限公司	600705	90.735	42.34	0.98	10.75
382	中泰证券股份有限公司	600918	90.732	24.34	1.56	8.94
383	广州视源电子科技股份有限公司	002841	90.716	8.00	10.96	20.33
384	山西太钢不锈钢股份有限公司	000825	90.705	6.22	9.33	17.99
385	宁波华翔电子股份有限公司	002048	90.692	7.19	5.80	11.65
386	深圳汇洁集团股份有限公司	002763	90.692	10.10	10.61	14.63
387	上海机电股份有限公司	600835	90.689	3.28	2.18	6.58
388	上海浦东建设股份有限公司	600284	90.661	4.69	2.48	7.85
389	苏州东山精密制造股份有限公司	002384	90.657	5.86	4.91	12.78
390	重庆渝开发股份有限公司	000514	90.637	13.66	1.93	4.61
391	浙江伟星新型建材股份有限公司	002372	90.586	19.15	19.01	24.93
392	永兴特种材料科技股份有限公司	002756	90.573	12.32	13.93	17.61
393	甘肃上峰水泥股份有限公司	000672	90.563	26.17	14.39	26.25

续表

序号	企业名称	股票代码	综合信用指数	营收利润率（%）	资产利润率（%）	净资产利润率（%）
394	中国中材国际工程股份有限公司	600970	90.549	4.99	4.36	13.89
395	天音通信控股股份有限公司	000829	90.520	0.29	1.13	7.90
396	绿色动力环保集团股份有限公司	601330	90.499	13.80	3.45	10.69
397	滨化集团股份有限公司	601678	90.494	17.54	9.68	15.92
398	安徽古井贡酒股份有限公司	000596	90.492	17.32	9.04	13.90
399	潍柴动力股份有限公司	000338	90.490	4.55	3.34	13.05
400	上海城投控股股份有限公司	600649	90.440	9.92	1.32	4.47
401	国金证券股份有限公司	600109	90.396	32.52	2.62	9.49
402	安徽鸿路钢结构（集团）股份有限公司	002541	90.388	5.89	5.88	15.82
403	欧普照明股份有限公司	603515	90.381	10.26	10.00	15.68
404	厦门松霖科技股份有限公司	603992	90.366	10.12	7.47	13.53
405	国元证券股份有限公司	000728	90.353	31.25	1.67	5.91
406	旺能环境股份有限公司	002034	90.346	21.83	5.11	12.05
407	重庆市涪陵榨菜集团股份有限公司	002507	90.314	29.46	9.58	10.35
408	凯莱英医药集团（天津）股份有限公司	002821	90.313	23.05	7.05	8.48
409	安琪酵母股份有限公司	600298	90.276	12.26	9.73	19.09
410	信雅达科技股份有限公司	600571	90.260	18.92	14.65	23.42
411	东华工程科技股份有限公司	002140	90.253	4.14	2.51	9.65
412	宁波容百新能源科技股份有限公司	688005	90.203	8.88	6.20	16.78
413	湖南华菱钢铁股份有限公司	000932	90.201	5.65	9.08	21.32
414	光大证券股份有限公司	601788	90.186	20.86	1.46	6.02
415	深圳市漫步者科技股份有限公司	002351	90.175	13.70	11.79	14.37
416	通化东宝药业股份有限公司	600867	90.162	40.03	20.06	21.05
417	上海奕瑞光电子科技股份有限公司	688301	90.150	40.77	13.68	15.86
418	宁夏宝丰能源集团股份有限公司	600989	90.107	30.35	15.93	23.04
419	三七互娱网络科技集团股份有限公司	002555	90.099	17.73	19.92	26.69
420	苏州固锝电子股份有限公司	002079	90.098	8.79	7.17	9.10
421	大商股份有限公司	600694	90.092	8.85	3.60	7.95
422	中国外运股份有限公司	601598	90.072	2.99	5.00	11.22
423	中国核工业建设股份有限公司	601611	90.068	1.83	0.89	7.51
424	广东东方精工科技股份有限公司	002611	90.056	13.26	7.35	12.69
425	厦门钨业股份有限公司	600549	90.032	3.71	3.64	13.17
426	兴业皮革科技股份有限公司	002674	90.030	10.50	5.48	7.88
427	重庆三峰环境集团股份有限公司	601827	90.019	21.08	5.77	14.06
428	黄山永新股份有限公司	002014	89.998	10.45	10.50	14.84
429	河南双汇投资发展股份有限公司	000895	89.981	7.30	14.32	21.33

续表

序号	企业名称	股票代码	综合信用指数	营收利润率（%）	资产利润率（%）	净资产利润率（%）
430	中山大洋电机股份有限公司	002249	89.933	2.50	1.65	3.10
431	南京银行股份有限公司	601009	89.928	38.75	0.91	13.07
432	郑州宇通客车股份有限公司	600066	89.916	2.64	1.91	4.03
433	深圳市共进电子股份有限公司	603118	89.909	3.66	4.05	7.97
434	中国中煤能源股份有限公司	601898	89.887	5.75	4.13	11.67
435	深圳市爱施德股份有限公司	002416	89.853	0.97	6.01	15.95
436	红塔证券股份有限公司	601236	89.831	23.41	3.56	6.77
437	山西蓝焰控股股份有限公司	000968	89.821	15.43	2.65	6.54
438	华安证券股份有限公司	600909	89.798	40.88	1.93	7.31
439	格林美股份有限公司	002340	89.796	4.78	2.68	6.49
440	中创物流股份有限公司	603967	89.794	1.67	5.33	9.97
441	爱博诺德（北京）医疗科技股份有限公司	688050	89.790	39.56	8.37	10.24
442	创维数字股份有限公司	000810	89.781	3.89	3.77	9.32
443	江苏常熟汽饰集团股份有限公司	603035	89.769	15.78	5.59	10.25
444	湖南机油泵股份有限公司	603319	89.754	11.76	7.27	13.19
445	北京京运通科技股份有限公司	601908	89.745	14.99	3.79	7.68
446	南通海星电子股份有限公司	603115	89.726	13.44	9.44	11.19
447	龙佰集团股份有限公司	002601	89.725	22.74	10.32	24.72
448	上海氯碱化工股份有限公司	600618	89.713	26.59	19.05	25.81
449	江苏新泉汽车饰件股份有限公司	603179	89.704	6.16	3.83	7.67
450	雅戈尔集团股份有限公司	600177	89.700	37.68	6.39	15.08
451	杭州福斯特应用材料股份有限公司	603806	89.678	17.08	16.05	18.04
452	上海起帆电缆股份有限公司	605222	89.667	3.62	7.39	18.53
453	北京指南针科技发展股份有限公司	300803	89.657	18.90	8.61	13.74
454	江苏润邦重工股份有限公司	002483	89.648	9.08	4.31	8.22
455	宁波东方电缆股份有限公司	603606	89.642	14.99	14.18	24.35
456	广西柳工机械股份有限公司	000528	89.641	3.47	2.46	6.47
457	上海实业发展股份有限公司	600748	89.637	5.18	1.34	5.30
458	安徽江淮汽车集团股份有限公司	600418	89.613	0.50	0.43	1.31
459	深圳科安达电子科技股份有限公司	002972	89.590	37.77	10.64	12.20
460	齐峰新材料股份有限公司	002521	89.581	4.46	3.26	4.61
461	三只松鼠股份有限公司	300783	89.579	4.21	8.17	18.21
462	重庆燃气集团股份有限公司	600917	89.570	5.84	5.03	9.60
463	芜湖伯特利汽车安全系统股份有限公司	603596	89.549	14.45	8.07	14.43
464	启明星辰信息技术集团股份有限公司	002439	89.520	19.64	9.64	12.82
465	瑞达期货股份有限公司	002961	89.512	23.68	2.91	21.32

续表

序号	企业名称	股票代码	综合信用指数	营收利润率（%）	资产利润率（%）	净资产利润率（%）
466	成都燃气集团股份有限公司	603053	89.510	11.16	7.37	12.50
467	长春一汽富维汽车零部件股份有限公司	600742	89.493	3.21	3.38	9.71
468	武汉凡谷电子技术股份有限公司	002194	89.474	12.39	7.62	9.84
469	山东登海种业股份有限公司	002041	89.470	21.15	5.53	7.53
470	中国第一重型机械股份公司	601106	89.466	0.73	0.44	1.47
471	无锡商业大厦大东方股份有限公司	600327	89.455	9.28	7.76	17.80
472	中储发展股份有限公司	600787	89.449	1.17	3.80	6.91
473	密尔克卫化工供应链服务股份有限公司	603713	89.437	4.99	5.94	13.70
474	江苏金融租赁股份有限公司	600901	89.430	52.59	2.09	14.24
475	青岛海容商用冷链股份有限公司	603187	89.422	8.46	6.06	9.51
476	上海威派格智慧水务股份有限公司	603956	89.422	15.49	8.20	14.73
477	港中旅华贸国际物流股份有限公司	603128	89.387	3.39	7.95	16.31
478	重庆钢铁股份有限公司	601005	89.311	5.71	5.29	10.16
479	元利化学集团股份有限公司	603217	89.307	15.37	11.72	13.99
480	北京华峰测控技术股份有限公司	688200	89.305	49.96	15.05	16.74
481	宁波建工股份有限公司	601789	89.302	1.95	2.00	10.74
482	上海浦东发展银行股份有限公司	600000	89.278	27.75	0.65	7.91
483	双良节能系统股份有限公司	600481	89.270	8.10	3.45	12.89
484	江苏共创人造草坪股份有限公司	605099	89.269	16.52	15.85	19.03
485	北京元六鸿远电子科技股份有限公司	603267	89.259	34.40	19.10	24.98
486	重庆宗申动力机械股份有限公司	001696	89.253	5.24	4.89	10.40
487	卧龙地产集团股份有限公司	600173	89.225	19.05	6.47	13.52
488	上海隧道工程股份有限公司	600820	89.207	3.85	1.84	9.61
489	陕西煤业股份有限公司	601225	89.193	13.88	11.40	24.76
490	黑龙江北大荒农业股份有限公司	600598	89.192	23.62	10.68	12.07
491	江河创建集团股份有限公司	601886	89.182	99.95	73.74	327.73
492	富奥汽车零部件股份有限公司	000030	89.182	6.56	5.66	11.26
493	浙江中国轻纺城集团股份有限公司	600790	89.171	46.59	4.71	7.43
494	国投资本股份有限公司	600061	89.158	7.03	0.48	2.41
495	航锦科技股份有限公司	000818	89.151	15.07	13.95	21.25
496	鲁泰纺织股份有限公司	000726	89.135	6.64	2.68	4.35
497	天津创业环保集团股份有限公司	600874	89.132	15.28	3.29	9.74
498	福建水泥股份有限公司	600802	89.122	11.02	8.58	20.65
499	方正证券股份有限公司	601901	89.054	21.14	1.06	4.32
500	上海飞科电器股份有限公司	603868	89.031	16.00	15.37	21.06

三、2022 中国上市公司信用 500 强流动性和安全性指标

序号	企业名称	股票代码	综合信用指数	资产周转率（次/年）	所有者权益比率（%）	资本保值增值率（%）
1	中国建筑股份有限公司	601668	99.674	0.79	14.40	117.11
2	贵州茅台酒股份有限公司	600519	99.415	0.42	74.28	132.52
3	中国建设银行股份有限公司	601939	99.287	0.03	8.64	112.72
4	中远海运控股股份有限公司	601919	99.270	0.81	32.17	303.34
5	中国工商银行股份有限公司	601398	99.269	0.03	9.26	112.04
6	中国银行股份有限公司	601988	99.019	0.02	8.33	110.62
7	中国农业银行股份有限公司	601288	99.002	0.02	8.31	110.94
8	中国神华能源股份有限公司	601088	98.749	0.55	62.08	113.96
9	中国石油化工股份有限公司	600028	98.451	1.45	41.03	109.53
10	美的集团股份有限公司	000333	98.401	0.88	32.19	124.31
11	京东方科技集团股份有限公司	000725	97.600	0.49	31.78	125.01
12	中国旅游集团中免股份有限公司	601888	97.542	1.22	53.39	143.26
13	杭州海康威视数字技术股份有限公司	002415	97.512	0.78	61.10	131.23
14	上海汽车集团股份有限公司	600104	97.454	0.85	29.86	109.43
15	北京首创生态环保集团股份有限公司	600008	97.445	0.21	25.55	108.82
16	徐工集团工程机械股份有限公司	000425	97.416	0.77	33.12	116.66
17	万华化学集团股份有限公司	600309	97.410	0.76	35.99	150.53
18	海天水务集团股份公司	603759	97.382	0.20	41.18	116.83
19	宜宾五粮液股份有限公司	000858	97.342	0.49	73.05	127.28
20	山东太阳纸业股份有限公司	002078	97.298	0.75	43.83	118.35
21	中国人寿保险股份有限公司	601628	97.296	0.18	9.78	111.31
22	海尔智家股份有限公司	600690	97.270	1.05	36.70	119.55
23	桐昆集团股份有限公司	601233	97.200	0.85	51.42	128.48
24	武汉明德生物科技股份有限公司	002932	97.200	0.83	81.61	228.27
25	珠海格力电器股份有限公司	000651	97.176	0.59	32.43	120.02
26	兴业银行股份有限公司	601166	97.167	0.03	7.95	113.43
27	交通银行股份有限公司	601328	97.123	0.02	8.27	110.11
28	重庆智飞生物制品股份有限公司	300122	97.075	1.02	58.76	223.76
29	宁德时代新能源科技股份有限公司	300750	96.993	0.42	27.47	124.81
30	中国平安保险（集团）股份有限公司	601318	96.822	0.12	8.01	113.33
31	神驰机电股份有限公司	603109	96.738	0.94	57.07	114.71
32	通威股份有限公司	600438	96.716	0.72	42.50	126.87

续表

序号	企业名称	股票代码	综合信用指数	资产周转率（次/年）	所有者权益比率（%）	资本保值增值率（%）
33	内蒙古伊利实业集团股份有限公司	600887	96.652	1.08	46.79	128.65
34	特变电工股份有限公司	600089	96.569	0.48	34.97	119.31
35	中国移动有限公司	600941	96.441	0.47	64.84	110.41
36	中国铝业股份有限公司	601600	96.320	1.40	29.77	109.33
37	江西铜业股份有限公司	600362	96.170	2.75	43.34	109.41
38	国泰君安证券股份有限公司	601211	96.147	0.05	18.59	110.93
39	中持水务股份有限公司	603903	96.015	0.40	31.68	115.87
40	中国化学工程股份有限公司	601117	95.966	0.77	27.09	112.30
41	紫光股份有限公司	000938	95.961	1.02	45.10	107.22
42	浙江荣晟环保纸业股份有限公司	603165	95.953	0.94	72.44	117.08
43	歌尔股份有限公司	002241	95.950	1.28	44.75	119.50
44	恒力石化股份有限公司	600346	95.930	0.94	27.21	133.11
45	安徽海螺水泥股份有限公司	600585	95.922	0.73	79.68	120.51
46	内蒙古鄂尔多斯资源股份有限公司	600295	95.856	0.73	37.27	144.66
47	中国中铁股份有限公司	601390	95.802	0.79	20.21	110.82
48	中航工业机电系统股份有限公司	002013	95.782	0.43	40.10	109.84
49	上海新动力汽车科技股份有限公司	600841	95.772	1.01	40.29	113.67
50	大族激光科技产业集团股份有限公司	002008	95.746	0.60	42.75	120.46
51	中国人民保险集团股份有限公司	601319	95.739	0.43	15.92	110.70
52	江苏江南水务股份有限公司	601199	95.719	0.19	57.66	108.98
53	富士康工业互联网股份有限公司	601138	95.694	1.65	44.70	119.29
54	中兴通讯股份有限公司	000063	95.692	0.68	30.51	115.74
55	舍得酒业股份有限公司	600702	95.681	0.61	59.23	134.79
56	中国铁建股份有限公司	601186	95.678	0.75	19.87	109.71
57	宝山钢铁股份有限公司	600019	95.676	0.96	50.19	112.82
58	漳州片仔癀药业股份有限公司	600436	95.668	0.64	77.67	130.93
59	华泰证券股份有限公司	601688	95.651	0.05	18.40	110.34
60	重庆新大正物业集团股份有限公司	002968	95.560	1.44	67.01	119.53
61	中国国际金融股份有限公司	601995	95.556	0.05	12.99	115.05
62	泸州老窖股份有限公司	000568	95.501	0.48	64.89	134.48
63	云南云天化股份有限公司	600096	95.478	1.19	19.22	156.65
64	山西杏花村汾酒厂股份有限公司	600809	95.452	0.67	50.82	154.35
65	招商局蛇口工业区控股股份有限公司	001979	95.443	0.19	12.69	110.23
66	北京万泰生物药业股份有限公司	603392	95.437	0.82	63.39	179.16
67	紫金矿业集团股份有限公司	601899	95.429	1.08	34.05	134.67
68	广东顺控发展股份有限公司	003039	95.428	0.30	50.64	115.80
69	广西绿城水务股份有限公司	601368	95.375	0.12	26.81	106.75

续表

序号	企业名称	股票代码	综合信用指数	资产周转率（次/年）	所有者权益比率（%）	资本保值增值率（%）
70	东方财富信息股份有限公司	300059	95.314	0.07	23.80	125.80
71	中国巨石股份有限公司	600176	95.276	0.45	51.49	134.57
72	广州金域医学检验集团股份有限公司	603882	95.203	1.11	58.64	158.61
73	宁波杉杉股份有限公司	600884	95.196	0.51	46.98	126.92
74	中国冶金科工股份有限公司	601618	95.196	0.92	19.78	108.56
75	上海美迪西生物医药股份有限公司	688202	95.173	0.65	74.01	125.12
76	科大讯飞股份有限公司	002230	95.082	0.58	53.45	112.29
77	中国太平洋保险（集团）股份有限公司	601601	95.080	0.23	11.65	112.47
78	钱江水利开发股份有限公司	600283	95.042	0.24	32.61	107.60
79	金地（集团）股份有限公司	600383	95.017	0.21	13.61	116.37
80	中国银河证券股份有限公司	601881	95.016	0.06	17.67	112.84
81	兆易创新科技集团股份有限公司	603986	95.012	0.55	87.45	121.85
82	山西兰花科技创业股份有限公司	600123	95.004	0.45	45.48	121.96
83	新凤鸣集团股份有限公司	603225	94.975	1.19	43.79	118.72
84	山煤国际能源集团股份有限公司	600546	94.971	1.05	25.73	154.34
85	奥瑞金科技股份有限公司	002701	94.971	0.83	45.39	113.74
86	青岛海尔生物医疗股份有限公司	688139	94.966	0.43	73.94	130.44
87	长城汽车股份有限公司	601633	94.958	0.78	35.42	111.73
88	华域汽车系统股份有限公司	600741	94.849	0.91	32.20	112.31
89	百隆东方股份有限公司	601339	94.821	0.54	63.01	117.37
90	云南恩捷新材料股份有限公司	002812	94.800	0.31	52.95	124.48
91	中国中车股份有限公司	601766	94.747	0.53	34.81	107.20
92	浙江越剑智能装备股份有限公司	603095	94.742	0.46	66.63	116.68
93	无锡上机数控股份有限公司	603185	94.740	0.75	51.35	164.29
94	景津装备股份有限公司	603279	94.735	0.78	56.63	121.77
95	浙江台华新材料股份有限公司	603055	94.651	0.66	57.71	115.44
96	志邦家居股份有限公司	603801	94.647	0.97	48.90	122.69
97	东鹏饮料（集团）股份有限公司	605499	94.638	0.90	54.40	162.35
98	中国北方稀土（集团）高科技股份有限公司	600111	94.634	0.88	44.22	149.20
99	南都物业服务集团股份有限公司	603506	94.632	0.75	44.77	119.71
100	株洲华锐精密工具股份有限公司	688059	94.626	0.42	77.36	139.48
101	上海复星医药（集团）股份有限公司	600196	94.625	0.42	42.01	112.80
102	杭州微光电子股份有限公司	002801	94.594	0.70	84.37	121.68
103	山东豪迈机械科技股份有限公司	002595	94.553	0.79	85.10	118.25
104	众业达电气股份有限公司	002441	94.550	1.87	65.07	110.30
105	成都市兴蓉环境股份有限公司	000598	94.549	0.20	39.00	112.17
106	王府井集团股份有限公司	600859	94.533	0.29	49.42	108.58

续表

序号	企业名称	股票代码	综合信用指数	资产周转率（次/年）	所有者权益比率（%）	资本保值增值率（%）
107	江苏硕世生物科技股份有限公司	688399	94.525	0.81	72.48	171.69
108	鲁西化工集团股份有限公司	000830	94.515	0.99	55.87	132.39
109	四川川投能源股份有限公司	600674	94.506	0.03	64.47	110.72
110	新城控股集团股份有限公司	601155	94.484	0.31	11.10	124.90
111	山东华泰纸业股份有限公司	600308	94.453	0.92	57.67	109.27
112	山鹰国际控股股份公司	600567	94.447	0.64	31.77	109.72
113	新奥天然气股份有限公司	600803	94.446	0.91	11.59	150.44
114	广州汽车集团股份有限公司	601238	94.437	0.49	58.54	108.70
115	江苏东方盛虹股份有限公司	000301	94.403	0.39	20.92	118.90
116	广发证券股份有限公司	000776	94.398	0.06	19.90	111.06
117	物产中大集团股份有限公司	600704	94.382	4.34	23.47	114.83
118	神马实业股份有限公司	600810	94.361	0.52	29.78	143.64
119	洛阳建龙微纳新材料股份有限公司	688357	94.341	0.52	72.81	128.26
120	南通国盛智能科技集团股份有限公司	688558	94.335	0.58	70.85	116.27
121	合盛硅业股份有限公司	603260	94.325	0.70	66.37	184.78
122	苏美达股份有限公司	600710	94.281	3.09	10.37	114.70
123	西部超导材料科技股份有限公司	688122	94.270	0.33	61.21	126.40
124	中信银行股份有限公司	601998	94.220	0.03	7.79	110.22
125	比亚迪股份有限公司	002594	94.219	0.73	32.14	105.35
126	紫光国芯微电子股份有限公司	002049	94.193	0.46	62.49	139.37
127	无锡药明康德新药开发股份有限公司	603259	94.172	0.42	69.82	115.69
128	江苏长电科技股份有限公司	600584	94.148	0.82	56.58	122.08
129	第一拖拉机股份有限公司	601038	94.127	0.76	43.78	110.10
130	山东博汇纸业股份有限公司	600966	94.121	0.82	36.49	128.02
131	苏州天华超净科技股份有限公司	300390	94.108	0.54	51.85	175.07
132	浙江伟明环保股份有限公司	603568	94.082	0.29	52.20	127.97
133	中芯国际集成电路制造有限公司	688981	94.033	0.15	47.49	101.08
134	中航重机股份有限公司	600765	94.023	0.45	47.55	113.27
135	比音勒芬服饰股份有限公司	002832	94.019	0.56	66.74	126.69
136	深圳迈瑞生物医疗电子股份有限公司	300760	94.004	0.66	70.74	134.37
137	周大生珠宝股份有限公司	002867	93.995	1.30	82.48	122.74
138	梅花生物科技集团股份有限公司	600873	93.995	1.09	50.77	125.88
139	瑞芯微电子股份有限公司	603893	93.984	0.80	84.37	126.62
140	浙江新安化工集团股份有限公司	600596	93.983	1.10	52.00	140.83
141	新疆众和股份有限公司	600888	93.974	0.59	49.04	117.79
142	大秦铁路股份有限公司	601006	93.970	0.40	62.66	109.81

续表

序号	企业名称	股票代码	综合信用指数	资产周转率（次/年）	所有者权益比率（%）	资本保值增值率（%）
143	铜陵有色金属集团股份有限公司	000630	93.969	2.58	42.70	116.39
144	深圳市汇川技术股份有限公司	300124	93.968	0.66	58.17	133.59
145	山东金晶科技股份有限公司	600586	93.959	0.64	50.74	129.92
146	科沃斯机器人股份有限公司	603486	93.940	1.22	47.52	164.82
147	晶澳太阳能科技股份有限公司	002459	93.937	0.73	28.95	113.91
148	上海移远通信技术股份有限公司	603236	93.931	1.38	39.42	119.16
149	郑州煤矿机械集团股份有限公司	601717	93.927	0.80	40.37	114.91
150	四川路桥建设集团股份有限公司	600039	93.924	0.62	19.81	124.01
151	上海晨光文具股份有限公司	603899	93.897	1.54	54.23	129.23
152	雪天盐业集团股份有限公司	600929	93.872	0.57	60.21	109.98
153	喜临门家具股份有限公司	603008	93.872	0.94	38.50	119.00
154	杭叉集团股份有限公司	603298	93.867	1.39	53.86	118.46
155	中国交通建设股份有限公司	601800	93.843	0.49	18.72	107.34
156	山东华鲁恒升化工股份有限公司	600426	93.800	0.93	77.67	146.90
157	杭氧集团股份有限公司	002430	93.796	0.74	45.64	118.79
158	江苏恒立液压股份有限公司	601100	93.782	0.75	74.57	136.83
159	江西洪城环境股份有限公司	600461	93.781	0.46	33.26	115.09
160	华峰化学股份有限公司	002064	93.771	0.97	65.15	168.58
161	重庆顺博铝合金股份有限公司	002996	93.764	1.99	43.66	118.20
162	杰克科技股份有限公司	603337	93.751	0.78	42.19	115.95
163	卫星化学股份有限公司	002648	93.751	0.59	39.77	144.07
164	浙江华友钴业股份有限公司	603799	93.747	0.61	33.43	139.28
165	中信建投证券股份有限公司	601066	93.735	0.07	17.63	115.12
166	立讯精密工业股份有限公司	002475	93.703	1.28	29.27	125.16
167	四川水井坊股份有限公司	600779	93.690	0.79	44.67	156.14
168	深圳市科达利实业股份有限公司	002850	93.679	0.61	62.17	113.58
169	江苏国泰国际集团股份有限公司	002091	93.677	1.14	30.37	113.38
170	北新集团建材股份有限公司	000786	93.674	0.79	71.29	121.06
171	胜华新材料集团股份有限公司	603026	93.659	1.50	66.20	157.21
172	苏州苏试试验集团股份有限公司	300416	93.659	0.40	45.43	118.59
173	上海韦尔半导体股份有限公司	603501	93.646	0.75	50.49	139.83
174	圆通速递股份有限公司	600233	93.640	1.32	66.05	112.28
175	上海金桥出口加工区开发股份有限公司	600639	93.629	0.14	37.09	115.08
176	合肥城建发展股份有限公司	002208	93.609	0.34	27.31	116.34
177	宁波海天精工股份有限公司	601882	93.607	0.67	40.29	126.52
178	广汇能源股份有限公司	600256	93.600	0.42	35.06	129.79

续表

序号	企业名称	股票代码	综合信用指数	资产周转率（次/年）	所有者权益比率（%）	资本保值增值率（%）
179	上海永茂泰汽车科技股份有限公司	605208	93.572	1.13	68.80	118.29
180	浪潮电子信息产业股份有限公司	000977	93.569	1.45	32.81	113.86
181	亿嘉和科技股份有限公司	603666	93.559	0.38	78.61	131.71
182	西安陕鼓动力股份有限公司	601369	93.521	0.38	27.51	112.31
183	长春高新技术产业（集团）股份有限公司	000661	93.494	0.48	64.73	134.37
184	江苏华昌化工股份有限公司	002274	93.487	1.16	53.07	157.59
185	江苏华宏科技股份有限公司	002645	93.482	1.31	67.55	117.95
186	无锡新洁能股份有限公司	605111	93.481	0.79	81.17	135.39
187	佛燃能源集团股份有限公司	002911	93.425	0.97	32.00	117.76
188	中信海洋直升机股份有限公司	000099	93.414	0.25	71.47	107.09
189	海澜之家集团股份有限公司	600398	93.407	0.64	47.57	118.18
190	江西晨光新材料股份有限公司	605399	93.400	0.91	87.70	147.34
191	中国能源建设股份有限公司	601868	93.387	0.61	17.81	109.51
192	欧派家居集团股份有限公司	603833	93.378	0.87	61.60	122.35
193	交控科技股份有限公司	688015	93.375	0.49	43.32	122.48
194	中国邮政储蓄银行股份有限公司	601658	93.368	0.03	6.31	213.38
195	广州酒家集团股份有限公司	603043	93.343	0.81	61.84	121.98
196	健民药业集团股份有限公司	600976	93.333	1.16	55.25	124.66
197	中化国际（控股）股份有限公司	600500	93.331	1.39	21.13	116.79
198	浙江景兴纸业股份有限公司	002067	93.319	0.78	68.44	109.26
199	浙江三花智能控制股份有限公司	002050	93.298	0.68	47.21	116.73
200	杭州滨江房产集团股份有限公司	002244	93.294	0.18	9.72	116.48
201	汕头东风印刷股份有限公司	601515	93.285	0.47	74.35	117.80
202	新疆金风科技股份有限公司	002202	93.280	0.42	29.78	110.12
203	承德露露股份公司	000848	93.271	0.72	67.17	125.87
204	万科企业股份有限公司	000002	93.261	0.23	12.17	110.03
205	安徽楚江科技新材料股份有限公司	002171	93.247	2.82	46.49	109.86
206	中国国际海运集装箱（集团）股份有限公司	000039	93.245	1.06	29.24	115.14
207	重庆水务集团股份有限公司	601158	93.239	0.25	56.20	113.38
208	晶晨半导体（上海）股份有限公司	688099	93.200	0.94	76.63	127.81
209	深圳市明微电子股份有限公司	688699	93.200	0.66	89.46	159.61
210	广州达安基因股份有限公司	002030	93.197	0.74	71.12	184.76
211	杭州立昂微电子股份有限公司	605358	93.184	0.20	60.05	132.36
212	浙江春风动力股份有限公司	603129	93.183	0.99	45.62	127.52
213	天津津滨发展股份有限公司	000897	93.168	0.32	27.53	134.32
214	中国电力建设股份有限公司	601669	93.159	0.47	12.97	107.31

续表

序号	企业名称	股票代码	综合信用指数	资产周转率（次/年）	所有者权益比率（%）	资本保值增值率（%）
215	天地科技股份有限公司	600582	93.117	0.56	45.07	108.98
216	老凤祥股份有限公司	600612	93.100	2.63	41.26	123.56
217	湖北济川药业股份有限公司	600566	93.088	0.63	75.15	122.15
218	河南神火煤电股份有限公司	000933	93.057	0.64	17.50	146.32
219	深圳市物业发展（集团）股份有限公司	000011	93.044	0.31	30.76	126.93
220	湖北兴发化工集团股份有限公司	600141	93.007	0.70	41.29	144.73
221	武汉三镇实业控股股份有限公司	600168	92.993	0.11	31.66	107.42
222	中山公用事业集团股份有限公司	000685	92.991	0.11	67.33	110.41
223	中国黄金集团黄金珠宝股份有限公司	600916	92.985	4.61	59.49	115.28
224	南兴装备股份有限公司	002757	92.980	0.80	64.40	114.39
225	山西美锦能源股份有限公司	000723	92.978	0.72	42.25	125.65
226	安井食品集团股份有限公司	603345	92.960	1.06	57.84	118.52
227	安徽口子酒业股份有限公司	603589	92.923	0.46	74.78	123.86
228	山东玻纤集团股份有限公司	605006	92.919	0.54	46.40	130.65
229	广州白云山医药集团股份有限公司	600332	92.903	1.04	43.96	114.23
230	江苏双星彩塑新材料股份有限公司	002585	92.887	0.49	77.51	116.67
231	浙江巨化股份有限公司	600160	92.851	1.01	74.51	108.88
232	新疆洪通燃气股份有限公司	605169	92.838	0.53	73.30	112.78
233	杭州华旺新材料科技股份有限公司	605377	92.833	0.73	63.37	120.21
234	深圳劲嘉集团股份有限公司	002191	92.828	0.49	75.97	113.73
235	一汽解放集团股份有限公司	000800	92.827	1.42	37.61	115.88
236	仙鹤股份有限公司	603733	92.824	0.54	58.10	118.99
237	广东生益科技股份有限公司	600183	92.818	0.83	53.61	128.61
238	天津九安医疗电子股份有限公司	002432	92.794	0.61	73.09	148.21
239	绝味食品股份有限公司	603517	92.783	0.88	77.04	119.76
240	浙江苏泊尔股份有限公司	002032	92.782	1.55	54.84	127.00
241	西安三角防务股份有限公司	300775	92.763	0.28	59.46	121.40
242	广东联泰环保股份有限公司	603797	92.731	0.08	27.70	118.43
243	天水华天科技股份有限公司	002185	92.712	0.40	50.21	116.64
244	吉林高速公路股份有限公司	601518	92.682	0.19	61.84	108.48
245	通策医疗股份有限公司	600763	92.666	0.56	58.14	132.69
246	四川成渝高速公路股份有限公司	601107	92.664	0.22	42.64	112.03
247	江苏联瑞新材料股份有限公司	688300	92.662	0.48	83.82	117.93
248	中航航空高科技股份有限公司	600862	92.659	0.55	69.93	113.51
249	浙江海利得新材料股份有限公司	002206	92.657	0.73	46.90	119.85

续表

序号	企业名称	股票代码	综合信用指数	资产周转率（次/年）	所有者权益比率（%）	资本保值增值率（%）
250	中铁高新工业股份有限公司	600528	92.647	0.55	46.13	108.71
251	赛轮集团股份有限公司	601058	92.613	0.69	41.00	115.52
252	上海璞泰来新能源科技股份有限公司	603659	92.605	0.42	48.89	119.62
253	广东嘉元科技股份有限公司	688388	92.604	0.46	59.25	121.07
254	骆驼集团股份有限公司	601311	92.597	0.96	65.60	111.19
255	山西振东制药股份有限公司	300158	92.583	0.50	80.05	146.37
256	中国铁建重工集团股份有限公司	688425	92.580	0.42	62.53	120.97
257	安徽国风新材料股份有限公司	000859	92.563	0.59	82.88	116.17
258	冰轮环境技术股份有限公司	000811	92.561	0.55	48.21	107.00
259	北京首钢股份有限公司	000959	92.537	0.91	28.41	124.22
260	金牌厨柜家居科技股份有限公司	603180	92.502	0.76	53.38	118.51
261	北京北摩高科摩擦材料股份有限公司	002985	92.499	0.29	62.11	120.42
262	东方证券股份有限公司	600958	92.497	0.07	19.63	108.92
263	航天信息股份有限公司	600271	92.464	1.03	58.55	108.14
264	安徽迎驾贡酒股份有限公司	603198	92.444	0.53	69.13	126.88
265	上海宝信软件股份有限公司	600845	92.420	0.66	50.49	123.03
266	浙江医药股份有限公司	600216	92.410	0.73	70.05	113.62
267	国电南瑞科技股份有限公司	600406	92.353	0.58	52.24	116.52
268	河南蓝天燃气股份有限公司	605368	92.352	0.76	56.52	122.76
269	云南铝业股份有限公司	000807	92.346	1.10	48.08	128.11
270	上海宝钢包装股份有限公司	601968	92.345	0.85	43.55	214.86
271	招商银行股份有限公司	600036	92.343	0.02	9.28	116.57
272	嘉兴斯达半导体股份有限公司	603290	92.332	0.31	90.50	134.37
273	宁波拓普集团股份有限公司	601689	92.262	0.61	56.68	113.06
274	湖南金博碳素股份有限公司	688598	92.256	0.45	64.30	138.76
275	江苏今世缘酒业股份有限公司	603369	92.248	0.44	64.41	124.54
276	宇通重工股份有限公司	600817	92.243	0.79	46.31	122.42
277	上海泛微网络科技股份有限公司	603039	92.228	0.59	55.66	122.92
278	福莱特玻璃集团股份有限公司	601865	92.225	0.43	58.81	129.30
279	南京新街口百货商店股份有限公司	600682	92.205	0.24	67.84	106.76
280	厦门特宝生物工程股份有限公司	688278	92.201	0.80	81.54	118.11
281	新疆冠农果茸集团股份有限公司	600251	92.197	0.61	38.66	112.48
282	报喜鸟控股股份有限公司	002154	92.195	0.73	68.02	114.38
283	新疆鑫泰天然气股份有限公司	603393	92.188	0.24	41.09	137.02
284	居然之家新零售集团股份有限公司	000785	92.184	0.23	34.15	111.82
285	北京金山办公软件股份有限公司	688111	92.182	0.31	74.04	115.19

续表

序号	企业名称	股票代码	综合信用指数	资产周转率（次/年）	所有者权益比率（%）	资本保值增值率（%）
286	新疆中泰化学股份有限公司	002092	92.181	0.85	34.52	114.33
287	中国国际贸易中心股份有限公司	600007	92.175	0.28	67.85	112.78
288	浙商中拓集团股份有限公司	000906	92.164	7.72	19.57	126.49
289	京沪高速铁路股份有限公司	601816	92.149	0.10	63.28	102.62
290	北京东方雨虹防水技术股份有限公司	002271	92.140	0.64	52.87	128.77
291	山东晨鸣纸业集团股份有限公司	000488	92.129	0.40	23.04	108.51
292	瀚蓝环境股份有限公司	600323	92.125	0.40	33.83	115.39
293	中国光大银行股份有限公司	601818	92.114	0.03	8.17	109.57
294	中新苏州工业园区开发集团股份有限公司	601512	92.088	0.13	41.36	113.77
295	盛和资源控股股份有限公司	600392	92.085	0.70	61.80	114.22
296	华新水泥股份有限公司	600801	92.053	0.62	50.87	122.75
297	山东南山铝业股份有限公司	600219	92.045	0.45	67.85	108.45
298	上海医药集团股份有限公司	601607	92.012	1.32	30.20	111.23
299	诺力智能装备股份有限公司	603611	92.011	0.77	27.01	116.07
300	北京键凯科技股份有限公司	688356	92.004	0.32	95.50	120.53
301	环旭电子股份有限公司	601231	91.999	1.54	36.48	115.42
302	中海油田服务股份有限公司	601808	91.945	0.40	51.88	108.13
303	山推工程机械股份有限公司	000680	91.942	0.85	40.80	105.97
304	福建龙溪轴承（集团）股份有限公司	600592	91.933	0.42	66.25	114.54
305	上海微创心脉医疗科技（集团）股份有限公司	688016	91.924	0.39	85.21	125.60
306	隆基绿能科技股份有限公司	601012	91.913	0.83	48.55	125.88
307	东吴证券股份有限公司	601555	91.905	0.07	29.86	108.58
308	无锡奥特维科技股份有限公司	688516	91.881	0.48	32.87	134.02
309	明阳智慧能源集团股份公司	601615	91.872	0.44	29.91	121.01
310	杭州解百集团股份有限公司	600814	91.864	2.54	374.64	112.67
311	浙江长城电工科技股份有限公司	603897	91.855	2.42	61.19	117.14
312	北方华创科技集团股份有限公司	002371	91.841	0.31	54.41	115.89
313	广州中望龙腾软件股份有限公司	688083	91.804	0.20	90.22	137.01
314	山西潞安环保能源开发股份有限公司	601699	91.783	0.48	36.49	124.48
315	南京高科股份有限公司	600064	91.759	0.15	45.63	117.75
316	中国广核电力股份有限公司	003816	91.696	0.20	25.23	110.22
317	上海柏楚电子科技股份有限公司	688188	91.680	0.29	94.94	122.07
318	上海百润投资控股集团股份有限公司	002568	91.650	0.46	67.21	120.71
319	安徽全柴动力股份有限公司	600218	91.636	0.91	50.26	106.97
320	爱普香料集团股份有限公司	603020	91.635	0.87	80.01	108.49
321	厦门吉比特网络技术股份有限公司	603444	91.593	0.65	64.48	138.61

续表

序号	企业名称	股票代码	综合信用指数	资产周转率（次/年）	所有者权益比率（%）	资本保值增值率（%）
322	中国南玻集团股份有限公司	000012	91.564	0.68	57.32	114.97
323	浙江帅丰电器股份有限公司	605336	91.512	0.43	84.13	114.52
324	洽洽食品股份有限公司	002557	91.501	0.74	59.39	122.07
325	浙江铁流离合器股份有限公司	603926	91.495	0.69	56.45	113.94
326	浙江万盛股份有限公司	603010	91.439	1.24	71.39	151.12
327	河南明泰铝业股份有限公司	601677	91.400	1.30	56.39	121.39
328	上海临港控股股份有限公司	600848	91.382	0.13	31.20	110.56
329	华润三九医药股份有限公司	000999	91.370	0.63	62.87	114.91
330	恒生电子股份有限公司	600570	91.360	0.46	47.14	132.14
331	浙商证券股份有限公司	601878	91.344	0.13	19.03	111.35
332	浙江森马服饰股份有限公司	002563	91.323	0.78	58.97	112.96
333	北京天宜上佳高新材料股份有限公司	688033	91.319	0.20	77.52	107.24
334	福耀玻璃工业集团股份有限公司	600660	91.319	0.53	58.74	114.57
335	怡球金属资源再生（中国）股份有限公司	601388	91.314	1.44	67.21	125.92
336	广东好太太科技集团股份有限公司	603848	91.297	0.61	80.13	118.10
337	北京昭衍新药研究中心股份有限公司	603127	91.297	0.18	83.59	145.51
338	茂业商业股份有限公司	600828	91.288	0.20	33.06	106.24
339	平安银行股份有限公司	000001	91.270	0.03	8.04	109.98
340	株洲欧科亿数控精密刀具股份有限公司	688308	91.238	0.51	77.32	117.00
341	兴业证券股份有限公司	601377	91.237	0.09	18.94	112.57
342	国联证券股份有限公司	601456	91.223	0.04	24.84	108.39
343	新天绿色能源股份有限公司	600956	91.187	0.22	27.37	116.41
344	东风电子科技股份有限公司	600081	91.172	0.82	32.85	116.87
345	兰州丽尚国潮实业集团股份有限公司	600738	91.128	0.18	52.34	109.19
346	武商集团股份有限公司	000501	91.128	0.25	37.88	107.59
347	腾达建设集团股份有限公司	600512	91.124	0.60	52.24	115.49
348	万向钱潮股份公司	000559	91.124	0.85	50.86	107.98
349	唐山三孚硅业股份有限公司	603938	91.118	0.69	66.98	127.34
350	江苏洋河酒厂股份有限公司	002304	91.112	0.37	62.67	119.51
351	厦门象屿股份有限公司	600057	91.091	4.83	17.96	114.44
352	新华人寿保险股份有限公司	601336	91.053	0.20	9.62	114.70
353	浙江新澳纺织股份有限公司	603889	91.027	0.87	68.41	111.79
354	中伟新材料股份有限公司	300919	91.009	0.71	34.87	124.47
355	合兴汽车电子股份有限公司	605005	91.008	0.79	79.83	117.88
356	惠州亿纬锂能股份有限公司	300014	90.993	0.38	40.27	120.21
357	四川雅化实业集团股份有限公司	002497	90.970	0.58	70.20	118.26

续表

序号	企业名称	股票代码	综合信用指数	资产周转率（次/年）	所有者权益比率（%）	资本保值增值率（%）
358	上海陆家嘴金融贸易区开发股份有限公司	600663	90.965	0.11	18.67	121.27
359	天津七一二通信广播股份有限公司	603712	90.958	0.40	42.10	122.91
360	重庆百亚卫生用品股份有限公司	003006	90.953	0.94	78.12	120.27
361	淄博齐翔腾达化工股份有限公司	002408	90.947	1.34	49.06	126.64
362	广东广弘控股股份有限公司	000529	90.930	0.77	49.15	117.02
363	大亚圣象家居股份有限公司	000910	90.920	0.93	64.91	110.61
364	上海新朋实业股份有限公司	002328	90.909	0.87	53.41	115.33
365	上海华峰铝业股份有限公司	601702	90.902	1.11	53.92	118.77
366	上海万业企业股份有限公司	600641	90.887	0.10	83.07	105.65
367	浙江大华技术股份有限公司	002236	90.875	0.75	53.61	117.09
368	深圳市力合科创股份有限公司	002243	90.870	0.22	47.20	110.79
369	东方电气股份有限公司	600875	90.868	0.46	31.52	107.41
370	云南锡业股份有限公司	000960	90.855	1.31	37.87	121.78
371	北京金隅集团股份有限公司	601992	90.850	0.43	22.25	104.63
372	无锡威孚高科技集团股份有限公司	000581	90.840	0.49	69.35	114.09
373	厦门建发股份有限公司	600153	90.836	1.17	8.44	115.89
374	德华兔宝宝装饰新材股份有限公司	002043	90.795	1.68	37.96	138.25
375	浙江航民股份有限公司	600987	90.792	1.20	69.25	112.87
376	罗莱生活科技股份有限公司	002293	90.778	0.92	64.79	116.63
377	北京蓝色光标数据科技股份有限公司	300058	90.771	2.23	52.43	105.81
378	珠海华发实业股份有限公司	600325	90.767	0.14	5.86	115.25
379	华电重工股份有限公司	601226	90.766	0.97	37.26	108.20
380	闻泰科技股份有限公司	600745	90.759	0.73	46.43	108.99
381	中航工业产融控股股份有限公司	600705	90.735	0.02	9.10	111.22
382	中泰证券股份有限公司	600918	90.732	0.06	17.48	109.62
383	广州视源电子科技股份有限公司	002841	90.716	1.37	53.88	123.60
384	山西太钢不锈钢股份有限公司	000825	90.705	1.50	51.88	119.17
385	宁波华翔电子股份有限公司	002048	90.692	0.81	49.81	112.24
386	深圳汇洁集团股份有限公司	002763	90.692	1.05	72.49	113.91
387	上海机电股份有限公司	600835	90.689	0.66	33.09	106.80
388	上海浦东建设股份有限公司	600284	90.661	0.53	31.62	108.32
389	苏州东山精密制造股份有限公司	002384	90.657	0.84	38.41	114.25
390	重庆渝开发股份有限公司	000514	90.637	0.14	41.88	104.81
391	浙江伟星新型建材股份有限公司	002372	90.586	0.99	76.25	128.30
392	永兴特种材料科技股份有限公司	002756	90.573	1.13	79.07	122.02
393	甘肃上峰水泥股份有限公司	000672	90.563	0.55	54.81	132.12

续表

序号	企业名称	股票代码	综合信用指数	资产周转率（次/年）	所有者权益比率（%）	资本保值增值率（%）
394	中国中材国际工程股份有限公司	600970	90.549	0.87	31.43	113.92
395	天音通信控股股份有限公司	000829	90.520	3.87	14.27	108.38
396	绿色动力环保集团股份有限公司	601330	90.499	0.25	32.29	112.72
397	滨化集团股份有限公司	601678	90.494	0.55	60.80	122.02
398	安徽古井贡酒股份有限公司	000596	90.492	0.52	65.06	122.88
399	潍柴动力股份有限公司	000338	90.490	0.73	25.59	118.07
400	上海城投控股股份有限公司	600649	90.440	0.13	29.57	104.38
401	国金证券股份有限公司	600109	90.396	0.08	27.65	110.32
402	安徽鸿路钢结构（集团）股份有限公司	002541	90.388	1.00	37.14	119.24
403	欧普照明股份有限公司	603515	90.381	0.97	63.75	117.29
404	厦门松霖科技股份有限公司	603992	90.366	0.74	55.17	115.02
405	国元证券股份有限公司	000728	90.353	0.05	28.18	106.19
406	旺能环境股份有限公司	002034	90.346	0.23	42.44	113.61
407	重庆市涪陵榨菜集团股份有限公司	002507	90.314	0.33	92.49	121.75
408	凯莱英医药集团（天津）股份有限公司	002821	90.313	0.31	83.20	117.84
409	安琪酵母股份有限公司	600298	90.276	0.79	50.98	122.22
410	信雅达科技股份有限公司	600571	90.260	0.77	62.57	129.34
411	东华工程科技股份有限公司	002140	90.253	0.61	25.98	110.49
412	宁波容百新能源科技股份有限公司	688005	90.203	0.70	36.93	120.32
413	湖南华菱钢铁股份有限公司	000932	90.201	1.61	42.61	128.74
414	光大证券股份有限公司	601788	90.186	0.07	24.20	106.64
415	深圳市漫步者科技股份有限公司	002351	90.175	0.86	82.08	115.37
416	通化东宝药业股份有限公司	600867	90.162	0.50	95.32	123.56
417	上海奕瑞光电子科技股份有限公司	688301	90.150	0.34	86.29	118.38
418	宁夏宝丰能源集团股份有限公司	600989	90.107	0.53	69.16	127.30
419	三七互娱网络科技集团股份有限公司	002555	90.099	1.12	74.62	147.63
420	苏州固锝电子股份有限公司	002079	90.098	0.82	78.80	111.43
421	大商股份有限公司	600694	90.092	0.41	45.27	107.58
422	中国外运股份有限公司	601598	90.072	1.67	44.55	112.20
423	中国核工业建设股份有限公司	601611	90.068	0.49	11.88	108.97
424	广东东方精工科技股份有限公司	002611	90.056	0.55	57.92	111.24
425	厦门钨业股份有限公司	600549	90.032	0.98	27.64	115.50
426	兴业皮革科技股份有限公司	002674	90.030	0.52	69.55	108.50
427	重庆三峰环境集团股份有限公司	601827	90.019	0.27	41.04	115.95
428	黄山永新股份有限公司	002014	89.998	1.00	70.73	115.87
429	河南双汇投资发展股份有限公司	000895	89.981	1.96	67.13	120.48

续表

序号	企业名称	股票代码	综合信用指数	资产周转率（次/年）	所有者权益比率（%）	资本保值增值率（%）
430	中山大洋电机股份有限公司	002249	89.933	0.66	53.28	102.94
431	南京银行股份有限公司	601009	89.928	0.02	6.94	114.84
432	郑州宇通客车股份有限公司	600066	89.916	0.72	47.31	104.00
433	深圳市共进电子股份有限公司	603118	89.909	1.11	50.82	108.44
434	中国中煤能源股份有限公司	601898	89.887	0.72	35.37	113.17
435	深圳市爱施德股份有限公司	002416	89.853	6.20	37.69	117.03
436	红塔证券股份有限公司	601236	89.831	0.15	52.67	110.72
437	山西蓝焰控股股份有限公司	000968	89.821	0.17	40.49	106.92
438	华安证券股份有限公司	600909	89.798	0.05	26.45	109.79
439	格林美股份有限公司	002340	89.796	0.56	41.38	106.94
440	中创物流股份有限公司	603967	89.794	3.18	53.47	110.51
441	爱博诺德（北京）医疗科技股份有限公司	688050	89.790	0.21	81.75	111.29
442	创维数字股份有限公司	000810	89.781	0.97	40.42	110.04
443	江苏常熟汽饰集团股份有限公司	603035	89.769	0.35	54.57	111.51
444	湖南机油泵股份有限公司	603319	89.754	0.62	55.10	114.65
445	北京京运通科技股份有限公司	601908	89.745	0.25	49.30	110.92
446	南通海星电子股份有限公司	603115	89.726	0.70	84.32	117.91
447	龙佰集团股份有限公司	002601	89.725	0.45	41.73	132.95
448	上海氯碱化工股份有限公司	600618	89.713	0.72	73.81	134.46
449	江苏新泉汽车饰件股份有限公司	603179	89.704	0.62	50.02	108.25
450	雅戈尔集团股份有限公司	600177	89.700	0.17	42.38	117.96
451	杭州福斯特应用材料股份有限公司	603806	89.678	0.94	88.96	124.34
452	上海起帆电缆股份有限公司	605222	89.667	2.04	39.89	124.68
453	北京指南针科技发展股份有限公司	300803	89.657	0.46	62.68	115.72
454	江苏润邦重工股份有限公司	002483	89.648	0.47	52.46	108.85
455	宁波东方电缆股份有限公司	603606	89.642	0.95	58.23	138.02
456	广西柳工机械股份有限公司	000528	89.641	0.71	38.04	108.69
457	上海实业发展股份有限公司	600748	89.637	0.26	25.33	104.83
458	安徽江淮汽车集团股份有限公司	600418	89.613	0.87	32.87	101.53
459	深圳科安达电子科技股份有限公司	002972	89.590	0.28	87.18	113.21
460	齐峰新材料股份有限公司	002521	89.581	0.73	70.75	104.76
461	三只松鼠股份有限公司	300783	89.579	1.94	44.86	119.61
462	重庆燃气集团股份有限公司	600917	89.570	0.86	52.36	110.26
463	芜湖伯特利汽车安全系统股份有限公司	603596	89.549	0.56	55.91	118.73
464	启明星辰信息技术集团股份有限公司	002439	89.520	0.49	75.22	114.40
465	瑞达期货股份有限公司	002961	89.512	0.12	13.63	125.43

续表

序号	企业名称	股票代码	综合信用指数	资产周转率（次/年）	所有者权益比率（%）	资本保值增值率（%）
466	成都燃气集团股份有限公司	603053	89.510	0.66	58.95	113.43
467	长春一汽富维汽车零部件股份有限公司	600742	89.493	1.05	34.80	110.44
468	武汉凡谷电子技术股份有限公司	002194	89.474	0.62	77.49	110.69
469	山东登海种业股份有限公司	002041	89.470	0.26	73.42	108.06
470	中国第一重型机械股份公司	601106	89.466	0.60	29.88	101.51
471	无锡商业大厦大东方股份有限公司	600327	89.455	0.84	43.60	118.75
472	中储发展股份有限公司	600787	89.449	3.24	54.96	107.45
473	密尔克卫化工供应链服务股份有限公司	603713	89.437	1.19	43.35	125.23
474	江苏金融租赁股份有限公司	600901	89.430	0.04	14.65	115.93
475	青岛海容商用冷链股份有限公司	603187	89.422	0.72	63.66	112.40
476	上海威派格智慧水务股份有限公司	603956	89.422	0.53	55.70	114.85
477	港中旅华贸国际物流股份有限公司	603128	89.387	2.34	48.75	118.25
478	重庆钢铁股份有限公司	601005	89.311	0.93	52.04	111.35
479	元利化学集团股份有限公司	603217	89.307	0.76	83.75	115.94
480	北京华峰测控技术股份有限公司	688200	89.305	0.30	89.93	120.55
481	宁波建工股份有限公司	601789	89.302	1.02	18.59	111.65
482	上海浦东发展银行股份有限公司	600000	89.278	0.02	8.23	108.31
483	双良节能系统股份有限公司	600481	89.270	0.43	26.76	114.11
484	江苏共创人造草坪股份有限公司	605099	89.269	0.96	83.32	120.92
485	北京元六鸿远电子科技股份有限公司	603267	89.259	0.56	76.47	131.95
486	重庆宗申动力机械股份有限公司	001696	89.253	0.93	46.96	110.68
487	卧龙地产集团股份有限公司	600173	89.225	0.34	47.84	115.11
488	上海隧道工程股份有限公司	600820	89.207	0.48	19.20	110.32
489	陕西煤业股份有限公司	601225	89.193	0.82	46.05	130.10
490	黑龙江北大荒农业股份有限公司	600598	89.192	0.45	88.50	112.32
491	江河创建集团股份有限公司	601886	89.182	0.74	22.50	341.19
492	富奥汽车零部件股份有限公司	000030	89.182	0.86	50.28	111.59
493	浙江中国轻纺城集团股份有限公司	600790	89.171	0.10	63.42	107.55
494	国投资本股份有限公司	600061	89.158	0.07	20.06	102.61
495	航锦科技股份有限公司	000818	89.151	0.93	65.65	125.45
496	鲁泰纺织股份有限公司	000726	89.135	0.40	61.47	104.52
497	天津创业环保集团股份有限公司	600874	89.132	0.22	33.80	110.52
498	福建水泥股份有限公司	600802	89.122	0.78	41.54	123.99
499	方正证券股份有限公司	601901	89.054	0.05	24.42	104.52
500	上海飞科电器股份有限公司	603868	89.031	0.96	73.00	122.63

四、2022 中国上市公司信用 500 强成长性指标

序号	企业名称	股票代码	营收增长率（%）	利润增长率（%）	资产增长率（%）	资本积累率（%）
1	中国建筑股份有限公司	601668	17.11	14.38	8.94	14.47
2	贵州茅台酒股份有限公司	600519	11.88	12.34	19.58	17.49
3	中国建设银行股份有限公司	601939	9.05	11.09	7.54	9.41
4	中远海运控股股份有限公司	601919	94.85	799.52	52.13	203.08
5	中国工商银行股份有限公司	601398	6.81	10.27	5.48	12.59
6	中国银行股份有限公司	601988	7.08	12.28	9.51	9.16
7	中国农业银行股份有限公司	601288	9.42	11.70	6.85	9.52
8	中国神华能源股份有限公司	601088	43.71	28.34	8.70	4.63
9	中国石油化工股份有限公司	600028	30.23	114.02	8.65	3.72
10	美的集团股份有限公司	000333	20.06	4.96	7.65	6.26
11	京东方科技集团股份有限公司	000725	61.79	412.96	6.00	38.39
12	中国旅游集团中免股份有限公司	601888	28.67	57.23	32.31	32.73
13	杭州海康威视数字技术股份有限公司	002415	28.21	25.51	17.09	17.97
14	上海汽车集团股份有限公司	600104	5.08	20.08	-0.27	5.26
15	北京首创生态环保集团股份有限公司	600008	15.65	55.58	6.63	5.62
16	徐工集团工程机械股份有限公司	000425	14.01	50.57	19.86	8.16
17	万华化学集团股份有限公司	600309	98.19	145.47	42.28	40.42
18	海天水务集团股份公司	603759	27.42	22.30	21.76	73.47
19	宜宾五粮液股份有限公司	000858	15.51	17.15	19.08	15.59
20	山东太阳纸业股份有限公司	002078	48.21	51.39	19.16	16.27
21	中国人寿保险股份有限公司	601628	4.07	1.30	15.02	6.34
22	海尔智家股份有限公司	600690	8.50	47.10	6.86	19.41
23	桐昆集团股份有限公司	601233	29.01	158.44	48.09	39.21
24	武汉明德生物科技股份有限公司	002932	195.05	201.37	139.52	153.12
25	珠海格力电器股份有限公司	000651	12.76	4.01	14.46	-10.02
26	兴业银行股份有限公司	601166	8.91	24.10	8.98	11.13
27	交通银行股份有限公司	601328	9.42	11.89	9.05	11.31
28	重庆智飞生物制品股份有限公司	300122	101.79	209.23	97.48	114.06
29	宁德时代新能源科技股份有限公司	300750	159.06	185.34	96.44	31.63
30	中国平安保险（集团）股份有限公司	601318	-3.11	-28.99	6.45	6.54
31	神驰机电股份有限公司	603109	56.10	83.29	20.25	12.43
32	通威股份有限公司	600438	43.64	127.50	37.35	22.79

续表

序号	企业名称	股票代码	营收增长率（%）	利润增长率（%）	资产增长率（%）	资本积累率（%）
33	内蒙古伊利实业集团股份有限公司	600887	14. 11	22. 98	43. 30	57. 02
34	特变电工股份有限公司	600089	37. 40	196. 34	15. 47	17. 63
35	中国移动有限公司	600941	10. 44	7. 51	6. 70	5. 16
36	中国铝业股份有限公司	601600	45. 03	564. 59	-1. 37	5. 17
37	江西铜业股份有限公司	600362	38. 99	142. 87	14. 30	16. 51
38	国泰君安证券股份有限公司	601211	21. 64	34. 99	12. 57	7. 11
39	中持水务股份有限公司	603903	-10. 02	19. 30	17. 62	13. 25
40	中国化学工程股份有限公司	601117	25. 43	26. 64	30. 80	27. 98
41	紫光股份有限公司	000938	13. 29	13. 35	12. 91	0. 73
42	浙江荣晟环保纸业股份有限公司	603165	42. 42	22. 64	21. 30	12. 34
43	歌尔股份有限公司	002241	35. 47	34. 56	24. 33	39. 05
44	恒力石化股份有限公司	600346	29. 92	15. 37	10. 09	22. 02
45	安徽海螺水泥股份有限公司	600585	-4. 73	-5. 38	14. 20	13. 27
46	内蒙古鄂尔多斯资源股份有限公司	600295	57. 61	298. 58	6. 42	36. 10
47	中国中铁股份有限公司	601390	10. 19	9. 65	13. 47	7. 80
48	中航工业机电系统股份有限公司	002013	22. 64	18. 27	15. 36	8. 34
49	上海新动力汽车科技股份有限公司	600841	11. 09	87. 48	1. 23	92. 71
50	大族激光科技产业集团股份有限公司	002008	36. 76	103. 74	27. 34	19. 21
51	中国人民保险集团股份有限公司	601319	2. 40	7. 82	9. 63	8. 38
52	江苏江南水务股份有限公司	601199	16. 83	13. 28	4. 79	7. 09
53	富士康工业互联网股份有限公司	601138	1. 80	14. 80	18. 22	14. 87
54	中兴通讯股份有限公司	000063	12. 88	59. 94	12. 03	18. 91
55	舍得酒业股份有限公司	600702	83. 80	114. 35	25. 40	33. 91
56	中国铁建股份有限公司	601186	12. 05	10. 26	8. 87	5. 70
57	宝山钢铁股份有限公司	600019	28. 44	86. 42	6. 79	3. 56
58	漳州片仔癀药业股份有限公司	600436	23. 20	45. 46	22. 44	23. 44
59	华泰证券股份有限公司	601688	20. 55	23. 32	12. 54	14. 99
60	重庆新大正物业集团股份有限公司	002968	58. 40	26. 56	17. 94	14. 56
61	中国国际金融股份有限公司	601995	27. 35	49. 54	24. 57	17. 85
62	泸州老窖股份有限公司	000568	23. 96	32. 47	23. 43	21. 52
63	云南云天化股份有限公司	600096	21. 37	1238. 75	0. 29	58. 87
64	山西杏花村汾酒厂股份有限公司	600809	42. 75	72. 56	51. 45	55. 70
65	招商局蛇口工业区控股股份有限公司	001979	23. 93	-15. 35	16. 15	7. 20
66	北京万泰生物药业股份有限公司	603392	144. 25	198. 59	101. 10	74. 90
67	紫金矿业集团股份有限公司	601899	31. 25	131. 73	14. 42	25. 64
68	广东顺控发展股份有限公司	003039	8. 42	2. 02	8. 67	29. 40
69	广西绿城水务股份有限公司	601368	34. 89	18. 93	12. 91	4. 91

续表

序号	企业名称	股票代码	营收增长率（%）	利润增长率（%）	资产增长率（%）	资本积累率（%）
70	东方财富信息股份有限公司	300059	58.94	79.00	67.70	32.83
71	中国巨石股份有限公司	600176	68.92	149.51	19.30	29.43
72	广州金域医学检验集团股份有限公司	603882	44.88	47.03	61.93	66.45
73	宁波杉杉股份有限公司	600884	151.94	2320.07	64.17	52.55
74	中国冶金科工股份有限公司	601618	25.11	6.52	7.32	9.81
75	上海美迪西生物医药股份有限公司	688202	75.27	118.12	31.46	18.18
76	科大讯飞股份有限公司	002230	40.61	14.13	26.40	32.47
77	中国太平洋保险（集团）股份有限公司	601601	4.37	9.15	9.89	5.35
78	钱江水利开发股份有限公司	600283	16.99	8.77	10.89	4.89
79	金地（集团）股份有限公司	600383	18.16	-9.50	15.23	9.57
80	中国银河证券股份有限公司	601881	51.52	43.99	25.67	21.78
81	兆易创新科技集团股份有限公司	603986	89.25	165.33	31.66	26.08
82	山西兰花科技创业股份有限公司	600123	94.07	527.84	9.13	21.94
83	新凤鸣集团股份有限公司	603225	21.05	273.77	32.06	36.39
84	山煤国际能源集团股份有限公司	600546	35.66	497.42	14.27	30.20
85	奥瑞金科技股份有限公司	002701	31.47	27.94	10.32	14.72
86	青岛海尔生物医疗股份有限公司	688139	51.63	121.82	24.28	30.51
87	长城汽车股份有限公司	601633	32.04	25.43	13.89	8.34
88	华域汽车系统股份有限公司	600741	4.77	19.72	2.27	-5.70
89	百隆东方股份有限公司	601339	26.73	274.48	8.47	13.94
90	云南恩捷新材料股份有限公司	002812	86.37	143.60	26.98	24.58
91	中国中车股份有限公司	601766	-0.85	-9.08	8.78	3.88
92	浙江越剑智能装备股份有限公司	603095	109.82	162.19	24.78	15.03
93	无锡上机数控股份有限公司	603185	262.51	222.11	195.65	179.52
94	景津装备股份有限公司	603279	39.70	25.71	13.41	13.40
95	浙江台华新材料股份有限公司	603055	70.19	287.26	17.88	23.53
96	志邦家居股份有限公司	603801	34.17	27.84	28.34	16.29
97	东鹏饮料（集团）股份有限公司	605499	40.72	46.91	78.63	121.51
98	中国北方稀土（集团）高科技股份有限公司	600111	43.13	516.13	35.95	47.20
99	南都物业服务集团股份有限公司	603506	12.70	18.06	20.48	14.70
100	株洲华锐精密工具股份有限公司	688059	55.50	82.42	85.87	116.26
101	上海复星医药（集团）股份有限公司	600196	28.70	29.28	11.48	5.94
102	杭州微光电子股份有限公司	002801	39.27	31.52	14.08	13.88
103	山东豪迈机械科技股份有限公司	002595	13.48	4.56	9.63	12.74
104	众业达电气股份有限公司	002441	16.92	59.18	7.21	8.19
105	成都市兴蓉环境股份有限公司	000598	25.36	15.10	11.76	9.64
106	王府井集团股份有限公司	600859	40.28	295.61	36.90	23.87

续表

序号	企业名称	股票代码	营收增长率（%）	利润增长率（%）	资产增长率（%）	资本积累率（%）
107	江苏硕世生物科技股份有限公司	688399	63.19	45.59	53.64	52.39
108	鲁西化工集团股份有限公司	000830	80.73	459.95	0.76	25.83
109	四川川投能源股份有限公司	600674	22.52	-2.35	17.27	8.51
110	新城控股集团股份有限公司	601155	15.64	-17.42	-0.64	17.23
111	山东华泰纸业股份有限公司	600308	21.09	16.02	8.59	7.05
112	山鹰国际控股股份公司	600567	32.29	9.74	14.43	5.91
113	新奥天然气股份有限公司	600803	31.58	94.67	16.81	82.40
114	广州汽车集团股份有限公司	601238	19.76	22.95	7.98	7.04
115	江苏东方盛虹股份有限公司	000301	53.48	492.66	58.40	14.87
116	广发证券股份有限公司	000776	17.48	8.13	17.14	8.62
117	物产中大集团股份有限公司	600704	39.26	45.13	21.38	13.02
118	神马实业股份有限公司	600810	50.53	478.55	28.97	56.98
119	洛阳建龙微纳新材料股份有限公司	688357	94.36	116.23	42.23	25.62
120	南通国盛智能科技集团股份有限公司	688558	54.54	66.74	24.00	13.07
121	合盛硅业股份有限公司	603260	137.99	484.75	51.55	107.72
122	苏美达股份有限公司	600710	71.09	40.43	21.97	8.44
123	西部超导材料科技股份有限公司	688122	38.54	99.98	58.09	90.87
124	中信银行股份有限公司	601998	5.05	13.60	7.08	15.01
125	比亚迪股份有限公司	002594	38.02	-28.08	47.14	67.16
126	紫光国芯微电子股份有限公司	002049	63.35	142.28	51.97	45.98
127	无锡药明康德新药开发股份有限公司	603259	38.50	72.19	19.09	18.46
128	江苏长电科技股份有限公司	600584	15.26	126.83	14.76	56.65
129	第一拖拉机股份有限公司	601038	23.10	56.42	-0.02	24.52
130	山东博汇纸业股份有限公司	600966	16.41	104.50	2.37	19.39
131	苏州天华超净科技股份有限公司	300390	158.73	218.43	151.15	167.37
132	浙江伟明环保股份有限公司	603568	34.00	22.13	39.89	39.32
133	中芯国际集成电路制造有限公司	688981	29.70	147.75	12.38	-88.98
134	中航重机股份有限公司	600765	31.23	159.05	25.65	39.45
135	比音勒芬服饰股份有限公司	002832	40.38	30.27	33.78	38.70
136	深圳迈瑞生物医疗电子股份有限公司	300760	20.18	20.19	14.40	15.79
137	周大生珠宝股份有限公司	002867	80.07	20.85	5.41	7.45
138	梅花生物科技集团股份有限公司	600873	33.94	139.40	10.15	16.90
139	瑞芯微电子股份有限公司	603893	45.90	88.07	24.29	26.09
140	浙江新安化工集团股份有限公司	600596	51.45	354.56	38.03	37.55
141	新疆众和股份有限公司	600888	43.88	142.97	19.19	42.62
142	大秦铁路股份有限公司	601006	8.28	13.14	3.87	0.15

续表

序号	企业名称	股票代码	营收增长率（%）	利润增长率（%）	资产增长率（%）	资本积累率（%）
143	铜陵有色金属集团股份有限公司	000630	31.77	258.29	-2.57	14.71
144	深圳市汇川技术股份有限公司	300124	55.87	70.15	46.41	49.31
145	山东金晶科技股份有限公司	600586	41.72	295.11	12.53	25.67
146	科沃斯机器人股份有限公司	603486	80.90	213.51	73.96	64.27
147	晶澳太阳能科技股份有限公司	002459	59.80	35.32	52.74	12.54
148	上海移远通信技术股份有限公司	603236	84.45	89.43	76.91	71.70
149	郑州煤矿机械集团股份有限公司	601717	10.43	57.19	8.70	13.26
150	四川路桥建设集团股份有限公司	600039	31.73	85.43	17.38	16.79
151	上海晨光文具股份有限公司	603899	34.02	20.90	17.66	19.28
152	雪天盐业集团股份有限公司	600929	35.19	109.29	83.19	25.28
153	喜临门家具股份有限公司	603008	38.21	78.29	9.88	8.79
154	杭叉集团股份有限公司	603298	26.53	8.42	28.26	13.76
155	中国交通建设股份有限公司	601800	9.25	11.03	6.65	6.23
156	山东华鲁恒升化工股份有限公司	600426	103.10	303.37	39.44	43.88
157	杭氧集团股份有限公司	002430	18.53	41.60	11.17	15.26
158	江苏恒立液压股份有限公司	601100	18.51	19.51	16.12	25.73
159	江西洪城环境股份有限公司	600461	23.83	23.52	7.30	8.35
160	华峰化学股份有限公司	002064	92.66	248.23	48.34	64.26
161	重庆顺博铝合金股份有限公司	002996	105.07	74.74	65.21	16.47
162	杰克科技股份有限公司	603337	71.91	48.67	51.77	11.62
163	卫星化学股份有限公司	002648	165.09	261.62	50.56	42.05
164	浙江华友钴业股份有限公司	603799	66.69	234.60	115.21	95.36
165	中信建投证券股份有限公司	601066	27.93	7.67	21.97	17.84
166	立讯精密工业股份有限公司	002475	66.43	-2.14	72.21	25.57
167	四川水井坊股份有限公司	600779	54.10	63.96	34.91	23.21
168	深圳市科达利实业股份有限公司	002850	125.06	203.19	33.89	14.19
169	江苏国泰国际集团股份有限公司	002091	30.69	26.44	33.51	13.70
170	北新集团建材股份有限公司	000786	25.49	22.74	15.97	13.67
171	胜华新材料集团股份有限公司	603026	57.67	353.60	42.98	50.71
172	苏州苏试试验集团股份有限公司	300416	26.74	53.98	46.22	67.65
173	上海韦尔半导体股份有限公司	603501	21.59	65.41	41.65	44.13
174	圆通速递股份有限公司	600233	29.36	19.06	29.49	31.96
175	上海金桥出口加工区开发股份有限公司	600639	28.50	46.51	10.78	14.68
176	合肥城建发展股份有限公司	002208	41.01	14.24	20.88	14.81
177	宁波海天精工股份有限公司	601882	67.30	168.46	37.30	17.62
178	广汇能源股份有限公司	600256	64.30	274.40	10.33	24.62

续表

序号	企业名称	股票代码	营收增长率（%）	利润增长率（%）	资产增长率（%）	资本积累率（%）
179	上海永茂泰汽车科技股份有限公司	605208	22.01	31.23	29.98	61.50
180	浪潮电子信息产业股份有限公司	000977	6.36	36.57	20.58	4.95
181	亿嘉和科技股份有限公司	603666	27.78	43.59	69.84	74.04
182	西安陕鼓动力股份有限公司	601369	28.47	25.22	18.90	7.71
183	长春高新技术产业（集团）股份有限公司	000661	25.30	23.33	33.67	33.32
184	江苏华昌化工股份有限公司	002274	54.33	794.38	9.63	52.07
185	江苏华宏科技股份有限公司	002645	100.75	136.19	31.09	17.60
186	无锡新洁能股份有限公司	605111	56.89	194.55	34.81	31.93
187	佛燃能源集团股份有限公司	002911	80.07	26.78	61.15	33.21
188	中信海洋直升机股份有限公司	000099	7.85	12.88	20.04	35.98
189	海澜之家集团股份有限公司	600398	12.41	39.60	13.87	9.38
190	江西晨光新材料股份有限公司	605399	127.47	320.88	49.41	44.02
191	中国能源建设股份有限公司	601868	19.23	39.26	11.09	37.68
192	欧派家居集团股份有限公司	603833	38.68	29.23	24.14	20.82
193	交控科技股份有限公司	688015	27.44	22.90	21.67	77.04
194	中国邮政储蓄银行股份有限公司	601658	11.38	18.65	10.87	1082.04
195	广州酒家集团股份有限公司	603043	18.32	20.28	25.85	17.71
196	健民药业集团股份有限公司	600976	33.48	119.73	16.90	18.55
197	中化国际（控股）股份有限公司	600500	48.90	608.91	3.64	-5.48
198	浙江景兴纸业股份有限公司	002067	27.70	41.41	8.89	14.12
199	浙江三花智能控制股份有限公司	002050	32.30	15.17	38.68	10.79
200	杭州滨江房产集团股份有限公司	002244	32.80	30.06	23.09	12.03
201	汕头东风印刷股份有限公司	601515	23.97	43.39	25.27	35.50
202	新疆金风科技股份有限公司	002202	-10.12	16.65	9.37	4.02
203	承德露露股份公司	000848	35.65	31.77	13.43	7.06
204	万科企业股份有限公司	000002	8.04	-45.75	3.72	5.10
205	安徽楚江科技新材料股份有限公司	002171	62.57	106.79	17.94	7.20
206	中国国际海运集装箱（集团）股份有限公司	000039	73.85	24.59	5.55	2.50
207	重庆水务集团股份有限公司	601158	14.22	17.13	19.20	5.87
208	晶晨半导体（上海）股份有限公司	688099	74.46	606.79	37.19	32.74
209	深圳市明微电子股份有限公司	688699	138.21	492.33	56.93	55.45
210	广州达安基因股份有限公司	002030	43.49	47.74	54.27	72.22
211	杭州立昂微电子股份有限公司	605358	69.17	197.24	97.02	306.53
212	浙江春风动力股份有限公司	603129	73.71	12.78	89.72	143.16
213	天津津滨发展股份有限公司	000897	22.39	142.73	0.09	34.29
214	中国电力建设股份有限公司	601669	11.75	8.07	8.73	5.90

续表

序号	企业名称	股票代码	营收增长率（%）	利润增长率（%）	资产增长率（%）	资本积累率（%）
215	天地科技股份有限公司	600582	14.69	18.73	9.99	5.38
216	老凤祥股份有限公司	600612	13.47	18.30	13.86	15.40
217	湖北济川药业股份有限公司	600566	23.77	34.60	15.36	17.44
218	河南神火煤电股份有限公司	000933	83.16	802.57	-11.72	34.13
219	深圳市物业发展（集团）股份有限公司	000011	9.44	25.72	19.45	20.34
220	湖北兴发化工集团股份有限公司	600141	28.88	583.58	12.88	45.64
221	武汉三镇实业控股股份有限公司	600168	22.41	56.19	10.39	6.17
222	中山公用事业集团股份有限公司	000685	8.58	6.61	7.67	7.58
223	中国黄金集团黄金珠宝股份有限公司	600916	50.23	58.84	22.08	26.09
224	南兴装备股份有限公司	002757	30.19	11.95	22.15	10.07
225	山西美锦能源股份有限公司	000723	65.71	264.35	16.16	24.13
226	安井食品集团股份有限公司	603345	33.12	13.00	23.60	37.72
227	安徽口子酒业股份有限公司	603589	25.37	35.38	12.49	13.96
228	山东玻纤集团股份有限公司	605006	37.72	216.78	12.06	32.37
229	广州白云山医药集团股份有限公司	600332	11.90	27.60	10.64	11.16
230	江苏双星彩塑新材料股份有限公司	002585	17.19	92.28	18.67	13.10
231	浙江巨化股份有限公司	600160	12.03	1062.81	14.04	6.78
232	新疆洪通燃气股份有限公司	605169	51.06	61.73	13.24	6.62
233	杭州华旺新材料科技股份有限公司	605377	82.40	72.53	17.96	14.81
234	深圳劲嘉集团股份有限公司	002191	20.89	23.82	14.67	5.67
235	一汽解放集团股份有限公司	000800	-13.13	45.97	8.61	6.85
236	仙鹤股份有限公司	603733	24.24	41.76	38.74	19.91
237	广东生益科技股份有限公司	600183	38.04	68.38	33.09	32.43
238	天津九安医疗电子股份有限公司	002432	19.36	274.96	59.86	52.41
239	绝味食品股份有限公司	603517	24.12	39.86	24.97	14.87
240	浙江苏泊尔股份有限公司	002032	16.07	5.29	13.07	5.86
241	西安三角防务股份有限公司	300775	90.67	101.69	59.21	27.54
242	广东联泰环保股份有限公司	603797	30.05	27.22	22.33	64.27
243	天水华天科技股份有限公司	002185	44.32	101.75	55.23	76.91
244	吉林高速公路股份有限公司	601518	49.58	220.98	-0.10	9.41
245	通策医疗股份有限公司	600763	33.19	42.66	61.69	33.98
246	四川成渝高速公路股份有限公司	601107	66.61	177.05	0.66	11.78
247	江苏联瑞新材料股份有限公司	688300	54.55	55.85	19.43	13.46
248	中航航空高科技股份有限公司	600862	30.77	37.25	6.09	10.58
249	浙江海利得新材料股份有限公司	002206	44.26	128.52	18.01	12.25

续表

序号	企业名称	股票代码	营收增长率（%）	利润增长率（%）	资产增长率（%）	资本积累率（%）
250	中铁高新工业股份有限公司	600528	11.80	1.66	11.28	6.45
251	赛轮集团股份有限公司	601058	16.84	-11.97	24.30	26.81
252	上海璞泰来新能源科技股份有限公司	603659	70.36	161.93	48.07	17.64
253	广东嘉元科技股份有限公司	688388	133.26	195.03	106.04	37.53
254	骆驼集团股份有限公司	601311	28.67	14.55	4.63	14.20
255	山西振东制药股份有限公司	300158	5.07	898.90	32.75	43.13
256	中国铁建重工集团股份有限公司	688425	25.05	10.74	32.86	71.24
257	安徽国风新材料股份有限公司	000859	28.93	145.84	6.44	54.46
258	冰轮环境技术股份有限公司	000811	33.14	35.20	20.49	10.68
259	北京首钢股份有限公司	000959	67.65	292.64	1.97	44.44
260	金牌厨柜家居科技股份有限公司	603180	30.61	15.49	29.56	32.03
261	北京北摩高科摩擦材料股份有限公司	002985	64.91	33.43	44.84	18.53
262	东方证券股份有限公司	600958	5.34	97.26	12.19	6.52
263	航天信息股份有限公司	600271	7.81	-0.90	-5.54	6.09
264	安徽迎驾贡酒股份有限公司	603198	32.58	44.96	16.89	15.99
265	上海宝信软件股份有限公司	600845	15.01	35.93	14.29	14.17
266	浙江医药股份有限公司	600216	24.60	45.71	19.35	14.39
267	国电南瑞科技股份有限公司	600406	10.15	16.30	10.26	11.28
268	河南蓝天燃气股份有限公司	605368	9.83	26.45	38.87	57.32
269	云南铝业股份有限公司	000807	40.90	267.73	-7.76	54.09
270	上海宝钢包装股份有限公司	601968	20.44	1604.90	27.48	52.22
271	招商银行股份有限公司	600036	-49.04	22.42	10.62	18.65
272	嘉兴斯达半导体股份有限公司	603290	77.22	120.49	287.60	331.18
273	宁波拓普集团股份有限公司	601689	76.05	61.93	54.21	35.98
274	湖南金博碳素股份有限公司	688598	213.71	197.25	98.06	46.29
275	江苏今世缘酒业股份有限公司	603369	25.12	29.50	21.79	12.46
276	宇通重工股份有限公司	600817	7.82	33.55	11.39	26.24
277	上海泛微网络科技股份有限公司	603039	35.11	34.48	24.48	39.55
278	福莱特玻璃集团股份有限公司	601865	39.18	30.15	63.73	63.24
279	南京新街口百货商店股份有限公司	600682	9.19	45.19	2.85	6.44
280	厦门特宝生物工程股份有限公司	688278	42.61	55.44	19.40	16.08
281	新疆冠农果茸集团股份有限公司	600251	56.62	22.01	11.12	14.04
282	报喜鸟控股股份有限公司	002154	17.52	26.70	25.91	28.90
283	新疆鑫泰天然气股份有限公司	603393	23.89	186.49	19.80	63.28
284	居然之家新零售集团股份有限公司	000785	45.35	70.62	43.10	-2.39
285	北京金山办公软件股份有限公司	688111	45.07	18.57	22.49	12.61

续表

序号	企业名称	股票代码	营收增长率（%）	利润增长率（%）	资产增长率（%）	资本积累率（%）
286	新疆中泰化学股份有限公司	002092	-25.81	1751.65	14.31	33.75
287	中国国际贸易中心股份有限公司	600007	15.76	24.03	5.26	7.75
288	浙商中拓集团股份有限公司	000906	63.59	47.56	26.90	46.16
289	京沪高速铁路股份有限公司	601816	16.11	49.15	-1.86	1.75
290	北京东方雨虹防水技术股份有限公司	002271	46.96	24.07	78.60	79.92
291	山东晨鸣纸业集团股份有限公司	000488	7.43	20.65	-9.54	-21.37
292	瀚蓝环境股份有限公司	600323	57.41	10.01	17.45	31.06
293	中国光大银行股份有限公司	601818	7.21	14.73	9.95	6.40
294	中新苏州工业园区开发集团股份有限公司	601512	14.74	16.40	14.31	10.14
295	盛和资源控股股份有限公司	600392	30.15	232.82	25.12	23.71
296	华新水泥股份有限公司	600801	10.59	-4.74	19.63	13.40
297	山东南山铝业股份有限公司	600219	28.82	66.43	12.79	6.14
298	上海医药集团股份有限公司	601607	12.46	13.28	9.55	8.83
299	诺力智能装备股份有限公司	603611	44.39	23.86	35.06	10.50
300	北京键凯科技股份有限公司	688356	88.18	105.16	22.27	22.82
301	环旭电子股份有限公司	601231	15.94	6.81	15.90	8.57
302	中海油田服务股份有限公司	601808	0.84	15.86	-3.46	-1.24
303	山推工程机械股份有限公司	000680	29.05	107.91	10.76	24.93
304	福建龙溪轴承（集团）股份有限公司	600592	23.86	99.28	17.28	11.48
305	上海微创心脉医疗科技（集团）股份有限公司	688016	45.59	47.18	27.43	21.10
306	隆基绿能科技股份有限公司	601012	48.27	6.24	11.53	35.16
307	东吴证券股份有限公司	601555	25.68	40.10	17.87	33.16
308	无锡奥特维科技股份有限公司	688516	78.93	138.62	43.72	29.20
309	明阳智慧能源集团股份公司	601615	20.93	125.69	19.11	24.61
310	杭州解百集团股份有限公司	600814	18.98	31.36	-86.73	13.49
311	浙江长城电工科技股份有限公司	603897	70.99	95.79	12.22	36.30
312	北方华创科技集团股份有限公司	002371	59.90	100.66	77.27	149.19
313	广州中望龙腾软件股份有限公司	688083	35.65	50.90	358.38	472.95
314	山西潞安环保能源开发股份有限公司	601699	73.33	244.80	22.07	26.35
315	南京高科股份有限公司	600064	69.40	16.68	1.26	13.71
316	中国广核电力股份有限公司	003816	14.30	1.78	2.07	5.92
317	上海柏楚电子科技股份有限公司	688188	60.02	48.47	20.57	19.92
318	上海百润投资控股集团股份有限公司	002568	34.66	24.38	45.11	17.86
319	安徽全柴动力股份有限公司	600218	23.61	-11.79	32.96	39.36
320	爱普香料集团股份有限公司	603020	25.35	10.82	38.48	39.07
321	厦门吉比特网络技术股份有限公司	603444	68.44	40.34	31.84	20.44

续表

序号	企业名称	股票代码	营收增长率（%）	利润增长率（%）	资产增长率（%）	资本积累率（%）
322	中国南玻集团股份有限公司	000012	27.72	96.24	11.50	11.91
323	浙江帅丰电器股份有限公司	605336	36.93	26.95	12.66	11.37
324	洽洽食品股份有限公司	002557	13.15	15.35	15.66	13.96
325	浙江铁流离合器股份有限公司	603926	24.57	9.39	22.52	20.68
326	浙江万盛股份有限公司	603010	77.18	109.67	37.08	46.80
327	河南明泰铝业股份有限公司	601677	50.69	73.08	48.19	23.29
328	上海临港控股股份有限公司	600848	59.29	8.68	17.44	5.68
329	华润三九医药股份有限公司	000999	12.34	28.13	10.44	11.33
330	恒生电子股份有限公司	600570	31.73	10.73	21.15	25.05
331	浙商证券股份有限公司	601878	54.36	34.94	37.50	23.19
332	浙江森马服饰股份有限公司	002563	1.41	84.50	15.19	1.66
333	北京天宜上佳高新材料股份有限公司	688033	61.68	53.05	28.73	7.04
334	福耀玻璃工业集团股份有限公司	600660	18.57	20.97	16.56	21.82
335	怡球金属资源再生（中国）股份有限公司	601388	47.20	84.43	11.61	17.59
336	广东好太太科技集团股份有限公司	603848	22.88	12.97	11.44	13.27
337	北京昭衍新药研究中心股份有限公司	603127	40.97	76.97	305.02	482.60
338	茂业商业股份有限公司	600828	12.67	92.18	11.05	7.67
339	平安银行股份有限公司	000001	10.32	25.61	10.13	8.60
340	株洲欧科亿数控精密刀具股份有限公司	688308	41.04	106.81	19.19	14.32
341	兴业证券股份有限公司	601377	7.92	18.48	20.13	9.14
342	国联证券股份有限公司	601456	58.11	51.16	42.66	54.62
343	新天绿色能源股份有限公司	600956	27.77	43.00	25.60	49.52
344	东风电子科技股份有限公司	600081	14.11	144.20	30.71	119.87
345	兰州丽尚国潮实业集团股份有限公司	600738	7.23	78.65	5.06	9.19
346	武商集团股份有限公司	000501	-6.71	37.45	23.62	7.69
347	腾达建设集团股份有限公司	600512	17.31	35.10	5.83	14.06
348	万向钱潮股份公司	000559	31.62	57.41	8.59	-0.59
349	唐山三孚硅业股份有限公司	603938	58.89	244.76	51.94	26.66
350	江苏洋河酒厂股份有限公司	002304	20.14	0.34	25.86	10.40
351	厦门象屿股份有限公司	600057	28.40	66.22	9.69	15.03
352	新华人寿保险股份有限公司	601336	7.67	4.57	12.28	6.72
353	浙江新澳纺织股份有限公司	603889	51.57	96.93	21.49	7.45
354	中伟新材料股份有限公司	300919	169.81	123.47	185.88	156.28
355	合兴汽车电子股份有限公司	605005	18.32	2.75	23.56	31.51
356	惠州亿纬锂能股份有限公司	300014	107.06	75.89	73.28	24.75
357	四川雅化实业集团股份有限公司	002497	61.26	189.22	30.41	24.13

续表

序号	企业名称	股票代码	营收增长率（%）	利润增长率（%）	资产增长率（%）	资本积累率（%）
358	上海陆家嘴金融贸易区开发股份有限公司	600663	-4.16	7.45	19.28	11.39
359	天津七一二通信广播股份有限公司	603712	28.00	31.59	24.91	20.34
360	重庆百亚卫生用品股份有限公司	003006	16.97	24.88	6.02	7.89
361	淄博齐翔腾达化工股份有限公司	002408	41.34	145.22	26.32	42.41
362	广东广弘控股股份有限公司	000529	7.16	9.71	26.26	19.02
363	大亚圣象家居股份有限公司	000910	20.46	-4.86	6.96	8.95
364	上海新朋实业股份有限公司	002328	11.08	176.13	15.09	11.77
365	上海华峰铝业股份有限公司	601702	58.56	100.49	16.50	17.89
366	上海万业企业股份有限公司	600641	-5.54	19.42	18.82	14.22
367	浙江大华技术股份有限公司	002236	24.07	-13.44	20.39	19.44
368	深圳市力合科创股份有限公司	002243	37.77	7.24	28.84	9.89
369	东方电气股份有限公司	600875	28.26	22.93	5.43	5.14
370	云南锡业股份有限公司	000960	20.20	308.03	9.40	19.96
371	北京金隅集团股份有限公司	601992	14.47	3.14	-1.71	0.54
372	无锡威孚高科技集团股份有限公司	000581	6.20	-7.12	2.27	6.11
373	厦门建发股份有限公司	600153	63.49	35.40	55.61	32.45
374	德华兔宝宝装饰新材股份有限公司	002043	45.78	76.71	6.30	14.49
375	浙江航民股份有限公司	600987	81.38	10.87	5.62	5.47
376	罗莱生活科技股份有限公司	002293	17.30	21.92	7.38	-5.33
377	北京蓝色光标数据科技股份有限公司	300058	-1.11	-27.95	-16.66	4.73
378	珠海华发实业股份有限公司	600325	0.46	10.09	10.32	-0.64
379	华电重工股份有限公司	601226	15.97	213.61	21.46	7.46
380	闻泰科技股份有限公司	600745	1.98	8.12	21.18	15.96
381	中航工业产融控股股份有限公司	600705	2.24	36.56	20.37	4.33
382	中泰证券股份有限公司	600918	27.02	26.72	17.29	7.55
383	广州视源电子科技股份有限公司	002841	23.91	-10.65	23.47	16.07
384	山西太钢不锈钢股份有限公司	000825	50.46	263.63	-1.02	6.56
385	宁波华翔电子股份有限公司	002048	4.12	48.87	14.08	5.10
386	深圳汇洁集团股份有限公司	002763	15.18	30.96	-0.38	-4.94
387	上海机电股份有限公司	600835	5.65	-28.23	2.87	3.24
388	上海浦东建设股份有限公司	600284	36.03	20.30	29.15	5.94
389	苏州东山精密制造股份有限公司	002384	13.17	21.72	1.20	11.54
390	重庆渝开发股份有限公司	000514	90.20	21.40	9.75	4.21
391	浙江伟星新型建材股份有限公司	002372	25.13	2.58	13.72	13.52
392	永兴特种材料科技股份有限公司	002756	44.76	243.83	18.80	25.04
393	甘肃上峰水泥股份有限公司	000672	29.26	7.42	33.81	22.34

续表

序号	企业名称	股票代码	营收增长率（%）	利润增长率（%）	资产增长率（%）	资本积累率（%）
394	中国中材国际工程股份有限公司	600970	18.68	18.99	0.57	0.25
395	天音通信控股股份有限公司	000829	18.76	11.14	28.57	6.08
396	绿色动力环保集团股份有限公司	601330	122.03	38.62	15.87	18.96
397	滨化集团股份有限公司	601678	43.53	220.57	18.74	38.33
398	安徽古井贡酒股份有限公司	000596	28.93	23.90	67.37	64.66
399	潍柴动力股份有限公司	000338	3.07	0.51	2.32	38.48
400	上海城投控股股份有限公司	600649	40.03	18.26	5.58	-1.99
401	国金证券股份有限公司	600109	17.55	24.41	30.58	8.70
402	安徽鸿路钢结构（集团）股份有限公司	002541	45.08	43.93	20.79	21.63
403	欧普照明股份有限公司	603515	11.00	13.44	6.03	10.24
404	厦门松霖科技股份有限公司	603992	46.30	11.39	48.29	10.96
405	国元证券股份有限公司	000728	34.91	39.35	26.57	4.66
406	旺能环境股份有限公司	002034	74.75	24.10	5.55	13.00
407	重庆市涪陵榨菜集团股份有限公司	002507	10.82	-4.52	95.20	110.09
408	凯莱英医药集团（天津）股份有限公司	002821	47.28	48.08	111.75	110.36
409	安琪酵母股份有限公司	600298	19.50	-4.59	24.41	16.37
410	信雅达科技股份有限公司	600571	21.38	158.26	19.32	25.31
411	东华工程科技股份有限公司	002140	15.22	25.58	21.97	8.71
412	宁波容百新能源科技股份有限公司	688005	170.36	327.60	139.63	21.09
413	湖南华菱钢铁股份有限公司	000932	47.22	51.36	17.43	34.81
414	光大证券股份有限公司	601788	5.30	49.28	4.53	10.33
415	深圳市漫步者科技股份有限公司	002351	19.10	14.30	2.92	6.96
416	通化东宝药业股份有限公司	600867	12.99	40.68	12.35	11.90
417	上海奕瑞光电子科技股份有限公司	688301	51.43	117.79	22.16	15.90
418	宁夏宝丰能源集团股份有限公司	600989	46.29	52.95	16.45	18.49
419	三七互娱网络科技集团股份有限公司	002555	12.62	4.15	36.66	78.45
420	苏州固锝电子股份有限公司	002079	37.18	140.88	27.87	25.64
421	大商股份有限公司	600694	-2.28	40.60	12.98	-4.67
422	中国外运股份有限公司	601598	47.09	34.82	12.89	8.71
423	中国核工业建设股份有限公司	601611	15.00	12.70	17.82	19.42
424	广东东方精工科技股份有限公司	002611	20.86	20.08	0.54	-11.46
425	厦门钨业股份有限公司	600549	67.96	92.23	29.15	17.68
426	兴业皮革科技股份有限公司	002674	18.21	56.92	7.06	7.86
427	重庆三峰环境集团股份有限公司	601827	19.16	71.78	13.94	13.46
428	黄山永新股份有限公司	002014	10.45	4.25	1.86	6.91
429	河南双汇投资发展股份有限公司	000895	-9.72	-22.21	-2.09	-4.02

续表

序号	企业名称	股票代码	营收增长率（%）	利润增长率（%）	资产增长率（%）	资本积累率（%）
430	中山大洋电机股份有限公司	002249	28.82	142.01	9.31	-5.21
431	南京银行股份有限公司	601009	18.74	21.04	15.28	13.55
432	郑州宇通客车股份有限公司	600066	7.04	18.95	-3.44	-0.75
433	深圳市共进电子股份有限公司	603118	22.24	14.08	11.80	5.88
434	中国中煤能源股份有限公司	601898	63.97	124.96	14.22	12.82
435	深圳市爱施德股份有限公司	002416	48.26	31.64	35.65	6.77
436	红塔证券股份有限公司	601236	20.57	11.54	15.42	58.43
437	山西蓝焰控股股份有限公司	000968	37.24	144.37	10.22	5.87
438	华安证券股份有限公司	600909	3.78	12.32	25.64	33.92
439	格林美股份有限公司	002340	54.83	123.83	15.75	6.90
440	中创物流股份有限公司	603967	140.86	17.94	42.66	5.43
441	爱博诺德（北京）医疗科技股份有限公司	688050	58.60	77.44	24.97	10.26
442	创维数字股份有限公司	000810	27.49	9.92	9.24	7.72
443	江苏常熟汽饰集团股份有限公司	603035	20.06	16.15	5.07	12.32
444	湖南机油泵股份有限公司	603319	15.08	14.34	9.04	11.07
445	北京京运通科技股份有限公司	601908	36.23	88.17	29.65	42.24
446	南通海星电子股份有限公司	603115	35.01	75.87	43.64	60.03
447	龙佰集团股份有限公司	002601	45.77	104.33	30.37	33.27
448	上海氯碱化工股份有限公司	600618	36.32	192.03	49.65	33.54
449	江苏新泉汽车饰件股份有限公司	603179	25.33	10.21	11.23	7.63
450	雅戈尔集团股份有限公司	600177	18.57	-29.15	0.26	19.14
451	杭州福斯特应用材料股份有限公司	603806	53.20	40.35	18.56	34.92
452	上海起帆电缆股份有限公司	605222	93.90	66.66	60.02	33.19
453	北京指南针科技发展股份有限公司	300803	34.63	97.50	24.71	14.40
454	江苏润邦重工股份有限公司	002483	6.42	36.45	8.11	7.58
455	宁波东方电缆股份有限公司	603606	57.00	33.98	37.62	56.13
456	广西柳工机械股份有限公司	000528	24.77	-25.24	18.88	34.25
457	上海实业发展股份有限公司	600748	37.74	374.11	-3.68	-8.96
458	安徽江淮汽车集团股份有限公司	600418	-6.11	40.24	10.10	16.77
459	深圳科安达电子科技股份有限公司	002972	11.17	10.20	8.84	8.22
460	齐峰新材料股份有限公司	002521	31.70	3.32	7.05	3.34
461	三只松鼠股份有限公司	300783	-0.24	36.43	14.35	7.70
462	重庆燃气集团股份有限公司	600917	14.49	21.27	-0.03	6.90
463	芜湖伯特利汽车安全系统股份有限公司	603596	14.81	9.33	33.80	29.76
464	启明星辰信息技术集团股份有限公司	002439	20.27	7.15	6.81	12.32
465	瑞达期货股份有限公司	002961	58.56	102.51	52.99	19.29

续表

序号	企业名称	股票代码	营收增长率（%）	利润增长率（%）	资产增长率（%）	资本积累率（%）
466	成都燃气集团股份有限公司	603053	5.12	18.03	-0.23	7.45
467	长春一汽富维汽车零部件股份有限公司	600742	5.21	6.74	8.84	7.49
468	武汉凡谷电子技术股份有限公司	002194	23.18	18.57	11.76	8.71
469	山东登海种业股份有限公司	002041	22.20	128.32	11.96	6.99
470	中国第一重型机械股份公司	601106	16.21	29.07	16.49	2.77
471	无锡商业大厦大东方股份有限公司	600327	-13.00	103.32	16.27	5.35
472	中储发展股份有限公司	600787	54.12	52.29	8.99	7.76
473	密尔克卫化工供应链服务股份有限公司	603713	152.26	49.67	97.72	84.22
474	江苏金融租赁股份有限公司	600901	5.00	10.40	22.16	11.85
475	青岛海容商用冷链股份有限公司	603187	40.80	-16.02	15.70	30.30
476	上海威派格智慧水务股份有限公司	603956	26.12	14.65	7.34	0.84
477	港中旅华贸国际物流股份有限公司	603128	75.02	57.74	40.26	11.87
478	重庆钢铁股份有限公司	601005	62.72	256.22	7.62	11.66
479	元利化学集团股份有限公司	603217	91.77	128.22	20.13	13.91
480	北京华峰测控技术股份有限公司	688200	120.96	120.28	28.39	22.78
481	宁波建工股份有限公司	601789	7.69	48.70	11.86	8.47
482	上海浦东发展银行股份有限公司	600000	-2.75	-9.12	2.35	4.98
483	双良节能系统股份有限公司	600481	84.87	125.68	118.82	9.44
484	江苏共创人造草坪股份有限公司	605099	24.39	-7.45	15.87	9.94
485	北京元六鸿远电子科技股份有限公司	603267	41.36	70.09	37.11	27.88
486	重庆宗申动力机械股份有限公司	001696	20.27	-18.24	1.28	2.69
487	卧龙地产集团股份有限公司	600173	9.73	-1.52	-6.21	11.79
488	上海隧道工程股份有限公司	600820	15.20	5.87	18.54	7.38
489	陕西煤业股份有限公司	601225	60.52	42.04	24.51	21.57
490	黑龙江北大荒农业股份有限公司	600598	11.99	-13.39	-0.80	2.09
491	江河创建集团股份有限公司	601886	15.18	2090.96	-4.09	-26.41
492	富奥汽车零部件股份有限公司	000030	15.43	-6.64	2.76	2.88
493	浙江中国轻纺城集团股份有限公司	600790	13.13	8.72	-3.48	1.67
494	国投资本股份有限公司	600061	19.80	24.12	12.66	8.42
495	航锦科技股份有限公司	000818	37.38	210.03	8.73	19.79
496	鲁泰纺织股份有限公司	000726	10.25	257.21	7.07	3.85
497	天津创业环保集团股份有限公司	600874	34.83	21.60	12.03	8.02
498	福建水泥股份有限公司	600802	22.16	43.42	3.04	16.17
499	方正证券股份有限公司	601901	14.31	66.19	40.04	4.43
500	上海飞科电器股份有限公司	603868	12.26	0.38	7.15	7.48

五、2022 中国上市公司信用 500 强地区分布

序号	企业名称	股票代码	营业收入（万元）	利润（万元）	资产（万元）	所有者权益（万元）
北京						
1	中国建筑股份有限公司	601668	189133897	5140766	238824913	34390009
2	中国建设银行股份有限公司	601939	82424600	30392800	3025397900	261412200
3	中国工商银行股份有限公司	601398	94276200	34833800	3517138300	325775500
4	中国银行股份有限公司	601988	60555900	21655900	2672240800	222515300
5	中国农业银行股份有限公司	601288	71991500	24118300	2906915500	241460500
6	中国神华能源股份有限公司	601088	33521600	5026900	60705200	37687500
7	中国石油化工股份有限公司	600028	274088400	7120800	188925500	77510200
8	京东方科技集团股份有限公司	000725	21930979	2583093	44972698	14292554
9	中国旅游集团中免股份有限公司	601888	6767552	965374	5547373	2961880
10	北京首创生态环保集团股份有限公司	600008	2223259	228747	10723105	2739741
11	中国人寿保险股份有限公司	601628	85850500	5092100	489108500	47858500
12	中国移动有限公司	600941	84825800	11593700	180602700	117105000
13	中国铝业股份有限公司	601600	26974823	507956	19237690	5726469
14	中持水务股份有限公司	603903	146223	16419	369880	117166
15	中国化学工程股份有限公司	601117	13728898	463342	17789604	4819923
16	紫光股份有限公司	000938	6763753	214764	6643045	2996067
17	中国中铁股份有限公司	601390	107041745	2761761	136172618	27527086
18	中国人民保险集团股份有限公司	601319	59769100	2163800	137640200	21913200
19	中国铁建股份有限公司	601186	102001018	2469056	135297001	26878929
20	中国国际金融股份有限公司	601995	3013105	1077771	64979549	8442212
21	北京万泰生物药业股份有限公司	603392	575033	202147	704595	446629
22	中国冶金科工股份有限公司	601618	50057165	837497	54347015	10749498
23	中国银河证券股份有限公司	601881	3598399	1043024	56013503	9895580
24	兆易创新科技集团股份有限公司	603986	851022	233679	1541837	1348305
25	奥瑞金科技股份有限公司	002701	1388498	90511	1665186	755896
26	中国中车股份有限公司	601766	22573176	1030261	42682650	14857435
27	王府井集团股份有限公司	600859	1153555	134024	3915058	1934701
28	中信银行股份有限公司	601998	20455700	5564100	804288400	62630300
29	中国交通建设股份有限公司	601800	68563900	1799309	139083709	26034772
30	中信建投证券股份有限公司	601066	2987202	1023870	45279143	7981846

续表

序号	企业名称	股票代码	营业收入（万元）	利润（万元）	资产（万元）	所有者权益（万元）
31	北新集团建材股份有限公司	000786	2108569	351019	2657387	1894478
32	中国能源建设股份有限公司	601868	32231857	650410	52886259	9419868
33	交控科技股份有限公司	688015	258213	29101	529142	229217
34	中国邮政储蓄银行股份有限公司	601658	31876200	7617000	1258787300	79409100
35	中国电力建设股份有限公司	601669	44832549	863210	96397737	12499490
36	天地科技股份有限公司	600582	2357071	161989	4215788	1900042
37	中国黄金集团黄金珠宝股份有限公司	600916	5075767	79443	1102015	655598
38	中铁高新工业股份有限公司	600528	2715717	185632	4917663	2268361
39	北京首钢股份有限公司	000959	13403448	701433	14721156	4182774
40	北京北摩高科摩擦材料股份有限公司	002985	113237	42230	394749	245176
41	航天信息股份有限公司	600271	2351554	102472	2280442	1335086
42	北京金山办公软件股份有限公司	688111	328006	104125	1042567	771952
43	中国国际贸易中心股份有限公司	600007	358598	102379	1272592	863395
44	京沪高速铁路股份有限公司	601816	2930478	481571	29525225	18684988
45	北京东方雨虹防水技术股份有限公司	002271	3193420	420469	4973322	2629439
46	中国光大银行股份有限公司	601818	15275100	4340700	590206900	48248900
47	北京键凯科技股份有限公司	688356	35119	17578	110119	105163
48	北方华创科技集团股份有限公司	002371	968347	107740	3105447	1689755
49	北京天宜上佳高新材料股份有限公司	688033	67126	17497	333686	258674
50	北京昭衍新药研究中心股份有限公司	603127	151668	55746	853708	713621
51	新华人寿保险股份有限公司	601336	22238000	1494700	112772100	10849700
52	北京金隅集团股份有限公司	601992	12363445	293301	28635681	6371749
53	北京蓝色光标数据科技股份有限公司	300058	4007791	52180	1793390	940291
54	华电重工股份有限公司	601226	1032903	30326	1066549	397426
55	中国外运股份有限公司	601598	12434553	371341	7430289	3309898
56	中国中煤能源股份有限公司	601898	23112730	1328191	32173850	11378625
57	爱博诺德（北京）医疗科技股份有限公司	688050	43307	17134	204760	167385
58	北京京运通科技股份有限公司	601908	552560	82816	2187161	1078270
59	北京指南针科技发展股份有限公司	300803	93242	17619	204558	128208
60	启明星辰信息技术集团股份有限公司	002439	438603	86153	893637	672157
61	北京华峰测控技术股份有限公司	688200	87827	43877	291463	262110
62	北京元六鸿远电子科技股份有限公司	603267	240311	82674	432744	330922
63	江河创建集团股份有限公司	601886	2078939	2077818	2817883	634008
安徽						
1	安徽海螺水泥股份有限公司	600585	16795266	3326707	23051466	18368527
2	科大讯飞股份有限公司	002230	1831360	155646	3139403	1678072

续表

序号	企业名称	股票代码	营业收入（万元）	利润（万元）	资产（万元）	所有者权益（万元）
3	志邦家居股份有限公司	603801	515280	50552	529805	259098
4	山鹰国际控股股份公司	600567	3303281	151567	5199449	1651744
5	铜陵有色金属集团股份有限公司	000630	13103365	310143	5084042	2170738
6	合肥城建发展股份有限公司	002208	755730	87692	2255733	615972
7	安徽楚江科技新材料股份有限公司	002171	3734960	56709	1326247	616626
8	安徽口子酒业股份有限公司	603589	502860	172709	1103089	824941
9	安徽国风新材料股份有限公司	000859	191002	28215	325257	269587
10	安徽迎驾贡酒股份有限公司	603198	457685	138202	862797	596414
11	安徽全柴动力股份有限公司	600218	550820	15210	605105	304139
12	洽洽食品股份有限公司	002557	598502	92866	807222	479443
13	安徽古井贡酒股份有限公司	000596	1326982	229789	2541808	1653738
14	安徽鸿路钢结构（集团）股份有限公司	002541	1951481	115011	1957616	727079
15	国元证券股份有限公司	000728	610975	190927	11461812	3229778
16	东华工程科技股份有限公司	002140	600312	24876	992158	257720
17	三七互娱网络科技集团股份有限公司	002555	1621649	287557	1443718	1077371
18	黄山永新股份有限公司	002014	302369	31591	300963	212862
19	华安证券股份有限公司	600909	348342	142407	7364059	1947878
20	安徽江淮汽车集团股份有限公司	600418	4021352	20000	4637010	1524192
21	三只松鼠股份有限公司	300783	977021	41110	503269	225791
22	芜湖伯特利汽车安全系统股份有限公司	603596	349228	50453	625177	349554
福建						
1	兴业银行股份有限公司	601166	22123600	8268000	860302400	68411100
2	宁德时代新能源科技股份有限公司	300750	13035580	1593131	30766686	8451327
3	漳州片仔癀药业股份有限公司	600436	802155	243145	1249533	970501
4	紫金矿业集团股份有限公司	601899	22510249	1959964	20859468	7103437
5	瑞芯微电子股份有限公司	603893	271860	60178	337871	285058
6	安井食品集团股份有限公司	603345	927220	68230	877147	507342
7	金牌厨柜家居科技股份有限公司	603180	344777	33798	451628	241068
8	厦门特宝生物工程股份有限公司	688278	113223	18120	142417	116126
9	福建龙溪轴承（集团）股份有限公司	600592	143517	29816	345151	228677
10	厦门吉比特网络技术股份有限公司	603444	461905	146850	710328	458014
11	福耀玻璃工业集团股份有限公司	600660	2360306	314617	4478489	2630602
12	兴业证券股份有限公司	601377	1897217	474307	21746334	4118944
13	厦门象屿股份有限公司	600057	46251623	216027	9583422	1721426
14	厦门建发股份有限公司	600153	70784450	609809	60245913	5084370
15	厦门松霖科技股份有限公司	603992	297700	30130	403566	222628

续表

序号	企业名称	股票代码	营业收入（万元）	利润（万元）	资产（万元）	所有者权益（万元）
16	厦门钨业股份有限公司	600549	3185220	118053	3242089	896094
17	兴业皮革科技股份有限公司	002674	172634	18131	330716	230012
18	瑞达期货股份有限公司	002961	212788	50393	1733858	236397
19	福建水泥股份有限公司	600802	361651	39852	464636	193006
甘肃						
1	天水华天科技股份有限公司	002185	1209679	141567	2997435	1504944
2	兰州丽尚国潮实业集团股份有限公司	600738	64267	15482	351447	183959
3	甘肃上峰水泥股份有限公司	000672	831452	217622	1512542	828970
广东						
1	美的集团股份有限公司	000333	34123321	2857365	38794610	12486812
2	珠海格力电器股份有限公司	000651	18965403	2306373	31959818	10365165
3	中国平安保险（集团）股份有限公司	601318	118044400	10161800	1014202600	81240500
4	大族激光科技产业集团股份有限公司	002008	1633233	199449	2718055	1161984
5	富士康工业互联网股份有限公司	601138	43955720	2000975	26660878	11918060
6	中兴通讯股份有限公司	000063	11452164	681294	16876343	5148209
7	招商局蛇口工业区控股股份有限公司	001979	16064341	1037225	85620334	10867125
8	广东顺控发展股份有限公司	003039	133811	27335	442231	223927
9	广州金域医学检验集团股份有限公司	603882	1194322	221964	1075089	630381
10	金地（集团）股份有限公司	600383	9923222	940952	46280951	6298117
11	东鹏饮料（集团）股份有限公司	605499	697782	119296	779049	423813
12	众业达电气股份有限公司	002441	1255834	41558	670924	436585
13	广州汽车集团股份有限公司	601238	7511016	733492	15419656	9025929
14	广发证券股份有限公司	000776	3424999	1085412	53585532	10662451
15	比亚迪股份有限公司	002594	21614239	304519	29578015	9506967
16	比音勒芬服饰股份有限公司	002832	271998	62454	486295	324544
17	深圳迈瑞生物医疗电子股份有限公司	300760	2526958	800155	3810302	2695280
18	周大生珠宝股份有限公司	002867	915520	122461	701611	578715
19	深圳市汇川技术股份有限公司	300124	1794325	357340	2730271	1588326
20	立讯精密工业股份有限公司	002475	15394610	707052	12057210	3528855
21	深圳市科达利实业股份有限公司	002850	446758	54161	732648	455497
22	佛燃能源集团股份有限公司	002911	1353117	59474	1393699	445960
23	中信海洋直升机股份有限公司	000099	168072	24648	661707	472898
24	欧派家居集团股份有限公司	603833	2044160	266559	2339273	1440879
25	广州酒家集团股份有限公司	603043	388992	55763	482942	298663
26	汕头东风印刷股份有限公司	601515	380507	78505	803838	597672
27	万科企业股份有限公司	000002	45279778	2252403	193863813	23595313

续表

序号	企业名称	股票代码	营业收入（万元）	利润（万元）	资产（万元）	所有者权益（万元）
28	中国国际海运集装箱（集团）股份有限公司	000039	16369598	666532	15432250	4511863
29	深圳市明微电子股份有限公司	688699	125120	64724	188672	168795
30	广州达安基因股份有限公司	002030	766426	361818	1033644	735133
31	深圳市物业发展（集团）股份有限公司	000011	449196	100396	1458189	448611
32	中山公用事业集团股份有限公司	000685	237068	146564	2249064	1514197
33	南兴装备股份有限公司	002757	277678	29136	345913	222783
34	广州白云山医药集团股份有限公司	600332	6901405	371988	6611779	2906218
35	深圳劲嘉集团股份有限公司	002191	506707	101974	1032808	784667
36	广东生益科技股份有限公司	600183	2027426	282968	2443116	1309641
37	广东联泰环保股份有限公司	603797	78505	30345	976220	270426
38	广东嘉元科技股份有限公司	688388	280418	54996	606044	359066
39	招商银行股份有限公司	600036	14801900	11992200	924902100	85874500
40	瀚蓝环境股份有限公司	600323	1177651	116338	2927848	990460
41	明阳智慧能源集团股份公司	601615	2715805	310112	6149293	1839454
42	广州中望龙腾软件股份有限公司	688083	61868	18165	311732	281236
43	中国广核电力股份有限公司	003816	8067874	973258	39999301	10091055
44	中国南玻集团股份有限公司	000012	1362903	152932	1993936	1142966
45	华润三九医药股份有限公司	000999	1531999	204686	2430798	1528250
46	广东好太太科技集团股份有限公司	603848	142545	30022	234505	187901
47	平安银行股份有限公司	000001	16938300	3633600	492138000	39544800
48	惠州亿纬锂能股份有限公司	300014	1689980	290579	4453390	1793416
49	广东广弘控股股份有限公司	000529	363771	33108	471056	231502
50	深圳市力合科创股份有限公司	002243	300854	63079	1361283	642568
51	珠海华发实业股份有限公司	600325	5124068	319475	35505703	2081870
52	广州视源电子科技股份有限公司	002841	2122571	169899	1550776	835559
53	深圳汇洁集团股份有限公司	002763	273317	27605	260266	188670
54	绿色动力环保集团股份有限公司	601330	505689	69779	2021447	652809
55	深圳市漫步者科技股份有限公司	002351	230366	31556	267590	219625
56	广东东方精工科技股份有限公司	002611	352473	46733	635716	368197
57	中山大洋电机股份有限公司	002249	1001728	25038	1515386	807343
58	深圳市共进电子股份有限公司	603118	1080825	39556	976728	496339
59	深圳市爱施德股份有限公司	002416	9516565	92209	1533856	578072
60	格林美股份有限公司	002340	1930102	92328	3438782	1422848
61	深圳科安达电子科技股份有限公司	002972	40084	15141	142306	124064

续表

序号	企业名称	股票代码	营业收入（万元）	利润（万元）	资产（万元）	所有者权益（万元）
广西						
1	广西绿城水务股份有限公司	601368	208149	29469	1708094	457912
2	广西柳工机械股份有限公司	000528	2870072	99531	4043324	1538024
贵州						
1	贵州茅台酒股份有限公司	600519	10619015	5246014	25516820	18953937
2	中航重机股份有限公司	600765	878990	89064	1968475	935961
3	中伟新材料股份有限公司	300919	2007249	93895	2819976	983249
河北						
1	长城汽车股份有限公司	601633	13640466	672609	17540802	6212438
2	新奥天然气股份有限公司	600803	11591963	410165	12793392	1483322
3	紫光国芯微电子股份有限公司	002049	534211	195378	1159224	724349
4	晶澳太阳能科技股份有限公司	002459	4130175	203863	5696745	1649426
5	承德露露股份公司	000848	252390	56950	350833	235671
6	新天绿色能源股份有限公司	600956	1598527	216013	7191776	1968436
7	唐山三孚硅业股份有限公司	603938	159887	33566	232170	155515
河南						
1	神马实业股份有限公司	600810	1341514	214418	2589652	771241
2	洛阳建龙微纳新材料股份有限公司	688357	87765	27541	168165	122434
3	第一拖拉机股份有限公司	601038	933381	43821	1233959	540208
4	郑州煤矿机械集团股份有限公司	601717	2927462	194779	3664801	1479549
5	河南神火煤电股份有限公司	000933	3445156	323410	5352794	936520
6	河南蓝天燃气股份有限公司	605368	390089	42088	514709	290889
7	宇通重工股份有限公司	600817	375654	39291	477695	221203
8	河南明泰铝业股份有限公司	601677	2461262	185201	1892886	1067406
9	河南双汇投资发展股份有限公司	000895	6668226	486593	3397736	2280873
10	郑州宇通客车股份有限公司	600066	2323346	61379	3216589	1521864
11	龙佰集团股份有限公司	002601	2056578	467642	4533117	1891778
黑龙江						
1	中航工业产融控股股份有限公司	600705	1055906	447107	45693113	4157834
2	中国第一重型机械股份公司	601106	2312829	16837	3829203	1144212
3	黑龙江北大荒农业股份有限公司	600598	362937	85743	802901	710581
湖北						
1	武汉明德生物科技股份有限公司	002932	282982	141322	341708	278882
2	中航工业机电系统股份有限公司	002013	1499220	127100	3489366	1399153
3	健民药业集团股份有限公司	600976	327818	32474	282560	156121
4	湖北济川药业股份有限公司	600566	763051	171918	1213104	911688

续表

序号	企业名称	股票代码	营业收入（万元）	利润（万元）	资产（万元）	所有者权益（万元）
5	湖北兴发化工集团股份有限公司	600141	2360668	424659	3348791	1382774
6	武汉三镇实业控股股份有限公司	600168	201190	39894	1802552	570644
7	骆驼集团股份有限公司	601311	1240345	83179	1293720	848696
8	居然之家新零售集团股份有限公司	000785	1307104	232504	5621038	1919798
9	华新水泥股份有限公司	600801	3246408	536353	5254962	2672991
10	武商集团股份有限公司	000501	712651	75242	2818837	1067765
11	闻泰科技股份有限公司	600745	5272865	261154	7257588	3369871
12	安琪酵母股份有限公司	600298	1067533	130854	1344565	685406
13	武汉凡谷电子技术股份有限公司	002194	183752	22771	298754	231511
湖南						
1	株洲华锐精密工具股份有限公司	688059	48545	16235	114941	88921
2	雪天盐业集团股份有限公司	600929	478026	40171	837624	504361
3	绝味食品股份有限公司	603517	654862	98094	740139	570235
4	中国铁建重工集团股份有限公司	688425	951729	173549	2266583	1417202
5	湖南金博碳素股份有限公司	688598	133790	50110	294086	189109
6	株洲欧科亿数控精密刀具股份有限公司	688308	99039	22222	193296	149448
7	湖南华菱钢铁股份有限公司	000932	17117596	967980	10655946	4540968
8	湖南机油泵股份有限公司	603319	162153	19075	262405	144596
9	方正证券股份有限公司	601901	862120	182228	17261288	4214393
吉林						
1	长春高新技术产业（集团）股份有限公司	000661	1074671	375747	2251576	1457372
2	一汽解放集团股份有限公司	000800	9875124	389985	6976594	2624224
3	吉林高速公路股份有限公司	601518	127202	31844	664589	410993
4	通化东宝药业股份有限公司	600867	326790	130825	652010	621488
5	长春一汽富维汽车零部件股份有限公司	600742	2053741	65886	1949602	678511
6	富奥汽车零部件股份有限公司	000030	1282820	84144	1486092	747212
江苏						
1	徐工集团工程机械股份有限公司	000425	8432757	561460	11002910	3644350
2	江苏江南水务股份有限公司	601199	111360	27640	571649	329585
3	华泰证券股份有限公司	601688	3790544	1334611	80665083	14842281
4	无锡上机数控股份有限公司	603185	1091532	171141	1449085	744101
5	江苏硕世生物科技股份有限公司	688399	283904	119321	349934	253645
6	新城控股集团股份有限公司	601155	16823168	1259809	53429311	5930996
7	江苏东方盛虹股份有限公司	000301	5172217	454360	13200254	2761453
8	南通国盛智能科技集团股份有限公司	688558	113683	20049	196707	139362

续表

序号	企业名称	股票代码	营业收入（万元）	利润（万元）	资产（万元）	所有者权益（万元）
9	苏美达股份有限公司	600710	16868200	76707	5458705	566059
10	无锡药明康德新药开发股份有限公司	603259	2290239	509716	5512739	3849151
11	江苏长电科技股份有限公司	600584	3050242	295871	3709862	2099113
12	苏州天华超净科技股份有限公司	300390	339755	91069	625569	324344
13	科沃斯机器人股份有限公司	603486	1308601	201026	1072001	509429
14	江苏恒立液压股份有限公司	601100	930922	269360	1233204	919570
15	江苏国泰国际集团股份有限公司	002091	3933950	123616	3457513	1050093
16	苏州苏试试验集团股份有限公司	300416	150164	19003	377130	171344
17	亿嘉和科技股份有限公司	603666	128493	48308	337248	265124
18	江苏华昌化工股份有限公司	002274	941332	163340	812680	431294
19	江苏华宏科技股份有限公司	002645	677682	53202	516118	348643
20	无锡新洁能股份有限公司	605111	149827	41046	188525	153031
21	海澜之家集团股份有限公司	600398	2018804	249125	3150592	1498675
22	江苏双星彩塑新材料股份有限公司	002585	593120	138543	1212530	939878
23	江苏联瑞新材料股份有限公司	688300	62471	17287	130490	109371
24	中航航空高科技股份有限公司	600862	380762	59141	692284	484091
25	国电南瑞科技股份有限公司	600406	4241101	564245	7273295	3799690
26	江苏今世缘酒业股份有限公司	603369	640550	202913	1443370	929708
27	南京新街口百货商店股份有限公司	600682	617675	109118	2533013	1718370
28	中新苏州工业园区开发集团股份有限公司	601512	391724	152185	2943046	1217243
29	东吴证券股份有限公司	601555	924549	239178	12431825	3712562
30	无锡奥特维科技股份有限公司	688516	204673	37072	428239	140774
31	南京高科股份有限公司	600064	491863	235205	3302944	1507087
32	怡球金属资源再生（中国）股份有限公司	601388	828293	85166	574945	386443
33	国联证券股份有限公司	601456	296663	88864	6593924	1638107
34	江苏洋河酒厂股份有限公司	002304	2535018	750768	6779870	4248621
35	大亚圣象家居股份有限公司	000910	875052	59513	941915	611394
36	无锡威孚高科技集团股份有限公司	000581	1368242	257537	2797085	1939860
37	罗莱生活科技股份有限公司	002293	576000	71321	626575	405970
38	苏州东山精密制造股份有限公司	002384	3179314	186248	3795140	1457650
39	中国中材国际工程股份有限公司	600970	3624209	181027	4147780	1303509
40	苏州固锝电子股份有限公司	002079	247568	21771	303580	239227
41	南京银行股份有限公司	601009	4092519	1585676	174894675	12135979
42	江苏常熟汽饰集团股份有限公司	603035	266272	42027	751539	410125
43	南通海星电子股份有限公司	603115	164534	22119	234367	197622
44	江苏新泉汽车饰件股份有限公司	603179	461270	28401	740580	370461

续表

序号	企业名称	股票代码	营业收入（万元）	利润（万元）	资产（万元）	所有者权益（万元）
45	江苏润邦重工股份有限公司	002483	384681	34947	809996	424955
46	无锡商业大厦大东方股份有限公司	600327	690481	64059	825397	359909
47	江苏金融租赁股份有限公司	600901	394059	207245	9930723	1455189
48	双良节能系统股份有限公司	600481	382978	31013	899101	240603
49	江苏共创人造草坪股份有限公司	605099	230166	38029	239888	199880
江西						
1	江西铜业股份有限公司	600362	44276767	563557	16103464	6979885
2	江西洪城环境股份有限公司	600461	817435	82004	1770245	588829
3	江西晨光新材料股份有限公司	605399	169743	53687	186235	163319
4	天音通信控股股份有限公司	000829	7099950	20682	1834739	261848
辽宁						
1	恒力石化股份有限公司	600346	19797034	1553108	21029623	5723138
2	圆通速递股份有限公司	600233	4515495	210341	3422231	2260355
3	大商股份有限公司	600694	793154	70218	1951557	883565
4	航锦科技股份有限公司	000818	485857	73230	525036	344685
内蒙古						
1	内蒙古伊利实业集团股份有限公司	600887	11014399	870492	10196234	4770831
2	内蒙古鄂尔多斯资源股份有限公司	600295	3647331	609082	4980720	1856167
3	中国北方稀土（集团）高科技股份有限公司	600111	3040840	513004	3470776	1534823
宁夏						
1	宁夏宝丰能源集团股份有限公司	600989	2329994	707043	4437377	3068996
山东						
1	万华化学集团股份有限公司	600309	14553782	2464875	19030958	6849853
2	山东太阳纸业股份有限公司	002078	3199664	295683	4273747	1873308
3	海尔智家股份有限公司	600690	22755614	1306704	21745949	7981093
4	歌尔股份有限公司	002241	7822142	383242	6106657	2732774
5	青岛海尔生物医疗股份有限公司	688139	212586	84504	489983	362280
6	景津装备股份有限公司	603279	465110	64701	595074	336972
7	山东豪迈机械科技股份有限公司	002595	600833	105317	764353	650474
8	鲁西化工集团股份有限公司	000830	3179433	461866	3211553	1794401
9	山东华泰纸业股份有限公司	600308	1490327	80803	1618408	933403
10	山东博汇纸业股份有限公司	600966	1627612	170568	1991356	726655
11	山东金晶科技股份有限公司	600586	692151	130749	1082442	549199
12	山东华鲁恒升化工股份有限公司	600426	2663586	725417	2865318	2225582
13	胜华新材料集团股份有限公司	603026	705621	117841	468961	310438

续表

序号	企业名称	股票代码	营业收入（万元）	利润（万元）	资产（万元）	所有者权益（万元）
14	浪潮电子信息产业股份有限公司	000977	6704755	200273	4620816	1516185
15	山东玻纤集团股份有限公司	605006	274863	54603	508171	235815
16	赛轮集团股份有限公司	601058	1799843	131297	2617294	1073047
17	冰轮环境技术股份有限公司	000811	538347	30084	986385	475564
18	山东晨鸣纸业集团股份有限公司	000488	3301981	206551	8284145	1908977
19	山东南山铝业股份有限公司	600219	2872502	341083	6317818	4286670
20	山推工程机械股份有限公司	000680	915994	20947	1074633	438449
21	淄博齐翔腾达化工股份有限公司	002408	3489207	239264	2607051	1278977
22	中泰证券股份有限公司	600918	1314967	320001	20468976	3578992
23	滨化集团股份有限公司	601678	926814	162592	1680379	1021604
24	潍柴动力股份有限公司	000338	20354770	925448	27704442	7090680
25	中创物流股份有限公司	603967	1241383	20789	389976	208502
26	齐峰新材料股份有限公司	002521	370195	16523	506883	358622
27	山东登海种业股份有限公司	002041	110072	23279	421022	309106
28	青岛海容商用冷链股份有限公司	603187	266179	22515	371703	236633
29	元利化学集团股份有限公司	603217	234346	36011	307259	257321
30	鲁泰纺织股份有限公司	000726	523826	34760	1298722	798330
山西						
1	山西杏花村汾酒厂股份有限公司	600809	1997099	531361	2995456	1522273
2	山西兰花科技创业股份有限公司	600123	1285956	235252	2872581	1306408
3	山煤国际能源集团股份有限公司	600546	4805364	493774	4597675	1182954
4	大秦铁路股份有限公司	601006	7868205	1218131	19854630	12440120
5	山西美锦能源股份有限公司	000723	2128768	256694	2940484	1242357
6	山西振东制药股份有限公司	300158	509377	261742	1009344	807960
7	山西潞安环保能源开发股份有限公司	601699	4514744	670835	9486700	3461757
8	山西太钢不锈钢股份有限公司	000825	10143734	630978	6759937	3507141
9	山西蓝焰控股股份有限公司	000968	197763	30514	1152503	466699
陕西						
1	西部超导材料科技股份有限公司	688122	292722	74148	875795	536083
2	西安陕鼓动力股份有限公司	601369	1036092	85756	2727649	750425
3	西安三角防务股份有限公司	300775	117233	41228	413133	245666
4	隆基绿能科技股份有限公司	601012	8093225	908588	9773488	4744775
5	陕西煤业股份有限公司	601225	15226642	2113969	18540733	8538518
上海						
1	上海汽车集团股份有限公司	600104	77984579	2453310	91692270	27377368

续表

序号	企业名称	股票代码	营业收入（万元）	利润（万元）	资产（万元）	所有者权益（万元）
2	交通银行股份有限公司	601328	26939000	8758100	1166575700	96464700
3	国泰君安证券股份有限公司	601211	4281714	1501348	79127281	14712366
4	上海新动力汽车科技股份有限公司	600841	2440151	69298	2424775	976929
5	宝山钢铁股份有限公司	600019	36434900	2363200	38039800	19093400
6	东方财富信息股份有限公司	300059	1309432	855293	18502025	4404024
7	上海美迪西生物医药股份有限公司	688202	116726	28222	179357	132751
8	中国太平洋保险（集团）股份有限公司	601601	44064300	2683400	194616400	22674100
9	华域汽车系统股份有限公司	600741	13994414	646894	15384676	4954302
10	上海复星医药（集团）股份有限公司	600196	3900509	473527	9329379	3919195
11	中芯国际集成电路制造有限公司	688981	3563063	1073310	22993281	10919877
12	上海移远通信技术股份有限公司	603236	1126192	35806	814002	320846
13	上海晨光文具股份有限公司	603899	1760740	151787	1142439	619489
14	上海韦尔半导体股份有限公司	603501	2410351	447619	3207993	1619831
15	上海金桥出口加工区开发股份有限公司	600639	461715	162300	3326784	1233921
16	上海永茂泰汽车科技股份有限公司	605208	328967	22732	291798	200771
17	中化国际（控股）股份有限公司	600500	8064778	217543	5797320	1224926
18	晶晨半导体（上海）股份有限公司	688099	477707	81161	505645	387466
19	老凤祥股份有限公司	600612	5869077	187631	2227486	919114
20	上海璞泰来新能源科技股份有限公司	603659	899589	174873	2145026	1048670
21	东方证券股份有限公司	600958	2437039	537150	32659962	6412711
22	上海宝信软件股份有限公司	600845	1175936	181884	1786017	901746
23	上海宝钢包装股份有限公司	601968	696828	270500	823240	358483
24	上海泛微网络科技股份有限公司	603039	200286	30870	337671	187955
25	上海医药集团股份有限公司	601607	21582426	509347	16343551	4935948
26	环旭电子股份有限公司	601231	5529965	185797	3585673	1308196
27	上海微创心脉医疗科技（集团）股份有限公司	688016	68463	31586	175357	149429
28	上海柏楚电子科技股份有限公司	688188	91344	55020	314860	298931
29	上海百润投资控股集团股份有限公司	002568	259435	66606	564031	379076
30	爱普香料集团股份有限公司	603020	334456	18866	386475	309220
31	上海临港控股股份有限公司	600848	627192	153522	4926475	1537124
32	东风电子科技股份有限公司	600081	786118	24066	955181	313736
33	上海陆家嘴金融贸易区开发股份有限公司	600663	1387204	431087	12089589	2257325
34	上海新朋实业股份有限公司	002328	472163	39942	545167	291159
35	上海华峰铝业股份有限公司	601702	644863	50016	582478	314085
36	上海万业企业股份有限公司	600641	87991	37652	916682	761526
37	上海机电股份有限公司	600835	2471674	81092	3721162	1231472

续表

序号	企业名称	股票代码	营业收入（万元）	利润（万元）	资产（万元）	所有者权益（万元）
38	上海浦东建设股份有限公司	600284	1139479	53485	2154586	681212
39	上海城投控股股份有限公司	600649	919300	91154	6890165	2037446
40	欧普照明股份有限公司	603515	884663	90748	907691	578689
41	光大证券股份有限公司	601788	1670658	348433	23910760	5786559
42	上海奕瑞光电子科技股份有限公司	688301	118735	48404	353710	305218
43	中国核工业建设股份有限公司	601611	8371993	153265	17174305	2039561
44	上海氯碱化工股份有限公司	600618	666419	177171	930049	686478
45	上海起帆电缆股份有限公司	605222	1887754	68388	925092	369014
46	上海实业发展股份有限公司	600748	1026913	53162	3957449	1002403
47	密尔克卫化工供应链服务股份有限公司	603713	864472	43179	727253	315264
48	上海威派格智慧水务股份有限公司	603956	126405	19586	238761	132989
49	港中旅华贸国际物流股份有限公司	603128	2466766	83674	1052348	512988
50	上海浦东发展银行股份有限公司	600000	19098200	5300300	813675700	67000700
51	上海隧道工程股份有限公司	600820	6222614	239303	12975718	2491192
52	国投资本股份有限公司	600061	1693609	119113	24643177	4942506
53	上海飞科电器股份有限公司	603868	400526	64070	416737	304223
四川						
1	海天水务集团股份公司	603759	108351	21375	535021	220344
2	宜宾五粮液股份有限公司	000858	6620905	2337707	13562081	9906849
3	通威股份有限公司	600438	6349107	820792	8824999	3750257
4	舍得酒业股份有限公司	600702	496927	124565	809344	479412
5	泸州老窖股份有限公司	000568	2064226	795555	4321178	2804024
6	成都市兴蓉环境股份有限公司	000598	673236	149442	3451201	1345846
7	四川川投能源股份有限公司	600674	126333	308739	4846729	3124741
8	四川路桥建设集团股份有限公司	600039	8504851	558207	13703847	2714939
9	四川水井坊股份有限公司	600779	463186	119908	589099	263170
10	四川成渝高速公路股份有限公司	601107	909544	186859	4072906	1736499
11	盛和资源控股股份有限公司	600392	1061635	107605	1514781	936184
12	茂业商业股份有限公司	600828	416780	40936	2137252	706507
13	四川雅化实业集团股份有限公司	002497	524134	93662	907199	636898
14	东方电气股份有限公司	600875	4781917	228904	10310457	3249766
15	国金证券股份有限公司	600109	712663	231732	8831283	2442100
16	创维数字股份有限公司	000810	1084655	42178	1119723	452647
17	成都燃气集团股份有限公司	603053	438148	48877	663457	391105
天津						
1	中远海运控股股份有限公司	601919	33369361	8929614	41366808	13309433

续表

序号	企业名称	股票代码	营业收入（万元）	利润（万元）	资产（万元）	所有者权益（万元）
2	天津津滨发展股份有限公司	000897	225443	48849	694305	191146
3	天津九安医疗电子股份有限公司	002432	239709	90864	393032	287257
4	中海油田服务股份有限公司	601808	2920300	313200	7331170	3803280
5	天津七一二通信广播股份有限公司	603712	345094	68830	858771	361525
6	凯莱英医药集团（天津）股份有限公司	002821	463883	106927	1515629	1261001
7	中储发展股份有限公司	600787	7523264	88095	2318545	1274160
8	天津创业环保集团股份有限公司	600874	453558	69319	2106529	712020
西藏						
1	梅花生物科技集团股份有限公司	600873	2283689	235109	2092120	1062153
新疆						
1	特变电工股份有限公司	600089	6127837	725480	12635808	4418896
2	新疆众和股份有限公司	600888	822554	85304	1394579	683954
3	广汇能源股份有限公司	600256	2486495	500311	5970866	2093221
4	新疆金风科技股份有限公司	002202	5057072	345695	11936019	3554178
5	新疆洪通燃气股份有限公司	605169	120441	20008	227789	166970
6	新疆冠农果茸集团股份有限公司	600251	433719	30135	712411	275415
7	新疆鑫泰天然气股份有限公司	603393	261698	102844	1104137	453665
8	新疆中泰化学股份有限公司	002092	6246327	270267	7307782	2522969
云南						
1	云南云天化股份有限公司	600096	6324923	364194	5314221	1021382
2	云南恩捷新材料股份有限公司	002812	798242	271762	2612218	1383186
3	云南铝业股份有限公司	000807	4166881	331902	3783712	1819132
4	云南锡业股份有限公司	000960	5384432	281698	4098147	1551876
5	红塔证券股份有限公司	601236	673376	157623	4422457	2329494
浙江						
1	杭州海康威视数字技术股份有限公司	002415	8142005	1680041	10386454	6346088
2	桐昆集团股份有限公司	601233	5913095	733220	6969491	3583626
3	浙江荣晟环保纸业股份有限公司	603165	241460	28442	258199	187034
4	中国巨石股份有限公司	600176	1970688	602847	4382832	2256756
5	宁波杉杉股份有限公司	600884	2069938	333970	4028847	1892838
6	钱江水利开发股份有限公司	600283	153852	15076	638285	208125
7	新凤鸣集团股份有限公司	603225	4477003	225398	3750840	1642457
8	百隆东方股份有限公司	601339	777408	137078	1427376	899320
9	浙江越剑智能装备股份有限公司	603095	155021	32394	335323	223441
10	浙江台华新材料股份有限公司	603055	425657	46371	642788	370972
11	南都物业服务集团股份有限公司	603506	159292	16277	211546	94707

续表

序号	企业名称	股票代码	营业收入（万元）	利润（万元）	资产（万元）	所有者权益（万元）
12	杭州微光电子股份有限公司	002801	111160	25442	158425	133667
13	物产中大集团股份有限公司	600704	56199173	398499	12944969	3037895
14	合盛硅业股份有限公司	603260	2134324	821160	3031416	2011927
15	浙江伟明环保股份有限公司	603568	418537	153546	1465138	764817
16	浙江新安化工集团股份有限公司	600596	1897666	265449	1719934	894345
17	喜临门家具股份有限公司	603008	777184	55875	831114	319957
18	杭叉集团股份有限公司	603298	1448970	90847	1039725	559982
19	杭氧集团股份有限公司	002430	1187784	119394	1604727	732369
20	华峰化学股份有限公司	002064	2836720	793669	2917779	1900829
21	杰克科技股份有限公司	603337	605360	46638	773672	326439
22	卫星化学股份有限公司	002648	2855703	600651	4869243	1936263
23	浙江华友钴业股份有限公司	603799	3531655	389750	5798906	1938359
24	宁波海天精工股份有限公司	601882	273049	37107	408434	164552
25	浙江景兴纸业股份有限公司	002067	622461	44112	794028	543418
26	浙江三花智能控制股份有限公司	002050	1602080	168404	2361996	1115030
27	杭州滨江房产集团股份有限公司	002244	3797636	302733	21172580	2057930
28	杭州立昂微电子股份有限公司	605358	254092	60030	1256063	754243
29	浙江春风动力股份有限公司	603129	786149	41152	797076	363640
30	浙江巨化股份有限公司	600160	1798559	110909	1789439	1333373
31	杭州华旺新材料科技股份有限公司	605377	294019	44858	402059	254781
32	仙鹤股份有限公司	603733	601697	101667	1104866	641930
33	浙江苏泊尔股份有限公司	002032	2158533	194394	1389945	762263
34	通策医疗股份有限公司	600763	278073	70281	495476	288067
35	浙江海利得新材料股份有限公司	002206	506739	57496	693162	325115
36	浙江医药股份有限公司	600216	912909	104532	1253198	877911
37	嘉兴斯达半导体股份有限公司	603290	170664	39838	552205	499725
38	宁波拓普集团股份有限公司	601689	1146269	101725	1868269	1058877
39	福莱特玻璃集团股份有限公司	601865	871323	211992	2008292	1181017
40	报喜鸟控股股份有限公司	002154	445136	46435	611753	416142
41	浙商中拓集团股份有限公司	000906	17827015	81914	2309411	451925
42	诺力智能装备股份有限公司	603611	588698	30022	764121	206390
43	杭州解百集团股份有限公司	600814	212932	35056	83783	313887
44	浙江长城电工科技股份有限公司	603897	1072673	34110	443277	271245
45	浙江帅丰电器股份有限公司	605336	97764	24661	224898	189204
46	浙江铁流离合器股份有限公司	603926	187854	17653	270645	152770
47	浙江万盛股份有限公司	603010	411460	82446	331670	236783

续表

序号	企业名称	股票代码	营业收入（万元）	利润（万元）	资产（万元）	所有者权益（万元）
48	恒生电子股份有限公司	600570	549658	146354	1207991	569503
49	浙商证券股份有限公司	601878	1641811	219568	12525121	2383685
50	浙江森马服饰股份有限公司	002563	1541979	148646	1977756	1166330
51	腾达建设集团股份有限公司	600512	692516	82039	1156270	604016
52	万向钱潮股份公司	000559	1432213	68649	1682079	855449
53	浙江新澳纺织股份有限公司	603889	344550	29827	397276	271773
54	合兴汽车电子股份有限公司	605005	142238	19500	179657	143415
55	浙江大华技术股份有限公司	002236	3283548	337841	4405587	2361760
56	德华兔宝宝装饰新材股份有限公司	002043	942592	71161	561217	213013
57	浙江航民股份有限公司	600987	949116	66661	789057	546449
58	宁波华翔电子股份有限公司	002048	1758782	126457	2179557	1085637
59	浙江伟星新型建材股份有限公司	002372	638762	122335	643619	490748
60	永兴特种材料科技股份有限公司	002756	719925	88708	636930	503618
61	旺能环境股份有限公司	002034	296793	64800	1267352	537866
62	信雅达科技股份有限公司	600571	153695	29085	198524	124212
63	宁波容百新能源科技股份有限公司	688005	1025900	91104	1470142	542898
64	雅戈尔集团股份有限公司	600177	1360686	512666	8022399	3400010
65	杭州福斯特应用材料股份有限公司	603806	1285789	219655	1368796	1217618
66	宁波东方电缆股份有限公司	603606	793221	118883	838395	488160
67	宁波建工股份有限公司	601789	2132019	41575	2083113	387174
68	卧龙地产集团股份有限公司	600173	250329	47694	737689	352879
69	浙江中国轻纺城集团股份有限公司	600790	92725	43200	917109	581667
重庆						
1	重庆智飞生物制品股份有限公司	300122	3065242	1020855	3004732	1765721
2	神驰机电股份有限公司	603109	243759	19401	259890	148309
3	重庆新大正物业集团股份有限公司	002968	208826	16606	145371	97407
4	重庆顺博铝合金股份有限公司	002996	998475	34219	501411	218940
5	重庆水务集团股份有限公司	601158	725225	207755	2924479	1643435
6	重庆百亚卫生用品股份有限公司	003006	146305	22792	155318	121329
7	重庆渝开发股份有限公司	000514	118685	16212	838767	351301
8	重庆市涪陵榨菜集团股份有限公司	002507	251864	74195	774870	716705
9	重庆三峰环境集团股份有限公司	601827	587382	123835	2146539	880867
10	重庆燃气集团股份有限公司	600917	780978	45634	908021	475419
11	重庆钢铁股份有限公司	601005	3984942	227439	4299596	2237521
12	重庆宗申动力机械股份有限公司	001696	917659	48055	983580	461867

六、2022 中国上市公司信用 500 强行业分布

序号	企业名称	股票代码	营业收入（万元）	利润（万元）	资产（万元）	所有者权益（万元）
农副食品及农产品加工业						
1	梅花生物科技集团股份有限公司	600873	2283689	235109	2092120	1062153
2	雪天盐业集团股份有限公司	600929	478026	40171	837624	504361
3	新疆冠农果茸集团股份有限公司	600251	433719	30135	712411	275415
4	洽洽食品股份有限公司	002557	598502	92866	807222	479443
5	重庆市涪陵榨菜集团股份有限公司	002507	251864	74195	774870	716705
食品（含饮料、乳制品、肉食品等）加工制造业						
1	内蒙古伊利实业集团股份有限公司	600887	11014399	870492	10196234	4770831
2	东鹏饮料（集团）股份有限公司	605499	697782	119296	779049	423813
3	广州酒家集团股份有限公司	603043	388992	55763	482942	298663
4	承德露露股份公司	000848	252390	56950	350833	235671
5	安井食品集团股份有限公司	603345	927220	68230	877147	507342
6	绝味食品股份有限公司	603517	654862	98094	740139	570235
7	上海百润投资控股集团股份有限公司	002568	259435	66606	564031	379076
8	爱普香料集团股份有限公司	603020	334456	18866	386475	309220
9	安琪酵母股份有限公司	600298	1067533	130854	1344565	685406
10	河南双汇投资发展股份有限公司	000895	6668226	486593	3397736	2280873
11	三只松鼠股份有限公司	300783	977021	41110	503269	225791
酿酒制造业						
1	贵州茅台酒股份有限公司	600519	10619015	5246014	25516820	18953937
2	宜宾五粮液股份有限公司	000858	6620905	2337707	13562081	9906849
3	舍得酒业股份有限公司	600702	496927	124565	809344	479412
4	泸州老窖股份有限公司	000568	2064226	795555	4321178	2804024
5	山西杏花村汾酒厂股份有限公司	600809	1997099	531361	2995456	1522273
6	四川水井坊股份有限公司	600779	463186	119908	589099	263170
7	安徽口子酒业股份有限公司	603589	502860	172709	1103089	824941
8	安徽迎驾贡酒股份有限公司	603198	457685	138202	862797	596414
9	江苏今世缘酒业股份有限公司	603369	640550	202913	1443370	929708
10	江苏洋河酒厂股份有限公司	002304	2535018	750768	6779870	4248621
11	安徽古井贡酒股份有限公司	000596	1326982	229789	2541808	1653738

续表

序号	企业名称	股票代码	营业收入（万元）	利润（万元）	资产（万元）	所有者权益（万元）
纺织、印染业						
1	百隆东方股份有限公司	601339	777408	137078	1427376	899320
2	浙江台华新材料股份有限公司	603055	425657	46371	642788	370972
3	浙江新澳纺织股份有限公司	603889	344550	29827	397276	271773
4	浙江航民股份有限公司	600987	949116	66661	789057	546449
纺织品、服装、服饰、鞋帽、皮革加工业						
1	内蒙古鄂尔多斯资源股份有限公司	600295	3647331	609082	4980720	1856167
2	比音勒芬服饰股份有限公司	002832	271998	62454	486295	324544
3	海澜之家集团股份有限公司	600398	2018804	249125	3150592	1498675
4	报喜鸟控股股份有限公司	002154	445136	46435	611753	416142
5	浙江森马服饰股份有限公司	002563	1541979	148646	1977756	1166330
6	罗莱生活科技股份有限公司	002293	576000	71321	626575	405970
7	深圳汇洁集团股份有限公司	002763	273317	27605	260266	188670
8	兴业皮革科技股份有限公司	002674	172634	18131	330716	230012
9	雅戈尔集团股份有限公司	600177	1360686	512666	8022399	3400010
10	鲁泰纺织股份有限公司	000726	523826	34760	1298722	798330
造纸及纸制品（含木材、藤、竹、家具等）加工、印刷、包装业						
1	山东太阳纸业股份有限公司	002078	3199664	295683	4273747	1873308
2	浙江荣晟环保纸业股份有限公司	603165	241460	28442	258199	187034
3	奥瑞金科技股份有限公司	002701	1388498	90511	1665186	755896
4	云南恩捷新材料股份有限公司	002812	798242	271762	2612218	1383186
5	志邦家居股份有限公司	603801	515280	50552	529805	259098
6	山东华泰纸业股份有限公司	600308	1490327	80803	1618408	933403
7	山鹰国际控股股份公司	600567	3303281	151567	5199449	1651744
8	山东博汇纸业股份有限公司	600966	1627612	170568	1991356	726655
9	喜临门家具股份有限公司	603008	777184	55875	831114	319957
10	欧派家居集团股份有限公司	603833	2044160	266559	2339273	1440879
11	浙江景兴纸业股份有限公司	002067	622461	44112	794028	543418
12	汕头东风印刷股份有限公司	601515	380507	78505	803838	597672
13	杭州华旺新材料科技股份有限公司	605377	294019	44858	402059	254781
14	深圳劲嘉集团股份有限公司	002191	506707	101974	1032808	784667
15	仙鹤股份有限公司	603733	601697	101667	1104866	641930
16	金牌厨柜家居科技股份有限公司	603180	344777	33798	451628	241068
17	山东晨鸣纸业集团股份有限公司	000488	3301981	206551	8284145	1908977
18	广东好太太科技集团股份有限公司	603848	142545	30022	234505	187901
19	大亚圣象家居股份有限公司	000910	875052	59513	941915	611394

续表

序号	企业名称	股票代码	营业收入（万元）	利润（万元）	资产（万元）	所有者权益（万元）
20	黄山永新股份有限公司	002014	302369	31591	300963	212862
21	齐峰新材料股份有限公司	002521	370195	16523	506883	358622
生活用品（含文体、玩具、工艺品、珠宝）等轻工产品加工制造业						
1	周大生珠宝股份有限公司	002867	915520	122461	701611	578715
2	上海晨光文具股份有限公司	603899	1760740	151787	1142439	619489
3	老凤祥股份有限公司	600612	5869077	187631	2227486	919114
4	中国黄金集团黄金珠宝股份有限公司	600916	5075767	79443	1102015	655598
5	重庆百亚卫生用品股份有限公司	003006	146305	22792	155318	121329
6	厦门松霖科技股份有限公司	603992	297700	30130	403566	222628
石化产品、炼焦及其他燃料生产加工业						
1	中国石油化工股份有限公司	600028	274088400	7120800	188925500	77510200
2	胜华新材料集团股份有限公司	603026	705621	117841	468961	310438
3	山西美锦能源股份有限公司	000723	2128768	256694	2940484	1242357
化学原料及化学制品（含精细化工、日化、肥料等）制造业						
1	万华化学集团股份有限公司	600309	14553782	2464875	19030958	6849853
2	云南云天化股份有限公司	600096	6324923	364194	5314221	1021382
3	鲁西化工集团股份有限公司	000830	3179433	461866	3211553	1794401
4	浙江新安化工集团股份有限公司	600596	1897666	265449	1719934	894345
5	山东华鲁恒升化工股份有限公司	600426	2663586	725417	2865318	2225582
6	华峰化学股份有限公司	002064	2836720	793669	2917779	1900829
7	卫星化学股份有限公司	002648	2855703	600651	4869243	1936263
8	江苏华昌化工股份有限公司	002274	941332	163340	812680	431294
9	江西晨光新材料股份有限公司	605399	169743	53687	186235	163319
10	中化国际（控股）股份有限公司	600500	8064778	217543	5797320	1224926
11	湖北兴发化工集团股份有限公司	600141	2360668	424659	3348791	1382774
12	浙江巨化股份有限公司	600160	1798559	110909	1789439	1333373
13	新疆中泰化学股份有限公司	002092	6246327	270267	7307782	2522969
14	浙江万盛股份有限公司	603010	411460	82446	331670	236783
15	唐山三孚硅业股份有限公司	603938	159887	33566	232170	155515
16	四川雅化实业集团股份有限公司	002497	524134	93662	907199	636898
17	淄博齐翔腾达化工股份有限公司	002408	3489207	239264	2607051	1278977
18	滨化集团股份有限公司	601678	926814	162592	1680379	1021604
19	宁夏宝丰能源集团股份有限公司	600989	2329994	707043	4437377	3068996
20	龙佰集团股份有限公司	002601	2056578	467642	4533117	1891778
21	上海氯碱化工股份有限公司	600618	666419	177171	930049	686478
22	元利化学集团股份有限公司	603217	234346	36011	307259	257321

续表

序号	企业名称	股票代码	营业收入（万元）	利润（万元）	资产（万元）	所有者权益（万元）
23	航锦科技股份有限公司	000818	485857	73230	525036	344685
医药、生物制药、医疗设备制造业						
1	武汉明德生物科技股份有限公司	002932	282982	141322	341708	278882
2	重庆智飞生物制品股份有限公司	300122	3065242	1020855	3004732	1765721
3	漳州片仔癀药业股份有限公司	600436	802155	243145	1249533	970501
4	北京万泰生物药业股份有限公司	603392	575033	202147	704595	446629
5	广州金域医学检验集团股份有限公司	603882	1194322	221964	1075089	630381
6	上海美迪西生物医药股份有限公司	688202	116726	28222	179357	132751
7	青岛海尔生物医疗股份有限公司	688139	212586	84504	489983	362280
8	上海复星医药（集团）股份有限公司	600196	3900509	473527	9329379	3919195
9	江苏硕世生物科技股份有限公司	688399	283904	119321	349934	253645
10	无锡药明康德新药开发股份有限公司	603259	2290239	509716	5512739	3849151
11	苏州天华超净科技股份有限公司	300390	339755	91069	625569	324344
12	深圳迈瑞生物医疗电子股份有限公司	300760	2526958	800155	3810302	2695280
13	长春高新技术产业（集团）股份有限公司	000661	1074671	375747	2251576	1457372
14	健民药业集团股份有限公司	600976	327818	32474	282560	156121
15	广州达安基因股份有限公司	002030	766426	361818	1033644	735133
16	湖北济川药业股份有限公司	600566	763051	171918	1213104	911688
17	广州白云山医药集团股份有限公司	600332	6901405	371988	6611779	2906218
18	天津九安医疗电子股份有限公司	002432	239709	90864	393032	287257
19	山西振东制药股份有限公司	300158	509377	261742	1009344	807960
20	浙江医药股份有限公司	600216	912909	104532	1253198	877911
21	厦门特宝生物工程股份有限公司	688278	113223	18120	142417	116126
22	上海医药集团股份有限公司	601607	21582426	509347	16343551	4935948
23	北京键凯科技股份有限公司	688356	35119	17578	110119	105163
24	上海微创心脉医疗科技（集团）股份有限公司	688016	68463	31586	175357	149429
25	华润三九医药股份有限公司	000999	1531999	204686	2430798	1528250
26	凯莱英医药集团（天津）股份有限公司	002821	463883	106927	1515629	1261001
27	通化东宝药业股份有限公司	600867	326790	130825	652010	621488
28	上海奕瑞光电子科技股份有限公司	688301	118735	48404	353710	305218
29	爱博诺德（北京）医疗科技股份有限公司	688050	43307	17134	204760	167385
化学纤维制造业						
1	桐昆集团股份有限公司	601233	5913095	733220	6969491	3583626
2	恒力石化股份有限公司	600346	19797034	1553108	21029623	5723138
3	新凤鸣集团股份有限公司	603225	4477003	225398	3750840	1642457
4	江苏东方盛虹股份有限公司	000301	5172217	454360	13200254	2761453

续表

序号	企业名称	股票代码	营业收入（万元）	利润（万元）	资产（万元）	所有者权益（万元）
5	神马实业股份有限公司	600810	1341514	214418	2589652	771241
6	山东玻纤集团股份有限公司	605006	274863	54603	508171	235815
7	浙江海利得新材料股份有限公司	002206	506739	57496	693162	325115
橡胶、塑料制品及其他新材料制造业						
1	江苏双星彩塑新材料股份有限公司	002585	593120	138543	1212530	939878
2	赛轮集团股份有限公司	601058	1799843	131297	2617294	1073047
3	安徽国风新材料股份有限公司	000859	191002	28215	325257	269587
4	深圳市力合科创股份有限公司	002243	300854	63079	1361283	642568
5	江苏共创人造草坪股份有限公司	605099	230166	38029	239888	199880
建筑材料及玻璃等制造业及非金属矿物制品业						
1	安徽海螺水泥股份有限公司	600585	16795266	3326707	23051466	18368527
2	中国巨石股份有限公司	600176	1970688	602847	4382832	2256756
3	洛阳建龙微纳新材料股份有限公司	688357	87765	27541	168165	122434
4	合盛硅业股份有限公司	603260	2134324	821160	3031416	2011927
5	山东金晶科技股份有限公司	600586	692151	130749	1082442	549199
6	北新集团建材股份有限公司	000786	2108569	351019	2657387	1894478
7	江苏联瑞新材料股份有限公司	688300	62471	17287	130490	109371
8	福莱特玻璃集团股份有限公司	601865	871323	211992	2008292	1181017
9	北京东方雨虹防水技术股份有限公司	002271	3193420	420469	4973322	2629439
10	华新水泥股份有限公司	600801	3246408	536353	5254962	2672991
11	中国南玻集团股份有限公司	000012	1362903	152932	1993936	1142966
12	福耀玻璃工业集团股份有限公司	600660	2360306	314617	4478489	2630602
13	北京金隅集团股份有限公司	601992	12363445	293301	28635681	6371749
14	德华兔宝宝装饰新材股份有限公司	002043	942592	71161	561217	213013
15	浙江伟星新型建材股份有限公司	002372	638762	122335	643619	490748
16	甘肃上峰水泥股份有限公司	000672	831452	217622	1512542	828970
17	福建水泥股份有限公司	600802	361651	39852	464636	193006
黑色冶金及压延加工业						
1	宝山钢铁股份有限公司	600019	36434900	2363200	38039800	19093400
2	北京首钢股份有限公司	000959	13403448	701433	14721156	4182774
3	山西太钢不锈钢股份有限公司	000825	10143734	630978	6759937	3507141
4	永兴特种材料科技股份有限公司	002756	719925	88708	636930	503618
5	湖南华菱钢铁股份有限公司	000932	17117596	967980	10655946	4540968
6	重庆钢铁股份有限公司	601005	3984942	227439	4299596	2237521

续表

序号	企业名称	股票代码	营业收入（万元）	利润（万元）	资产（万元）	所有者权益（万元）
一般有色冶金及压延加工业						
1	中国铝业股份有限公司	601600	26974823	507956	19237690	5726469
2	江西铜业股份有限公司	600362	44276767	563557	16103464	6979885
3	中国北方稀土（集团）高科技股份有限公司	600111	3040840	513004	3470776	1534823
4	西部超导材料科技股份有限公司	688122	292722	74148	875795	536083
5	新疆众和股份有限公司	600888	822554	85304	1394579	683954
6	铜陵有色金属集团股份有限公司	000630	13103365	310143	5084042	2170738
7	浙江华友钴业股份有限公司	603799	3531655	389750	5798906	1938359
8	西安三角防务股份有限公司	300775	117233	41228	413133	245666
9	云南铝业股份有限公司	000807	4166881	331902	3783712	1819132
10	盛和资源控股股份有限公司	600392	1061635	107605	1514781	936184
11	山东南山铝业股份有限公司	600219	2872502	341083	6317818	4286670
12	河南明泰铝业股份有限公司	601677	2461262	185201	1892886	1067406
13	怡球金属资源再生（中国）股份有限公司	601388	828293	85166	574945	386443
14	上海华峰铝业股份有限公司	601702	644863	50016	582478	314085
15	云南锡业股份有限公司	000960	5384432	281698	4098147	1551876
16	厦门钨业股份有限公司	600549	3185220	118053	3242089	896094
金属制品、加工工具、工业辅助产品加工制造业及金属新材料制造业						
1	深圳市科达利实业股份有限公司	002850	446758	54161	732648	455497
2	安徽楚江科技新材料股份有限公司	002171	3734960	56709	1326247	616626
3	上海宝钢包装股份有限公司	601968	696828	270500	823240	358483
4	株洲欧科亿数控精密刀具股份有限公司	688308	99039	22222	193296	149448
5	安徽鸿路钢结构（集团）股份有限公司	002541	1951481	115011	1957616	727079
工程机械、设备和特种装备（含电梯、仓储设备）及零配件制造业						
1	徐工集团工程机械股份有限公司	000425	8432757	561460	11002910	3644350
2	大族激光科技产业集团股份有限公司	002008	1633233	199449	2718055	1161984
3	浙江越剑智能装备股份有限公司	603095	155021	32394	335323	223441
4	景津装备股份有限公司	603279	465110	64701	595074	336972
5	深圳市汇川技术股份有限公司	300124	1794325	357340	2730271	1588326
6	晶澳太阳能科技股份有限公司	002459	4130175	203863	5696745	1649426
7	杭叉集团股份有限公司	603298	1448970	90847	1039725	559982
8	杭氧集团股份有限公司	002430	1187784	119394	1604727	732369
9	新疆金风科技股份有限公司	002202	5057072	345695	11936019	3554178
10	中国国际海运集装箱（集团）股份有限公司	000039	16369598	666532	15432250	4511863
11	天地科技股份有限公司	600582	2357071	161989	4215788	1900042
12	南兴装备股份有限公司	002757	277678	29136	345913	222783

续表

序号	企业名称	股票代码	营业收入（万元）	利润（万元）	资产（万元）	所有者权益（万元）
13	中铁高新工业股份有限公司	600528	2715717	185632	4917663	2268361
14	中国铁建重工集团股份有限公司	688425	951729	173549	2266583	1417202
15	宇通重工股份有限公司	600817	375654	39291	477695	221203
16	诺力智能装备股份有限公司	603611	588698	30022	764121	206390
17	山推工程机械股份有限公司	000680	915994	20947	1074633	438449
18	华电重工股份有限公司	601226	1032903	30326	1066549	397426
19	广西柳工机械股份有限公司	000528	2870072	99531	4043324	1538024
20	中国第一重型机械股份公司	601106	2312829	16837	3829203	1144212
21	青岛海容商用冷链股份有限公司	603187	266179	22515	371703	236633
22	上海威派格智慧水务股份有限公司	603956	126405	19586	238761	132989
通用机械设备和专用机械设备及零配件制造业						
1	中航工业机电系统股份有限公司	002013	1499220	127100	3489366	1399153
2	上海新动力汽车科技股份有限公司	600841	2440151	69298	2424775	976929
3	株洲华锐精密工具股份有限公司	688059	48545	16235	114941	88921
4	杭州微光电子股份有限公司	002801	111160	25442	158425	133667
5	山东豪迈机械科技股份有限公司	002595	600833	105317	764353	650474
6	南通国盛智能科技集团股份有限公司	688558	113683	20049	196707	139362
7	第一拖拉机股份有限公司	601038	933381	43821	1233959	540208
8	郑州煤矿机械集团股份有限公司	601717	2927462	194779	3664801	1479549
9	江苏恒立液压股份有限公司	601100	930922	269360	1233204	919570
10	杰克科技股份有限公司	603337	605360	46638	773672	326439
11	宁波海天精工股份有限公司	601882	273049	37107	408434	164552
12	亿嘉和科技股份有限公司	603666	128493	48308	337248	265124
13	西安陕鼓动力股份有限公司	601369	1036092	85756	2727649	750425
14	江苏华宏科技股份有限公司	002645	677682	53202	516118	348643
15	浙江三花智能控制股份有限公司	002050	1602080	168404	2361996	1115030
16	冰轮环境技术股份有限公司	000811	538347	30084	986385	475564
17	福建龙溪轴承（集团）股份有限公司	600592	143517	29816	345151	228677
18	上海机电股份有限公司	600835	2471674	81092	3721162	1231472
19	广东东方精工科技股份有限公司	002611	352473	46733	635716	368197
20	湖南机油泵股份有限公司	603319	162153	19075	262405	144596
21	江苏润邦重工股份有限公司	002483	384681	34947	809996	424955
22	双良节能系统股份有限公司	600481	382978	31013	899101	240603
23	重庆宗申动力机械股份有限公司	001696	917659	48055	983580	461867
电力、电气等设备、机械、元器件及光伏、风能、电池、线缆制造业						
1	宁德时代新能源科技股份有限公司	300750	13035580	1593131	30766686	8451327

续表

序号	企业名称	股票代码	营业收入（万元）	利润（万元）	资产（万元）	所有者权益（万元）
2	通威股份有限公司	600438	6349107	820792	8824999	3750257
3	特变电工股份有限公司	600089	6127837	725480	12635808	4418896
4	宁波杉杉股份有限公司	600884	2069938	333970	4028847	1892838
5	无锡上机数控股份有限公司	603185	1091532	171141	1449085	744101
6	上海璞泰来新能源科技股份有限公司	603659	899589	174873	2145026	1048670
7	广东嘉元科技股份有限公司	688388	280418	54996	606044	359066
8	湖南金博碳素股份有限公司	688598	133790	50110	294086	189109
9	隆基绿能科技股份有限公司	601012	8093225	908588	9773488	4744775
10	无锡奥特维科技股份有限公司	688516	204673	37072	428239	140774
11	明阳智慧能源集团股份公司	601615	2715805	310112	6149293	1839454
12	浙江长城电工科技股份有限公司	603897	1072673	34110	443277	271245
13	中伟新材料股份有限公司	300919	2007249	93895	2819976	983249
14	惠州亿纬锂能股份有限公司	300014	1689980	290579	4453390	1793416
15	宁波容百新能源科技股份有限公司	688005	1025900	91104	1470142	542898
16	格林美股份有限公司	002340	1930102	92328	3438782	1422848
17	北京京运通科技股份有限公司	601908	552560	82816	2187161	1078270
18	杭州福斯特应用材料股份有限公司	603806	1285789	219655	1368796	1217618
19	上海起帆电缆股份有限公司	605222	1887754	68388	925092	369014
20	宁波东方电缆股份有限公司	603606	793221	118883	838395	488160
21	北京元六鸿远电子科技股份有限公司	603267	240311	82674	432744	330922
船舶、轨道交通设备及零部件制造业						
1	中国中车股份有限公司	601766	22573176	1030261	42682650	14857435
2	交控科技股份有限公司	688015	258213	29101	529142	229217
3	北京天宜上佳高新材料股份有限公司	688033	67126	17497	333686	258674
4	深圳科安达电子科技股份有限公司	002972	40084	15141	142306	124064
家用电器及零配件制造业						
1	美的集团股份有限公司	000333	34123321	2857365	38794610	12486812
2	海尔智家股份有限公司	600690	22755614	1306704	21745949	7981093
3	珠海格力电器股份有限公司	000651	18965403	2306373	31959818	10365165
4	科沃斯机器人股份有限公司	603486	1308601	201026	1072001	509429
5	浙江苏泊尔股份有限公司	002032	2158533	194394	1389945	762263
6	浙江帅丰电器股份有限公司	605336	97764	24661	224898	189204
7	欧普照明股份有限公司	603515	884663	90748	907691	578689
8	上海飞科电器股份有限公司	603868	400526	64070	416737	304223

续表

序号	企业名称	股票代码	营业收入（万元）	利润（万元）	资产（万元）	所有者权益（万元）
电子元器件与仪器仪表、自动化控制设备制造业						
1	富士康工业互联网股份有限公司	601138	43955720	2000975	26660878	11918060
2	兆易创新科技集团股份有限公司	603986	851022	233679	1541837	1348305
3	紫光国芯微电子股份有限公司	002049	534211	195378	1159224	724349
4	江苏长电科技股份有限公司	600584	3050242	295871	3709862	2099113
5	中芯国际集成电路制造有限公司	688981	3563063	1073310	22993281	10919877
6	瑞芯微电子股份有限公司	603893	271860	60178	337871	285058
7	深圳市明微电子股份有限公司	688699	125120	64724	188672	168795
8	杭州立昂微电子股份有限公司	605358	254092	60030	1256063	754243
9	广东生益科技股份有限公司	600183	2027426	282968	2443116	1309641
10	天水华天科技股份有限公司	002185	1209679	141567	2997435	1504944
11	嘉兴斯达半导体股份有限公司	603290	170664	39838	552205	499725
12	北方华创科技集团股份有限公司	002371	968347	107740	3105447	1689755
13	苏州固锝电子股份有限公司	002079	247568	21771	303580	239227
14	南通海星电子股份有限公司	603115	164534	22119	234367	197622
15	北京华峰测控技术股份有限公司	688200	87827	43877	291463	262110
动力、电力生产等装备、设备制造业						
1	神驰机电股份有限公司	603109	243759	19401	259890	148309
2	安徽全柴动力股份有限公司	600218	550820	15210	605105	304139
3	东方电气股份有限公司	600875	4781917	228904	10310457	3249766
4	潍柴动力股份有限公司	000338	20354770	925448	27704442	7090680
计算机、通信器材、办公、影像等设备及零部件制造业						
1	京东方科技集团股份有限公司	000725	21930979	2583093	44972698	14292554
2	杭州海康威视数字技术股份有限公司	002415	8142005	1680041	10386454	6346088
3	歌尔股份有限公司	002241	7822142	383242	6106657	2732774
4	中兴通讯股份有限公司	000063	11452164	681294	16876343	5148209
5	上海移远通信技术股份有限公司	603236	1126192	35806	814002	320846
6	立讯精密工业股份有限公司	002475	15394610	707052	12057210	3528855
7	上海韦尔半导体股份有限公司	603501	2410351	447619	3207993	1619831
8	无锡新洁能股份有限公司	605111	149827	41046	188525	153031
9	晶晨半导体（上海）股份有限公司	688099	477707	81161	505645	387466
10	环旭电子股份有限公司	601231	5529965	185797	3585673	1308196
11	天津七一二通信广播股份有限公司	603712	345094	68830	858771	361525
12	浙江大华技术股份有限公司	002236	3283548	337841	4405587	2361760
13	闻泰科技股份有限公司	600745	5272865	261154	7257588	3369871

续表

序号	企业名称	股票代码	营业收入（万元）	利润（万元）	资产（万元）	所有者权益（万元）
14	广州视源电子科技股份有限公司	002841	2122571	169899	1550776	835559
15	苏州东山精密制造股份有限公司	002384	3179314	186248	3795140	1457650
16	深圳市漫步者科技股份有限公司	002351	230366	31556	267590	219625
17	深圳市共进电子股份有限公司	603118	1080825	39556	976728	496339
18	创维数字股份有限公司	000810	1084655	42178	1119723	452647
19	武汉凡谷电子技术股份有限公司	002194	183752	22771	298754	231511
汽车及零配件制造业						
1	上海汽车集团股份有限公司	600104	77984579	2453310	91692270	27377368
2	长城汽车股份有限公司	601633	13640466	672609	17540802	6212438
3	华域汽车系统股份有限公司	600741	13994414	646894	15384676	4954302
4	广州汽车集团股份有限公司	601238	7511016	733492	15419656	9025929
5	上海永茂泰汽车科技股份有限公司	605208	328967	22732	291798	200771
6	一汽解放集团股份有限公司	000800	9875124	389985	6976594	2624224
7	骆驼集团股份有限公司	601311	1240345	83179	1293720	848696
8	宁波拓普集团股份有限公司	601689	1146269	101725	1868269	1058877
9	浙江铁流离合器股份有限公司	603926	187854	17653	270645	152770
10	东风电子科技股份有限公司	600081	786118	24066	955181	313736
11	万向钱潮股份公司	000559	1432213	68649	1682079	855449
12	合兴汽车电子股份有限公司	605005	142238	19500	179657	143415
13	上海新朋实业股份有限公司	002328	472163	39942	545167	291159
14	无锡威孚高科技集团股份有限公司	000581	1368242	257537	2797085	1939860
15	宁波华翔电子股份有限公司	002048	1758782	126457	2179557	1085637
16	中山大洋电机股份有限公司	002249	1001728	25038	1515386	807343
17	郑州宇通客车股份有限公司	600066	2323346	61379	3216589	1521864
18	江苏常熟汽饰集团股份有限公司	603035	266272	42027	751539	410125
19	江苏新泉汽车饰件股份有限公司	603179	461270	28401	740580	370461
20	安徽江淮汽车集团股份有限公司	600418	4021352	20000	4637010	1524192
21	芜湖伯特利汽车安全系统股份有限公司	603596	349228	50453	625177	349554
22	长春一汽富维汽车零部件股份有限公司	600742	2053741	65886	1949602	678511
23	富奥汽车零部件股份有限公司	000030	1282820	84144	1486092	747212
摩托车、自行车和其他交通运输车辆及零配件制造业						
1	浙江春风动力股份有限公司	603129	786149	41152	797076	363640
航空航天、国防军工装备及零配件制造业						
1	中航重机股份有限公司	600765	878990	89064	1968475	935961

续表

序号	企业名称	股票代码	营业收入（万元）	利润（万元）	资产（万元）	所有者权益（万元）
2	苏州苏试试验集团股份有限公司	300416	150164	19003	377130	171344
3	中航航空高科技股份有限公司	600862	380762	59141	692284	484091
4	北京北摩高科摩擦材料股份有限公司	002985	113237	42230	394749	245176
综合制造业（以制造业为主，含有服务业）						
1	比亚迪股份有限公司	002594	21614239	304519	29578015	9506967
能源（电、热、燃气等）供应、开发、节能减排及再循环服务业						
1	新奥天然气股份有限公司	600803	11591963	410165	12793392	1483322
2	重庆顺博铝合金股份有限公司	002996	998475	34219	501411	218940
3	佛燃能源集团股份有限公司	002911	1353117	59474	1393699	445960
4	新疆洪通燃气股份有限公司	605169	120441	20008	227789	166970
5	国电南瑞科技股份有限公司	600406	4241101	564245	7273295	3799690
6	河南蓝天燃气股份有限公司	605368	390089	42088	514709	290889
7	新疆鑫泰天然气股份有限公司	603393	261698	102844	1104137	453665
8	瀚蓝环境股份有限公司	600323	1177651	116338	2927848	990460
9	新天绿色能源股份有限公司	600956	1598527	216013	7191776	1968436
10	绿色动力环保集团股份有限公司	601330	505689	69779	2021447	652809
11	旺能环境股份有限公司	002034	296793	64800	1267352	537866
12	重庆三峰环境集团股份有限公司	601827	587382	123835	2146539	880867
13	重庆燃气集团股份有限公司	600917	780978	45634	908021	475419
14	成都燃气集团股份有限公司	603053	438148	48877	663457	391105
15	天津创业环保集团股份有限公司	600874	453558	69319	2106529	712020
铁路运输及辅助服务业						
1	大秦铁路股份有限公司	601006	7868205	1218131	19854630	12440120
2	京沪高速铁路股份有限公司	601816	2930478	481571	29525225	18684988
陆路运输、城市公交、道路及交通辅助等服务业						
1	吉林高速公路股份有限公司	601518	127202	31844	664589	410993
2	四川成渝高速公路股份有限公司	601107	909544	186859	4072906	1736499
水上运输业						
1	中远海运控股股份有限公司	601919	33369361	8929614	41366808	13309433
航空运输及相关服务业						
1	中信海洋直升机股份有限公司	000099	168072	24648	661707	472898
电信、邮寄、速递等服务业						
1	中国移动有限公司	600941	84825800	11593700	180602700	117105000
2	圆通速递股份有限公司	600233	4515495	210341	3422231	2260355

续表

序号	企业名称	股票代码	营业收入（万元）	利润（万元）	资产（万元）	所有者权益（万元）
软件、程序、计算机应用、网络工程等计算机、微电子服务业						
1	紫光股份有限公司	000938	6763753	214764	6643045	2996067
2	科大讯飞股份有限公司	002230	1831360	155646	3139403	1678072
3	浪潮电子信息产业股份有限公司	000977	6704755	200273	4620816	1516185
4	航天信息股份有限公司	600271	2351554	102472	2280442	1335086
5	上海宝信软件股份有限公司	600845	1175936	181884	1786017	901746
6	上海泛微网络科技股份有限公司	603039	200286	30870	337671	187955
7	北京金山办公软件股份有限公司	688111	328006	104125	1042567	771952
8	广州中望龙腾软件股份有限公司	688083	61868	18165	311732	281236
9	上海柏楚电子科技股份有限公司	688188	91344	55020	314860	298931
10	恒生电子股份有限公司	600570	549658	146354	1207991	569503
11	信雅达科技股份有限公司	600571	153695	29085	198524	124212
12	北京指南针科技发展股份有限公司	300803	93242	17619	204558	128208
13	启明星辰信息技术集团股份有限公司	002439	438603	86153	893637	672157
物流、仓储、运输、配送及供应链服务业						
1	厦门象屿股份有限公司	600057	46251623	216027	9583422	1721426
2	厦门建发股份有限公司	600153	70784450	609809	60245913	5084370
3	中国外运股份有限公司	601598	12434553	371341	7430289	3309898
4	中创物流股份有限公司	603967	1241383	20789	389976	208502
5	中储发展股份有限公司	600787	7523264	88095	2318545	1274160
6	密尔克卫化工供应链服务股份有限公司	603713	864472	43179	727253	315264
7	港中旅华贸国际物流股份有限公司	603128	2466766	83674	1052348	512988
综合性内外商贸及批发、零售业						
1	物产中大集团股份有限公司	600704	56199173	398499	12944969	3037895
2	江苏国泰国际集团股份有限公司	002091	3933950	123616	3457513	1050093
3	浙商中拓集团股份有限公司	000906	17827015	81914	2309411	451925
医药专营批发、零售业及医疗服务业						
1	通策医疗股份有限公司	600763	278073	70281	495476	288067
2	北京昭衍新药研究中心股份有限公司	603127	151668	55746	853708	713621
商业零售业及连锁超市						
1	王府井集团股份有限公司	600859	1153555	134024	3915058	1934701
2	南京新街口百货商店股份有限公司	600682	617675	109118	2533013	1718370
3	居然之家新零售集团股份有限公司	000785	1307104	232504	5621038	1919798
4	杭州解百集团股份有限公司	600814	212932	35056	83783	313887
5	茂业商业股份有限公司	600828	416780	40936	2137252	706507

续表

序号	企业名称	股票代码	营业收入（万元）	利润（万元）	资产（万元）	所有者权益（万元）
6	兰州丽尚国潮实业集团股份有限公司	600738	64267	15482	351447	183959
7	武商集团股份有限公司	000501	712651	75242	2818837	1067765
8	天音通信控股股份有限公司	000829	7099950	20682	1834739	261848
9	大商股份有限公司	600694	793154	70218	1951557	883565
10	无锡商业大厦大东方股份有限公司	600327	690481	64059	825397	359909
银行业						
1	中国建设银行股份有限公司	601939	82424600	30392800	3025397900	261412200
2	中国工商银行股份有限公司	601398	94276200	34833800	3517138300	325775500
3	中国银行股份有限公司	601988	60555900	21655900	2672240800	222515300
4	中国农业银行股份有限公司	601288	71991500	24118300	2906915500	241460500
5	兴业银行股份有限公司	601166	22123600	8268000	860302400	68411100
6	交通银行股份有限公司	601328	26939000	8758100	1166575700	96464700
7	中信银行股份有限公司	601998	20455700	5564100	804288400	62630300
8	中国邮政储蓄银行股份有限公司	601658	31876200	7617000	1258787300	79409100
9	招商银行股份有限公司	600036	14801900	11992200	924902100	85874500
10	中国光大银行股份有限公司	601818	15275100	4340700	590206900	48248900
11	平安银行股份有限公司	000001	16938300	3633600	492138000	39544800
12	南京银行股份有限公司	601009	4092519	1585676	174894675	12135979
13	上海浦东发展银行股份有限公司	600000	19098200	5300300	813675700	67000700
保险业						
1	中国人寿保险股份有限公司	601628	85850500	5092100	489108500	47858500
2	中国平安保险（集团）股份有限公司	601318	118044400	10161800	1014202600	81240500
3	中国人民保险集团股份有限公司	601319	59769100	2163800	137640200	21913200
4	中国太平洋保险（集团）股份有限公司	601601	44064300	2683400	194616400	22674100
5	新华人寿保险股份有限公司	601336	22238000	1494700	112772100	10849700
证券及其他金融服务业						
1	国泰君安证券股份有限公司	601211	4281714	1501348	79127281	14712366
2	华泰证券股份有限公司	601688	3790544	1334611	80665083	14842281
3	中国国际金融股份有限公司	601995	3013105	1077771	64979549	8442212
4	东方财富信息股份有限公司	300059	1309432	855293	18502025	4404024
5	中国银河证券股份有限公司	601881	3598399	1043024	56013503	9895580
6	广发证券股份有限公司	000776	3424999	1085412	53585532	10662451
7	中信建投证券股份有限公司	601066	2987202	1023870	45279143	7981846
8	东方证券股份有限公司	600958	2437039	537150	32659962	6412711
9	东吴证券股份有限公司	601555	924549	239178	12431825	3712562

续表

序号	企业名称	股票代码	营业收入（万元）	利润（万元）	资产（万元）	所有者权益（万元）
10	浙商证券股份有限公司	601878	1641811	219568	12525121	2383685
11	兴业证券股份有限公司	601377	1897217	474307	21746334	4118944
12	国联证券股份有限公司	601456	296663	88864	6593924	1638107
13	中航工业产融控股股份有限公司	600705	1055906	447107	45693113	4157834
14	中泰证券股份有限公司	600918	1314967	320001	20468976	3578992
15	国金证券股份有限公司	600109	712663	231732	8831283	2442100
16	国元证券股份有限公司	000728	610975	190927	11461812	3229778
17	光大证券股份有限公司	601788	1670658	348433	23910760	5786559
18	红塔证券股份有限公司	601236	673376	157623	4422457	2329494
19	华安证券股份有限公司	600909	348342	142407	7364059	1947878
20	江苏金融租赁股份有限公司	600901	394059	207245	9930723	1455189
21	国投资本股份有限公司	600061	1693609	119113	24643177	4942506
22	方正证券股份有限公司	601901	862120	182228	17261288	4214393
房地产开发与经营、物业及房屋装饰、修缮、管理等服务业						
1	重庆新大正物业集团股份有限公司	002968	208826	16606	145371	97407
2	招商局蛇口工业区控股股份有限公司	001979	16064341	1037225	85620334	10867125
3	金地（集团）股份有限公司	600383	9923222	940952	46280951	6298117
4	南都物业服务集团股份有限公司	603506	159292	16277	211546	94707
5	新城控股集团股份有限公司	601155	16823168	1259809	53429311	5930996
6	上海金桥出口加工区开发股份有限公司	600639	461715	162300	3326784	1233921
7	合肥城建发展股份有限公司	002208	755730	87692	2255733	615972
8	杭州滨江房产集团股份有限公司	002244	3797636	302733	21172580	2057930
9	万科企业股份有限公司	000002	45279778	2252403	193863813	23595313
10	天津津滨发展股份有限公司	000897	225443	48849	694305	191146
11	深圳市物业发展（集团）股份有限公司	000011	449196	100396	1458189	448611
12	中国国际贸易中心股份有限公司	600007	358598	102379	1272592	863395
13	中新苏州工业园区开发集团股份有限公司	601512	391724	152185	2943046	1217243
14	上海临港控股股份有限公司	600848	627192	153522	4926475	1537124
15	上海陆家嘴金融贸易区开发股份有限公司	600663	1387204	431087	12089589	2257325
16	珠海华发实业股份有限公司	600325	5124068	319475	35505703	2081870
17	重庆渝开发股份有限公司	000514	118685	16212	838767	351301
18	上海城投控股股份有限公司	600649	919300	91154	6890165	2037446
19	上海实业发展股份有限公司	600748	1026913	53162	3957449	1002403
20	卧龙地产集团股份有限公司	600173	250329	47694	737689	352879

续表

序号	企业名称	股票代码	营业收入（万元）	利润（万元）	资产（万元）	所有者权益（万元）
21	江河创建集团股份有限公司	601886	2078939	2077818	2817883	634008
旅游、旅馆及娱乐服务业						
1	中国旅游集团中免股份有限公司	601888	6767552	965374	5547373	2961880
公用事业、市政、水务、航道等公共设施投资、经营与管理业						
1	北京首创生态环保集团股份有限公司	600008	2223259	228747	10723105	2739741
2	海天水务集团股份公司	603759	108351	21375	535021	220344
3	中持水务股份有限公司	603903	146223	16419	369880	117166
4	江苏江南水务股份有限公司	601199	111360	27640	571649	329585
5	广东顺控发展股份有限公司	003039	133811	27335	442231	223927
6	广西绿城水务股份有限公司	601368	208149	29469	1708094	457912
7	钱江水利开发股份有限公司	600283	153852	15076	638285	208125
8	成都市兴蓉环境股份有限公司	000598	673236	149442	3451201	1345846
9	四川川投能源股份有限公司	600674	126333	308739	4846729	3124741
10	浙江伟明环保股份有限公司	603568	418537	153546	1465138	764817
11	江西洪城环境股份有限公司	600461	817435	82004	1770245	588829
12	重庆水务集团股份有限公司	601158	725225	207755	2924479	1643435
13	武汉三镇实业控股股份有限公司	600168	201190	39894	1802552	570644
14	中山公用事业集团股份有限公司	000685	237068	146564	2249064	1514197
15	广东联泰环保股份有限公司	603797	78505	30345	976220	270426
人力资源（职业教育、培训等）、会展博览、国内外经济合作等社会综合服务业						
1	北京蓝色光标数据科技股份有限公司	300058	4007791	52180	1793390	940291
科技研发、推广及地勘、规划、设计、评估、咨询、认证等承包服务业						
1	中国化学工程股份有限公司	601117	13728898	463342	17789604	4819923
2	中海油田服务股份有限公司	601808	2920300	313200	7331170	3803280
3	瑞达期货股份有限公司	002961	212788	50393	1733858	236397
信息、传媒、电子商务、网购、娱乐等互联网服务业						
1	厦门吉比特网络技术股份有限公司	603444	461905	146850	710328	458014
2	三七互娱网络科技集团股份有限公司	002555	1621649	287557	1443718	1077371
3	深圳市爱施德股份有限公司	002416	9516565	92209	1533856	578072
综合服务业（以服务业为主，含有制造业）						
1	众业达电气股份有限公司	002441	1255834	41558	670924	436585
2	苏美达股份有限公司	600710	16868200	76707	5458705	566059
3	南京高科股份有限公司	600064	491863	235205	3302944	1507087
4	广东广弘控股股份有限公司	000529	363771	33108	471056	231502
5	上海万业企业股份有限公司	600641	87991	37652	916682	761526

续表

序号	企业名称	股票代码	营业收入（万元）	利润（万元）	资产（万元）	所有者权益（万元）
6	浙江中国轻纺城集团股份有限公司	600790	92725	43200	917109	581667
农业、渔业、畜牧业及林业						
1	山东登海种业股份有限公司	002041	110072	23279	421022	309106
2	黑龙江北大荒农业股份有限公司	600598	362937	85743	802901	710581
煤炭采掘及采选业						
1	中国神华能源股份有限公司	601088	33521600	5026900	60705200	37687500
2	山西兰花科技创业股份有限公司	600123	1285956	235252	2872581	1306408
3	山煤国际能源集团股份有限公司	600546	4805364	493774	4597675	1182954
4	河南神火煤电股份有限公司	000933	3445156	323410	5352794	936520
5	山西潞安环保能源开发股份有限公司	601699	4514744	670835	9486700	3461757
6	中国中煤能源股份有限公司	601898	23112730	1328191	32173850	11378625
7	陕西煤业股份有限公司	601225	15226642	2113969	18540733	8538518
石油、天然气开采及生产业						
1	广汇能源股份有限公司	600256	2486495	500311	5970866	2093221
2	山西蓝焰控股股份有限公司	000968	197763	30514	1152503	466699
建筑业						
1	中国建筑股份有限公司	601668	189133897	5140766	238824913	34390009
2	中国中铁股份有限公司	601390	107041745	2761761	136172618	27527086
3	中国铁建股份有限公司	601186	102001018	2469056	135297001	26878929
4	中国冶金科工股份有限公司	601618	50057165	837497	54347015	10749498
5	四川路桥建设集团股份有限公司	600039	8504851	558207	13703847	2714939
6	中国交通建设股份有限公司	601800	68563900	1799309	139083709	26034772
7	中国能源建设股份有限公司	601868	32231857	650410	52886259	9419868
8	中国电力建设股份有限公司	601669	44832549	863210	96397737	12499490
9	腾达建设集团股份有限公司	600512	692516	82039	1156270	604016
10	上海浦东建设股份有限公司	600284	1139479	53485	2154586	681212
11	中国中材国际工程股份有限公司	600970	3624209	181027	4147780	1303509
12	东华工程科技股份有限公司	002140	600312	24876	992158	257720
13	中国核工业建设股份有限公司	601611	8371993	153265	17174305	2039561
14	宁波建工股份有限公司	601789	2132019	41575	2083113	387174
15	上海隧道工程股份有限公司	600820	6222614	239303	12975718	2491192
电力生产业						
1	中国广核电力股份有限公司	003816	8067874	973258	39999301	10091055

续表

序号	企业名称	股票代码	营业收入（万元）	利润（万元）	资产（万元）	所有者权益（万元）
其他采选业						
1	紫金矿业集团股份有限公司	601899	22510249	1959964	20859468	7103437

后　记

《中国企业信用发展报告 2022》是由中国企业改革与发展研究会、中国合作贸易企业协会、国信联合（北京）认证中心联合组织编写，全面、客观、真实反映我国企业信用发展状况以及经济效益变化趋势的综合性大型年度报告，也是第 12 次向社会发布的中国企业信用发展报告。其中，中国企业信用 500 强发展报告是第 11 次发布，中国制造业企业信用 100 强发展报告、中国服务业企业信用 100 强发展报告是第 10 次发布，中国民营企业信用 100 强发展报告是第 9 次发布，中国上市公司信用 500 强发展报告是第 8 次发布。本报告是在课题组开展中国企业信用调查评价活动过程中，历时一年采集大量信息和数据的基础上，经过深入分析和研究，经专家委员会最后审定形成的。本活动得到了有关协会、商会组织和广大企业的大力支持，一些领导和专家给予了热情帮助和指导，在此深表感谢。

本报告的出版主旨，是以习近平新时代中国特色社会主义思想为指导，全面贯彻党的二十大精神、中央经济工作会议以及党中央和国务院关于加强社会信用体系建设的总体要求，扎实推进中国式现代化，全面贯彻新发展理念，加快构建新发展格局，着力推动高质量发展，推动我国企业实现持续高质量信用发展；贯彻实施《企业诚信管理体系》（GB/T 31950—2015）国家标准，进一步推进诚信建设，有效加强 ESG 统筹管理，强化社会责任意识、规则意识、奉献意识，全面提高我国企业的诚信管理水平，努力创建优质企业，打造世界一流企业，全面提升中国企业在国际市场上的形象和竞争力。

本报告通过对我国企业的信用发展状况进行全面客观、科学公正的分析研究，剖析新时代宏观经济环境新变化以及企业面临的新问题、新挑战，引导我国企业进一步提高诚信管理水平和综合竞争能力。本报告为我国政府、协会商会组织及广大企业正确认识我国企业信用发展状况以及经济效益变化趋势提供决策参考依据，为企业提供一个参考坐标，同时也有利于国际社会对我国企业信用水平有一个客观公正的了解，将对我国企业全面提高诚信管理水平，全面提升国际影响力和竞争力起到积极的推动作用。

“中国企业信用发展分析研究”是一项系统工程。“2022 中国企业信用发展分析研究”课题组，经历一年时间的辛勤努力和研究，在广大企业界同人的大力支持下，在各位专家评委的指导下，形成了课题成果。2023 年我们将会继续开展中国企业信用发展调查评价研究工作，继续做好中国企业信用 500 强、中国制造业企业信用 100 强、中国服务业企业信用 100 强、中国民营企业信用 100 强和中国上市公司信用 500 强的分析研究及评价工作。申报 2023 中国企业信用 500 强、中国制造业企业信用 100 强、中国服务业企业信用 100 强、中国民营企业信用 100 强和中国上市公司信用 500 强的企业，请与中国企业改革与发展研究会、中国合作贸易企业协会联系。

本活动离不开企业界同人的热情支持，希望企业界的朋友能够一如既往地支持和配合我们的工作，继续提供有价值的信息和数据；希望各位领导和专家能够一如既往地给予支持和指导，为推动我国企业信用建设，推动我国经济高质量发展做出应有的贡献。

由于时间仓促，本报告难免存在疏漏和不尽如人意之处，恳请企业界、经济界和其他各界人士、专家、广大读者提出宝贵的意见和建议。

本报告的编撰出版受到国家社科基金社科学术社团活动资助，在此深表感谢。

在本书出版之际，我们向负责本书出版并给予大力支持的中国财富出版社有限公司表示感谢。

编　者

2022 年 12 月